Microsoft
Excel 2002 VBA
Schritt für Schritt

Reed Jacobson

Microsoft Excel 2002 VBA

Schritt für Schritt

Microsoft Press

Dieses Buch ist die deutsche Übersetzung von:
Reed Jacobson: Microsoft Excel 2002 Visual Basic for Applications Step by Step
Microsoft Press, Redmond, Washington 98052-6399

15 14 13 12 11 10 9 8 7 6 5 4 3 2 1
02 01

ISBN: 3-86063-778-9

Übersetzung: Sigrid Richter und Ingrid Tokar für trans-it, München
Satz und Grafik: Jan Carthaus, Allensbach (www.Carthaus.com)
Umschlaggestaltung: HommerDesign, Haar (www.HommerDesign.com)
Typografie: HommerDesign, Haar (www.HommerDesign.com)
Herstellung, Druck und Bindung: Kösel, Kempten (www.KoeselBuch.de)

Inhaltsverzeichnis

Wo fangen Sie am besten an? 9

Hilfe 11

Hilfe zu diesem Buch und zur Begleit-CD 11
Hilfe zu Microsoft Excel 2002 12

Die Begleit-CD verwenden 13

Systemvoraussetzungen 13
Die Übungsdateien installieren 14
Die Übungsdateien verwenden 14
Die Übungsdateien deinstallieren 15

Die Konfiguration überprüfen 17

Die Excel-Umgebung 17
Die Umgebung des Visual Basic-Editors 19

Konventionen 23

Übungen 23
Typografische Konventionen 23
Symbole in der Marginalienspalte 23
Weitere Informationen 24

Kapitel 1 Mit einem Makro einfache Aufgaben ausführen 27

Wie Visual Basic für Applikationen mit Excel kommuniziert 27
Ein einfaches Makro erstellen 30
Mehrere Eigenschaften zugleich ändern 37
Ein aufgezeichnetes Makro bearbeiten 42
Aktionen in einem Makro aufzeichnen 45
Eigene Makros signieren 50

Kapitel 2 Mit Makros komplexe Aufgaben ausführen 55
Teile und herrsche 56
Aufgabe 1: Die Berichtsdatei öffnen 57
Aufgabe 2: Beschriftungen hinzufügen 65
Aufgabe 3: Eine Spalte mit Datumsangaben hinzufügen 71
Aufgabe 4: Daten an die Datenbank anhängen 74
Aufgabe 5: Das Arbeitsblatt löschen 82
Alle Teile zusammenfügen 84

Kapitel 3 Arbeitsmappen und Arbeitsblätter erforschen 89
Arbeitsmappen verstehen 95
Arbeitsblätter verstehen 106

Kapitel 4 Grafische Objekte erforschen 117
Grafische Objekte erforschen 118
Diagramme erforschen 129

Kapitel 5 Bereichsobjekte erforschen 145
Auf einen Bereich verweisen 146
Einen Bereich formatieren 164
Werte und Formeln in einen Bereich eingeben 172
Aufgezeichnete Bereichsauswahl verbessern 183

Kapitel 6 PivotTable-Objekte erforschen 187
PivotTable-Objekte erstellen 188
PivotTable-Berichte aussagekräftiger gestalten 200

Kapitel 7 Visual Basic steuern 213
Bedingungsausdrücke verwenden 214
Schleifen erzeugen 223
Komplexe Schleifen handhaben 232

Kapitel 8 Den Funktionsumfang von Microsoft Excel und Visual Basic erweitern 243
Benutzerdefinierte Funktionen erstellen 244
Fehlerbehandlung 253

Kapitel 9 Makros über Ereignisse starten 271
Benutzerdefinierte Symbolleisten und Menüs erstellen 272
Benutzerdefinierte Befehlsschaltflächen erstellen 282
Arbeitsblatt- und Arbeitsmappen-Ereignisse handhaben 296

Kapitel 10 Dialogfeld-Steuerelemente in Arbeitsblättern verwenden 305
Ein Modell zur Berechnung von Darlehensraten implementieren 306
Ein fehlerresistentes Darlehensberechnungsmodell erstellen 309
Werte aus einer Liste abrufen 315
Das Arbeitsblatt schützen 320

Kapitel 11 Benutzerdefinierte Formulare erstellen 327
Die Benutzeroberfläche für ein Formular erstellen 328
Die Funktionen eines Formulars definieren 346
Ein Formular implementieren 355

Kapitel 12 Ein Informationssystem erstellen 365
Das vorhandene Informationssystem untersuchen 366
Daten aus einer Datenbank in einem Diagramm anzeigen 370
Den PivotTable-Bericht mit Makros steuern 387
Eine grafische Benutzeroberfläche erstellen 390
Die Anwendung verpacken 403

Stichwortverzeichnis 415

Der Autor 429

Wo fangen Sie am besten an?

Microsoft Excel ist ein leistungsstarkes Programm, mit dem Sie Daten analysieren und präsentieren können. Eine der Stärken von Excel ist seine Makrosprache. Seit der ersten Excel-Version zeichnet sich Excel durch seine umfangreiche und flexible Makrosprache gegenüber anderen Tabellenkalkulationsprogrammen aus. Visual Basic für Applikationen (VBA) wurde erstmals in Version 5 in Excel integriert. Excel war tatsächlich die erste verbreitete Anwendung, die über diese interessante, neue Architektur verfügte. In Excel 97 wurde VBA erstmals als komplette Entwicklungsumgebung implementiert, die der Standardversion von Visual Basic entspricht und nun Bestandteil aller zu Microsoft Office gehörigen Anwendungen ist.

Wenn Sie in Excel Makros schreiben wollen, müssen Sie sich eigentlich nur zwei Fertigkeiten aneignen. Erstens müssen Sie lernen, wie VBA verwendet wird. Alles, was Sie über VBA lernen, können Sie nicht nur in Excel einsetzen, sondern auch in anderen Anwendungen, die VBA unterstützen. Zweitens müssen Sie lernen, wie Excel gesteuert wird. Je mehr Sie über die Tabellenkalkulation Excel wissen, desto effizienter können Sie Makros zur Steuerung von Excel entwickeln. Obwohl das Hauptaugenmerk dieses Buches auf VBA als Entwicklungsumgebung von Excel liegt, werden Ihnen zahlreiche Ausführungen und Beispiele helfen, mit der Tabellenkalkulation umzugehen.

Dieses Buch, *Microsoft Excel 2002 Visual Basic Schritt für Schritt*, beschreibt, wie Sie bestimmte Aufgaben ausführen. Sie erhalten jeweils klare Anweisungen und Illustrationen zu den einzelnen Arbeitsschritten. In jedem Kapitel lernen Sie einen anderen, wichtigen Bereich von Excel oder VBA kennen.

Sobald Sie *Microsoft Excel 2002* starten, werden Ihnen einige Neuerungen auffallen. Die Symbolleisten und die Menüleiste sehen etwas anders aus, und auf der rechten Seite des Bildschirms wird jetzt ein Aufgabenbereich angezeigt. Die Leistungsmerkmale, die in dieser Excel-Version neu und stark verbessert sind, beschränken sich jedoch nicht auf die Änderungen des Erscheinungsbilds. Einige Änderungen treten erst dann zutage, wenn Sie das Programm einsetzen.

Weitere Informationen zum Softwareprodukt Excel finden Sie auf der Website *http://www.microsoft.com/germany/office*.

Hilfe

Dieses Buch richtet sich an Excel-Anwender, die mit der Makroprogrammierung beginnen, und an Programmierer, die mit einem anderen Programmiersystem (z.B. Visual Basic oder COBOL) gearbeitet haben und Excel als Plattform zur Anwendungsentwicklung nutzen möchten. Dieses Buch ist dann von größtem Nutzen für Sie, wenn Sie bereits mit den Grundfunktionen von Excel vertraut sind, z.B. wissen, wie Werte und Formeln in ein Arbeitsblatt eingegeben werden.

VBA zu erlernen und die Zusammenarbeit von Excel und VBA zu verstehen kann einem als unbezwingbare Aufgabe erscheinen. Deswegen gibt es dieses Buch. Es beginnt mit einfachen praktischen Aufgabenstellungen und stellt im weiteren Verlauf fortgeschrittenere Konzepte und mächtige Anwendungen vor.

Wir haben selbstverständlich alles unternommen, um die Richtigkeit dieses Buches und seiner Begleit-CD sicherzustellen. Falls Sie auf Fehler stoßen oder Probleme mit der Bearbeitung von Übungen haben, fordern Sie von den unten genannten Quellen Unterstützung an.

Hilfe zu diesem Buch und zur Begleit-CD

Wenn Sie eine Frage zum Inhalt dieses Buches oder seiner Begleit-CD oder Probleme damit haben, suchen Sie bitte zuerst online im World Wide Web in der Service Area von Microsoft Press Deutschland GmbH, die Korrekturen und zusätzliche Informationen zu Microsoft Press-Büchern enthält:

http://www.microsoft.com/germany/mspress

Wenn Sie Kommentare, Fragen oder Anregungen bezüglich dieses Buches oder der Übungsdateien haben, können Sie uns diese gerne zusenden.

E-Mails senden Sie an:

presscd@microsoft.com

Hilfe zu Microsoft Excel 2002

Falls Ihre Frage ein Softwareprodukt von Microsoft, einschließlich Microsoft Excel, und nicht den Inhalt dieses Microsoft Press-Buches betrifft, dann schlagen Sie in der Microsoft Knowledge Base nach:

http://support.microsoft.com/directory

Mit Fragen, die in der Microsoft Knowledge Base nicht beantwortet werden, wenden Sie sich an den Software Service für Microsoft-Softwareprodukte. Hilfe zu Microsoft Excel erhalten Sie unter

http://www.microsoft.com/germany/support

Die Begleit-CD verwenden

Die Begleit-CD zu diesem Buch enthält die Dateien, die Sie für die Übungen in den einzelnen Kapiteln verwenden werden. Da diese Beispieldateien zur Verfügung stehen, brauchen Sie keine Zeit mit der Erstellung von Beispielen und der Eingabe von Daten zu vergeuden, sondern können sich gleich darauf konzentrieren, Microsoft Excel 2002 bedienen zu lernen.

Die Software Microsoft Excel 2002 ist nicht auf der Begleit-CD enthalten. Sie müssen das Programm erwerben und installieren, bevor Sie dieses Buch durcharbeiten.

Vergewissern Sie sich, dass dieses Buch für Ihre Software geeignet ist, bevor Sie die Verpackung der Begleit-CD öffnen. Dieses Buch wurde für die Verwendung von Microsoft Excel 2002 (Version 10) oder Microsoft Office XP Professional, Professional Special Edition oder Developer mit den Betriebssystemen Windows 98, Windows NT, Windows 2000, Windows Me und Windows XP geschrieben. Wenn Sie nicht wissen, welche Software auf Ihrem System ausgeführt wird, prüfen Sie die Angaben auf der Produktverpackung oder starten Sie die Software, klicken Sie auf das Hilfemenü *?* am oberen Bildschirmrand und anschließend auf *Info*. Entspricht Ihre Software nicht der Software, die in diesem Buch beschrieben wird, ist wahrscheinlich ein anderes Buch aus der Reihe *Schritt für Schritt* für Ihre Software erhältlich. Um den entsprechenden Titel aus dieser Reihe ausfindig zu machen, besuchen Sie unsere World-Wide-Web-Site unter *http://www.microsoft.com/germany/mspress*.

Systemvoraussetzungen

Für die Arbeit mit diesem Buch benötigen Sie:

- Microsoft Windows 98, Windows NT 4, Windows Millenium Edition, Windows 2000 oder Windows XP
- Microsoft Excel 2002

Die Übungsdateien installieren

Sie müssen die Übungsdateien auf der Festplatte installieren, bevor Sie sie in den Übungen der verschiedenen Kapitel einsetzen können. Führen Sie dazu die folgenden Schritte aus.

1. Legen Sie die CD in das CD-ROM-Laufwerk Ihres Computers ein. Daraufhin sollte ein Fenster mit dem Titel *Microsoft Excel 2002 Visual Basic für Applikationen Schritt für Schritt* und einem Auswahlmenü angezeigt werden.

   Falls das Fenster mit dem Auswahlmenü nicht automatisch angezeigt wird, starten Sie den Windows-Explorer. Suchen Sie im linken Fensterausschnitt das Symbol, das Ihr CD-ROM-Laufwerk repräsentiert, und klicken Sie auf dieses Symbol. Doppelklicken Sie dann im rechten Fensterausschnitt auf die Datei *StartCD.exe*.

2. Klicken Sie auf *Übungsdateien installieren*.
3. Klicken Sie im Willkommensbildschirm auf *OK* und dann auf *Weiter*, um die Übungsdateien zu installieren.
4. Nach Abschluss der Installation der Übungsdateien klicken Sie auf *OK*. Auf der Festplatte wurde ein Ordner namens EXCELVBA angelegt, und die Übungsdateien befinden sich in diesem Ordner.

Die Übungsdateien verwenden

In der Einleitung zu jedem Kapitel werden die Dateien aufgeführt, die in dem jeweiligen Kapitel bearbeitet werden, und es wird beschrieben, welche Vorbereitungen Sie treffen müssen, bevor Sie mit der Bearbeitung des Kapitels beginnen können.

In jedem Kapitel wird genau erklärt, wann und wie Sie bestimmte Übungsdateien verwenden. Jedes Mal, wenn Sie eine der Übungsdateien in einem Kapitel verwenden sollen, finden Sie in der Randspalte das CD-Symbol mit dem Namen der betreffenden Datei.

Dateiname

Im Folgenden finden Sie eine Aufstellung der Übungsdateien, die Sie in den einzelnen Kapiteln bearbeiten werden.

Kapitel	**Dateiname**
Kapitel 1: Mit einem Makro einfache Aufgaben ausführen	Budget.xls
Kapitel 2: Mit Makros komplexe Aufgaben ausführen	Nov2002.txt Aufträge.dbf ▶

Kapitel	Dateiname
Kapitel 3: Arbeitsmappen und Arbeitsblätter erforschen	–
Kapitel 4: Grafische Objekte erforschen	Grafiken.xls
Kapitel 5: Bereichsobjekte erforschen	Bereiche.xls
Kapitel 6: PivotTable-Objekte erforschen	Aufträge.dbf
Kapitel 7: Visual Basic steuern	Aufträge.dbf Steuerung.xls
Kapitel 8: Den Funktionsumfang von Microsoft Excel und Visual Basic erweitern	Funktion.xls
Kapitel 9: Makros über Ereignisse starten	Ereignisse.xls
Kapitel 10: Dialogfeld-Steuerelemente in Arbeitsblättern verwenden	Kredit.xls
Kapitel 11: Benutzerdefinierte Formulare erstellen	Budget.xls
Kapitel 12: Ein Informationssystem erstellen	IS.xls Aufträge.dbf Aufträge.mdb Code12a.txt Code12b.txt Code12c.txt Code12d.txt Code12e.txt Code12f.txt Code12g.txt Karte.wmf

Die Übungsdateien deinstallieren

Nachdem Sie dieses Buch durchgearbeitet haben, können Sie die Übungsdateien wieder löschen, um Festplattenspeicher freizugeben.

Falls Sie Dateien in einem anderen Ordner als in dem Ordner mit den Übungsdateien gespeichert haben, dann werden diese mit dem nachfolgend beschriebenen Deinstallationsverfahren nicht gelöscht. Sie müssen diese Dateien selbst von Hand löschen.

Mit den folgenden Schritten löschen Sie die Übungsdateien:

1. Klicken Sie in der Windows-Taskleiste auf *Start*, zeigen Sie auf *Einstellungen*, und klicken Sie auf *Systemsteuerung*.
2. Doppelklicken Sie auf das Symbol *Software*, und wählen Sie im Dialogfeld *Software* das Symbol *Programme ändern oder entfernen* (sofern die Liste der installierten Programme nicht bereits angezeigt wird).

3. Wählen Sie in der Liste den Eintrag *Microsoft Excel 2002 VBA SfS-Übungsdateien*, und klicken Sie auf *Ändern/Entfernen*.

   Daraufhin werden Sie aufgefordert, den Löschvorgang zu bestätigen.

4. Klicken Sie auf *Ja*.
   Die Übungsdateien werden nun deinstalliert.

Wenn Sie Unterstützung bei der Installation oder Deinstallation der Übungsdateien brauchen, schlagen Sie bitte im Abschnitt *Hilfe* weiter vorn in diesem Buch nach. Der Software Service von Microsoft kann Fragen zu diesem Buch oder seiner Begleit-CD nicht beantworten.

Die Konfiguration überprüfen

Microsoft Excel erlaubt eine relativ weitgehende Anpassung der Arbeitsumgebung. Sie entscheiden, welche Symbolleisten eingeblendet werden, welche Befehle in einer Symbolleiste verfügbar sind, wie die Gitternetzlinien angezeigt werden sowie über unzählige weitere Anpassungsoptionen. Sie könnten Ihre Arbeitsumgebung tatsächlich so anpassen, dass dadurch einige der Übungen nicht mehr so ausgeführt werden können, wie es in diesem Buch beschrieben ist.

Allgemein wird in diesem Buch davon ausgegangen, dass Ihre Umgebung den Voreinstellungen von Excel entspricht. Wenn Ihnen auffällt, dass sich Ihre Kopie von Excel oder der Microsoft Visual Basic-Editor nicht wie im Buch beschrieben verhält, vergleichen Sie Ihre Einstellungen mit den hier aufgeführten.

Die Excel-Umgebung

Die Einstellungen für Excel unterscheiden sich von denen des Visual Basic-Editors.

Fenster

- Das Fenster der Arbeitsmappe ist maximiert.
- Das Excel-Fenster kann entweder maximiert oder veränderbar sein.

Symbolleisten

- Die Symbolleisten *Standard* und *Format* sind eingeblendet.
- Nach Kapitel 1 ist die Symbolleiste *Visual Basic* eingeblendet.
- Die Menüs und alle Symbolleisten enthalten die voreingestellten Befehle.

Sie steuern, welche Symbolleisten eingeblendet werden, indem Sie im Menü *Extras* auf *Anpassen* klicken. Auf der Registerkarte *Symbolleisten* versehen Sie alle Symbolleisten, die angezeigt werden sollen, mit einem Häkchen.

Um die Symbolleisten zurückzusetzen, klicken Sie im Menü *Extras* auf *Anpassen* und dann auf die Registerkarte *Symbolleisten*. Wählen Sie eine Symbolleiste, und klicken Sie auf die Schaltfläche *Zurücksetzen*.

Add-Ins

Für dieses Buch ist es nicht erforderlich, Add-Ins zu installieren. Das Installieren oder Entfernen von Excel-Add-Ins sollte die Übungen in diesem Buch nicht beeinflussen (außer, Sie haben *Automatisches Speichern* installiert, da Sie dann von Zeit zu Zeit aufgefordert werden, die geöffneten Arbeitsmappen zu speichern). Wenn Sie nicht sicher sind, ob sich ein Add-In auf die Übungen in diesem Buch auswirkt, deaktivieren Sie dieses Add-In.

Um ein Add-In zu deaktivieren, klicken Sie im Menü *Extras* auf *Add-Ins*, wählen den Namen des Add-Ins und entfernen das Häkchen neben dem Namen.

Optionen: Ansicht

In diesem Buch wird davon ausgegangen, dass im Dialogfeld *Optionen* auf der Registerkarte *Ansicht* die folgenden Optionen ausgewählt sind. Optionen, die nicht genannt werden, spielen keine Rolle.

- *Bearbeitungsleiste* anzeigen.
- *Statusleiste* anzeigen.
- *Objekte alle anzeigen.*
- *Formeln* nicht anzeigen.
- *Gitternetzlinien* anzeigen.
- *Farbe* der Gitternetzlinien ist *Automatisch.*
- *Zeilen- und Spaltenköpfe* anzeigen.
- *Horizontale Bildlaufleiste* anzeigen.
- *Vertikale Bildlaufleiste* anzeigen.
- *Blattregisterkarten* anzeigen.

Sie stellen die Ansichtsoptionen ein, indem Sie im Menü *Extras* auf *Optionen* und dann auf die Registerkarte *Ansicht* klicken. Wählen Sie dort die gewünschten Optionen aus.

Optionen: Berechnung

In diesem Buch wird davon ausgegangen, dass im Dialogfeld *Optionen* auf der Registerkarte *Berechnung* die folgenden Optionen ausgewählt sind. Optionen, die nicht genannt werden, spielen keine Rolle.

- *Berechnung* ist *Automatisch*.
- Unter *Arbeitsmappe* ist *Beschriftungen in Formeln zulassen* gewählt.

Sie stellen die Berechnungsoptionen ein, indem Sie im Menü *Extras* auf *Optionen* und dann auf die Registerkarte *Berechnung* klicken. Wählen Sie dort die gewünschten Optionen aus.

Optionen: Allgemein

In diesem Buch wird davon ausgegangen, dass im Dialogfeld *Optionen* auf der Registerkarte *Allgemein* die folgenden Optionen ausgewählt sind. Optionen, die nicht genannt werden, spielen keine Rolle.

- *Z1S1-Bezugsart* ist deaktiviert.
- *Blätter in neuer Arbeitsmappe* ist *3*.
- *Benutzername* ist Ihr eigener Name.

Sie stellen diese Optionen ein, indem Sie im Menü *Extras* auf *Optionen* und dann auf die Registerkarte *Allgemein* klicken. Stellen Sie dort die gewünschten Optionen ein.

Die Umgebung des Visual Basic-Editors

Die Einstellungen der Arbeitsumgebung des Visual Basic-Editors sind unabhängig von den Einstellungen von Microsoft Excel. Sie zeigen den Visual Basic-Editor an, indem Sie in Excel in der Symbolleiste *Visual Basic* auf die Schaltfläche *Visual Basic-Editor* klicken.

Fenster

- Alle Fenster bis auf das Codefenster sind geschlossen.
- Das Codefenster ist maximiert.

Symbolleisten

- Die Symbolleiste *Standard* wird angezeigt.
- Menüs und Symbolleisten enthalten die voreingestellten Befehle.

Sie steuern, welche Symbolleisten eingeblendet werden, indem Sie im Menü *Ansicht* auf *Symbolleisten* und dann auf *Anpassen* klicken. Auf der

Registerkarte *Symbolleisten* versehen Sie lediglich die Symbolleiste *Standard* mit einem Häkchen.

Um die Symbolleisten zurückzusetzen, klicken Sie im Menü *Ansicht* auf *Symbolleisten*, dann auf *Anpassen* und schließlich auf die Registerkarte *Symbolleisten*. Wählen Sie einen Symbolleisten- oder Menünamen, und klicken Sie auf *Zurücksetzen*.

Optionen: Editor

In diesem Buch wird davon ausgegangen, dass im Dialogfeld *Optionen* auf der Registerkarte *Editor* die folgenden Optionen ausgewählt sind. Optionen, die nicht genannt werden, spielen keine Rolle.

- *Automatische Syntaxüberprüfung* ist eingeschaltet.
- *Variablendeklaration erforderlich* ist ausgeschaltet (möglichst bis Kapitel 9).
- *Elemente automatisch auflisten* ist eingeschaltet.
- *Automatische QuickInfo* ist eingeschaltet.
- *Automatische Daten-Tips* ist eingeschaltet.
- *Automatisch Einzug vergrößern* ist eingeschaltet.
- *Standardmäßig ganzes Modul anzeigen* ist eingeschaltet.
- *Prozedurtrennlinie* ist eingeschaltet.

Sie stellen die Editor-Optionen ein, indem Sie im Menü *Extras* auf *Optionen* und dann auf die Registerkarte *Editor* klicken. Wählen Sie dort die gewünschten Optionen aus.

Optionen: Editorformat

In diesem Buch wird davon ausgegangen, dass im Dialogfeld *Optionen* auf der Registerkarte *Editorformat* die folgenden Optionen ausgewählt sind. Optionen, die nicht genannt werden, spielen keine Rolle.

- *Normaler Text* hat für *Vordergrund*, *Hintergrund* und *Anzeigen* die Einstellung *Auto*.
- *Ausführungsstelle-Text* hat für *Vordergrund* die Einstellung *Auto* und für *Hintergrund* und *Anzeigen* die Einstellung *Gelb*.
- *Haltepunkttext* hat für *Vordergrund* die Einstellung *Weiß* und für *Hintergrund* und *Anzeigen* die Einstellung *Dunkelrot*.
- *Kommentartext* hat für *Vordergrund* die Einstellung *Grün* und für *Hintergrund* und *Anzeigen* die Einstellung *Auto*.

- *Schlüsselworttext* hat für *Vordergrund* die Einstellung *Dunkelblau* und für *Hintergrund* und *Anzeigen* die Einstellung *Auto*.
- *Kennzeichenleiste* ist eingeschaltet.

Sie stellen die Editorformat-Optionen ein, indem Sie im Menü *Extras* auf *Optionen* und dann auf die Registerkarte *Editorformat* klicken. Wählen Sie dort die gewünschten Optionen aus.

Optionen: Allgemein

In diesem Buch wird davon ausgegangen, dass im Dialogfeld *Optionen* auf der Registerkarte *Allgemein* die folgenden Optionen ausgewählt sind. Optionen, die nicht genannt werden, spielen keine Rolle.

- *Benachrichtigung vor Zustandsänderung* ist ausgeschaltet.
- *Unterbrechen bei Fehlern* ist auf *In Klassenmodul* gesetzt.
- *Kompilieren bei Bedarf* ist eingeschaltet.
- *Kompilieren Im Hintergrund* ist eingeschaltet.

Sie stellen diese Optionen ein, indem Sie im Menü *Extras* auf *Optionen* und dann auf die Registerkarte *Allgemein* klicken. Wählen Sie dort die gewünschten Optionen aus.

Optionen: Verankern

In diesem Buch wird davon ausgegangen, dass im Dialogfeld *Optionen* auf der Registerkarte *Verankern* die folgenden Optionen ausgewählt sind. Optionen, die nicht genannt werden, spielen keine Rolle. (Diese Einstellungen haben keine Auswirkungen auf die Übungen, unter Umständen stimmt aber Ihre Bildschirmanzeige nicht mit den Abbildungen im Buch überein, wenn Sie andere Einstellungen wählen.)

- *Verankerbar* sind alle Fenster (der Objektkatalog ist nach Kapitel 3 verankerbar).

Sie stellen diese Optionen ein, indem Sie im Menü *Extras* auf *Optionen* und dann auf die Registerkarte *Verankern* klicken. Wählen Sie dort die gewünschten Optionen aus.

Konventionen

Sie können bei der Arbeit mit diesem Buch viel Zeit sparen, wenn Sie sich von vornherein mit der Art und Weise vertraut machen, wie hier Anweisungen und Tastatureingaben etc. dargestellt werden.

Übungen

- Die Anleitungen für praktische Übungen, die Sie nachvollziehen sollen, werden in nummerierten Schritten gegeben (❶, ❷, ❸ etc.). Der Kreis ● zeigt an, dass eine Übung aus nur einem Schritt besteht.

Typografische Konventionen

- Text, den Sie eingeben sollen, wird in **fett gedruckten Buchstaben** dargestellt.
- Neue Begriffe, Oberflächenbegriffe, wie beispielsweise die Namen von Menüs und Befehlen, im Text angeführter Programmcode sowie Buch- und Kapiteltitel sind in *Kursivschrift* gedruckt.
- Tastenbezeichnungen werden durch Tastensymbole dargestellt. Ein Pluszeichen zwischen zwei Tasten bedeutet, dass Sie die Tasten gleichzeitig drücken müssen. Die Anweisung „drücken Sie [Alt]+[Tab]" bedeutet beispielsweise, dass Sie die Alt-Taste gedrückt halten müssen, während Sie auf die Tabulatortaste drücken.
- Programmbeispiele oder mehrere, von Ihnen einzugebende Programmzeilen werden in nicht-proportionaler Schrift dargestellt.

```
ÄnderungenZulassen = False
```

Symbole in der Marginalienspalte

Dateiname

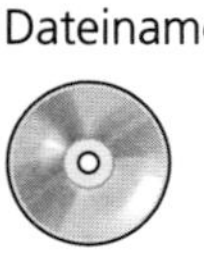

- Dieses Symbol findet sich am Anfang jedes Kapitels neben dem Abschnitt, der erläutert, welche Dateien in diesem Kapitel verwendet werden und welche Vorbereitungen zu treffen sind, bevor mit der Bearbeitung des Kapitels begonnen werden kann. Die Übungsdateien, die in dem betreffenden Kapitel oder Abschnitt eingesetzt werden, werden über dem Symbol aufgelistet.

- Mit diesem Symbol sind Tipps gekennzeichnet, in denen Ihnen zusätzliche Informationen gegeben werden oder die eine alternative Vorgehensweise für einen Schritt beschreiben.

- Textpassagen, die mit diesem Symbol gekennzeichnet sind, enthalten Hinweise und Informationen, die Sie besonders beachten sollten.

- Dieses Symbol macht Sie auf wesentliche Zusatzinformationen aufmerksam, die Sie auf alle Fälle lesen und genau beachten sollten, bevor Sie mit der Lektion fortfahren.

- Außerdem sind die Schaltflächen, auf die Sie während der Durchführung der Übungen klicken müssen, neben dem entsprechenden Schritt abgebildet. Sie sehen hier beispielsweise die Schaltfläche *Makro ausführen*.

Weitere Informationen

- In Bildschirmabbildungen werden die in den Übungen erstellten Benutzeroberflächen und das Erscheinungsbild der Bildschirmanzeige nach der Ausführung der beschriebenen Arbeitsschritte dargestellt. Häufig werden durch Beschriftungen die Teile einer Abbildung hervorgehoben, die Sie besonders beachten sollten.
- Die grau schattierten Textabschnitte in diesem Buch enthalten Erläuterungen zu besonderen Programmiertechniken oder Funktionen und Hintergrundinformationen zu Leistungsmerkmalen, die im betreffenden Abschnitt behandelt werden.
- In der Zusammenfassung am Ende jeder Lektion können Sie sich noch einmal einen schnellen Überblick darüber verschaffen, wie die in der Lektion behandelten Aufgaben durchgeführt werden.
- Am Ende jeder Lektion finden Sie zudem eine Liste der Hilfethemen, die weiterführende Informationen zu dem in der Lektion behandelten Stoff enthalten.
- Die Abschnitte *Wiederholung und Übungen*, die jeden Teil abschließen, enthalten zusätzliche Übungen, mit denen Sie die wichtigsten Fertigkeiten, die Sie in den Lektionen erworben haben, nochmals üben und vertiefen können.

Ein Makro aufzeichnen,
Seite 32

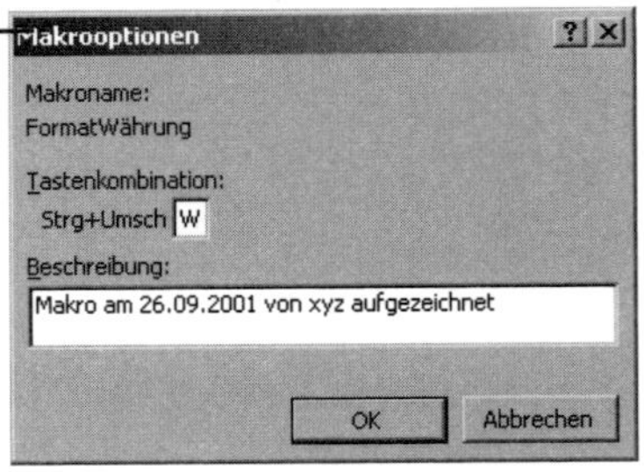

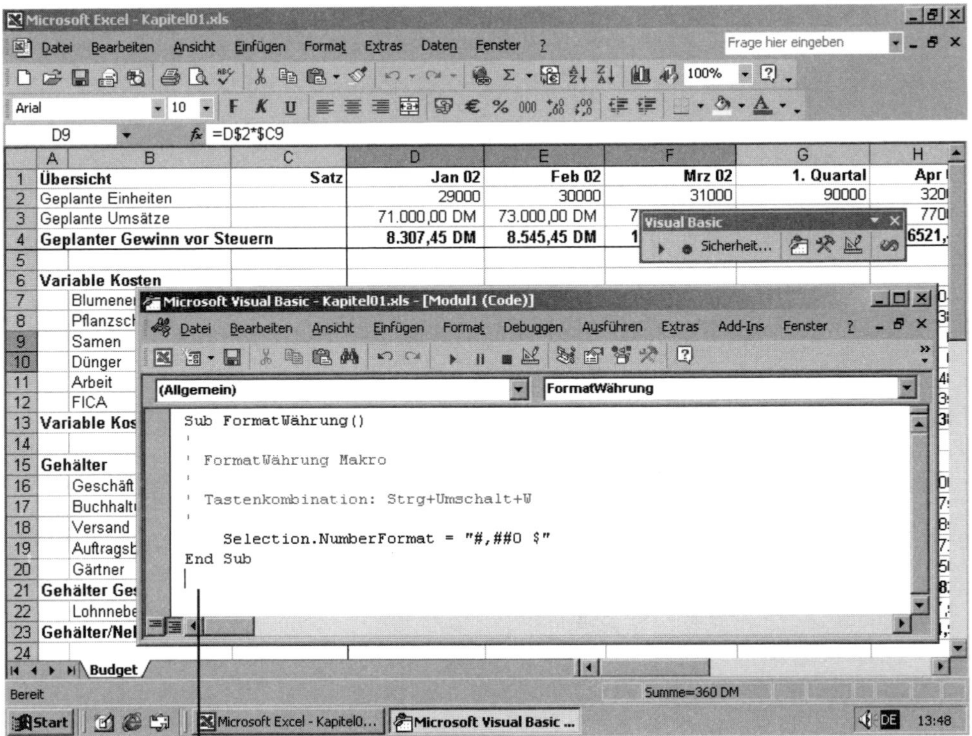

Ein Makro zu lesen lernen,
Seite 36

1 Mit einem Makro einfache Aufgaben ausführen

In diesem Kapitel lernen Sie

- wie Sie ein Makro aufzeichnen und abspielen.
- wie Sie aufgezeichnete Makros interpretieren und bearbeiten.
- wie Sie ein Makro mit einer Tastenkombination aufrufen.

Letzten Monat ist die Fernbedienung unseres Videorekorders verschwunden. Es war entsetzlich. Ich wollte den Spielfilm „Der Zauberer von Oz" aufzeichnen, der nachts um 3 Uhr gesendet werden sollte, doch das gelang mir nicht, weil die Zeiteinstellung nur über die Fernbedienung möglich ist. Glücklicherweise fand mein Mann nach zwei Wochen beim Aufräumen die Fernbedienung in der Spielzeugkiste unserer Tochter Miriam und gab mir das wertvolle Stück zurück. Ich bin glücklich, dass ich nun wieder alte Spielfilme aufzeichnen kann. Eines Tages werde ich sie mir sicher auch einmal ansehen.

Microsoft Visual Basic für Applikationen (VBA) ist die Fernbedienung von Microsoft Excel 2002. Sicher, Sie können mit Excel arbeiten, ohne jemals VBA zu verwenden, doch die „Fernbedienung" VBA erleichtert Ihnen nicht nur die Arbeit, sondern erlaubt Ihnen auch, Eigenschaften zu verwenden, auf die Sie über die Standardoberfläche sonst keinen Zugriff hätten. Und wenn Sie einmal mit Excels Fernbedienung vertraut sind, werden Sie sich fragen, wie Sie jemals ohne sie ausgekommen sind.

Wie Visual Basic für Applikationen mit Excel kommuniziert

Die ersten Makrosprachen von Tabellenkalkulationen imitierten die Benutzeroberfläche. Wenn Sie beispielsweise **B** (für „Bereich"), **N** (für „Name") und **E** (für „Erstellen") in der Benutzeroberfläche eingegeben haben, hätten Sie **BNE** im Makro verwendet, um den Prozess zu automatisieren. Dieser Ansatz hatte einige Schwächen. Solche Makros waren schwer zu lesen und nicht gut an die grafische Benutzeroberfläche anzupassen. Welche Tastatureingaben würden Sie angeben, wenn ein Rechteck mit der Maus zu einer anderen Position verschoben werden soll?

Um solche Probleme zu lösen, enthielten die frühen Versionen von Excel einen neuen Makrosprachentyp, der Makrobefehle umfasste, die von der Benutzeroberfläche unabhängig waren. So gab es in Excel Version 4 mindestens drei unterschiedliche Möglichkeiten, einen Bereich zu kopieren: Strg+C drücken, auf die Schaltfläche *Kopieren* klicken und im Menü *Bearbeiten* den Befehl *Kopieren* auswählen. Alle Möglichkeiten wurden durch eine einzige Makrofunktion repräsentiert: =COPY(). Diese funktionsbasierten Makros hatten zwei entscheidende Nachteile. Excel-Makros waren Excel-spezifisch, die Sprache konnte nicht an andere Anwendungen angepasst werden. Außerdem erhöhte sich die Anzahl der Funktionen mit jeder neuen Version, und es gab keine Hilfsmittel, mit denen sich die vielfältigen Möglichkeiten strukturieren oder gruppieren ließen.

Excel mit VBA unterstützt das Konzept der *Automatisierung* (früher OLE-Automatisierung genannt). Excel war die erste große Anwendung, die sich der Vorteile dieses Konzepts bedient hat. Bei diesem Ansatz fungiert VBA als allgemein verwendbare Sprache, die nicht von der Anwendung abhängig ist. So ist nun jeder, der VBA kennt, sofort in der Lage, Excel zu automatisieren, und jeder, der lernt, Excel-Makros in VBA zu schreiben, kann sein Wissen bei anderen Arten der Visual Basic-Programmierung anwenden.

VBA ist eine Variante von Visual Basic, die von der Anwendung Microsoft Excel unterstützt wird. VBA-Makros können nicht unabhängig von der Anwendung, mit der sie erstellt wurden, ausgeführt werden. VBA und Visual Basic verfügen jedoch über den gleichen Sprachinterpreter, den gleichen Editor und viele gemeinsame Tools. In diesem Buch wird der Begriff „VBA" zur Bezeichnung der in Excel integrierten Makrosprache verwendet und „Visual Basic", wenn von Merkmalen die Rede ist, die allen Varianten von Visual Basic gemeinsam sind.

Obwohl Excel VBA beinhaltet, ist VBA nicht mit den Interna von Excel verknüpft. Stattdessen stellt Excel seine Fähigkeiten VBA in Form einer Menge von Befehlen, einer so genannten *Objektbibliothek*, zur Verfügung. VBA kommuniziert mit der Objektbibliothek von Microsoft Excel.

Abbildung 1.1 Der Zusammenhang zwischen VBA und Excel

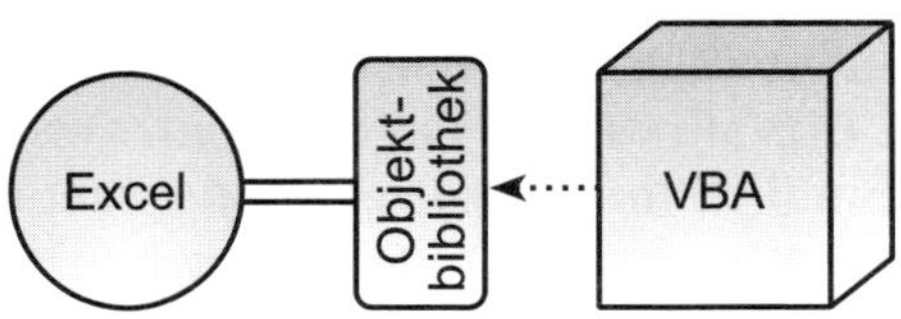

VBA kann nicht nur Excel steuern, sondern auch jede beliebige andere Anwendung, die eine Objektbibliothek bereitstellt. Alle Microsoft Office-Programme sowie einige andere Microsoft-Anwendungen und Anwendungen anderer Firmen besitzen Objektbibliotheken.

Abbildung 1.2
Mit Visual Basic Anwendungen steuern

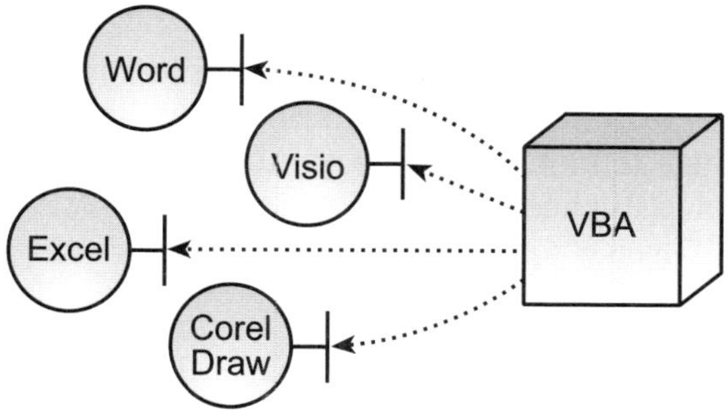

Das VBA, das mit Excel ausgeliefert wird, ist nicht die einzige Sprache, die mit der Objektbibliothek kommunizieren kann. Jede andere Sprache, die die Automatisierung unterstützt, kann zur Steuerung von Excel verwendet werden. Sie können Excel also nicht nur mit Excels VBA, sondern auch mit dem VBA von Microsoft Word, mit der eigenständigen Visual Basic-Version und sogar mit C++ oder Delphi von Borland steuern.

Abbildung 1.3
Die Möglichkeiten zur Steuerung von Excel

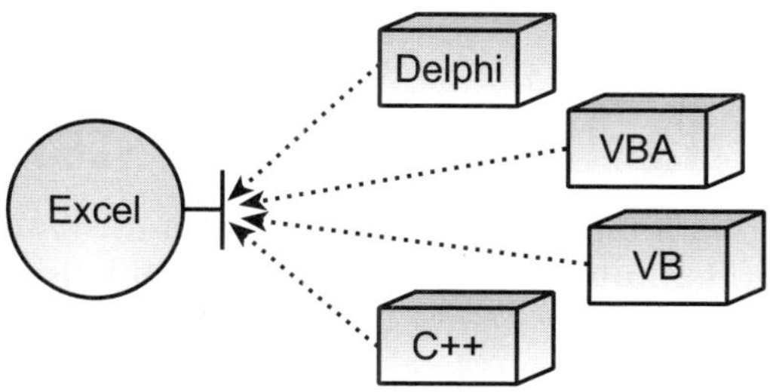

Excel-Objekte und ihre Bedeutung

Die Objektbibliothek legt die Fähigkeiten von Excel nicht nur VBA gegenüber offen, sondern auch Ihnen, was weit wichtiger ist. Sobald Sie wissen, wie Sie eine Objektbibliothek lesen und interpretieren, werden Sie weitere Möglichkeiten und Anwendungen entdecken. Der beste Weg herauszufinden, wie Visual Basic mit Excel-Objekten kommuniziert, besteht in der Aufzeichnung einiger einfacher Makros. Später werden Sie die Einschränkungen der Makroaufzeichnungsfunktion hinter sich lassen.

Während Sie dieses Buch durcharbeiten, lernen Sie zuerst, einfache Makros aufzuzeichnen und zu bearbeiten. Anschließend erfahren Sie, wie einige der wichtigsten Excel-Objekte verwendet werden und setzen VBA-Tools zur Erforschung der Excel-Objekte ein. Danach lernen Sie die mächtigen Fähigkeiten von VBA kennen, und am Schluss erfahren Sie, wie Sie die Verwendung von Makros vereinfachen.

Budget.xls

In diesem Kapitel wird die Übungsdatei *Budget.xls* verwendet, die Sie von der Begleit-CD zu diesem Buch installiert haben. Details zur Installation der Übungsdateien finden Sie im Abschnitt *Die Begleit-CD verwenden* am Anfang des Buches.

Das Kapitel beginnen

1. Starten Sie Excel.

2. Klicken Sie in der Symbolleiste *Standard* auf die Schaltfläche *Öffnen* und im Dialogfeld *Öffnen* auf die Schaltfläche *Favoriten*.
3. Doppelklicken Sie zunächst auf den Ordner, in dem Sie die Übungsdateien zu diesem Buch installiert haben, und dann auf die Arbeitsmappe *Budget*.
4. Speichern Sie die Datei *Budget* unter dem Namen **Kapitel01**.

Die Arbeitsmappe *Kapitel01* enthält ein einziges Arbeitsblatt namens *Budget* mit einem nach Monaten aufgeschlüsselten Budgetentwurf für das Jahr 2002.

Ein einfaches Makro erstellen

Excel bietet ein umfangreiches Sortiment an Werkzeugen wie Tastenkombinationen und Schaltflächen in Symbolleisten. Manchmal arbeiten diese Werkzeuge nicht ganz so, wie Sie es sich vorstellen. Zur Verbesserung eines dieser integrierten Werkzeuge werden Sie Ihr erstes Makro aufzeichnen.

Die Symbolleiste Visual Basic anzeigen

Bevor Sie damit beginnen, Makros zu erstellen, erledigen Sie noch eine Kleinigkeit, die Ihre Arbeit mit Makros sehr vereinfachen wird.

1. Klicken Sie mit der rechten Maustaste in eine beliebige Symbolleiste. Ein Kontextmenü, das die Namen aller Symbolleisten enthält, wird angezeigt.
2. Wählen Sie *Visual Basic* aus dem Kontextmenü (siehe Abbildung 1.4). Die Symbolleiste *Visual Basic* wird eingeblendet. Sie können diese Symbolleiste beliebig positionieren und ihre Darstellung verändern, genau wie bei jeder anderen Excel-Symbolleiste.

Abbildung 1.4
Das Kontextmenü mit allen Symbolleisten

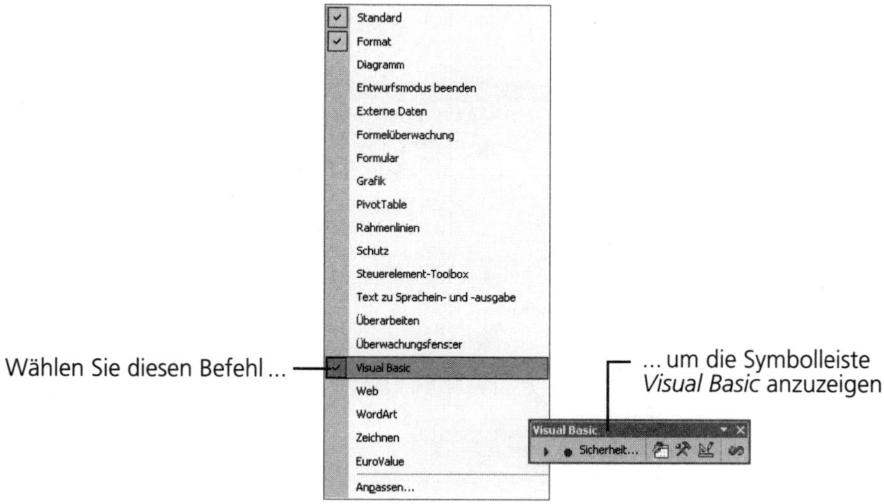

Die Schaltflächen dieser Symbolleiste sind den Bedienungselementen eines Videorekorders nachempfunden. Sobald Sie bereit sind, ein Makro aufzuzeichnen, klicken Sie einfach auf die Schaltfläche mit dem Kreis. Wenn Sie ein Makro ausführen möchten, klicken Sie auf die Schaltfläche mit dem Dreieck.

Ein Währungsformat mithilfe einer Schaltfläche zuweisen

Die Symbolleiste *Format* enthält eine Schaltfläche, mit der Sie den ausgewählten Zellen das Währungsformat zuweisen können: die Schaltfläche *Währung*.

1. Markieren Sie in der Arbeitsmappe *Kapitel01* die Zellen D3:F4 des Arbeitsblatts *Budget*.

2. Klicken Sie in der Symbolleiste *Format* auf die Schaltfläche *Währung*. Excel weist den markierten Zellen das Währungsformat zu (siehe Abbildung 1.5). Falls im gewählten Bereich daraufhin nur Nummernzeichen angezeigt werden, verbreitern Sie die Spalten.

Wenn Sie auf die Schaltfläche *Währung* klicken, weist Excel den Zellen ein Währungsformat mit zwei Dezimalstellen zu. In Ihrem Haushaltsbuch werden Sie wahrscheinlich Währungsdaten mit zwei Kommastellen verwenden, aber nicht unbedingt in einem Budgetplan, der Schätzungen enthält. Dort wirkt eine Genauigkeit auf zwei Dezimalstellen nicht angemessen. Sie möchten ein Makro erstellen, das Zellen ein Währungsformat ohne Dezimalstellen zuweist.

Abbildung 1.5
Die Tabelle *Budget* mit Währungsdaten

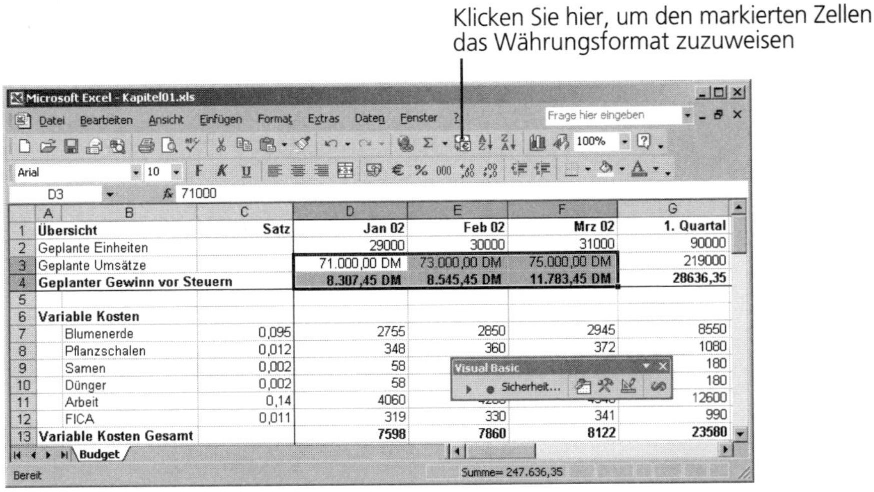

Ein Makro zur Zuweisung eines Währungsformats aufzeichnen

1. Markieren Sie im Arbeitsblatt *Budget* die Zellen D7:F8.

2. Klicken Sie in der Symbolleiste *Visual Basic* auf die Schaltfläche *Makro aufzeichnen*.
3. Ersetzen Sie den voreingestellten Makronamen durch **FormatWährung**, und klicken Sie auf *OK* (siehe Abbildung 1.6). Makronamen dürfen Groß- und Kleinbuchstaben, Unterstriche und Punkte, aber keine Leerzeichen enthalten.

Abbildung 1.6
Das Dialogfeld *Makro aufzeichnen*

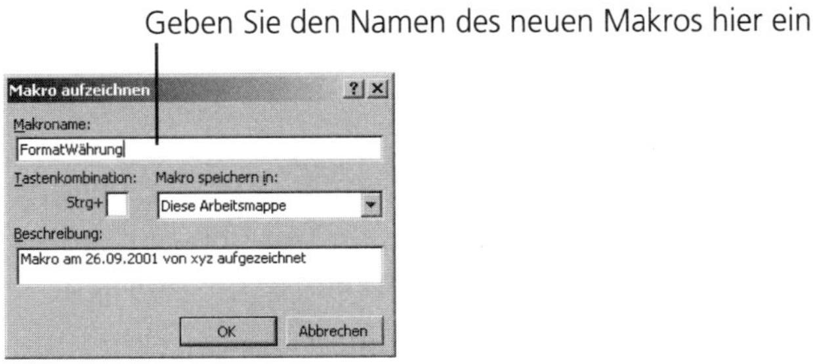

In der Statusleiste wird das Wort *Aufzeich.* angezeigt, und in der Symbolleiste *Visual Basic* wird die Schaltfläche *Aufzeichnung beenden* markiert und zudem wird die Symbolleiste *Aufzeichnung beenden* angezeigt. Sie zeichnen nun ein Makro auf.

4. Klicken Sie im Menü *Format* auf den Befehl *Zellen* und dann auf die Registerkarte *Zahlen*.

5. Wählen Sie *Währung* aus der Liste *Kategorie* aus.
6. Ersetzen Sie den Wert 2 im Feld *Dezimalstellen* durch den Wert **0** (siehe Abbildung 1.7)

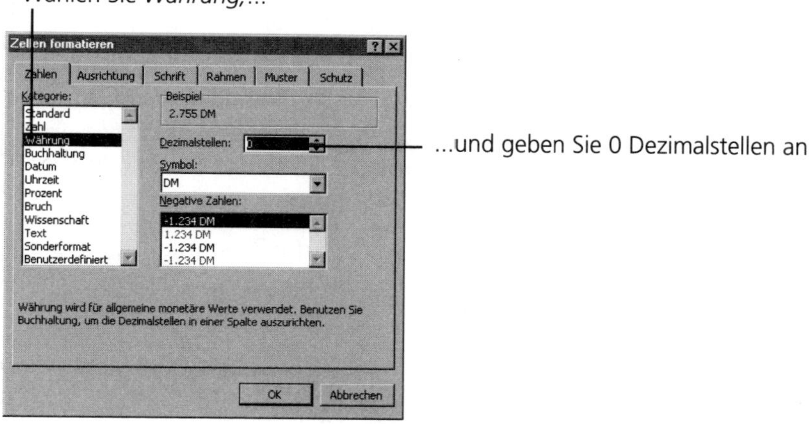

Abbildung 1.7 Die Registerkarte *Zahlen* des Dialogfelds *Zellen formatieren*

7. Wählen Sie in der Kategorieliste den Eintrag *Benutzerdefiniert*, und sehen Sie sich das Textfeld *Typ* an. Der Eintrag *#,##0 DM* repräsentiert ein Währungsformat ohne Dezimalstellen. Dieses Format wird den ausgewählten Zellen zugewiesen. (Details über Formatcodes von Zahlen erhalten Sie, wenn Sie in der Excel-Menüleiste in das Feld *Frage eingeben* den Suchbegriff *benutzerdefinierte numerische Formate* eingeben.)
8. Klicken Sie auf *OK*, um den Zellen das Währungsformat ohne Dezimalstellen zuzuweisen.

9. Klicken Sie auf die Schaltfläche *Aufzeichnung beenden*, und speichern Sie die Arbeitsmappe *Kapitel01*.

Das war's. Sie haben ein Makro aufgezeichnet, das den markierten Zellen ein Währungsformat zuweist. Nun möchten Sie das Makro wahrscheinlich ausprobieren, um zu sehen, wie es arbeitet.

Das Makro ausführen

1. Wählen Sie in der Tabelle *Budget* die Zellen D9:F10 aus.

2. Klicken Sie in der Symbolleiste *Visual Basic* auf *Makro ausführen*.
3. Wählen Sie das Makro *FormatWährung* aus der Liste, und klicken Sie auf *Ausführen*.

Ihr Makro weist den ausgewählten Zellen das selbst definierte Währungsformat zu. Allerdings ist es fast ebenso umständlich, das Makro aus dem Dialogfeld *Makro* heraus auszuführen, wie die Zellen gleich zu formatieren. Sie weisen dem Makro daher eine Tastenkombination zu.

Dem Makro eine Tastenkombination zuweisen

1. Klicken Sie in der Symbolleiste *Visual Basic* auf *Makro ausführen*.
2. Markieren Sie das Makro *FormatWährung* in der Liste, und klicken Sie auf *Optionen*.

   Das Dialogfeld *Makrooptionen* (siehe Abbildung 1.8) erlaubt Ihnen, die Tastenkombination zum Aufruf des Makros und dessen Beschreibung zu ändern. Sie können auch vor der Aufzeichnung eines Makros eine Tastenkombination festlegen.
3. Sie möchten dem Makro die Tastenkombination [Strg]+[Umschalt]+[W] zuweisen. Aktivieren Sie das Feld *Tastenkombination*, und drücken Sie [Umschalt]+[W].

Abbildung 1.8 Das Dialogfeld *Makrooptionen*

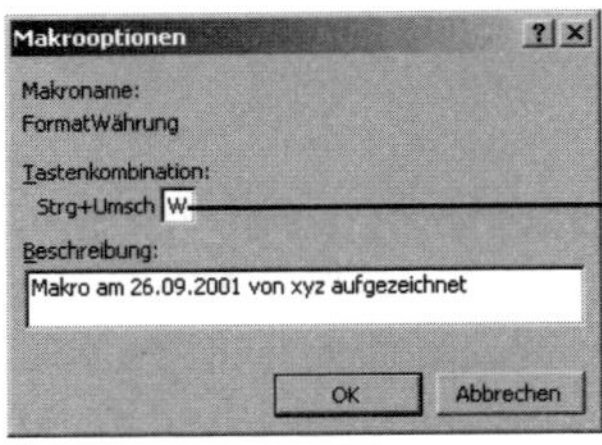

Excel besitzt viele vordefinierte Tastenkombinationen mit [Strg], die Befehlen zugeordnet sind. Beispielsweise ist [Strg]+[C] die vordefinierte Tastenkombination für den Befehl *Kopieren* und [Strg]+[Z] ist die Tastenkombination für *Rückgängig*. Wenn Sie Ihrem Makro eine dieser Tastenkombinationen zuweisen, wird das Makro ausgeführt und nicht der vormals zugeordnete Befehl. Halten Sie sich stets an die Konvention, eine Kombination der Tasten [Strg]+[Umschalt] für Makros zu verwenden. Damit wird in der Regel das Überschreiben vordefinierter Tastenkombinationen vermieden.

4. Klicken Sie auf *OK* und im Dialogfeld *Makro* auf *Abbrechen*, um zum Arbeitsblatt zurückzukehren.
5. Wählen Sie die Zellen D11:F13 aus. Drücken Sie die Tastenkombination [Strg]+[Umschalt]+[W], um das Makro auszuführen.
6. Speichern Sie die Arbeitsmappe *Kapitel01*.

   Sie haben nun erfolgreich ein Makro aufgezeichnet, ausgeführt und bearbeitet, alles, ohne das Makro selbst zu sehen. Brennen Sie nicht darauf, Ihr Werk nun auch anzusehen?

Das Makro ansehen

Das Makro ist in der Arbeitsmappe enthalten, doch Sie müssen den Visual Basic-Editor öffnen, wenn Sie es sich ansehen wollen.

1. Klicken Sie in der Symbolleiste *Visual Basic* auf die Schaltfläche *Makro ausführen*.
2. Klicken Sie auf *FormatWährung* und dann auf *Bearbeiten*.

   Das Fenster des Microsoft Visual Basic-Editors wird eingeblendet. Der Visual Basic-Editor sieht wie ein separates Programm aus, doch er gehört zu Excel. Wenn Sie Excel schließen, wird der Visual Basic-Editor automatisch beendet. Im Visual Basic-Editor wird ein Fenster mit dem Namen *Modul1* angezeigt.
3. Maximieren Sie das Fenster *Modul1*, damit es den gesamten Bildschirm ausfüllt, und verkleinern Sie dann das Fenster des Visual Basic-Editors, sodass die Excel-Arbeitsmappe im Hintergrund zu sehen ist (siehe Abbildung 1.9).
4. Falls weitere Fenster im Visual Basic-Editor sichtbar sind, schließen Sie sie.

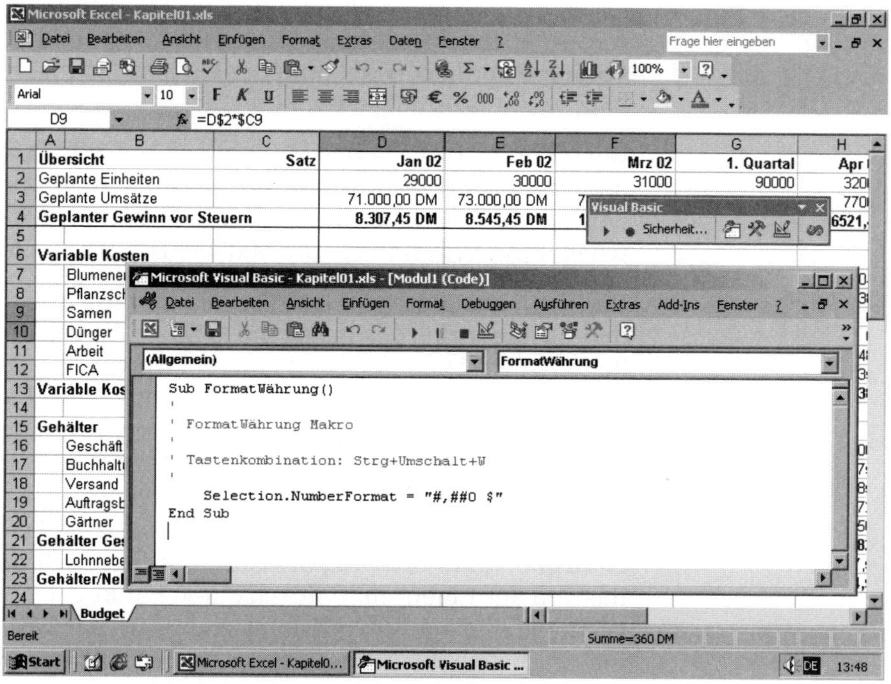

Abbildung 1.9 Das Makro wird im Visual Basic-Editor angezeigt

Das Fenster mit dem Namen *Modul1* enthält ein so genanntes *Modul* und repräsentiert den Ort, an dem Makros abgelegt werden. Ihr Makro befindet sich im Modul *Modul1*. Das Makro sieht folgendermaßen aus:

```
Sub FormatWährung()
'
' FormatWährung Makro
' Makro am 26.09.2001 von xyz aufgezeichnet
'

'
  Selection.NumberFormat = "#,##0 $"
End Sub
```

Bei den fünf Zeilen des Makros, die mit einem Apostroph beginnen, handelt es sich um *Kommentare*. Texte, die in irgendeiner Zeile einem Apostroph folgen, werden als Kommentare interpretiert. Die Leerzeile zwischen den Kommentaren, der kein Apostroph vorangestellt ist, würde eine Tastenkombination enthalten, falls Sie diese am Beginn der Aufzeichnung zugewiesen hätten. Diese Kommentare werden unter anderem eingefügt, um Sie daran zu erinnern, Makros durch beschreibende Texte zu ergänzen. Sie können Kommentare hinzufügen, ändern oder löschen, ohne die Funktionalität des Makros zu verändern. Kommentare werden grün angezeigt, damit Sie sie leichter von Anweisungen unterscheiden können. Alles Andere sind Anweisungen, die Visual Basic angeben, was auszuführen ist.

Die erste Anweisung des Makros beginnt mit *Sub* gefolgt vom Makronamen. Diese Anweisung kennzeichnet den Beginn eines neuen Makros. In der letzten Zeile eines Makros steht immer *End Sub*. Diese Anweisung bewirkt, dass Visual Basic die Makroausführung beendet.

Die Anweisungen zwischen den Schlüsselwörtern *Sub* und *End Sub* werden als Makrokörper bezeichnet. Diese Anweisungen leisten die eigentliche Arbeit. Die erste (und einzige) Anweisung im Körper des Makros *FormatWährung* beginnt mit *Selection.NumberFormat*. *Selection* ist der Name eines Objekts, das die aktuelle Auswahl repräsentiert. *NumberFormat* verweist auf ein Attribut – oder eine *Eigenschaft* – der Auswahl. Wenn die Makroaufzeichnungsfunktion eine Anweisung erstellt, die ein Gleichheitszeichen enthält, dann ist das Wort links vom Gleichheitszeichen der Name einer Eigenschaft. Der Eigenschaft steht ein Objekt voran, das von der Eigenschaft durch einen Punkt getrennt ist. Der Wert auf der rechten Seite des Gleichheitszeichen wird der Eigenschaft zugewiesen. In diesem Beispiel wird der Eigenschaft *NumberFormat* der Zahlenformatcode zugewiesen, der weiter oben im Makrocode angegeben war. Sie interpretieren eine Visual Basic-Anweisung, indem Sie sie von rechts nach links lesen: „#,##0 $ soll das Zahlenformat der aktuellen Auswahl sein".

Sie werden sich vielleicht wundern, warum die Bezeichnung *NumberFormat* hinter *Selection* steht, wenn *Selection.NumberFormat* die Bedeutung „Zahlenformat der Auswahl“ hat. In einer Excel-Tabelle werden Anweisungen nicht im Imperativ formuliert; es wird also nicht zuerst die Aktion und danach das Objekt beschrieben („Kopiere diese Zellen. Füge die Kopie in folgende Zellen ein.“). Stattdessen wird zuerst das Objekt der Excel-Tabelle benannt und dann eine Aktion ausgeführt („Diese Zellen kopieren. Diese Zellen einfügen.“). Wenn mehrere Operationen ausgeführt werden sollen, ist es effizienter, zunächst das Objekt anzugeben.

Mehrere Eigenschaften zugleich ändern

Das Makro *FormatWährung* ändert eine einzige Eigenschaft (das Zahlenformat) eines einzigen Objekts (die aktuell ausgewählten Zellen). Mit der Zuweisung eines Werts zu dieser Eigenschaft wird das Objekt verändert. Sie können auch eine Aktion aufzeichnen, mit der mehrere Eigenschaften gleichzeitig geändert werden.

Text mit einem Befehl vertikal anordnen

Excel besitzt eine Symbolleistenschaltfläche mit der Sie verschiedene Zellen miteinander verbinden und zentrieren können: die Schaltfläche *Verbinden und zentrieren*. Vielleicht möchten Sie Zellen jedoch vertikal entlang des Seitenrandes eines Berichts miteinander verbinden. In Excel steht keine Schaltfläche zur Verfügung, mit der Sie Zellen vertikal verbinden und den Text in diesen Zellen ausrichten können. Allerdings können Sie ein Makro aufzeichnen, das diese Aufgaben ausführt.

Damit verständlich wird, welche Schritte notwendig sind, verwenden Sie zunächst Menübefehle, um das gewünschte Format zu erzeugen.

1. Aktivieren Sie das Fenster *Budget*.
2. Wählen Sie den zu ändernden Bereich A6:A12 aus. Die Beschriftung *Variable Kosten* befindet sich über dem ausgewählten Bereich (siehe Abbildung 1.10).
3. Klicken Sie im Menü *Format* auf *Zellen* und dann auf die Registerkarte *Ausrichtung*. Die Registerkarte *Ausrichtung* enthält verschiedene Steuerelemente zur Festlegung der Textausrichtung, der Textanordnung, des Textumbruchs, der Textgröße und zum Verbinden von Zellen.
4. Klicken Sie auf *Zellen verbinden*, und ziehen Sie die rote Raute unter *Ausrichtung* nach oben, bis ein Winkel von 90 Grad erreicht ist (siehe Abbildung 1.11).
5. Klicken Sie auf *OK*, um die Zellen zu verbinden und die Beschriftung zu positionieren.

Abbildung 1.10
Der für die Beschriftung ausgewählte Bereich

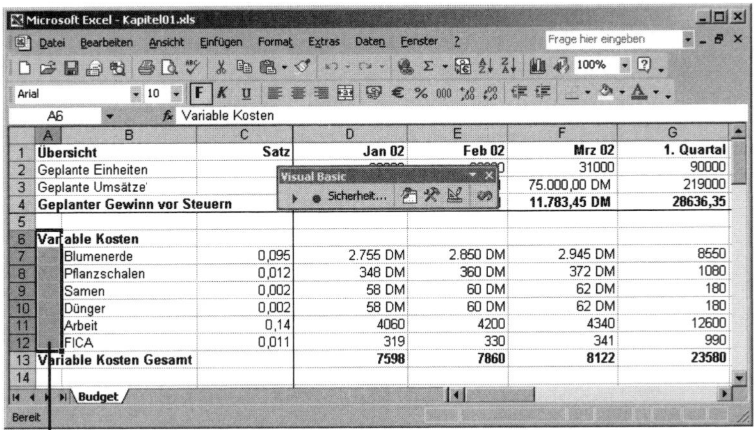

Abbildung 1.11
Einstellungen auf der Registerkarte *Ausrichtung* des Dialogfelds *Zellen formatieren*

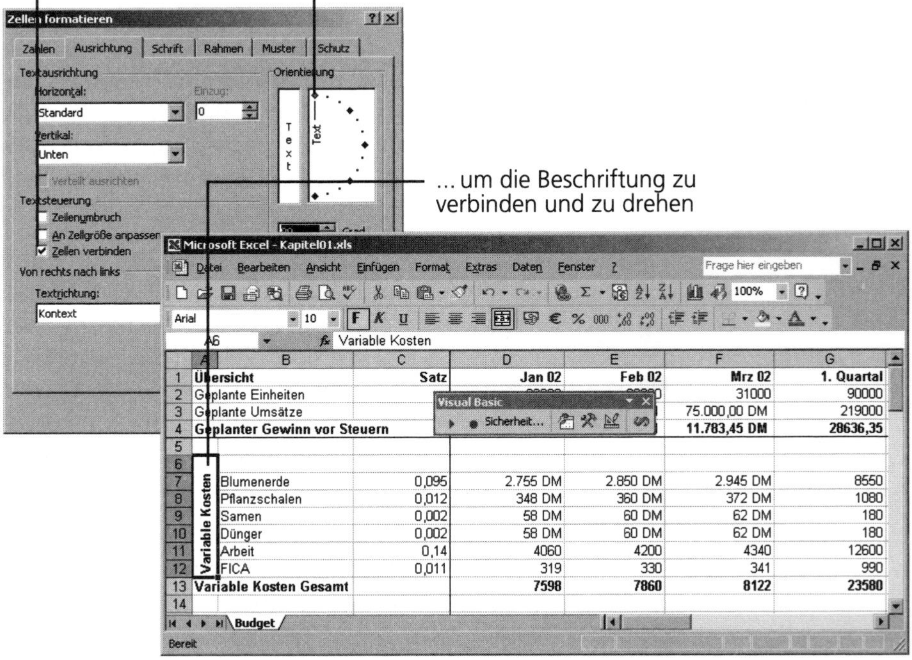

Die Möglichkeit, eine Beschriftung seitlich neben einem Zellbereich anzuordnen, bietet viele Vorteile. Sie vereinfachen den Vorgang, indem Sie ein Makro aufzeichnen.

Ein Makro aufzeichnen, um Zellen vertikal zu verbinden

1. Ordnen Sie die Fenster so an, dass sowohl das Fenster *Modul1*, als auch das Excel-Fenster zu sehen sind.

   Sie können die Fenster rasch neu anordnen, indem Sie die Fenster aller geöffneten Anwendungen, mit Ausnahme von Excel und Visual Basic-Editor, minimieren, dann mit der rechten Maustaste auf eine leere Stelle der Taskleiste klicken und im Kontextmenü *Fenster nebeneinander anordnen* wählen.

2. Wählen Sie den Bereich A15:A20 aus, und klicken Sie auf die Schaltfläche *Makro aufzeichnen*.

3. Im Dialogfeld *Makro aufzeichnen* ersetzen Sie den voreingestellten Makronamen durch **VertikalVerbinden**, die voreingestellte Beschreibung durch **Zellen vertikal verbinden** und definieren die Tastenkombination Strg+Umschalt+V.

   Falls Sie zwei Makros die gleiche Tastenkombination zuweisen, wird das Makro ausgeführt, das in der Liste der Makronamen zuerst aufgeführt ist. Eine Tastenkombination ist nur dann gültig, wenn die Arbeitsmappe geöffnet ist, zu der das Makro gehört.

4. Klicken Sie auf *OK*. Im Fenster *Modul* sehen Sie, dass die Zeilen mit den Einträgen *Sub* und *End Sub* sowie die Kommentarzeilen sofort in das Makro eingefügt werden.

   Sobald Sie das erste Makro aufzeichnen, erstellt Excel ein neues Modul. Wenn Sie in der Arbeitssitzung weitere Makros aufzeichnen, fügt Excel die neuen Makros jeweils am Ende des bestehenden Moduls ein. Nachdem Sie die Arbeitsmappe geschlossen und erneut geöffnet haben, legt die Makroaufzeichnungsfunktion Makros in einem neuen Modul ab. Sie haben keinerlei Kontrolle darüber, wo neue Makros abgelegt werden. Dass sich aufgezeichnete Makros in verschiedenen Modulen befinden, sollte eigentlich kein Problem darstellen. Wenn Sie ein Makro im Dialogfeld *Makros* zum Ausführen oder Bearbeiten auswählen, dann wird automatisch das richtige Modul aktiviert.

5. Klicken Sie im Menü *Format* auf *Zellen*. Auf der Registerkarte *Ausrichtung* des Dialogfelds *Zellen formatieren* markieren Sie *Zellen verbinden*, setzen die *Ausrichtung* auf *90* Grad und klicken auf *OK*. Die Aufzeichnungsfunktion fügt mehrere Zeilen in das Makro ein.

6. Klicken Sie auf die Schaltfläche *Aufzeichnung beenden*, und speichern Sie die Arbeitsmappe *Kapitel01*.

Das neue Makro im Fenster *Modul1* sieht wie folgt aus:

```
Sub VertikalVerbinden()
'
' VertikalVerbinden Makro
' Zellen vertikal verbinden
'
' Tastenkombination: Strg+Umschalt+V
'
  With Selection
    .HorizontalAlignment = xlGeneral
    .VerticalAlignment = xlBottom
    .WrapText = False
    .Orientation = 90
    .AddIndent = False
    .IndentLevel = 0
    .ShrinkToFit = False
    .ReadingOrder = xlContext
    .MergeCells = True
  End With
End Sub
```

Das Makro enthält neun verschiedene Eigenschaften, die die Zellenausrichtung bestimmen. Nach jeder Eigenschaft folgt ein Gleichheitszeichen. Diese Eigenschaften entsprechen den Steuerelementen, die Sie im Dialogfeld *Zellen formatieren* gesehen haben.

Die Einstellungen der Eigenschaften gehören zum selben Objekt, der aktuellen Auswahl, genau wie bei der Definition der Eigenschaft *NumberFormat* im Makro *FormatWährung*. Im Makro *FormatWährung* ist allerdings der Eigenschaftsname durch einen Punkt direkt mit *Selection* verbunden. Damit wird angezeigt, dass sich die Eigenschaft auf die Zellen der aktuellen Auswahl bezieht. In diesem Makro dagegen steht jeder der Eigenschaftsnamen für sich und weist lediglich einen vorangestellten Punkt auf.

Das Objekt, auf das sich diese neun Eigenschaften beziehen, erscheint in einer Anweisung, die mit dem Wort *With* beginnt. Das Anweisungspaar, das mit *With* beginnt und mit *End With* endet, wird *With-Struktur* genannt. Es bedeutet Folgendes: In jeder Zeile, die mit einem Punkt beginnt, wird implizit das Wort, das auf *With* folgt, vor dem Punkt eingefügt. *With*-Strukturen bewirken, dass der Code einfacher zu lesen ist, da sofort erkennbar ist, dass sich alle Eigenschaften auf die aktuelle Auswahl beziehen. *With*-Strukturen werden Ihnen in aufgezeichneten Makros häufig begegnen.

Unnötige Zeilen aus dem Makro entfernen

In vielen Dialogfeldern werden während der Aufzeichnung eines Makros alle möglichen Eigenschaften erfasst, auch wenn Sie nur den Wert einer einzigen Eigenschaft ändern. Ihr Makro ist einfacher zu verstehen, wenn Sie unnötige Eigenschaften daraus entfernen.

Mit dem Makro *VertikalVerbinden* müssen nur die Werte der Eigenschaften *Orientation* und *MergeCells* geändert werden. Daher können Sie die weiteren Zeilen aus dem Makro löschen.

1. Aktivieren Sie den Visual Basic-Editor, und klicken Sie im Editor-Fenster in den Randbereich links von *.HorizontalAlignment*. (Der Mauszeiger sollte die Form eines nach rechts weisenden Pfeils annehmen, bevor Sie klicken.)

   Damit wird die gesamte Zeile markiert, einschließlich der Einrückung vor dem Text.

   Wenn ein dunkelroter Punkt am Rand angezeigt wird, haben Sie zu weit links in den grauen Bereich geklickt. Klicken Sie auf den roten Kreis, um ihn zu entfernen, und versuchen Sie es erneut.

2. Drücken Sie [Entf].

3. Wiederholen Sie die Schritte 1 und 2 für alle Eigenschaften außer *Orientation* und *MergeCells*. Falls Sie zu viel löschen, klicken Sie auf die Schaltfläche *Rückgängig*, um die Daten wiederherzustellen. Das vereinfachte Makro (die Kommentarzeilen werden ignoriert; Sie können sie löschen, wenn Sie möchten) sollte wie folgt aussehen:

```
Sub VertikalVerbinden()
  With Selection
    .Orientation = 90
    .MergeCells = True
  End With
End Sub
```

4. Aktivieren Sie das Excel-Fenster, und wählen Sie die Zellen A25:A30.

5. Drücken Sie [Strg]+[Umschalt]+[V].

   Das Makro verbindet die Zellen und dreht die Beschriftung.

6. Speichern Sie die Arbeitsmappe *Kapitel01*.

Sie haben in der letzten Übung nicht nur ein Makro aufgezeichnet, sondern auch Teile davon gelöscht, und es funktioniert immer noch. Als Nächstes werden Sie ein Makro aufzeichnen und einige Anweisungen in das Makro einfügen.

Ein aufgezeichnetes Makro bearbeiten

Ein typisches Excel-Arbeitsblatt besitzt hellgraue Gitternetzlinien, welche die Begrenzungen der Zellen markieren. Manchmal sind Ihnen die Gitternetzlinien vielleicht im Weg und Sie möchten sie löschen. Zunächst werden Sie die Gitternetzlinien mit Menübefehlen entfernen und dann ein Makro aufzeichnen, um die Änderungen auszuführen.

Gitternetzlinien mit einem Befehl entfernen

1. Klicken Sie im Menü *Extras* auf *Optionen* und dann, falls erforderlich, auf die Registerkarte *Ansicht*.
2. Entfernen Sie im Bereich *Fensteroptionen* die Markierung aus *Gitternetzlinien*.
3. Klicken Sie auf *OK*. Die Gitternetzlinien werden ausgeblendet.
4. Wiederholen Sie Schritt 1, und markieren Sie *Gitternetzlinien*, damit sie wieder eingeblendet werden. Klicken Sie auf *OK*.

Gitternetzlinien sind eine Eigenschaft des Fensters. Sie können die Option *Gitternetzlinien* markieren, damit der Wert dieser Eigenschaft auf *True* gesetzt und die Gitternetzlinien eingeblendet werden. Wenn Sie die Markierung aus dem Kontrollkästchen *Gitternetzlinien* entfernen, wird der Wert der Eigenschaft auf *False* gesetzt und die Gitternetzlinien werden ausgeblendet. Wir sehen uns nun an, wie die Gitternetzlinien mit einem Makro ausblendet werden.

Ein Makro aufzeichnen, um Gitternetzlinien auszublenden

1. Klicken Sie auf *Makro aufzeichnen*.
2. Ersetzen Sie den voreingestellten Makronamen durch **GitternetzlinienEntfernen**, und klicken Sie auf *OK*. Das Grundgerüst des Makros (Kommentare sowie die Zeilen mit den Einträgen *Sub* und *End* Sub) wird in das Modul eingefügt.
3. Klicken Sie im Menü *Extras* auf *Optionen*. Entfernen Sie auf der Registerkarte *Ansicht* die Markierung aus dem Kontrollkästchen *Gitternetzlinien*, und klicken Sie auf *OK*.

   Die Gitternetzlinien werden ausgeblendet.

4. Klicken Sie auf die Schaltfläche *Aufzeichnung beenden*, und speichern Sie die Arbeitsmappe *Kapitel01*.

5. Klicken Sie auf *Makro ausführen*, wählen Sie *GitternetzlinienEntfernen*, und klicken Sie auf *Bearbeiten*, um sich den Code anzusehen. Wenn man von den Kommentarzeilen absieht, enthält das Makro den folgenden Code:

```
Sub GitternetzlinienEntfernen()
  ActiveWindow.DisplayGridlines = False
End Sub
```

Dieses Makro ähnelt dem Makro *FormatWährung*. Sie lesen es als „False soll die Einstellung der Eigenschaft *DisplayGridlines* des aktiven Fensters sein". Sie ändern hier nicht die Eigenschaften der Auswahl, sondern die des aktiven Fensters. In beiden Fällen ändern Sie ein *Objekt*, also ein Excel-Element, das Sie mit Makros steuern können. Diesmal handelt es sich bei dem Objekt nicht um einen Zellbereich, sondern um ein Fenster.

Das Makro im Visual Basic-Editor ausführen

Sie können das Makro mühelos ändern, sodass die Gitternetzlinien wieder eingeblendet werden.

1. Ersetzen Sie im Makro *GitternetzlinienEntfernen* den Eintrag *False* durch **True**.

Sie können Makros im Visual Basic-Editor nicht über die ihnen zugeordnete Tastenkombinationen aufrufen. Allerdings benötigen Sie sie auch nicht, da im Visual Basic-Editor eine Funktionstaste zum Aufruf von Makros, die gerade bearbeitet werden, verfügbar ist.

2. Drücken Sie F5, um das Makro auszuführen. Die Gitternetzlinien werden im aktuellen Excel-Arbeitsblatt wieder eingeblendet. Sie können im Visual Basic-Editor F5 drücken, um ein Makro auszuführen, während Sie es testen.

Wenn Sie im Visual Basic-Editor arbeiten und das Dialogfeld *Makro* einblenden möchten, um darin ein Makro auszuwählen, klicken Sie in einen Bereich außerhalb der Makroanweisungen, bevor Sie F5 drücken.

Den Wert einer Eigenschaft mit einem Makro ändern

Sie könnten ein Makro erstellen, welches die Gitternetzlinien ausblendet, und eines, welches sie wieder einblendet. Bequemer ist ein einziges Makro, das den Wert der Eigenschaft ändert. Um den Wert einer Eigenschaft ändern zu können, müssen Sie zunächst den aktuellen Wert der Eigenschaft ermitteln. Sie speichern dazu den Wert der Eigenschaft in einem speziellen Behältnis, einer so genannten *Variablen*. Sie weisen den aktuellen Wert der Eigenschaft einer Variablen zu, ändern dann den Wert der Variablen und weisen die Variable wieder der Eigenschaft zu.

Und so geht es:

1. Fügen Sie eine neue leere Zeile nach den Kommentaren ein.

2. Markieren Sie *ActiveWindow.DisplayGridlines*, und halten Sie [Strg] gedrückt, während Sie die markierte Zeile in die Leerzeile ziehen. Sie haben damit die Anweisung kopiert.

3. Geben Sie am Anfang der neuen Zeile **neuGitter =** ein. Die neue Anweisung lautet nun *neuGitter = ActiveWindow.DisplayGridlines*. Der aktuelle Wert von *DisplayGridlines*, *True* oder *False*, wird in der Variablen *neuGitter* gespeichert.

Für Variablennamen gelten die gleichen Regeln wie für Makronamen: Sie müssen mit einem Buchstaben beginnen und dürfen nur Buchstaben, Ziffern und Unterstriche enthalten. Sie können Variablen einen beliebigen Namen zuweisen, sollten allerdings Bezeichnungen vermeiden, die von Excel oder Visual Basic verwendet werden. Fügen Sie ein Präfix wie *neu* zum Variablennamen hinzu, um potenzielle Konflikten zu vermeiden.

4. Doppelklicken Sie auf *True* in der Originalanweisung, und ersetzen Sie den Ausdruck durch **Not neuGitter**. Das VBA-Schlüsselwort *Not* bewirkt, dass der Wert *True* in *False* und der Wert *False* in *True* geändert wird.

5. Ändern Sie den Namen *GitternetzlinienEntfernen* in **Gitternetzlinien-Schalter**, damit die neue Funktion des Makros klarer beschrieben wird. Das Makro sollte wie folgt aussehen:

```
Sub GitternetzlinienSchalter()
  neuGitter = ActiveWindow.DisplayGridlines
  ActiveWindow.DisplayGridlines = Not neuGitter
End Sub
```

Falls die Anweisung *Option Explicit* am Anfang des Moduls steht, löschen Sie den Ausdruck, bevor Sie das Makro ausführen.

6. Klicken Sie im Visual Basic-Editor auf die Schaltfläche *Speichern*, um die Arbeitsmappe *Kapitel01* zu speichern, die die Makros enthält.

7. Drücken Sie einige Male [F5], um das Makro zu testen.

Das Makro liest den Wert der Eigenschaft, ändert ihn mit dem Schlüsselwort *Not* in den gegenteiligen Wert und weist der Eigenschaft den neuen, invertierten Wert zu. Inzwischen haben Sie sicher das Muster erkannt, nach dem einfache, arbeitserleichternde Makros erstellt werden: Sie versuchen, selbst eine Aktion auszuführen. Nachdem Sie wissen, wie die Aufgabe zu erledigen ist, starten Sie die Aufzeichnung, führen die entsprechenden Schritte aus und beenden die Aufzeichnung dann.

Aktionen in einem Makro aufzeichnen

Bisher haben alle aufgezeichneten Makros den Wert einer oder mehrerer Eigenschaften eines Objekts geändert. Sie können auch Aktionen aufzeichnen, die den Wert einer Eigenschaft nicht verändern. Sehen Sie sich an, wie ein solches Makro aussieht.

Nehmen wir an, Sie möchten, dass die Formeln einiger Zellen im Arbeitsblatt *Budget* den aktuellen Wert beibehalten. Zunächst werden Sie mit Menübefehlen die Formeln in ihre aktuellen Werte ändern, und danach erstellen Sie ein Makro, mit dem jede Formel in einen Wert umgewandelt werden kann.

Eine Formel mit Menübefehlen in einen Wert umwandeln

1. Aktivieren Sie das Fenster *Budget*, und klicken Sie auf Zelle D4 (siehe Abbildung 1.12).

Abbildung 1.12
Eine Summenformel in der Tabelle *Budget*

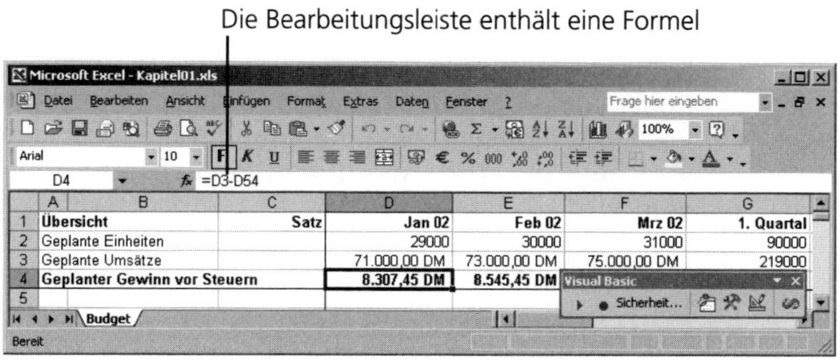

Beachten Sie die Formel in der Bearbeitungsleiste: =D3-D54.

2. Klicken Sie im Menü *Bearbeiten* auf *Kopieren*.

3. Ändern Sie die Auswahl nicht. Klicken Sie im Menü *Bearbeiten* auf *Inhalte einfügen*. Das Dialogfeld *Inhalte einfügen* wird eingeblendet. Das Dialogfeld *Inhalte einfügen* umfasst zwei Optionsgruppen (*Einfügen* und *Vorgang*) und zwei Kontrollkästchen (*Leerzellen überspringen* und *Transponieren*). Sie können in jeder Gruppe nur jeweils eine Option auswählen und die Kontrollkästchen nur aktivieren oder deaktivieren. Somit stehen im Dialogfeld *Inhalte einfügen* vier unterschiedliche Optionen zur Auswahl (siehe Abbildung 1.13).

4. Wählen Sie unter *Einfügen* die Option *Werte*, und klicken Sie auf *OK*. Excel fügt das Formelergebnis in die Zelle ein und überschreibt die Formel. Der Laufrahmen um die Zelle ist noch sichtbar und weist darauf hin, dass Sie den Wert in weitere Zellen einfügen könnten.

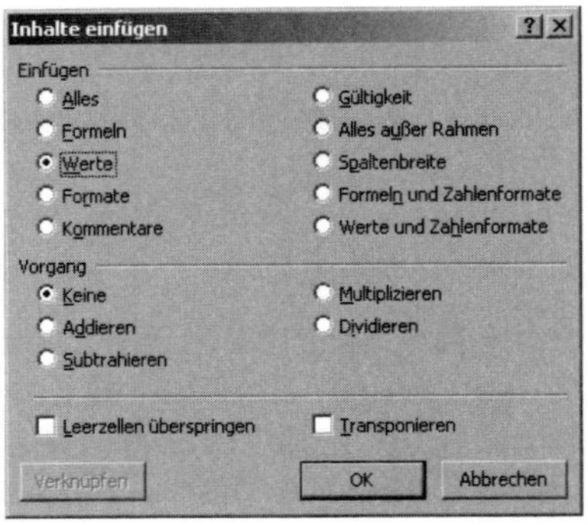

Abbildung 1.13
Das Dialogfeld *Inhalte einfügen*

5. Drücken Sie Esc, um den Kopiermodus zu beenden und den Laufrahmen auszublenden. Sehen Sie sich die Bearbeitungsleiste an: Die Zelle D4 enthält nun den Wert 8.307,45.

Während Sie mithilfe von Menübefehlen kopiert und eingefügt haben, ist Ihnen vielleicht aufgefallen, dass bei der Auswahl des Befehls *Kopieren* kein Dialogfeld eingeblendet worden ist. Sie sehen einen Laufrahmen um die Zellen sowie eine Meldung in der Statusleiste, doch Sie müssen Excel nicht mitteilen, wie kopiert wird. Zur Ausführung des Befehls *Inhalte einfügen* sind dagegen zusätzliche Informationen erforderlich, und daher wird ein Dialogfeld eingeblendet. Einige Aktionen in Excel erfordern weitere Angaben dazu, wie die Aktion ausgeführt werden soll, andere dagegen nicht.

Eine Formel mit einem Makro in einen Wert konvertieren

Beachten Sie, wie sich die Makroaufzeichnung von Aktionen, bei denen ein Dialogfeld eingeblendet wird, gegenüber den anderen Aktionen unterscheidet.

1. Markieren Sie in der Tabelle *Budget* die Zelle E4. Beachten Sie die Formel in der Bearbeitungsleiste: =E3-E54.

2. Klicken Sie in der Symbolleiste *Visual Basic* auf die Schaltfläche *Makro aufzeichnen*. Ersetzen Sie den voreingestellten Namen durch **InWerteKonvertieren**, definieren Sie die Tastenkombination Strg+Umschalt+K, und klicken Sie auf *OK*.
3. Klicken Sie im Menü *Bearbeiten* auf *Kopieren*.
4. Klicken Sie im Menü *Bearbeiten* auf *Inhalte einfügen* und dann auf die Option *Werte*. Klicken Sie auf *OK*.
5. Drücken Sie Esc, damit der Laufrahmen ausgeblendet wird.

6. Klicken Sie auf die Schaltfläche *Aufzeichnung beenden*, und speichern Sie die Arbeitsmappe *Kapitel01*. Sehen Sie sich die Bearbeitungsleiste an. Die Zelle E4 enthält nun den Wert 8.545,45.

7. Wechseln Sie zu Visual Basic, um sich das aufgezeichnete Makro anzusehen. Abgesehen von den Kommentaren, hat das Makro folgenden Inhalt:

```
Sub InWerteKonvertieren()
  Selection.Copy
  Selection.PasteSpecial Paste:=xlValues, Operation:=xlNone, _
    SkipBlanks:=False, Transpose:=False
  Application.CutCopyMode = False
End Sub
```

Die Grundstruktur dieses Makros entspricht der Struktur der anderen Makros, die Sie in diesem Kapitel erstellt haben. Die letzte Zeile beispielsweise weist der Eigenschaft *CutCopyMode* auf dieselbe Weise einen Wert zu, wie im Makro *GitternetzlinienSchalter* der Eigenschaft *DisplayGridlines* des aktiven Fensters ein anderer Wert zugewiesen worden ist. Die beiden Zeilen, die mit *Selection* beginnen, sind allerdings neu. Keine der Beiden enthält ein einfaches Gleichheitszeichen.

Die Anweisung *Selection.Copy* sieht so ähnlich aus wie die Anweisung *Selection.NumberFormat* aus dem Makro *FormatWährung*. In diesem Makro war *NumberFormat* eine Eigenschaft der Auswahl, und Sie haben dieser Eigenschaft einen neuen Wert zugewiesen. *Copy* ist jedoch keine Eigenschaft, und deswegen fehlt das Gleichheitszeichen. Sie weisen *Copy* nichts zu, sondern kopieren einfach. Aktionen, bei denen nicht mit einem Gleichheitszeichen einer Eigenschaft ein Wert zugewiesen wird, also Aktionen wie Kopieren, werden *Methoden* genannt. Wie die Namen von Eigenschaften werden auch die Namen von Methoden von Excel aufgezeichnet und hinter dem Objektnamen angezeigt.

Wenn Sie den Befehl *Kopieren* aus dem Menü verwenden, werden Sie von Excel nicht nach zusätzlichen Informationen gefragt. Daher geben Sie auch keine weiteren Informationen an die Methode *Copy* weiter, wenn Sie diese Methode in einem Makro verwenden.

PasteSpecial ist auch eine Methode. *PasteSpecial* folgt kein Gleichheitszeichen, da es sich nicht um eine Eigenschaft handelt, der Sie einen Wert zuweisen. Mit dem Befehl *Inhalte einfügen* aus dem Menü *Bearbeiten* wird ein Dialogfeld eingeblendet, doch dieses Dialogfeld enthält keine Eigenschaften, die Sie ändern könnten. Sie werden lediglich gefragt, wie Sie die Aktion *Inhalte einfügen* ausführen möchten. Wenn Sie die Methode *PasteSpecial* in einem Makro einsetzen, übergeben Sie diese Zusatzinformation an die Methode. Solche Informationen werden *Argumente* genannt.

Die Art und Weise, in der Sie Methoden mit einem Objekt verwenden, lässt sich mit der Art und Weise vergleichen, in der Sie einem neunjährigen Kind Anweisungen geben. Bei einigen Anweisungen wie „Komm zum Essen“ müssen Sie keine Zusatzinformationen geben. Bei anderen Anweisungen wie „Geh für mich in den Laden“ müssen Sie zusätzlich angeben, was gekauft werden soll (Milch), wie das Kind zum Laden kommt (mit dem Fahrrad) und wann das Kind zurückkommen soll (sofort). Sie geben Ihrem Kind diese zusätzlichen Informationen, wie Sie einer Excel-Methode Argumente übergeben. (Sie heißen Argumente, denn immer, wenn Sie Ihrem Kind sagen, dass etwas erledigt werden muss, müssen Sie argumentieren.)

Die vier Argumente, die Sie *PasteSpecial* übergeben, entsprechen den vier Optionsgruppen des Dialogfelds *Inhalte einfügen*. Jedes Argument besteht aus dem Argumentnamen (zum Beispiel *Paste*) und dem Argumentwert (zum Beispiel *xlValues*), die durch einen Doppelpunkt und ein Gleichheitszeichen (:=) voneinander getrennt werden.

Verwechseln Sie *Argumente* nicht mit *Eigenschaften*. Wenn Sie einer Eigenschaft einen neuen Wert zuweisen, trennen Sie den Wert durch ein Gleichheitszeichen von der Eigenschaft, wie in der folgenden Anweisung:

```
ActiveWindow.DisplayWorkbookTabs = False
```

Sie lesen diese Anweisung folgendermaßen: „False soll der Wert der Eigenschaft *DisplayWorkbookTabs* des aktiven Fensters sein“.

Die Zuweisung eines Werts an eine Eigenschaft gleicht oberflächlich betrachtet der Verwendung eines benannten Arguments mit einer Methode. In beiden Fällen enthält die Zuweisung ein Gleichheitszeichen. Wenn Sie einer Eigenschaft einen Wert zuweisen, trennen Sie den Namen der Eigenschaft durch ein Gleichheitszeichen (=) vom Wert der Eigenschaft. Wenn Sie ein benanntes Argument mit einer Methode verwenden, trennen Sie den Argumentnamen durch einen Doppelpunkt und ein Gleichheitszeichen (:=) vom Argumentwert. Verwechseln Sie das einfache Gleichheitszeichen nicht mit der Kombination aus Doppelpunkt und Gleichheitszeichen. Ein weiterer Unterschied besteht darin, dass das Gleichheitszeichen immer durch ein Leerzeichen von Eigenschaftsnamen und -wert getrennt wird, während die Zeichenkombination Doppelpunkt und Gleichheitszeichen ohne Leerzeichen verwendet wird.

Der Methodenname wird durch ein Leerzeichen vom Argumentnamen getrennt. Wenn mehrere Argumente vorliegen, werden diese wie im folgenden Beispiel durch Komma und Leerzeichen voneinander getrennt:

```
Selection.PasteSpecial Paste:=xlValues, Operation:=xlNone
```

Ein Argument sieht wie eine Eigenschaft aus, doch folgt nach einer Eigenschaft stets ein Gleichheitszeichen, während einem Argument immer die Zeichenkombination Doppelpunkt und Gleichheitszeichen folgt. Zudem geht einem Argument immer ein Methodenname voran, während einer Eigenschaft ein Objekt voransteht. Argumente beeinflussen die Art und Weise, in der eine Aktion ausgeführt wird, während bei Eigenschaften die Aktion in der Zuweisung eines Werts besteht.

Eine lange Anweisung lesbarer gestalten

Sobald eine Makroanweisung die Länge von 70 Zeichen überschreitet, wird während der Aufzeichnung nach einem passenden Wort ein Leerzeichen und ein Unterstrich (_) eingefügt und die Anweisung in der nächsten Zeile fortgesetzt. Der Unterstrich teilt dem Makro mit, dass die zweite Zeile als Teil der gleichen Anweisung behandelt werden soll. Sie können lange Anweisungen auch manuell in mehrere Zeilen aufteilen, solange Sie die Zeile jeweils nach einem Leerzeichen umbrechen. Wenn Sie Zeilen, die in einem Zusammenhang stehen, durch Tabulatoren einrücken, wird Ihr Makro lesbarer.

1. Fügen Sie im Makro *InWerteKonvertieren* jedes Argument der Anweisung *PasteSpecial* in eine eigene Zeile ein, sodass jede Zeile, außer der Letzten, mit einem Leerzeichen und einem Unterstrich endet.

```
Sub InWerteKonvertieren()
  Selection.Copy
  Selection.PasteSpecial _
    Paste:=xlValues, _
    Operation:=xlNone, _
    SkipBlanks:=False, _
    Transpose:=False
  Application.CutCopyMode = False
End Sub
```

Wenn Sie eine Anweisung in mehrere Zeilen aufteilen, verändert sich dadurch die Funktion des Makros nicht. Das Makro wird damit einfach nur lesbarer.

2. In Excel klicken Sie auf Zelle F4 und drücken Strg+Umschalt+K, um das Makro auszuführen. In der Bearbeitungsleiste sehen Sie, wie die Formel in einen Wert geändert wird.

3. Speichern Sie die Arbeitsmappe *Kapitel01*, und beenden Sie Excel.

Mit den meisten Makros dieses Kapitels werden die Einstellungen von Objekteigenschaften geändert, doch dieses Makro führt Objektmethoden aus. Eigenschaften und Methoden ähneln sich: Beide werden durch einen

Punkt von Objekten getrennt. Allerdings weisen Sie Eigenschaften neue Werte zu, während Sie Methoden ausführen und ihnen gelegentlich Argumente übergeben.

Eigene Makros signieren

Excel schützt Sie vor Arbeitsmappen, die potenziell gefährliche Makroviren enthalten. Es schützt Sie aber auch vor der Ausführung Ihrer eigenen Makros. Sofern Sie die vorgegebene Sicherheitseinstellung nicht geändert haben, zeigt Excel beim Öffnen von Arbeitsmappen, die Makros enthalten, die Meldung an, dass unsignierte Makros deaktiviert werden (siehe Abbildung 1.14). Dies ist auch bei Arbeitsmappen so, die Sie selbst angelegt haben.

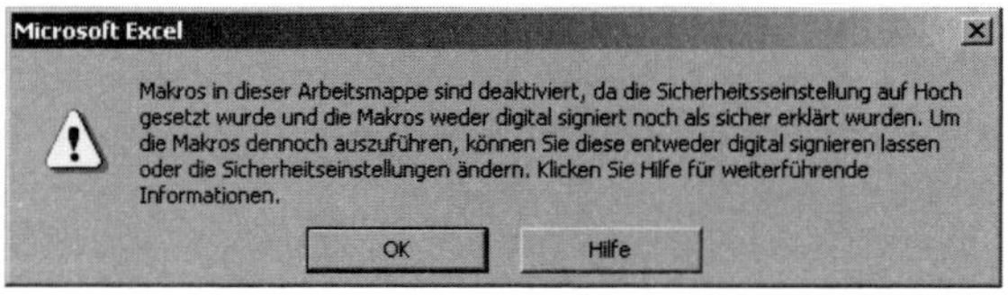

Abbildung 1.14 Fehlermeldung bei Verwendung der Sicherheitsstufe *Hoch*

Eine Möglichkeit zur Vermeidung dieser Fehlermeldung besteht darin, die Sicherheitsstufe *Mittel* oder *Niedrig* zu wählen. Dann müssen Sie allerdings sicherstellen, dass beim Öffnen von Arbeitsmappen keine strenge Sicherheitsprüfung erforderlich ist, oder Sie verzichten auf den Makrovirenschutz.

Sie können die von Ihnen erstellten Makros aber auch aktivieren, indem Sie die betreffenden Visual Basic-Projekte mit einer persönlichen Signatur versehen. Hierzu müssen Sie sich zuerst eine digitale Signatur beschaffen. Es gibt drei Möglichkeiten, eine digitale Signatur zu erhalten: Sie können von Ihrer Firma eine Signatur anfordern, falls Sie für ein Unternehmen arbeiten, das digitale Signaturen ausstellt. Sie können eine Signatur von einer Zertifizierungsstelle wie VeriSign erhalten, und Sie können selbst eine Signatur für Ihre Makros erstellen.

Nähere Informationen zur Vergabe digitaler Zertifikate durch eine kommerzielle Zertifizierungsstelle erhalten Sie, wenn Sie *digitale Signaturen* in das Feld *Frage eingeben* von Excel eingeben.

Eine persönliche Signatur erstellen

Sie finden auf der Microsoft Office XP-CD ein Programm, mit dem Sie Ihre persönliche elektronische Signatur erstellen können. Falls Sie bereits von Ihrem Unternehmen oder von einer kommerziellen Zertifizierungsstelle ein digitales Zertifikat erhalten haben, sollten Sie keine eigene digitale Signatur erstellen, sondern diese offizielle Signatur verwenden.

1. Führen Sie das Setup-Programm von Microsoft Office XP aus. Erweitern Sie im Feld *Zu installierende Features* den Ordner *Gemeinsam genutzte Office-Features*. Klicken Sie auf den Pfeil neben dem Eintrag *Digitale Signatur für VBA-Projekte*, und wählen Sie *Vom Arbeitsplatz starten* (siehe Abbildung 1.15).

Abbildung 1.15 Das Fenster *Microsoft Office XP-Setup*

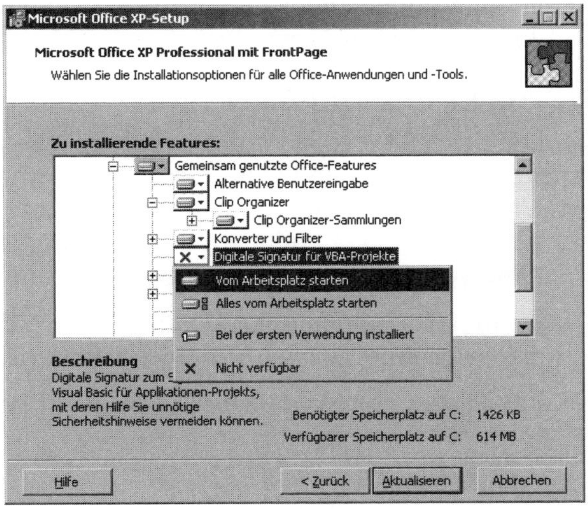

2. Suchen Sie im Windows-Explorer in dem Ordner, der die Programmdateien von Microsoft Office enthält, nach der Programmdatei *Selfcert*, und führen Sie das Programm aus.

Abbildung 1.16 Das Fenster des Programms *Selfcert*

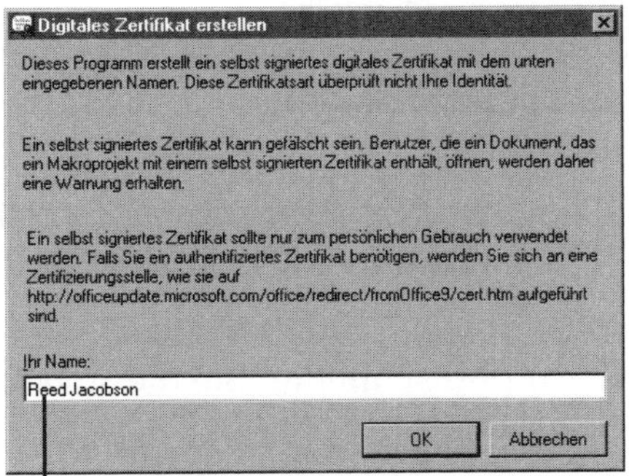

Geben Sie Ihren Namen hier ein, um ein Zertifikat für Ihre persönliche Verwendung zu erstellen

3. Geben Sie in das Feld *Ihr Name* Ihren Namen ein, und klicken Sie auf *OK* (siehe Abbildung 1.16). Klicken Sie zur Bestätigung nochmals auf *OK*.

Selbstsignierte Zertifikate sind nicht fälschungssicher. Falls Sie Bedenken haben, dass jemand versuchen könnte, Ihr Zertifikat zu fälschen, um einen Virus in Ihr Computersystem einzuschleusen, dann sollten Sie von einer kommerziellen Zertifizierungsstelle eine Signatur erwerben.

4. Schließen Sie das Dialogfeld *Suchen*, falls es geöffnet ist.

Sie haben damit eine eigene elektronische Signatur erstellt, mit der Sie Ihre Makros signieren können.

Das Projekt mit einer Signatur versehen

Sie können das VBA-Projekt einer Arbeitsmappe mit einer digitalen Signatur versehen. Falls eine Virus oder eine andere Person Änderungen an diesem VBA-Projekt vornimmt, wird die Signatur ungültig. Da die Signatur nur das VBA-Projekt und nicht die Tabellendaten schützt, kann jeder die Tabellen verändern, ohne die Signatur damit zu beschädigen.

1. Öffnen Sie in der Arbeitsmappe *Kapitel01* den Visual Basic-Editor, und klicken Sie im Menü *Extras* auf *Digitale Signatur*.
2. Klicken Sie im Dialogfeld *Digitale Signatur* auf *Wählen*.

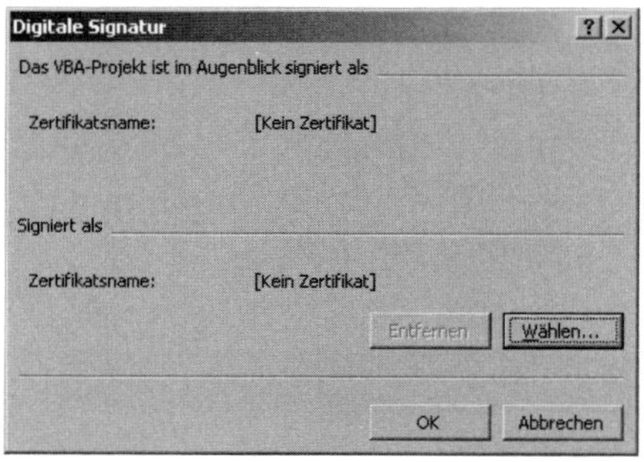

Abbildung 1.17
Das Dialogfeld *Zertifikat auswählen*

3. Wählen Sie im Dialogfeld *Zertifikat auswählen* (siehe Abbildung 1.17) das Zertifikat mit Ihrem Namen, und klicken Sie auf *OK*.
4. Klicken Sie auf *OK*, um das Dialogfeld zu schließen. Wechseln Sie zu Excel, und speichern und schließen Sie die Arbeitsmappe.

Das VBA-Projekt in der Arbeitsmappe *Kapitel01* ist nun signiert. Solange Sie das Makro auf dem Rechner, der Ihre digitale Signatur enthält, bearbeiten, können Sie das signierte Makro verändern. VBA ordnet die Signatur automatisch dem veränderten Makro zu. Es ist jedoch keiner anderen Person möglich, das Projekt mir Ihrer Signatur zu versehen.

Eine Signatur als vertrauenswürdig einstufen

Nachdem Sie jetzt über eine Arbeitsmappe mit einem signierten Projekt verfügen, können Sie Excel anweisen, alle Arbeitsmappen, die Ihre Signatur tragen, als vertrauenswürdig einzustufen.

1. Öffnen Sie die Arbeitsmappe *Kapitel01*.

Daraufhin wird das Dialogfeld *Sicherheitshinweis* angezeigt, in dem Sie aufgefordert werden, Makros zu aktivieren bzw. zu deaktivieren und in dem Sie eine Quelle als vertrauenswürdig einstufen können (siehe Abbildung 1.18).

Abbildung 1.18 Das Dialogfeld *Sicherheitshinweis*

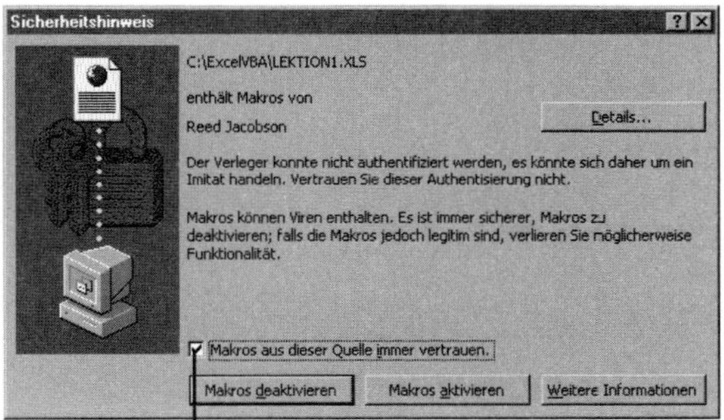

Stufen Sie eine Quelle als vertrauenswürdig ein, damit künftig keine Sicherheitshinweise zu deren Makros mehr angezeigt werden

Wenn Sie Ihre eigene digitale Signatur erstellen, kann Excel nicht nachprüfen, ob die Signatur authentisch ist und zeigt daher einen Sicherheitshinweis an. Dieser Sicherheitshinweis wird nicht eingeblendet, wenn Sie Ihre Signatur von einer Zertifizierungsstelle beziehen.

2. Markieren Sie das Kontrollkästchen *Makros aus dieser Quelle immer vertrauen*, und klicken Sie dann auf die Schaltfläche *Makros aktivieren*.

3. Schließen Sie die Arbeitsmappe *Kapitel01*, und öffnen Sie sie erneut. Jetzt wird kein Sicherheitshinweis angezeigt, da Excel Sie als vertrauenswürdige Quelle von Makros registriert hat.

Die Sicherheit ist bei der Entwicklung jeglicher Programme wichtig. Sie ist insbesondere wichtig, wenn Sie Anwendungen gemeinsam mit anderen nutzen. Wenn Sie Makros erstellen, die von anderen verwendet werden, sollten Sie sich um den Erhalt einer zertifizierten digitalen Signatur bemühen, um Ihre Arbeit zu schützen.

Das Kapitel beenden

- Schließen Sie die Arbeitsmappe *Kapitel01*, und beenden Sie Excel.

Ein Makro während des Ausführens im Einzelschrittmodus überprüfen,
Seite 60

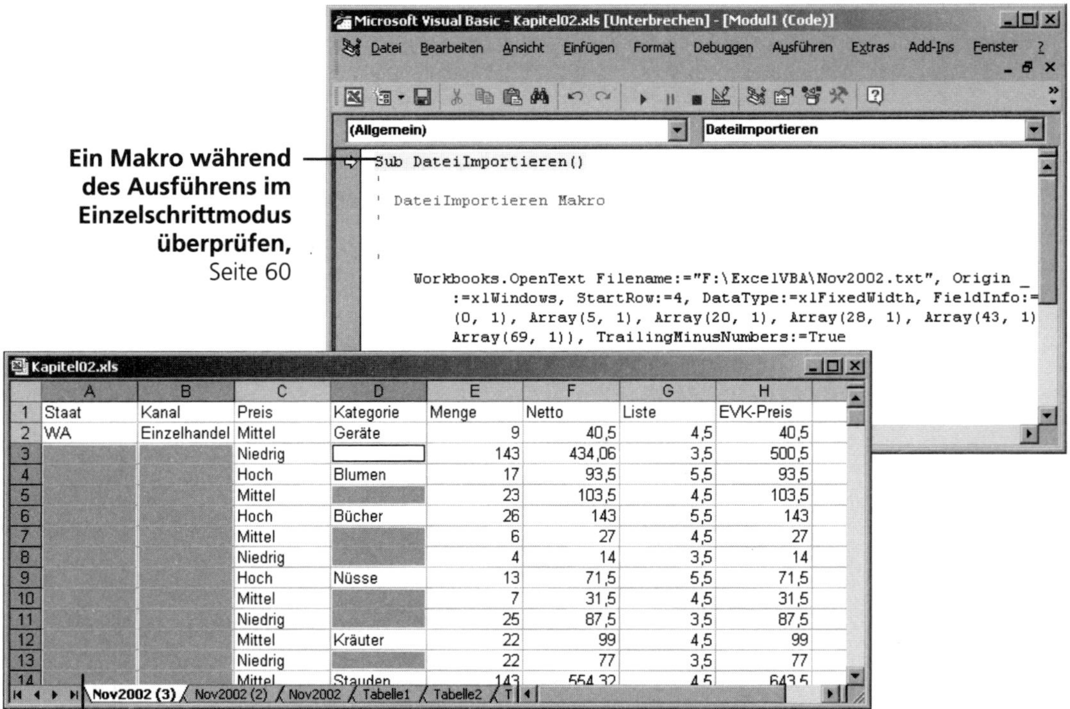

Lediglich Leerzellen auswählen und ändern,
Seite 66

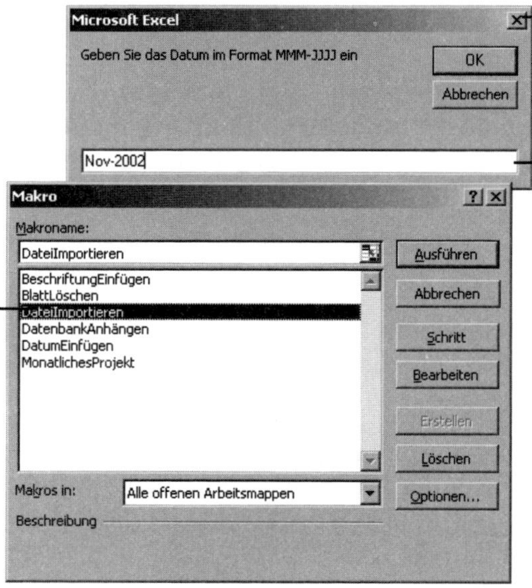

Ein benutzerdefiniertes Dialogfeld mit einer Eingabeaufforderung erstellen,
Seite 71

Ein Makro aufzeichnen, das andere Makros ausführt,
Seite 84

2 Mit Makros komplexe Aufgaben ausführen

In diesem Kapitel lernen Sie

- wie Sie ein komplexes Projekt in verwaltbare Teile aufspalten.
- wie Sie ein Makro in Einzelschritten ausführen.
- wie Sie Werte eingeben, während ein Makro ausgeführt wird.
- wie Sie Zeigerbewegungen relativ zur aktiven Zelle aufzeichnen.
- wie Sie ein Makro erstellen, das andere Makros ausführt.

Rube Goldberg ist für seine ausgeklügelten Apparate berühmt, die aus hunderten von Teilen bestehen und eigentlich einfache Geräte höchst kompliziert erscheinen lassen. Beispielsweise fällt bei seinem „Katzenwecker" ein Ball in einen Korb, das Gewicht des Korbes bewegt einen Hebel, der wiederum eine Sprungfeder freigibt, die eine Katze weckt. Milton Bradley war jahrelang mit einem Mausefallenspiel erfolgreich, das auf einem der Konzepte Rube Goldbergs basierte. Die Werke Rube Goldbergs sind einfach toll anzusehen. In der Lobby des Boston Logan International Airport sind zwei Werke von Rube Goldberg zu sehen: mächtige, ununterbrochen arbeitende Apparate, die Reisende stundenlang unterhalten.

Unterhaltung ist eine Sache, seine Arbeit zu erledigen eine Andere. Manchmal ähnelt die Liste der für einen Monatsbericht zu erledigenden Aufgaben der Beschreibung eines Apparats von Rube Goldberg. Zuerst importieren Sie die Auftragsdatei des aktuellen Monats und fügen einige Spalten ein. Dann sortieren Sie die Datei und drucken sie, sortieren sie nach anderen Gesichtspunkten und drucken nochmals. Als Nächstes fügen Sie die Datei am Ende der kumulativen Auftragsdatenbank ein und so weiter. Jeder Schritt muss beendet werden, bevor mit dem Nächsten begonnen werden kann. Recht bald, beginnen Sie Ihren Urlaub so zu planen, dass er nicht in den Zeitraum fällt, in dem der Bericht zu erstellen ist, denn Sie möchten nicht jemandem erklären müssen, wie die einzelnen Aufgaben richtig ausgeführt werden. Richtig?

Eine gute Anwendungsmöglichkeit für Makros wäre es, eine Vielzahl von Schritten zusammenzufassen, um die mühselige Erstellung eines monatlichen Rube Goldberg-Berichts mit einem Mausklick erledigen zu können. In diesem Kapitel lernen Sie, wie dies zu bewerkstelligen ist.

Aufträge.dbf
Nov2002.txt

In diesem Kapitel werden die Übungsdateien *Aufträge.dbf* und *Nov2002.txt* verwendet, die Sie von der Begleit-CD zu diesem Buch installiert haben. Details zur Installation der Übungsdateien finden Sie im Abschnitt *Die Begleit-CD verwenden* am Anfang des Buches.

Das Kapitel beginnen

Starten Sie Microsoft Excel, und speichern Sie eine leere Arbeitsmappe unter dem Namen *Kapitel02* in dem Ordner, der die Übungsdateien dieses Buches enthält. (Falls Sie die Übungsdateien im vorgegebenen Ordner installiert haben, klicken Sie in der Symbolleiste auf *Speichern*, dann auf *Favoriten*, doppelklicken auf den Ordner *ExcelVBA*, geben **Kapitel02** als Dateinamen ein und klicken auf *Speichern*).

Teile und herrsche

Das Geheimnis in der Erstellung eines Makros zur Ausführung einer komplexen Aufgabe liegt darin, die Aufgabe aufzuteilen, ein Makro für jeden Teil zu erstellen und dann die Teile wieder zusammenzufügen. Wenn Sie einfach beginnen, ein Makro aufzuzeichnen, 400 Schritte auszuführen und sich dann zurücklehnen und auf das Beste hoffen, stehen Ihre Chancen 1 zu 400, dass das Makro korrekt arbeitet. Sehen Sie sich nun ein hypothetisches Beispiel an.

Als Buchhalter von The Garden Company ist der Monatsabschluss eines Ihrer Projekte. Sie würden dieses Projekt gerne automatisieren, damit Sie es an Ihre Mitarbeiter delegieren können, wenn Sie in Urlaub gehen. Sie bekommen von der Auftragsverwaltung einen monatlichen Bericht mit einer Übersicht über die Aufträge des vergangenen Monats (siehe Abbildung 2.1).

Der Bericht zeigt die Umsatzdaten für jedes Land, jeden Handelskanal, für alle Kategorien und Preisklassen. Die Auftragsverwaltung exportiert den Bericht in eine Textdatei. Sie bereiten diese Datei auf und fügen diese Aufträge in die kumulative Auftragsdatenbank ein.

In diesem Kapitel lernen Sie, wie Sie Makros für die Teilaufgaben aufzeichnen, aus denen dieses große, komplexe Projekt besteht, und wie Sie diese kleinen Makros dann in ein umfassendes Makro aufnehmen. Während der Bearbeitung dieser Aufgaben lernen Sie einige nützliche Techniken kennen, die Sie zur Erledigung Ihrer alltäglichen Routineaufgaben einsetzen können.

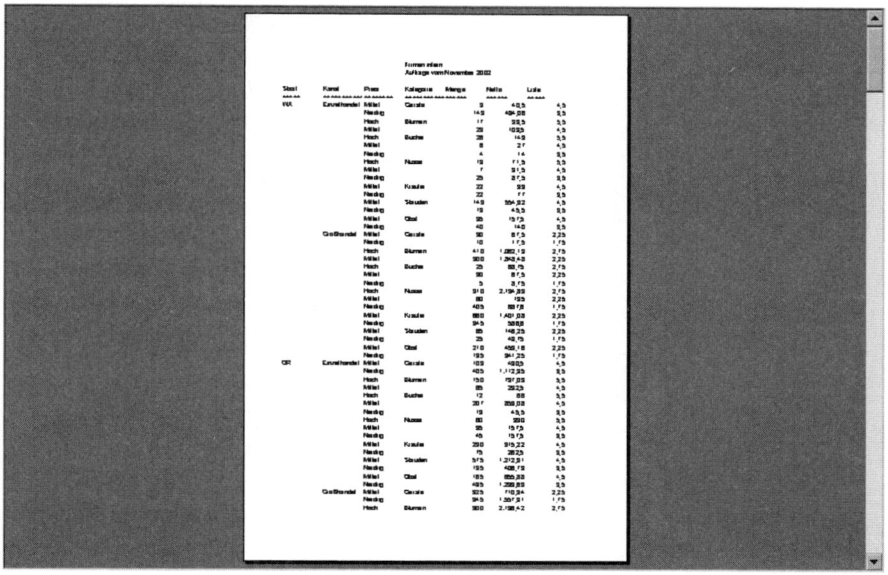

Abbildung 2.1
Die Aufträge vom November sind in einer Textdatei zusammengefasst

Aufgabe 1: Die Berichtsdatei öffnen

Die Aufträge des aktuellen Monats (in unserem Beispiel November 2002) sind in der Textdatei Nov2002.txt abgelegt. Die erste Aufgabe besteht darin, die Datei zu öffnen, den Inhalt in Spalten aufzuteilen und die Datei in die Arbeitsmappe zu verschieben, welche das Makro enthält.

Eine Textdatei öffnen

Sie sollten die Schritte 3 bis 6 einmal übungshalber ausführen, bevor Sie das Makro aufzeichnen.

1. Falls das Fenster der Arbeitsmappe *Kapitel02* maximiert ist, klicken Sie auf die Schaltfläche *Fenster wiederherstellen*.

2. In der Symbolleiste *Visual Basic* klicken Sie auf *Makro aufzeichnen* und geben **DateiImportieren** als Makronamen ein. Klicken Sie auf *OK*.

   Falls die Symbolleiste *Visual Basic* nicht angezeigt wird, klicken Sie mit der rechten Maustaste auf irgendeine Symbolleiste und wählen im Kontextmenü *Visual Basic*.

3. Klicken Sie auf die Schaltfläche *Öffnen*.
4. Geben Sie als Dateiname **Nov2002.txt** ein, und klicken Sie auf *Öffnen* (siehe Abbildung 2.2). Das Dialogfeld *Textkonvertierungs-Assistent – Schritt 1 von 3* wird eingeblendet (siehe Abbildung 2.3).

Abbildung 2.2
Das Dialogfeld *Öffnen*

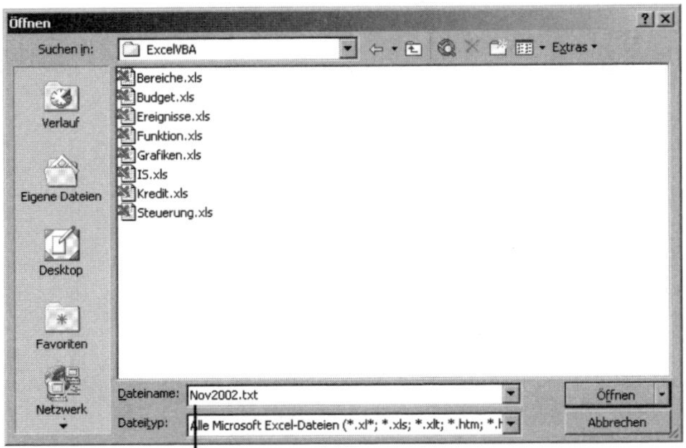

Abbildung 2.3
Das Dialogfeld *Textkonvertierungs-Assistent – Schritt 1 von 3*

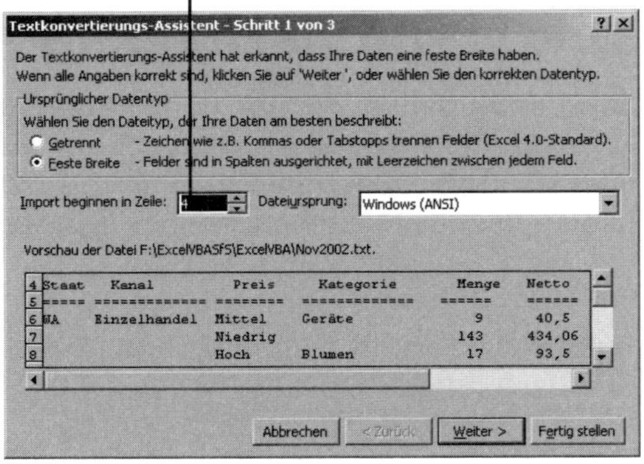

5. Die ersten drei Zeilen der Datei enthalten den Titel des Berichts und eine Leerzeile. Ändern Sie daher den Wert von *Import beginnen in Zeile* in **4** (siehe Abbildung 2.4). Übernehmen Sie alle anderen voreingestellten Optionen des Textkonvertierungs-Assistenten, und klicken Sie auf *Fertig stellen*.

   Die Textdatei wird geöffnet. Die Spalten sind in Excel-Spalten aufgeteilt.

6. Ziehen Sie den unteren Rand des neuen Fensters nach oben, damit Sie die Register der Arbeitsmappe *Kapitel02* sehen können. Dann ziehen Sie das Register des Arbeitsblatts *Nov2002* vor das Register *Tabelle1* der Arbeitsmappe *Kapitel02* (siehe Abbildung 2.4)

   Das Arbeitsblatt *Nov2002* wird in die Arbeitsmappe *Kapitel02* verschoben, und die Arbeitsmappe *Nov2002.txt* verschwindet (da sie kein

Abbildung 2.4 Das Arbeitsblatt *Nov2002* und die Arbeitsmappe *Kapitel02*

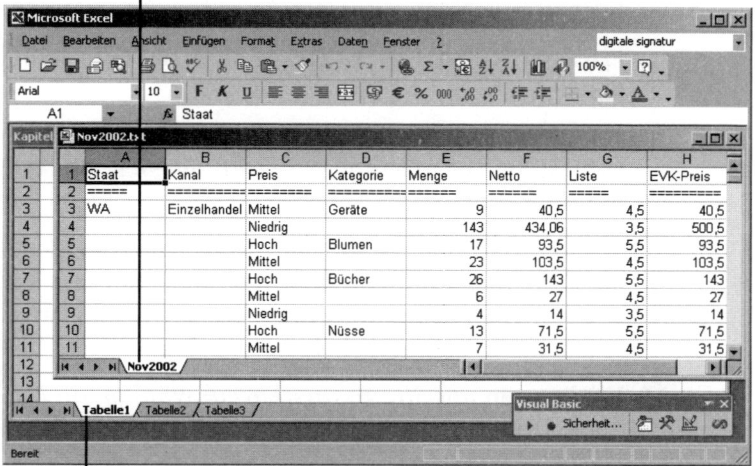

Arbeitsblatt mehr enthält und Arbeitsmappen wenigstens ein Arbeitsblatt enthalten müssen).

Nachdem Sie dieses Makro getestet haben, werden Sie mehrere Kopien des Arbeitsblatts *Nov2002* vorfinden. Diese Kopien sind später nützlich, wenn Sie die Makros für die Teilaufgaben entwickeln. Da die Arbeitsmappe schon ein Arbeitsblatt mit dem Namen Nov2002 enthält, werden die neuen Kopien automatisch mit Nov2002 (2), Nov2002 (3) usw. benannt.

7. In Zeile 2 stehen Gleichheitszeichen, die Sie nicht benötigen. Klicken Sie mit der rechten Maustaste auf Zelle A2 und im Kontextmenü auf *Zellen löschen*. Im Dialogfeld *Löschen* markieren Sie *Ganze Zeile* und klicken auf *OK* (siehe Abbildung 2.5).

Abbildung 2.5 Das Dialogfeld *Löschen*

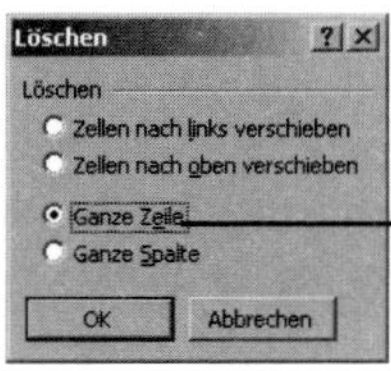

8. Klicken Sie auf Zelle A1 und dann auf die Schaltfläche *Aufzeichnung beenden*.

9. Speichern Sie die Arbeitsmappe *Kapitel02*.

Sie haben nun die importierte Datei in Spalten aufgeteilt und nicht benötigte Zeilen gelöscht.

Die Makroausführung im Einzelschrittmodus beobachten

Anstatt das Makro nur zu lesen, führen Sie es schrittweise aus und beobachten, wie es arbeitet. Notieren Sie sich, ob Änderungen daran vorzunehmen sind.

Wenn Sie ein Makro im Einzelschrittmodus ausführen, wird das Fenster *Microsoft Visual Basic* über der Arbeitsmappe eingeblendet. In diesem Fenster wird das gewählte Makro sowie die Anweisung angezeigt, die als Nächste ausgeführt wird.

1. Klicken Sie auf *Makro ausführen*, wählen Sie *DateiImportieren* aus der Liste *Makroname*, und klicken Sie auf die Schaltfläche *Schritt*.

Das Fenster *Microsoft Visual Basic* wird über der Arbeitsmappe eingeblendet und zeigt das aufgezeichnete Makro an. Die Anweisung, die als Nächste ausgeführt wird, wird gelb hervorgehoben. Links davon sehen Sie einen gelben Pfeil (siehe Abbildung 2.6).

Abbildung 2.6
Das Visual Basic-Fenster mit dem aufgezeichneten Makro

Der Pfeil zeigt, welche Anweisung als Nächste ausgeführt wird

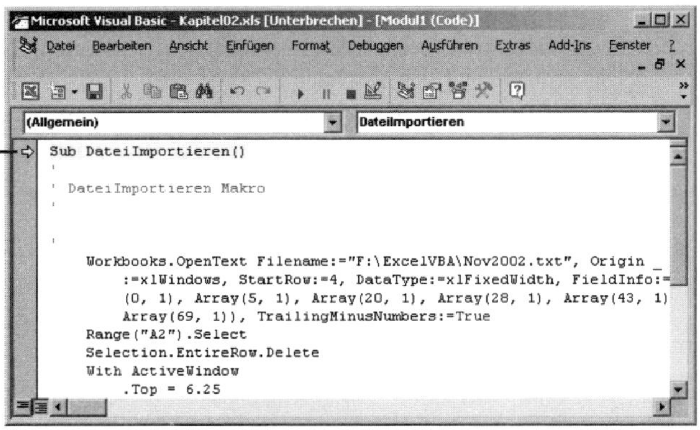

Die hervorgehobene Anweisung, die erste Anweisung des Makros, enthält den Makronamen. Ihr aufgezeichnetes Makro hat wahrscheinlich eine andere Zeilenaufteilung als dieses Beispiel.

```
Sub DateiImportieren()
```

2. Drücken Sie [F8], um die erste Anweisung im Makrokörper auszuführen:

```
Workbooks.OpenText _
  FileName:="C:\ExcelVBA\Nov2002.txt", _
```

```
Origin:= xlWindows, _
StartRow:=4, _
DataType:=xlFixedWidth, _
FieldInfo:=Array(Array(0, 1), Array(5, 1), _
  Array(20, 1), Array(28, 1), Array(43, 1), _
  Array(52, 1), Array(62, 1), Array (69, 1)), _
  TrailingMinusNumbers:=True
```

Mit dieser langen Anweisung wird die Textdatei geöffnet. Sie erkennen sicherlich das Argument, das den Dateinamen angibt. Die Argumente *Origin* und *DataType* entsprechen den voreingestellten Werten im ersten Dialogfeld des Textkonvertierungs-Assistenten. Das Argument *StartRow* bezeichnet die Anzahl der Zeilen, die beim Importieren übergangen werden sollen. Das Argument *FieldInfo* legt fest, wie die Textdatei in Spalten aufgeteilt werden soll. Sie sollten sich freuen, dass diese Anweisung durch eine Makroaufzeichnung erstellt werden kann und Sie das nicht von Hand eingeben müssen!

Während der Makroaufzeichnung wird diese lange Anweisung in mehrere Zeilen aufgeteilt, indem am Ende jeder Zeile ein Leerzeichen und ein Unterstrich eingefügt werden. Allerdings erfolgt diese Aufteilung nicht unbedingt nach logischen Gesichtspunkten. Wenn Sie das Makro bearbeiten, sollten Sie die Anweisung in sinnvolle Zeilen aufteilen. Orientieren Sie sich am oben stehenden Beispiel.

Diesen Monat öffnen Sie die Datei Nov2002.txt. Nächsten Monat werden Sie die Datei Dez2000.txt öffnen. Notieren Sie, dass die Makroanweisung geändert werden muss, damit Sie die Datei auswählen können, die geöffnet werden soll. Im nächsten Abschnitt lernen Sie, wie Sie Ihr Makro allgemeiner gestalten.

3. Drücken Sie F8, um die Datei zu öffnen und die nächste Anweisung hervorzuheben. Es handelt sich hierbei um die erste Zeile der folgenden *With*-Struktur:

```
With ActiveWindow
  .Width = 414,75
  .Height = 228
End With
```

Diese vier Anweisungen sind hinzugefügt worden, als Sie das Fenster verschoben haben (Ihr Makro weist wahrscheinlich andere Werte für *Width* und *Height* auf als die hier im Buch genannten). Wenn Sie das

Fenster verschoben haben, sind auch Anweisungen zur Änderung der Eigenschaften *Top* und *Left* vorhanden. Sie können diese Anweisungen später löschen, ohne die Funktionalität des Makros zu verändern.

4. Drücken Sie F8, um die Anweisungen auszuführen, die das Fenster verkleinern oder verschieben. Notieren Sie sich, dass diese Anweisungen gelöscht werden sollen. Die nächste Anweisung ist nun hervorgehoben:

```
Sheets("Nov2002").Select
```

Mit dieser Anweisung wird das Arbeitsblatt *Nov2002* als aktives Arbeitsblatt ausgewählt, auch wenn es bereits aktiv war. (Bei der Aufzeichnung eines Makros kann nicht vorsichtig genug vorgegangen werden.) Auch diese Anweisung können Sie später löschen.

Sie können viele Anweisungen bearbeiten, während Sie ein Makro schrittweise ausführen. Beispielsweise könnten Sie die *Select*-Anweisung löschen. Einige Änderungen hätten allerdings zur Folge, dass Sie das Makro erneut ausführen müssen. Sie können z.B. eine *With*-Struktur nicht löschen, ohne die Makroausführung zurückzusetzen (Sie können jedoch einzelne Anweisungen innerhalb einer *With*-Struktur löschen). Visual Basic warnt Sie vor Veränderungen, die einen Neustart des Makros erfordern.

5. Drücken Sie F8, um die nächste Anweisung hervorzuheben:

```
Sheets("Nov2002").Move _
  Before:=Workbooks("Kapitel02.xls").Sheets(1)
```

Mit dieser Anweisung wird das neue Arbeitsblatt in die Arbeitsmappe *Kapitel02* verschoben. Wenn Sie das Makro allerdings nächsten Monat ausführen, wird die Tabelle nicht *Nov2002* heißen, sondern *Dez2002*. Ändern Sie *Sheets("Nov2002")* in *ActiveSheet,* damit Ihr Makro in jedem Monat funktioniert.

6. Drücken Sie F8, um das Arbeitsblatt zu verschieben und die nächste Anweisung hervorzuheben:

```
Range("A2").Select
```

Mit dieser Anweisung wird die Zelle A2 des Arbeitsblatts ausgewählt.

7. Drücken Sie F8, um die Zelle A2 auszuwählen und die nächste Anweisung hervorzuheben:

```
Selection.EntireRow.Delete
```

Da A2 die gewählte Zelle ist, und die Anweisung die gesamte Zeile der gewählten Zelle löscht, wird mit dieser Anweisung die Zeile 2 gelöscht.

8. Drücken Sie [F8], um die Zeile zu löschen und die nächste Anweisung hervorzuheben:

```
Range("A1").Select
```

Mit dieser Anweisung wird die Zelle A1 ausgewählt.

9. Drücken Sie [F8], um die Zelle A1 auszuwählen und die letzte Makroanweisung hervorzuheben:

```
End Sub
```

10. Drücken Sie [F8], um das Makro zu beenden.

Die folgende Aufzählung fasst die Änderungen zusammen, die Sie am Makro vornehmen müssen:

- Der Anwender soll entscheiden können, welche Datei geöffnet werden soll.
- Unnötige Anweisungen sollen gelöscht werden.
- Das Makro soll mit Dateien beliebiger Monate funktionieren.

Im nächsten Abschnitt erfahren Sie, wie Sie diese Änderungen durchführen.

Während der Makroausführung eine Datei auswählen

Excel stellt eine Methode zur Verfügung, mit der der Anwender aufgefordert werden kann, eine Datei zu öffnen. Mit dem Aufruf dieser Methode wird die Datei aber nicht geöffnet, sondern lediglich der Dateiname zurückgegeben, den Sie dann der Methode *OpenText* übergeben können.

1. Teilen Sie die Anweisung, die mit *Workbooks.Open* beginnt, in mehrere Zeilen auf, damit sie einfacher zu lesen ist. Schließen Sie jede Zeile mit einem Leerzeichen und einem Unterstrich ab. Folgen Sie dem Beispiel am Beginn des vorhergehenden Abschnitts *Die Makroausführung im Einzelschrittmodus beobachten*.

Falls die Anweisung *Option Explicit* am Anfang des Moduls steht, löschen Sie sie, bevor Sie weiterarbeiten.

2. Fügen Sie vor der Anweisung *Workbooks.OpenText* eine neue Zeile mit der folgenden Anweisung ein:

```
neuDatei = Application.GetOpenFilename("Textdateien,*.txt")
```

Sobald Sie den Punkt hinter *Application* eingegeben haben, blendet Visual Basic eine Liste aller Methoden und Eigenschaften ein, die mit einem *Application*-Objekt verwendet werden können. Das ist die *Liste der Elemente*. *Elemente* können sowohl Methoden als auch Eigenschaften sein. Wenn Sie ein G eingeben, zeigt die Liste alle Methoden und Eigenschaften, die mit diesem Buchstaben beginnen. Jetzt können Sie [Nach unten] drücken, *GetOpenFilename* wählen und dann [Tab] drücken, um die Methode in das Makro einzufügen.

Wenn Sie die linke runde Klammer eingeben, zeigt Visual Basic mögliche Argumente der Methode *GetOpenFilename* an. Dieser Hinweis wird als *QuickInfo* bezeichnet. Vorerst ignorieren Sie diese Informationen. Geben Sie die Wörter in Klammern so ein, wie sie oben vorgegeben sind.

Mit dem Aufruf der Methode *Application.GetOpenFilename* wird das Dialogfeld *Öffnen* angezeigt, ebenso wie durch Klicken auf die Symbolleistenschaltfläche *Öffnen*. Die Wörter in Klammern teilen der Methode mit, nur Textdateien anzuzeigen, also Dateien mit der Erweiterung *.txt* (geben Sie die Anführungszeichen genau wie vorgegeben ein). Das Wort *neuDatei* zu Beginn der Anweisung ist eine Variable, in der der angegebene Dateiname gespeichert wird.

3. Markieren Sie in der Anweisung *Workbooks.OpenText* den gesamten Dateinamen einschließlich der Anführungszeichen, und löschen Sie ihn. Geben Sie stattdessen **neuDatei** ein. Der erste Teil der Anweisung sollte nun wie folgt aussehen:

```
Workbooks.OpenText _
  Filename:=neuDatei, _
  Origin:=xlWindows, _
  StartRow:=4, _
```

Wenn diese Anweisung ausgeführt wird, enthält die Variable *neuDatei* den Dateinamen.

4. Löschen Sie die Anweisungen, welche die Fenstergröße verändern, und auch die Anweisung, mit der das Arbeitsblatt *Nov2002* ausgewählt wird.

5. Ändern Sie die Anweisung *Sheets("Nov2002").Move in* **ActiveSheet.Move**. Das Makro sollte nun wie folgt aussehen:

```
Sub DateiImportieren()
  neuDatei = Application.GetOpenFilename("Textdateien,*.txt")
  Workbooks.OpenText _
    FileName:=neuDatei, _
    Origin:=xlWindows, _
    StartRow:=4, _
    DataType:=xlFixedWidth, _
  FieldInfo:=Array(Array(0, 1), Array(5, 1), _
    Array(20, 1), Array(28, 1), Array(43, 1), _
    Array(52, 1), Array(62, 1), Array (69, 1)), _
  ActiveSheet.Move Before:=Workbooks("Kapitel02.xls").Sheets(1)
  Range("A2").Select
```

```
  Selection.EntireRow.Delete
  Range("A1").Select
End Sub
```

6. Speichern Sie die Arbeitsmappe *Kapitel02*.

7. Drücken Sie F5, um das Makro auszuführen und sich zu vergewissern, dass es korrekt arbeitet. Es sollte das Dialogfeld *Öffnen* einblenden (und nur Textdateien anzeigen), dann die von Ihnen gewählte Datei öffnen und das Arbeitsblatt in die Arbeitsmappe *Kapitel02* verschieben.

Damit ist das Makro für die erste zum Monatsabschluss auszuführende Aufgabe vollständig. Inzwischen sollten Sie einige Kopien der Tabelle *Nov2002* in der Arbeitsmappe *Kapitel02* besitzen. Sie können nun mit der nächsten Aufgabe fortfahren.

Aufgabe 2: Beschriftungen hinzufügen

Wenn die Auftragsverwaltung einen zusammenfassenden Bericht erstellt, werden gleich lautende Beschriftungen in den Spalten nicht wiederholt, sondern es wird jeweils nur das erste Vorkommen einer Beschriftung eingetragen. Der Verzicht auf doppelte Beschriftungen fördert die Lesbarkeit des Berichts, doch der Computer benötigt die Beschriftungen, um die Daten korrekt sortieren und zusammenfassen zu können. Sie müssen daher die fehlenden Beschriftungen ergänzen.

Abbildung 2.7 Die importierten Aufträge vom November

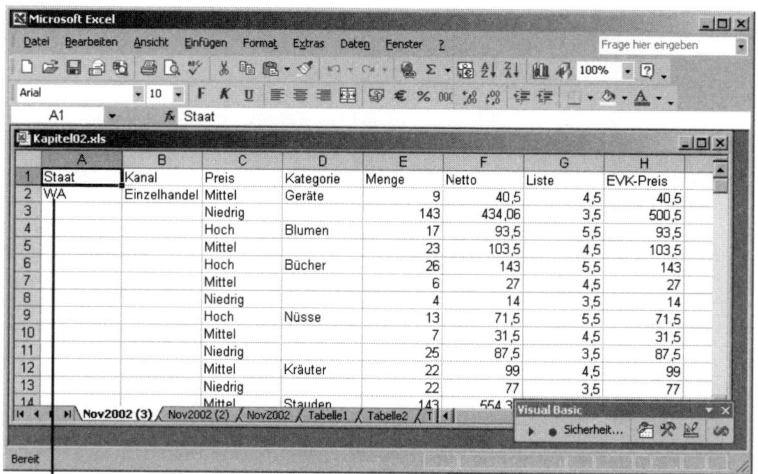

Sie fügen in die leeren Zellen die darüber stehende Beschriftung ein

Sie nehmen vielleicht an, dass Sie ein kompliziertes Makro schreiben müssen, das jede Zelle untersucht und ermittelt, ob sie leer ist und welcher Wert eingetragen werden soll. Tatsächlich werden Sie Excels integrierte Funktionen verwenden, und damit die Hauptarbeit erledigen. Da in diesem Teil des Projekts einige sehr mächtige Tabellenfunktionen vorgestellt werden, werden Sie sich die Schritte zunächst ansehen, bevor Sie das Makro aufzeichnen.

Nur leere Zellen auswählen

Sehen Sie sich an, wo fehlende Beschriftungen ergänzt werden müssen. Welche Werte sollen jeweils in die leeren Zellen eingetragen werden? Sie legen fest, dass jede leere Zelle den Wert der ersten nicht leeren Zelle darüber erhalten soll. Wenn Sie jede leere Zelle wählen und eine Formel einfügen, die auf die darüber stehende Zelle zeigt, hätten Sie das gewünschte Ergebnis. Der Bereich der leeren Zellen ist allerdings nicht zusammenhängend, sodass die Aussicht, mithilfe einer Formel Daten in die Zellen einzutragen, eher vage ist. Excel bietet Ihnen glücklicherweise die Möglichkeit, einen nicht zusammenhängenden Bereich leerer Zellen auszuwählen.

1. Klicken Sie in einem der *Nov2002*-Arbeitsblätter der Arbeitsmappe *Kapitel02* auf die Zelle A1.
2. Klicken Sie im Menü *Bearbeiten* auf *Gehe zu*. Das Dialogfeld *Gehe zu* wird eingeblendet (siehe Abbildung 2.8).
3. Klicken Sie im Dialogfeld *Gehe zu* auf *Inhalte*.

Abbildung 2.8
Das Dialogfeld
Gehe zu

Klicken Sie hier, um das Dialogfeld *Inhalt auswählen* einzublenden

4. Wählen Sie im Dialogfeld *Inhalt auswählen* die Option *Aktueller Bereich,* und klicken Sie auf *OK* (siehe Abbildung 2.9).

Excel markiert den *aktuellen Bereich*, also das Rechteck der Zellen, das die aktive Zelle beinhaltet und von leeren Zellen oder dem Arbeitsblattrand umgeben ist.

Abbildung 2.9 Das Dialogfeld *Inhalt auswählen*

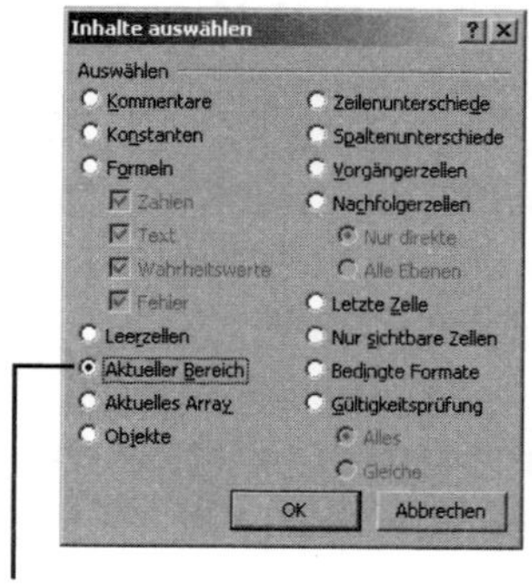

Klicken Sie hier, um den aktuellen Bereich auszuwählen

Sie können auch [Strg]+[Umschalt]+[*] drücken, um den aktuellen Bereich zu wählen. Halten Sie dazu [Strg] gedrückt, während Sie auf dem numerischen Tastenblock [*] oder auf dem Hauptteil der Tastatur [Umschalt]+[+] drücken.

5. Klicken Sie im Menü *Bearbeiten* auf *Gehe zu* und dann auf *Inhalte*.

6. Im Dialogfeld *Inhalt auswählen* wählen Sie die Option *Leerzellen* und klicken auf *OK*. Nun sind nur noch die leeren Zellen der Auswahl markiert (siehe Abbildung 2.10). In diese Zellen müssen neue Werte eingegeben werden.

Abbildung 2.10 Alle leeren Zellen sind markiert

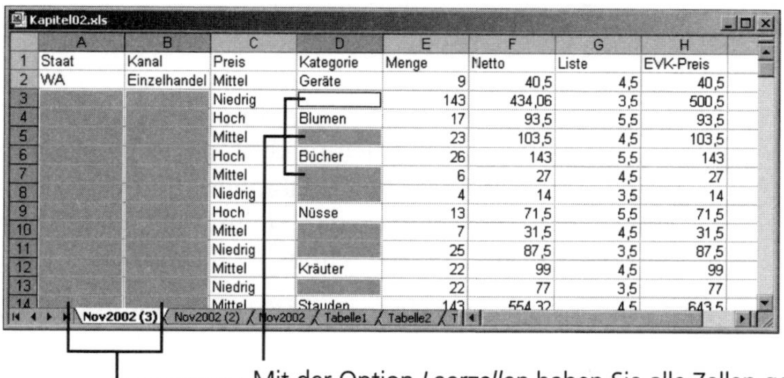

	A	B	C	D	E	F	G	H
1	Staat	Kanal	Preis	Kategorie	Menge	Netto	Liste	EVK-Preis
2	WA	Einzelhandel	Mittel	Geräte	9	40,5	4,5	40,5
3			Niedrig		143	434,06	3,5	500,5
4			Hoch	Blumen	17	93,5	5,5	93,5
5			Mittel		23	103,5	4,5	103,5
6			Hoch	Bücher	26	143	5,5	143
7			Mittel		6	27	4,5	27
8			Niedrig		4	14	3,5	14
9			Hoch	Nüsse	13	71,5	5,5	71,5
10			Mittel		7	31,5	4,5	31,5
11			Niedrig		25	87,5	3,5	87,5
12			Mittel	Kräuter	22	99	4,5	99
13			Niedrig		22	77	3,5	77
14			Mittel	Stauden	143	554,32	4,5	643,5

Mit der Option *Leerzellen* haben Sie alle Zellen gewählt, in die eine Beschriftung eingefügt werden soll

Die Auswahlmöglichkeiten des Dialogfelds *Inhalt auswählen* können Ihnen und Ihrem Makro viel Arbeit ersparen.

Die ausgewählten Zellen mit Werten füllen

Sie möchten nun in jede dieser ausgewählten Zellen eine Formel eintragen, die auf die darüber stehende Zelle zeigt. Wenn Sie eine Formel eingeben, trägt Excel sie normalerweise nur in die aktive Zelle ein. Sie können Excel allerdings auch höflich darum bitten, die Formel gleichzeitig in alle ausgewählten Zellen einzutragen.

1. Nun sind alle leeren Zellen ausgewählt, und D3 ist die aktive Zelle. Geben Sie ein Gleichheitszeichen (=) ein, und drücken Sie [Nach oben], um auf Zelle D2 zu zeigen. Wenn der Zellverweis D2 in Zelle D3 steht, bedeutet dies „eine Zelle über mir in der gleichen Spalte".
2. Drücken Sie [Strg]+[Eingabe], um die Formel in alle aktuell ausgewählten Zellen einzutragen (siehe Abbildung 2.11).

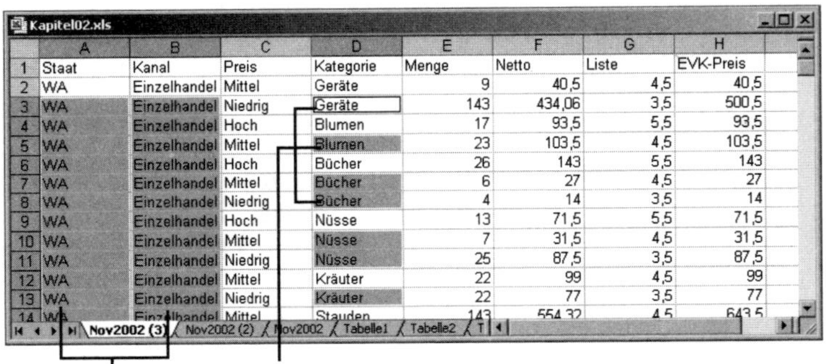

Abbildung 2.11
Das Arbeitsblatt mit eingefügten Beschriftungen

Wenn Sie eine Formel eingeben und [Strg]+[Eingabe] drücken, während mehrere Zellen ausgewählt sind, wird die Formel in alle ausgewählten Zellen kopiert. Drücken Sie dagegen nur [Eingabe], wird die Formel nur in die aktive Zelle eingetragen. Jede Zelle, welche die neue Formel enthält, verweist nun auf die darüber liegende Zelle.

3. Drücken Sie [Strg]+[Umschalt]+[*], um den aktuellen Bereich auszuwählen.
4. Klicken Sie im Menü *Bearbeiten* auf *Kopieren*. Dann klicken Sie im Menü *Bearbeiten* auf *Inhalte einfügen*, im Dialogfeld *Inhalte einfügen* auf *Werte* und dann auf *OK*.
5. Drücken Sie [Esc], um den Kopiermodus zu beenden, und klicken Sie auf die Zelle A1.

Nun enthält der Zellenblock als Werte die fehlenden Beschriftungen, sodass der Inhalt der Zellen nicht geändert wird, falls Sie die Daten neu sortieren sollten. Im nächsten Abschnitt wählen Sie eine andere Kopie des importierten Arbeitsblatts und führen alle Schritte nochmals aus, wobei Sie diesmal die Makroaufzeichnung einschalten.

Das Eintragen der fehlenden Werte aufzeichnen

1. Wählen Sie eine Kopie des Arbeitsblatts *Nov2002* (eines, in das noch keine Werte eingefügt worden sind), oder führen Sie das Makro *DateiImportieren* nochmals aus.

2. Klicken Sie auf die Schaltfläche *Makro aufzeichnen*, geben Sie als Makronamen **BeschriftungEinfügen** ein, und klicken Sie auf *OK*.
3. Klicken Sie auf die Zelle A1 (auch dann, wenn sie schon gewählt ist), und drücken Sie Strg+Umschalt+*. Im Menü *Bearbeiten* klicken Sie auf *Gehe zu* und dann auf *Inhalte*. Markieren Sie die Option *Leerzellen*, und klicken Sie auf *OK*.
4. Geben Sie = ein, drücken Sie Nach oben und dann Strg+Eingabe.
5. Drücken Sie Strg+Umschalt+*.
6. Wählen Sie im Menü *Bearbeiten* den Befehl *Kopieren*. Dann wählen Sie im Menü *Bearbeiten* den Befehl *Inhalte einfügen*, markieren die Option *Werte* und klicken auf *OK*.
7. Drücken Sie Esc, um den Kopiermodus zu beenden, und klicken Sie dann auf die Zelle A1.

8. Klicken Sie auf die Schaltfläche *Aufzeichnung beenden*, und speichern Sie die Arbeitsmappe *Kapitel02*.

Sie haben das Makro *BeschriftungEinfügen* jetzt aufgezeichnet. Nun sehen Sie es sich an, während es im Einzelschrittmodus ausgeführt wird.

Das Makro *BeschriftungEinfügen* schrittweise ausführen

1. Wählen Sie eine andere Kopie der Tabelle *Nov2002* (eine Kopie, in die noch keine Werte eingefügt worden sind), oder führen Sie das Makro *DateiImportieren* noch einmal aus.

2. Klicken Sie auf die Schaltfläche *Makro ausführen*, wählen Sie das Makro *BeschriftungEinfügen*, und klicken Sie auf *Schritt*. Das Visual Basic-Fenster wird eingeblendet und zeigt die erste Makroanweisung hervorgehoben an.
3. Drücken Sie F8, um die erste Anweisung im Makrokörper hervorzuheben:

```
Range("A1").Select
```

Mit dieser Anweisung wird die Zelle A1 ausgewählt. Es spielt keine Rolle, wie der Zeiger in die Zelle A1 bewegt worden ist, ob Sie auf die Zelle geklickt, [Strg]+[Pos1] gedrückt oder verschiedene Pfeiltasten betätigt haben. Während der Makroaufzeichnung ist nur das Ergebnis des Auswahlprozesses relevant.

4. Drücken Sie [F8], um die Zelle A1 zu wählen und die nächste Anweisung hervorzuheben:

```
Selection.CurrentRegion.Select
```

Mit dieser Anweisung wird der aktuelle Bereich der aktuellen Auswahl ausgewählt.

5. Drücken Sie [F8], um den aktuellen Bereich auszuwählen und die nächste Anweisung hervorzuheben:

```
Selection.SpecialCells(xlCellTypeBlanks).Select
```

Mit dieser Anweisung werden die leeren Zellen innerhalb des ausgewählten Bereichs markiert. (Der Ausdruck *SpecialCells* bezieht sich auf die Zellen, die Sie mithilfe des Dialogfelds *Inhalt auswählen* ausgewählt haben.)

6. Drücken Sie [F8], um nur die leeren Zellen auszuwählen und die nächste Anweisung hervorzuheben:

```
Selection.FormulaR1C1 = "=R[-1]C"
```

Mit dieser Anweisung wird die Formel *=R[-1]C* dem gesamten ausgewählten Bereich zugewiesen. Als Sie die Formel manuell eingegeben haben, wurde die Formel =C2 und nicht =R[-1]C angezeigt. Die Formel =C2 bedeutet „übernimm den Wert aus der Zelle über mir“, aber nur, solange es sich bei der aktiven Zelle um C3 handelt. Die Formel =R[-1]C bedeutet ebenfalls „übernimm den Wert aus der Zelle über mir“, allerdings ist sie unabhängig davon, welche Zelle gerade aktiv ist.

Weitere Informationen über die Z1S1-Notation erhalten Sie, wenn Sie im Excel-Fenster in das Feld *Frage eingeben* den Suchbegriff *Z1S1-Bezug* eingeben.

Sie könnten diese Anweisung in *Selection.Formula* = "*=C2*" ändern, und das Makro würde die gleiche Funktionalität besitzen, vorausgesetzt, bei der Ausführung des Makros würde die gleiche Auftragsdatei wie bei dessen Aufzeichnung verwendet und C3 wäre die aktive Zelle. Wenn der Befehl, mit dem leere Zellen ausgewählt werden, in einer anderen aktiven Zelle resultiert, würde das veränderte Makro fehlschlagen. Bei der Makroaufzeichnung wird die Notation Z1S1 verwendet, damit Ihr Makro in jeder Umgebung korrekt arbeitet.

7. Drücken Sie F5, um die restlichen Anweisungen des Makros auszuführen:

```
Selection.CurrentRegion.Select
Selection.Copy
Selection.PasteSpecial Paste:=xlValues, Operation:=xlNone, _
  SkipBlanks:=False, Transpose:=False
Application.CutCopyMode = False
Range("A1").Select
```

Mit diesen Anweisungen werden der aktuelle Bereich ausgewählt, die Formeln in Werte konvertiert, der Kopiermodus beendet und die Zelle A1 ausgewählt.

Damit ist das Makro Ihrer zweiten Aufgabe für den Monatsabschluss vollständig. Sie können nun mit der nächsten Aufgabe fortfahren und Datumsangaben hinzufügen.

Aufgabe 3: Eine Spalte mit Datumsangaben hinzufügen

Der zusammenfassende Bericht über die Aufträge, an dem Sie arbeiten, besitzt keine Datumsangaben in den Zeilen, da die zugrunde liegende Textdatei nur Zahlen eines bestimmten Monats umfasst. Bevor Sie diese neuen Datensätze in die Auftragsdatenbank aufnehmen können, müssen Sie jedem Datensatz den aktuellen Monat hinzufügen.

Ein konstantes Datum hinzufügen

Zuerst erstellen Sie ein Makro, das in einen Bereich das Datum *Nov-2002* einträgt. Es wird eine neue Spalte A einfügen und das Datum in jede Zeile eintragen, die Daten enthält.

1. Wählen Sie eine Tabelle, die bereits die eingefügten Beschriftungen enthält. Klicken Sie auf *Makro aufzeichnen*, geben Sie als Makronamen **DatumEinfügen** ein, und klicken Sie auf *OK*.
2. Klicken Sie auf die Zelle A1 und im Menü *Einfügen* auf *Spalten*. Excel fügt eine neue Spalte A ein, wobei die anderen Spalten nach rechts verschoben werden.
3. In Zelle A1 geben Sie **Datum** ein und drücken Eingabe.
4. Drücken Sie Strg+Umschalt+*, um den aktuellen Bereich auszuwählen.
5. Klicken Sie im Menü *Bearbeiten* auf *Gehe zu* und dann auf *Inhalte*. Markieren Sie *Leerzellen*, und klicken Sie auf *OK*. Sie haben damit festgelegt, in welche Zellen das Datum eingefügt werden soll.

6. Geben Sie **Nov-2002** ein, und drücken Sie Strg+Eingabe, damit das Datum in alle Zellen eingefügt wird. Excel trägt das Datum in diese Zellen ein. (Excel zeigt den Datumseintrag *Nov 02* an, speichert jedoch das vollständige Datum 01.11.2002.)

7. Klicken Sie auf Zelle A1 und dann auf *Aufzeichnung beenden*.

Das Makro schrittweise ausführen

1. Die Zelle A1 ist ausgewählt. Klicken Sie im Menü *Bearbeiten* auf *Zellen löschen*, dann auf *Ganze Spalte* und abschließend auf *OK*.

2. Klicken Sie auf die Schaltfläche *Makro ausführen*, wählen Sie das Makro *DatumEinfügen*, und klicken Sie auf *Schritt*.

Ihr Makro sollte, abgesehen von den Kommentaren, wie folgt aussehen:

```
Sub DatumEinfügen()
  Range("A1").Select
  Selection.EntireColumn.Insert
  ActiveCell.FormulaR1C1 = "Datum"
  Range("A2").Select
  Selection.CurrentRegion.Select
  Selection.SpecialCells(xlCellTypeBlanks).Select
  Selection.FormulaR1C1 = "Nov-2002"
  Range("A1").Select
End Sub
```

3. Drücken Sie F8, um das Makro schrittweise auszuführen.

Dieses Makro ist recht unkompliziert. Beachten Sie, dass die Anweisung, die das Wort *Datum* einfügt, *ActiveCell* als Objekt enthält und daher nur die „Formel" der aktiven Zelle ändert, während die Anweisung, die das aktuelle Datum einfügt, sich auf die „Formel" der gesamten Auswahl auswirkt und daher das *Selection*-Objekt beinhaltet. Wenn Sie die Eingabe einer Formel mit Eingabe abschließen, wird im Makro der Ausdruck *ActiveCell* verwendet. Wenn Sie die Eingabe einer Formel mit Strg+Eingabe abschließen, wird im Makro dagegen der Ausdruck *Selection* eingesetzt. (Falls die Auswahl nur aus einer einzigen Zelle besteht, sind *ActiveCell* und *Selection* gleichbedeutend.)

Bei der Makroaufzeichnung wird die Eingabe eines Werts in eine Zelle immer mit der Eigenschaft *FormulaR1C1* aufgezeichnet, auch wenn Sie nur eine Beschriftung eingeben, da die Aufzeichnungsfunktion nicht unterscheiden kann, ob eine Formel oder eine Beschriftung eingegeben wird.

Zur Datumseingabe auffordern

Das aufgezeichnete Makro wird nur dann einwandfrei arbeiten, wenn die Datei des gleichen Monats verwendet wird. Wenn Sie dieses Makro das nächste Mal verwenden, arbeiten Sie aber mit den Aufträgen vom Dezember. Sie werden das Makro ändern, damit es Sie während der Ausführung nach dem aktuellen Datum fragt.

1. Fügen Sie im Makro *DatumEinfügen* hinter den Kommentaren eine neue Zeile ein. Geben Sie die folgende neue Anweisung ein:

```
neuDatum = InputBox("Geben Sie das Datum im Format MMM-JJJJ ein")
```

InputBox ist eine Visual Basic-Funktion, die während der Ausführung eines Makros nach Informationen fragt. Die Wörter in Klammern stellen die Meldung dar, die angezeigt wird. Die Variable *neuDatum* speichert das Datum, bis das Makro darauf zurückgreift.

Die Funktion *InputBox* ist nützlich, wenn ein Makro in einer leicht veränderten Umgebung ablauffähig sein soll.

2. Wählen Sie im Makro den Text "*Nov-2000*" aus, und löschen Sie ihn. Vergewissern Sie sich, dass auch die Anführungszeichen gelöscht werden.
3. Geben Sie stattdessen **neuDatum** an der gleichen Stelle ein. Die geänderte Anweisung sollte wie folgt aussehen:

```
Selection.FormulaR1C1 = neuDatum
```

4. Aktivieren Sie eine Tabelle, in die noch die Datumsspalte eingefügt werden muss. (Löschen Sie die Datumsspalte, oder führen Sie das Makro *BeschriftungEinfügen* erneut aus.)
5. Klicken Sie *Makro ausführen* an, wählen Sie das Makro *DatumEinfügen*, und klicken Sie auf *Ausführen*.

Das Makro fordert zur Eingabe des Datums auf, um es in die entsprechenden Zellen der Spalte A einzufügen.

Wenn Sie *Abbrechen* anklicken, verändert das Makro die Datumszellen nicht. In Kapitel 7 lernen Sie, wie während der Makroausführung festgestellt wird, ob der Anwender auf *Abbrechen* geklickt hat.

6. Geben Sie **Nov 2000** ein, und klicken Sie auf *OK* (siehe Abbildung 2.12). Das Makro fügt das Datum in die gewünschten Zellen in Spalte A ein.
7. Speichern Sie die Arbeitsmappe *Kapitel02*.

Damit ist das Makro Ihrer dritten Aufgabe vollständig. Sie werden nun die neuen Daten in die Datenbank aufnehmen.

Abbildung 2.12 Eingabeaufforderung für eine Datumseingabe

Geben Sie hier das Datum ein, das vom Makro in das Arbeitsblatt eingefügt werden soll

Aufgabe 4: Daten an die Datenbank anhängen

Nun, da Sie die Monatsangaben in das importierte Arbeitsblatt *Nov2002* eingefügt haben, besitzt es die gleichen Spalten wie die Auftragsdatenbank. Sie werden das Arbeitsblatt kopieren und an die Datenbank anfügen. Die Spaltentitel werden dabei ignoriert.

Ein Arbeitsblatt an eine Datenbank anfügen

Zuerst werden Sie die Daten des Arbeitsblatts *Nov2002*, mit Ausnahme der Überschriften, kopieren. Danach öffnen Sie die Datenbank und wählen die erste leere Zelle am Ende der Datenbank. Sie benennen den Datenbankbereich um, um die neuen Zeilen darin aufzunehmen, und schließen die Datenbankdatei.

1. Wählen Sie eines der Arbeitsblätter mit dem Titel *Nov2002*, in das sowohl die Beschriftungen als auch die Datumsangaben eingefügt worden sind. Klicken Sie auf die Schaltfläche *Makro aufzeichnen*, geben Sie als Makronamen **DatenbankAnhängen** ein, und klicken Sie auf *OK*.

2. Klicken Sie auf die Zelle A1. Klicken Sie im Menü *Bearbeiten* auf *Zellen löschen* und dann auf *Ganze Zeile*. Klicken Sie auf *OK*.

   Damit wird die Titelzeile gelöscht, da sie nicht zu dem Bereich gehört, der in die Datenbank kopiert werden soll.

3. Drücken Sie [Strg]+[Umschalt]+[*], um den aktuellen Bereich auszuwählen. Klicken Sie im Menü *Bearbeiten* auf *Kopieren*.

4. Klicken Sie in der Symbolleiste auf *Öffnen*, geben Sie in das Feld *Dateiname* **Aufträge.dbf** ein, und klicken Sie auf *Öffnen*.

   Die Datenbankdatei *Aufträge.dbf* wird geöffnet. Die Zelle A1 ist gewählt. Die Werte in Spalte A werden als Nummernzeichen dargestellt, da die Spalte nicht breit genug ist, um die vollständigen Datumsangaben anzeigen zu können.

5. Klicken Sie in der Zeile mit Spaltenüberschriften auf die Begrenzung zwischen Spalte A und Spalte B, und passen Sie die Breite von Spalte A den Daten an. (Die Datumsangaben sehen hier anders aus als die in der Datei *Nov2002*, da sie anders formatiert sind.)

6. Drücken Sie [Strg]+[Nach unten], um zur letzten Zeile der Datenbank zu gelangen.

7. Drücken Sie [Nach unten], um die erste Zelle unter der letzten Datenzeile auszuwählen (das sollte Zelle A3301 sein) (siehe Abbildung 2.13).

Abbildung 2.13
Zelle A3301 nach dem letzten Datensatz der Datenbank ist ausgewählt

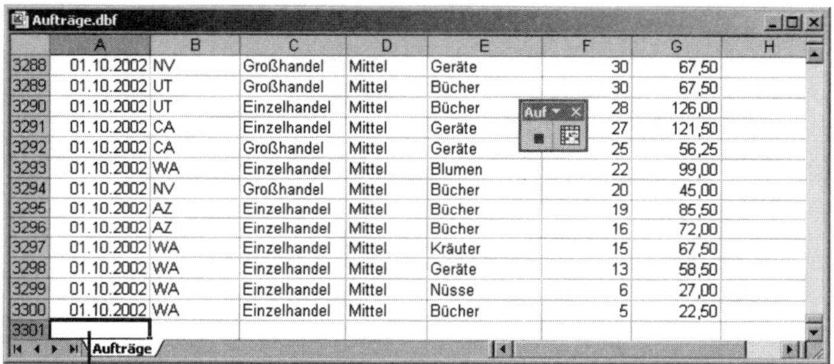

	A	B	C	D	E	F	G	H
3288	01.10.2002	NV	Großhandel	Mittel	Geräte	30	67,50	
3289	01.10.2002	UT	Großhandel	Mittel	Bücher	30	67,50	
3290	01.10.2002	UT	Einzelhandel	Mittel	Bücher	28	126,00	
3291	01.10.2002	CA	Einzelhandel	Mittel	Geräte	27	121,50	
3292	01.10.2002	CA	Großhandel	Mittel	Geräte	25	56,25	
3293	01.10.2002	WA	Einzelhandel	Mittel	Blumen	22	99,00	
3294	01.10.2002	NV	Großhandel	Mittel	Bücher	20	45,00	
3295	01.10.2002	AZ	Einzelhandel	Mittel	Bücher	19	85,50	
3296	01.10.2002	AZ	Einzelhandel	Mittel	Bücher	16	72,00	
3297	01.10.2002	WA	Einzelhandel	Mittel	Kräuter	15	67,50	
3298	01.10.2002	WA	Einzelhandel	Mittel	Geräte	13	58,50	
3299	01.10.2002	WA	Einzelhandel	Mittel	Nüsse	6	27,00	
3300	01.10.2002	WA	Einzelhandel	Mittel	Bücher	5	22,50	
3301								

Die Datensätze sollen nach der letzten Datenzeile eingefügt werden

8. Klicken Sie im Menü *Bearbeiten* auf *Einfügen*, um die zuvor kopierten Zeilen anzuhängen, und drücken Sie dann [Esc], um die Meldung aus der Statusleiste zu entfernen (siehe Abbildung 2.14).

Abbildung 2.14
Die erweiterte Datenbank

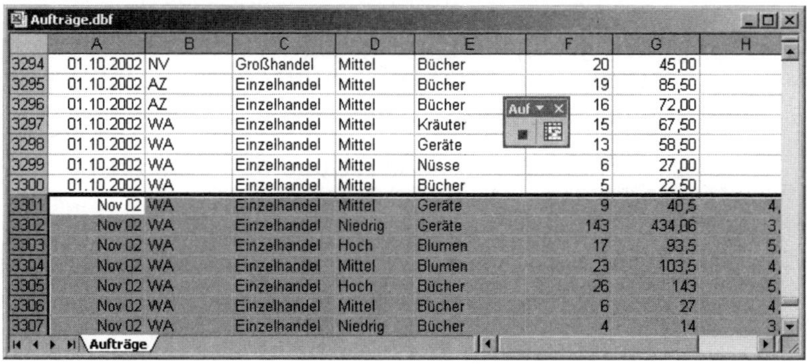

	A	B	C	D	E	F	G	H
3294	01.10.2002	NV	Großhandel	Mittel	Bücher	20	45,00	
3295	01.10.2002	AZ	Einzelhandel	Mittel	Bücher	19	85,50	
3296	01.10.2002	AZ	Einzelhandel	Mittel	Bücher	16	72,00	
3297	01.10.2002	WA	Einzelhandel	Mittel	Kräuter	15	67,50	
3298	01.10.2002	WA	Einzelhandel	Mittel	Geräte	13	58,50	
3299	01.10.2002	WA	Einzelhandel	Mittel	Nüsse	6	27,00	
3300	01.10.2002	WA	Einzelhandel	Mittel	Bücher	5	22,50	
3301	Nov 02	WA	Einzelhandel	Mittel	Geräte	9	40,5	4,
3302	Nov 02	WA	Einzelhandel	Niedrig	Geräte	143	434,06	3,
3303	Nov 02	WA	Einzelhandel	Hoch	Blumen	17	93,5	5,
3304	Nov 02	WA	Einzelhandel	Mittel	Blumen	23	103,5	4,
3305	Nov 02	WA	Einzelhandel	Hoch	Bücher	26	143	5,
3306	Nov 02	WA	Einzelhandel	Mittel	Bücher	6	27	4,
3307	Nov 02	WA	Einzelhandel	Niedrig	Bücher	4	14	3,

9. Drücken Sie [Strg]+[Umschalt]+[*], um den gesamten neuen Datenbankbereich zu markieren, einschließlich der eben angehängten Zeilen.

Wenn Sie in Excel eine dBase-Datei öffnen, wird der Bereich, der die Datensätze enthält, automatisch *Datenbank* genannt. Beim Speichern der aktualisierten Datei Aufträge.dbf als dBase-Datei werden nur die

Werte innerhalb des mit *Datenbank* benannten Bereichs gespeichert, alle weiteren Werte des Arbeitsblatts dagegen ignoriert. Sie müssen die Definition des Datenbankbereichs erweitern, um die neuen Zeilen darin aufzunehmen und damit sicherzustellen, dass auch sie gespeichert werden.

10. Klicken Sie im Menü *Einfügen* auf *Namen* und dann auf *Definieren*. Geben Sie in das Feld *Namen in der Arbeitsmappe* den Namen **Datenbank** ein, und klicken Sie auf *OK* (siehe Abbildung 2.15).

Abbildung 2.15
Das Dialogfeld
Namen definieren

Geben Sie hier den Namen ein. Wählen Sie keinen aus der Liste.

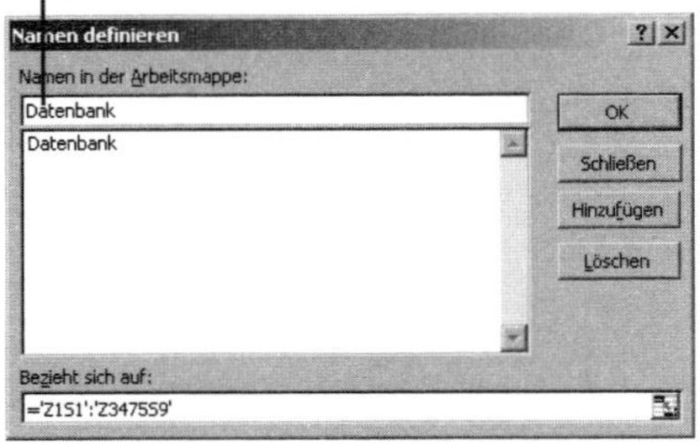

Wählen Sie nicht den Eintrag *Datenbank* aus der Namensliste aus, da sonst die aktuelle Bereichsdefinition beibehalten wird.

Damit wird die gesamte Datenbank einschließlich der neuen Zeilen in die Definition des Datenbankbereichs aufgenommen und mit der Datei gespeichert.

11. Klicken Sie im Menü *Datei* auf *Schließen*. Klicken Sie *Nein* an, wenn Sie gefragt werden, ob Änderungen gespeichert werden sollen.

Zum jetzigen Zeitpunkt möchten Sie die Datenbank mit den neuen Zeilen noch nicht in der Datei *Aufträge.dbf* speichern, da Sie das Makro zunächst testen wollen.

12. Klicken Sie auf Zelle A1 und dann auf die Schaltfläche *Aufzeichnung beenden*.

Das Makro *DatenbankAnhängen* schrittweise ausführen

Führen Sie das Makro schrittweise aus, und sehen Sie sich an, wie es arbeitet. Notieren Sie sich, welche Änderungen notwendig sind.

1. Aktivieren Sie ein Arbeitsblatt, das die Beschriftungen sowie die Datumsangaben enthält. Falls notwendig, führen Sie die Makros *DateiImportieren*, *BeschriftungEinfügen* und *DatumEinfügen* noch einmal aus.

2. Klicken Sie *Makro ausführen* an, wählen Sie das Makro *DatenbankAnhängen*, und klicken Sie auf *Schritt*. Sehen Sie sich die ersten fünf Zeilen des Makros an:

```
Sub DatenbankAnhängen()
  Range("A1").Select
  Selection.EntireRow.Delete
  Selection.CurrentRegion.Select
  Selection.Copy
```

   Diese Anweisungen gleichen denen in früher aufgezeichneten Makros.

3. Drücken Sie fünf Mal F8, um die ersten fünf Anweisungen des Makros auszuführen.

   Im Visual Basic-Fenster sollte nun die Anweisung zum Öffnen der Datenbank hervorgehoben sein:

```
Workbooks.Open Filename:="C:\ExcelVBA\Aufträge.dbf"
```

   Mit dieser Anweisung wird die Datenbank geöffnet.

   Wenn Sie alle Angaben außer *Aufträge.dbf* aus dem Pfadnamen löschen, sucht das Makro die Datei im aktuellen Ordner. Das ist sinnvoll, falls Sie das Projekt in einem anderen Ordner ablegen.

4. Drücken Sie F8, um die Anweisung mit der Methode *Open* auszuführen und die nächste Anweisung hervorzuheben:

```
Columns("A:A").EntireColumn.AutoFit
```

   Mit dieser Anweisung wird die Spaltenbreite den Datumsangaben angepasst.

5. Drücken Sie F8, um die Spaltenbreite zu ändern und die nächste Anweisung auszuwählen:

```
Selection.End(xlDown).Select
```

   Diese Anweisung entspricht dem Drücken der Tastenkombination Strg+Nach unten. Ausgehend von der aktiven Zelle, wird zum Dateiende hin nach der letzten nicht leeren Zelle gesucht, und diese Zelle wird ausgewählt.

6. Drücken Sie F8, um die letzte Zelle der Datenbank auszuwählen und die nächste Anweisung hervorzuheben:

```
Range("A3301").Select
```

   Mit dieser Anweisung wird die Zelle A3301 ausgewählt. Es handelt sich um die erste Zelle unterhalb der Datenbank dieses Monats; im nächsten Monat wäre es allerdings die falsche Zelle. Diese Anweisung wurde während der Aufzeichnung erzeugt, als Sie Nach unten gedrückt haben. Sie benötigen allerdings eine Anweisung, die nicht eine bestimmte Zelle, sondern allgemein die Zelle unterhalb der aktiven Zelle auswählt. Notieren Sie, dass die Anweisung geändert werden muss.

7. Drücken Sie F8, um Zelle A3301 auszuwählen und die nächste Anweisung hervorzuheben. Die beiden nächsten Anweisungen gehören zusammen:

```
ActiveSheet.Paste
Application.CutCopyMode = False
```

Mit diesen Anweisungen werden die neuen Zeilen in die Datenbank eingefügt und die Meldung aus der Statusleiste entfernt.

8. Drücken Sie zwei Mal F8. Die nächsten beiden Anweisungen definieren den Datenbankbereich neu:

```
Selection.CurrentRegion.Select
ActiveWorkbook.Names.Add Name:="Datenbank", RefersToR1C1:= _
  =Aufträge!R1C1:R3478C9"
```

Mit der ersten Anweisung wird der aktuelle Bereich ausgewählt, also der richtige neue Datenbankbereich. Mit der zweiten Anweisung wird dem Bereich R1C1:R3478C9 (A1:I3478) der Name *Datenbank* zugewiesen. Dies entspricht nicht Ihren Vorstellungen. Sie möchten, dass der Name *Datenbank* nicht einem bestimmten Bereich zugeordnet wird, sondern jeweils dem Bereich, der zum Zeitpunkt der Ausführung der Anweisung aktuell ist. Notieren Sie, dass diese Anweisung geändert werden muss.

9. Drücken Sie zwei Mal F8, damit die Anweisung hervorgehoben wird, mit der die Arbeitsmappe geschlossen wird:

```
ActiveWorkbook.Close
```

Mit dieser Anweisung wird die aktive Arbeitsmappe geschlossen. Falls Sie an der Arbeitsmappe Änderungen vorgenommen haben, werden Sie gefragt, ob die Änderungen gespeichert werden sollen. Sie können diese Abfrage ändern, damit immer oder – während des Testens – nie gespeichert wird.

10. Drücken Sie F8, um die Arbeitsmappe mit der Datenbank zu speichern. Klicken Sie auf *Nein*, wenn Sie gefragt werden, ob die Änderungen gespeichert werden sollen. Es sind nur noch zwei Anweisungen auszuführen:

```
  Range("A1").Select
End Sub
```

11. Drücken Sie zwei Mal F8, um das Makro zu beenden.

Das Makro funktioniert nur deswegen, weil Sie es unter den gleichen Bedingungen wie bei dessen Aufzeichnung ausführen, d.h. mit identischen Dateien. Es folgt noch einmal eine Zusammenfassung dessen, was Sie ändern müssen:

- Die erste Zeile unterhalb der Datenbank auswählen.
- Der aktuellen Auswahl den Namen *Datenbank* zuweisen.
- Die Eingabeaufforderung beim Schließen der Datenbank entfernen.

Eine Zeigerbewegung mit relativem Bezug aufzeichnen

Sehen Sie sich die beiden Anweisungen des Makros *DatenbankAnhängen* näher an, die den Zeiger in die erste leere Zelle unterhalb der Datenbank bewegen. Stellen Sie sich vor, was geschieht, wenn Sie das Makro nächsten Monat ausführen und die Datenbank mehr Zeilen umfasst. Die Anweisung

```
Selection.End(xlDown).Select
```

wählt die unterste Zeile, doch die Anweisung

```
Range("A3301").Select
```

wählt dann immer noch die absolute Zelle A3301.

Wenn Sie eine Zelle wählen, ist bei der Makroaufzeichnung nicht klar, ob die gewählte absolute Zelle gewünscht ist oder aber eine Zelle relativ zum Ausgangspunkt. Angenommen, Sie wählen eine Zelle in Zeile 1, um eine Spaltenbeschriftung zu ändern. In diesem Fall möchten Sie immer die gleiche absolute Zelle, unabhängig vom Ausgangspunkt. Wenn Sie dagegen nach der ersten leeren Zelle am Ende einer Datenbank suchen, soll das Makro eine Zelle relativ zum Ausgangspunkt wählen.

Bei der Makroaufzeichnung ist nicht klar, ob Sie absolute Zelladressen oder relative Bewegungen aufzeichnen möchten. Sie können dies jedoch angeben. Sie zeichnen nun eine neue Anweisung auf, welche die falsche Anweisung ersetzt. Sie werden diese neue Anweisung in einem neuen, temporären Makro aufzeichnen und kopieren. Danach löschen Sie das temporäre Makro.

1. Klicken Sie *Makro aufzeichnen* an, geben Sie als Makronamen **LöschMich** an, und klicken Sie auf *OK*.

2. Klicken Sie in der Symbolleiste *Aufzeichnung beenden* auf *Relative Verweise*.

Wenn Sie diese Schaltfläche aktivieren, wird jede neue Zellauswahl *relativ* zur Originalauswahl aufgezeichnet. Nun müssen Sie die Anweisung, welche die Zelle A3301 wählt, durch eine andere ersetzen, die eine relative Bewegung ausführt.

Sie möchten eine Aktion aufzeichnen, bei der der Zeiger um eine Zelle nach unten bewegt wird. Daher können Sie das Makro von einem beliebigen Ausgangspunkt aus einem beliebigen Arbeitsblatt aufzeichnen.

3. Drücken Sie einmal [Nach unten], um die relative Bewegung aufzuzeichnen.

4. Klicken Sie auf *Relative Verweise*, um die Schaltfläche zu deaktivieren, und dann auf *Aufzeichnung beenden*.

5. Sehen Sie sich das Makro *LöschMich* an. Die neu aufgezeichnete Anweisung sollte wie folgt aussehen:

```
ActiveCell.Offset(1,0).Range("A1").Select
```

Die Anweisung bedeutet „wähle die Zelle unter der aktiven Zelle". Zu diesem Zeitpunkt müssen Sie nicht verstehen, wie diese Anweisung funktioniert. Vertrauen Sie der Aufzeichnungsfunktion. Wahrscheinlich wundern Sie sich aber über den Ausdruck *Range("A1"),* wo es doch keinen Bezug zur Zelle A1 gibt. Diese Anweisung berechnet einen neuen Bereich, der aus einer einzigen Zelle besteht und eine Zelle unterhalb der aktiven Zelle liegt. Das Makro behandelt den neuen Bereich, als sei er in der oberen linken Ecke in einem vollkommen „virtuellen" Arbeitsblatt positioniert, und wählt die Zelle A1 dieses imaginären Arbeitsblatts!

6. Markieren Sie die neue Anweisung, und kopieren Sie sie.

7. Öffnen Sie die Liste *Prozeduren* (unter den Symbolleisten rechts im Modulfenster), und wählen Sie *DatenbankAnhängen*.

8. Markieren Sie *Range("A3301").Select*, löschen Sie den Ausdruck, und fügen Sie stattdessen die neue Anweisung ein.

9. Wählen Sie das Makro *LöschMich* in der Liste *Prozeduren* aus.

10. Löschen Sie das Makro *LöschMich*, indem Sie alle Anweisungen von *Sub LöschMich* bis *End Sub* markieren und [Entf] drücken.

Mit der Schaltfläche *Relative Verweise* steuern Sie, ob eine Auswahl absolut oder relativ zur aktiven Zelle aufgezeichnet werden soll. Sie können die Schaltfläche *Relative Verweise* während der Makroaufzeichnung beliebig oft aktivieren und deaktivieren.

Die aktuelle Auswahl benennen

Die Makroanweisung, die den Namen des Datenbankbereichs definiert, enthält ein potenziell gefährliches Problem:

```
ActiveWorkbook.Names.Add Name:="Datenbank", RefersToR1C1:= _
  "=Aufträge!R1C1:R3478C9"
```

Diese Anweisung weist dem Bereich, den die Datenbank am Monatsende einnimmt, den Namen *Datenbank* zu. Wenn Sie diese Anweisung nicht vor dem nächsten Monat ändern, werden die Aufträge vom Dezember aus der Datenbank entfernt, wenn Sie sie speichern. Hier haben wir ein Beispiel dafür, dass während der Makroaufzeichnung unter Umständen eine komplizierte Anweisung generiert wird, wenngleich eine einfache Anweisung die Aufgabe besser erfüllen würde.

1. Löschen Sie die gesamte aufgezeichnete Anweisung.
2. Geben Sie stattdessen die folgende Anweisung ein

```
Selection.Name = "Datenbank"
```

Name ist eine Eigenschaft eines Bereichs, also benennen Sie den Bereich, indem Sie der Eigenschaft *Name* einfach ein in Anführungszeichen gesetztes Wort als Wert zuweisen.

Angeben, ob beim Schließen der Datei Änderungen gespeichert werden sollen

Die Anweisung, welche die Datenbank schließt, sieht so aus:

```
ActiveWorkbook.Close
```

Sie bewirkt, dass eine Eingabeaufforderung eingeblendet wird, die fragt, ob Änderungen gespeichert werden sollen. Wenn Sie einen Vorgang automatisieren, wissen Sie möglicherweise schon, dass Sie Änderungen immer (oder niemals) speichern möchten. Die Methode *Close* besitzt ein optionales Argument, über das Sie angeben, ob Änderungen gespeichert werden sollen. Jetzt während der Testphase soll die Anweisung bewirken, dass die Änderungen *nicht* gespeichert werden.

1. Ändern Sie die Anweisung wie folgt:

```
ActiveWorkbook.Close SaveChanges:=False
```

Das Argument *SaveChanges* beantwortet die Frage des Dialogfelds, bevor sie gestellt worden ist.

2. Speichern Sie die Arbeitsmappe *Kapitel02*. Führen Sie das Makro dann aus, um es zu testen.
3. Wenn Sie den Test beendet haben und das Makro verwenden wollen, ändern Sie *False* in **True**.

Da es sich bei der aktiven Arbeitsmappe um eine dBase-Datei handelt, bewirkt das Setzen des Arguments *SaveChanges* auf *True*, dass Excel Sie nicht danach fragt, ob die Änderungen gespeichert werden sollen. Trotzdem wird ein Dialogfeld eingeblendet, in dem Sie gefragt werden, ob die Datei wieder als dBase-Datei gespeichert werden soll. Falls es sich bei der aktiven Arbeitsmappe um eine Excel-Arbeitsmappe handelt, bewirkt das *SaveChanges*-Argument, dass Excel die Arbeitsmappe einfach speichert.

Es folgt die endgültige Version des Makros *DatenbankAnhängen*:

```
Sub DatenbankAnhängen()
  Range("A1").Select
  Selection.EntireRow.Delete
  Selection.CurrentRegion.Select
  Selection.Copy
  Workbooks.Open Filename:="C:\ExcelVBA\Aufträge.dbf"
  Selection.End(xlDown).Select
  ActiveCell.Offset(1, 0).Range("A1").Select
  ActiveSheet.Paste
  Application.CutCopyMode = False
  Selection.CurrentRegion.Select
  Selection.Name = "Datenbank"
  ActiveWorkbook.Close
  SaveChanges:=True
  Range("A1").Select
End Sub
```

Wenn Sie möchten, führen Sie das Makro nun noch einmal aus. Es arbeitet wie zuvor, kann aber auch in den folgenden Monaten eingesetzt werden, wenn die Datenbank weitere Datensätze enthält.

Sie sind fast fertig. Nur noch eine Aufgabe bleibt: Sie müssen das importierte Arbeitsblatt löschen.

Aufgabe 5: Das Arbeitsblatt löschen

Sie haben die Textdatei importiert, um die Beschriftungen und Datumsangaben einzufügen, bevor die Daten in die Datenbank eingetragen werden. Nachdem die Daten in die Datenbank aufgenommen worden sind, benötigen Sie das importierte Arbeitsblatt nicht mehr.

Ein Makro aufzeichnen, das das aktive Arbeitsblatt löscht

1. Aktivieren Sie ein nicht erforderliches Arbeitsblatt, klicken Sie auf *Makro aufzeichnen*, geben Sie als Makronamen **BlattLöschen** ein, und klicken Sie auf *OK*.
2. Klicken Sie im Menü *Bearbeiten* auf *Blatt löschen*, und bestätigen Sie die Löschung, indem Sie auf *Löschen* klicken.

3. Klicken Sie auf *Aufzeichnung beenden*.

4. Wählen Sie ein anderes überflüssiges Arbeitsblatt, und führen Sie das Makro *BlattLöschen* im Einzelschrittmodus aus:

```
Sub BlattLöschen()
  ActiveWindow.SelectedSheets.Delete
End Sub
```

Die aufgezeichnete Anweisung bezieht sich auf „ausgewählte Arbeitsblätter des aktiven Fensters", denn es ist möglich, mehrere Arbeitsblätter zugleich zu wählen und zu löschen. (Halten Sie [Strg] gedrückt, während Sie verschiedene Blattregister anklicken, um zu sehen, wie mehrere Arbeitsblätter zugleich gewählt werden. Dann klicken Sie auf ein nicht ausgewähltes Arbeitsblatt, ohne [Strg] zu drücken, um die Auswahl rückgängig zu machen.) Da Sie nun nur ein Arbeitsblatt löschen, könnten Sie die Anweisung in *ActiveSheet.Delete* ändern, doch das ist nicht notwendig.

Das einzige Problem dieses Makros besteht darin, dass die Löschung immer bestätigt werden muss. Wenn das Makro einmal als Teil eines größeren Projekts importierte Tabellen löschen soll, wollen Sie nicht jedes Mal den Vorgang bestätigen.

Die Eingabeaufforderung des Makros unterdrücken

Die Methode *Delete* besitzt kein optionales Argument, mit dem die Eingabeaufforderung unterbunden werden könnte. Sie müssen daher eine neue Anweisung hinzufügen.

1. Klicken Sie auf *Makro ausführen*, wählen Sie das Makro *BlattLöschen*, und klicken Sie auf *Bearbeiten*.

2. Fügen Sie nach den Kommentaren nach der Anweisung *Sub BlattLöschen()* eine neue Zeile ein. Geben Sie folgende Anweisung ein:

```
Application.DisplayAlerts = False
```

DisplayAlerts ist eine Eigenschaft der Excel-Anwendung. Wenn Sie deren Wert auf *False* setzen, wird angenommen, dass Sie in allen Eingabeaufforderungen, die normalerweise eingeblendet würden, die voreingestellte Antwort wählen. Die Einstellung von *DisplayAlerts* ist nur solange gültig, wie das Makro ausgeführt wird. Sie müssen den Wert nicht auf *True* zurücksetzen. Doch passen Sie auf, und führen Sie dieses Makro niemals aus, wenn das aktive Arbeitsblatt für Sie wichtig ist. Selbstverständlich sollten Sie Ihre Arbeit auch öfter speichern.

Die Liste der Elemente unterstützt Sie bei der Eingabe der Wörter *DisplayAlerts* und False. Wenn Sie ein Wort aus der Liste wählen, drücken Sie [Tab], um es in die Anweisung einzufügen.

3. Speichern Sie die Arbeitsmappe *Kapitel02*.

4 Wählen Sie ein Arbeitsblatt, auf das Sie verzichten können, und führen Sie das Makro *BlattLöschen* aus.

Alle Teile zusammenfügen

Sie haben alle Makros für die verschiedenen Aufgaben erstellt und sind bereit, Ihr komplexes Projekt auszuführen:

- Das Makro *DateiImportieren* öffnet die Textdatei und fügt die Daten in ein Arbeitsblatt ein.
- Das Makro *BeschriftungEinfügen* bringt die Datei in ein Format, das dem Format der Datenbank entspricht.
- Das Makro *DatumEinfügen* bewirkt, dass sich in der Datenbank die monatlichen Aufträge voneinander unterscheiden.
- Das *MakroDatenbankAnhängen* fügt die neuen Zeilen am Ende der gespeicherten Datenbank an.
- Das Makro *BlattLöschen* entfernt das temporäre Arbeitsblatt.

Alle Makros sind angelegt und getestet. Nun fügen Sie die Teile zusammen.

Ein Makro aufzeichnen, das andere Makros ausführt

Der einfachste Weg, Makros zusammenzuführen, besteht darin, ein Makro aufzuzeichnen, das andere Makros ausführt.

1 Klicken Sie auf die Schaltfläche *Makro aufzeichnen*, geben Sie als Makronamen **MonatlichesProjekt** ein, und klicken Sie auf *OK*.

2 Klicken Sie auf die Schaltfläche *Makro ausführen*, wählen Sie *DateiImportieren*, und klicken Sie auf *Ausführen* (siehe Abbildung 2.16).

Abbildung 2.16 Das Dialogfeld mit allen Makros

Führen Sie alle Makros aus, um ein umfassendes Makro zu erstellen

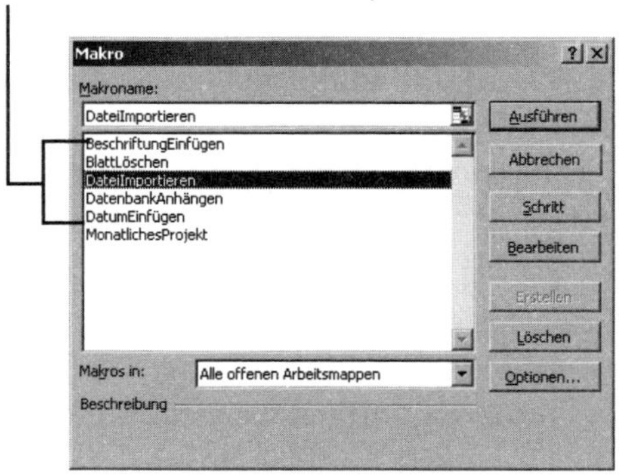

3. Wählen Sie die Textdatei, die importiert werden soll, und klicken Sie auf *Öffnen*.
4. Klicken Sie auf die Schaltfläche *Makro ausführen*, dann auf *BeschriftungEinfügen* und auf *Ausführen*.
5. Klicken Sie auf die Schaltfläche *Makro ausführen*, dann auf *DatumEinfügen* und auf *Ausführen*.
6. Geben Sie ein passendes Datum ein, und klicken Sie auf *OK*.
7. Klicken Sie auf die Schaltfläche *Makro ausführen*, auf *DatenbankAnhängen* und auf *Ausführen*.
8. Klicken Sie auf die Schaltfläche *Speichern* und dann auf *Ja*, um zu bestätigen, dass Sie die Datei *Aufträge.dbf* ersetzen wollen.
9. Klicken Sie auf die Schaltfläche *Makro ausführen*, dann auf *BlattLöschen* und auf *Ausführen*.

10. Klicken Sie auf die Schaltfläche *Aufzeichnung beenden*.

Sehen Sie sich nun an, was Sie gerade aufgezeichnet haben. Klicken Sie auf die Schaltfläche *Makro ausführen*, wählen Sie das Makro *MonatlichesProjekt*, und klicken Sie *Bearbeiten* an. Hier sehen Sie das Makro, das andere Makros ausführt:

```
Sub MonatlichesProjekt()
'
' MonatlichesProjekt Makro
' Makro am 26.09.01 von xyz aufgezeichnet
'


'
  Application.Run "Kapitel02.xls!DateiImportieren"
  Application.Run "Kapitel02.xls!BeschriftungEinfügen"
  Application.Run "Kapitel02.xls!DatumEinfügen"
  Application.Run "Kapitel02.xls!DatenbankAnhängen"
  Application.Run "Kapitel02.xls!BlattLöschen"
End Sub
```

Das Makro *MonatlichesProjekt* führt nun alle untergeordneten Makros nacheinander aus. Die untergeordneten Makros werden *Subprozeduren* genannt. Davon leitet sich auch der Ausdruck *Sub* in der ersten Zeile eines Makros ab.

Die Subprozeduranweisungen vereinfachen

Die während der Makroaufzeichnung entstandenen Anweisungen sehen etwas umständlich aus. Sie können sie vereinfachen, damit sie besser zu lesen und schneller auszuführen sind.

1. Löschen Sie alles aus den Anweisungen der aufgezeichneten Subprozeduren außer den Namen der Makros.

   Ihr Makro sollte nun wie folgt aussehen:

```
Sub MonatlichesProjekt()
  DateiImportieren
  BeschriftungEinfügen
  DatumEinfügen
  DatenbankAnhängen
  BlattLöschen
End Sub
```

2. Speichern Sie die Arbeitsmappe *Kapitel02*.

3. Drücken Sie [F5], um das Makro *MonatlichesProjekt* zu testen. Sie können ebenso [F8] drücken, und das Makro und jede der Subprozeduren schrittweise ausführen.

   Sie verfügen nun über ein automatisiertes Verfahren zum Import der monatlich neuen Daten. Sie haben schwer gearbeitet und eine Pause verdient. Nehmen Sie sich den Rest des Tages frei.

Eine neue Arbeitsmappe anlegen, Seite 95

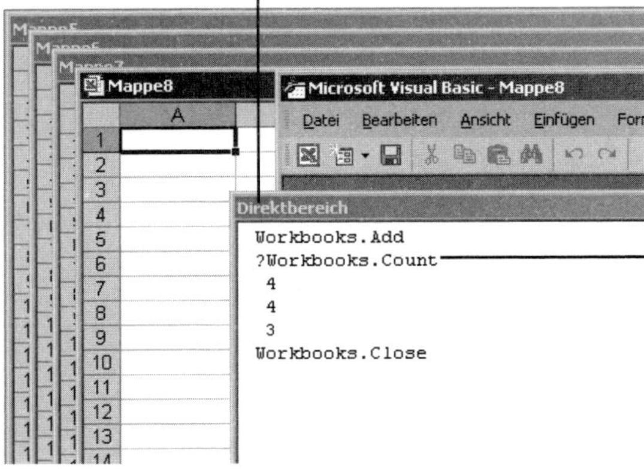

Die Anzahl geöffneter Arbeitsmappen zählen, Seite 99

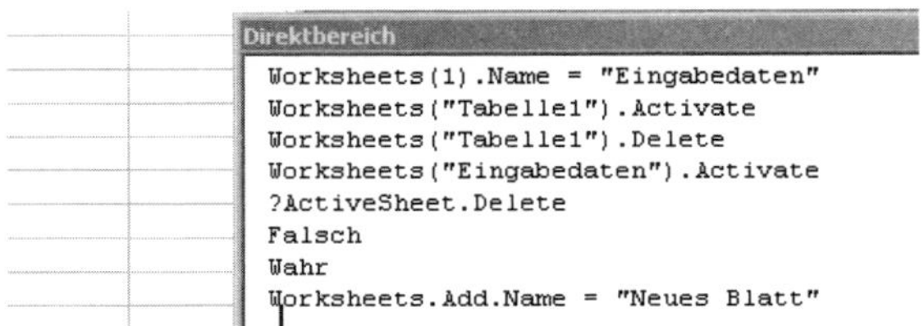

Ein neues Arbeitsblatt hinzufügen und benennen, Seite 107

Mehrere Arbeitsblätter als Gruppe bearbeiten, Seite 112

3 Arbeitsmappen und Arbeitsblätter erforschen

In diesem Kapitel lernen Sie

- wie Sie mit Auflistungen von Arbeitsmappen und Arbeitsblättern umgehen.
- wie Sie einzelne Elemente von *Workbooks*- und *Worksheets*-Auflistungen bearbeiten.
- wie Sie das Direktfenster zur Ausführung einzelner Anweisungen einsetzen.

Erinnern Sie sich an Ihr Klassenzimmer in der dritten Klasse. Der Tisch, der mit ungelenk eingeschnitzten Namen dekoriert war, stand in der vierten Reihe von vorn direkt am Fenster. Erinnern Sie sich an die große Treppe mit dem herrlichen Geländer, das Sie immer herunterrutschen wollten? Der große Flur war mit Zeichnungen tapeziert, die sich um die Türen zu den Klassenzimmern verdichteten. Jede Tür führte in ein Klassenzimmer und jedes Zimmer war mit Kindern gefüllt.

Eine Microsoft Excel-Arbeitsmappe weist große Ähnlichkeiten mit einer Schule auf. Die Zellen eines Arbeitsblatts sind wie die Schüler in einem Klassenzimmer in Gitter aus Zeilen und Spalten angeordnet. Arbeitsblätter werden in Arbeitsmappen zusammengefasst wie die Klassenzimmer in einer Schule. Und Excel kann mehrere geöffnete Arbeitsmappen verwalten, ebenso wie eine Stadt mehrere Schulen besitzen kann. Genauso frei, wie Sie sich in den Zimmern und Gängen Ihrer alten Grundschule bewegen konnten, werden Sie sich bald mit Ihren Makros durch die Excel-Objekte bewegen. Microsoft Visual Basic arbeitet unter Verwendung von Excel-Objekten mit Excel zusammen. Alles, was Visual Basic in Excel steuern kann (Arbeitsmappen, Arbeitsblätter, Zellen, Menüs, Textfelder, etc.), ist ein Objekt. Um Excel über Visual Basic effizient steuern zu können, müssen Sie wissen, was Objekte sind und wie sie in Excel funktionieren.

Das Kapitel beginnen

1. Starten Sie Microsoft Excel, und öffnen Sie eine leere Arbeitsmappe. Falls andere Arbeitsmappen geöffnet sind, schließen Sie sie. (Um verborgene Arbeitsmappen zu finden, klicken Sie im Menü *Fenster* auf *Einblenden*.)

2. Stellen Sie das Arbeitsmappenfenster in Microsoft Excel (nicht das Excel-Anwendungsfenster) so ein, dass es nicht maximiert ist.

3. Falls die Symbolleiste *Visual Basic* nicht angezeigt wird, klicken Sie mit der rechten Maustaste auf irgendeine Symbolleiste und im Kontextmenü auf *Visual Basic*.

Was ist ein Objekt?

Am einfachsten versteht man die Objekte in Excel, wenn man sie mit Objekten der wirklichen Welt vergleicht. In der wirklichen Welt sind Städte, Schulen, Klassenzimmer und Schüler Objekte. Eine Stadt ist mit Schulen gesprenkelt, eine Schule ist mit Klassenzimmern ausgekleidet und ein Klassenzimmer ist mit Schülern gefüllt – und alle Schüler sind in ordentlichen Reihen ordentlicher Tische angeordnet, lächeln glücklich und zufrieden und hören aufmerksam dem netten, weisen und strengen, aber geduldigen Lehrer zu. Nun ja, vielleicht sind nicht alle Tische ordentlich.

Objekte sind in Auflistungen enthalten

Schauen Sie sich um. Die Welt besteht aus Auflistungen von Objekten, die wiederum als Objekt in anderen Auflistungen enthalten sind: Zimmer in Wohnungen in Gebäuden in Gebäudekomplexen, Blumen in Beeten in Gärten in Siedlungen, Steine auf Felsspitzen auf Bergen in Gebirgszügen, Kinder in Haushalten in weiteren Familien in Familienclans. Jedes Objekt – jede Stadt, jeder Schüler, jede Blume, jeder Berg und jede Familie – ist ein individuelles Element und gleichzeitig gehört es zu einer Auflistung von ähnlichen Objekten, und jede Auflistung von Objekten ist selbst ein Element einer größeren Auflistung.

Wenn Sie Mitglied der Stadtverwaltung sind und an die Auflistung der Schul-Objekte denken, dann nehmen Sie auf die Auflistung der Schulen wahrscheinlich als Gruppe Bezug: „Alle Schulen müssen auf Asbest überprüft werden." Sie könnten aber auch auf eine bestimmte Schule verweisen: „Wir müssen die Flurbeleuchtung im Geschwister-Scholl-Gymnasium erneuern." Wenn Sie auf eine bestimmte Schule Bezug nehmen, können Sie deren Namen anführen: „Wie Sie wahrscheinlich wissen, wurde das Geschwister-Scholl-Gymnasium nach der NS-Widerstandsgruppe um die Geschwister Scholl benannt." Sie können aber auch über deren Position in der Auflistung auf eine Schule Bezug nehmen: „Ich besuchte als Kind die älteste Schule der Stadt." Ebenso wäre es möglich, dass Sie (während einer Stadtrundfahrt) auf eine einzelne Schule zeigen.

„Beachten Sie die klassische Architektur dieses herrlichen Schulgebäudes."

Eine Excel-Arbeitsmappe gleicht einer Schule. Ebenso wie es mehrere Schulen in einer Stadt geben kann, können Sie in Excel mehrere Arbeitsmappen öffnen. Jede Arbeitsmappe ist eigen und gleichzeitig ist jede ein *Workbook*-Objekt. Sie können sowohl auf die gesamte Auflistung geöffneter Arbeitsmappen als Gruppe Bezug nehmen („Alle geöffneten Arbeitsmappen schließen") als auch auf einzelne Arbeitsmappen. Wenn Sie auf eine einzelne Arbeitsmappe verweisen, können Sie die Arbeitsmappe durch ihren Namen („Die Arbeitsmappe Kapitel03 öffnen") oder ihre Position („Welche Arbeitsmappe steht in der Liste zuletzt geöffneter Dateien an erster Stelle?") bezeichnen oder indem Sie auf sie zeigen („diese geöffnete Arbeitsmappe speichern").

Ein in einer Arbeitsmappe enthaltenes Arbeitsblatt ist mit einem Klassenzimmer in einer Schule vergleichbar, und die Arbeitsblattzellen mit Schülern in einem Klassenzimmer, die übersichtlich in Zeilen und Spalten angeordnet sind. Excel besitzt zudem andere Auflistungen von Objekten: Menübefehle in Menüs in Menüleisten, Spalten in einer Datenreihe in einer Gruppe in einem Diagramm, Elemente in Feldern in Zeilen in einem PivotTable-Bericht. Sie können in Excel ebenso wie in der wirklichen Welt auf jede Auflistung als Ganzes Bezug nehmen oder auf ein einzelnes Element der Auflistung. Wenn Sie auf ein einzelnes Element einer Auflistung Bezug nehmen, dann können Sie es durch den Namen oder die Position bezeichnen oder indem Sie darauf zeigen.

Objekte haben Eigenschaften

Sehen Sie den Jungen in Frau Middlefields Klasse – den Jungen in der dritten Reihe auf dem vierten Stuhl von links? Er ist etwa 1,50 cm groß. Er hat kurzes Haar. Er hat ein blaues Hemd an. Er heißt Hans. Und seine Augen sind geschlossen.

Die Größe des Jungen, die Haarlänge, die Hemdfarbe, der Name und der Zustand der Augen sind Eigenschaften dieses einen Schüler-Objekts. Das Mädchen, das hinter ihm sitzt, besitzt auch die Eigenschaften Größe, Haarlänge, Hemdfarbe, Name und Augenzustand, aber ihre Eigenschaften haben andere Werte. Der Junge ist ein anderes Objekt als das Mädchen, doch sind beide Schüler-Objekte.

Der Tisch des Jungen ist ebenfalls ein Objekt, ein Tisch-Objekt. Tisch-Objekte verfügen wie Schüler-Objekte über die Eigenschaft Größe, aber nicht über die Eigenschaft Haarlänge. Dagegen besitzen Schüler-Objekte keine Eigenschaft Herstellername wie Tisch-Objekte. Weil der Junge und der Tisch unterschiedliche Eigenschaften aufweisen, gehören Sie unterschiedlichen Typen oder Klassen von Objekten an. Da der Junge und das

Mädchen die gleiche Liste von Eigenschaften besitzen (auch wenn ihre Eigenschaften verschiedene Werte haben), gehören beide zur gleichen Klasse von Objekten. Beide gehören zur Objektklasse Schüler. Wenn zwei Objekte die gleiche Liste von Eigenschaften besitzen, dann gehören sie zur gleichen Objektklasse.

Ebenso wie Hans ein Objekt ist (ein Schüler-Objekt), ist auch Frau Middlefields gesamte Klasse oder Auflistung von Schülern ein Objekt, nämlich ein SchülerInnen-Objekt. Die SchülerInnen-Auflistung besitzt eigene Eigenschaften, die sich von den Eigenschaften der in ihr enthaltenen Objekte unterscheiden. Beispielsweise ist bei einer Auflistung die Eigenschaft Haarlänge nicht relevant. (Sollte die aufaddierte oder die durchschnittliche Haarlänge angegeben werden?) Ein Auflistungsobjekt hat aber eigene Eigenschaften. Beispielsweise ist die Anzahl der in der Auflistung enthaltenen Schüler eine Eigenschaft des SchülerInnen-Objekts. Da Frau Middlefields Auflistung von Studenten über eine andere Liste von Eigenschaften verfügt als Hans, handelt es sich bei SchülerInnen um eine andere Objektklasse als Schüler. Weil aber die SchülerInnen-Auflistung von Herrn Müller und die SchülerInnen-Auflistung von Frau Middlefield dieselbe Liste von Eigenschaften besitzen (obwohl die Eigenschaften unterschiedliche Werte haben können), gehören beide Auflistungen zur gleichen Objektklasse SchülerInnen. Die Objektklasse SchülerInnen und die Objektklasse Schüler sind verschieden, da sie unterschiedliche Eigenschaften besitzen.

Manche Eigenschaften lassen sich einfach ändern. So könnte die Augenzustand-Eigenschaft von Hans etwa durch einen kräftigen Schlag auf seinen Tisch geändert werden. (Und natürlich kann er diese Eigenschaft sofort wieder ändern, wenn der Lehrer wegsieht.) Sogar der Name von Hans könnte im Französischunterricht zeitweilig in Gerard geändert werden. Eine Änderung der Größe, des Gewichts, der Augenfarbe und des Geschlechts von Hans würde den Umfang normaler schulischer Aktivitäten aber wahrscheinlich übersteigen.

Auch Excel-Objekte besitzen Eigenschaften. Arbeitsmappen haben einen Autor. Arbeitsblätter besitzen einen Namen. Zellen haben eine Breite, eine Höhe und einen Wert. Menüs besitzen eine Beschriftung. Eine Auflistung von Arbeitsblättern verfügt über eine Anzahl von Arbeitsblättern. Einige dieser Eigenschaften (z.B. Name des Arbeitsblatts oder Höhe einer Zelle) lassen sich mühelos ändern. Die Änderung anderer Eigenschaften (wie die Anzahl der Zellen eines Arbeitsblatts) übersteigt dagegen den Umfang normaler Makroaktivitäten.

Objekte besitzen Methoden

Passen Sie auf, Frau Middlefield fordert ihre Klasse auf, aufzustehen. Sie stimmt eine ergreifende Fassung von „Row, Row, Row Your Boat" an und die Schüler singen mit. Schüler-Objekte können Lieder singen. Singen ist eine Aktivität. Schüler-Objekte gehen auch anderen Aktivitäten nach. Schüler-Objekte essen. Schüler-Objekte malen Bilder. Nicht alle Schüler mögen gleich gut zeichnen, essen oder singen, aber jeder Schüler hat die Fähigkeit dazu. Tisch-Objekte können dagegen weder singen noch essen noch zeichnen. Tisch-Objekte können vielleicht quietschen, was Schüler-Objekte im Allgemeinen nicht tun. Ebenso wie verschiedene Klassen unterschiedliche Eigenschaften besitzen, verfügen sie über unterschiedliche Listen von Aktivitäten, die sie ausführen können. Die Aktivitäten, die ein Objekt ausführen kann, werden *Methoden* genannt. Objekte, die der gleichen Klasse angehören, können die gleichen Methoden ausführen.

Ein Auflistungsobjekt besitzt eine andere Liste von Methoden als die in ihm enthaltenen einzelnen Objekte. Für die meisten Auflistungen stellt das Hinzufügen neuer Elements in die Auflistung eine der wichtigsten Methoden dar. Wenn ein neuer Schüler in die Klasse kommt, wird die Methode Hinzufügen des SchülerInnen-Objekts und nicht die Hinzufügen-Methode eines einzelnen Schüler-Objekts ausgeführt. Wenn die Schule um einen neuen Flügel erweitert worden ist, wird die Hinzufügen-Methode des Klassenzimmer-Auflistungsobjekts ausgeführt. Man fügt nicht einem einzelnen Klassenzimmer neue Klassenzimmer hinzu, sondern der Auflistung von Klassenzimmern.

Die meisten Excel-Auflistungsobjekte verfügen über eine Methode zum Hinzufügen (engl. *Add*) neuer Elemente, und alle Auflistungsobjekte besitzen die Eigenschaft *Item*, mit der eine Verknüpfung (auch Verweis oder Referenz genannt) mit einem einzelnen Element der Auflistung hergestellt wird. Die *Worksheet*-Objekte von Excel verfügen zudem über eine Methode namens *Calculate*, die die Neuberechnung sämtlicher Zellen bewirkt, und Excel-Diagramme besitzen eine Methode namens *ChartWizard*, die verschiedene Diagrammeigenschaften rasch ändert.

Manchmal ist der Unterschied zwischen einer Methode und einer Eigenschaft recht vage. Führt Hans die Methode AugenÖffnen (eine Aktion) aus oder weist er seiner Eigenschaft Augenzustand einen neuen Wert zu, wenn er seine Augen öffnet? Folgende Konzepte können diese Unterscheidung erleichtern:

- **Methoden können Eigenschaften ändern.** Einige Methoden ändern tatsächlich Eigenschaften. Wenn Hans die Methode *FingerfarbenVerwenden* ausführt, dann ändert sich damit auch seine Eigenschaft Hemdfarbe. Wenn er nach Hause geht und die Methode *Kleider-*

Waschen ausführt, dann ändert sich die Eigenschaft Hemdfarbe wieder in ihren ursprünglichen Zustand (abgesehen von einigen hartnäckigen Flecken vielleicht). Ebenso kann die Methode *ChartWizard* in Excel verschiedene Eigenschaften des Diagramms ändern.

- **Eigenschaften können Aktionen umfassen**. In der Regel ist das Festlegen einer Eigenschaft mit irgendeiner Art von Handlung verbunden. Wenn Sie die Eigenschaft Wandfarbe eines Klassenzimmers ändern, dann greifen Sie zu Farbe und Pinsel und machen sich an die Arbeit, aber Sie sind wahrscheinlich stärker an den Eigenschaften der fertig gestrichenen Wand interessiert, als an der Aktion, die zur Änderung der Wandfarbe führt. Das Verbergen eines Arbeitsblattes in Excel ist ein Beispiel für das Festlegen einer Eigenschaft (weil das Arbeitsblatt nach wie vor vorhanden ist und die Eigenschaft in den vorherigen Zustand zurückversetzt werden kann). Das Schließen einer Datei ist jedoch eine Methode, da die Datei damit spurlos aus dem Speicher verschwindet.

Meist müssen Sie sich nicht um die Unterschiede zwischen Eigenschaften und Methoden kümmern. Excel stellt Ihnen Tools zur Verfügung, die es Ihnen erleichtern, die Methoden und Eigenschaften von Objekten zu finden, ohne dass Sie im Einzelnen wissen müssen, ob es sich um eine Methode oder eine Eigenschaft handelt. Beispielsweise können Sie ein Makro aufzeichnen, um eine bestimmte Aufgabe zu erledigen, und anschließend ändern Sie den generierten Makrocode ab, wobei Sie nicht zu wissen brauchen, ob Excel für eine bestimmte Aktion eine Methode oder eine Eigenschaft verwendet hat.

Zusammenfassend lässt sich feststellen, dass ein einzelnes Element ein Objekt einer bestimmten Objektklasse ist, während eine Auflistung dieser Elemente ein Objekt einer anderen Objektklasse ist. Ein einzelnes Element einer Auflistung kann eine gesamte Auflistung anderer Objekte enthalten. Beispielsweise kann eine einzelne Schule aus der Auflistung von Schulen eines Schuldistrikts eine ganze Auflistung von Klassenzimmern enthalten. Jedes Objekt gehört zu einer Objektklasse, die über eine eigene Liste von Eigenschaften und Methoden verfügt. Viele verschiedene einzelne Objekte (Schüler-Objekte) können zu einer Objektklasse (der Objektklasse Schüler) gehören und somit dieselbe Liste von Eigenschaften und Methoden, ohne dass die einzelnen Objekte ihre Individualität verlieren. In diesem Kapitel lernen Sie mit vielen Arten von Excel-Objekten umzugehen.

Arbeitsmappen verstehen

Arbeitsmappen sind die Hauptorganisationseinheit in Excel. Sie können viel über die Rolle und Arbeitsweise von Objekten und Auflistungen in Excel erfahren, wenn Sie Arbeitsmappen näher untersuchen.

Excel stellt Ihnen zudem ein mächtiges Werkzeug zum Experimentieren mit Objekten, Eigenschaften und Methoden zur Verfügung: das Direktfenster des Visual Basic-Editors.

Eine neue Arbeitsmappe hinzufügen

In diesem Abschnitt erstellen Sie mithilfe einer Makroanweisung eine neue Arbeitsmappe. Dies entspricht dem Klicken auf die Schaltfläche *Neu* in der Symbolleiste *Standard*. Die Makroanweisung zur Erstellung einer neuen Arbeitsmappe lautet *Workbooks.Add*. Statt diese Anweisung in ein Makro aufzunehmen, führen Sie sie gleich im Direktfenster aus. Statt die Anweisung einzutippen, können Sie sich vom Editor bei der Eingabe unterstützen lassen.

1. Klicken Sie in der Symbolleiste *Visual Basic* auf die Schaltfläche *Visual Basic-Editor*. Verkleinern Sie das Fenster des Visual Basic-Editors so, dass Sie die Anwendung Excel im Hintergrund sehen können.
2. Klicken Sie im Menü *Ansicht* auf den Befehl *Direktfenster*. Falls das Direktfenster im Visual Basic-Editor verankert ist, doppelklicken Sie auf dessen Titelleiste, um die Verankerung zu lösen. Passen Sie die Größe des Direktfensters dann so an, dass Sie das Anwendungsfenster von Excel sehen können (siehe Abbildung 3.1).
3. Während das Direktfenster aktiviert ist, klicken Sie auf das Menü *Bearbeiten* und dann auf *Wort vervollständigen*.

   Daraufhin wird eine Liste mit Methoden und Eigenschaften angezeigt. Es handelt sich hierbei um Methoden und Eigenschaften, die ohne explizite Angabe eines Objekts einsetzbar sind.
4. Geben Sie **Wo** ein, also die ersten beiden Buchstaben des Wortes *Workbooks*. Dies genügt, um das Wort aus der Liste auszuwählen (siehe Abbildung 3.2). (Sie könnten auch nur **W** eingeben und dann auf *Workbooks* zeigen oder drei Mal `Pfeil unten` drücken.)
5. Geben Sie einen Punkt (.) ein, um die Liste der für das *Workbooks*-Objekt geeigneten Methoden und Eigenschaften anzuzeigen.

   Sie brauchen vor der Eingabe des Punktes nicht das gesamte Wort einzutippen. Die angezeigte Liste wird auch AutoListe genannt. Sie enthält alle Methoden und Eigenschaften, die mit dem vorstehenden Objekt verwendet werden können.

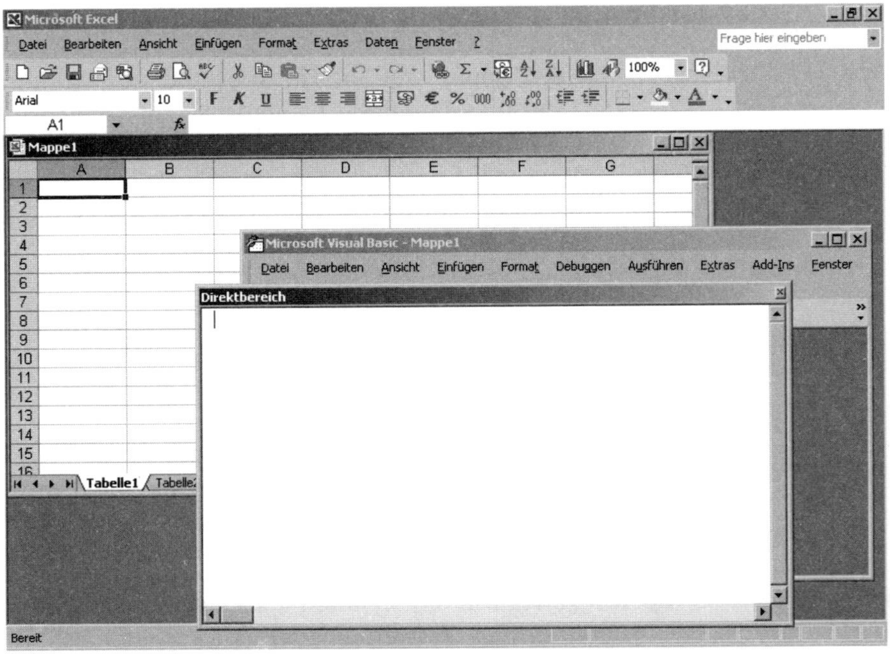

Abbildung 3.1 Der Visual Basic-Editor mit dem Direktfenster vor dem Anwendungsfenster von Excel

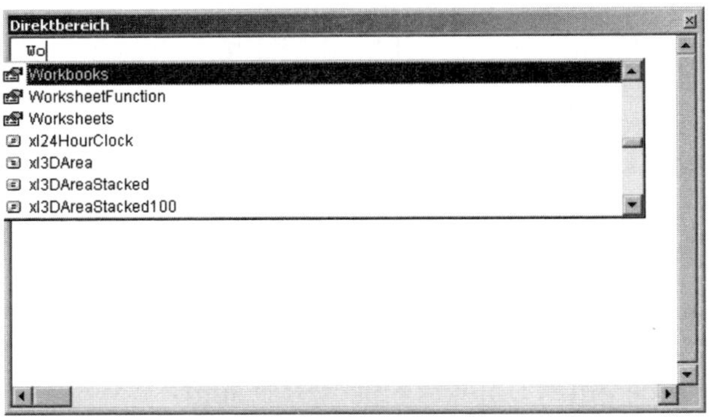

Abbildung 3.2 Im Direktfenster wird die Liste der Eigenschaften und Methoden angezeigt

6. Geben Sie **A** ein, den ersten Buchstaben des Wortes *Add*.

Der erste Buchstabe genügt zur Auswahl des gewünschten Wortes (siehe Abbildung 3.3).

7. Drücken Sie [Eingabe], um eine neue Arbeitsmappe zur ersten Arbeitsmappe hinzuzufügen.

Die *Add*-Methode hat der Auflistung eine neue Arbeitsmappe hinzugefügt (siehe Abbildung 3.4), und Sie haben dabei zugesehen.

Sie können Makroanweisungen im Direktfenster eingeben und sofort ihre Wirkung sehen. Das Direktfenster ist ein effizientes Werkzeug zur

Abbildung 3.3
Sobald ein Punkt nach dem Objektnamen eingegeben wird, erscheint die AutoListe

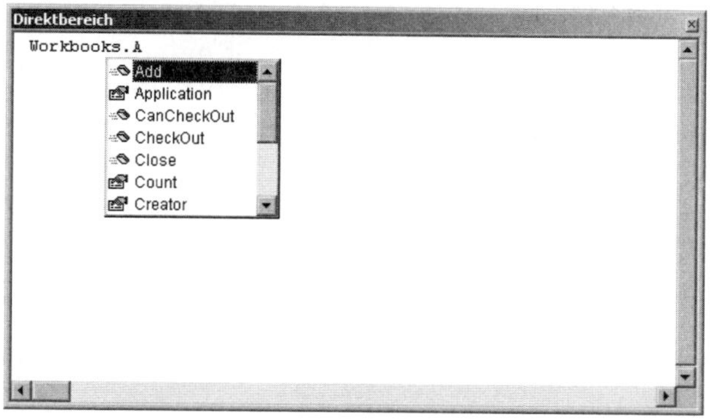

Abbildung 3.4
Mit der Anweisung *Workbooks.Add* wurde eine neue Arbeitsmappe erstellt

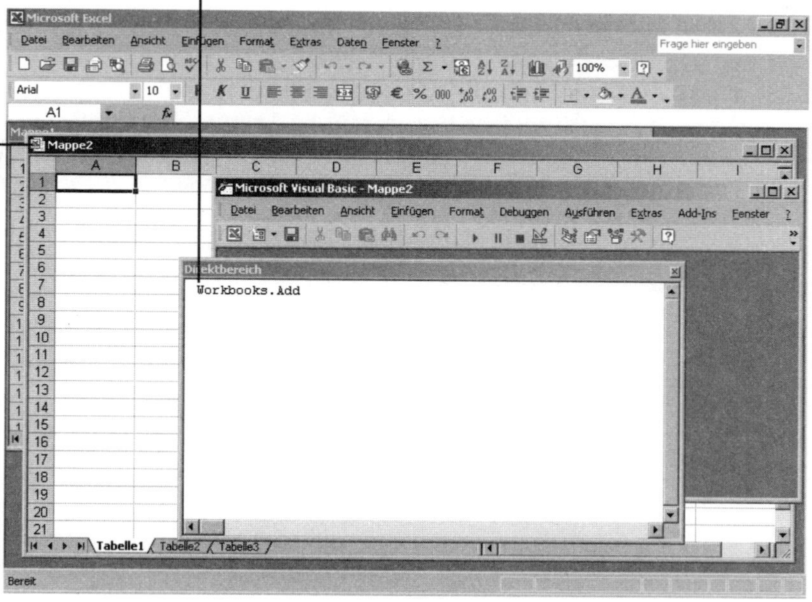

Ermittlung der Bedeutung einer Anweisung. Sie können es zur Planung eines neuen Makros und zum Debuggen eines vorhandenen Makros einsetzen.

8. Drücken Sie `Pfeil oben`, um die Einfügemarke wieder in die Anweisung *Workbooks.Add* zu bewegen, und drücken Sie `Eingabe`. Die *Add*-Methode fügt eine weitere neue Arbeitsmappe hinzu. Wenn Sie eine Anweisung im Direktfenster erneut ausführen möchten, bewegen Sie die Einfügemarke einfach in die betreffende Zeile und drücken `Eingabe`.

Der Begriff *Workbooks* bezeichnet das *Workbooks*-Objekt, d.h. die Auflistung der gegenwärtig in Excel geöffneten Arbeitsmappen. Das Wort *Add* steht für eine Methode des *Workbooks*-Objekts, mit der der Auflistung ein neues Element hinzugefügt wird. Methoden werden nach dem Objektnamen angegeben und durch einen Punkt von diesem getrennt (*Objekt.Methode*). Die meisten Auflistungsobjekte von Excel besitzen eine *Add*-Methode zum Hinzufügen neuer Elemente in die Auflistung.

Verankerbare Ansichten

Die Fenster des Visual Basic-Editors können verwirrend wirken. Sie werden verstehen, wie diese Fenster arbeiten, wenn Sie sie mit den Fenstern in der Excel-Umgebung vergleichen.

Wenn Sie in Excel eine Arbeitsmappe öffnen, wird sie in einem eigenen Fenster angezeigt. Das Fenster einer Arbeitsmappe kann maximiert werden, um den gesamten Excel-Arbeitsbereich auszufüllen, und in der Größe angepasst werden, damit mehrere Fenster zugleich sichtbar sind. Das Fenster eines Arbeitsblatts befindet sich immer innerhalb der Begrenzung der Excel-Anwendung. Das Fenster gehört dem Excel-Fenster, da es ein so genanntes *Child*-Fenster ist.

Eine Symbolleiste kann dagegen verankert oder frei beweglich sein. Sie können Symbolleisten im Excel-Fenster oben, unten oder seitlich verankern. Wenn Sie die Verankerung lösen wollen, ziehen Sie die Symbolleiste von der aktuellen Position weg. Frei bewegliche Symbolleisten können beliebig auf dem Bildschirm positioniert werden, auch außerhalb des Excel-Fensters. Eine Symbolleiste ist eigentlich selbst ein Fenster, nämlich ein *verankerbares* Fenster.

Die Umgebung von Visual Basic besitzt sowohl verankerbare als auch Child-Fenster. Das Modul-Fenster ist ein minimier- und maximierbares Child-Fenster, das die Begrenzung des Fensters der Visual Basic-Umgebung nie verlassen kann.

Bei dem Direktfenster handelt es sich voreingestellt um ein verankerbares Fenster, entsprechend den Symbolleisten in Excel. Sie können das Direktfenster oben, unten oder seitlich im Visual Basic-Fenster verankern oder die Verankerung lösen, indem Sie es von der Verankerungsposition wegziehen. Sie heben die Verankerung auf, indem Sie [Strg] gedrückt halten, während Sie das Fenster wegziehen. ►

Visual Basic besitzt sechs verankerbare Fenster: das Lokal-Fenster, das Direktfenster, das Überwachungsfenster, das Fenster des Projekt-Explorer, das Eigenschaftenfenster und das Objektkatalog-Fenster. Wählen Sie den entsprechenden Befehl im Menü *Ansicht*, wenn Sie eines dieser Fenster einblenden möchten.

Um ein verankerbares Fenster von Visual Basic in ein Child-Fenster umzuwandeln, klicken Sie mit der rechten Maustaste in das Fenster und dann auf *Verankerbar*, um die Markierung zu entfernen. Wenn das Fenster nicht mehr verankerbar ist, verhält es sich wie jedes andere Child-Fenster. Sie können diese Fenster minimieren, maximieren, wiederherstellen, überlappend oder nebeneinander darstellen, doch niemals an eine Position außerhalb des Hauptfensters verschieben oder damit ein aktives Fenster verdecken.

Ich definiere alle Fenster gewöhnlich als verankerbar, verankere sie aber nicht. Ich verschiebe sie und blende sie nach Belieben ein und aus. Außerdem maximiere ich das Modul-Fenster, wähle aber eine geringere Breite, damit ich das Excel-Fenster im Hintergrund sehen kann.

Die Arbeitsmappen zählen

Sie haben nun eine Methode – die Methode *Add* – eines *Workbooks*-Objekts eingesetzt. Das *Workbooks*-Objekt besitzt zudem Eigenschaften. Eine dieser Eigenschaften – die Eigenschaft *Count* – gibt Aufschluss darüber, wie viele Elemente in der Auflistung enthalten sind. Die *Count*-Eigenschaft gibt einen Wert zurück, den Sie im Direktfenster anzeigen können.

1. Geben Sie im Direktfenster **?Workbooks.Count** ein, und drücken Sie [Eingabe]. (Nachdem Sie das Fragezeichen eingetippt haben, können Sie mithilfe des Befehls *Wort vervollständigen* aus dem Menü *Bearbeiten* die restliche Anweisung eingeben.)

   Daraufhin wird die Zahl 3 (bzw. die Anzahl der momentan geöffneten Arbeitsmappen) angezeigt. Wenn Sie im Direktfenster ein Fragezeichen und anschließend einen Ausdruck eingeben, der einen Wert zurückgibt, dann erscheint dieser Wert in der nächsten Zeile. Da die Eigenschaft *Count* einen numerischen Wert zurückgibt, können Sie diesen Wert durch die Eingabe des Fragezeichens abrufen.

2. Drücken Sie [Pfeil oben], um die Einfügemarke wieder in die Anweisung *Workbooks.Add* zu bewegen, drücken Sie [Eingabe], um eine weitere Arbeitsmappe hinzuzufügen, und drücken Sie nochmals [Eingabe], um

die Anweisung *?Workbooks.Count* erneut auszuführen und die neue Anzahl von Arbeitsmappen anzuzeigen.

Nun sollte die Anzahl 4 (bzw. eine um 1 höhere Zahl als zuvor) betragen.

Das Wort *Count* bezeichnet eine Eigenschaft. Sie verknüpfen die *Count*-Eigenschaft auf die gleiche Weise mit dem zugehörigen Objekt wie Sie die *Add*-Methode mit dem Objekt verknüpfen.

Wenn Sie die Methode *Add* ausführen, stellen Sie der Anweisung kein Fragezeichen voran, weil die Methode *Add* keinen einfachen Wert zurückgibt. Was die Methode *Add* bewirkt, können Sie am Excel-Anwendungsfenster erkennen. Wenn Sie die Eigenschaft *Count* verwenden, möchten Sie den Wert dieser Eigenschaft ermitteln. Sie können die Anzahl der Arbeitsmappen nicht ändern, indem Sie der Eigenschaft *Count* einen anderen Wert zuweisen. Sie müssen mithilfe der Methode *Add* neue Arbeitsmappen der Auflistung hinzufügen. Eine Eigenschaft, deren Wert nur gelesen, aber nicht geändert werden kann, wird als schreibgeschützt bezeichnet.

Die Arbeitsmappen schließen

Die *Add*-Methode bearbeitet das *Workbooks*-Objekt, indem sie ihm ein Element hinzufügt. Das *Workbooks*-Objekt verfügt über eine weitere Methode (die Methode *Close*), die die gesamte Auflistung von Arbeitsmappen schließen kann.

1. Geben Sie **Workbooks.Close** ein, und drücken Sie [Eingabe]. Klicken Sie auf *Nein*, wenn eine Meldung fragt, ob Sie die Änderungen speichern möchten.
2. Führen Sie die Anweisung *Workbooks.Add* nochmals drei oder vier Mal aus, um einige neue Arbeitsmappen zu erstellen.
3. Führen Sie die Anweisung *?Workbooks.Count* erneut aus, um die Anzahl der geöffneten Arbeitsmappen zu ermitteln (siehe Abbildung 3.5).
4. Führen Sie die Anweisung *Workbooks.Close* nochmals aus, um alle Arbeitsmappen zu schließen. (Ist das nicht toll? Mit einem Tastendruck werden alle Arbeitsmappen ausgelöscht.)
5. Führen Sie die Anweisung *?Workbooks.Count* nochmals aus, um festzustellen, wie viele Arbeitsmappen die Auflistung jetzt enthält. Jetzt wird die Zahl 0 angezeigt, weil sie alle Arbeitsmappen gelöscht haben.

Add und *Close* sind Methoden des *Workbooks*-Objekts. *Count* ist eine Eigenschaft des *Workbooks*-Objekts. Die Methoden *Add* und *Close* ändern indirekt den Wert der Eigenschaft *Count*. Sie stellen in der Tat die einzige Möglichkeit dar, den Wert dieser schreibgeschützten Eigenschaft zu ändern.

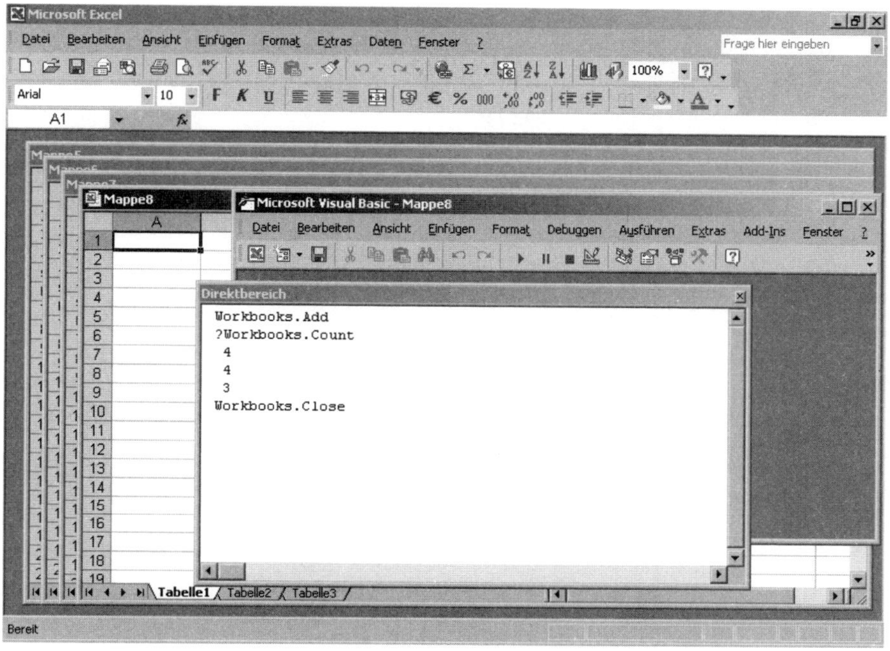

Abbildung 3.5 Mit der Anweisung *Workbooks.Add* wurden vier neue Arbeitsmappen erstellt

Auf eine einzelne Arbeitsmappe Bezug nehmen

Die Möglichkeit, die gesamte *Workbooks*-Auflistung mit einer Anweisung schließen zu können, ist beeindruckend und kann möglicherweise gelegentlich sogar nützlich sein. In der Regel möchten Sie jedoch genauer steuern, welche Arbeitsmappen geschlossen werden. Um eine einzelne Arbeitsmappe zu schließen, müssen Sie ein Element aus der *Workbooks*-Auflistung angeben.

1. Führen Sie die Anweisung *Workbooks.Add*, die ganz oben im Direktfenster steht, mehrmals aus, um einige neue Arbeitsmappen anzulegen.
2. Blättern Sie im Direktfenster ganz nach unten. (Mit Strg+Ende gelangen Sie rasch zum unteren Rand des Direktfensters.)
3. Geben Sie **?Workbooks.Item(1).Name** ein, und drücken Sie Eingabe.

Der Name der ersten Arbeitsmappe – der Ersten in der Menge gegenwärtig geöffneter Arbeitsmappen, der wahrscheinlich *Mappe9* oder ähnlich lautet – wird angezeigt (siehe Abbildung 3.6). Von rechts nach links gelesen, lässt sich diese Anweisung wie folgt ausdrücken: „Der Name des ersten Elements in der *Workbooks*-Auflistung lautet wie?"

- *Name* ist eine Eigenschaft einer einzelnen Arbeitsmappe. Da die Eigenschaft *Name* einen Wert zurückgibt, können Sie ihren Wert anzeigen, indem Sie der Anweisung ein Fragezeichen voranstellen.

Abbildung 3.6
Der Name der ersten Arbeitsmappe wird angezeigt

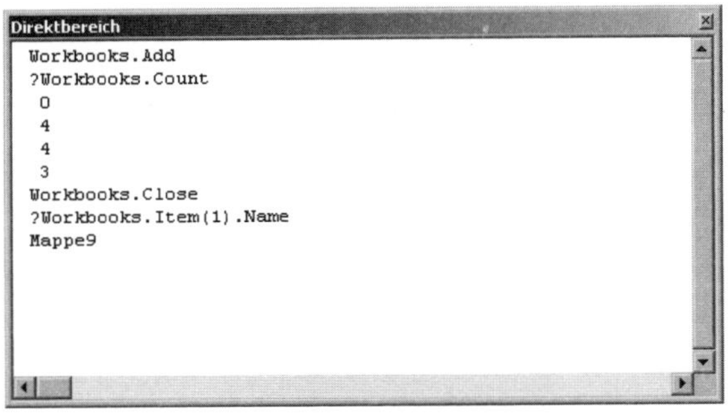

Die Eigenschaft *Name* ist bei einem *Workbooks*-Objekt nicht verfügbar, weil Auflistungen von Arbeitsmappen nicht benannt sind.

- *Item* ist eine Eigenschaft einer Auflistung. Ebenso wie ein Lehrer einen einzelnen Schüler anspricht, erstellt die Eigenschaft *Item* eine Referenz auf ein einzelnes Element der Auflistung. Die *Item*-Eigenschaft erfordert die Angabe eines Arguments: hier den Positionsindex des gewünschten Elements.
- *Workbooks* stellt einen Bezug zur gesamten Auflistung von Arbeitsmappen her –dem *Workbooks*-Objekt. Sobald Sie eine Referenz auf ein Workbooks-Objekt besitzen, lässt sich diese Referenz mit der Angabe *Item(1)* in einen Verweis auf das angegebene Element der Auflistung – ein *Workbook*-Objekt – ändern. Sobald Sie eine Referenz auf das *Workbook*-Objekt besitzen, gibt die *Name*-Eigenschaft den Namen dieses Objekts zurück.

Der Abruf eines einzelnen Elements aus einer Auflistung ist so gebräuchlich, dass Sie das Wort *Item* (und den zugehörigen Punkt) weglassen und die Klammern unmittelbar nach dem Namen der Auflistung angeben können. Die Anweisung *?Workbooks(1).Name* bewirkt dasselbe wie *?Workbooks.Item(1).Name*.

Von der Makroaufzeichnungsfunktion, in den Hilfedateien von Excel und von den meisten Benutzern wird die Kurzform verwendet.

4. Geben Sie **Workbooks(1).Close** ein, und drücken Sie [Eingabe]. Die erste Arbeitsmappe verschwindet.
5. Führen Sie die Anweisung *?Workbooks.Item(1).Name* erneut aus.

   Der Name der ersten Arbeitsmappe wird angezeigt. (Falls die erste Arbeitsmappe zuvor *Mappe9* hieß, dann heißt die erste Arbeitsmappe jetzt wahrscheinlich *Mappe10*.)
6. Führen Sie die Anweisung *Workbooks(1).Close* wieder aus, um die aktuelle erste Arbeitsmappe der Auflistung zu schließen.

Das Wort *Workbooks* hat in Excel zwei Bedeutungen. Einerseits ist *Workbooks* der Name einer Objektklasse, nämlich der Objektklasse *Workbooks*; es ist also ein Substantiv, ein „Ding". Andererseits ist *Workbooks* auch der Name einer Eigenschaft, die eine Referenz auf die Auflistung geöffneter Arbeitsmappen liefert; es ist ein Verb, eine „Aktion". Sie können das *Workbooks*-Objekt (oder Ding) nicht in Ihre Makros aufnehmen. (Das *Workbooks*-Objekt befindet sich innerhalb von Excel; Sie sehen es auf Ihrem Bildschirm.) Was Sie in Makros aufnehmen können, ist die *Workbooks*-Eigenschaft, die eine Referenz auf das *Workbooks*-Ding liefert.

Sobald die *Workbooks*-Eigenschaft einen Bezug zum *Workbooks*-Objekt hergestellt hat, können Sie mithilfe der Methoden und Eigenschaften, die bei *Workbooks*-Objekten verfügbar sind, mit dem *Workbooks*-Objekt „kommunizieren". Mit der *Count*-Eigenschaft können Sie die Anzahl der in der Auflistung enthaltenen Objekte ermitteln.

Sie können mit der *Add*-Methode der Auflistung eine neue Arbeitsmappe hinzufügen. Mit der *Close*-Methode können Sie die gesamte Auflistung von Arbeitsmappen schließen. *Count*, *Add* und *Close* sind drei Wörter aus dem Vokabular von *Workbooks*-Objekten.

Workbooks-Objekte kennen zudem die Eigenschaft *Item*. Die *Item*-Eigenschaft stellt einen Bezug zu einem einzelnen *Workbook*-Objekt her. In Excel gibt es keine *Workbook*-Eigenschaft, die eine Referenz auf ein einzelnes *Workbook*-Objekt liefert. Sie verwenden die *Item*-Eigenschaft des *Workbooks*-Objekts (die Kurzform), um eine Referenz auf ein einzelnes Objekt zu definieren.

Nachdem die *Item*-Eigenschaft eine Referenz auf ein einzelnes *Workbook*-Objekt zurückgegeben hat, können Sie unter Verwendung der Methoden und Eigenschaften, die *Workbook*-Objekte verstehen, mit dem Objekt kommunizieren.

Mithilfe der *Name*-Eigenschaft können Sie den Namen der Arbeitsmappe abrufen. Und mit der *Close*-Methode können Sie die Arbeitsmappe schließen.

Als allgemeine Regel gilt, dass jedes Auflistungsobjekt in Excel den gleichen Namen wie die Eigenschaft hat, die eine Referenz auf dieses Objekt liefert. Das *Workbooks*-Objekt hat den gleichen Namen wie die *Workbooks*-Eigenschaft. Die *Workbooks*-Eigenschaft liefert eine Referenz auf das *Workbooks*-Objekt. Wenn Sie mehr über Objekte in Erfahrung bringen, werden Sie diese Regel bestätigt finden – das *Windows*-Objekt hat den gleichen Namen wie die *Windows*-Eigenschaft, das *Charts*-Objekt hat den gleichen Namen wie die *Charts*-Eigenschaft usw.

Im Visual Basic-Quelltext nehmen Sie nie auf ein einzelnes Element einer Auflistung Bezug, indem Sie den Buchstaben *s* vom Namen der Auflistung entfernen. Beispielsweise verweisen Sie in einem Makro nie mit dem Wort *Workbook* auf ein einzelnes Element der *Workbooks*-Auflistung. Jede Auflistungsobjektklasse besitzt die Eigenschaft *Item*, mit der Sie auf ein einzelnes Element der Auflistung Bezug nehmen können.

Über den Namen auf eine Arbeitsmappe Bezug nehmen

In den bisherigen Beispielen zur *Item*-Eigenschaft haben wir durch die Angabe einer Zahl, die die Position in der Auflistung bezeichnet, auf eine einzelne Arbeitsmappe Bezug genommen. Eine andere Möglichkeit, auf ein Auflistungselement zu verweisen, besteht in der Angabe des Namens dieses Elements.

Wenn Sie den Namen angeben, müssen Sie diesen in Anführungszeichen setzen. Bei Angabe der Positionsnummer verwenden Sie keine Anführungszeichen.

1. Falls keine Arbeitsmappen mehr geöffnet sind, blättern Sie zum Anfang des Direktfensters, und führen die Anweisung *Workbooks.Add* einige Male aus.
2. Blättern Sie zum Ende des Direktfensters (drücken Sie Strg+Ende). Suchen Sie sich den Namen einer Arbeitsmappe aus, die sich in der Mitte des Arbeitsmappenstapels befindet; sagen wir, eine Arbeitsmappe namens *Mappe14*.
3. Geben Sie **Workbooks("Mappe14").Activate** ein, und drücken Sie Eingabe. Die angegebene Arbeitsmappe wird daraufhin im Arbeitsmappenstapel ganz nach vorn verschoben. Der Begriff *Activate* bezeichnet eine Methode, die mit einem einzelnen *Workbook*-Objekt einsetzbar ist. Weil es sich bei der Zeichenfolge *Mappe14* um den Namen einer Arbeitsmappe handelt, wird sie in Anführungszeichen gesetzt.
4. Geben Sie **Workbooks("Mappe14").Close** ein, und drücken Sie Eingabe, um die Arbeitsmappe zu schließen.
5. Führen Sie die Anweisung *Workbooks("Mappe14").Close* erneut aus.

   Excel zeigt eine Fehlermeldung an (siehe Abbildung 3.7), weil es keine Arbeitsmappe dieses Namens mehr gibt. Wenn Sie über den Namen auf ein Auflistungselement Bezug nehmen, verweist diese Referenz immer auf dasselbe Element – solange es vorhanden ist.
6. Klicken Sie auf *OK*, um das Fehlermeldungsfeld zu schließen.

   Sie können sowohl über den Namen als auch über den Positionsindex auf ein Element einer Auflistung Bezug nehmen. Falls Sie den Positionsindex angeben, werden von der *Item*-Eigenschaft möglicherweise bei jedem

Abbildung 3.7 Die Fehlermeldung weist daraufhin, dass das genannte Objekt nicht mehr vorhanden ist

Aufruf unterschiedliche Elemente zurückgegeben. Wenn Sie den Namen angeben, dann wird eine Fehlermeldung ausgegeben, falls das Objekt nicht mehr vorhanden ist.

Auf eine Arbeitsmappe zeigen

Angenommen, Sie möchten auf die oberste Arbeitsmappe Bezug nehmen, aber Sie kennen weder ihren Namen noch ihren Positionsindex in der Auflistung. Weil die oberste Arbeitsmappe die aktive Arbeitsmappe ist, können Sie auf sie zeigen.

- Geben Sie in eine Leerzeile am Ende des Direktfensters **ActiveWorkbook.Close** ein, und drücken Sie [Eingabe]. Die oberste Arbeitsmappe des Stapels wird geschlossen.

Mit dem Begriff *ActiveWorkbook* wird in dieser Anweisung direkt auf die aktive Arbeitsmappe Bezug genommen und somit das *Workbooks*-Objekt umgangen. Wenn die Arbeitsmappe, die zuerst geöffnet wurde, zufällig aktiv ist, dann könnten Sie in dieser Anweisung *ActiveWorkbook* durch den Ausdruck *Workbooks(1)* ersetzen, um auf dasselbe *Workbook*-Objekt Bezug zu nehmen. Sobald ein Bezug zur Arbeitsmappe besteht, können Sie deren Namen abrufen oder die Arbeitsmappe schließen. Wenn Sie einmal im Besitz einer Referenz auf ein Objekt sind, ist es nicht mehr von Bedeutung, wie Sie diese Referenz erlangt haben.

Den Wert einer Arbeitsmappeneigenschaft ändern

Sowohl die *Count*-Eigenschaft des *Workbooks*-Objekts als auch die *Name*-Eigenschaft eines *Workbook*-Objekts sind schreibgeschützt. Sie können den von der Eigenschaft zurückgegebenen Wert betrachten, aber Sie können ihn nicht ändern. Eine Arbeitsmappe besitzt andere Eigenschaften, deren Werte Sie betrachten und ändern können.

1. Geben Sie im Direktfenster **?ActiveWorkbook.Saved** ein, und drücken Sie [Eingabe].

Daraufhin wird das Wort *Wahr* angezeigt, weil die Arbeitsmappe nicht verändert wurde. Wenn Sie eine Arbeitsmappe schließen, entscheidet Excel anhand des Wertes der Eigenschaft *Saved*, ob das Meldungsfeld mit der Frage, ob Änderungen gespeichert werden sollen, eingeblendet werden muss. Hat die *Saved*-Eigenschaft den Wert *Wahr* (bzw. *True*), dann blendet Excel kein Meldungsfeld ein. Hat sie den Wert *Falsch* (bzw.

False), dann zeigt Excel das Meldungsfeld an. Normalerweise wird der Wert der *Saved*-Eigenschaft in *False* geändert, indem der Inhalt einer Zelle modifiziert wird. Durch das Speichern der Arbeitsmappe wird der Wert der *Saved*-Eigenschaft in *True* geändert. Sie können den Wert der *Saved*-Eigenschaft allerdings auch direkt ändern.

2. Geben Sie **ActiveWorkbook.Saved = False** ein, und drücken Sie [Eingabe].

   Anscheinend passiert daraufhin nichts, aber Sie haben gerade den Wert einer Eigenschaft geändert.

3. Führen Sie die Anweisung *?ActiveWorkbook.Saved* nochmals aus, um den neuen Wert der Eigenschaft abzurufen.

   Nun wird das Wort *Falsch* angezeigt. Excel nimmt jetzt an, die Arbeitsmappe enthielte nicht gespeicherte Änderungen.

4. Führen Sie die Anweisung *ActiveWorkbook.Close* erneut aus.

   Da Sie der *Saved*-Eigenschaft den Wert *False* zugewiesen haben, blendet Excel ein Meldungsfeld mit der Frage ein, ob Sie Änderungen speichern möchten.

5. Klicken Sie auf die Schaltfläche *Abbrechen*, um die Arbeitsmappe geöffnet zu lassen.

6. Geben Sie am Ende des Direktfensters **ActiveWorkbook.Saved = True** ein, und drücken Sie [Eingabe].

7. Führen Sie die Anweisung *ActiveWorkbook.Close* erneut aus.

   Die Arbeitsmappe wird stillschweigend geschlossen.

   Wenn Sie ein Makro schreiben, das Änderungen an einer Arbeitsmappe vornimmt, und die Arbeitsmappe dann schließen wollen, ohne die Änderungen zu speichern (und ohne eine Warnmeldung anzuzeigen), dann ändern Sie mit dem Makro die *Saved*-Eigenschaft der Arbeitsmappe in *True*.

   Die *Saved*-Eigenschaft kann gelesen und geschrieben werden. Sie können sowohl ihren aktuellen Wert anzeigen als auch ihren Wert ändern.

Arbeitsblätter verstehen

Arbeitsblätter sind wie Arbeitsmappen Teil von Auflistungen. Wenn Sie im Direktfenster mit Arbeitsblättern arbeiten, werden Ihnen Ähnlichkeiten – und einige Unterschiede – zwischen verschiedenen Auflistungsklassen auffallen.

Ein neues Arbeitsblatt hinzufügen

1. Schließen Sie in Excel alle Arbeitsmappen bis auf eine.

   Die geöffnete Arbeitsmappe sollte drei Arbeitsblätter namens *Tabelle1*, *Tabelle2* und *Tabelle3* besitzen, wobei *Tabelle1* das aktive Arbeitsblatt sein sollte.

2. Wechseln Sie zum Visual Basic-Editor. Geben Sie im Direktfenster **Worksheets.Add** ein, und drücken Sie [Eingabe]. Daraufhin wird ein neues Arbeitsblatt namens *Tabelle4* vor dem ursprünglich aktiven Arbeitsblatt angezeigt.

   Sie fügen der aktuellen Arbeitsmappe auf die gleiche Weise ein neues Arbeitsblatt hinzu, wie Sie Excel eine neue Arbeitsmappe hinzufügen, nämlich mithilfe der *Add*-Methode.

Abbildung 3.8 Mit der Anweisung *Worksheets.Add* wurde ein neues Arbeitsblatt erstellt

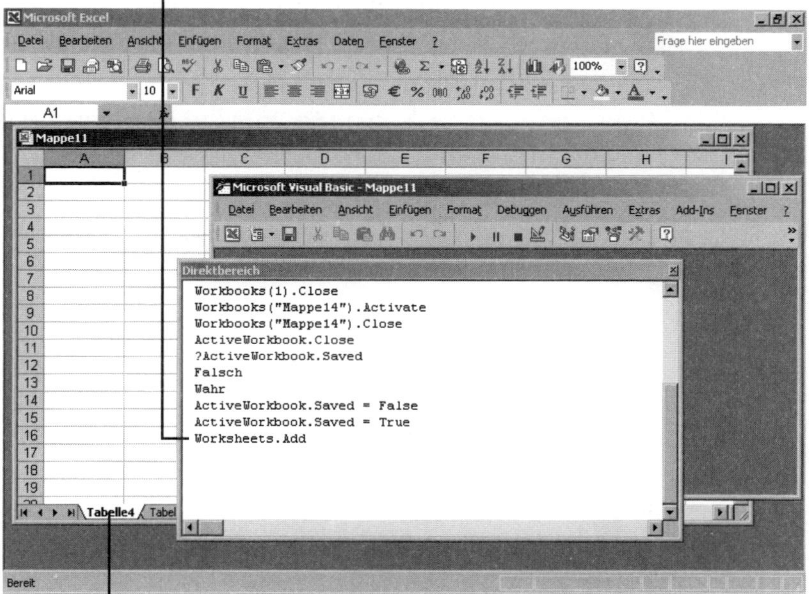

Arbeitsblätter umbenennen und löschen

Arbeitsblätter sind Objekte mit eigenen Eigenschaften und Methoden. Sie können diese Methoden und Eigenschaften einsetzen, um ein Arbeitsblatt zu bearbeiten. Während Sie mit Arbeitsblättern arbeiten, werden Sie feststellen, dass die AutoListe mit Methoden und Eigenschaften nicht immer angezeigt wird, sobald Sie einen Punkt eingegeben haben. Weiter hinten in diesem Kapitel erfahren Sie, wie Sie erreichen, dass für Arbeitsblätter stets eine AutoListe eingeblendet wird.

1. Geben Sie **?Worksheets(1).Name** ein, und drücken Sie [Eingabe], um den Namen des ersten Arbeitsblatts anzuzeigen (wahrscheinlich *Tabelle4*).

Ebenso, wie Sie die *Item*-Eigenschaft (die ausführliche Notation oder die Kurzform) eines *Workbooks*-Objekts verwenden können, um auf ein einzelnes *Workbook*-Objekt Bezug zu nehmen, können Sie mit der *Item*-Eigenschaft eines *Worksheets*-Objekts auf ein einzelnes *Worksheet*-Objekt Bezug nehmen. Sobald der Bezug zu einem *Worksheet*-Objekt hergestellt ist, können Sie die Eigenschaften des *Worksheet*-Objekts einsetzen, z.B. die *Name*-Eigenschaft.

Bei Arbeitsmappen ist *Name* eine schreibgeschützte Eigenschaft. Sie müssen eine Datei speichern, um ihren Namen zu ändern.

Bei Arbeitsblättern ist *Name* jedoch eine Eigenschaft, die gelesen und geschrieben werden kann.

2. Geben Sie **Worksheets(1).Name = "Eingabedaten"** ein, und drücken Sie [Eingabe].

Der Name des Arbeitsblatts ändert sich in *Eingabedaten* (siehe Abbildung 3.9).

Abbildung 3.9 Das Arbeitsblatt wurde in *Eingabedaten* umbenannt

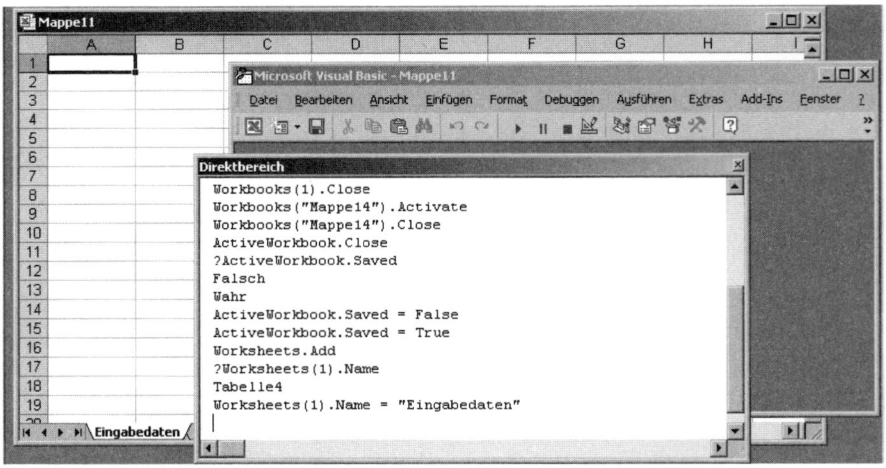

3. Geben Sie **Worksheets("Tabelle1").Activate** ein, und drücken Sie [Eingabe].

Das Arbeitsblatt namens *Tabelle1* wird zum aktiven Arbeitsblatt.

4. Geben Sie **ActiveSheet.Delete** ein, und drücken Sie [Eingabe]. Klicken Sie in dem Meldungsfeld, das Sie vor dem Verlust von Daten warnt, auf *Löschen*.

5. Geben Sie **Worksheets("Eingabedaten").Activate** ein, und drücken Sie [Eingabe].

Wie bei Arbeitsmappen können Sie über den Positionsindex oder den Namen auf ein Arbeitsblatt Bezug nehmen oder indem Sie darauf zeigen. Nachdem das erste Arbeitsblatt in Eingabedaten umbenannt und aktiviert wurde, sind die Ausdrücke *Worksheets("Eingabedaten")*, *Worksheets(1)* und *ActiveSheet* gleichbedeutend und stellen einen Bezug zum gleichen *Worksheet*-Objekt her.

Den Rückgabewert der Delete-Methode überprüfen

Normalerweise führen Sie eine Methode aus und ändern oder lesen den Wert einer Eigenschaft. Methoden geben jedoch auch Werte zurück, und unter Umständen ist es interessant, welchen Wert eine Methode zurückgibt. Wenn Sie beispielsweise ein Arbeitsblatt mit der Methode *Delete* löschen, dann schließt die Methode das Arbeitsblatt und gibt überdies dem Makro einen Wert zurück.

1. Geben Sie **?ActiveSheet.Delete** ein, und drücken Sie [Eingabe]. Klicken Sie im Meldungsfeld, das Sie vor dem Verlust von Daten warnt, auf *Löschen*.

   Das aktive Arbeitsblatt wird geschlossen, und das Wort *Wahr* wird im Direktfenster nach der Anweisung angezeigt. Wenn die *Delete*-Methode ihre Aufgabe erfolgreich ausführen konnte, dann gibt sie den Wert *Wahr* (bzw. *True*) zurück. Das Ergebnis der Methode besteht im Löschen des Arbeitsblatts. Das Wort *Wahr*, das im Direktfenster erscheint, ist der Rückgabewert der Methode.

2. Geben Sie **?ActiveSheet.Delete** ein, und drücken Sie [Eingabe]. Dieses Mal klicken Sie im Meldungsfeld auf *Abbrechen*. .

   Im Direktfenster wird nach der Anweisung das Wort *Falsch* angezeigt. Die *Delete*-Methode konnte ihre Aufgabe (das Löschen des Arbeitsblatts) nicht beenden und gibt daher den Wert *Falsch* (bzw. *False*) zurück. Sie können am Rückgabewert einer Methode feststellen, ob die Methode ihre Aufgabe erfolgreich ausgeführt hat.

   Die meisten Methoden geben etwas zurück. Einige Methoden (wie *Delete*) geben, abhängig von ihrer erfolgreichen Ausführung, entweder *True* (bzw. *Wahr*) oder *False* (bzw. *Falsch*) zurück.

Das Ergebnis der Add-Methode überprüfen

Die *Delete*-Methode des *Worksheet*-Objekts gibt, abhängig davon, ob sie das gewünschte Ergebnis erzielt, entweder *Wahr* oder *Falsch* zurück. Das gewünschte Ergebnis der *Add*-Methode besteht in der Erstellung eines neuen Elements in der Auflistung. Aber die *Add*-Methode gibt nicht *Wahr* oder *Falsch* zurück, sondern eine Referenz auf das neu erstellte Objekt. Sie können diese Referenz auf dieselbe Weise verwenden, wie eine von der *Item*-Eigenschaft oder von der *ActiveSheet*-Eigenschaft gelieferte Referenz.

1. Geben Sie im Direktfenster **Worksheets.Add.Name = "Neues Blatt"** ein, und drücken Sie [Eingabe].

   In der Arbeitsmappe wird ein neues Arbeitsblatt namens *Neues Blatt* angezeigt (siehe Abbildung 3.10).

Abbildung 3.10 Der Arbeitsmappe wurde ein neues Arbeitsblatt hinzugefügt

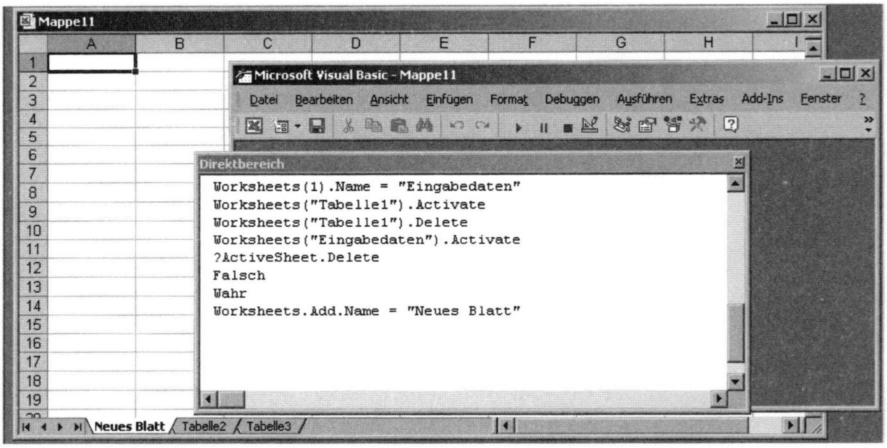

2. Geben Sie **Worksheets.Add.Delete** ein, und drücken Sie [Eingabe]. Wenn das Meldungsfeld angezeigt wird, sehen Sie, dass in Excel ein neues Arbeitsblatt angelegt wurde. Klicken Sie auf *Löschen*, um das neue Blatt zu löschen.

   Dieses Beispiel ist etwas seltsam, weil in derselben Anweisung, mit der ein Arbeitsblatt erstellt wird, das neu erstellte Arbeitsblatt wieder gelöscht wird. Es zeigt allerdings, dass die *Add*-Methode eine Referenz auf das neu erstellte Objekt liefert.

   Die *Add*-Methode hat ein Ergebnis – sie erstellt ein Arbeitsblatt. Zudem gibt sie eine Referenz auf das neue Objekt zurück. Wenn Sie diese Referenz nicht sofort – als Teil derselben Anwendung – verwenden, dann wird die Referenz gelöscht. Wenn Sie danach auf das neue Arbeitsblatt Bezug nehmen möchten, müssen Sie mit der *ActiveSheet*- oder der *Item*-Eigenschaft einen neuen Bezug herstellen. In der Regel wird die von *Worksheets.Add* zurückgegebene Referenz nicht verwendet, weil mit *ActiveSheet* mühelos eine neue Referenz hergestellt werden kann.

Ein Arbeitsblatt kopieren

Eine andere nützliche Methode von *Worksheet*-Objekten ermöglicht es Ihnen, ein Arbeitsblatt zu kopieren. Sie können die Kopie des Arbeitsblatts entweder in der gleichen Arbeitsmappe oder in einer neuen Arbeitsmappe erstellen.

1. Geben Sie im Direktfenster **Worksheets("Neues Blatt").Copy** ein, und drücken Sie [Eingabe].

Mit dieser Anweisung wird eine neue Arbeitsmappe angelegt, die die Kopie beinhaltet (siehe Abbildung 3.11).

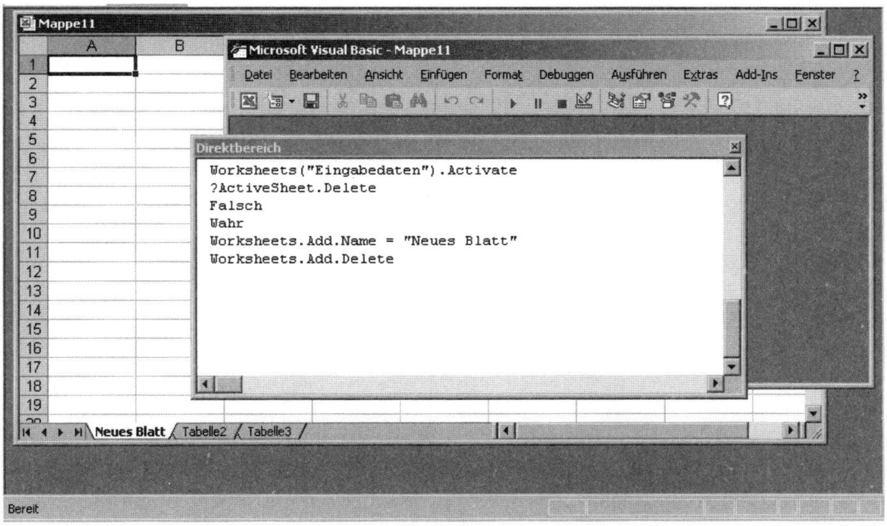

Abbildung 3.11 Es wurde eine neue Arbeitsmappe mit der Kopie des Arbeitsblatts *Neues Blatt* erstellt

2. Geben Sie **ActiveWorkbook.Close SaveChange:=False** ein, und drücken Sie [Eingabe], um das neue Arbeitsblatt zu löschen.

3. Geben Sie **Worksheets("Neues Blatt").Copy Before:=Worksheets(1)** ein, und drücken Sie [Eingabe].

Mit dieser Anweisung wird eine Kopie des Arbeitsblatts angefertigt und vor dem genannten Arbeitsblatt eingefügt. Sie müssen eine Referenz auf ein Arbeitsblatt als Argument der Klausel *Before* angeben. Wenn die Kopie des Arbeitsblatts am Ende der Arbeitsmappe eingefügt werden soll, geben Sie statt *Before* das Wort *After* an.

Die *Copy*-Method stellt eine komfortable Möglichkeit dar, Arbeitsblätter zu kopieren. Sie gibt keine Referenz auf die neu erstellte Kopie zurück. Wenn Sie auf die Kopie Bezug nehmen wollen, müssen Sie *ActiveSheet* oder eine andere Methode oder Eigenschaft verwenden.

Mehrere Arbeitsblätter bearbeiten

Wenn Sie mit Auflistungen arbeiten, dann bearbeiten Sie in der Regel entweder die gesamte Auflistung (z.B. als weiter vorn mit der Anweisung *Workbooks.Close* sämtliche Arbeitsmappen der Auflistung geschlossen wurden) oder ein einzelnes Element der Auflistung (z.B. als weiter vorn mit der Anweisung *Workbooks(1).Close* eine einzelne Arbeitsmappe geschlossen wurde). Bei *Worksheets*-Auflistungen müssen Sie jedoch gelegentlich Teilmengen erstellen, die einige, aber nicht alle Arbeitsblätter der Auflistung enthalten.

1. Geben Sie **Worksheets(3).Select** ein, und drücken Sie [Eingabe], um das dritte Arbeitsblatt der Arbeitsmappe, das Arbeitsblatt *Tabelle2*, auszuwählen.

Mit der Methode *Select* können Sie ein anderes Arbeitsblatt der Arbeitsmappe auswählen (siehe Abbildung 3.12).

Abbildung 3.12 Mit der Anweisung *Worksheets(3).Select* wurde das Arbeitsblatt *Tabelle2* ausgewählt

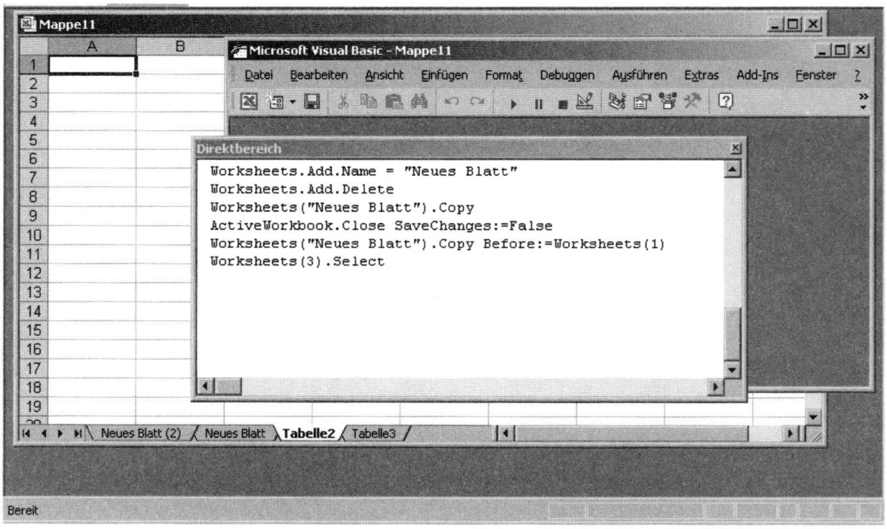

2. Geben Sie **Worksheets(Array(1,3,4)).Select** ein, und drücken Sie [Eingabe], um das erste, dritte und vierte Arbeitsblatt auszuwählen.

Array ist eine Funktion, mit der Sie gleichzeitig mehrere Werte bearbeiten können. Mithilfe der *Array*-Funktion können Sie gleichzeitig mehrere Arbeitsblätter auswählen (siehe Abbildung 3.13). (Ohne Makrobefehle zu verwenden, wählen Sie mehrere Arbeitsblätter aus, indem Sie Strg gedrückt halten, während Sie auf die betreffenden Blattregister klicken.)

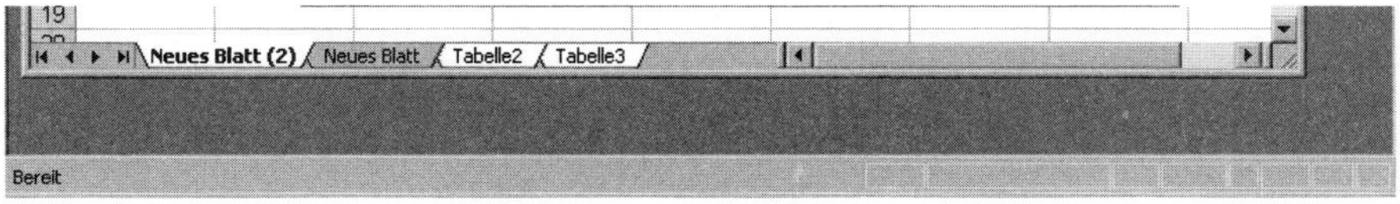

Abbildung 3.13 Drei Arbeitsblätter sind ausgewählt

3. Geben Sie **Worksheets(3).Activate** ein, und drücken Sie Eingabe, um das dritte Arbeitsblatt der Arbeitsmappe (*Tabelle2*) zu aktivieren, wobei alle drei Arbeitsblätter weiterhin ausgewählt bleiben (siehe Abbildung 3.14).

   Bei Auswahl mehrerer Arbeitsblätter ist das Arbeitsblatt, das sich im Stapel an oberster Stelle befindet, das aktive Arbeitsblatt. Alle drei Arbeitsblätter sind ausgewählt, aber nur eines ist aktiv. Mit der *Activate*-Methode legen Sie fest, welches Arbeitsblatt aktiv sein soll. Wenn nur ein Arbeitsblatt ausgewählt ist, dann führen die *Select*-Methode und die *Activate*-Methode dasselbe aus: Sie wählen ein einzelnes Arbeitsblatt aus und aktivieren es. Sie können für die gesamte Teilmenge an Arbeitsblättern Eigenschaftswerte definieren oder Methoden ausführen.

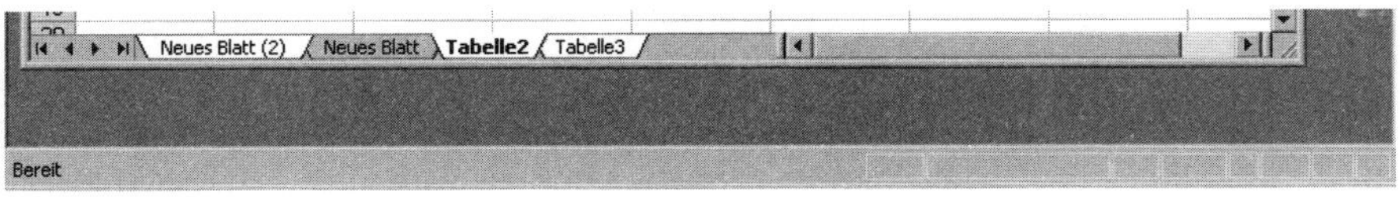

Abbildung 3.14 Mit der Anweisung *Worksheets(3). Activate* wurde das Arbeitsblatt *Tabelle2* aktiviert

4. Geben Sie **Worksheets(2).Activate** ein, und drücken Sie Eingabe, um nur das zweite Arbeitsblatt auszuwählen.

   Wenn Sie ein Arbeitsblatt aktivieren, das nicht ausgewählt ist, dann wird die Auswahl geändert, sodass lediglich das neu aktivierte Arbeitsblatt ausgewählt ist (siehe Abbildung 3.15).

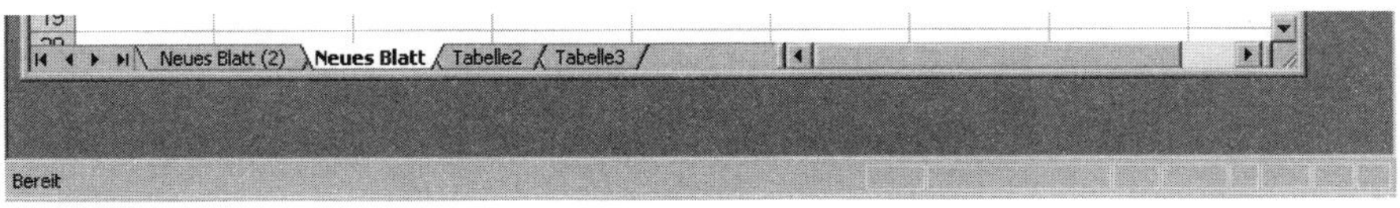

Abbildung 3.15 Lediglich das zweite Arbeitsblatt der Auflistung ist ausgewählt

5. Geben Sie **?Worksheets(Array(1,3,4)).Count** ein, und drücken Sie Eingabe.

   Daraufhin wird die Zahl 3 angezeigt. Wenn Sie mit der *Array*-Funktion Elemente aus einer Auflistung auswählen, dann bilden die ausgewählten Elemente eine neue Auflistung.

Variablen deklarieren, um die Listenanzeige zu aktivieren

Wenn Sie in einer Visual Basic-Anweisung *ActiveWorkbook* und anschließend einen Punkt eingeben, wird die für Arbeitsmappen zutreffende Liste mit Methoden und Eigenschaften angezeigt. Geben Sie jedoch *ActiveSheet* und anschließend einen Punkt ein, dann wird keine AutoListe angezeigt, weil eine Arbeitsmappe verschiedene Typen von Arbeitsblättern enthalten kann: Das aktive Blatt kann sowohl ein Diagrammblatt als auch eine Tabelle sein. Im Kontext eines Makros erzwingen Sie die Anzeige der AutoListe, indem Sie eine entsprechende Variable für die Objektreferenz definieren.

1. Schließen Sie das Direktfenster, zeigen Sie auf das Menü *Einfügen*, und klicken Sie auf *Modul*.

2. Geben Sie **Sub Test** in das Modul ein, und drücken Sie [Eingabe]. Damit wird ein neues Makro angelegt.

3. Geben Sie **neuBlatt** und anschließend einen Punkt ein. Es wird keine Liste mit Methoden und Eigenschaften angezeigt.

   Der Begriff *neuBlatt* stellt eine Variable dar. Wenn Sie in Visual Basic einen neuen Begriff definieren und ihn als Variable gebrauchen, dann ordnet Visual Basic ihm den Typ *Variant* zu. Dies bedeutet, dass Sie der Variablen beliebige Werte zuweisen können, woraufhin deren Typ sofort entsprechend geändert wird, von *Integer* in *String* in *Workbook* in *Range* etc. Visual Basic kann die AutoListe nicht anzeigen, weil nicht bekannt ist, welcher Typ von Wert oder Objekt der Variablen zugewiesen wird. Sie können Visual Basic jedoch versprechen, dass Sie der Variablen *neuBlatt* nie etwas anderes als ein *Worksheet*-Objekt zuweisen werden.

4. Löschen Sie den Punkt, den Sie gerade eingegeben haben. Geben Sie am Anfang des Makros unmittelbar nach der Anweisung *Sub Test* folgende Anweisung ein:
   Dim neuBlatt As Worksheet.

   Mit dieser Anweisung wird eine Variable deklariert, d.h. Sie deklarieren Visual Basic gegenüber, dass *neuBlatt* eine Variable ist und dass Sie dieser Variablen nie etwas Anderes als eine Referenz auf ein *Worksheet*-Objekt zuweisen werden. (*Dim* ist ein archaischer Begriff. Er steht für *Dimension* und hat etwas damit zu tun, dass dem Computer mitgeteilt wird, wie viel Platz Sie für die Variable benötigen.)

5. Bewegen Sie den Zeiger an das Ende der Anweisung, die mit *neuBlatt* beginnt, und geben Sie einen Punkt ein.

Nun wird die AutoListe der Methoden und Eigenschaften angezeigt. Geben Sie **N** ein, um die *Name*-Eigenschaft auszuwählen (siehe Abbildung 3.16).

Abbildung 3.16
Nachdem die Variable deklariert wurde, wird die AutoListe der Methoden und Eigenschaften angezeigt

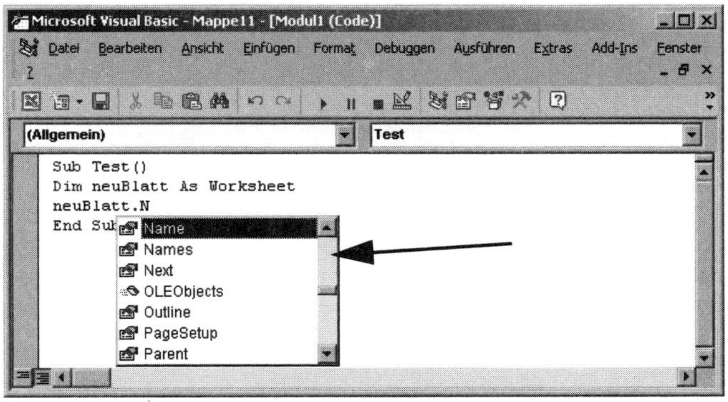

❻ Drücken Sie Leer, und geben Sie dann **= "Testblatt"** ein.

Die letzte Anweisung sollte *neuBlatt.Name* = "*Testblatt*" lauten. Problematisch ist an diesem Makro, dass Sie der Variablen *neuBlatt* noch keine Arbeitsblattreferenz zugewiesen haben, obwohl Sie zugesichert haben, die Variable *neuBlatt* würde lediglich zum Speichern von *Worksheet*-Objekten verwendet werden.

❼ Fügen Sie nach der *Dim*-Anweisung folgende Anweisung ein: **Set neuBlatt = ActiveSheet**.

Mit der *Set*-Anweisung wird der Variablen *neuBlatt* eine Referenz auf das *ActiveSheet*-Objekt zugewiesen.

❽ Drücken Sie mehrmals F8, um das Makro auszuführen.

Das Makro weist der Variablen zuerst das aktive Arbeitsblatt zu und ändert dann den Namen dieses Arbeitsblatts.

Sie können Variablen auch erstellen, indem Sie ihnen einfach einen Wert oder ein Objekt zuweisen. Wenn Sie jedoch mit der *Dim*-Anweisung die vorgesehene Verwendung der Variablen deklarieren, dann kann Visual Basic AutoListen mit Methoden und Eigenschaften anzeigen, die die Eingabe von Makros stark vereinfachen und Fehler vermeiden helfen.

Eine Form in ein Arbeitsblatt einfügen,
Seite 121

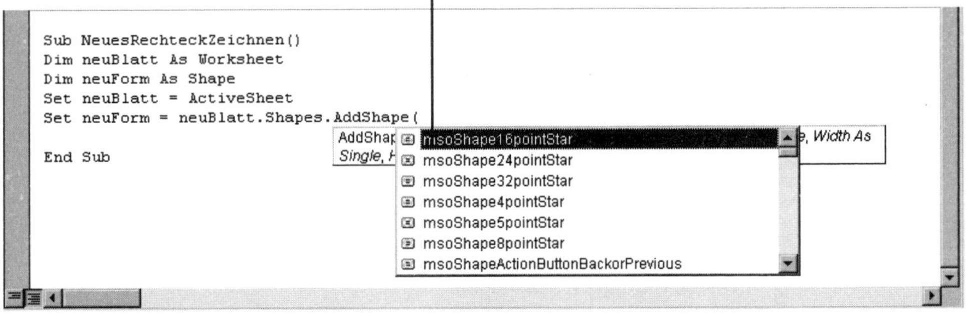

Ein Diagramm durch Programmanweisungen ändern,
Seite 134

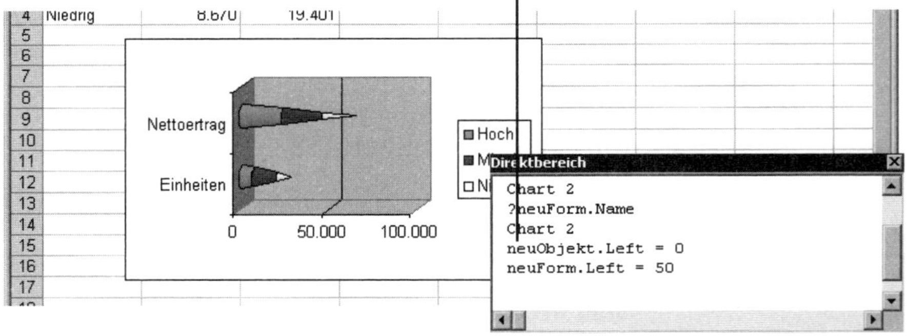

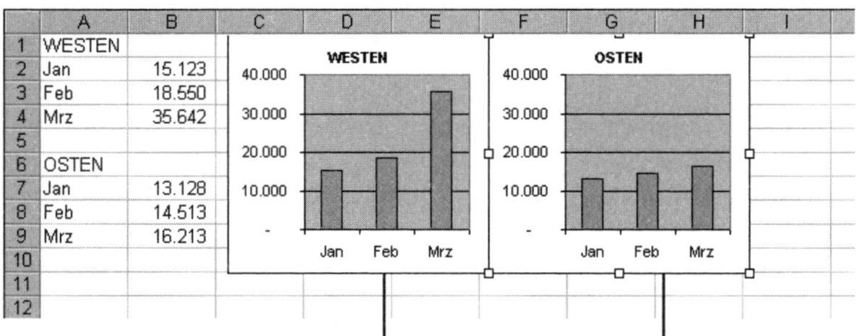

Mehrere Diagramme synchronisieren,
Seite 139

4 Grafische Objekte erforschen

In diesem Kapitel lernen Sie

- wie Sie Zeichnungsobjekte in einem Arbeitsblatt bearbeiten.
- wie Sie mit Diagrammen arbeiten.
- wie Sie die Makroaufzeichnung zur Verwaltung von Bezügen verwenden.

An warmen Sommertagen gibt es nichts Schöneres, als auf dem Rücken in einer Wiese zu liegen und zu beobachten, wie die Wolken vorüberziehen. Bäume, Berge und Gebäude sind immer am gleichen Platz, sie sind mit dem Boden verbunden, doch Wolken bewegen sich. Ihre Form und ihre Farbe ändern sich. Wolken treten auch in Schichten auf, und dann ziehen häufig die nahen Wolken im Vordergrund an den fernen vorbei.

Auf einem Arbeitsblatt sind Bereiche mit ihren Formeln und Formaten genauso mit dem Arbeitsblatt verbunden wie Gebäude mit dem Boden. Die Zelle A1 befindet sich immer in der oberen linken Ecke des Arbeitsblatts. Zeichnungsobjekte sind dagegen wie die Wolken. Sie treiben frei über dem Arbeitsblatt. Sie können verschwinden und wieder auftauchen. Sie können ihre Farbe und Form ändern.

Zu Zeichnungsobjekten gehören nicht nur einfache Formen wie Rechtecke, Ellipsen und Linien, sondern auch Diagramme und Steuerelemente wie Listenfelder und Drehfelder. Sie erhöhen die Funktionalität und den Informationsgehalt eines Arbeitsblatts. In diesem Kapitel lernen Sie, wie Sie Zeichnungsobjekte mit in Visual Basic für Applikationen geschriebenen Makros bearbeiten.

Grafiken.xls

In diesem Kapitel wird die Übungsdatei *Grafiken.xls* verwendet, die Sie von der Begleit-CD dieses Buches installiert haben. Details zur Installation der Übungsdateien finden Sie im Abschnitt *Die Begleit-CD verwenden* am Anfang des Buches.

Das Kapitel beginnen

1. Starten Sie Microsoft Excel, und wechseln Sie zu dem Ordner, der die Übungsdateien für dieses Buch enthält.
2. Öffnen Sie die Arbeitsmappe *Grafiken,* und speichern Sie sie unter dem Namen **Kapitel04**.

Grafische Objekte erforschen

Manche betrachten die Makroaufzeichnung als ein Werkzeug für Anfänger, und das ist sie wohl auch. Sie können Makros aufzeichnen und fertig stellen, ohne viel davon verstehen zu müssen, wie Excel-Objekte eigentlich arbeiten. Die Makroaufzeichnung bietet aber auch erfahrenen Entwicklern einige Annehmlichkeiten. In diesem Kapitel erfahren Sie, wie Sie die Makroaufzeichnung verwenden, um mehr über die Verwendung von Excel-Objekten zu lernen.

Ein Makro aufzeichnen, mit dem ein Rechteck erstellt wird

Mit grafischen Objekten wie Rechtecken, Ellipsen, Textfeldern und Diagrammen können Sie Ihr Arbeitsblatt ansprechend und informativ gestalten. Microsoft Office umfasst eine erstaunlich große Menge grafischer Objekte. Mithilfe der Makroaufzeichnung können Sie sich über die Verwendung dieser grafischen Objekte informieren. Sie werden nun die Erstellung eines Rechtecks aufzeichnen und überrascht sein, wie viel Sie aus einem einfachen aufgezeichneten Makro lernen können.

1. Wählen Sie in der Arbeitsmappe *Kapitel04* das Arbeitsblatt *Formen*, und klicken Sie in der Symbolleiste *Standard* auf *Zeichnen*, um die Symbolleiste *Zeichnen* einzublenden (siehe Abbildung 4.1).

Abbildung 4.1 Die Symbolleiste *Zeichnen*

2. Klicken Sie in der Symbolleiste *Visual Basic* auf *Makro aufzeichnen*, geben Sie den Makronamen **RechteckZeichnen** ein, und klicken Sie auf *OK*.

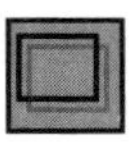

3. Klicken Sie in der Symbolleiste *Zeichnen* auf *Rechteck*. Im Arbeitsblatt klicken Sie auf die linke obere Ecke der Zelle B2 und ziehen den Zeiger zur rechten unteren Ecke von Zelle B3 (siehe Abbildung 4.2).

4. Klicken Sie in der Symbolleiste *Zeichnen* auf den Pfeil neben *Füllfarbe* und dann in der ersten Spalte auf das dritte Feld von oben (siehe Abbildung 4.3).

Abbildung 4.2
Im Arbeitsblatt ein Rechteck zeichnen

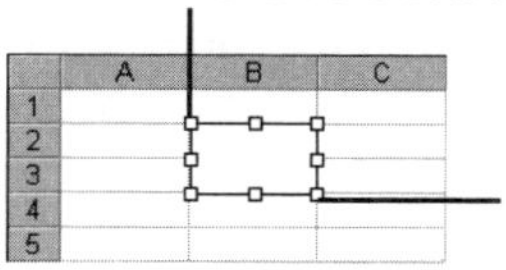

Das Rechteckinnere wird nun rot dargestellt.

Abbildung 4.3
Die Füllfarben von Excel

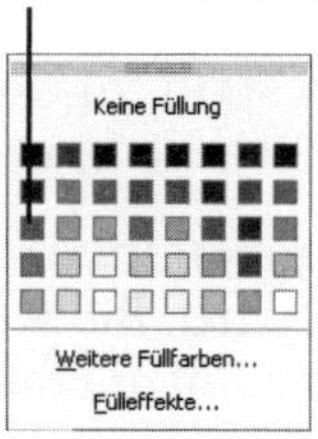

5. Klicken Sie auf *Aufzeichnung beenden*, und sehen Sie sich das Makro an.

Ihr Makro unterscheidet sich von dem folgenden Codebeispiel unter Umständen in den numerischen Werten und der Position des Zeilenfortsetzungszeichens:

```
Sub RechteckZeichnen()
    ActiveSheet.Shapes.AddShape(msoShapeRectangle, _
        48#, 13, 48#, 25.5).Select
    Selection.ShapeRange.Fill.ForeColor.SchemeColor = 10
    Selection.ShapeRange.Fill.Visible = msoTrue
    Selection.ShapeRange.Fill.Solid
End Sub
```

Dieses Makro ist sehr kurz, führt aber viele Arbeitsschritte aus. Sehen Sie sich die zweite Anweisung an:

```
ActiveSheet.Shapes.AddShape(msoShapeRectangle, _
    48#, 13, 48#, 25.5).Select
```

Die Anweisung beginnt mit einem Verweis auf das aktive Arbeitsblatt und endet mit der Auswahl von etwas. Da *Shapes* im Plural steht, könnte es sich um eine Auflistung handeln. Bei den meisten Auflistungen verwenden Sie die Methode *Add*, um ein neues Element aufzunehmen, doch nach *Shapes* folgt *AddShape*. *AddShape* folgt wiederum eine in Klammern gesetzte Argumentliste. (Die Zahlen in Ihrer Liste können von den hier gezeigten abweichen. Sie können die Sonderzeichen, die hinter einigen Zahlen stehen, ignorieren. Diese Zeichen werden während der Makroaufzeichnung hinzugefügt, sind aber nicht notwendig.) Das erste Argument gibt anscheinend darüber Aufschluss, welche Art von Form Sie erstellt haben, und die Zahlen scheinen sich irgendwie auf Position und Größe des Rechtecks zu beziehen, da das Makro nirgendwo sonst Angaben dazu enthält.

Die restlichen Anweisungen legen die Füllfarbe des Rechtecks fest. Mithilfe der Eigenschaft *SchemeColor* wählen Sie eine Füllfarbe aus der Farbpalette aus. Dieser Eigenschaft können Sie einen beliebigen Wert zwischen 0 und 56 zuweisen. Die Eigenschaft *Visible* legt fest, ob der Füllbereich des Objekts transparent oder sichtbar ist, und über die *Solid*-Methode wird das Muster des Füllbereichs als solide definiert. Der Füllbereich einer neuen Form ist voreingestellt ausgefüllt und sichtbar, und daher sind diese Anweisungen eigentlich nicht notwendig.

Diese aufgezeichneten Anweisungen geben Ihnen verschiedene Hinweise dazu, wie ein neues Rechteck erstellt wird. Sie werden nun selbst ein Makro schreiben, wobei Sie die aus der Aufzeichnung gewonnenen Informationen sowie die Listen der Methoden, Eigenschaften und Konstanten verwenden, die Visual Basic automatisch einblendet.

Ein Makro schreiben, das ein Rechteck zeichnet

1. Geben Sie unter dem aufgezeichneten Makro **Sub NeuesRechteckZeichnen** ein, und drücken Sie [Eingabe].

Visual Basic fügt Klammern sowie die Anweisung *End Sub* ein. Damit Visual Basic eine Liste der Methoden und Eigenschaften eines Objekts einblenden kann, muss bekannt sein, um welches Objekt es sich handelt. Die Eigenschaften *ActiveSheet* und *Selection* sind zu allgemein: Beide können sich auf verschiedene Objekttypen beziehen. Am einfachsten teilen Sie Visual Basic mit, welches Objekt Sie verwenden, indem Sie das Objekt einer Variablen zuweisen und deren Typ entsprechend deklarieren.

2. Geben Sie die drei folgenden Anweisungen ein, um die Variablen zu deklarieren und das aktive Arbeitsblatt einer Variablen zuzuweisen.

```
Dim neuBlatt As Worksheet
Dim neuForm As Shape
Set neuBlatt = ActiveSheet
```

Alle Zeichnungsobjekte gehören zur Klasse *Shape*. Indem Sie die Variablen deklarieren, geben Sie Visual Basic die notwendigen Informationen, um Hilfe während der Eingabe anzubieten.

3. Geben Sie **Set neuForm = neuBlatt.Shapes.** (einschließlich des Punktes) ein.

Sobald Sie den Punkt eingeben, zeigt Visual Basic die Liste der Methoden und Eigenschaften der Auflistung *Shapes* an (siehe Abbildung 4.4). Offen-

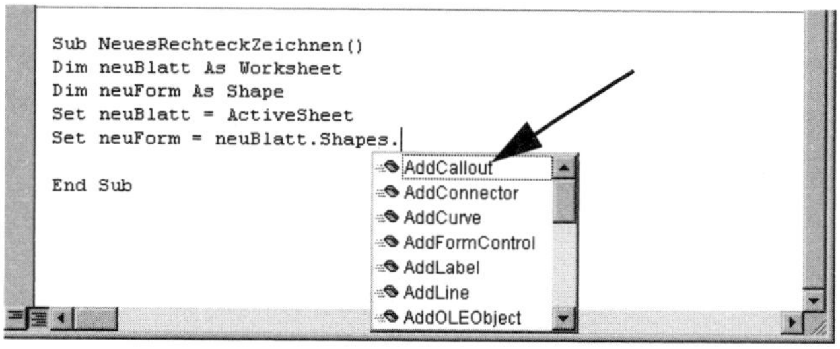

Abbildung 4.4 Visual Basic zeigt die Methoden und Eigenschaften der Auflistung *Shapes* an

sichtlich können Sie wesentlich mehr als nur ein *Shape*-Objekt hinzufügen, darunter *Callouts*, *Curves*, *Connectors* und andere Elemente. Aus diesem Grund verwendet die Auflistung *Shapes* nicht die einfache *Add*-Methode. Sie wissen aus dem aufgezeichneten Makro, dass Sie die Methode *AddShape* verwenden müssen, um ein Rechteck hinzuzufügen.

4. Geben Sie **AddShape(** ein (oder wählen Sie den Ausdruck aus der Liste), und drücken Sie [Pfeil unten].

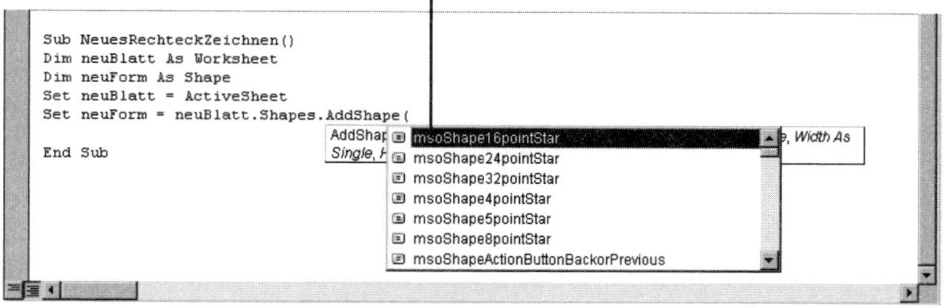

Abbildung 4.5 Die Liste der verfügbaren Argumente von *Shapes*

Sobald Sie die linke Klammer eingeben, zeigt Visual Basic die Liste möglicher Werte des ersten Arguments an (siehe Abbildung 4.5). Ihnen stehen über 100 Typen von Formen zur Auswahl. Sie wissen aus dem aufgezeichneten Makro, dass Sie die Option *msoShapeRectangle* verwenden sollen (mit anderen experimentieren Sie später).

5. Geben Sie **msoShapeRectangle,** ein (oder wählen Sie den Ausdruck aus der Liste).

   Wenn Sie das Komma eingeben, sehen Sie die restlichen Argumente *Left*, *Top*, *Width* und *Height* (siehe Abbildung 4.6). Sie geben jedes dieser Argumente *in* der Maßeinheit *Punkt* an. Ein Punkt ist eine Maßeinheit, die in der Drucktechnik zur Bemaßung von Texten und Schriftgrößen verwendet wird. Ein Punkt entspricht 1/72 Zoll.

6. Geben Sie **72** für *Left*, **36** für *Top*, **72** für *Width*, **36** für *Height* sowie eine rechte runde Klammer ein. Dann drücken Sie [Eingabe].

Abbildung 4.6
Die restlichen Argumente von *Shapes*

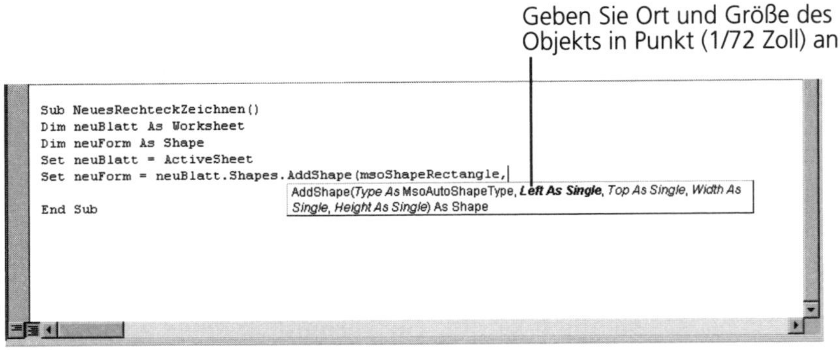

Die Anweisung im aufgezeichneten Makro endete mit der Methode *Select*. Wenn Sie einer Variablen ein Objekt zuweisen, stellen Sie die Methode *Select* nicht an das Anweisungsende.

7. Geben Sie **neuForm.Fill.ForeColor.SchemeColor = 10** ein, und drücken Sie [Eingabe]. Diese Anweisung stammt direkt aus dem aufgezeichneten Makro.

Jedes Mal, wenn Sie einen Punkt eingeben, blendet Visual Basic eine Liste der verfügbaren Methoden und Eigenschaften ein. Wenn Sie das Rechteck nicht einer Variablen zugewiesen, sondern stattdessen wie im aufgezeichneten Makro *Select* und *Selection* verwendet hätten, könnte Visual Basic die Liste der Elemente nicht anzeigen.

Bei *Shape*-Objekten werden viele untergeordnete Objekte zur Gruppierung von Formatinformationen verwendet. Die Eigenschaft *Fill* gibt ein *FillFormat*-Objekt zurück. (Der Name der Objektklasse unterscheidet sich vom Namen der Eigenschaft, da die Eigenschaft *Fill* bei Diagrammobjekten z.B. ein *ChartFillFormat*-Objekt zurückgibt.) Das *FillFormat*-Objekt steuert die Formatierung des Objektinnern. Die Eigenschaft *ForeColor* gibt ein *ColorFormat*-Objekt zurück. (Der Name der Objektklasse unterscheidet sich vom Namen der Eigenschaft, weil ein *ColorFormat*-Objekt sowohl von *ForeColor* als auch von *BackColor* zurückgegeben werden kann.) Klicken Sie auf den Namen einer Eigenschaft, und drücken Sie [F1], um eine Beschreibung der Eigenschaft und, falls verfügbar, des zugehörigen Objekts zu erhalten.

8. Drücken Sie mehrmals [F8], um das Makro in Einzelschritten auszuführen.

Abhängig von Bildschirmgröße und Auflösung wird im Arbeitsblatt ein neues Rechteck an einer Position etwa 4 cm vom linken und 2 cm vom oberen Blattrand angezeigt (siehe Abbildung 4.7). Das Rechteck besitzt eine Höhe von etwa 2 cm und eine Breite von etwa 4 cm. Dieses Rechteck wird von Ihnen nie ausgewählt werden, da Sie es nur verwenden, um einer Variablen einen Bezug zuzuweisen.

Abbildung 4.7
Das neue Rechteck wird unterhalb des zuvor Erstellten eingefügt

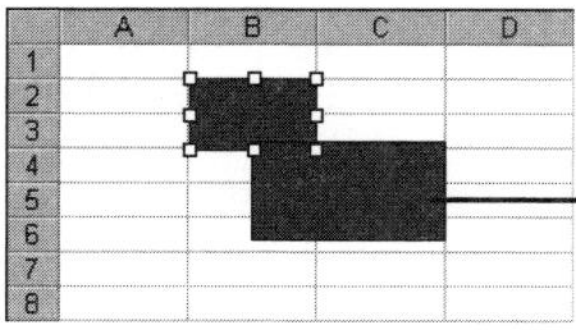

In diesem Beispiel konnten Sie mit einem Makro ein Rechteck erstellen, indem Sie sich an dem von der Makroaufzeichnung generierten Makro orientiert haben. Sie haben hier auch gesehen, wie die Listen der Methoden, Eigenschaften und Elemente von Visual Basic Sie darin unterstützen, Varianten eines aufgezeichneten Makros zu erstellen.

Eine bestehende Form ändern

Gelegentlich müssen im Arbeitsblatt vorhandene Formen bearbeitet werden. Die Makroaufzeichnung unterstützt Sie bei der Auswahl einer Form. Anschließend setzen Sie Ihr Wissen über Objekte ein, um die Auswahl in eine Objektvariable zu konvertieren.

1. Wählen Sie in der Arbeitsmappe *Kapitel04* das Arbeitsblatt *Formen*, und klicken Sie auf Zelle A1. Blenden Sie die Symbolleiste *Zeichnen* ein, und beginnen Sie mit der Aufzeichnung eines Makros mit dem Namen **FormenWählen**.

2. Klicken Sie in der Symbolleiste *Zeichnen* auf die Schaltfläche *Objekte markieren* und dann auf das kleinere, zuerst erstellte Rechteck.
3. Ziehen Sie ein Begrenzungsrechteck um beide Rechtecke.

Abbildung 4.8
Beide Rechtecke wurden markiert

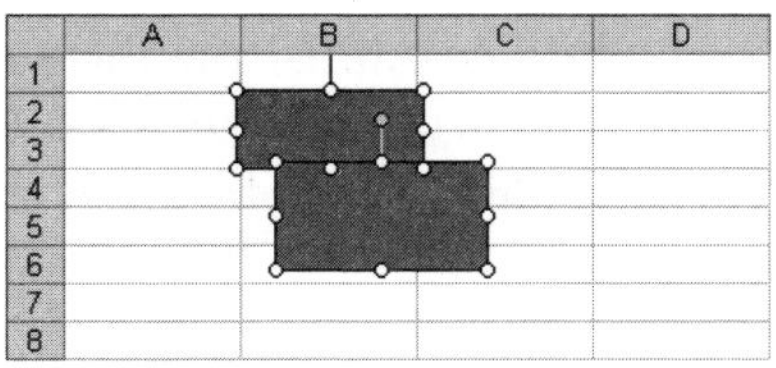

4. Klicken Sie auf den Pfeil neben der Schaltfläche *Füllfarbe* und dann auf *Weitere Füllfarben*. Wählen Sie das purpurfarbene Farbfeld in der am weitesten rechts angeordneten Ecke des Sechsecks (siehe Abbildung 4.9), und klicken Sie auf *OK*.

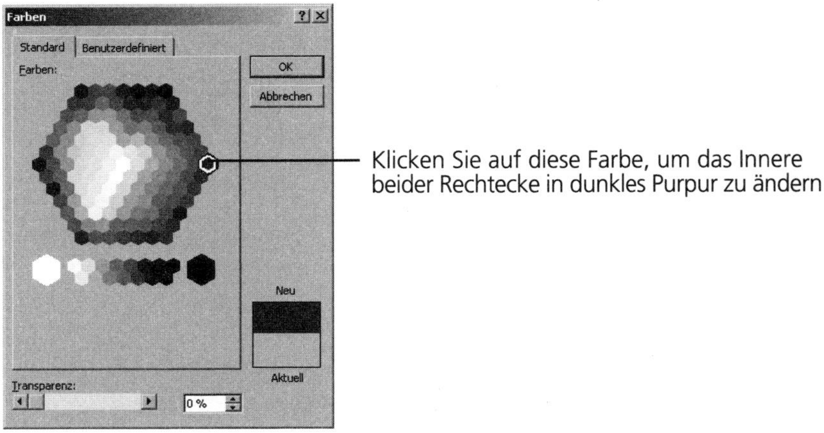

Abbildung 4.9 Das Dialogfeld *Farben*

5. Beenden Sie die Makroaufzeichnung, und klicken Sie erneut auf die Schaltfläche *Objekte markieren*, um den Auswahlmodus zu deaktivieren. Klicken Sie dann auf Zelle A1.

6. Klicken Sie auf die Schaltfläche *Makro ausführen*, wählen Sie das Makro *FormenWählen*, und klicken Sie auf *Bearbeiten*. Das Makro sollte dem folgenden Code entsprechen. (In Ihrem Makro können andere Namen in Anführungszeichen stehen, abhängig davon, wie viele Rechtecke Sie erstellt und wie Sie sie ausgewählt haben.)

```
Sub FormenWählen()
    ActiveSheet.Shapes("Rectangle 2").Select
    ActiveSheet.Shapes.Range(Array _
        ("Rectangle 2", "Rectangle 3")).Select
    Selection.ShapeRange.Fill.Visible = True
    Selection.ShapeRange.Fill.ForeColor.RGB = RGB(102, 0, 102)
    Selection.ShapeRange.Fill.Solid
End Sub
```

Die Eigenschaft *Shapes* gibt eine Auflistung aller in einem Arbeitsblatt vorhandenen *Shape*-Objekte zurück. Sie müssen das Arbeitsblatt angeben, welches die Formen enthält. Wenn Sie eine einzige Form auswählen möchten, dann wählen Sie einfach ein Element der *Shapes*-Auflistung aus, indem Sie dessen Namen oder Nummer angeben – ebenso wie Sie Elemente anderer Auflistungen auswählen. Damit erhalten Sie ein *Shape*-Objekt (Singular), das Sie auswählen oder einer Variablen zuweisen können.

Wenn Sie auf mehrere *Shape*-Objekte Bezug nehmen möchten, steht Ihnen in Excel hierfür die Auflistung *ShapeRange* zur Verfügung. Ein *ShapeRange*-Objekt unterscheidet sich von einem *Shape*-Objekt nur dadurch, dass es mehrere Objekte enthalten kann. Sie erstellen ein *ShapeRange*-Objekt aus einer *Shapes*-Auflistung, indem Sie die Eigenschaft *Range* zusammen mit der Visual Basic-Funktion *Array* verwenden. Die Funktion *Array* erlaubt es, eine Liste von Elementen zu gruppieren. Wenn Sie die Eigenschaften einer oder mehrerer Formen ändern, dann ändern Sie immer das *ShapeRange*-Objekt.

Die *RGB*-Eigenschaft gleicht der *SchemeColor*-Eigenschaft, doch bei der *SchemeColor*-Eigenschaft geben Sie eine von 56 Füllfarben an, während Ihnen die *RGB*-Eigenschaft (RGB steht für die drei Primärfarben Rot, Grün und Blau) ermöglicht, eine der Milliarden Farben auszuwählen, die sich durch eine Kombination aus den 256 Ebenen der roten, grünen und blauen Komponente ergeben.

Visual Basic umfasst acht integrierte Farbkonstanten, die mit der *RGB*-Eigenschaft eingesetzt werden können (deren rote, grüne und blaue Komponenten stehen in Klammern): *vbBlack* (0, 0, 0), *vbRed* (255, 0, 0), *vbGreen* (0, 255, 0), *vbBlue* (0, 0, 255), *vbYellow* (255, 255, 0), *vbMagenta* (255, 0, 255), *vbCyan* (0, 255, 255) und *vbWhite* (255, 255, 255).

7. Löschen Sie die Anweisungen, welche die *Visible*-Eigenschaft und die *Solid*-Methode enthalten. Sie wirken sich nicht auf das Verhalten des Makros aus.

8. Geben Sie am Anfang des Makros die beiden folgenden Anweisungen ein:

```
Dim neuForm As Shape
Dim neuFormBereich As ShapeRange
```

9. Ändern Sie die erste Auswahlanweisung, um das Objekt der Variablen *neuForm* zuzuweisen, anstatt das Objekt auszuwählen. Der Name in Anführungszeichen muss der Bezeichnung entsprechen, die im Namenfeld angezeigt wird, wenn Sie die Form im Arbeitsblatt auswählen. Die Anweisung sollte nun wie folgt aussehen:

```
Set neuForm = ActiveSheet.Shapes("Rechteck 2")
```

10. Fügen Sie eine Anweisung ein, um den RGB-Wert der Vordergrundfarbe der Form in Gelb zu ändern. Die Anweisung sollte wie folgt aussehen. (Statt *vbYellow* könnten Sie auch *RGB(255, 255, 0)* verwenden.)

```
neuForm.Fill.ForeColor.RGB = vbYellow
```

11. Ändern Sie die zweite Auswahlanweisung, um das *ShapeRange*-Objekt der Variablen *neuForm* zuzuweisen, anstatt das Objekt auszuwählen, und fügen Sie die sonnenförmige Form mit dem Namen *AutoForm 3*

anstelle der Form *Rechteck 2* hinzu. Die Anweisung sollte wie folgt aussehen (die Namen in Anführungszeichen können in Ihrem Makro anders lauten):

```
Set neuFormBereich = ActiveSheet.Shapes.Range _
    (Array("Rechteck 3","AutoForm 3"))
```

12. Ändern Sie die letzte Anweisung, sodass dem *RGB*-Wert der Vordergrundfarbe des Füllbereichs des *ShapeRange*-Objekts die Farbe Blau zugewiesen wird. Diese Anweisung sollte dem folgenden Code entsprechen. (Statt *vbBlue* könnten Sie auch *RGB(0, 0, 255)* verwenden.)

```
NeuFormBereich.Fill.ForeColor.RGB = vbBlue
```

13. Führen Sie das Makro in Einzelschritten aus, und beobachten Sie, wie sich die Farbe der Objekte ändert (siehe Abbildung 4.10).

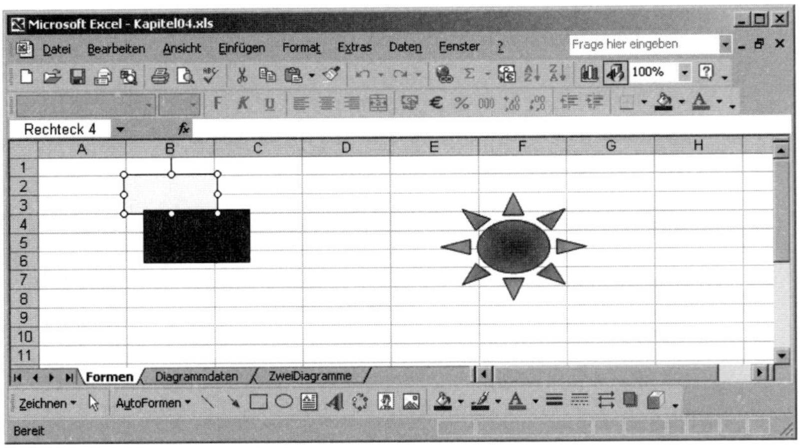

Abbildung 4.10
Ein *ShapeRange*-Objekt erlaubt Ihnen, die Farbe von mehreren Objekten zugleich zu ändern

Mit Formen können Sie großartige grafische Effekte erzielen. Allerdings kann es zunächst schwierig sein, die verschiedenen Objekttypen zu unterscheiden.

- **Shapes-Auflistung** Verwenden Sie die Shapes-Auflistung, um Formen zu wählen und neue Formen hinzuzufügen. Shapes-Auflistungsobjekten können keine Formatdaten zugewiesen werden.
- **Shape-Objekt** Verwenden Sie das Shape-Objekt, um eine einzelne Form zu formatieren.
- **ShapeRange-Auflistung** Verwenden Sie die ShapeRange-Auflistung, um mehrere Objekte zugleich zu formatieren.

Formen umbenennen

Wenn Sie im Arbeitsblatt eine neue Form erstellen, gibt Excel der Form einen Standardnamen, gewöhnlich einen Namen wie *Rechteck 4* oder *Ellipse 5*. Zeichnen Sie ein Makro auf, das sich auf die Form bezieht, wird dieser Name in das Makro aufgenommen. Sie gestalten Ihre Makros lesbarer und vermeiden Fehler, wenn Sie Formen mit einem beschreibenden Namen versehen.

Shape- und *DrawingObjects*-Objekte

Formen (*Shape*-Objekte) sind in Excel relativ neu. Formen werden von allen Microsoft Office-Anwendungen gemeinsam verwendet, und sie ersetzen die Zeichnungsobjekte älterer Excel-Versionen. Diese älteren Zeichnungsobjekte gehörten zu einer Objektklasse namens *DrawingObjects*, und Sie können noch heute auf einige Überbleibsel von *DrawingObjects* in Excel treffen.

Beispielsweise formatieren *Shape*-Objekte das Innere eines Objekts mithilfe der *Fill*-Eigenschaft. *DrawingObjects* nehmen mithilfe der *Interior*-Eigenschaft auf das Innere eines Objekts Bezug. *Shape*-Objekte nehmen auf Farben Bezug, die die rote, grüne und blaue Komponente der Farbe mithilfe der *RGB*-Eigenschaft repräsentieren. *DrawingObjects* verwendete für den Bezug auf den gleichen Farbtyp die *Color*-Eigenschaft. Auf Farben einer Palette beziehen sich *Shape*-Objekte mit der *SchemeColor*-Eigenschaft, *DrawingObjects* dagegen mit der *ColorIndex*-Eigenschaft. Sie erkennen, dass das *Range*-Objekt noch immer die gleichen Formatierungseigenschaften wie die alte Objektklasse *DrawingObjects* verwendet: *Interior*, *Color* und *ColorIndex*.

Um die Kompatibilität zu älteren Versionen zu garantieren, existiert *DrawingObjects* in Excel noch immer. Die älteren Zeichnungsobjekte sind noch vorhanden, doch sie sind verborgen.

1. Klicken Sie im Arbeitsblatt auf das kleinere Rechteck, das Sie zuerst erstellt haben. Es besitzt einen Namen wie z.B. *Rechteck 2*. Der Name wird im Namenfeld links von der Bearbeitungsleiste angezeigt (siehe Abbildung 4.11).
2. Klicken Sie in das Namenfeld, und geben Sie **Kiste** als neuen Namen des Rechtecks ein. Drücken Sie [Eingabe], da Excel die Änderung sonst nicht erkennt. Das Objekt wird nun umbenannt (siehe Abbildung 4.12).
3. Klicken Sie auf das zweite, größere Rechteck, und ändern Sie dessen Namen in **GroßeKiste**. Dann geben Sie dem sonnenförmigen Objekt den

Abbildung 4.11
Das Objekt und sein Name

Dieses Feld zeigt den Namen …

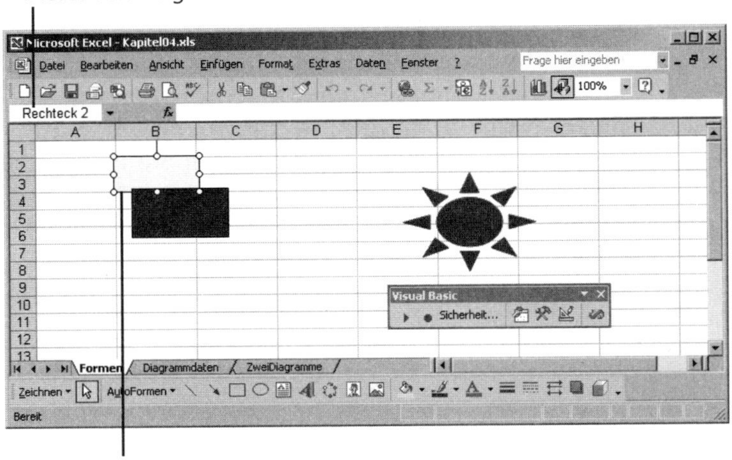

… des gewählten Objekts an

Abbildung 4.12
Das umbenannte Objekt

Geben Sie hier den neuen Namen ein, und drücken Sie [Eingabe]

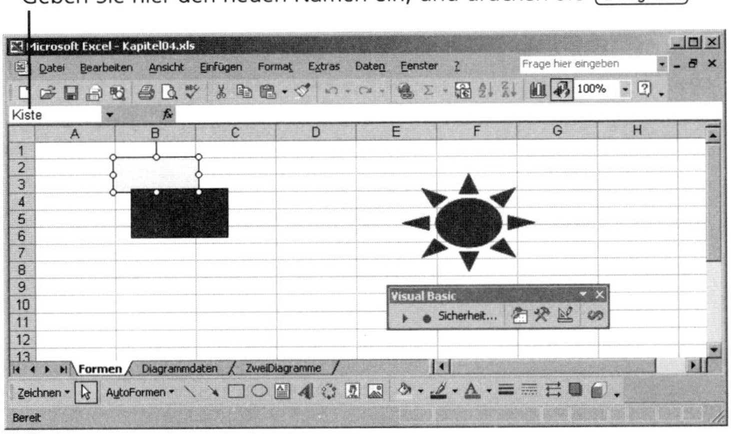

Namen **Sonne**. Vergessen Sie nicht, jede Eingabe durch [Eingabe] abzuschließen.

4. Im Makro *FormenWählen* ändern Sie *Rechteck 2* in **Kiste**, *Rechteck 3* in **Große Kiste** und *AutoForm 3* in **Sonne**.

5. Ändern Sie auch die Farben von *vbYellow* in **vbRed** und von *vbBlue* in **vbMagenta**. Führen Sie das Makro aus, um es zu testen. Im Folgenden sehen Sie das gesamte Makro:

```
Sub FormenWählen()
    Dim neuForm As Shape
    Dim neuFormBereich As ShapeRange
```

```
    Set neuForm = ActiveSheet.Shapes("Kiste")
    NeuForm.Fill.ForeColor.RGB = vbRed
    Set neuFormBereich = ActiveSheet.Shapes.Range _
        (Array("GroßeKiste","Sonne"))
    NeuFormBereich.Fill.ForeColor.RGB = vbMagenta
End Sub
```

In der gleichen Weise, wie Sie Arbeitsblättern aussagekräftige Namen geben, statt die voreingestellten Bezeichnungen *Tabelle1*, *Tabelle2* und so weiter beizubehalten, benennen Sie Formen im Arbeitsblatt, auch wenn diese Namen nicht in Erscheinung treten. Bei der Bearbeitung von Makros zahlt es sich aus.

Excel unterstützt Hunderte unterschiedlicher Typen von Formen. Alle diese Formen zeigen ein ähnliches Verhalten wie Rechtecke. Auch eingebettete Diagramme sind Formen. Sie können Diagramme ähnlich wie Rechtecke hinzufügen, bearbeiten und löschen. Diagramme, die durch *Chart*-Objekte repräsentiert werden, besitzen natürlich zusätzliche Eigenschaften, die nur Diagrammen eigen sind. Die Makroaufzeichnung eignet sich hervorragend dazu, mehr über diese Eigenschaften in Erfahrung zu bringen.

Aus Gründen der Kompatibilität wurde die alte Objektklasse *DrawingObjects* nicht aus Excel entfernt. Sie ist zwar verborgen, aber noch vorhanden. Gelegentlich werden Sie auf einige Überreste dieser Klasse von Zeichnungsobjekten stoßen.

Diagramme erforschen

Diagramme, die durch *Chart*-Objekte repräsentiert werden, besitzen Hunderte von Eigenschaften und Methoden. Viele Diagrammattribute sind selbst eigene Objekte. Es ist recht schwierig, durch die Lektüre eines Referenzhandbuchs zu lernen, wie man Diagramme erstellt und bearbeitet, da Diagramme einfach zu viele Objekte und Methoden haben. Allerdings lässt sich das Erstellen und Ändern eines Diagramms sehr einfach aufzeichnen. Ihnen werden zwar viele neue Methoden, Eigenschaften und Objekte begegnen, doch für die Verwendung dieser neuen Objekte gelten die gleichen Prinzipien wie für andere Excel-Objekte.

Mit einem Makro ein Diagramm erstellen

1. In der Arbeitsmappe *Kapitel04* aktivieren Sie das Arbeitsblatt *Diagrammdaten* und klicken auf Zelle A1 (siehe Abbildung 4.13).

2. Klicken Sie in der Symbolleiste *Visual Basic* auf *Makro aufzeichnen*, geben Sie als Makronamen **DiagrammErstellen** ein, und klicken Sie auf *OK*.

Abbildung 4.13
Das Arbeitsblatt *Diagrammdaten*

	A	B	C	D
1	**Preis**	**Einheiten**	**Nettoertrag**	
2	Hoch	6.443	22.600	
3	Mittel	12.599	22.800	
4	Niedrig	8.670	19.401	
5				

❸ Klicken Sie in der Symbolleiste *Standard* auf *Diagramm-Assistent* und dann auf *Fertig stellen*, um ein Standarddiagramm zu erstellen.

Abbildung 4.14
Das Arbeitsblatt *Diagrammdaten* mit dem neuen Diagramm

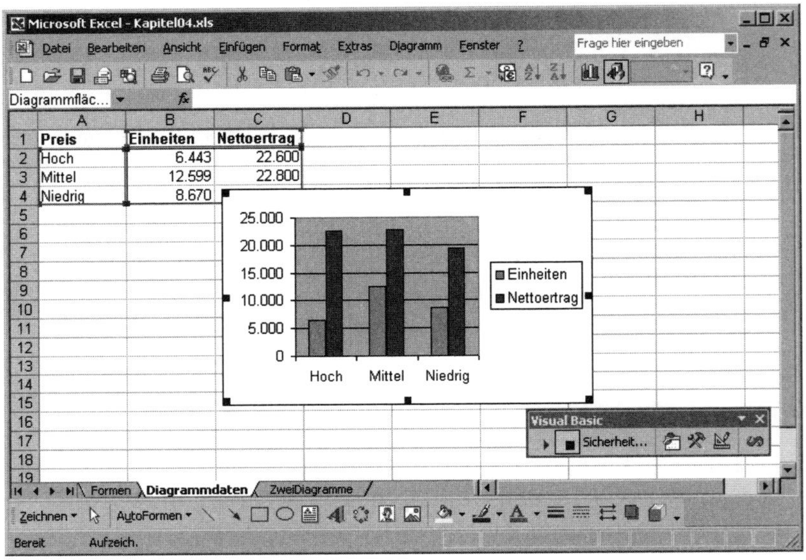

❹ Klicken Sie auf *Aufzeichnung beenden*, löschen Sie das Diagramm, und bearbeiten Sie das aufgezeichnete Makro. Es sollte wie folgt aussehen. (In Ihrem Makro können sich die Zeilenfortsetzungszeichen an anderer Stelle befinden.)

```
Sub DiagrammErstellen()
    Charts.Add
    ActiveChart.ChartType = xlColumnClustered
    ActiveChart.SetSourceData _
        Source:=Sheets("Diagrammdaten").Range("A1:C4")
    ActiveChart.Location Where:=xlLocationAsObject, _
        Name:="Diagrammdaten"
End Sub
```

Das Makro erstellt ein eingebettetes Diagramm in vier Schritten. Zuerst wird mit der Methode *Add* ein neues, leeres Diagramm in einem eigenen Blatt erstellt. Dann wird mit der Eigenschaft *ChartType* der Diagrammtyp definiert. Anschließend weist die Methode *SetSourceData* dem Diagramm einen Datenbereich zu, und zuletzt wird das Diagramm mit der Methode *Location* in das Arbeitsblatt verschoben.

Das Makro *DiagrammErstellen* ändern

Sobald Sie das Makro, mit dem ein Diagramm erstellt wird, aufgezeichnet haben, können Sie es modifizieren, damit ein Ihren Wünschen entsprechendes Diagramm erstellt wird.

1. Klicken Sie mit der rechten Maustaste auf das Wort *xlColumnClustered* im Makro. Dies ist einer der Werte einer Auflistung, welcher der Eigenschaft *ChartType* zugewiesen werden kann.

2. Im Kontextmenü klicken Sie auf *Konstanten anzeigen*. Excel blendet die Liste möglicher Diagrammtypen ein (siehe Abbildung 4.15).

Abbildung 4.15
Die verfügbaren Diagrammtypen

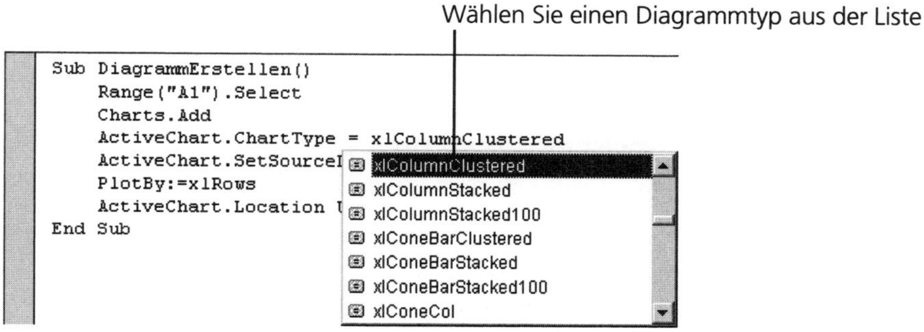

Visual Basic kann die Liste der möglichen Werte einblenden, da *ActiveChart* nur eine *Chart*-Variable zurückgeben kann. Falls keine Auswahlliste mit Methoden und Eigenschaften angezeigt wird, kann es daran liegen, dass sich die Anweisung auf das Objekt *ActiveSheet* oder *Selection* bezieht und Visual Basic nicht weiß, welcher Objekttyp aktuell ausgewählt ist. In solchen Fällen sollten Sie eine Objektvariable deklarieren und der Variablen das Objekt zuweisen. Dann kann Visual Basic die hilfreichen Listen einblenden.

3. Wählen Sie *xlConeBarStacked* aus der Liste, indem Sie auf das Element doppelklicken, um es in den Code einzufügen.

4. Geben Sie ein Komma, ein Leerzeichen und einen Unterstrich am Ende der Anweisung ein, mit der die Diagrammdaten angegeben werden. Drücken Sie `Eingabe`, um eine neue Zeile einzufügen.

5. Fügen Sie die Anweisung **PlotBy:=xlRows** als zusätzliches Argument der *SetSourceData*-Anweisung ein, damit die Spaltenüberschriften als Beschriftungen übernommen werden. Das geänderte Makro sieht wie folgt aus:

```
Sub DiagrammErstellen()
    Charts.Add
    ActiveChart.ChartType = xlConeBarStacked
    ActiveChart.SetSourceData _
        Source:=Sheets("Diagrammdaten").Range("A1:C4"), _
        PlotBy:=xlRows
    ActiveChart.Location Where:=xlLocationAsObject, _
        Name:="Diagrammdaten"
End Sub
```

6. Drücken Sie mehrmals [F8], um das geänderte Makro auszuführen. Beobachten Sie, wie Excel das Diagramm zunächst in einem eigenen Blatt erstellt, die Daten hinzufügt und schließlich in das Arbeitsblatt verschiebt (siehe Abbildung 4.16).

Abbildung 4.16
Das Makro *DiagrammErstellen* wurde ausgeführt

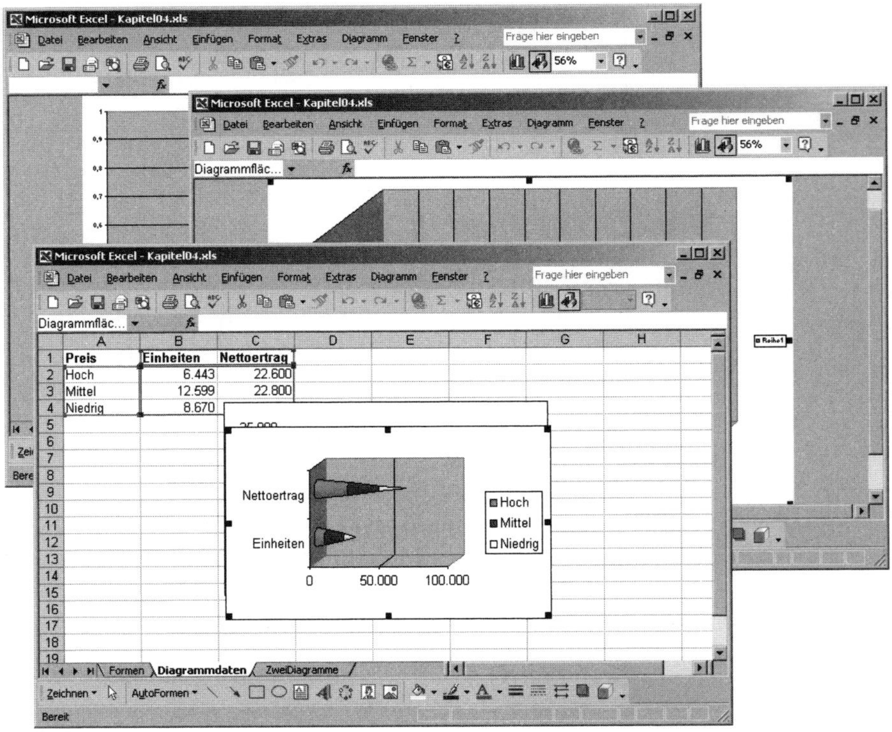

Ein Excel-Diagramm kann in ein separates Blatt eingefügt oder in ein Arbeitsblatt eingebettet werden. Das Verhalten eines Diagramms ist unabhängig davon, wo es sich befindet. Allerdings unterscheidet sich die Art und Weise, in der Sie auf diese beiden Diagrammarten Bezug nehmen.

Auf ein vorhandenes, eingebettetes Diagramm Bezug nehmen

Wenn Sie ein neues Diagramm erstellen, wählt Excel es aus, damit Sie mit *ActiveChart* darauf Bezug nehmen können. Auf schon vorhandene Diagramme verweisen Sie auf andere Weise. Sie nehmen auf ein in einem Blatt vorhandenen Diagramm Bezug, indem Sie es als Element einer *Charts*-Auflistung ansprechen. Auf ein eingebettetes Diagramm Bezug zu nehmen, kann dagegen recht schwierig sein. In diesem Abschnitt wird erläutert, wie man auf ein vorhandenes, eingebettetes Diagramm verweist.

1. Falls das Diagramm im Excel-Arbeitsblatt ausgewählt ist, drücken Sie [Esc], um die Auswahl aufzuheben. (Falls Sie ein Objekt innerhalb des Diagramms ausgewählt hatten, müssen Sie unter Umständen mehrmals [Esc] drücken.)

2. In Visual Basic geben Sie in die letzte Zeile des geöffneten Moduls **Sub DiagrammWählen** ein und drücken [Eingabe]. Fügen Sie die folgenden drei Anweisungen in das Makro ein:

```
Dim neuForm As Shape
Dim neuObjekt As ChartObject
Dim neuDiagramm As Chart
```

   Sie werden diesen Variablen Objekte zuweisen, um zu sehen, wie Excel mit eingebetteten Diagrammen umgeht.

3. Drücken Sie zwei Mal [F8], um zur Anweisung *End Sub* des neuen Makros zu gelangen. Klicken Sie im Menü *Ansicht* auf *Direktfenster*.

4. Geben Sie im Direktfenster **Set neuForm = ActiveSheet.Shapes(1)** ein, und drücken Sie [Eingabe], um der Variablen *neuForm* einen Verweis auf den Diagrammcontainer zuzuweisen (siehe Abbildung 4.17).

5. Geben Sie im Direktfenster **Set neuObjekt = ActiveSheet.ChartObjects(1)** ein, und drücken Sie [Eingabe], um der Variablen *neuObjekt* einen Verweis auf den Diagrammcontainer zuzuweisen. Sowohl *neuForm* als auch *neuObjekt* beziehen sich eigentlich auf das gleiche Containerobjekt, doch wird mit *neuForm* auf das Diagramm als *Shape*-Objekt und mit *neuObjekt* dagegen als *ChartObject*-Objekt Bezug genommen.

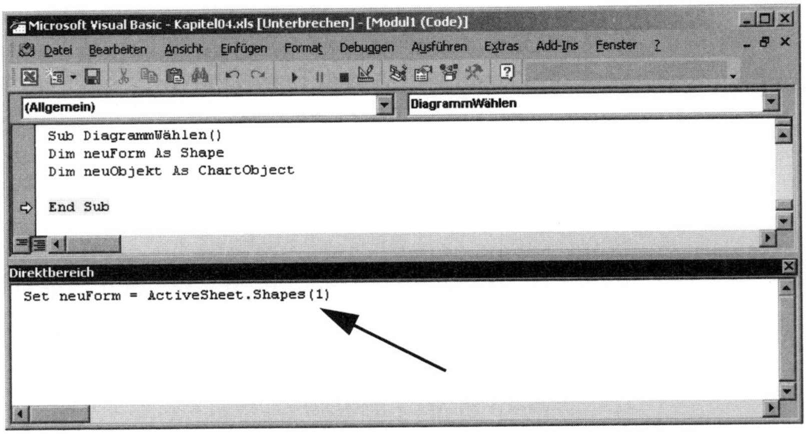

Abbildung 4.17 Sie verwenden die *Shapes*-Auflistung, um einer Variablen ein *Shape*-Objekt zuzuweisen

6. Geben Sie im Direktfenster **?neuObjekt.Name** ein und drücken Sie `Eingabe`. Der Name des Diagramms wird eingeblendet (siehe Abbildung 4.18).

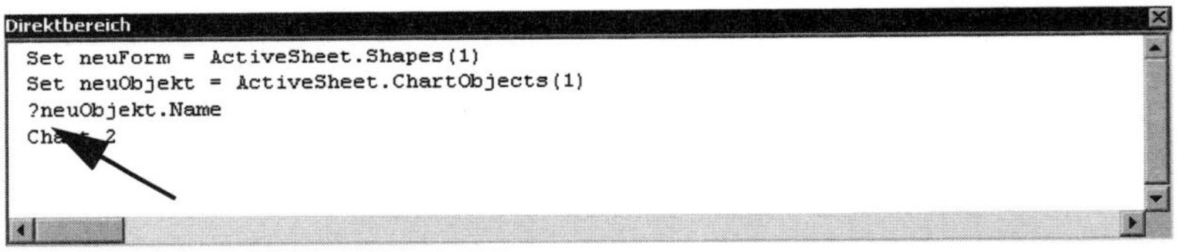

Abbildung 4.18 Im Direktfenster verwenden Sie ein Fragezeichen, um einen Wert anzuzeigen

Wenn Sie im Direktfenster einem Ausdruck, der einen Wert zurückgibt, ein Fragezeichen voranstellen und `Eingabe` drücken, wird der Wert angezeigt.

7. Geben Sie im Direktfenster **?neuForm.Name** ein, und drücken Sie `Eingabe`.

   Der gleiche Name wird noch einmal angezeigt (siehe Abbildung 4.19). Sowohl *neuObjekt* als auch *neuForm* verweisen auf das gleiche Objekt.

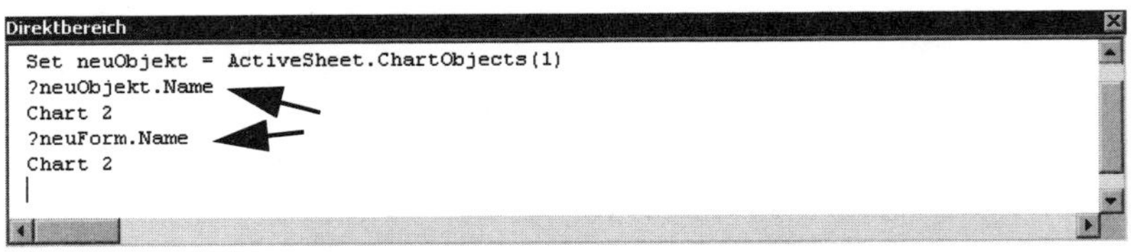

Abbildung 4.19 *ChartObject* und *Shape* verweisen auf das gleiche Diagramm

8. Im Direktfenster geben Sie **neuObjekt.Left = 0** ein und drücken `Eingabe`, dann geben Sie **neuForm.Left = 50** ein und drücken nochmals `Eingabe`.

Jedes Mal wird das Diagramm verschoben (siehe Abbildung 4.20). Sie können beide Containerobjekte verwenden, um das Diagramm zu verschieben und dessen Größe zu ändern.

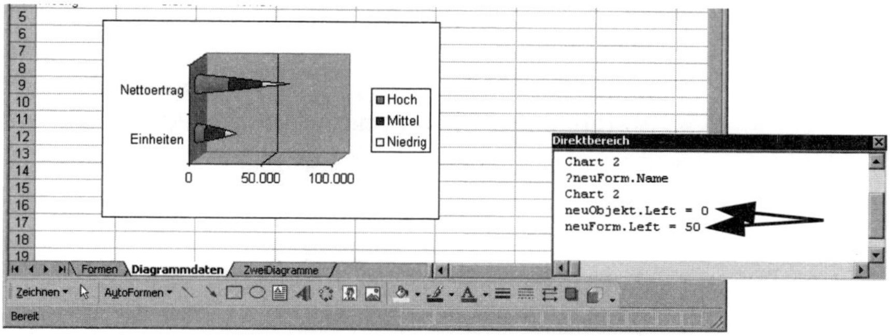

Abbildung 4.20 Das Containerobjekt kann sowohl als *ChartObject*- als auch als *Shape*-Objekt verschoben werden

9. Geben Sie im Direktfenster **neuObjekt.Select** ein, und drücken Sie `Eingabe`. Dann geben Sie **neuForm.Select** ein und drücken `Eingabe`.

Beide Anweisungen arbeiten korrekt, und es werden weiße Ziehpunkte an den Ecken des Diagramms angezeigt. Die weißen Ziehpunkte zeigen an, dass das Containerobjekt und nicht das darin enthaltene Diagramm ausgewählt ist (siehe Abbildung 4.21).

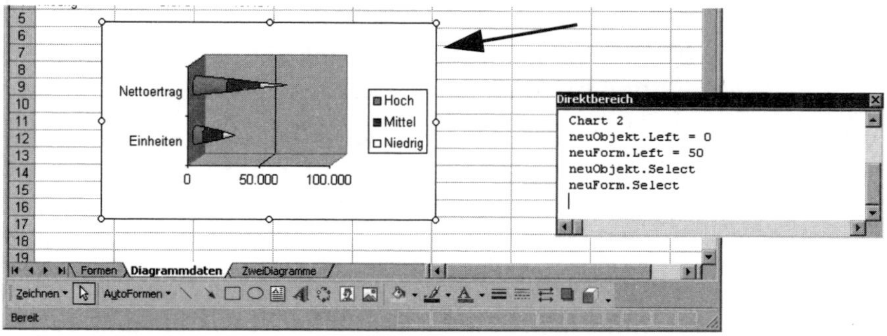

Abbildung 4.21 Wenn Sie den Diagrammcontainer auswählen, werden der Name sowie weiße Ziehpunkte angezeigt

Wenn Sie auf ein eingebettetes Diagramm klicken, wählen Sie den Teil des Diagramms aus, der angeklickt wurde. Wenn Sie beispielsweise auf den Rand eines Diagramms klicken, wählen Sie die Diagrammfläche aus, die schwarze Ziehmarken besitzt. Um das Containerobjekt mit der Maus auswählen zu können, müssen Sie zuerst auf die Schaltfläche *Objekte markieren* in der Symbolleiste *Zeichnen* klicken. Solange das Containerobjekt markiert ist, können Sie keine anderen Diagrammelemente auswählen.

10. Geben Sie im Direktfenster **neuObjekt.Activate** ein, und drücken Sie [Eingabe].

    Wenn Sie das *ChartObject*-Objekt aktivieren, werden schwarze Ziehpunkte an den Ecken des Diagramms dargestellt, womit angezeigt wird, dass nun die Diagrammfläche im Inneren des Diagramms ausgewählt ist. Sobald Sie den Punkt eingeben, zeigt Visual Basic die Methode *Activate* in der AutoListe an. Sie können daran erkennen, dass *Activate* eine Methode der Objektklasse *ChartObject* ist.

11. Anschließend geben Sie **neuForm.Activate** ein und drücken [Eingabe]. Klicken Sie auf *OK*, um die Fehlermeldung (siehe Abbildung 4.22) zu löschen.

Abbildung 4.22
Fehlermeldung bei falscher Verwendung von *Activate*

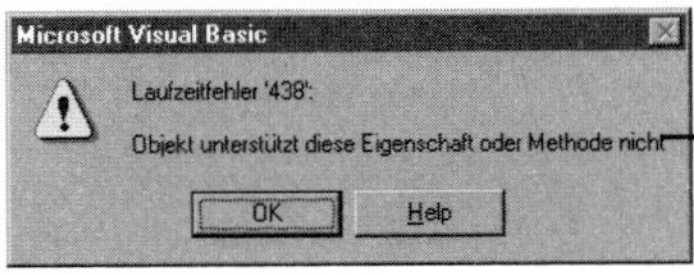

Die Methode *Activate* kann nicht mit einem *Shape*-Objekt verwendet werden

Wenn Sie versuchen, das *Shape*-Objekt zu aktivieren, erhalten Sie eine Fehlermeldung, da dieses Objekt keine *Activate*-Methode besitzt. (Visual Basic führt in der AutoListe für das *Shape*-Objekt die Methode *Activate* nicht auf.) Dies ist einer der Punkte, in denen sich das neue *Shape*-Objekt von einem alten *ChartObject*-Objekt unterscheidet.

12. Geben Sie im Direktfenster **Set neuDiagramm = neuObjekt.Chart** ein, und drücken Sie [Eingabe].

    In dieser Anweisung wird der Variablen *neuDiagramm* mit der Eigenschaft *Chart* ein Bezug auf das Diagramm zugewiesen, das im Objekt *ChartObject* enthalten ist. Bei *Shape*-Objekten ist nicht nur die Methode *Activate*, sondern auch die Eigenschaft *Chart* nicht verfügbar.

    Die Auflistung *ChartObjects* ist ein Überbleibsel der alten Excel-Zeichnungsobjekte. Sie konnte nicht wie die anderen Auflistungen alter grafischer Objekte verborgen werden, da das „neue" *Shape*-Objekt keine *Activate*-Methode zur Auswahl von Diagrammen besitzt.

13. Geben Sie im Direktfenster **neuDiagramm.ChartArea.Interior.Color = vbRed** ein, und drücken Sie [Eingabe].

    Die Innenfläche des Diagramms ist nun rot (siehe Abbildung 4.23). Sobald Sie über einen Objektverweis auf das Diagramm verfügen, können Sie die darin enthaltenen Objekte bearbeiten. Die Eigenschaften *Interior* und *Color* eines *ChartObject*-Objekts entsprechen den Eigenschaften *Fill* und *RGB* eines *Shape*-Objekts.

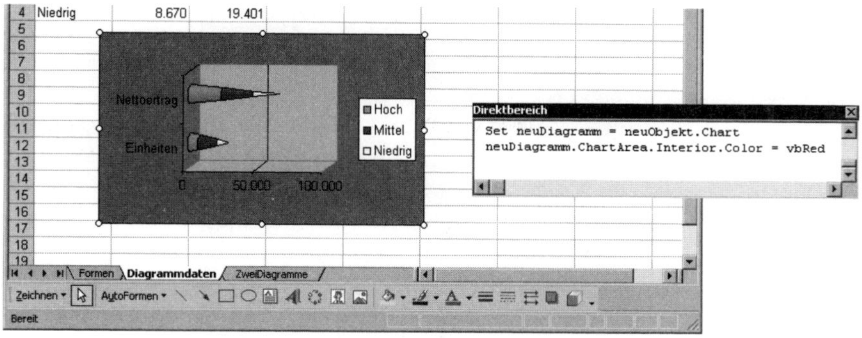

Abbildung 4.23 Das Diagramm wird in einer anderen Farbe angezeigt

14. Schließen Sie das Direktfenster, und drücken Sie [F8], um das Makro zu beenden.

Ein eingebettetes Diagramm besteht aus zwei Teilen: dem Container (einem *ChartObject*-Objekt) und dem darin enthaltenen Diagramm (einem *Chart*-Objekt). Auf den Container nehmen Sie entweder über die *Shapes*-Auflistung (die ein *Shape*-Objekt zurückgibt) oder über die *ChartObjects*-Auflistung (die ein *ChartObject*-Objekt zurückgibt) Bezug. Um auf das darin enthaltene Diagramm zu verweisen, verwenden Sie die *ChartObjects*- statt der *Shapes*-Auflistung. Sie können beispielsweise unter Verwendung der Auflistungen *Shapes* oder *ChartObjects* den Container verschieben oder seine Größe ändern. Wenn Sie jedoch die Farbe der Diagrammfläche ändern möchten, müssen Sie über die Auflistung *ChartObjects* auf das im Container enthaltene Diagramm, das *Chart*-Objekt, Bezug nehmen.

Mit einem Makro die Diagrammattribute ändern

Sie wissen nun, wie Excel auf den Diagrammcontainer und das darin enthaltene Diagramm Bezug nimmt und können ein Makro aufzeichnen, welches ein Diagramm ändert. Sie lernen die Methoden und Eigenschaften kennen, mit denen Sie ein Diagramm steuern.

1. Klicken Sie im Arbeitsblatt *Diagrammdaten* auf die Zelle A1. Beginnen Sie mit der Aufzeichnung eines Makros namens **DiagrammÄndern**.

2. Klicken Sie auf den Rand des Diagramms, das Sie während der Bearbeitung des Abschnitts *Das Makro DiagrammErstellen ändern* erstellt haben.

3. Doppelklicken Sie auf eine der Zahlen, die am unteren Rand des Diagramms angezeigt werden. Damit wählen Sie die Größenachse und blenden das Dialogfeld *Achsen formatieren* ein. Klicken Sie auf das Register *Skalierung* (siehe Abbildung 4.24).

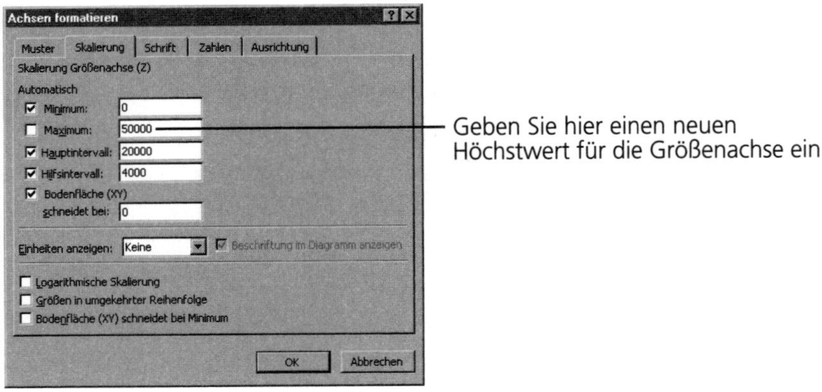

Abbildung 4.24
Das Register *Skalierung* des Dialogfelds *Achsen formatieren.*

4. Ändern Sie den Höchstwert zu **50000** (sobald Sie einen Wert eingeben, wird die Markierung von *Automatisch* entfernt). Klicken Sie auf *OK*.

5. Beenden Sie die Aufzeichnung, und sehen Sie sich das Makro an. Es enthält nun folgende Anweisungen, jedoch enthält Ihr Makro wahrscheinlich einen anderen Diagrammnamen in Anführungszeichen:

```
Sub DiagrammÄndern()
    ActiveSheet.ChartObjects("Diagramm 20").Activate
    ActiveChart.ChartArea.Select
    ActiveChart.Axes(xlValue).Select
    With ActiveChart.Axes(xlValue)
        .MinimumScaleIsAuto = True
        .MaximumScale = 50000
        .MinorUnitIsAuto = True
        .MajorUnitIsAuto = True
        .Crosses = xlAutomatic
        .ReversePlotOrder = False
        .ScaleType = xlLinear
        .DisplayUnit = xlNone
    End With
End Sub
```

Das Makro aktiviert zunächst unter Verwendung der *ChartObjects*-Auflistung das Diagramm. (Wenn Sie auf das Diagramm im eingebetteten Container Bezug nehmen möchten, ohne es zu aktivieren, verwenden Sie die Eigenschaft *Chart* des *ChartObject*-Objekts.) Das Makro wählt dann das Objekt *ChartArea* aus. Diese Anweisung ist überflüssig, da mit der nächsten Anweisung die Größenachse ausgewählt wird. Das Makro verzeichnet dann einige Änderungen von Eigenschaften der Größenachse, obwohl Sie im Dialogfeld nur eine Eigenschaft geändert haben.

Sie können das Makro so weit vereinfachen, dass es nur eine Zeile umfasst:

```
ActiveSheet.ChartObjects("Diagramm 20").Chart.Axes(xlValue) _
    .MaximumScale = 50000
```

Sie sollten dankbar sein, dass bei der Makroaufzeichnung all dies aufgezeichnet wird, da Sie auf diese Weise die Namen vieler Eigenschaften kennen lernen. Im nächsten Abschnitt werden Sie einige dieser Eigenschaften in einem besonders nützlichen Makro einsetzen.

Mit einem Makro zwei Diagramme synchronisieren

Das Arbeitsblatt *ZweiDiagramme* enthält zwei Diagramme, welche die Gesamtsummen der Aufträge aus zwei verschiedenen Regionen zeigen (siehe Abbildung 4.25).

Abbildung 4.25
Diagramme für die Regionen *Osten* und *Westen*

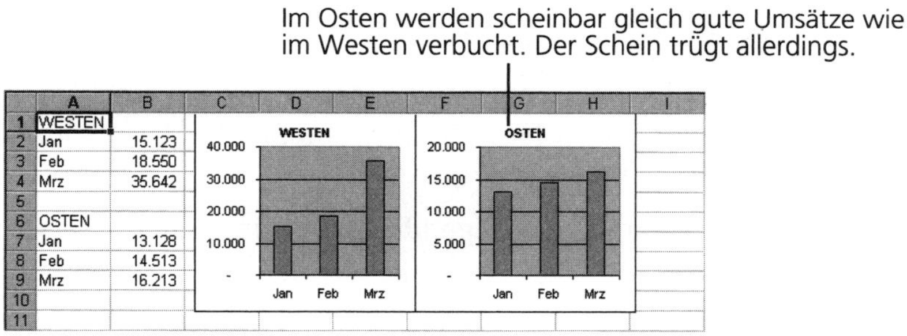

Wenn Sie sich die Diagramme kurz ansehen, gewinnen Sie vielleicht den Eindruck, das Auftragsvolumen der beiden Regionen sei in etwa gleich. Das stimmt aber nicht. Die Region Osten weist sehr viel niedrigere Werte auf als die Region Westen, doch Excel passt die Achsenskalierung automatisch an die Daten an. Erstellen Sie ein Makro, das die Größenachse des Diagramms *Osten* an die Achse des Diagramms *Westen* anpasst.

1. Benennen Sie die Diagramme, damit Sie über die beschreibenden Namen auf sie Bezug nehmen können. Klicken Sie in der Symbolleiste *Zeichnen* auf *Objekte markieren*, und dann auf das Diagramm *Westen*. Geben Sie in das Namenfeld **Westen** ein (siehe Abbildung 4.26). Führen Sie die gleichen Schritte aus, um dem Diagramm *Osten* den Namen **Osten** zuzuweisen. Klicken Sie noch einmal auf *Objekte markieren*, um den Auswahlmodus zu deaktivieren.

2. Wechseln Sie zu Visual Basic, geben Sie am Ende des Moduls **Sub DiagrammeSynchronisieren** ein, und drücken Sie [Eingabe]. Danach geben Sie die folgenden beiden Variablendeklarationen ein:

```
Dim neuWesten As Chart
Dim neuOsten As Chart
```

Sie werden in diesen beiden Variablen jeweils einen Verweis auf ein Diagramm speichern.

3. Nun geben Sie die folgenden beiden Anweisungen ein, um den Variablen die Diagramme zuzuweisen:

```
Set neuWesten = ActiveSheet.ChartObjects("Westen").Chart
Set neuOsten = ActiveSheet.ChartObjects("Osten").Chart
```

Sie müssen die Eigenschaft *Chart* verwenden, damit statt auf den Container auf das darin enthaltene Diagramm verwiesen wird. Wenn Sie die Diagramme nicht umbenannt hätten, müssten Sie die voreingestellten Namen *Diagramm 1*, *Diagramm 2* etc. oder die Zahlen 1 und 2 verwenden (und die Namen der Diagramme ermitteln). Ihr Code ist lesbarer und weniger fehleranfällig, wenn Sie den Diagrammen explizit aussagekräftige Namen geben.

4. Fügen Sie die folgende Anweisung hinzu, um sicherzustellen, dass die Größenachse des Diagramms *Westen* automatisch angepasst wird:

```
neuWesten.Axes(xlValue).MaximumScaleIsAuto = True
```

Das aufgezeichnete Makro enthielt den Ausdruck *Axes(xlValue)* als Verweis auf die Größenachse. Die Eigenschaft *MaximumScaleIsAuto* kam im aufgezeichneten Makro nicht vor, *MinimumScaleIsAuto* dagegen schon. Den Rest können Sie sich denken.

5. Fügen Sie die folgende Anweisung hinzu, damit die Achsenskalierung in beiden Diagrammen mit dem gleichen Höchstwert erfolgt:

```
neuOsten.Axes(xlValue).MaximumScale = _
    neuWesten.Axes(xlValue).MaximumScale
```

Auch wenn der Höchstwert der Achsenskalierung im Diagramm *Westen* automatisch festgelegt wird, können Sie den aktuellen Wert dieser Eigenschaft einlesen.

6. Drücken Sie mehrmals [F8], um das Makro in Einzelschritten auszuführen.

Der Unterschied zwischen den Auftragsvolumen der Regionen ist jetzt deutlich erkennbar (siehe Abbildung 4.26).

Abbildung 4.26
Die Diagramme mit synchronisierten Größenachsen

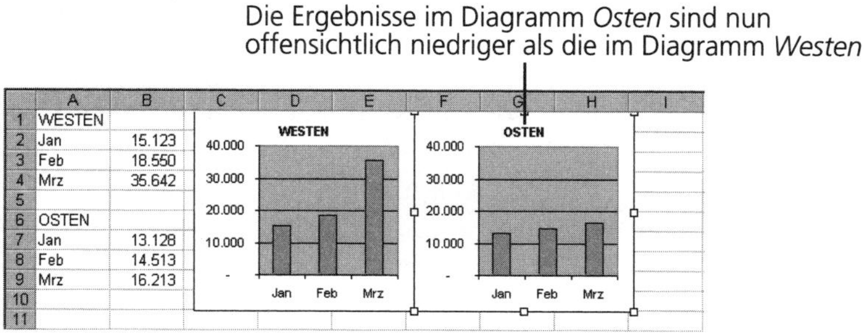

❼ Ändern Sie im Arbeitsblatt den März-Wert der Region Westen in **15000**. Führen Sie das Makro *DiagrammeSynchronisieren* nochmals aus.

Sie können weitere Synchronisierungsaufgaben in dieses Makro aufnehmen. Beispielsweise könnten Sie identische Minimumwerte für jede Achse definieren. Wenn Sie die Hintergrundfarbe eines Diagramms interaktiv ändern, könnte das Makro diese Farbe auch dem anderen Diagramm zuweisen. Für jede Erweiterung zeichnen Sie ein Makro auf, damit Sie lernen, was geändert werden muss, und dann fügen Sie die Änderungen in Ihr Makro ein.

Diagramme formatieren

Diagramme sind interessante Kreuzungen aus Excels alten *Drawing-Objects*-Objekten und den *Shape*-Objekten von Microsoft Office. Diagramme existieren seit der ersten Version von Excel, sodass alle Merkmale, die mit alten Eigenschaften wie *Interior* gesteuert werden, auch heute noch diese Eigenschaften verwenden. Um etwa die Farbe des *ChartArea*-Objekts (der Diagrammfläche) eines der Variablen *neuDiagramm* zugewiesenen Diagramms in Rot zu ändern, verwenden Sie die Anweisung *neuDiagramm.Interior.Color = vbRed.*

Diagramme können jedoch auch die Vorteile der neuen Formatierungsmöglichkeiten von *Shape*-Objekten nutzen. Diese Möglichkeiten können aber nur mithilfe der Eigenschaft *Fill* genutzt werden. Wenn Sie etwa eine Diagrammfläche mit einem Verlaufsmuster im Hintergrund definieren möchten, verwenden Sie die Anweisung *neuDiagramm.Fill.TwoColorGradient msoGradientHorizontal, 1.* ►

Auf die Formatierungseigenschaften, die mit der Eigenschaft *Interior* definiert werden, kann über die Eigenschaft *Fill* nicht zugegriffen werden. So können Sie Füllfarbe einer Form (d.h. eines *Shape*-Objekts) etwa mit der Anweisung *neuForm.Fill.ForeColor.RGB = vbRed* definieren. Bei einem Diagramm (d. h. einem *Chart*-Objekt) können Sie über die Eigenschaft *Fill* die Eigenschaft *RGB* dagegen nur lesen. Mit der neuen Eigenschaft *Fill* können Sie den Farbwert abfragen, doch ändern können Sie ihn nur mit der alten Eigenschaft *Interior*. Da die Füllfarbe eines Diagramms andere Eigenschaften und Methoden aufweist als die Füllfarbe einer Form, gibt die Eigenschaft *Fill* eines *Chart*-Objekts ein *ChartFillFormat*-Objekt zurück, die eines *Shape*-Objekts dagegen ein *FillFormat*-Objekt.

Eine Zeile in einer Liste variabler Größe markieren, Seite 147

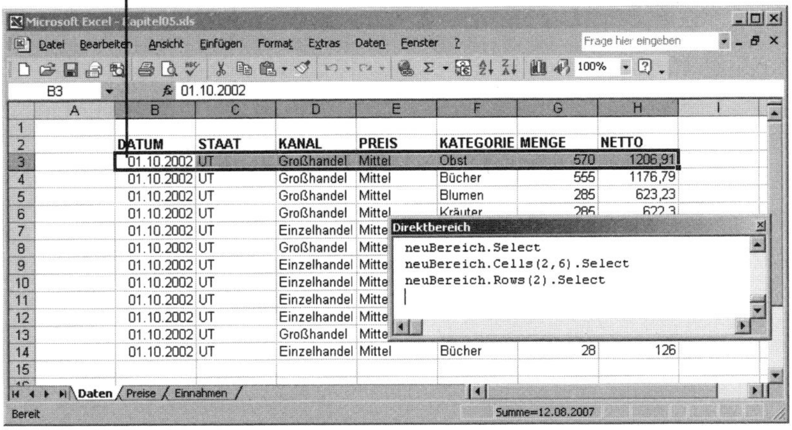

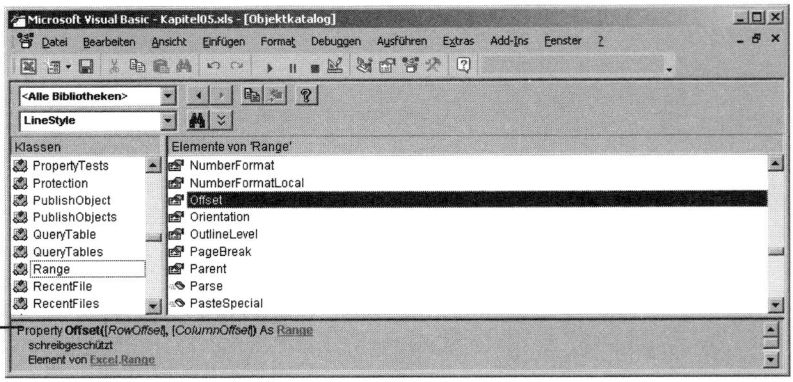

Den Objektkatalog zum Studium von Objekten einsetzen, Seite 161

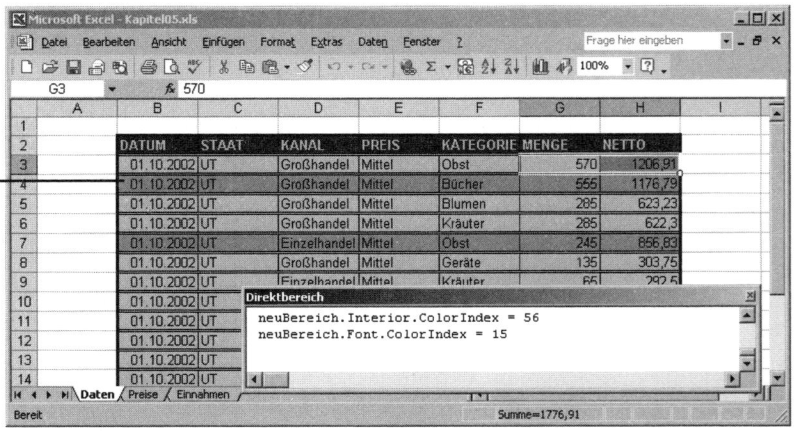

Eine Liste variabler Größe mit einer strukturierten Formatierung versehen, Seite 168

5 Bereichsobjekte erforschen

In diesem Kapitel lernen Sie

- wie Sie in Makroanweisungen verschiedene Eigenschaften einsetzen, um auf Bereiche Bezug zu nehmen.
- wie Sie Bereiche formatieren.
- wie Sie Werte und Formeln in Zellen einfügen.
- wie Sie Makros vereinfachen, die zur Auswahl von Bereichen dienen.
- wie Sie den Objektkatalog verwenden, um mehr über Objekte, Eigenschaften und Methoden zu erfahren.

Alles wäre viel einfacher, wenn jeder Mensch die gleiche Größe hätte. Man bräuchte in Autos keine verstellbaren Sitze einzubauen, würde sich den Kopf nicht an Türrahmen anstoßen, und es würden keine Beine von Stühlen baumeln. Natürlich würde eine Reihe neuer Probleme auftreten. Sie könnten zum Beispiel die schreckliche Jeans, die Sie zum letzten Geburtstag geschenkt bekommen haben, niemals mit der Begründung umtauschen, sie hätte die falsche Größe.

Falls alle Ihre Arbeitsblätter und Datendateien in Microsoft Excel 2002 gleich groß sind, brauchen Sie sich nicht mit Bereichen oder *Range*-Objekten zu beschäftigen. Wenn Sie nie neue Zeilen in ein Budget einfügen, wenn Sie die Summen für das gesamte Jahr immer in Spalte M eingeben, wenn die monatliche Umsatztabelle immer 5 Spalten und 120 Zeilen umfasst, können Sie der Makroaufzeichnung die Verwaltung der Bereiche überlassen.

In Wirklichkeit sind die Menschen jedoch unterschiedlich groß, und Kleidung sowie Autos werden diesem Umstand angepasst. Und auch in der Welt der Arbeitsblätter, Modelle und Datendateien gibt es unterschiedliche Größen, auf die Ihre Makros reagieren müssen. In Excel können *Range*-Objekte, die Bereiche repräsentieren, mithilfe zahlreicher Eigenschaften bearbeitet werden. In diesem Kapitel werden Sie *Range*-Objekte erforschen und dabei den Objektkatalog als Informationsquelle zum Studium neuer Objekte kennen lernen.

Bereiche.xls

In diesem Kapitel wird die Übungsdatei *Bereiche.xls* verwendet, die Sie von der Begleit-CD dieses Buches installiert haben. Details zur Installation der Übungsdateien finden Sie im Abschnitt *Die Begleit-CD verwenden* am Anfang des Buches.

Das Kapitel beginnen

1. Starten Sie Excel, und öffnen Sie die Arbeitsmappe *Bereiche.xls,* die sich im Ordner mit den Übungsdateien befindet.
2. Speichern Sie eine Kopie unter dem Namen **Kapitel05**.

Auf einen Bereich verweisen

Muss ein Makro mit Bereichen unterschiedlicher Größe arbeiten, dann ist Flexibilität erforderlich. In diesem Abschnitt lernen Sie mehrere Möglichkeiten kennen, wie Sie auf einen Bereich Bezug nehmen können. Die Beispiele in diesem Abschnitt führen *nichts* aus, sondern stellen nur einen Bezug auf Bereiche innerhalb einer Liste her, doch diese Techniken werden Sie bei der Arbeit mit Bereichen häufig einsetzen. Weiter hinten in diesem Kapitel verwenden Sie diese Ausdrücke in praktischen Kontexten.

Über eine Adresse auf einen Bereich verweisen

Die *Range*-Eigenschaft stellt eine nützliche und flexible Möglichkeit dar, einen Verweis auf einen Bereich zu erhalten. Diese Eigenschaft ermöglicht es Ihnen, die Adresse des gewünschten Bereichs anzugeben. Sie können den Objektkatalog verwenden, um sich über den Einsatz der *Range*-Eigenschaft zu informieren.

1. Klicken Sie in der Arbeitsmappe *Kapitel05* auf die Blattregisterkarte *Daten* und dann auf die Schaltfläche *Visual Basic-Editor* (in der Symbolleiste *Visual Basic*). Ordnen Sie die Excel- und Visual Basic-Editor-Fenster so an, dass Sie beide nebeneinander sehen können.

2. Klicken Sie im Visual Basic-Editor auf die Symbolleistenschaltfläche *Objektkatalog.*

Anstelle des Codefensters wird der Objektkatalog eingeblendet. Der Objektkatalog besteht im Wesentlichen aus zwei Listen. Die Liste auf der linken Seite zeigt die Namen von Objektklassen, die Liste auf der rechten Seite dagegen die Elemente, also die Methoden und Eigenschaften, die für die aktuell ausgewählte Objektklasse verfügbar sind. Die Klassenliste enthält als ersten Eintrag die besondere Objektklasse *<Global>*. Bei dieser Klasse handelt es sich nicht um eine echte Objektklasse, sondern in ihrer Elementliste sind alle Methoden und Eigenschaften aufgeführt, die

Sie ohne Angabe eines Objekts verwenden können. Mit diesen Methoden und Eigenschaften beginnen Sie eine Anweisung.

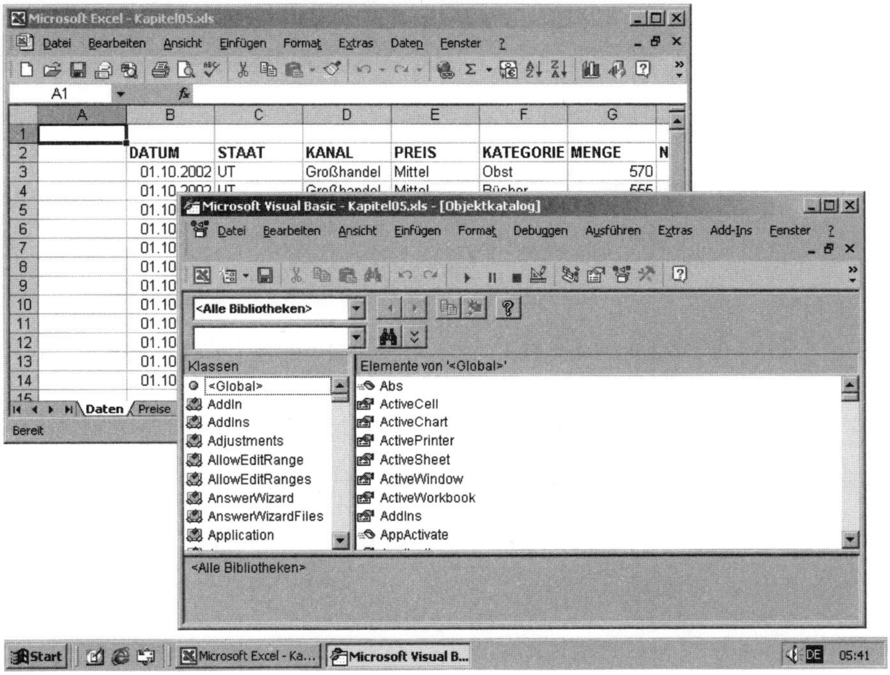

Abbildung 5.1
Im Objektkatalog wird die Objektklasse <*Global*> angezeigt

3. Wählen Sie in der Klassenliste die Klasse <*Global*>, sofern sie nicht schon ausgewählt ist. Klicken Sie dann auf die Elementliste, und drücken Sie [R], um zum ersten Element zu blättern, das mit dem Buchstaben *R* beginnt. Wählen Sie dann die *Range*-Eigenschaft. Das Feld im unteren Bereich des Objektkatalogs zeigt Informationen über die *Range*-Eigenschaft an. Dieser Eigenschaft werden zwei Argumente übergeben, wobei das Zweite optional ist, und sie gibt einen Verweis auf ein *Range*-Objekt zurück.

4. Klicken Sie in der Elementliste mit der rechten Maustaste auf den Namen der *Range*-Eigenschaft, und klicken Sie im Kontextmenü auf *Kopieren*. Wählen Sie dann im Menü *Ansicht* die Option *Direktfenster*. Klicken Sie im Menü *Bearbeiten* auf *Einfügen*.

5. Geben Sie nach *Range* eine linke runde Klammer (Visual Basic zeigt daraufhin die Argumentliste an), dann **"B2"**, gefolgt von einer rechten runden Klammer, einem Punkt und **Select** ein. Die vollständige Anweisung lautet *Range("B2").Select*. Die Anführungszeichen um die Bereichsdefinition sind notwendig, da dies der *Name* des Bereichs ist und nicht die Nummer eines Elements einer Auflistung.

Abbildung 5.2 Der Objektkatalog mit Informationen zur Eigenschaft *Range*

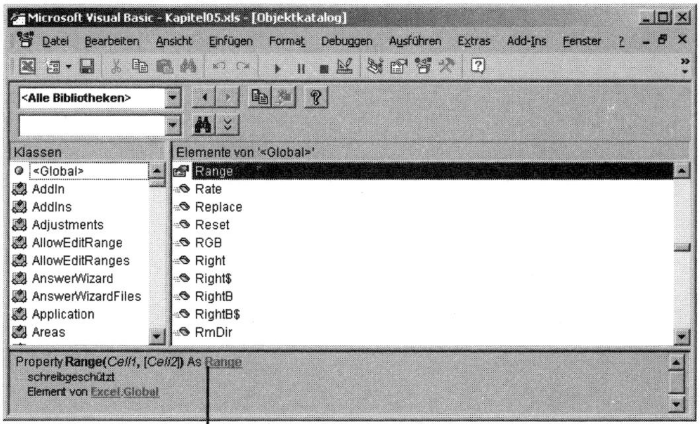

Die *Range*-Eigenschaft gibt ein *Range*-Objekt zurück

6. Drücken Sie `Eingabe`, um die Zelle B2 im aktiven Arbeitsblatt zu wählen.

7. Geben Sie **Range("B2:H2").Select** ein, und drücken Sie `Eingabe`. Das erste Argument der *Range*-Eigenschaft kann ein Bereich sein, der aus mehreren Zellen besteht. Tatsächlich kann es sich um alles handeln, was Excel erkennt.

Abbildung 5.3 Der Bereich von B2 bis H2 ist ausgewählt

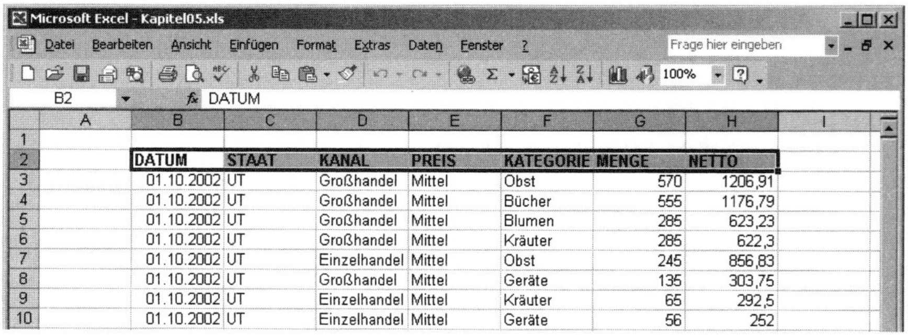

8. Geben Sie **Range("H14").Select** ein, und drücken Sie `Eingabe`, um die untere rechte Ecke der Werteliste auszuwählen. Geben Sie dann **Range(Selection, "B2").Select** ein, und drücken Sie `Eingabe`.

   Nun ist der Bereich von Zelle H14 (der aktuell markierten Zelle) bis Zelle B2 (die obere linke Zelle der Liste) ausgewählt. Argumente der *Range*-Eigenschaft müssen keine Zeichenfolgen sein, auch Verweise auf Bereichsobjekte sind zulässig. Häufig wird die *Range*-Eigenschaft mit zwei Argumenten eingesetzt, um den Bereich zu wählen, der sich vom aktuell gewählten Bereich bis zu einem festen Punkt im oberen Abschnitt des Arbeitsblatts erstreckt.

Die *Range*-Eigenschaft ermöglicht es Ihnen, eine Verknüpfung zu einem beliebigen *Range*-Objekt herzustellen. Sie können hierzu entweder eine einzelne Textzeichenfolge, die einen gültigen Verweis als Argument der *Range*-Eigenschaft enthält, oder zwei Argumente, die die Endpunkte eines rechteckigen Bereichs definieren, angeben.

Auf einen Bereich als Auflistung von Zellen Bezug nehmen

Eine Arbeitsmappe kann mehrere Arbeitsblätter enthalten, und daher ist in der Excel-Objektbibliothek die *Worksheets*-Auflistung als Objektklasse definiert. Ein *Worksheets*-Objekt besitzt eine Liste von Methoden und Eigenschaften, die sich von denen eines *Worksheet*-Objekts unterscheiden.

Entsprechend umfasst ein Arbeitsblatt mehrere Zellen. Sie werden vielleicht erwarten, dass in Excel ein Auflistungsobjekt namens *Cells* definiert ist. Eine Auflistung von Zellen ist allerdings etwas komplizierter als eine Auflistung von Arbeitsblättern, da Zellen zweidimensional sind. Sie werden sowohl durch Zeilen als auch durch Spalten bezeichnet. Sie können sich den Bereich A1:B3 als Auflistung von sechs Zellen vorstellen, aber es könnte sich auch um eine Auflistung von drei Zeilen oder zwei Spalten handeln.

Excel verfügt deswegen über drei Eigenschaften, die einen Bereich als Auflistung beschreiben: Die Eigenschaft *Cells* gibt eine Auflistung von Zellen zurück, die Eigenschaft *Rows* gibt eine Auflistung von Zeilen zurück und die Eigenschaft *Columns* eine Auflistung von Spalten. Der Rückgabewert dieser Eigenschaften bildet allerdings keine eigene Objektklasse, sondern ist stets ein *Range*-Objekt, das sämtliche Methoden und Eigenschaften aller anderen *Range*-Objekte verwenden kann.

1. Im Objektkatalog sollte das Objekt *<Global>* in der Klassenliste ausgewählt sein. Klicken Sie in der Elementliste auf die *Cells*-Eigenschaft. Die Beschreibung im unteren Abschnitt des Objektkatalogs zeigt an, dass die *Cells*-Eigenschaft ein *Range*-Objekt zurückgibt.

2. Geben Sie im Direktfenster **Cells.Select** ein, und drücken Sie [Eingabe].

   Mit dieser Anweisung werden alle Zellen des Arbeitsblatts ausgewählt. Sie erzielen den gleichen Effekt, wenn Sie in das Feld in der linken oberen Ecke des Arbeitsblatts klicken, das sich zwischen der Überschrift von Spalte A und der Überschrift von Zeile 1 befindet.

3. Geben Sie **Cells.Item(5).Select** ein, und drücken Sie [Eingabe].

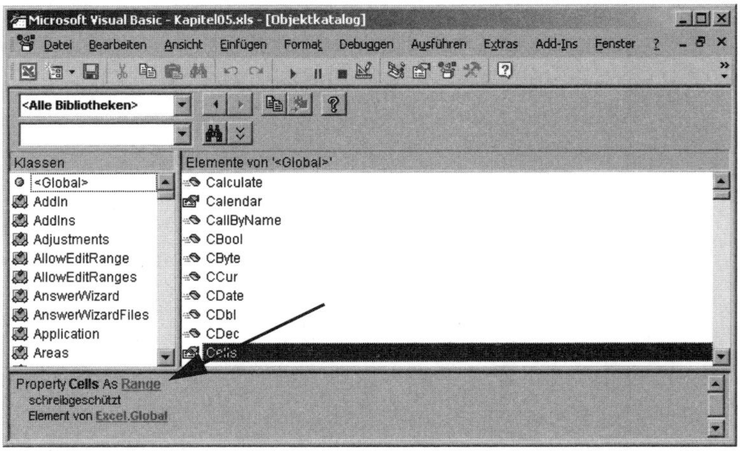

Abbildung 5.4
Die *Cells*-Eigenschaft gibt ein *Range*-Objekt zurück

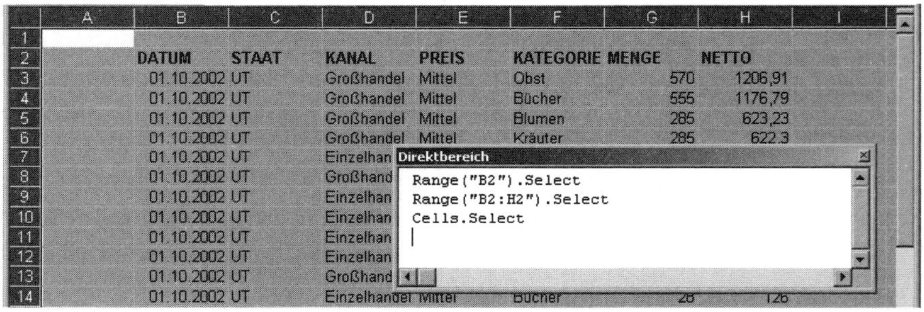

Abbildung 5.5
Alle Zellen des Arbeitsblatts sind ausgewählt

Nun ist Zelle E1 ausgewählt, die fünfte Zelle in der ersten Zeile. Die *Cells*-Eigenschaft gibt den Bereich aller Zellen des Arbeitsblatts als Auflistung zurück. Eine Zelle entspricht einem einzelnen Element der Auflistung.

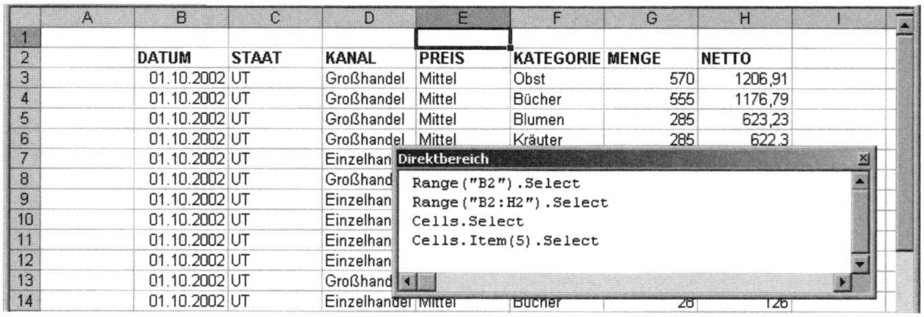

Abbildung 5.6
Nur die Zelle E1 ist ausgewählt

4. Geben Sie **Cells.Item(257).Select** ein, und drücken Sie [Eingabe].

Nun ist Zelle A2 ausgewählt, die erste Zelle in der zweiten Zeile. Wenn Sie ein Element der *Cells*-Auflistung durch die Angabe einer einzelnen Zahl auswählen, wird am Zeilenende jeweils weitergezählt. Jede Zeile des Arbeitsblatts enthält 256 Zellen, und daher ist die Zelle 257 die erste Zelle in der zweiten Zeile.

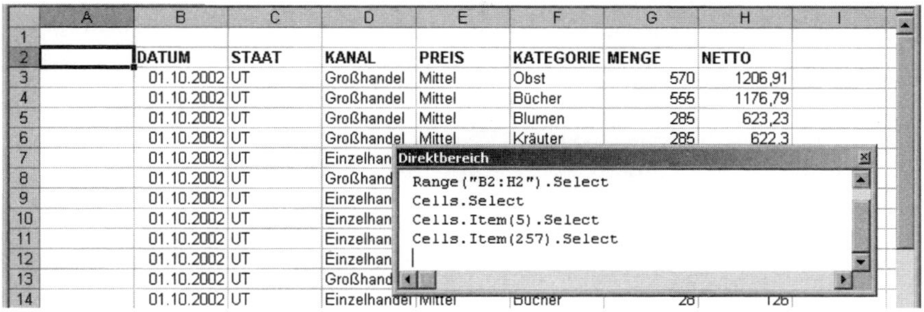

Abbildung 5.7
Die erste Zelle in der zweiten Zeile ist ausgewählt

5. Geben Sie **Cells.Item(3,2).Select** ein, und drücken Sie `Eingabe`.

   Nun ist Zelle B3 ausgewählt, die Zelle in der dritten Zeile und in der zweiten Spalte des Arbeitsblatts. Im Gegensatz zu anderen Auflistungen können Sie bei der *Cells*-Auflistung ein Element über die Zeilen- und Spaltenwerte bezeichnen.

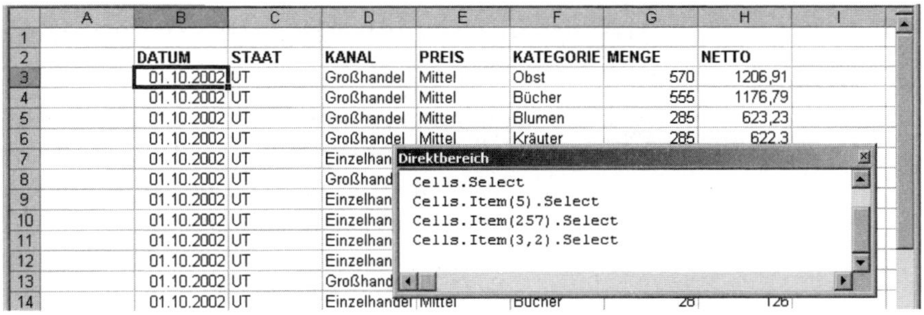

Abbildung 5.8
Die zweite Zelle in der dritten Zeile ist ausgewählt

6. Geben Sie **?Cells.Count** ein, und drücken Sie `Eingabe`.

   Die Zahl 16777216 wird im Direktfenster angezeigt. Ein Arbeitsblatt enthält 16.777.216 Zellen.

   Wenn Sie im Direktfenster ein Fragezeichen vor einem Ausdruck eingeben, wird der Wert dieses Ausdrucks angezeigt.

7. Geben Sie **Cells.Item(16777216).Select** ein, und drücken Sie `Eingabe`.

   Nun ist Zelle IV65535 ausgewählt, die sich in der rechten unteren Ecke des Arbeitsblatts befindet. Sie könnten diese Zelle auch wählen, indem Sie der *Cells*-Auflistung zwei Argumente übergeben – *Cells.Item(65535,255)* – oder die *Range*-Eigenschaft verwenden – *Range("IV65535")*.

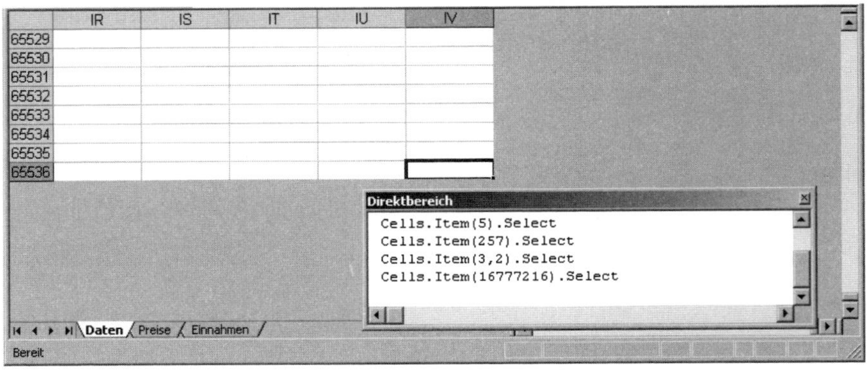

Abbildung 5.9
Die Zelle in der rechten unteren Ecke des Arbeitsblatts ist ausgewählt

8. Geben Sie **Cells(1).Select** ein, und drücken Sie [Eingabe]. Zelle A1 wird ausgewählt.

Wenn Sie die *Cells*-Eigenschaft verwenden, um eine Auflistung von Zellen abzufragen, können Sie wie bei anderen Auflistungen die *Item*-Methode weglassen und das Argument einfach hinter der *Cells*-Eigenschaft angeben. Der Ausdruck *Cells(1)* ist zu *Cells.Item(1)* und zu *Range("A1")* äquivalent. Sie können diese Ausdrücke wechselseitig verwenden.

Auf einen Bereich als Auflistung von Zeilen oder Spalten Bezug nehmen

Sie können sich den Arbeitsblattbereich nicht nur als eine Auflistung von Zellen vorstellen, sondern auch als eine Auflistung von Zeilen oder als eine Auflistung von Spalten. Analog zur Eigenschaft *Cells* gibt die Eigenschaft *Rows* eine Auflistung von Zeilen und die Eigenschaft *Columns* eine Auflistung von Spalten zurück. Diese Eigenschaften besitzen keine eigene Objektklasse, sie geben *Range*-Objekte zurück.

1. Im Objektkatalog sollte das Objekt *<Global>* in der Klassenliste ausgewählt sein. Klicken Sie in der Elementliste auf die *Columns*-Eigenschaft.

Die Beschreibung im unteren Abschnitt des Objektkatalogs zeigt an, dass diese Eigenschaft wie die Eigenschaften *Range* und *Cells* ein *Range*-Objekt zurückgibt.

2. Geben Sie im Direktfenster **Columns.Select** ein, und drücken Sie [Eingabe].

Damit werden wie mit der Anweisung *Cells.Select* alle Zellen des Arbeitsblatts ausgewählt. Der Unterschied zwischen den beiden Eigenschaften zeigt sich, wenn Sie über die *Item*-Eigenschaft auf ein einzelnes Element der Auflistung zugreifen.

3. Geben Sie **Columns(3).Select** ein, und drücken Sie [Eingabe]. Nun ist Spalte C ausgewählt, die dritte Spalte des Arbeitsblatts.

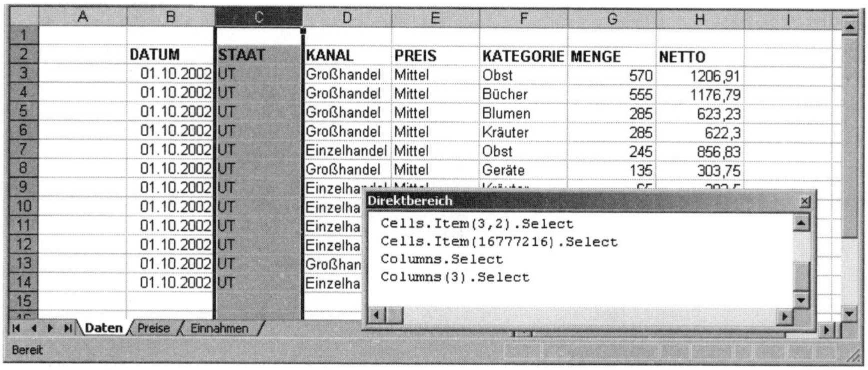

Abbildung 5.10
Die dritte Spalte ist ausgewählt

4. Geben Sie **Columns("D").Select** ein, und drücken Sie [Eingabe]. Spalte D ist ausgewählt. Wenn Sie eine Spalte durch den Buchstaben bezeichnen, übergeben Sie den *Namen* des Elements, der in Anführungszeichen stehen muss.

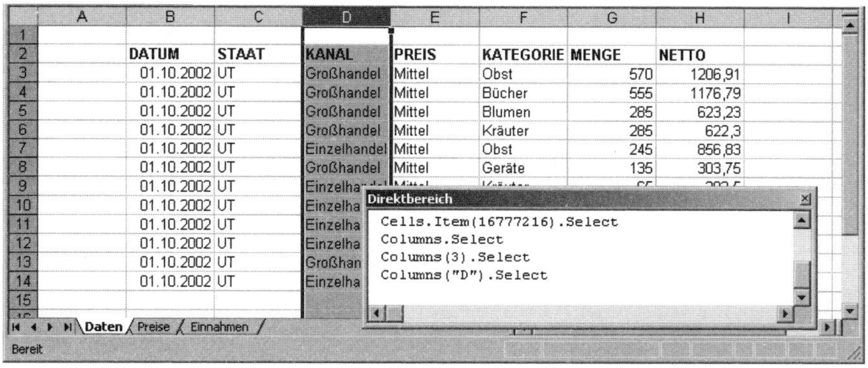

Abbildung 5.11
Die vierte Spalte wird über den Namen ausgewählt

5. Geben Sie **Columns("B:H").Select** ein, und drücken Sie [Eingabe].

   Nun ist der Spaltenbereich von B bis H ausgewählt. Ein Spaltenbereich innerhalb der Auflistung kann nur unter Verwendung der Spaltenbuchstaben angegeben werden.

6. Geben Sie **Rows(2).Select** ein, und drücken Sie [Eingabe].

   Zeile 2 ist ausgewählt. Bei Zeilen ist auch der Name des Elements eine Zahl. Die beiden Ausdrücke *Rows(2)* und *Rows("2")* sind daher gleichbedeutend.

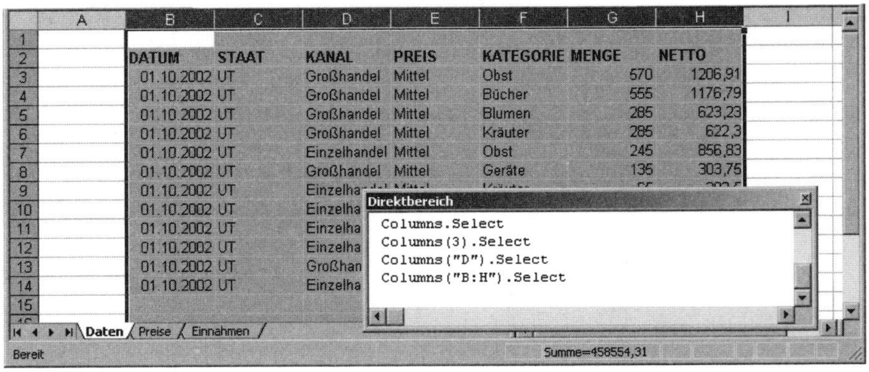

Abbildung 5.12 Der Spaltenbereich von Spalte B bis Spalte H ist ausgewählt

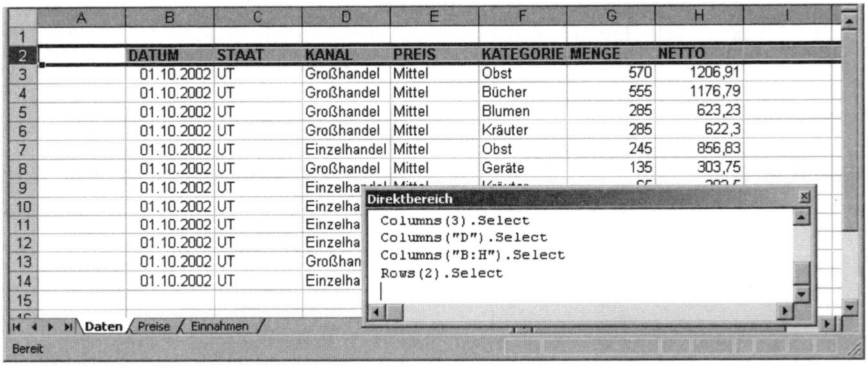

Abbildung 5.13 Zeile 2 ist ausgewählt

7. Geben Sie **Rows("3:14").Select** ein, und drücken Sie [Eingabe].

Nun ist ein Zeilenbereich ausgewählt. Ein Zeilenbereich innerhalb der Auflistung kann nur unter Verwendung der Zeilennummern als Name angegeben werden. Die Zeilennummern müssen also in Anführungszeichen gesetzt sein.

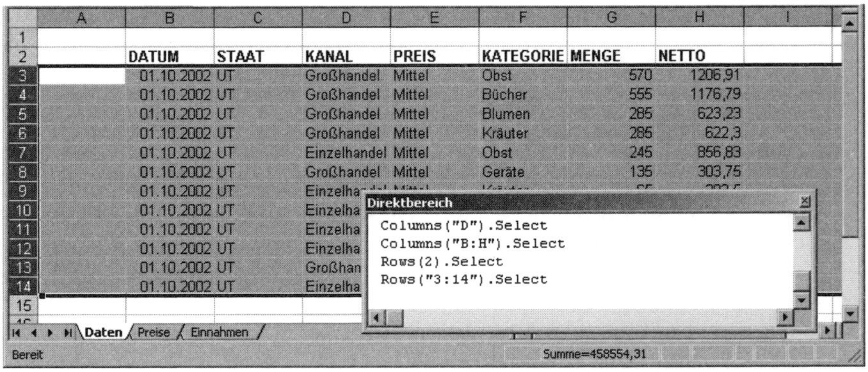

Abbildung 5.14 Der Zeilenbereich von Zeile 3 bis Zeile 5 ist ausgewählt

Zu den globalen Gruppen im Objektkatalog gehören drei Eigenschaften, die jeweils die Zellen eines Arbeitsblatts zurückgeben: *Cells*, *Columns* und *Rows*. Sie erhalten in jedem Fall einen Verweis auf ein *Range*-Objekt, doch die Eigenschaften geben dieses Objekt als eine Auflistung von Zellen, Spalten bzw. Zeilen zurück. Für *Cells*, *Columns* und *Rows* existieren keine Objektklassen. Es handelt sich hier einfach um verschiedene Möglichkeiten, ein *Range*-Objekt zu repräsentieren.

Basierend auf der aktuellen Auswahl auf einen Bereich Bezug nehmen

Bei der Erstellung eines Makros wollen Sie häufig auf einen Bereich Bezug nehmen, der in einem Zusammenhang mit der aktiven Zelle oder der aktuellen Auswahl steht. Die Makroaufzeichnung verwendet die *Selection*-Eigenschaft, um auf den ausgewählten Bereich zu verweisen, und die *ActiveCell*-Eigenschaft, um auf die aktive Zelle zu verweisen. Ein *Range*-Objekt besitzt Eigenschaften, mit denen sich die aktive Zelle oder Auswahl um nützliche Bereiche erweitern lässt.

1. Geben Sie im Direktfenster **Range("B2").Select** ein, und drücken Sie `Eingabe`. Nun ist die linke obere Zelle der Beispielliste ausgewählt.

2. Wählen Sie im Objektkatalog die *ActiveCell*-Eigenschaft, wobei in der Klassenliste die Gruppe *Global* ausgewählt sein sollte.

   Die Beschreibung im unteren Abschnitt des Objektkatalogs zeigt, dass diese Eigenschaft ein *Range*-Objekt zurückgibt.

3. Aktivieren Sie das Direktfenster. Klicken Sie im Menü *Bearbeiten* auf *Wort vervollständigen*. Klicken Sie in der Elementliste auf *ActiveCell*.

   Am Anfang einer Anweisung, ob in einem Makro oder im Direktfenster, zeigt die *AutoListe* alle Elemente der Gruppe *Global* an, wenn Sie den Befehl *Wort vervollständigen* verwenden.

Abbildung 5.15 Anweisungen können mit globalen Methoden und Eigenschaften beginnen

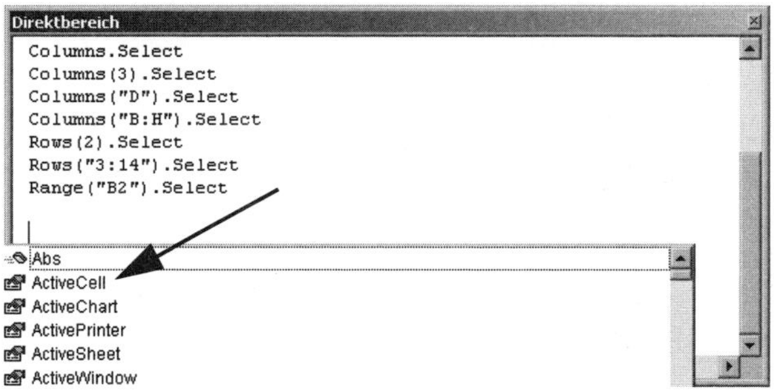

4. Geben Sie einen Punkt und dann **CurrentRegion.Select** ein, um die Anweisung *ActiveCell.CurrentRegion.Select* zu vervollständigen. Drücken Sie [Eingabe].

   Die gesamte Beispielliste ist ausgewählt. Die *CurrentRegion*-Eigenschaft wählt einen rechteckigen Bereich aus, der die ursprüngliche Zelle umfasst und entweder von leeren Zellen oder den Begrenzungen des Arbeitsblatts umgeben ist. Die Nützlichkeit der *CurrentRegion*-Eigenschaft ist nicht zu übersehen.

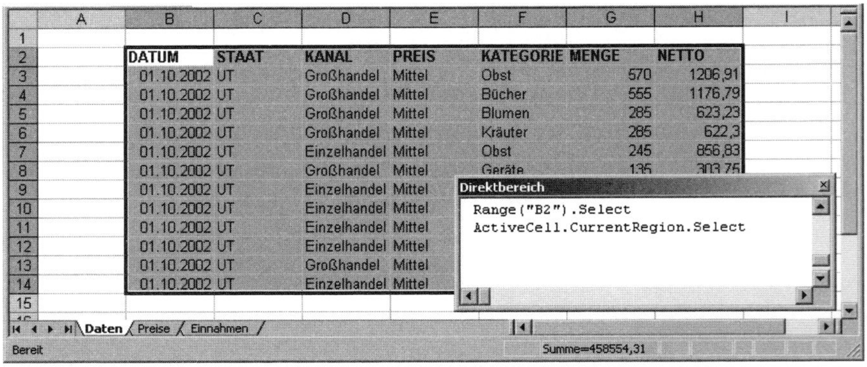

Abbildung 5.16
Die gesamte Liste ist ausgewählt

5. Geben Sie **ActiveCell.EntireColumn.Select** ein, und drücken Sie [Eingabe].

   Nun ist die gesamte Spalte B ausgewählt, da B2 die aktive Zelle ist. Da der Startbereich der aktiven Zelle und nicht der gesamten Auswahl entspricht, gibt die *EntireColumn*-Eigenschaft einen Bezug auf eine einzelne Spalte zurück.

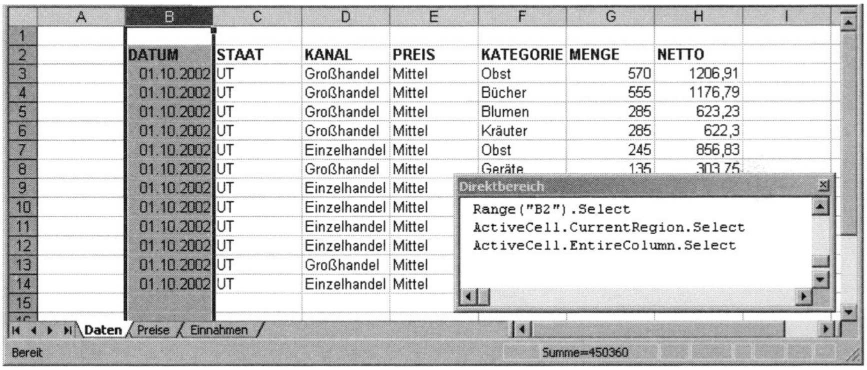

Abbildung 5.17
Die Spalte mit der aktiven Zelle ist ausgewählt

6. Vergewissern Sie sich, dass im Objektkatalog die Gruppe *Global* ausgewählt ist, und wählen Sie in der Elementliste die *Selection*-Eigenschaft. Die Beschreibung im unteren Abschnitt zeigt an, dass diese Eigenschaft

ein *Objekt*, nicht aber einen Bereich zurückgibt. Die *Selection*-Eigenschaft gibt nur dann ein *Range*-Objekt zurück, wenn Zellen ausgewählt sind. Sind allerdings Formen oder Teile eines Diagramms gewählt, dann gibt diese globale Eigenschaft einen anderen Objekttyp zurück. Da die *Selection*-Eigenschaft je nach Kontext verschiedene Objekttypen zurückgibt, wird keine AutoListe wie etwa bei der *ActiveCell*-Eigenschaft angezeigt.

Abbildung 5.18 Die Eigenschaft *Selection* gibt nicht immer ein *Range*-Objekt zurück

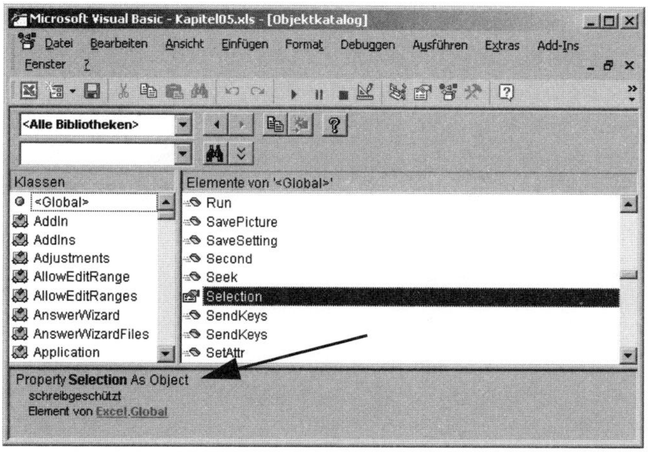

7. Geben Sie im Direktfenster **Selection.CurrentRegion.Select** ein, und drücken Sie `Eingabe`. Nun ist der Bereich B1:H14 ausgewählt, also die gesamte Beispielliste sowie die Zeile darüber. Wenn Sie die *CurrentRegion*-Eigenschaft bei einem Bereich einsetzen, der aus mehreren Zellen besteht (wie die ursprüngliche Auswahl in diesem Beispiel), dann wird der aktuelle Bereich ausgehend von der linken oberen Zelle der aktuellen Auswahl ausgewählt.

Abbildung 5.19 *CurrentRegion* wählt die gesamte Liste und die Zeile oberhalb aus

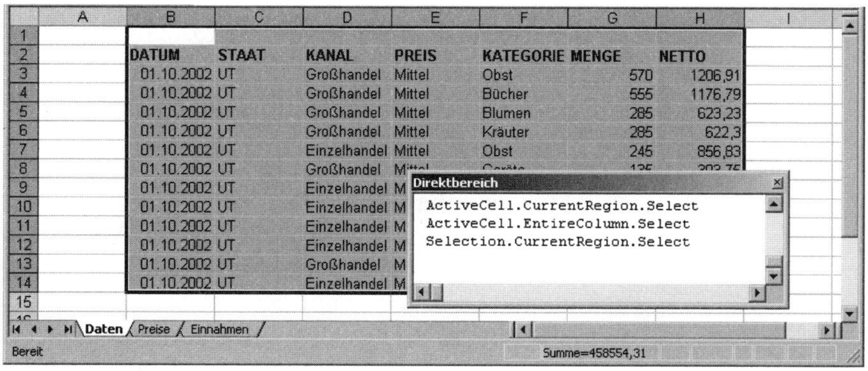

8. Geben Sie **Selection.EntireRow.Select** ein, und drücken Sie [Eingabe]. Nun sind die Zeilen 1 bis 14 ausgewählt. Da es sich beim Startbereich um einen Bereich aus mehreren Zellen handelt, gibt die *EntireRow*-Eigenschaft den Bereich zurück, der alle Zeilen dieses Bereichs erweitert.

9. Geben Sie **Range("B2").Activate** ein, und drücken Sie [Eingabe]. Da die angegebene Zelle innerhalb des ausgewählten Bereichs liegt, ändert diese Anweisung die Auswahl nicht, doch sie verschiebt die aktive Zelle an eine neue Position innerhalb des Bereichs. Aktivieren Sie eine Zelle, die nicht innerhalb der aktuellen Auswahl liegt, dann verhält sich die *Activate*-Methode wie *Select*.

Abbildung 5.20
Die aktive Zelle liegt innerhalb des ausgewählten Bereichs

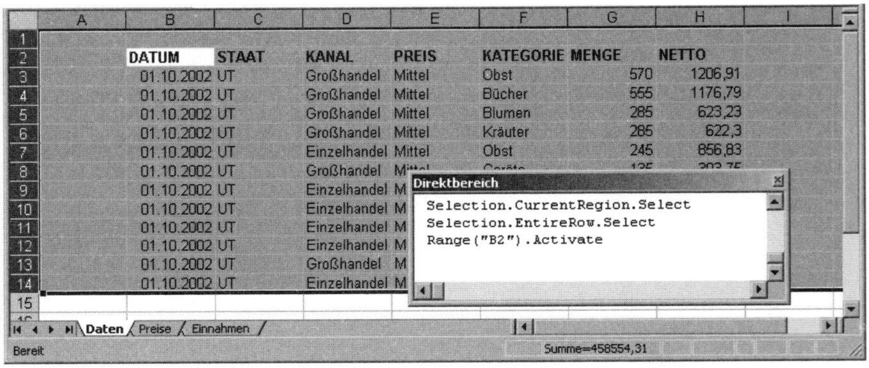

Die Eigenschaften *Selection* und *ActiveCell* sind als Ausgangspunkte zur Ableitung anderer Bereiche nützlich. Die *ActiveCell*-Eigenschaft gibt immer einen Bezug auf ein *Range*-Objekt zurück und daher wird eine AutoListe angezeigt, wenn Sie eine Anweisung eingeben. Die *Selection*-Eigenschaft gibt nur dann einen Bezug auf ein *Range*-Objekt zurück, wenn ein Bereich ausgewählt ist, und daher wird keine AutoListe angezeigt.

Auf einen relativen Bereich Bezug nehmen

Wenn Sie eine der Eigenschaften aus der Gruppe *Global* verwenden, die einen Bereich zurückgeben (*Range*, *Cells*, *Columns* oder *Rows*), dann erhalten Sie einen Bereich, der auf dem gesamten aktiven Arbeitsblatt basiert. Die gleichen Eigenschaften sind auch als Eigenschaften des *Range*-Objekts verfügbar. Am einfachsten arbeiten Sie mit diesen Eigenschaften, indem Sie eine Variable als *Range*-Objekt deklarieren. Dann zeigt die AutoListe die Methoden und Eigenschaften an, während Sie Anweisungen eingeben, sogar, wenn Sie mit einer Eigenschaft wie *Selection* beginnen, die eigentlich keine AutoListe anzeigt.

1. Klicken Sie im Visual Basic-Editor im Menü *Einfügen* auf *Modul*. Geben Sie **Sub BereichTesten** ein, und drücken Sie [Eingabe]. Visual Basic fügt Klammern und eine *End Sub*-Anweisung hinzu.

2. Geben Sie **Dim neuBereich As Range** ein, und drücken Sie zwei Mal [F8], um die Variable zu initialisieren.

3. Geben Sie im Direktfenster **Set neuBereich = Range("B2")** ein, und drücken Sie [Eingabe]. Geben Sie dann **neuBereich.Select** ein, und drücken Sie nochmals [Eingabe]. Damit wird die Zelle B2 ausgewählt und damit bestätigt, dass die Variable einen Bezug auf diese Zelle enthält.

4. Klicken Sie auf die Schaltfläche *Objektkatalog*. Wählen Sie in der Klassenliste die Klasse *Range* und in der Elementliste die Eigenschaft *Range*. Diese *Range*-Eigenschaft scheint der gleichnamigen Eigenschaft der Gruppe *Global* sehr zu gleichen. Sie bezieht sich allerdings auf einen Ausgangsbereich und nicht auf das gesamte Arbeitsblatt.

5. Geben Sie im Direktfenster **neuBereich.Range("A1:G1").Select** ein, und drücken Sie [Eingabe].

   Diese Anweisung wählt nicht den Bereich A1:G1 aus, sondern den Bereich B2:H2. Stellen Sie sich die Zelle B2 als linke obere Zelle eines imaginären Arbeitsblatts vor. Dann würde der Bereich A1:G1 dieses imaginären Arbeitsblatts dem Bereich B2:H2 des realen Arbeitsblatts entsprechen.

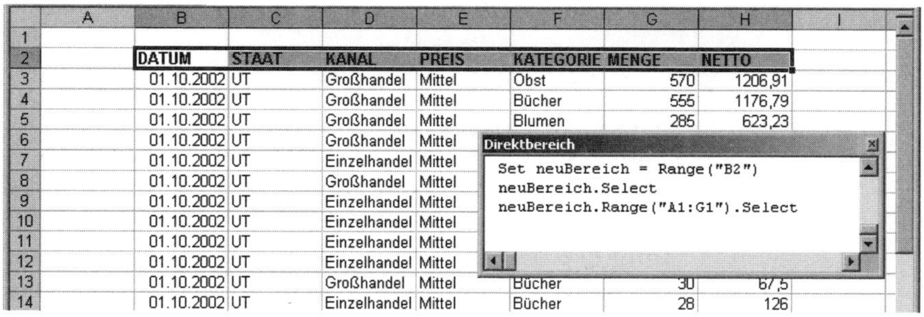

Abbildung 5.21 Die Auswahl liegt rechts von der aktiven Zelle

6. Geben Sie **Set neuBereich = Range("B2").CurrentRegion** ein, und drücken Sie [Eingabe]. Geben Sie dann **neuBereich.Select** ein, und drücken Sie nochmals [Eingabe]. Nun ist die gesamte Beispielliste ausgewählt und damit bestätigt, dass die Variable einen Bezug auf diesen Bereich enthält.

7. Geben Sie **neuBereich.Cells(2,6).Select** ein, und drücken Sie [Eingabe].

   Nun ist der erste Wert in der Spalte *MENGE* ausgewählt, also der Wert in der sechsten Spalte der zweiten Zeile der Liste.

8. Geben Sie **neuBereich.Rows(2).Select** ein, und drücken Sie [Eingabe].

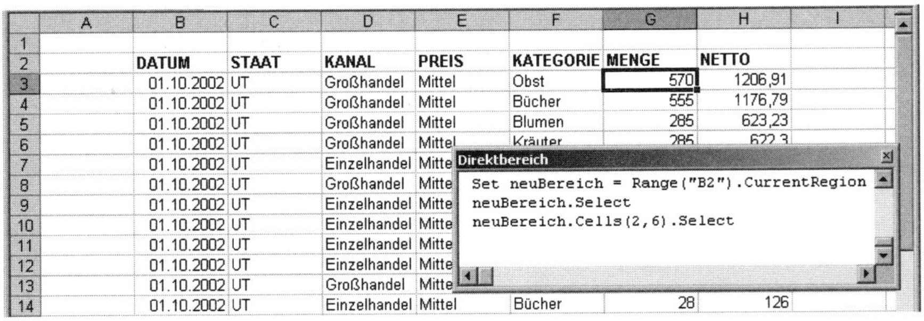

Abbildung 5.22
Der erste Wert der Spalte *MENGE* ist ausgewählt

Die zweite Zeile mit Werten aus der Liste ist ausgewählt, auch wenn sie im Arbeitsblatt in Zeile 3 enthalten sind. Eine einzelne Zeile aus der Auflistung, auf die die globale *Rows*-Eigenschaft Bezug nimmt, umfasst die gesamte Zeile des Arbeitsblatts; die *Rows*-Eigenschaft eines *Range*-Objekts dagegen umfasst nur Zellen innerhalb des Bereichs.

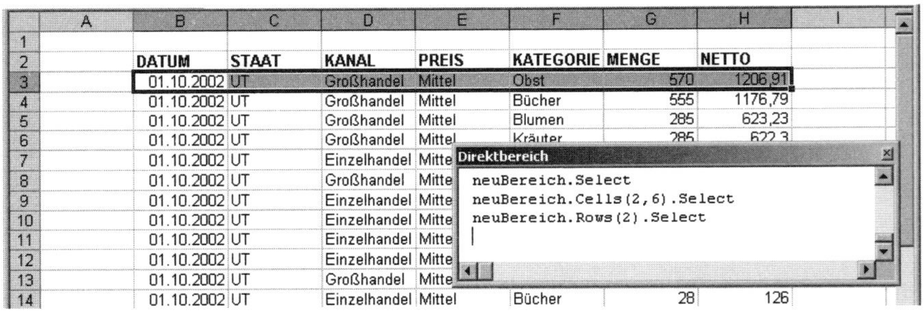

Abbildung 5.23
Die zweite Zeile der Liste ist ausgewählt

9. Geben Sie **neuBereich.Rows(neuBereich.Rows.Count).Select** ein, und drücken Sie [Eingabe].

   Nun ist die letzte Zeile der Liste ausgewählt. Da die *Rows*-Eigenschaft eine Auflistung zurückgibt, können Sie die *Count*-Eigenschaft zur Ermittlung der Anzahl der in der Auflistung enthaltenen Elemente einsetzen, die dann als Index der gesamten Auflistung dient.

10. Geben Sie **neuBereich.Rows(neuBereich.Rows.Count+1).Select** ein, und drücken Sie [Eingabe].

   Mit den Eigenschaften *Cells*, *Rows* und *Columns* eines *Range*-Objekts können Sie einen Index verwenden, der nicht innerhalb der Auflistung liegt. Dies ist eine leistungsfähige Möglichkeit, um einen passenden Bereich für die Eingabe von neuen Werten oder Formeln zu wählen.

   Wenn Sie die Eigenschaften *Range*, *Cells*, *Columns* oder *Rows* der Gruppe *Global* bzw. eine dieser Eigenschaften zusammen mit dem *Application*-Objekt oder einem *Worksheet*-Objekt verwenden, dann werden die Adressen relativ zur linken oberen Zelle des Arbeitsblatts interpretiert. Setzen

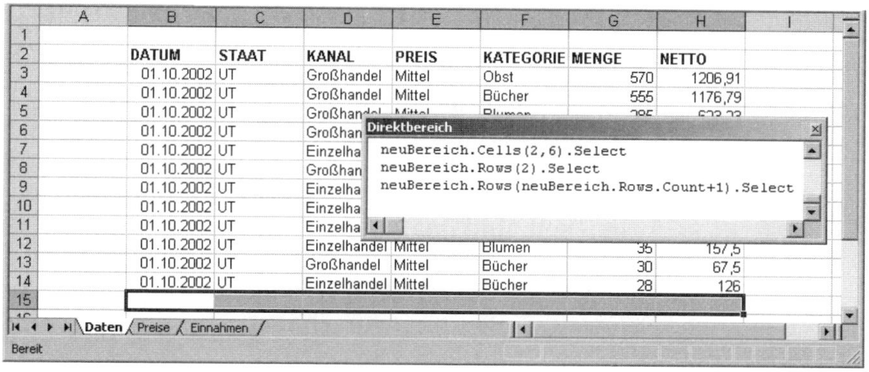

Abbildung 5.24 Die Zeile unterhalb der Liste ist ausgewählt

Sie dagegen eine dieser Eigenschaften mit einem *Range*-Objekt ein, dann sind Adressangaben relativ zur linken oberen Zelle des Bereichs, der durch das *Range*-Objekt repräsentiert wird.

Auf Bereiche innerhalb des aktuellen Bereichs Bezug nehmen

Excel besitzt andere Eigenschaften, die einen neuen Bereich basierend auf einem bestehenden Bereich berechnen können. Die *Offset*-Eigenschaft nimmt auf einen Bereich Bezug, der gegenüber einem Startbereich nach oben, unten, links oder rechts verschoben ist. Die *Resize*-Eigenschaft verweist auf einen Bereich, der gegenüber einem Startbereich eine andere Anzahl von Zeilen oder Spalten besitzt.

1. Wählen Sie im Objektkatalog in der Klassenliste *Range* und in der Elementliste die Eigenschaft *Offset* aus.

Die Beschreibung zeigt an, dass diese Eigenschaft zwei Argumente besitzt, die beide optional sind, und ein *Range*-Objekt zurückgibt.

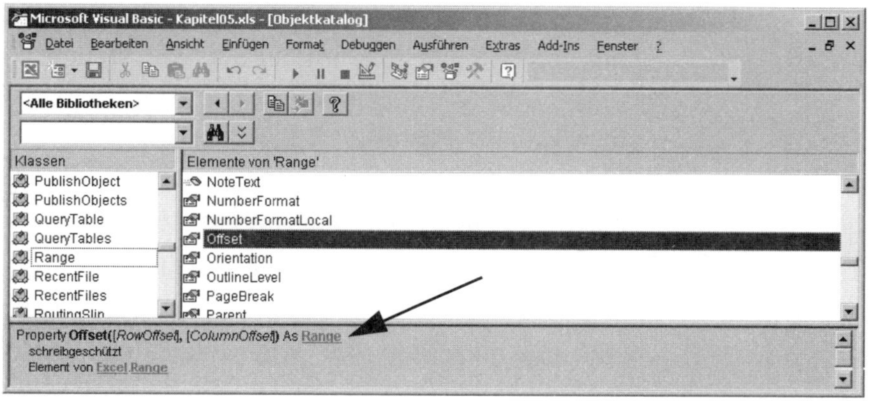

Abbildung 5.25 Die *Offset*-Eigenschaft gibt ein *Range*-Objekt zurück

2. Geben Sie im Direktfenster **neuBereich.Offset(1).Select** ein, und drücken Sie `Eingabe`.

   Es wird ein Bereich ausgewählt, der die gleiche Größe und Form wie der in der Variablen gespeicherte Bereich besitzt, jedoch um eine Zelle nach unten verschoben ist. Das erste Argument der *Offset*-Eigenschaft bezeichnet, um wie viele Zeilen der Bereich nach unten verschoben werden soll, und das zweite Argument gibt an, um wie viele Spalten der Bereich nach rechts verschoben werden soll. Wird ein Argument weggelassen, dann entspricht dies dem Wert 0, und der Bereich wird nicht in die jeweilige Richtung verschoben.

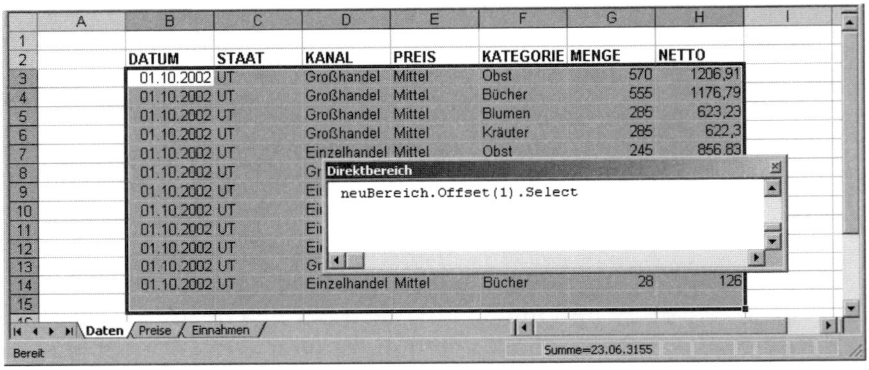

Abbildung 5.26 Der um eine Zeile nach unten verschobene Bereich wird gewählt

Um die *Offset*-Eigenschaft besser zu verstehen, stellen Sie sich vor, Sie stehen auf der linken oberen Zelle des anfänglichen Bereichs. Sehen Sie im Arbeitsblatt nach unten, und gehen Sie so viele Zellen vorwärts, wie im ersten Argument angegeben. Null Schritte bedeutet keine Bewegung. Negative Schritte führen nach hinten. Dann sehen Sie im Arbeitsblatt nach rechts und führen das Gleiche mit der Anzahl der Schritte aus, die im zweiten Argument angegeben ist. Daraus ergibt sich ein Bereich, der die gleiche Größe und Form wie der ursprüngliche Bereich besitzt, aber mit der Zelle beginnt, auf der Sie dann stehen.

3. Wählen Sie im Objektkatalog in der Klassenliste *Range* und in der Elementliste die Eigenschaft *Resize* aus.

   Die Beschreibung zeigt an, dass diese Eigenschaft zwei Argumente besitzt, die beide optional sind, und ein *Range*-Objekt zurückgibt.

4. Geben Sie im Direktfenster **neuBereich.Offset(1).Resize(5).Select** ein, und drücken Sie `Eingabe`.

   Nun sind die ersten fünf Datenzeilen ausgewählt. Die *Offset*-Eigenschaft verschiebt den Bereich nach unten, damit die Zeile mit den Überschriften nicht einbezogen wird. Die *Resize*-Funktion ändert die Größe des resultierenden Bereichs. Das erste Argument der *Resize*-Eigenschaft entspricht der Zeilenanzahl des resultierenden Bereichs, und das zweite Argument entspricht der Spaltenanzahl dieses Bereichs. Ein fehlendes Argument bedeutet, dass die Größe des ursprünglichen Bereichs in dieser Richtung beibehalten wird.

Abbildung 5.27 Die ersten fünf Datenzeilen werden ausgewählt

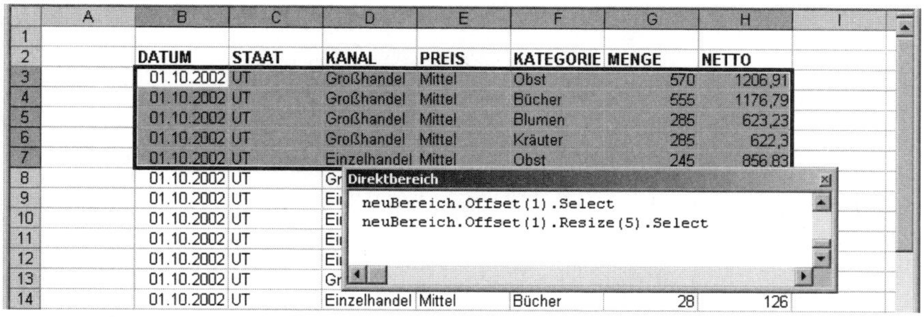

5. Geben Sie **neuBereich.Offset(1).Resize(neuBereich.Rows.Count-1).Select** ein, und drücken Sie [Eingabe].

Nun ist der Bereich B3:H14 ausgewählt, also die gesamte Liste bis auf die Zeile mit den Überschriften. Sie müssen häufig den Körper einer Liste unabhängig von der Überschrift bearbeiten.

Abbildung 5.28 Der gesamte Datenbereich ist ausgewählt

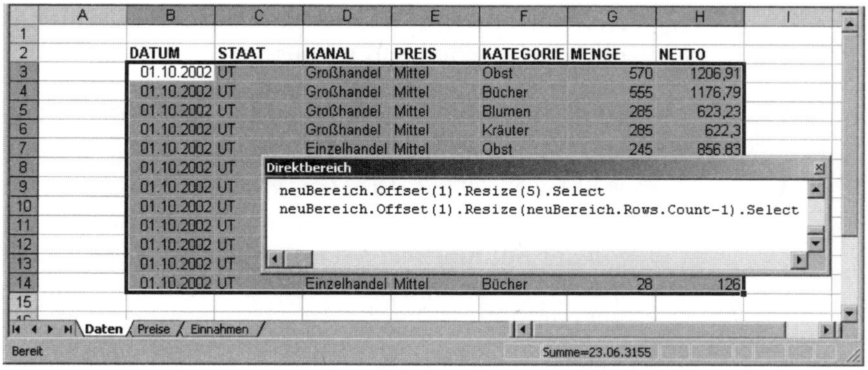

6. Geben Sie **neuBereich.Offset(1,5).Resize(1,2).Select** ein, und drücken Sie [Eingabe].

Der Bereich G3:H3 ist ausgewählt, der die Datenwerte in der ersten Zeile des Listenkörpers enthält.

Die vereinte Funktionalität der Eigenschaften *Offset* und *Resize* ist zur derjenigen der *OFFSET*-Funktion äquivalent, die in Arbeitsblättern verfügbar ist.

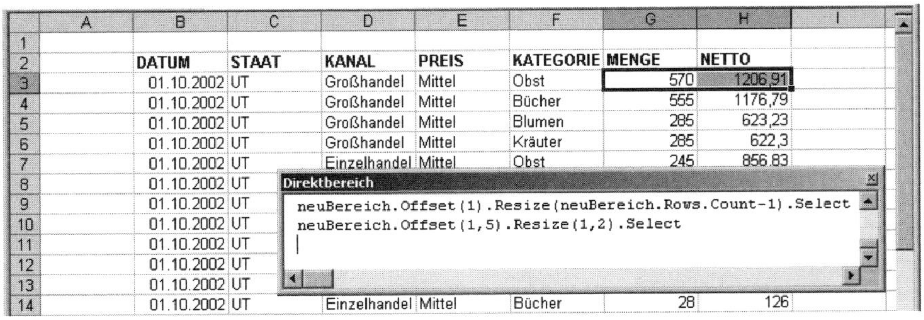

Abbildung 5.29 Der Bereich G3:H3 ist ausgewählt

7. Drücken Sie [F5], um das Makro zu beenden.

Die Eigenschaften *Offset* und *Resize* bieten Ihnen zusammen mit den Eigenschaften *EntireRow*, *EntireColumn* und *CurrentRegion* flexible Werkzeuge zur Berechnung neuer *Range*-Objekte, die auf einem Startbereich basieren. Oft ist die Arbeit mit einem Bereich am einfachsten, wenn mit der *CurrentRegion*-Eigenschaft zuerst ein Basisbereich aufgebaut wird und dann die Eigenschaften *Offset* und *Resize* zur Bearbeitung des Bereichs eingesetzt werden.

Einen Bereich formatieren

Die Formatierung trägt wesentlich zur Verwendbarkeit eines Arbeitsblatts bei. Beispielsweise können Rahmen einige Abschnitte eines Berichts hervorheben, und horizontale Trennlinien können die Lesbarkeit einer Liste erheblich verbessern.

Einen Rahmen zu einem Bereich hinzufügen

1. Klicken Sie im Visual Basic-Editor auf die Schaltfläche *Makro ausführen*. Wählen Sie *BereichTesten*, klicken Sie auf *Einzelschritt*, und drücken Sie [F8], um die Variable *neuBereich* zu initialisieren. Geben Sie im Direktfenster **Set neuBereich = Range("B2").CurrentRegion** ein, und drücken Sie [Eingabe], um der Variablen den Bereich zuzuweisen, der die Beispielliste enthält.

Falls das Makro *BereichTesten* bei Ihnen nicht vorhanden ist, dann lesen Sie die beiden ersten Schritte im Abschnitt *Auf einen relativen Bereich Bezug nehmen* weiter vorne in diesem Kapitel nach.

2. Klicken Sie auf die Schaltfläche *Objektkatalog*, und wählen Sie in der Klassenliste *Range* und in der Elementliste die Eigenschaft *Borders* aus. Die Beschreibung zeigt an, dass diese Eigenschaft ein *Borders*-Objekt zurückgibt.

3. Klicken Sie im Beschreibungsfeld auf das Wort *Borders*, um in der Klassenliste das *Borders*-Objekt auszuwählen. Wählen Sie in der Elementliste

die *LineStyle*-Eigenschaft. Diese Eigenschaft legt den Typ der Linie fest, die den Rahmen bilden wird.

Die Beschreibung zeigt an, dass diese Eigenschaft ein Objekt vom Typ Variant zurückgibt. Daher kann die AutoListe nicht eingeblendet werden, um mögliche Werte anzuzeigen. Allerdings können Sie den Objektkatalog einsetzen, um nach den passenden Werten für die Eigenschaft *LineStyle* zu suchen.

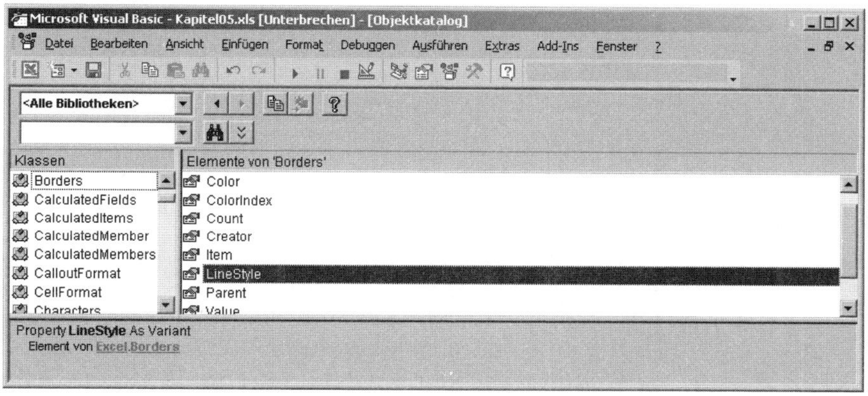

Abbildung 5.30 Die Beschreibung der *LineStyle*-Eigenschaft

4. Geben Sie **LineStyle** in das Suchfeld oberhalb der Klassenliste ein, und klicken Sie auf die Schaltfläche *Suchen*. Unter *Suchergebnisse* wählen Sie in der Klassenliste *xlLineStyle*. Die Elementliste zeigt alle möglichen Konstanten an, die Sie mit der *LineStyle*-Eigenschaft verwenden können.

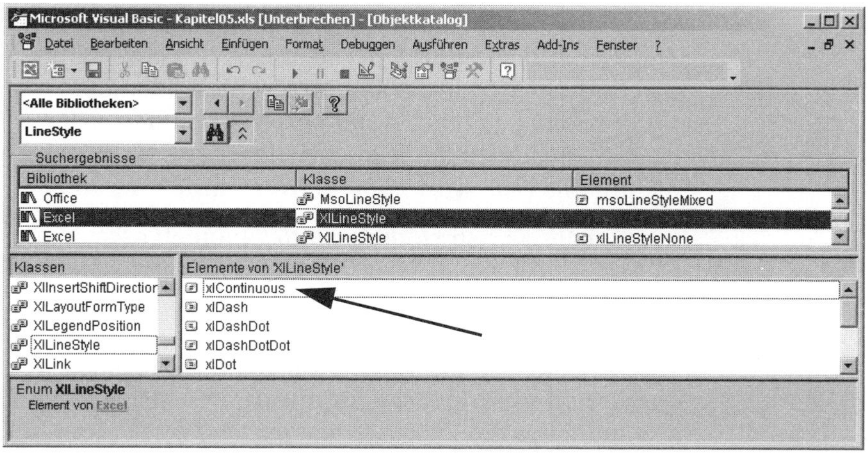

Abbildung 5.31 Eine Aufzählung listet die benannten Konstantenwerte auf

5. Geben Sie im Direktfenster **neuBereich.Borders.LineStyle = xlContinuous** ein, und drücken Sie [Eingabe].

Nun ist jede Zelle im Listenbereich mit einem durchgezogenen Rahmen versehen. Wenn Sie der *LineStyle*-Eigenschaft des *Borders*-Objekts einen Wert zuweisen, dann wirkt sich die Eigenschaft auf den Rahmen jeder Zelle im gesamten Bereich aus. Das *Borders*-Objekt ist eine Auflistung, und Sie können innerhalb dieser Auflistung bestimmte Rahmen wählen.

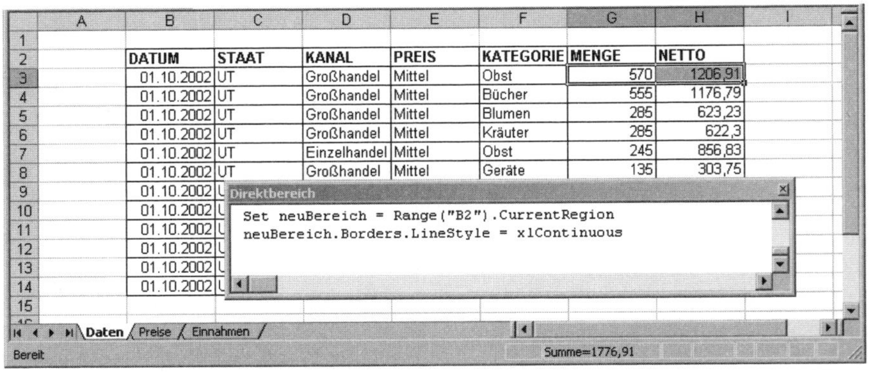

Abbildung 5.32
Alle Zellen im Listenbereich wurden mit einem Rahmen versehen

6. Klicken Sie im Objektkatalog auf die Schaltfläche *Suchergebnisse ausblenden*. Klicken Sie dann mehrmals auf die Schaltfläche *Zurück* (oberhalb der Schaltfläche *Suchen*), bis in der Klassenliste wieder *Borders* markiert ist. Wählen Sie in der Elementliste die *Item*-Eigenschaft aus. Die Beschreibung zeigt, dass Sie einen Wert aus der *xlBordersIndex*-Liste verwenden, um ein Element aus der *Borders*-Auflistung auszuwählen.

7. Klicken Sie im Beschreibungsfeld auf *xlBordersIndex*, um die verfügbaren Rahmentypen anzuzeigen.

Die mit *xlDiagonal* beginnenden Elemente sind diagonale Linien durch jede Zelle im Bereich. Die mit *xlEdge* beginnenden Elemente entsprechen Rahmen um den gesamten Bereich. Elemente, die mit *xlInside* beginnen, beziehen sich auf Rahmen zwischen den Zellen im Gitternetz. Wenn Sie alle horizontalen Rahmen innerhalb des Bereichs ändern wollen, könnten Sie den Wert *xlInsideHorizontal* verwenden.

Bei der Klasse *xlBordersIndex* handelt es sich nicht wirklich um eine Klasse, und so etwas wie ein *xlBordersIndex*-Objekt existiert nicht. Wir haben es hier mit einer *Aufzählungsliste* zu tun. Eine Aufzählungsliste wird verwendet, wenn eine Eigenschaft oder ein Argument nur bestimmte Werte akzeptieren kann. Wird eine Aufzählungsliste verwendet, dann kann jeder dieser Werte benannt werden, beispielsweise *xlInsideHorizontal*. Damit kann die Liste der benannten Werte dann in der AutoListe angezeigt werden, wenn Sie eine Anweisung eingeben. Die Aufzählungslisten sind zwar in die Klassenliste integriert, jedoch mit einem besonderen Symbol gekennzeichnet.

8 Geben Sie im Direktfenster **neuBereich.Borders(xlInsideHorizontal). LineStyle = xlDouble** ein, und drücken Sie [Eingabe]. Nun werden die horizontalen Linien innerhalb des Bereichs als Doppellinien dargestellt.

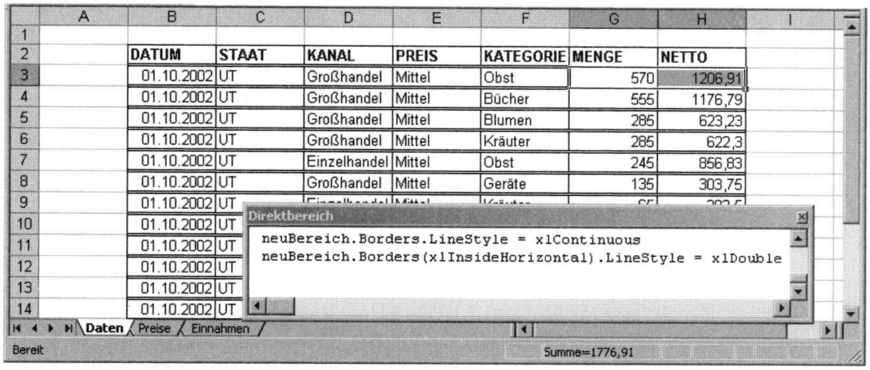

Abbildung 5.33 Die horizontalen Linien werden nun als Doppellinien dargestellt

Wenn Sie alle Kanten des Rahmens um einen Bereich ändern wollen, können Sie die *Borders*-Auflistung vier Mal verwenden, je einmal für jede Kante des Bereichs. Um dies zu vereinfachen, besitzt ein *Range*-Objekt eine Methode, die alle vier Kanten zusammen ändert.

9 Wählen Sie im Objektkatalog in der Klassenliste das *Range*-Objekt und in der Elementliste *BorderAround*.

Die Beschreibung zeigt an, dass die Methode vier Argumente übernimmt, die alle optional sind. Der Bereich ist schon mit einem durchgezogenen Rahmen versehen, und daher müssen Sie nur dessen Stärke ändern, um den Rahmen hervorzuheben.

10 Geben Sie im Direktfenster **neuBereich.BorderAround Weight:=xlThick** ein, und drücken Sie [Eingabe]. Nun ist der Bereich mit einer dicken Rahmenlinie umgeben.

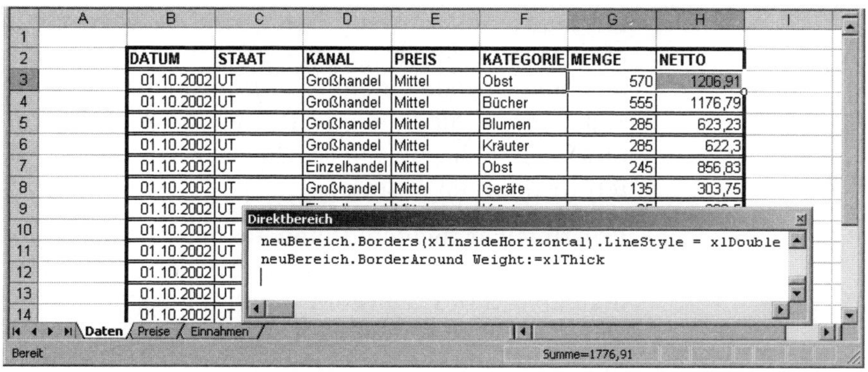

Abbildung 5.34 Der Bereich ist von einer dicken Linie eingerahmt

Rahmen können Abschnitte eines Berichts hervorheben. Mithilfe der *Borders*-Auflistung ändern Sie alle Rahmenlinien zugleich oder wählen einen bestimmten Rahmentyp zur Bearbeitung aus. Die *BorderAround*-Methode verwenden Sie, wenn Sie den Kanten eines aus mehreren Zellen bestehenden Bereichs eine Rahmenlinie zuweisen wollen.

Um alle Rahmenlinien aus dem Bereich zu entfernen, der der Variablen *neuBereich* zugewiesen ist, verwenden Sie die Anweisung *neuBereich.Borders.LineStyle = xlNone*.

Abschnitte eines Bereichs formatieren

Um die Lesbarkeit einer Liste zu verbessern, können Sie verschiedenen Bereichen innerhalb der Liste unterschiedliche Farben zuweisen. Beispielsweise könnten Sie den Hintergrund der Liste in ein helles Grau ändern und jeder dritten Zeile ein mittleres Grau zuweisen. Sie könnten auch der Überschriftenzeile ein anderes Format zuweisen, etwa einen dunkelgrauen Hintergrund mit hellgrauem Text.

Falls Sie das Makro *BereichTesten* nicht gerade im Einzelschrittmodus ausführen, wobei der die Zelle B2 umgebende Bereich der Variablen *neuBereich* zugewiesen ist, führen Sie den ersten Schritt des vorherigen Abschnitts aus.

1. Wählen Sie im Objektkatalog die Klasse *Range* und in der Elementliste die *Interior*-Eigenschaft.

   Wie die *Borders*-Eigenschaft ein Objekt zurückgibt, das die Formatierung der Rahmen eines Bereichs steuert, so gibt die *Interior*-Eigenschaft ein Objekt zurück, mit dessen Hilfe Sie das Innere eines Bereichs formatieren können.

2. Klicken Sie im Beschreibungsfeld auf das Wort *Interior*, um in der Klassenliste zum *Interior*-Objekt zu wechseln.

   Die Eigenschaftenliste enthält zwei Eigenschaften, die die Innenfarbe eines Bereichs ändern, die Eigenschaften *Color* und *ColorIndex*. Sie sollten immer die *ColorIndex*-Eigenschaft verwenden, um einem Bereich eine Farbe zuzuweisen. Diese Eigenschaft spezifiziert eine der 56 Farben aus dem Dropdownfeld *Füllfarbe*. Jeder Farbe ist willkürlich eine Zahl zugewiesen, die in keiner Beziehung zur Position der Farbe im Dropdownfeld steht. Beispielsweise ist *15* der Index von *Grau-25%* (dem hellsten Grau in der Palette).

   Prinzipiell ermöglicht Ihnen die *Color*-Eigenschaft, dem Bereichsinneren über 16 Millionen Farben zuzuweisen. In der Praxis sucht Excel nach dem *ColorIndex*, der dem von Ihnen zugewiesenen Wert der *Color*-Eigenschaft am Nächsten liegt. Im folgenden Abschnitt erfahren Sie, wie Sie die Farbe eines Bereichs in eine beliebige Farbe ändern.

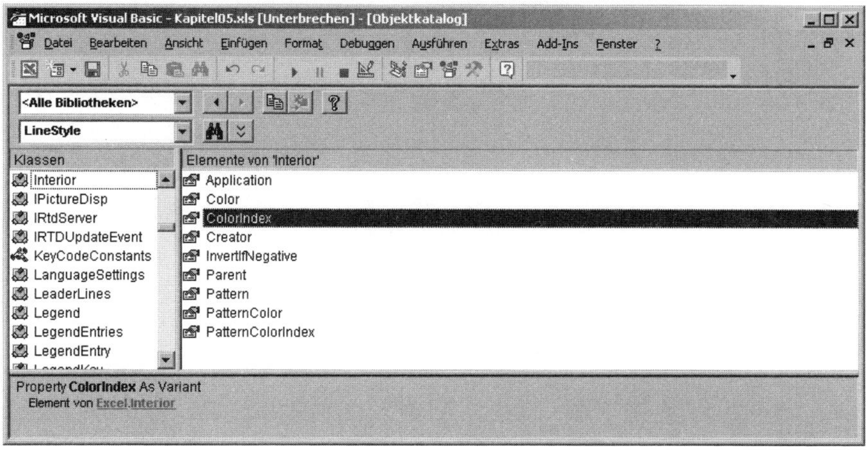

Abbildung 5.35 Die Beschreibung der *ColorIndex*-Eigenschaft

Die Eigenschaften *ColorIndex* und *Color* des *Interior*-Objekts entsprechen weitgehend den Eigenschaften *SchemeColor* und *RGB* des *Fill*-Objekts eines *Shape*-Objekts. Allerdings können Sie mithilfe der *RGB*-Eigenschaft einem Objekt jede beliebige Farbe zuweisen. Das *Fill*-Objekt und die *RGB*-Eigenschaft können nur auf Formen, nicht aber auf Bereiche angewendet werden.

3. Geben Sie im Direktfenster **neuBereich.Interior.ColorIndex = 15** ein, und drücken Sie [Eingabe], um den Hintergrund der gesamten Beispielliste in Hellgrau zu ändern.

Es ist einfacher, jede dritte Zeile in einem dunkleren Grau darzustellen, wenn Sie einer Variablen einen einfachen Zähler zuweisen. Zuerst weisen Sie der Variablen den Wert 3 zu und addieren dann für jede neue Zeile, die formatiert werden soll, nochmals 3. Der *ColorIndex*-Wert für *Grau-40%* (das zweithellste verfügbare Grau) lautet *48*.

4. Geben Sie im Direktfenster **neuZeile = 3** ein, und drücken Sie [Eingabe]. Geben Sie dann **neuBereich.Rows(neuZeile).Interior.ColorIndex = 48** ein, und drücken Sie nochmals [Eingabe]. Damit wird das Innere des Bereichs in der dritten Zeile der Liste dunkler dargestellt.

5. Geben Sie **neuZeile = neuZeile + 3** ein, und drücken Sie [Eingabe]. Klicken Sie dann in die Anweisung, die Dunkelgrau zuweist, und drücken Sie zwei Mal [Eingabe]: das erste Mal, um die sechste Zeile dunkler darzustellen, und das zweite Mal, um den Zähler um 3 zu erhöhen. Führen Sie die beiden Anweisungen noch zwei Mal aus, um auch die neunte und zwölfte Zeile der Liste zu ändern.

Abbildung 5.36
Die dritte Zeile wird in Dunkelgrau hervorgehoben

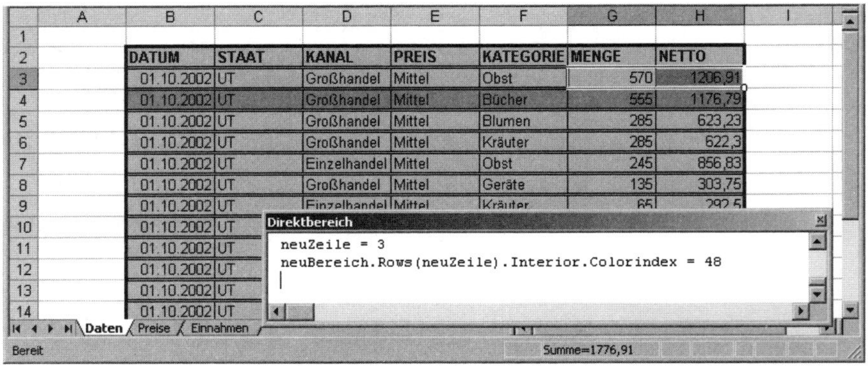

Abbildung 5.37
Jede dritte Zeile wird in Dunkelgrau hervorgehoben

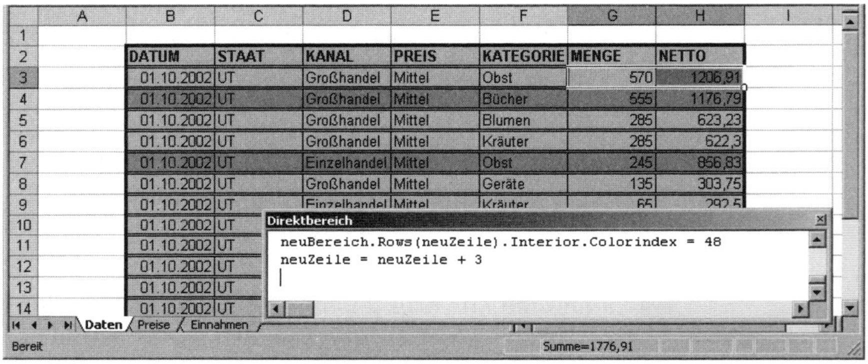

6. Geben Sie **Set neuBereich = neuBereich.Rows(1)** ein, und drücken Sie [Eingabe]. Nun verweist die Bereichsvariable nur noch auf die ersten beiden Zeilen der Liste. Sie können das Innere dieses Bereichs nun in Dunkelgrau ändern. Der *ColorIndex*-Wert von *Grau-80%* ist *56*.

7. Geben Sie **neuBereich.Interior.ColorIndex = 56** ein, und drücken Sie [Eingabe]. Nun wird die erste Zeile dunkler dargestellt, doch der Text ist nicht mehr lesbar. Sie können die Schriftfarbe der ersten Zeile in Hellgrau ändern.

8. Geben Sie **neuBereich.Font.ColorIndex = 15** ein, und drücken Sie [Eingabe].

9. Drücken Sie [F5], um das Makro vollständig auszuführen.

Mit Farben lässt sich die Lesbarkeit eines Berichts erheblich verbessern. Um die Farben der Zellen eines Bereichs zu ändern, verwenden Sie die *Interior*-Eigenschaft des Bereichs. Sie ändern die Farbe der Schrift mithilfe der *Font*-Eigenschaft des Bereichs. In jedem Fall ändern Sie die Farbe durch die Zuweisung einer Zahl an die *ColorIndex*-Eigenschaft.

Abbildung 5.38
Die erste Zeile besitzt nun einen hellgrauen Text auf einem dunkelgrauen Hintergrund

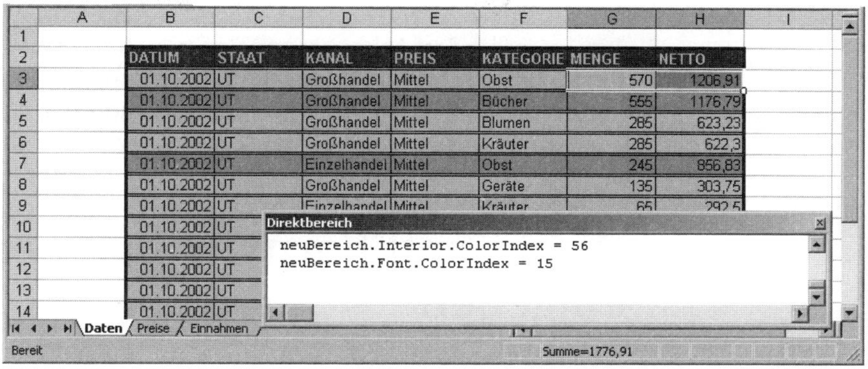

Sie erhalten den *ColorIndex*-Wert einer Farbe der Palette, indem Sie ein Makro aufzeichnen und dabei das Feld *Füllfarben* verwenden, um die Farbe einer Zelle zu ändern.

Die in einer Arbeitsmappe verfügbaren Farben ändern

Gelegentlich werden Ihnen die 56 Standardfarben der Arbeitsmappenpalette nicht ausreichen. Beispielsweise ist das Grau des Inneren der formatierten Liste im vorhergehenden Abschnitt so dunkel, dass der Text fast nicht mehr lesbar ist. Leider wurden die hellsten Grauvarianten verwendet, die in der Standardpalette verfügbar sind. Doch Sie können die Farben der Palette in beliebige Farben ändern. Sie weisen dem entsprechenden Element der *Colors*-Auflistung des Arbeitsmappenobjekts einfach einen neuen Wert zu. Die *RGB*-Funktion erleichtert es, eine Farbe durch Angabe der roten, grünen und blauen Komponente zu erstellen. Jede Farbkomponente besteht aus einem Wert zwischen 0 und 255. Sind die drei Komponenten identisch, dann ergibt dies eine Grauschattierung.

1. Geben Sie im Direktfenster **ActiveWorkbook.Colors(15) = RGB(220, 220, 220)** ein, und drücken Sie [Eingabe]. Damit wird das Hellgrau von 25% der Standardfarbpalette auf etwa 15% aufgehellt.
2. Geben Sie **ActiveWorkbook.Colors(48) = RGB(180, 180, 180)** ein, und drücken Sie [Eingabe]. Damit wird das Mittelgrau von 40% der Standardfarbpalette auf etwa 30% aufgehellt.
3. Geben Sie **ActiveWorkbook.Colors(56) = RGB(100, 100, 100)** ein, und drücken Sie [Eingabe]. Damit wird das Dunkelgrau von 80% der Standardfarbpalette auf etwa 60% aufgehellt.
4. Geben Sie **ActiveWorkbook.ResetColors** ein, und drücken Sie [Eingabe]. Diese Anweisung stellt die ursprünglichen Werte der Palettenfarben wieder her.
5. Ziehen Sie ein helleres Grau vor, dann führen Sie diejenigen Anweisungen erneut aus, die die Farbpalette der Arbeitsmappe ändern.

Die Farbpalette wird auf die gesamte Arbeitsmappe angewendet und zusammen mit der Arbeitsmappe gespeichert. Durch eine Änderung der Farbpalette können Sie komfortabel steuern, welche Farben in einer Arbeitsmappe zulässig sind. Sie können gedeckte Farben verwenden, um die Lesbarkeit zu verbessern, und vermeiden dadurch extreme Farbwechsel, die ablenkend wirken.

Werte und Formeln in einen Bereich eingeben

Sie verwenden Makros nicht nur zum Formatieren von Bereichen, sondern auch, um Werte und Formeln in Zellen einzutragen und um Werte aus Zellen abzurufen. Dazu müssen Sie zunächst verstehen, wie Verweise in Excel-Formeln verwendet werden, und danach werden Sie Formeln in Makros erstellen. In diesem Buch und in der Dokumentation und der Oberfläche von Visual Basic für Applikationen werden die Begriffe Bezug, Verweis und Referenz häufig synonym verwendet.

Relative Verweise

Die meisten Formeln führen arithmetische Operationen mit Werten aus, die aus anderen Zellen abgefragt werden. Excel-Formeln verwenden für die Abfrage Zellverweise. Gehen wir beispielsweise von einer Liste mit Einzelhandels- und Großhandelspreisen aus (siehe Abbildung 5.39).

Abbildung 5.39 Das Arbeitsblatt *Preise*, ohne die Formeln zur Berechnung der Gewinnspanne

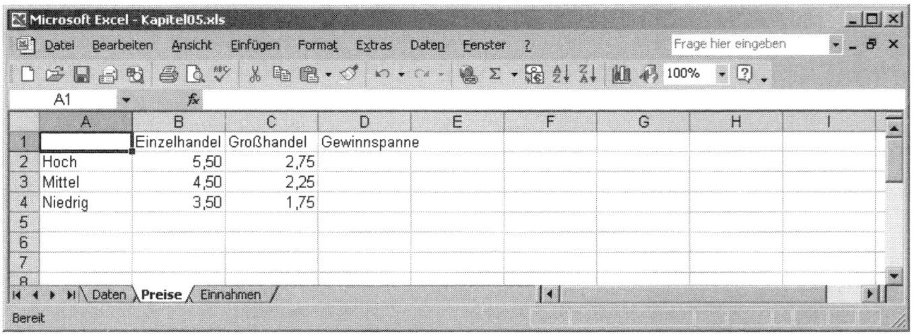

Nehmen wir an, Sie möchten eine Spalte zu dieser Liste hinzufügen, welche die *Gewinnspanne* für jeden Eintrag berechnet, also die Differenz zwischen Einzelhandelspreisen und Großhandelspreisen. Sie tragen die Beschriftung **Gewinnspanne** in die Zelle D1 ein und die erste Formel in die Zelle D2. Die Formel soll den ersten Großhandelspreis (Zelle C2) vom ersten Einzelhandelspreis (Zelle B2) subtrahieren. Also geben Sie **=B2-C2** in Zelle D2 ein.

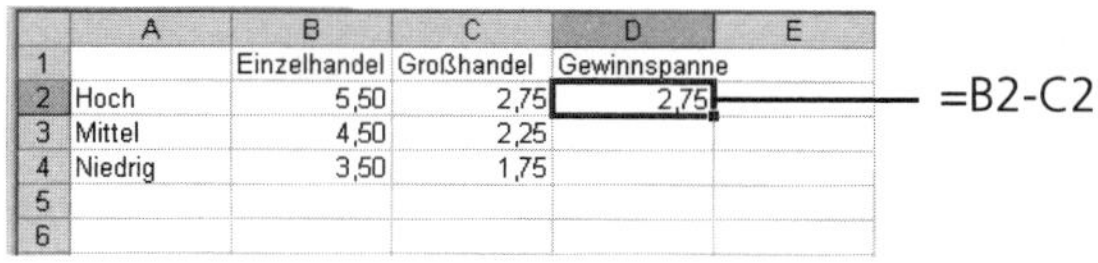

Abbildung 5.40
Die Gewinnspanne wird in Zelle D2 angezeigt

Die Gewinnspanne beträgt 2,75 DM für jeden Eintrag der Gruppe *Hoch* (siehe Abbildung 5.40). Nun werden Sie die Formel in die beiden anderen Zeilen kopieren. Beachten Sie, dass sich die Formel in Zelle D2 explizit auf die Zellen C2 und B2 bezieht. Wenn Sie die Formel in die Zelle D3 kopieren, soll sie angepasst werden, damit der Verweis auf C3 und B3 stimmt. Glücklicherweise passt Excel beim Kopieren die Bezüge an, da Bezüge voreingestellt relativ zur Zelle sind, welche die Formel enthält. (Im Arbeitsblatt *Preise* der Übungsdatei sind diese Formeln bereits enthalten.)

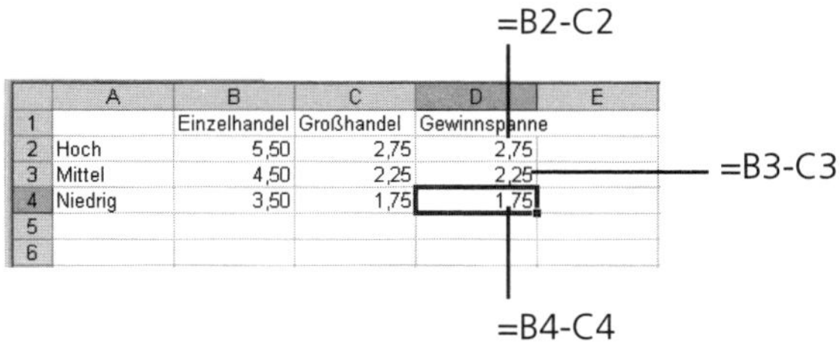

Abbildung 5.41
Die Formeln zur Berechnung der Gewinnspannen in Spalte D

Der Verweis =C2 in Zelle D2 bedeutet „eine Zelle links von mir". Wenn Sie diese Formel in die Zelle D3 kopieren, verweist die Formel immer noch auf „eine Zelle links von mir", doch nun wird dies durch den Verweis =C3 repräsentiert.

Absolute Verweise

Manchmal möchten Sie keine relativen Verweise verwenden. Stellen Sie sich beispielsweise ein Arbeitsblatt vor, das in Spalte A verschiedene Mengen und in der zweiten Zeile Preise enthält (siehe Abbildung 5.42).

Nehmen wir an, Sie möchten Formeln eingeben, die den Erlös für jede Preis-Mengen-Kombination berechnen. Zur Berechnung des Erlöses der ersten Gruppe (Zelle B3) müssen Sie den ersten Preis (Zelle B2) mit der ersten Menge (Zelle A3) multiplizieren. Geben Sie **=B2*A3** in Zelle B3 ein. Sie erhalten damit das richtige Ergebnis (DM 50) (siehe Abbildung 5.43).

Wenn Sie diese Formel jetzt in die Zelle B4 kopieren, erhalten Sie jedoch das seltsame Ergebnis DM 1000, weil die Formel mit relativen Zellverweisen kopiert wird. Mit dieser Version der Formel verweisen die Formelbezüge nicht auf die Zellen B2 und A3, sondern auf „eine Zelle über

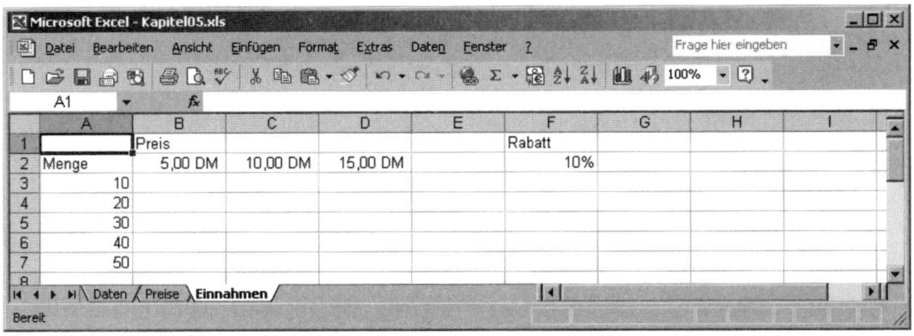

Abbildung 5.42 Das Arbeitsblatt *Einnahmen*

mir“ und „eine Zelle links von mir“. Wenn Sie die Formel in Zelle B4 kopieren, bezieht sich „eine Zelle über mir“ daher auf die Zelle B3 und nicht auf B2.

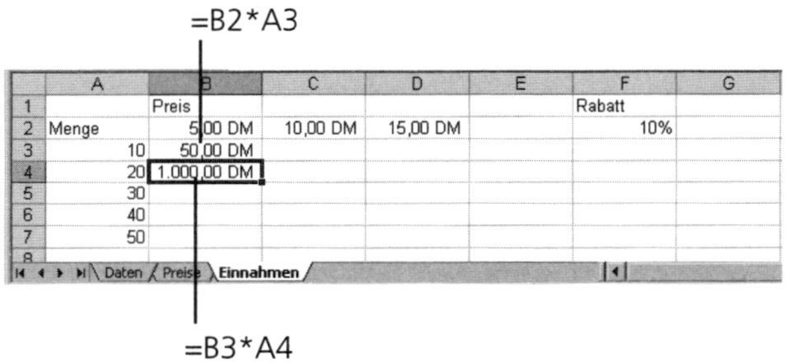

Abbildung 5.43 Die Berechnung des Erlöses in Zelle B3

Sie möchten zwar, dass die Preise aus den verschiedenen Spalten und die Mengen aus den verschiedenen Zeilen gelesen und berechnet werden, doch der Preis soll immer aus der Zeile 2 und die Menge immer aus der Spalte A übernommen werden. Die Lösung besteht darin, ein Dollarzeichen ($) vor die *2* im ersten Preisbezug (B$2) und vor das *A* im ersten Mengenbezug ($A3) zu setzen. Geben Sie folgende Formel in Zelle B3 ein: **=B$2*$A3**. Das Dollarzeichen „verankert“ den jeweiligen Teil der Formel und definiert den Verweis als absolut. Wenn Sie nun die Formel in den Bereich B4:D7 kopieren, erhalten Sie die richtige Antwort (siehe Abbildung 5.44).

Der relative Teil der Formel ändert sich zu der Zeile und der Spalte, in der die Zelle mit der Formel steht. Der absolute Teil bleibt unverändert.

Wenn Sie die Formel modifizieren möchten, damit auch der Rabatt aus Zelle F2 einbezogen wird, definieren Sie sowohl die Zeile als auch die Spalte des Rabattbezugs als absolut. Die korrekte Formel lautet **=B$2*$A3*(1-$F$2)**. (Im Arbeitsblatt *Einnahmen* der Übungsdatei sind diese Formeln bereits enthalten.)

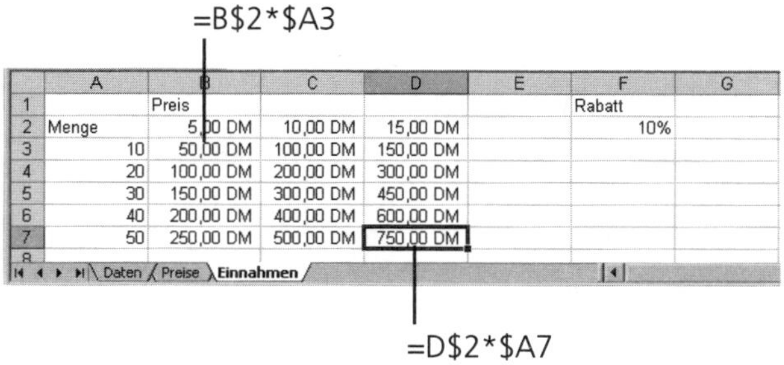

	A	B	C	D	E	F	G
1		Preis				Rabatt	
2	Menge	5,00 DM	10,00 DM	15,00 DM		10%	
3	10	50,00 DM	100,00 DM	150,00 DM			
4	20	100,00 DM	200,00 DM	300,00 DM			
5	30	150,00 DM	300,00 DM	450,00 DM			
6	40	200,00 DM	400,00 DM	600,00 DM			
7	50	250,00 DM	500,00 DM	750,00 DM			

Abbildung 5.44 Das Arbeitsblatt zeigt alle Erlöse an

Z1S1-Bezugsart

Per Voreinstellung zeigt Excel Buchstaben als Spaltenüberschriften und Zahlen als Zeilenüberschriften an, und die linke obere Zelle im Arbeitsblatt ist die Zelle A1. Ein Verweis auf Zellen mit Buchstaben und Zahlen wird A1-Bezugsart genannt. Allerdings sagen Zellverweise in der A1-Bezugsart nicht wirklich aus, was sie bedeuten. Beispielsweise sagt der Verweis =B3 „Zelle B3" aus, doch die Bedeutung lautet „zwei Zellen links von mir". Sie kennen die Bedeutung des Verweises erst, wenn Sie wissen, welche Zelle den Verweis enthält.

Excel bietet eine alternative Notation, die sowohl für Zeilen- als auch Spaltenüberschriften Zahlen verwendet. In dieser Notation verweisen Sie auf eine Zelle, indem Sie den Buchstaben Z sowie die Zeilennummer und den Buchstaben S sowie die Spaltennummer verwenden. Die linke obere Zelle im Arbeitsblatt ist daher Z1S1. Diese Art des Verweises auf Zellen wird Z1S1-Bezugsart genannt. In der Z1S1-Bezugsart sagen Zellverweise tatsächlich aus, was sie bedeuten.

Sie wählen die Z1S1-Bezugsart, indem Sie im Menü *Extras* auf *Optionen* und dann auf das Register *Allgemein* klicken. Markieren Sie die Option *Z1S1-Bezugsart*, und klicken Sie auf *OK*. (Um die Z1S1-Bezugsart zu deaktivieren, entfernen Sie das Häkchen wieder.) Diese Option wirkt sich nur auf Formeln aus, die Sie direkt in das Arbeitsblatt eingeben. Im folgenden Abschnitt werden Sie erfahren, dass Formeln in Makros jede Bezugsart verwenden können, unabhängig von der Einstellung im Dialogfeld *Optionen*.

Um in der Bezugsart Z1S1 einen relativen Verweis auf eine Zelle anzugeben, die sich in der gleichen Zeile oder Spalte wie die Zelle mit der Formel befindet, verwenden Sie einfach ein Z oder ein S ohne eine Zahl. Beispielsweise bedeutet die Angabe =ZS3 „die Zelle in Spalte 3 meiner Zeile" und der Verweis =Z2S „die Zelle in Zeile 2 meiner Spalte".

Abbildung 5.45
Die Option *Z1S1-Bezugsart* im Dialogfeld *Optionen*

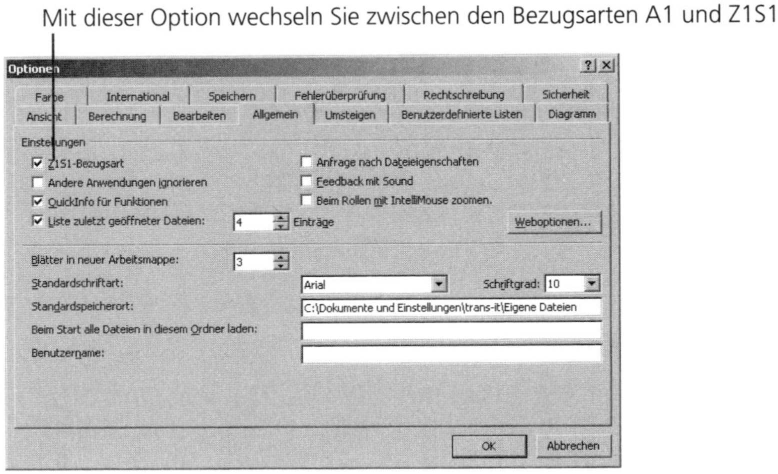

Um einen relativen Verweis auf eine Zelle in einer anderen Zeile oder Spalte anzugeben, geben Sie den Wert der Differenz in eckigen Klammern nach dem Z oder dem S an. Beispielsweise bedeutet der Verweis =Z5S[2] „zwei Spalten nach rechts in Zeile 5" und der Verweis =Z[-1]S „eine Zelle über mir".

Die korrekte Formel, welche im Arbeitsblatt *Preise* die Bruttogewinnspanne berechnet, lautet =B$2-$C2, doch nur, solange sie in Zelle B2 steht. In der Z1S1-Bezugsart lautet die entsprechende Formel =Z2S-ZS1, und es ist nicht von Bedeutung, in welcher Zelle sich diese Formel befindet. Die Formel für die Berechnung des Preises inklusive Rabatt im Arbeitsblatt *Einnahmen* lautet =B$2*$A3*(1-$F$2), zumindest für Zelle B2. In der Z1S1-Bezugsart lautet die gleiche Formel Z2S*ZS1*(1–Z2S6), und auch hier wirkt sich die Zielzelle nicht aus.

Wenn Sie die A1-Bezugsart wählen, ändert sich die Formel abhängig davon, wohin Sie sie kopieren. In Z1S1-Notation bleibt die Formel dagegen unverändert.

Werte und Formeln in einen Bereich eintragen

Sie erforschen die Eigenschaften für das Eintragen von Werten und Formeln in einen Bereich, indem Sie eine einfache Liste aufsteigender Zahlen erstellen.

1. Aktivieren Sie im Visual Basic-Editor das Direktfenster. Geben Sie **Worksheets.Add** ein, und drücken Sie `Eingabe`, um ein neues leeres Arbeitsblatt in der aktiven Arbeitsmappe zu erstellen.

2. Geben Sie **Range("B2:B6").Select** ein, und drücken Sie `Eingabe`, um einen Startbereich mit Zellen zu wählen.

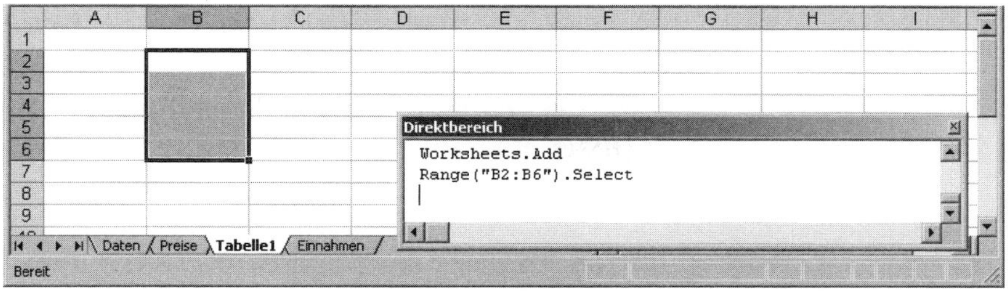

Abbildung 5.46
Der Startbereich B2 bis B6 ist ausgewählt

3 Geben Sie **Selection.Value = 100** ein, und drücken Sie [Eingabe], um in jede der ausgewählten Zellen die Zahl 100 einzutragen.

Value ist eine Eigenschaft des Bereichs. Wenn Sie die *Value*-Eigenschaft auf einen Bereich anwenden, der aus mehreren Zellen besteht, dann ändern Sie alle Zellen des Bereichs.

Sie hätten genauso gut die Anweisung *Selection.Formula = 100* verwenden können, um die Konstante in die Zellen einzutragen. Die Eigenschaft *Formula* entspricht dem, was Sie in der Bearbeitungsleiste sehen, wenn eine Zelle gewählt ist. Die Bearbeitungsleiste kann sowohl Konstanten als auch Formeln enthalten, genau wie die Eigenschaft *Formula*. Wenn Sie einer Zelle einen Wert zuweisen, bewirken die Eigenschaften *Formula* und *Value* dasselbe.

4 Geben Sie **ActiveCell.Value = 0** ein, und drücken Sie [Eingabe], um den Wert der Zelle B2 in 0 zu ändern.

Geändert wird nur die aktive Zelle, nicht aber die ausgewählten Zellen. Die Eingabe eines Wertes in die aktive Zelle ist dazu äquivalent, einen Wert in eine Zelle einzutippen und dann [Eingabe] zu drücken. Die Eingabe eines Wertes in die ausgewählten Zellen ist dagegen dazu äquivalent, einen Wert einzutippen und dann [Strg]+[Eingabe] zu drücken.

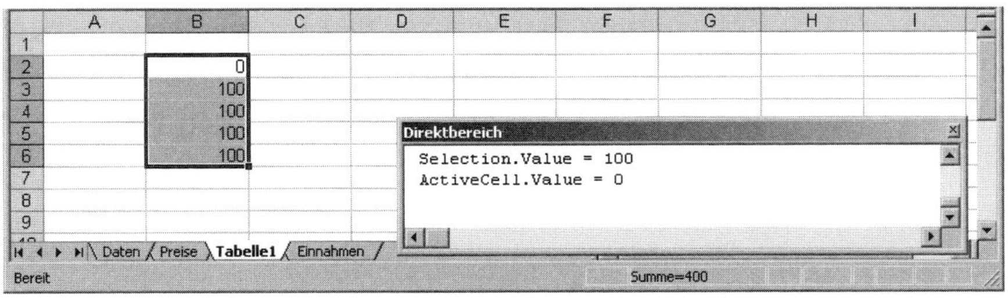

Abbildung 5.47
Der Wert der aktiven Zelle wird geändert

Angenommen, Sie möchten einen Wert in die Zelle oberhalb der aktiven Zelle eingeben, und zwar unabhängig davon, um welche Zelle es sich bei der aktiven Zelle handelt.

5. Geben Sie **ActiveCell.Offset(-1).Value = 1** ein, und drücken Sie [Eingabe], um die Zelle B1 in 1 zu ändern.

Diese Anweisung geht von der aktiven Zelle aus, verwendet die Eigenschaft *Offset*, um eine neue Zelle genau über der aktiven Zelle zu berechnen, und weist der resultierenden Zelle den Wert der Eigenschaft *Value* zu.

Abbildung 5.48 Der Wert 1 wird in die Zelle oberhalb der aktiven Zelle eingetragen

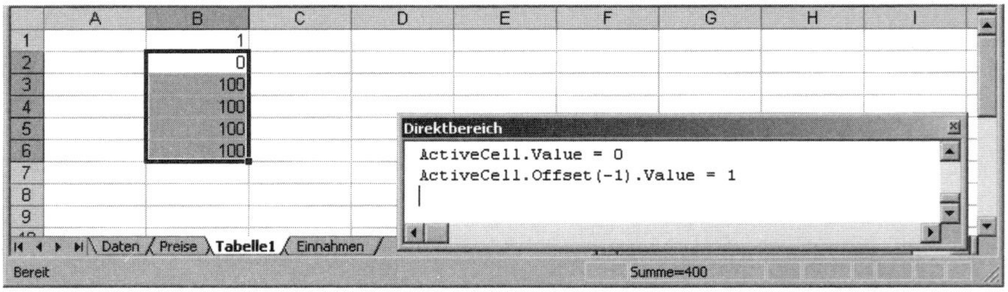

6. Geben Sie **Selection.FormulaR1C1 = "=R[-1]C*5"** ein, und drücken Sie [Eingabe].

Abbildung 5.49 Die Formel wird in alle gewählten Zellen eingetragen

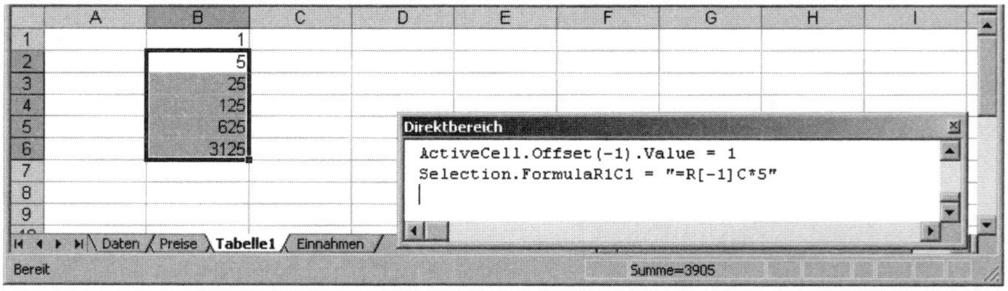

Alle gewählten Zellen enthalten nun eine richtige Formel statt einer Konstanten. Die Eigenschaft *FormulaR1C1* erwartet eine Formel in der Z1S1-Bezugsart. Der Verweis *R[-1]C* bedeutet immer „eine Zelle darüber“, und zwar ungeachtet dessen, welche Zelle bei Eingabe der Formel aktiv ist.

7. Geben Sie **?ActiveCell.Value** ein, und drücken Sie [Eingabe].

Diese Anweisung zeigt den Wert *5* im Direktfenster an. Mit der Eigenschaft *Value* lässt sich das Ergebnis jeder beliebigen Formel einer Zelle abrufen. Wenn die Zelle eine Formel enthält, wird das Ergebnis der Formel abgerufen.

8. Geben Sie **?ActiveCell.Formula** ein, und drücken Sie [Eingabe].

Diese Anweisung zeigt die Formel *=B1*5* im Direktfenster an. Wenn Sie den Inhalt einer Zelle abrufen, die eine Formel enthält, dann zeigt die *Formula*-Eigenschaft diese Formel in der A1-Bezugsart an. Die Einstellung im Excel-Dialogfeld *Optionen* wird ignoriert. Wenn Sie die Formel in der Z1S1-Bezugsart abrufen wollen, verwenden Sie die Eigenschaft *FormulaR1C1*.

Alle Zellen besitzen die Eigenschaften *Formula*, *FormulaR1C1* und *Value*. Wenn Sie einer Zelle einen Wert oder eine Formel zuweisen, zeigen die Eigenschaften *Value* und *Formula* dasselbe Verhalten. Beim Lesen allerdings gibt die Eigenschaft *Value* den Wert und *Formula* die Formel in A1-Bezugsart zurück. Die Eigenschaften *FormulaR1C1* und *Formula* unterscheiden sich nur darin, dass *FormulaR1C1* alle Verweise in Z1S1-Bezugsart verwendet, sowohl beim Schreiben als auch beim Lesen einer Formel.

Die Eigenschaft *Value* gibt immer den unformatierten Wert einer Zelle zurück. Zellen besitzen auch die Eigenschaft *Text*, die den formatierten Wert einer Zelle zurückgeben. Diese Eigenschaft kann nur gelesen werden, da es sich um eine Kombination aus den Eigenschaften *Value* und *NumberFormat* handelt.

Die Adresse eines Bereichs in Formeln verwenden

Manchmal benötigen Sie ein Makro, um Formeln zu erstellen, die Bezüge enthalten. Nehmen Sie an, Sie haben einen Bereich von Zellen wie im Arbeitsblatt *Daten*, und Sie möchten unter den zwei Spalten mit Werten die Summen einfügen. Falls sich die Größe des Bereichs verändern kann, wissen Sie erst während der Makroausführung, welche Zellen in die Funktion SUM eingeschlossen werden sollten.

Gelegentlich erstreckt sich die Liste einschließlich der Überschriften von Zeile 2 bis Zeile 4, und die Formel für die Werte der Spalte *Menge* sollte in Zelle G5 stehen und =SUM(G3:G4) lauten. Zu einem anderen Zeitpunkt muss der Zellenbereich von Zeile 2 bis Zeile 10 berücksichtigt werden, und die Formel sollte =SUM(G3:G10) lauten und in Zelle G11 stehen. Interaktiv würden Sie die Schaltfläche *Summe* verwenden, um die Formeln zu erstellen, doch wenn Sie jemals während der Makroaufzeichnung auf *Summe* geklickt haben, wissen Sie, dass die daraus resultierenden Anweisungen Formeln mit spezifischen Adressen erzeugen. Sie können die Schaltfläche *Summe* nicht verwenden, wenn Sie ein Makro benötigen, das mit Bereichen unterschiedlicher Größe umgehen muss. Sie müssen ein Makro erstellen, das wie eine vereinfachte Version der Schaltfläche *Summe* arbeitet.

1 Wählen Sie in Excel das Arbeitsblatt *Daten*. Wechseln Sie dann zum Visual Basic-Editor und klicken Sie im Menü *Einfügen* auf *Modul*. Geben Sie das folgende Makro ein:

```
Sub SummenBerechnen()
    Dim neuDaten As Range
```

```
    Dim neuGesamt As Range
    Set neuDaten = Range("B2").CurrentRegion
    Set neuDaten = neuDaten.Offset(1, 5) _
        .Resize(neuDaten.Rows.Count - 1, 2)
    Set neuGesamt = neuDaten.Rows(neuDaten.Rows.Count + 1)

End Sub
```

2. Drücken Sie wiederholt F8, bis in der nächsten Anweisung *End Sub* steht. Geben Sie im Direktfenster **neuDaten.Select** ein, und drücken Sie Eingabe. Dann geben Sie **neuGesamt.Select** ein und drücken nochmals Eingabe. Die Variablen sollten Verweise auf die Bereiche G3:H14 bzw. G15:H15 enthalten. Alle Ausdrücke, die sich auf Bereiche beziehen, wurden schon im Abschnitt *Auf einen Bereich verweisen* weiter vorne in diesem Kapitel vorgestellt. Ihr Ziel liegt darin, in jede Zelle des Bereichs *neuGesamt* eine Formel einzutragen, die alle Werte aus der korrespondierenden Spalte des Bereichs *neuDaten* summiert.

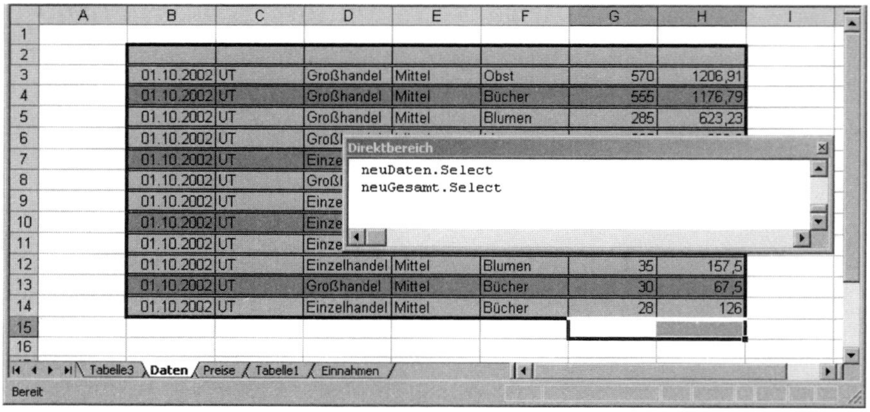

Abbildung 5.50
Die Bereiche *neuDaten* und *neuGesamt* sind ausgewählt

3. Aktivieren Sie den Objektkatalog und wählen Sie in der Klassenliste *Range* sowie in der Elementliste *Address*. Die *Address*-Eigenschaft gibt eine Zeichenfolge zurück und übernimmt fünf Argumente, die alle optional sind.

4. Geben Sie im Direktfenster **?neuDaten.Columns(1).Address** ein, und drücken Sie Eingabe.

   Diese Anweisung zeigt den Verweis *$G$3:$G$14* an, die Adresse der ersten Spalte des Datenbereichs. Würden Sie diese Adresse in eine *SUM*-Funktion aufnehmen, dann wäre die Gesamtsumme für die erste Spalte korrekt, doch das Dollarzeichen kennzeichnet den Verweis als absolut. Dieser Spaltenverweis muss relativ sein, damit er sich anpasst, wenn Sie

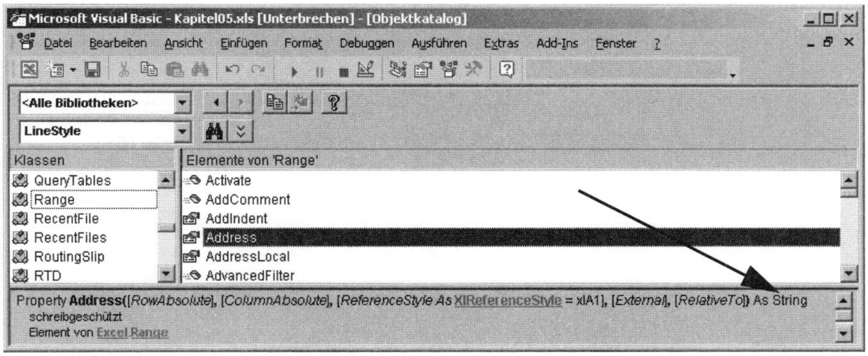

Abbildung 5.51
Die *Address*-Eigenschaft gibt eine Zeichenfolge zurück

ihn in beide Spalten der Summenzeile einfügen. Die beiden ersten Argumente der Eigenschaft *Address* steuern, ob die Zeilen- und Spaltenbezüge absolut sind. Die Voreinstellung dieser Argumente, *True*, erzeugt einen absoluten Verweis.

5 Geben Sie **?neuDaten.Columns(1).Address(True,False)** ein, und drücken Sie [Eingabe].

Diese Anweisung zeigt den Verweis *G$3:G$14* an. Die *Address*-Eigenschaft wird angewiesen, absolute Zeilenbezüge und relative Spaltenbezüge zu verwenden. Sie können diesen Verweis nun in die Funktion *SUM* aufnehmen und so eine Formel erstellen, die die Summe des gesamten Bereichs bildet.

6 Geben Sie **?"=SUM(" & neuDaten.Columns(1).Address(True,False) & ")"** ein, und drücken Sie [Eingabe].

Diese Anweisung zeigt die Formel *=SUM(G$3:G$14)* an, also die letzte Formel, die Sie dem Summenbereich zuweisen werden. Der Ausdruck vereinigt den ersten Teil der *SUM*-Funktion mit dem Verweis, der von der *Address*-Eigenschaft zurückgegeben wird, und fügt die schließende Klammer hinzu. Das *&*-Zeichen verkettet die Textfragmente.

7 Wählen Sie im Menü *Ansicht* den Befehl *Letzte Position*.

Es wird wieder das Makro angezeigt, und noch immer ist die *End Sub*-Anweisung die nächste Anweisung.

8 Geben Sie vor der *End Sub*-Anweisung die Anweisung **neuGesamt.Formula = "=SUM(" & neuDaten.Columns(1).Address(True, False) & ")"** ein. Dann ziehen Sie den Pfeil *Nächste Anweisung* zur neuen Anweisung und drücken [F8], um sie auszuführen.

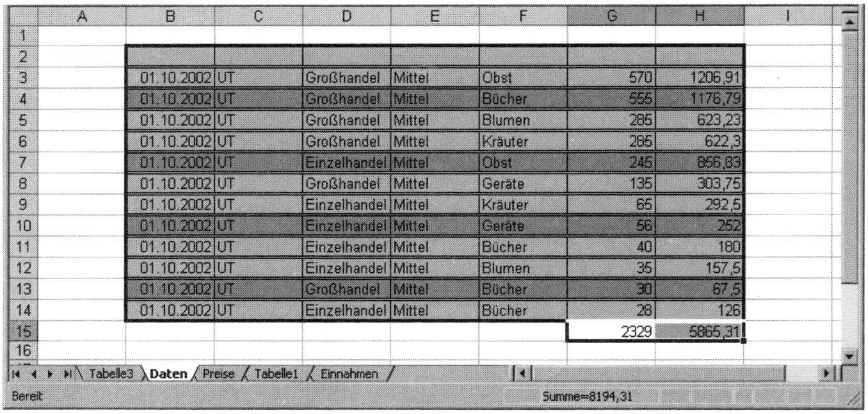

Abbildung 5.52 Die Summen der Spalten werden angezeigt

In der unteren Zeile werden für alle Spalten die Gesamtsummen angezeigt.

9. Drücken Sie [F8], um das Makro zu beenden. Drücken Sie dann auf [F5], um das Makro nochmals auszuführen. Eine weitere Zeile mit Summen wird eingefügt.

Das ist etwas unsinnig, doch es zeigt, wie sich das Makro automatisch anpasst, wenn neue Zeilen zu den Daten hinzugefügt werden. Die Eigenschaft *CurrentRegion* schließt neue Zeilen ein. Die Eigenschaft *Address* berechnet die entsprechenden Bezüge für die *SUM*-Funktion.

Range-Objekte sind ein leistungsfähiges Werkzeug zur Darstellung und Bearbeitung von Bereichen in Excel. Sie können Bereiche wählen, Variablen zuweisen, Formeln in Bereiche eintragen, Bereiche benennen und deren Adressen abrufen. Sie können mithilfe der Methoden und Eigenschaften von *Range*-Objekten vielseitige, dynamische Arbeitsblattmodelle erstellen.

Wenn Sie mithilfe der *Address*-Eigenschaft eines Bereichs eine Formel erstellen, dann ist es gewöhnlich am einfachsten, die A1-Bezugsart zu verwenden und die Formel der *Formula*-Eigenschaft des Zielbereichs zuzuweisen. Nehmen Sie eine vollständige Formel als Zeichenfolge in eine Makroanweisung auf, dann ist es gewöhnlich am sichersten, die Z1S1-Bezugsart zu verwenden und die Formel der *FormulaR1C1*-Eigenschaft des Zielbereichs zuzuweisen (so geht die Makroaufzeichnung vor.) Um eine Formel von der A1- in die Z1S1-Bezugsart zu konvertieren, zeichnen Sie ein Makro auf, während Sie die Formel in der A1-Notation in eine Zelle eingeben.

Aufgezeichnete Bereichsauswahl verbessern

Bei der Aufzeichnung eines Makros folgt die Makroaufzeichnung pflichtbewusst allen Ihren Aktionen, auch der Auswahl von Bereichen. Sie können ein Makro ändern, sodass es weniger Aufgaben ausführen muss – und damit die Lesbarkeit verbessern – indem Sie unnötige Auswahländerungen entfernen. Eine gute Möglichkeit zur Entfernung unnötiger Auswahländerungen besteht in der Suche nach einer Anweisung, die mit *Select* endet und der eine oder mehrere Anweisungen folgen, die mit *Selection* oder *ActiveCell* beginnen. Was Sie als Nächstes ausführen, hängt davon ab, ob der *Select*-Anweisung eine einzelne *Selection*- bzw. *ActiveCell*-Anweisung oder eine Anweisungsgruppe folgt.

Select…Selection-Paare vereinfachen

Wenn einer einzelnen *Selection*-Anweisung eine *Select*-Anweisung folgt, können Sie beide Anweisungen in einer einzigen Anweisung zusammenfassen. Sie zeichnen nun ein Makro auf, das Monatsnamen in ein Arbeitsblatt einträgt, und vereinfachen dieses Makro dann.

1. Fügen Sie in Excel ein leeres Arbeitsblatt ein, und zeichnen Sie ein Makro namens **MonateBeschriften** auf. Geben Sie die Beschriftungen **Januar**, **Februar** und **März** in die Zellen B1, C1 und D1 ein.

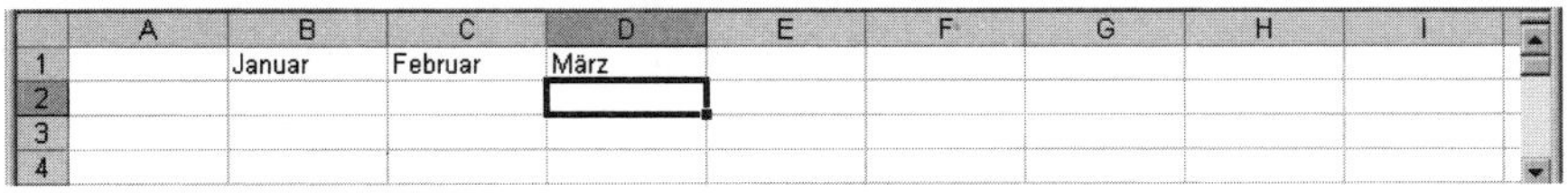

Abbildung 5.53 Das Tabellenblatt mit den Monatsnamen

2. Beenden Sie die Aufzeichnung, und bearbeiten Sie das Makro. Das Makro sollte dem folgenden Code entsprechen. (Wahrscheinlich wird Ihr Makro davon abweichen, je nach dem, welche Taste Sie gedrückt haben, um die Werte in die Zellen einzugeben.)

```
Sub MonateBeschriften()
    Range("B1").Select
    ActiveCell.FormulaR1C1 = "Januar"
    Range("C1").Select
    ActiveCell.FormulaR1C1 = ""Februar"
    Range("D1").Select
    ActiveCell.FormulaR1C1 = "März"
    Range("D2").Select
End Sub
```

Bei jeder Zelle steht am Ende einer Anweisung *Select*, wobei am Anfang der nächsten Anweisung entweder das Wort *Selection* oder *ActiveCell* folgt. Sie können beide Wörter löschen und nur einen einzelnen Punkt beibehalten. Ist eine *Select*-Anweisung die letzte Anweisung in einem Makro, dann können Sie sie bedenkenlos löschen.

3. Löschen Sie die unnötigen Auswahlen aus dem Makro *MonateBeschriften*, indem Sie jedes Vorkommen von *Select* und *ActiveCell* löschen. Das Makro sollte dann folgendermaßen aussehen:

```
Sub MonateBeschriften()
    Range("B1").FormulaR1C1 = "Januar"
    Range("C1").FormulaR1C1 = "Februar"
    Range("D1").FormulaR1C1 = "März"
End Sub
```

4. Fügen Sie ein neues leeres Arbeitsblatt ein, und testen Sie das Makro. Die Beschriftungen werden in den Zellen angezeigt, und die ursprüngliche Auswahl ändert sich nicht.

Warum sollten Sie *Select...Selection*-Paare entfernen? Ein Grund liegt darin, dass die Makroausführung dadurch beschleunigt wird. Außerdem kann es bei einer Makroausführung irritieren, wenn danach andere Zellen ausgewählt sind als vor Beginn der Ausführung. Am wichtigsten ist jedoch fraglos, dass die *Select...Selection*-Paare in einem Makro verraten, dass Sie ein Anfänger sind, der die Makroaufzeichnung verwendet, um Makros zu erstellen. Natürlich ist es in Ordnung, die Makroaufzeichnung einzusetzen, Sie müssen nur Ihre Spuren verwischen.

Select-Gruppen vereinfachen

Wenn Sie ein *Select...Selection*-Paar ersetzen, sollten Sie sicher sein, dass die Auswahl nur von einer einzigen Anwendung verwendet wird. Liegt eine einzelne *Select*-Anweisung vor, der mehrere zugeordnete Anweisungen folgen, dann können Sie auch dann Änderungen an der Auswahl vermeiden, doch es ist ein anderer Weg einzuschlagen.

1. Wählen Sie in Excel ein Tabellenblatt, das in der ersten Zeile Beschriftungen enthält, und zeichnen Sie ein Makro namens **FettKursivSetzen** auf.

2. Klicken Sie in Zelle B1 und dann auf die Schaltflächen *Fett* sowie *Kursiv*. Klicken Sie dann auf die Schaltfläche *Aufzeichnung beenden*.

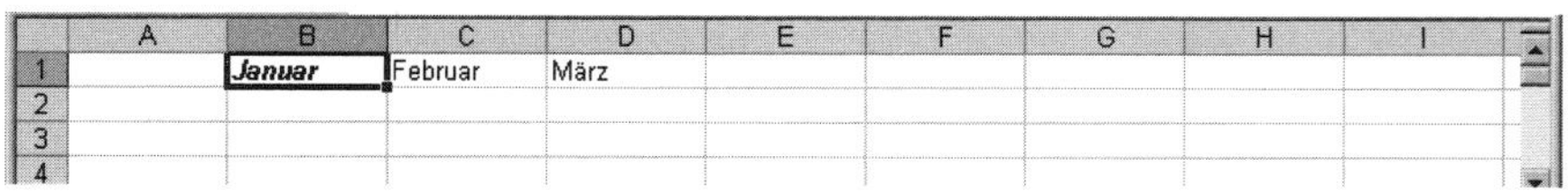

Abbildung 5.54 Der Monatsname *Januar* ist fett und kursiv gesetzt

3. Bearbeiten Sie das Makro, das folgendermaßen aussieht:

```
Sub FettKursivSetzen()
    Range("B1").Select
    Selection.Font.Bold = True
    Selection.Font.Italic = True
End Sub
```

Es ist offensichtlich, dass nicht vorauszusehen ist, welche Zellen kursiv dargestellt werden, wenn Sie das erste *Select...Selection*-Paar löschen.

4. Ändern Sie das Makro, und weisen Sie den Bereich einer Variablen namens *neuBereich* zu. Ersetzen Sie dann das *Selection*-Objekt durch das Objekt *neuBereich*. Das Makro sollte folgendermaßen aussehen:

```
Sub FettKursivSetzen()
    Dim neuBereich As Range
    Set neuBereich = Range("B1")
    neuBereich.Font.Bold = True
    neuBereich.Font.Italic = True
End Sub
```

5. Ändern Sie im Makro *"B1"* in **"C1"**, und drücken Sie mehrmals F8, um das Makro schrittweise auszuführen. Beobachten Sie, wie sich die Formatierung der Zelle ändert, die urspünglich ausgewählte Zelle davon jedoch unberührt bleibt.

6. Speichern Sie die Arbeitsmappe *Kapitel05*.

Scheinbar führt es zu keiner merklichen Vereinfachung, wenn sich eine Auswahl auf eine Gruppe bezieht. Bei zwei Anweisungen ist das wahrscheinlich auch nicht der Fall. Liegen allerdings mehrere Anweisungen vor, die auf der gleichen Auswahl basieren, dann kann die Konvertierung der Auswahl in eine Objektvariable zu einer erheblichen Verbesserung der Lesbarkeit des Makros führen.

Sie können die *Select*-Gruppe wie folgt auch durch eine *With*-Struktur ersetzen:

```
With Range("B1")
    .Font.Bold = True
    .Font.Italic = True
End With
```

Und so arbeitet die *With*-Struktur im Hintergrund: Sie erstellt eine verborgene Variable und weist das Objekt aus der *With*-Anweisung der verborgenen Variablen zu. Diese Variable wird dann vor jedem „frei stehenden" Punkt eingefügt. Mit der *End With*-Anweisung wird die Variable freigegeben.

In der Hilfe die Excel PivotTable-Objekte erforschen,
Seite 191

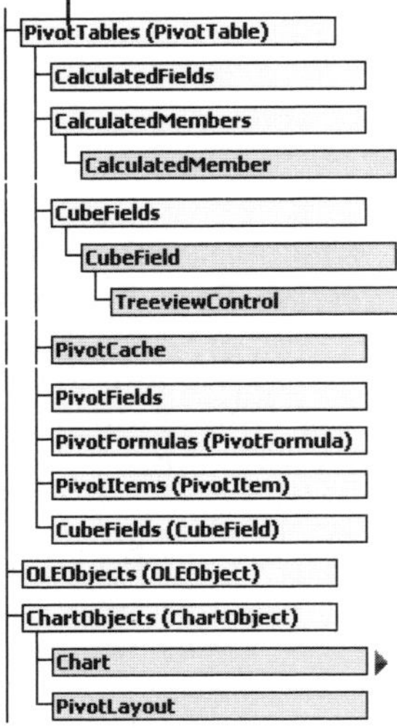

Beschriftungen und Berechnungen anpassen,
Seite 200

Detaildaten ein- und ausblenden,
Seite 201

Bereiche in einem PivotTable-Bericht auswählen,
Seite 204

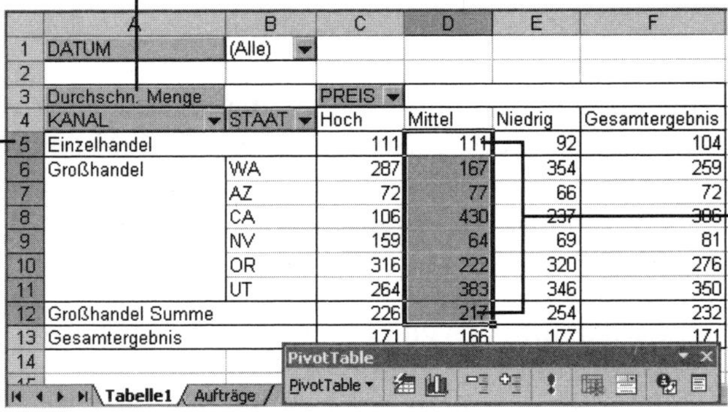

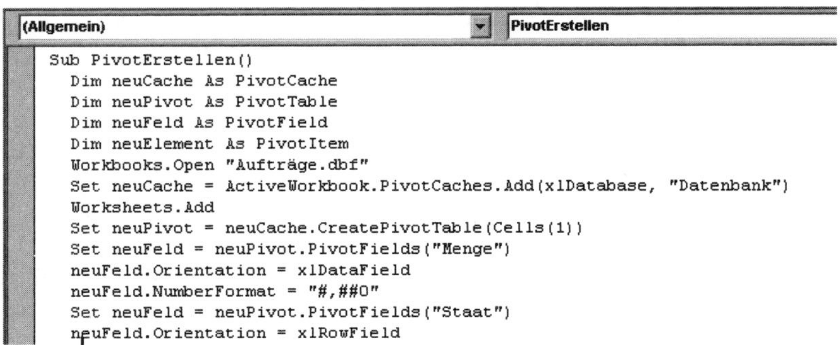

Mit VBA-Anweisungen einen PivotTable-Bericht erstellen und bearbeiten,
Seite 207

6 PivotTable-Objekte erforschen

In diesem Kapitel lernen Sie

- wie Sie einen PivotTable-Bericht erstellen.
- wie Sie die Felder und Elemente eines PivotTable-Objekts bearbeiten.
- wie Sie die Online-Hilfe verwenden, um mehr über Excel-Objekte zu erfahren.

Seit der Jahrhundertwende sind Röntgenaufnahmen eine der Hauptstützen der Medizin. Eine Schwierigkeit bei Röntgenaufnahmen liegt darin, dass die Aufnahme nur einen bestimmten Winkel darstellt. Wenn Knochen oder Organe nicht richtig ausgerichtet sind, werden sie in den Aufnahmen unter Umständen nicht richtig dargestellt. Im Jahre 1974 nutzte die britische Firma EMI Ltd. das Geld, das sie mit dem Verkauf von Beatles-Schallplatten verdient hatte, um die computergestützte axiale Tomographie, die CAT-Technologie, zu entwickeln, die nicht die Nachteile der konventionellen Röntgentechnik aufweist.

Ein Datenbankbericht lässt sich mit einer Röntgenaufnahme vergleichen. Die Datenbank wird im Bericht dargestellt, doch liefert der Bericht ein statisches Bild. Wenn die Zeilen und Spalten nicht entsprechend formatiert sind, wird die Person, die sich den Bericht ansieht, vielleicht wichtige Beziehungen nicht erkennen. Ein PivotTable-Objekt dagegen entspricht einem Computer-Tomographen. Es bietet eine mehrdimensionale Ansicht der Daten und ermöglicht Ihnen, die aussagekräftigste Darstellung zu ermitteln.

Aufträge.dbf

In diesem Kapitel wird die Übungsdatei *Aufträge.dbf* verwendet, die Sie von der Begleit-CD-ROM zu diesem Buch installiert haben. Details zur Installation der Übungsdateien finden Sie im Abschnitt *Die Begleit-CD verwenden* am Anfang des Buches.

Das Kapitel beginnen

1. Öffnen Sie in Microsoft Excel eine neue leere Arbeitsmappe.
2. Speichern Sie die Arbeitsmappe unter dem Namen **Kapitel06** im Ordner mit den Übungsdateien zu diesem Buch.

PivotTable-Objekte erstellen

In Excel besitzt jede Objektklasse eine eigene Liste von Methoden und Eigenschaften, die Sie verwenden, um Objekte dieser Klasse zu bearbeiten. Viele Objekte gehören zu Auflistungen oder sind mit anderen Objekten verknüpft.

Hilfeinformationen zu PivotTable-Objekten abfragen

Der Abschnitt *Microsoft Excel Visual Basic-Referenz* der Online-Hilfe enthält eine Übersicht über die Beziehungen zwischen Excel-Objekten.

1. Klicken Sie in der Symbolleiste *Visual Basic* auf die Schaltfläche *Visual Basic-Editor*, um Visual Basic zu öffnen. Geben Sie in das Feld *Frage hier eingeben* den Suchbegriff **Excel-Objekte** ein, und drücken Sie Eingabe. Klicken Sie in der Themenliste auf *Microsoft Excel-Objekte*.

Abbildung 6.1
Die Liste der Excel-Objekte in der Visual Basic-Hilfe

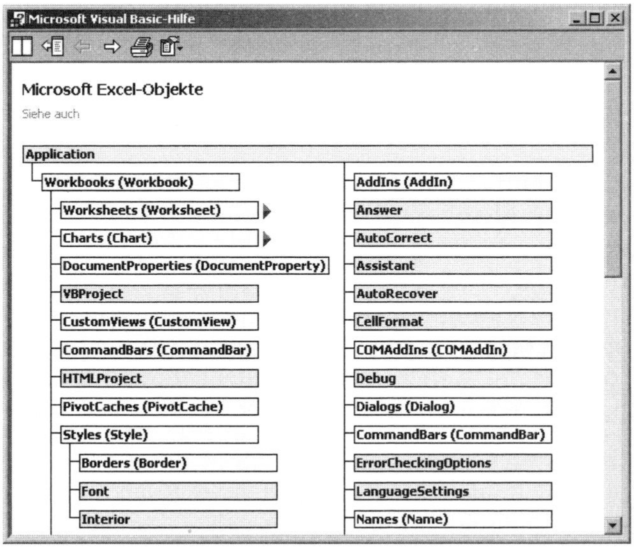

Diese Abbildung zeigt den ersten Abschnitt des Excel-Objektmodells. Jedes blaue Feld repräsentiert eine Objektklasse, und jedes gelbe Feld repräsentiert zwei Objektklassen: die Auflistungs- sowie die Objektklasse. Die Objekte in der rechten Spalte gehören direkt zum *Application*-Objekt. Der linke Abschnitt des Baumes zeigt das Objekt-Paar *Workbooks (Work-*

book) zusammen mit allen Objekten, die zu einem *Workbook* gehören. Zu einem *Workbook* gehört beispielsweise das Objektpaar *PivotCaches (PivotCache)*. Ein *PivotCache*-Objekt ist ein verborgener Speicherort für die Werte in einem PivotTable-Bericht.

❷ Klicken Sie auf das Feld *PivotCaches (PivotCache)*.

Nun wird das Hilfethema für das Auflistungsobjekt *PivotCaches* angezeigt. Dieses Hilfethema umfasst den lokalen Kontext des Objekts sowie eine kurze Beschreibung. Im oberen Bereich, und dies gilt für jedes Hilfethema zu Objektklassen, sehen Sie Verknüpfungen zu Popupfenstern, welche die Eigenschaften und Methoden des Objekts anzeigen.

Abbildung 6.2
Das Hilfethema zum *PivotCaches*-Auflistungsobjekt

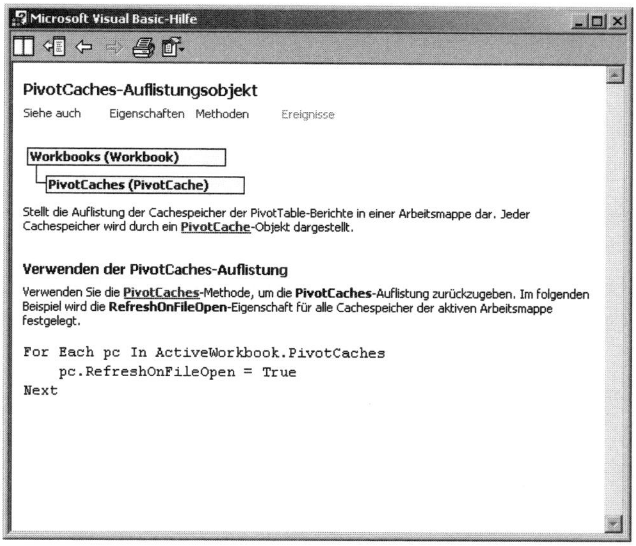

❸ Klicken Sie auf *Methoden* und dann auf *Add-Methode*. Expandieren Sie das Thema *Add-Methode, wie sie auf das PivotCaches-Objekt angewendet wird*. Jede Auflistung besitzt eine Version der *Add*-Methode. Die *Add*-Methode für die *PivotCaches*-Auflistung erfordert zwei Argumente, welche die Datenquelle definieren. Die Methode gibt einen Bezug auf ein *PivotCache*-Objekt zurück.

❹ Klicken Sie zwei Mal auf die Schaltfläche *Zurück*, um wieder zum Thema *Microsoft Excel-Objekte* zu gelangen.

Ein *PivotTable*-Objekt gehört nicht zu einem *Workbook*, und daher wird es nicht im ersten Abschnitt des Excel-Objektmodells angezeigt. Ein *PivotTable*-Objekt gehört zu einem Arbeitsblatt, und *Worksheet*-Objekte werden auf einer eigenen Seite vorgestellt.

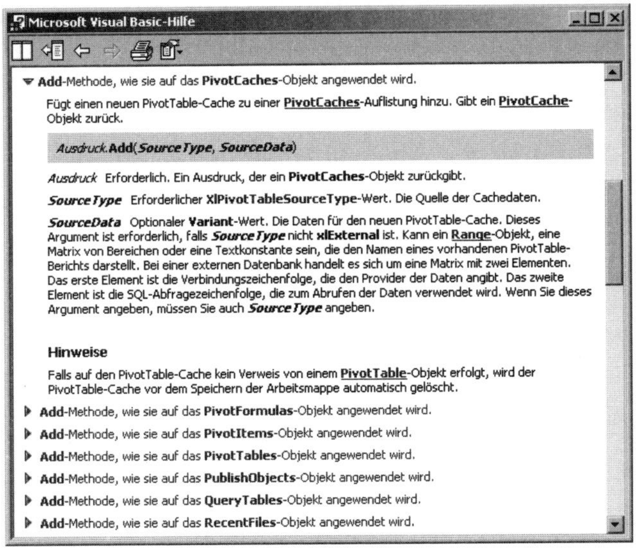

Abbildung 6.3
Das Hilfethema zur Methode *Add*

❺ Klicken Sie auf den roten Pfeil rechts neben dem Feld *Worksheets (Worksheet)*.

Die Objekte in der rechten Spalte gehören direkt zu einem *Worksheet*. Die links aufgelisteten Objekte dagegen gehören zu einem *Range*-Objekt.

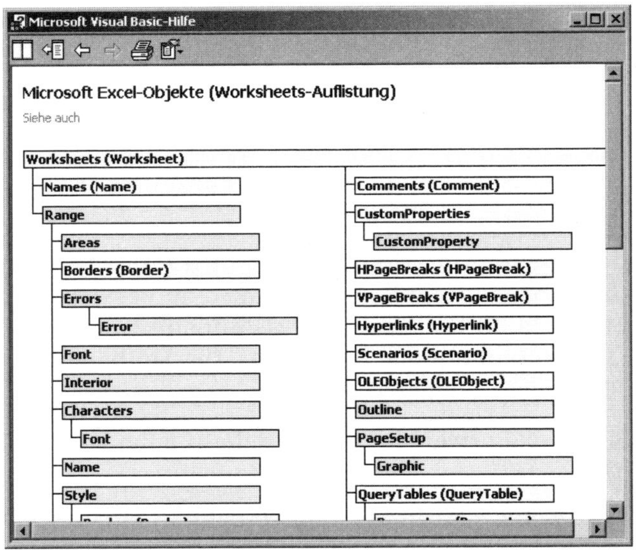

Abbildung 6.4
Die Liste der Excel-Objekte einer *Worksheets*-Auflistung

❻ Blättern Sie nach unten, bis das Feld *PivotTables (PivotTable)* mit den zugehörigen Objekten angezeigt wird.

Bei den wichtigsten *PivotTable*-Objekten handelt es sich um *PivotField*-Objekte (die sich im Feld *PivotFields* befinden) und *PivotItem*-Objekte. Wie Sie sehen, verweist ein *PivotTable*-Objekt außerdem auf das *PivotCache*-Objekt, das die Daten für diesen Bericht enthält.

Abbildung 6.5 Die *PivotTable*-Objekte

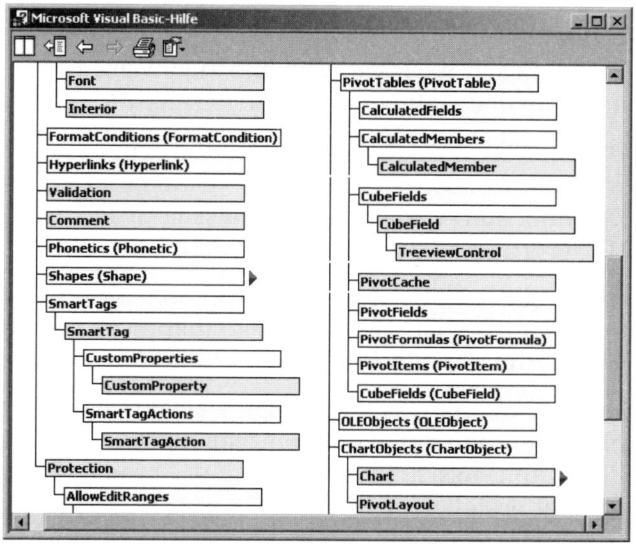

7. Schließen Sie das Hilfefenster.

In diesem Kapitel werden Sie mit *PivotCache-*, *PivotTable-*, *PivotField-* und *PivotItem*-Objekten arbeiten.

Einen Standard-PivotTable-Bericht erstellen

Der erste Schritt zur Erstellung eines PivotTable-Berichts besteht darin, einen Cache anzulegen. Sie haben im Objektmodell gesehen, dass ein *PivotCache*-Objekt zur Arbeitsmappe gehört, nicht jedoch zu einem Arbeitsblatt oder einem PivotTable-Bericht. Sie können mehrere Berichte mit einem einzelnen Cache verknüpfen, und Sie können mehrere Berichte in ein einzelnes Arbeitsblatt oder in verschiedene Arbeitsblätter einfügen. Da mehrere Berichte auf einem einzigen Cache basieren, benötigt Excel weniger Speicher bei der Arbeit mit umfangreichen Datenquellen.

1. Klicken Sie im Visual Basic-Editor auf die Schaltfläche *Makro ausführen*. Geben Sie den Makronamen **PivotErstellen** ein, und klicken Sie dann auf *Erstellen*.

Es wird ein Modul geöffnet, das ein neues leeres Makro enthält.

2 Fügen Sie die folgenden Variablendeklarationen am Anfang des Makros ein:

```
Dim neuCache As PivotCache
Dim neuPivot As PivotTable
Dim neuFeld As PivotField
Dim neuElement As PivotItem
```

Wenn diesen Variablen Objekte zugewiesen werden, kann Visual Basic die Liste der Methoden und Eigenschaften einblenden.

3 Drücken Sie zwei Mal `F8`, damit die Anweisung *End Sub* hervorgehoben wird. Im Menü *Ansicht* klicken Sie auf *Direktfenster*. Verschieben Sie das Direktfenster, und ändern Sie dessen Größe, damit das Excel-Fenster im Hintergrund zu sehen ist.

4 Im Direktfenster geben Sie **Workbooks.Open "Aufträge.dbf"** ein und drücken `Eingabe`, um die Arbeitsmappe mit der Datenbankzu öffnen (siehe Abbildung 6.6).

Die Datenbank wird angezeigt. Das aktive Arbeitsblatt dieser Arbeitsmappe enthält einen mit dem Namen *Datenbank* benannten Bereich. Der PivotTable-Assistent kann aus dem Bereich *Datenbank* einen PivotTable-Bericht erstellen.

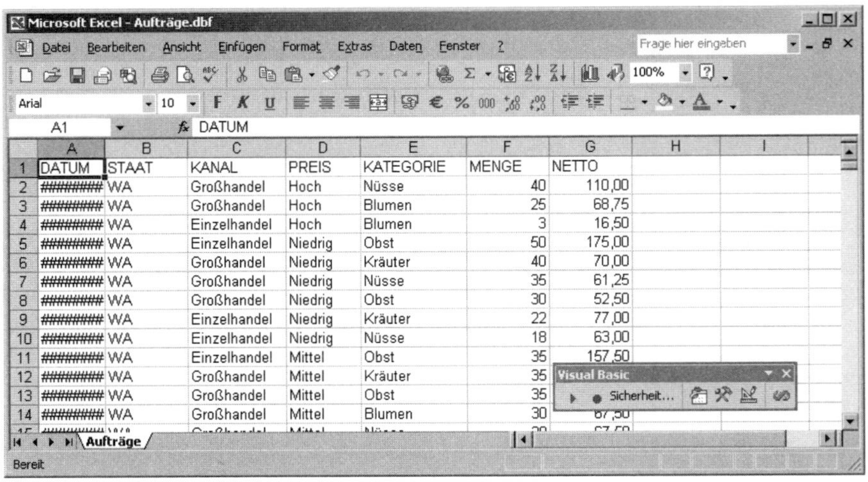

Abbildung 6.6 Mit der Anweisung *Workbooks.Open "Aufträge.dbf"* wird die Datenbank *Aufträge.dbf* geöffnet

Falls die Datenbank *Aufträge.dbf* nicht geöffnet wird, klicken Sie in der Standardsymbolleiste auf *Öffnen*, wählen den Ordner aus, der die Übungsdateien enthält, und klicken dann auf *Abbrechen*.

5 Geben Sie im Direktfenster **Set neuCache = ActiveWorkbook.PivotCaches.Add(xlDatabase, "Datenbank")** ein, und drücken Sie `Eingabe`.

Anscheinend geschieht nichts, doch Sie haben soeben ein *PivotCache*-Objekt erstellt. Diese Anweisung bewirkt, dass die Eigenschaft *ActiveWorkbook* einen Verweis auf ein *Workbook*-Objekt zurückgibt. Die Eigenschaft *PivotCaches* gibt einen Verweis auf die (anfänglich leere) *PivotCaches*-Auflistung dieser Arbeitsmappe zurück. Die *Add*-Methode fügt ein neues *PivotCache*-Objekt zur Auflistung hinzu, wobei *xlDatabase* als Quelltyp (der Begriff „*Database*" bezieht sich auf die Liste in einem Excel-Arbeitsblatt und nicht auf eine externe Datenbank) dient und *"Datenbank"* dem Namen des Bereichs entspricht, der die Liste enthält. Die *Add*-Methode gibt einen Bezug auf das neu erstellte *PivotCache*-Objekt zurück, den der Befehl *Set* der Variablen *neuCache* zuweist. Ein *PivotCache*-Objekt besitzt eine Methode zur Erstellung eines PivotTable-Berichts.

6. Klicken Sie im Makro *PivotErstellen* auf das Wort *PivotCache*, und drücken Sie F1. Vergewissern Sie sich, dass im Dialogfeld *Kontexthilfe* der erste Eintrag markiert ist (der zweite Eintrag führt zum Hilfethema zur *PivotCache*-Methode), und klicken Sie auf *Hilfe*.

Abbildung 6.7
Das Hilfethema zum *PivotCache*-Objekt

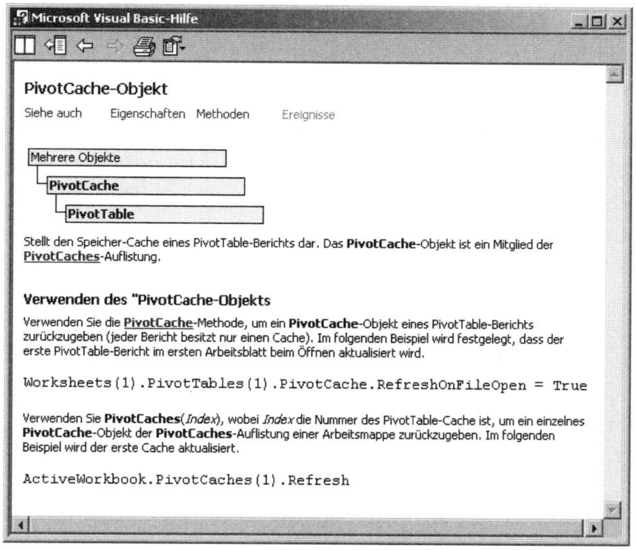

7. Klicken Sie auf das Schlüsselwort *Methoden* und dann auf *CreatePivotTable-Methode*.

   Diese Methode erfordert ein Argument, ein *Range*-Objekt, das als Zielort des Berichts dient. Die Methode gibt einen Bezug auf ein *PivotTable*-Objekt zurück, das Sie später einer Variablen zuweisen können.

8. Schließen Sie die Hilfe. Im Direktfenster geben Sie **Worksheets.Add** ein und drücken Eingabe.

Abbildung 6.8 Das Hilfethema zur *CreatePivotTable*-Methode

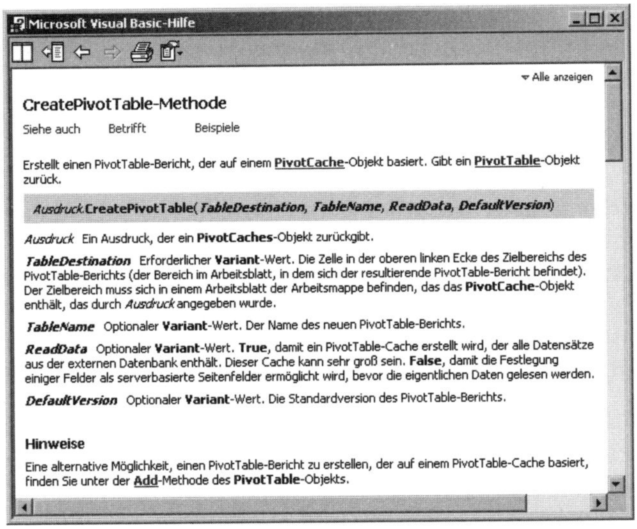

Es wird ein neues Arbeitsblatt für den Bericht erstellt.

9. Geben Sie **Set neuPivot = neuCache.CreatePivotTable(Cells(1))** ein, und drücken Sie [Eingabe].

Diese Anweisung erstellt die einfachste Struktur eines PivotTable-Berichts. (Falls das Fenster *PivotTable-Feldliste* eingeblendet wird, schließen Sie es. Sie werden den PivotTable-Bericht mit Visual Basic erstellen und bearbeiten.

Abbildung 6.9 Die **CreatePivot-Table-**Methode erstellt eine Pivot-Table-Berichtsstruktur

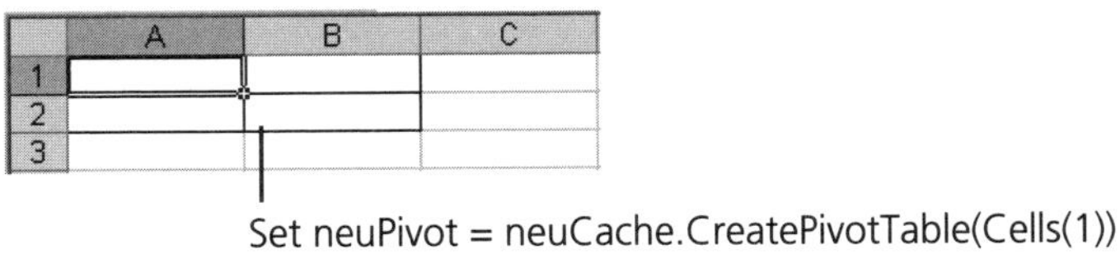

Sie haben gerade mit Visual Basic für Applikationen-Befehlen einen PivotCache sowie einen PivotTable-Bericht erstellt, der auf diesem Cache basiert.

Felder von PivotTable-Berichten bearbeiten

Sie haben zwar einen PivotTable-Bericht erstellt, aber er ist nicht sehr informativ. Der PivotTable-Bericht sollte zusammengefasste Daten aus der Quellliste anzeigen. Eine solche Quelle besteht üblicherweise aus einer Liste mit einer Menge Zeilen und einigen Spalten. Die einzelnen Spalten werden auch *Felder* genannt, und die Beschriftung im Spaltenkopf ist der Name des Felds. Die Liste in *Aufträge.dbf* besitzt sieben Felder. In den Feldern *Datum*, *Staat*, *Kanal*, *Preis* und *Kategorie* stehen Wörter. Die

Felder *Menge* und *Netto* enthalten Zahlen. In einem PivotTable-Bericht werden Zahlenfelder zusammengefasst und nach den Textfeldern sortiert und gruppiert.

1. Geben Sie im Direktfenster **Set neuFeld = neuPivot.PivotFields ("Menge")** ein, und drücken Sie [Eingabe].

Damit wird das PivotTable-Feld *Menge* einer Variablen zugewiesen, jedoch nicht in den Bericht eingefügt.

2. Geben Sie **neuFeld.Orientation = xlDataField** ein, und drücken Sie [Eingabe].

Im *PivotTable*-Objekt wird nun die Beschriftung *Summe von MENGE* und eine Zahl im Datenbereich der Tabelle angezeigt (siehe Abbildung 6.10). Da das Feld *Menge* numerische Werte enthält, werden in dem PivotTable-Bericht alle Zahlen der Spalte *Menge* addiert.

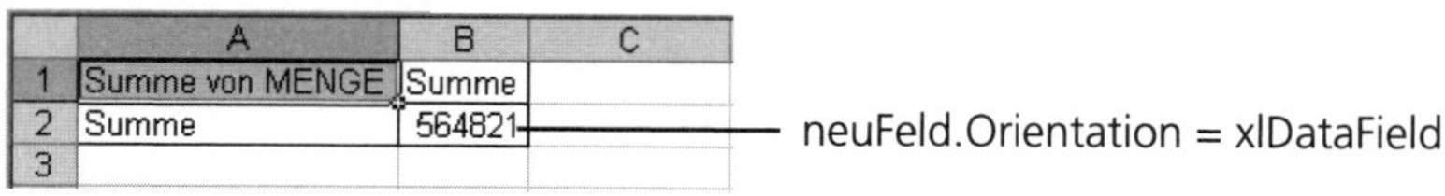

Abbildung 6.10 Im PivotTable-Bericht wird nun die Summe aller Werte des Felds *Menge* angezeigt

Die Auflistung *PivotFields* enthält für jedes der sieben Felder der Datenbank ein Element. Sie nehmen auf diese Elemente in der üblichen Weise Bezug, nämlich über den Namen oder die Nummer des Elements. In diesem Fall ist es einfacher, sich den Namen des Felds *Menge* zu merken als dessen Position innerhalb der Datenbank. Mit der Zuweisung von *xlDataField* an die Eigenschaft *Orientation* werden die Daten dieses Felds summiert.

3. Sie formatieren nun die Gesamtsumme für das Feld *Menge*. Geben Sie hierzu **neuFeld.NumberFormat = "#,##0"** ein, und drücken Sie [Eingabe].

Daraufhin wird die Gesamtsumme mit einem Tausendertrennzeichen angezeigt (siehe Abbildung 6.11). Die Zahl sieht im PivotTable-Bericht mit einem Punkt viel besser aus. *NumberFormat* ist eine Eigenschaft von *PivotField*-Objekten. Sie entspricht der Eigenschaft *NumberFormat* von *Range*-Objekten.

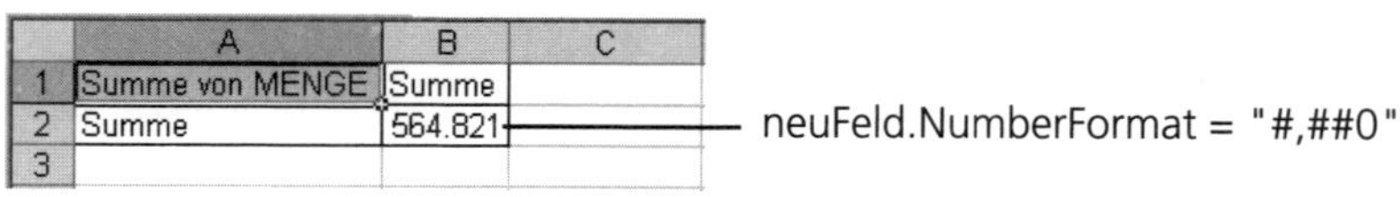

Abbildung 6.11 Das Summenfeld wurde neu formatiert

4. Geben Sie **Set neuFeld = neuPivot.PivotFields("Staat")** ein, und drücken Sie [Eingabe].

   Der Variablen wird das PivotTable-Feld *Staat* zugewiesen.

5. Geben Sie **neuFeld.Orientation = xlRowField** ein, und drücken Sie [Eingabe].

   Die Zeilenbeschriftungen und Teilsummen werden eingefügt (siehe Abbildung 6.12). Das graue Feld, welches das Wort *STAAT* enthält, wird *Zeilenfeld* genannt und bildet den sichtbaren Titel des PivotTable-Felds.

Abbildung 6.12
Die Daten werden nach dem Zeilenfeld *Staat* aufgeschlüsselt und addiert

Set neuFeld = neuPivot.PivotFields("Staat")
neuFeld.Orientation = xlRowField

	A	B
1	Summe von MENGE	
2	STAAT	Summe
3	AZ	25.341
4	CA	112.385
5	ID	1.860
6	NV	51.634
7	OR	179.516
8	UT	40.068
9	WA	154.017
10	Gesamtergebnis	564.821

6. Sie können sich inzwischen wohl vorstellen, wie die Elemente des Felds *Staat* in Spaltenüberschriften überführt werden. Geben Sie **neuFeld. Orientation = xlColumnField** ein, und drücken Sie [Eingabe].

   Die Bundesstaatenkürzel werden in *Tabelle1* von der Seite zum oberen Blattrand verschoben, da das Feld *Staat* als *Spaltenfeld* definiert worden ist. Das Zeilenfeld steht nun über den Staatenkürzeln (siehe Abbildung 6.13).

Abbildung 6.13
Die Werte des Felds *Staat* bilden nun Spaltenüberschriften

neuFeld.Orientation = xlColumnField

	A	B	C	D	E	F	G	H	I
1	Summe von MENGE	STAAT							
2		AZ	CA	ID	NV	OR	UT	WA	Gesamtergebnis
3	Summe	25.341	112.385	1.860	51.634	179.516	40.068	154.017	564.821

7. Die Daten werden in einem PivotTable-Bericht nach den Zeilen- und Spaltenfeldern gruppiert. Ebenso, wie Sie die Seiten einer Zeitschrift umblättern, um einen Artikel auszuwählen, filtern Sie die Daten eines PivotTable-Berichts mithilfe eines *Seitenfelds*. Geben Sie **neuFeld.Orientation = xlPageField** ein, und drücken Sie [Eingabe]. Das Zeilenfeld *Staat* wird nun in die linke obere Arbeitsblattecke verschoben.

8. Um die Daten z.B. nach einem Staat zu filtern, weisen Sie der Eigenschaft *CurrentPage* des Seitenfelds *Staat* ein Bundesstaatenkürzel zu. Geben Sie **neuFeld.CurrentPage = "WA"** ein, und drücken Sie [Eingabe]. Dann geben Sie **neuFeld.CurrentPage = "CA"** ein und drücken [Eingabe]. Die Zahlen ändern sich, wenn Sie nach verschiedenen Bundesstaaten filtern (siehe Abbildung 6.14).

Abbildung 6.14
Der PivotTable-Bericht zeigt zuerst die Summe für Washington und dann die für Kalifornien

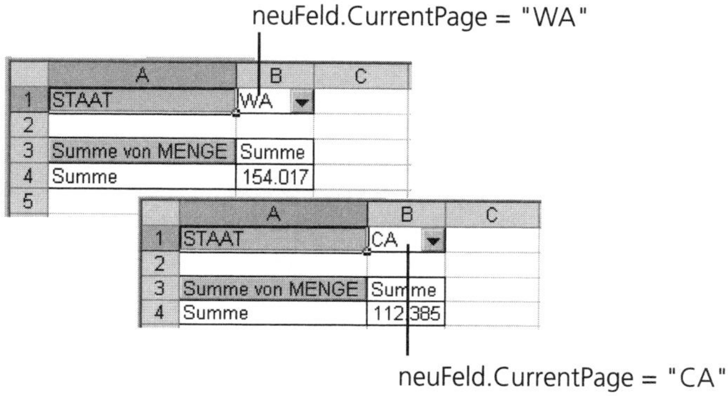

Die Eigenschaft *CurrentPage* ist nur bei Seitenfeldern einsetzbar.

9. Wenn Sie ein Feld aus einem sichtbaren Bereich des PivotTable-Berichts entfernen möchten, weisen Sie ihm das Attribut *xlHidden* zu, um es auszublenden. Geben Sie **neuFeld.Orientation = xlHidden** ein, und drücken Sie [Eingabe].

Das Zeilenfeld *Staat* wird verborgen (siehe Abbildung 6.15). Der PivotTable-Bericht enthält immer noch ein PivotTable-Feld mit dem Namen *Staat*, doch er besitzt kein sichtbares Zeilenfeld mehr. PivotTable-Berichte werden durch die Eigenschaft *Orientation* von *PivotFields*-Auflistungsobjekten zu dem, was sie sind.

Abbildung 6.15
Das Zeilenfeld wird verborgen

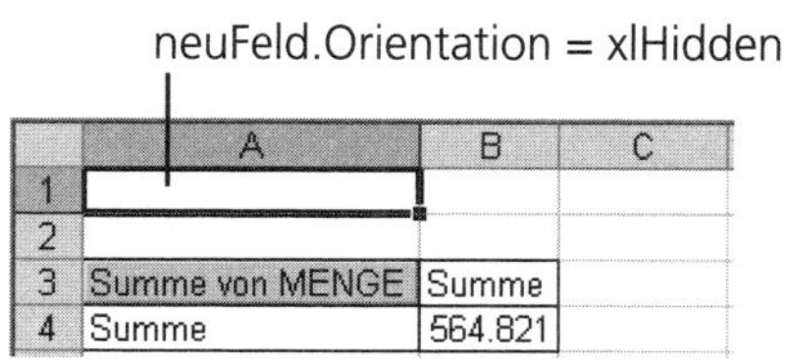

Mehrere Änderungen am PivotTable-Objekt vornehmen

Das *PivotTable*-Objekt verfügt über eine Methode, mit der Sie gleichzeitig unterschiedlichen Bereichen des PivotTable-Berichts Felder zuweisen können. Diese Methode können Sie sich in der Hilfe unter dem *PivotTable*-Objekt ansehen.

1. Klicken Sie im Makro *PivotErstellen* auf das Wort *PivotTable*, und drücken Sie `F1`. Wenn das *PivotTable*-Objekt markiert ist, klicken Sie auf *Hilfe*. Klicken Sie in der Methodenliste auf *AddFields-Methode*.

   Das Hilfethema beschreibt, dass Sie diese Methode einsetzen können, um Zeilen-, Spalten- und Seitenfelder zusammen hinzuzufügen.

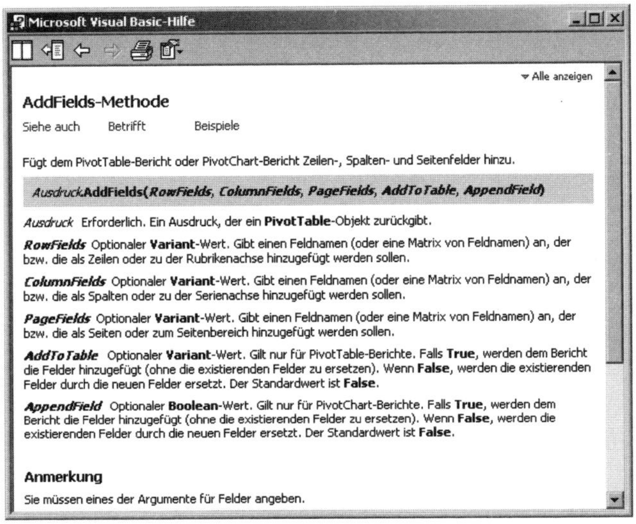

Abbildung 6.16 Das Hilfethema zur *AddFields*-Methode

2. Schließen Sie das Hilfefenster.

3. Geben Sie im Direktfenster **neuPivot.AddFields "Kategorie", "Staat", "Kanal"** ein, und drücken Sie `Eingabe`.

   Mit dieser Anweisung werden das Feld *Kategorie* als Zeilenfeld, das Feld *Staat* als Spaltenfeld und das Feld *Kanal* als Seitenfeld definiert (siehe Abbildung 6.17). Die Argumente der Methode *AddFields* müssen immer in der Reihenfolge Zeile, Spalte und Seite angegeben werden.

   Das Hilfethema beschreibt, dass jedes Argument entweder aus einem Feldnamen oder aus einer Matrix von Feldnamen besteht. Sie verwenden eine Matrix von Feldnamen, wenn Sie mehrere Felder zu einem Bereich hinzufügen wollen.

4. Um einem Bereich mehrere Feldnamen hinzuzufügen, geben Sie mithilfe der Funktion *Array* mehrere Feldnamen in einem einzigen Argument an. Geben Sie **neuPivot.AddFields Array("Staat","Kanal"), "Preis", "Datum"** ein, und drücken Sie `Eingabe`.

   Staat und *Kanal* werden zu Zeilenfeldern, *Preis* wird zum Spaltenfeld, und *Datum* wird zum Seitenfeld (siehe Abbildung 6.18).

Abbildung 6.17
Der PivotTable-Bericht mit weiteren Feldern

neuPivot.AddFields "Kategorie", "Staat", "Kanal"

	A	B	C	D	E	F	G	H	I
1	KANAL	(Alle)							
2									
3	Summe von MENGE	STAAT							
4	KATEGORIE	AZ	CA	ID	NV	OR	UT	WA	Gesamtergebnis
5	Blumen	5.292	28.787	295	14.275	53.185	6.080	26.263	134.177
6	Bücher	5.481	14.605	919	14.639	14.753	20.251	4.085	74.733
7	Geräte	3.020	37.733	226	11.490	53.288	2.402	15.067	123.226
8	Kräuter	8.192	16.575	250	6.160	10.950	5.990	27.207	75.324
9	Nüsse					11.375		58.895	70.270
10	Obst	3.356	14.685	170	5.070	35.965	5.345	22.500	87.091
11	Gesamtergebnis	25.341	112.385	1.860	51.634	179.516	40.068	154.017	564.821
12									

Abbildung 6.18
Der PivotTable-Bericht mit mehreren Zeilenfeldern

neuPivot.AddFields Array("Staat","Kanal"), "Preis", "Datum"

	A	B	C	D	E	F
1	DATUM	(Alle)				
2						
3	Summe von MENGE		PREIS			
4	STAAT	KANAL	Hoch	Mittel	Niedrig	Gesamtergebnis
5	AZ	Einzelhandel	783	3.789	2.869	7.441
6		Großhandel	2.940	8.820	6.140	17.900
7	AZ Summe		3.723	12.609	9.009	25.341
8	CA	Einzelhandel	6.152	10.414	5.229	21.795
9		Großhandel	4.970	59.345	26.275	90.590
10	CA Summe		11.122	69.759	31.504	112.385
11	ID	Einzelhandel	193	1.174	493	1.860
12	ID Summe		193	1.174	493	1.860

5 Wenn ein vorgegebener Bereich mehrere Felder umfasst, können Sie mit der Eigenschaft *Position* die Reihenfolge der Felder ändern. Das Feld *Staat* ist immer noch der Variablen *neuFeld* zugewiesen. Geben Sie **neuFeld.Position = 2** ein, und drücken Sie [Eingabe], um die Positionen der Felder *Staat* und *Kanal* zu vertauschen (siehe Abbildung 6.19).

Abbildung 6.19
Die Reihenfolge der Felder wurde geändert

neuFeld.Position = 2

	A	B	C	D	E	F	G
1	DATUM	(Alle)					
2							
3	Summe von MENGE		PREIS				
4	KANAL	STAAT	Hoch	Mittel	Niedrig	Gesamtergebnis	
5	Einzelhandel	AZ	783	3.789	2.869	7.441	
6		CA	6.152	10.414	5.229	21.795	
7		ID	193	1.174	493	1.860	
8		NV	13.419	15.305	8.785	37.509	
9		OR	6.336	30.094	22.291	58.721	
10		UT	380	1.867	1.376	3.623	
11		WA	3.341	17.072	12.489	32.902	
12	Einzelhandel Summe		30.604	79.715	53.532	163.851	

Verwenden Sie die Methode *AddFields* des *PivotTable*-Objekts, um umfangreichere Änderungen an einem PivotTable-Bericht vorzunehmen. Verwenden Sie die Eigenschaften *Orientation*, *Position* und *CurrentPage* des *PivotField*-Objekts für geringfügigere Änderungen.

Zusätzlich zur Auflistung *PivotFields* besitzen *PivotTable*-Objekte untergeordnete Auflistungen, die nur *PivotField*-Objekte mit einer bestimmten *Orientation*-Eigenschaft enthalten. Beispielsweise enthält die Auflistung *RowFields* nur Felder, deren *Orientation*-Eigenschaft den Wert *xlRowField* hat. Bei den untergeordneten Auflistungen handelt es sich um *RowFields*, *ColumnFields*, *PageFields*, *DataFields* und *HiddenFields*. Es gibt keine zu diesen Auflistungen korrespondierenden Objektklassen. Auch die Elemente einer *RowFields*-Auflistung sind *PivotField*-Objekte und nicht etwa *RowField*-Objekte. Sie müssen diese untergeordneten Auflistungen nicht verwenden, gelegentlich ist die Verwendung dieser Objekte jedoch komfortabler als die der *PivotFields*-Auflistung. Wenn Sie zum Beispiel wissen, dass es nur ein Zeilenfeld gibt, können Sie mit dem Ausdruck *RowFields(1)* darauf verweisen, ohne sich um dessen Namen oder Nummer in der *PivotFields*-Auflistung kümmern zu müssen.

PivotTable-Berichte aussagekräftiger gestalten

Sobald Sie einen PivotTable-Bericht mit Zeilen und Spalten in der passenden Anordnung erstellt haben, können Sie ihn verbessern. Sie können bestimmte Details innerhalb eines Felds, das Erscheinungsbild der Daten und sogar die Arbeitsblattbereiche ändern, die Abschnitte des PivotTable-Berichts enthalten.

PivotTable-Elemente bearbeiten

Die eindeutigen Werte, die in einem PivotTable-Feld angezeigt werden, werden *Elemente* bzw. *PivotItem*-Objekte genannt. Sie können einzelne Elemente eines PivotTable-Felds bearbeiten.

1. Geben Sie **Set neuElement = neuFeld.PivotItems("WA")** ein, und drücken Sie [Eingabe], um der Variablen *neuElement* das *PivotItems*-Element für Washington zuzuweisen. Da sich *neuElement* nun auf ein einzelnes Objekt bzw. *PivotItem*-Objekt bezieht, können Sie das Element über seine Eigenschaften bearbeiten.

2. Geben Sie **neuElement.Position = 1** ein, und drücken Sie [Eingabe]. Das Element wird daraufhin verschoben (siehe Abbildung 6.20). Ein *PivotItem*-Objekt besitzt ebenso wie ein *PivotField*-Objekt die Eigenschaft *Position*.

Abbildung 6.20
Das Element *WA* wird an der ersten Position angezeigt

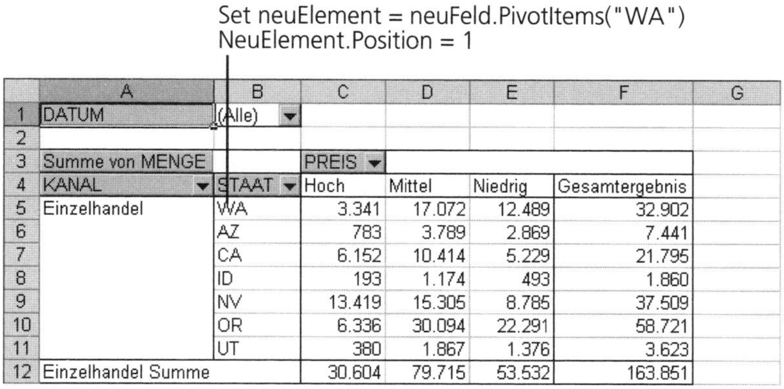

	A	B	C	D	E	F	G
1	DATUM	(Alle)					
2							
3	Summe von MENGE		PREIS				
4	KANAL	STAAT	Hoch	Mittel	Niedrig	Gesamtergebnis	
5	Einzelhandel	WA	3.341	17.072	12.489	32.902	
6		AZ	783	3.789	2.869	7.441	
7		CA	6.152	10.414	5.229	21.795	
8		ID	193	1.174	493	1.860	
9		NV	13.419	15.305	8.785	37.509	
10		OR	6.336	30.094	22.291	58.721	
11		UT	380	1.867	1.376	3.623	
12	Einzelhandel Summe		30.604	79.715	53.532	163.851	

3. Geben Sie **neuElement.Name = "Washington"** ein, und drücken Sie `Eingabe`. Das Element wird daraufhin umbenannt (siehe Abbildung 6.21).

Abbildung 6.21
Das Element wurde in *Washington* umbenannt

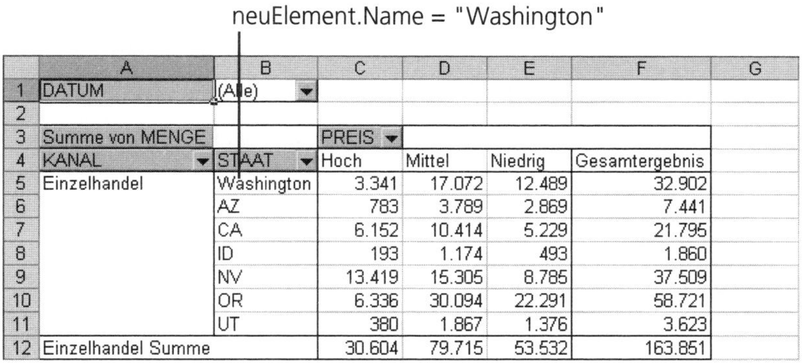

	A	B	C	D	E	F	G
1	DATUM	(Alle)					
2							
3	Summe von MENGE		PREIS				
4	KANAL	STAAT	Hoch	Mittel	Niedrig	Gesamtergebnis	
5	Einzelhandel	Washington	3.341	17.072	12.489	32.902	
6		AZ	783	3.789	2.869	7.441	
7		CA	6.152	10.414	5.229	21.795	
8		ID	193	1.174	493	1.860	
9		NV	13.419	15.305	8.785	37.509	
10		OR	6.336	30.094	22.291	58.721	
11		UT	380	1.867	1.376	3.623	
12	Einzelhandel Summe		30.604	79.715	53.532	163.851	

Der Name des Elements wird im PivotTable-Bericht angezeigt. Wenn Ihnen die Abkürzungen der Bundesstaaten nicht gefallen, können Sie das im PivotTable-Bericht ändern. Natürlich ist es manchmal sinnvoller, Konventionen nicht anzutasten. Zum Glück erinnert sich das *PivotItem*-Objekt an den ursprünglichen Namen.

4. Geben Sie **neuElement.Name = neuElement.SourceName** ein, und drücken Sie `Eingabe`.

Der ursprüngliche Name wird wieder angezeigt (siehe Abbildung 6.22). Es erklärt sich von selbst, warum die Eigenschaft *SourceName* schreibgeschützt ist.

5. Möglicherweise genügt es nicht, nur die Schreibweise des Bundesstaatnamens zu ändern. Vielleicht mögen Sie Washington nicht und wollen es vollständig beseitigen. Geben Sie **neuElement.Visible = False** ein, und

Abbildung 6.22 Das Element *WA* besitzt wieder den ursprünglichen Namen

neuElement.Name = neuElement.SourceName

	A	B	C	D	E	F	G
1	DATUM	(Alle)					
2							
3	Summe von MENGE		PREIS				
4	KANAL	STAAT	Hoch	Mittel	Niedrig	Gesamtergebnis	
5	Einzelhandel	WA	3.341	17.072	12.489	32.902	
6		AZ	783	3.789	2.869	7.441	
7		CA	6.152	10.414	5.229	21.795	
8		ID	193	1.174	493	1.860	
9		NV	13.419	15.305	8.785	37.509	
10		OR	6.336	30.094	22.291	58.721	
11		UT	380	1.867	1.376	3.623	
12	Einzelhandel Summe		30.604	79.715	53.532	163.851	

drücken Sie [Eingabe]. Das Element wird daraufhin verborgen (siehe Abbildung 6.23).

Abbildung 6.23 Das Element *WA* wird nicht angezeigt

neuElement.Visible = False

	A	B	C	D	E	F	G
1	DATUM	(Alle)					
2							
3	Summe von MENGE		PREIS				
4	KANAL	STAAT	Hoch	Mittel	Niedrig	Gesamtergebnis	
5	Einzelhandel	AZ	783	3.789	2.869	7.441	
6		CA	6.152	10.414	5.229	21.795	
7		ID	193	1.174	493	1.860	
8		NV	13.419	15.305	8.785	37.509	
9		OR	6.336	30.094	22.291	58.721	
10		UT	380	1.867	1.376	3.623	
11	Einzelhandel Summe		27.263	62.643	41.043	130.949	
12	Großhandel	AZ	2.940	8.820	6.140	17.900	

6. Vielleicht wird Ihnen plötzlich klar, dass es töricht ist, Washington nicht zu mögen. Zum Glück können Sie den Staat auf die gleiche Weise wieder hervorholen, wie Sie ihn zum Verschwinden gebracht haben. Geben Sie **neuElement.Visible = True** ein, und drücken Sie [Eingabe].

7. Eine andere nützliche Einsatzmöglichkeit von *PivotItem*-Objekten besteht darin, die Detailinformationen rechts vom Feld anzuzeigen oder zu verbergen. Sie werden dies nun ausprobieren und die Detailinformationen des Einzelhandelskanals verbergen. Geben Sie **Set neuElement = neuPivot.PivotFields("Kanal").PivotItems("Einzelhandel")** ein, und drücken Sie [Eingabe].

   Damit wird das Pivot-Element der Variablen *neuElement* zugewiesen.

8. Geben Sie **neuElement.ShowDetail = False** ein, und drücken Sie [Eingabe].

   Alle Daten des Einzelhandelskanals werden in einer einzigen Zeile zusammengefasst (siehe Abbildung 6.24).

Abbildung 6.24
Die Detaildaten zum Einzelhandel sind verborgen

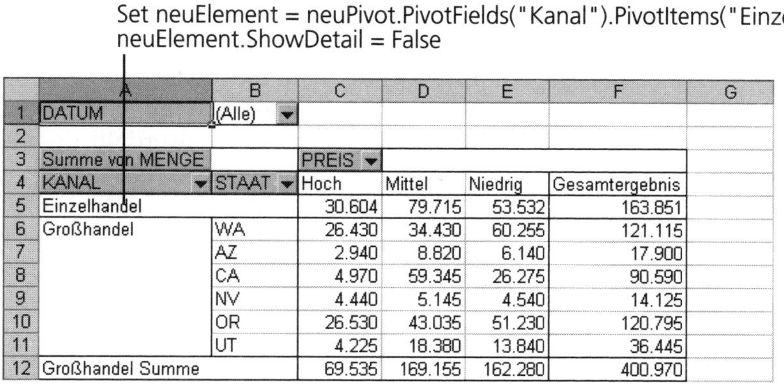

	A	B	C	D	E	F	G
1	DATUM	(Alle)					
2							
3	Summe von MENGE		PREIS				
4	KANAL	STAAT	Hoch	Mittel	Niedrig	Gesamtergebnis	
5	Einzelhandel		30.604	79.715	53.532	163.851	
6	Großhandel	WA	26.430	34.430	60.255	121.115	
7		AZ	2.940	8.820	6.140	17.900	
8		CA	4.970	59.345	26.275	90.590	
9		NV	4.440	5.145	4.540	14.125	
10		OR	26.530	43.035	51.230	120.795	
11		UT	4.225	18.380	13.840	36.445	
12	Großhandel Summe		69.535	169.155	162.280	400.970	

Die Bearbeitung von PivotTable-Elementen führt in der Regel nicht zu solch dramatischen Änderungen wie die Bearbeitung von PivotTable-Feldern, doch Sie können mithilfe der Eigenschaften *Position*, *Name*, *SourceName*, *Visible* und *ShowDetail* von *PivotItem*-Objekten die Aussagekraft des PivotTable-Berichts erhöhen.

Datenfelder bearbeiten

Datenfelder erledigen die eigentliche Arbeit in einem PivotTable-Bericht. Hier werden die Zahlen bearbeitet. Datenfelder verhalten sich in vielerlei Hinsicht wie andere PivotTable-Felder, besitzen aber auch einige Eigenheiten. Wenn Sie ein zweites Datenfeld in den PivotTable-Bericht einfügen, wird der Unterschied zwischen Datenfeldern und anderen Feldern deutlich.

1. Geben Sie **Set neuFeld = neuPivot.PivotFields("Netto")** ein, und drücken Sie [Eingabe], um der Variablen *neuFeld* das Feld *Netto* zuzuweisen.
2. Geben Sie **neuFeld.Orientation = xlDataField** ein, und drücken Sie [Eingabe], um ein zweites Datenfeld einzufügen (siehe Abbildung 6.25).

Abbildung 6.25
Der PivotTable-Bericht mit einem weiteren Datenfeld

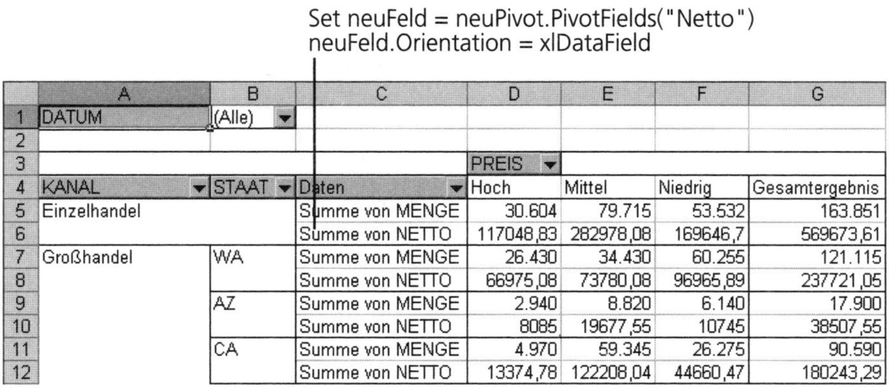

	A	B	C	D	E	F	G
1	DATUM	(Alle)					
2							
3				PREIS			
4	KANAL	STAAT	Daten	Hoch	Mittel	Niedrig	Gesamtergebnis
5	Einzelhandel		Summe von MENGE	30.604	79.715	53.532	163.851
6			Summe von NETTO	117048,83	282978,08	169646,7	569673,61
7	Großhandel	WA	Summe von MENGE	26.430	34.430	60.255	121.115
8			Summe von NETTO	66975,08	73780,08	96965,89	237721,05
9		AZ	Summe von MENGE	2.940	8.820	6.140	17.900
10			Summe von NETTO	8085	19677,55	10745	38507,55
11		CA	Summe von MENGE	4.970	59.345	26.275	90.590
12			Summe von NETTO	13374,78	122208,04	44660,47	180243,29

Sobald der PivotTable-Bericht zwei Datenfelder enthält, wird ein neues Zeilenfeld mit dem Namen *Daten* angezeigt. Das Feld *Daten* ist kein Feld der Datenbank, sondern ein temporäres Feld, das Ihnen die Bearbeitung mehrerer Datenfelder ermöglicht. Das Feld *Daten* ist zunächst ein Zeilenfeld, doch Sie können es in ein Spaltenfeld umwandeln.

3. Geben Sie **Set neuFeld = neuPivot.PivotFields("Daten")** ein, und drücken Sie [Eingabe].

Damit wird einer Variablen das temporäre Feld *Daten* zugewiesen. Diese Anweisung ist nur dann wirksam, wenn der PivotTable-Bericht mehrere Datenfelder enthält.

4. Geben Sie **neuFeld.Orientation = xlColumnField** ein, und drücken Sie [Eingabe]. Das Datenfeld wird damit zum Spaltenfeld (siehe Abbildung 6.26).

Abbildung 6.26 Das neue Datenfeld wurde als Spaltenfeld definiert

Set neuFeld = neuPivot.PivotFields("Daten")
neuFeld.Orientation = xlColumnField

	A	B	C	D	E	F
1	DATUM	(Alle)				
2						
3			PREIS	Daten		
4			Hoch		Mittel	
5	KANAL	STAAT	Summe von MENGE	Summe von NETTO	Summe von MENGE	Summe von NETTO
6	Einzelhandel		30.604	117048,83	79.715	282978,08
7	Großhandel	WA	26.430	66975,08	34.430	73780,08
8		AZ	2.940	8085	8.820	19677,55
9		CA	4.970	13374,78	59.345	122208,04
10		NV	4.440	11759,64	5.145	11466,07
11		OR	26.530	65508,64	43.035	88771,74
12		UT	4.225	11135,45	18.380	38680,99

Als Sie das Feld *Staat* in ein Zeilenfeld änderten, wurde ein Feld mit dem Titel *Staat* im PivotTable-Bericht angezeigt. Das galt auch für andere Zeilen-, Spalten- und Seitenfelder. Als Sie die Felder *Netto* und *Menge* als Datenfelder definierten, wurden keine Felder mit dem Titel *Netto* bzw. *Menge* eingeblendet, sondern die Beschriftungen *Summe von Menge* und *Summe von Netto*. Diese Summenfelder sind neue, abgeleitete Felder, die zum PivotTable-Bericht hinzugefügt wurden. Wenn Sie auf eines dieser Felder Bezug nehmen wollen, verwenden Sie den neuen Namen.

5. Geben Sie **Set neuFeld = neuPivot.PivotFields("Summe von Netto")** ein, und drücken Sie [Eingabe].

6. Geben Sie **neuFeld.Orientation = xlHidden** ein, und drücken Sie [Eingabe].

Die Spalte *Summe von Netto* wird daraufhin verborgen (siehe Abbildung 6.27). Die Spalte *Summe von Netto* verschwindet zusammen mit dem Datenfeld, da nun nur noch ein Datenfeld vorhanden ist. Um ein Datenfeld zu erstellen, ändern Sie die *Orientation*-Eigenschaft des Datenbankfelds.

Um ein Datenfeld zu entfernen, ändern Sie die *Orientation*-Eigenschaft des abgeleiteten Felds.

Abbildung 6.27
Die Spalte *Summe von Netto* ist verborgen

Set neuFeld = neuPivot.PivotFields("Summe von Netto")
neuFeld.Orientation = xlHidden

	A	B	C	D	E	F
1	DATUM	(Alle)				
2						
3	Summe von MENGE		PREIS			
4	KANAL	STAAT	Hoch	Mittel	Niedrig	Gesamtergebnis
5	Einzelhandel		30.604	79.715	53.532	163.851
6	Großhandel	WA	26.430	34.430	60.255	121.115
7		AZ	2.940	8.820	6.140	17.900
8		CA	4.970	59.345	26.275	90.590
9		NV	4.440	5.145	4.540	14.125
10		OR	26.530	43.035	51.230	120.795
11		UT	4.225	18.380	13.840	36.445
12	Großhandel Summe		69.535	169.155	162.280	400.970

7. Geben Sie **Set neuFeld = neuPivot.PivotFields("Summe von Menge")** ein, und drücken Sie [Eingabe], um das letzte Datenfeld einer Variablen zuzuweisen.

8. Per Voreinstellung wird bei Zahlenfeldern die Summe der Werte berechnet. Über die Eigenschaft *Function* eines Datenfelds ändern Sie, wie die Daten im PivotTable-Bericht zusammengefasst werden. Geben Sie **neuFeld.Function = xlAverage** ein, und drücken Sie [Eingabe].

   Statt der Summen werden nun die Mittelwerte angezeigt, und die Beschriftung ändert sich in *Mittelwert von MENGE* (siehe Abbildung 6.28).

Abbildung 6.28
Nun wird der Mittelwert der Daten angezeigt

Set neuFeld = neuPivot.PivotFields("Summe von Menge")
neuFeld.Function = xlAverage

	A	B	C	D	E	F
1	DATUM	(Alle)				
2						
3	Mittelwert von MENGE		PREIS			
4	KANAL	STAAT	Hoch	Mittel	Niedrig	Gesamtergebnis
5	Einzelhandel		111	111	92	104
6	Großhandel	WA	287	167	354	259
7		AZ	72	77	66	72
8		CA	106	430	237	306
9		NV	159	64	69	81
10		OR	316	222	320	276
11		UT	264	383	346	350
12	Großhandel Summe		226	217	254	232

9. Wenn Ihnen dieser Titel nicht gefällt, können Sie mithilfe der Eigenschaft *Name* selbst einen Titel festlegen. Geben Sie **neuFeld.Name = "Durch-**

schn. Menge" ein, und drücken Sie [Eingabe]. Die Beschriftung ändert sich in ***Durchschn. Menge*** (siehe Abbildung 6.29).

Abbildung 6.29
Die geänderte Beschriftung der Mittelwerte

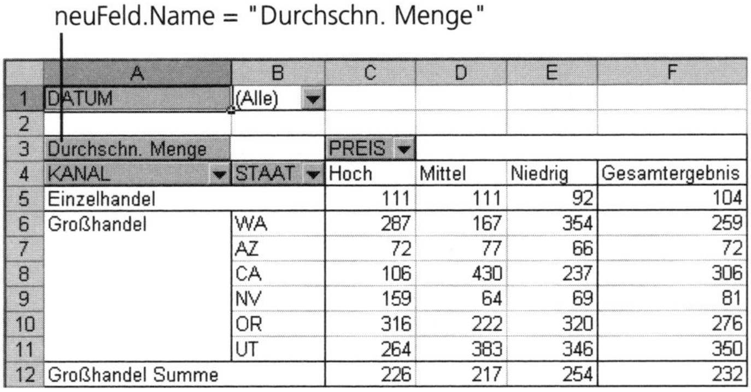

	A	B	C	D	E	F
1	DATUM	(Alle)				
2						
3	Durchschn. Menge		PREIS			
4	KANAL	STAAT	Hoch	Mittel	Niedrig	Gesamtergebnis
5	Einzelhandel		111	111	92	104
6	Großhandel	WA	287	167	354	259
7		AZ	72	77	66	72
8		CA	106	430	237	306
9		NV	159	64	69	81
10		OR	316	222	320	276
11		UT	264	383	346	350
12	Großhandel Summe		226	217	254	232

Sobald Sie den voreingestellten Namen eines abgeleiteten Datenfelds durch einen eigenen Namen ersetzt haben, ändert Excel den Namen nicht mehr automatisch, auch dann nicht, wenn Sie die Eigenschaft *Function* ändern. Damit Excel den Namen automatisch anpasst, weisen Sie der Eigenschaft *Name* die Bezeichnung zu, die dem voreingestellten Namen der aktuellen Funktion entspricht. Wenn das Datenfeld beispielsweise gerade Mittelwerte des Felds *Menge* anzeigt, ändern Sie den Namen in Mittelwert von Menge.

Wenn Sie der *Orientation*-Eigenschaft eines Felds den Wert *xlDataField* zuweisen, ändern Sie die *Orientation*-Eigenschaft dieses Felds nicht, sondern erstellen damit ein neues, abgeleitetes Feld, dessen *Orientation*-Eigenschaft den Wert *xlDataField* besitzt. Mithilfe dieser abgeleiteten Felder können Sie mehrere Datenfelder aus einem einzigen Feld erstellen. Sie können festlegen, dass eines der abgeleiteten Datenfelder Summen zeigt, das nächste Mittelwerte und so weiter.

Das erste Datenfeld, das nur existiert, wenn der PivotTable-Bericht mehrere Datenfelder besitzt, unterscheidet sich von einem normalen *PivotField*-Objekt lediglich dadurch, dass es nur als Zeilen- oder Spaltenfeld verwendet werden kann.

Bereiche von PivotTable-Objekten suchen

PivotTable-Berichte befinden sich immer in einem Arbeitsblatt. In PivotTable-Berichten werden zwar nicht die in Arbeitsblättern üblichen Formeln zur Durchführung von Berechnungen verwendet, aber die Arbeitsblattzellen. Wenn Sie einem bestimmten Abschnitt eines PivotTable-Berichts ein besonderes Format zuweisen wollen oder in Zellen außerhalb des PivotTable-Berichts Formeln einfügen, die an Zellen des PivotTable-Berichts ausgerichtet sind, müssen Sie wissen, welche Zellen die verschiedenen Abschnitte des PivotTable-Berichts beinhalten. Zum Glück verfügen alle Objekte von PivotTable-Berichten über Eigenschaften, die Sie bei der Suche nach den Zellen, die Abschnitte des PivotTable-Berichts enthalten, unterstützen.

1. Im Direktfenster geben Sie **Set neuBereich = neuPivot.DataBodyRange** ein und drücken [Eingabe].

Excel wählt den Datenbereich der Tabelle aus, also den von der Eigenschaft *DataBodyRange* zurückgegebenen Bereich. Wenn Sie den Punkt nach *neuPivot* eingeben, zeigt Visual Basic die Liste der Methoden und Eigenschaften an. Einige Eigenschaften besitzen die Endung *Range*, etwa *ColumnRange*, *DataBodyRange*, *DataLabelRange* und *PageRange*. Alle Eigenschaften, die auf *Range* enden, geben ein *Range*-Objekt zurück.

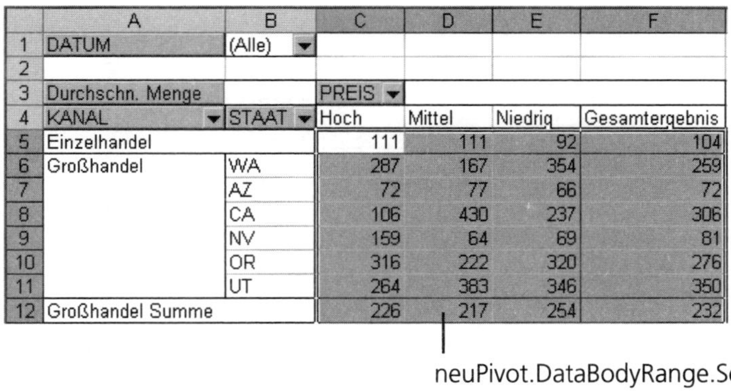

	A	B	C	D	E	F
1	DATUM	(Alle)				
2						
3	Durchschn. Menge		PREIS			
4	KANAL	STAAT	Hoch	Mittel	Niedrig	Gesamtergebnis
5	Einzelhandel		111	111	92	104
6	Großhandel	WA	287	167	354	259
7		AZ	72	77	66	72
8		CA	106	430	237	306
9		NV	159	64	69	81
10		OR	316	222	320	276
11		UT	264	383	346	350
12	Großhandel Summe		226	217	254	232

Abbildung 6.30 Der Datenbereich ist ausgewählt

2. Sie können ebenso den umgekehrten Weg wählen: Suchen Sie nach einem Element eines PivotTable-Berichts, das sich in einer bestimmten Zelle des Excel-Arbeitsblatts befindet. Geben Sie **Range("D4").Select** ein, und drücken Sie [Eingabe], um die Zelle D4 zu wählen (siehe Abbildung 6.31).

3. Geben Sie **Set neuElement = ActiveCell.PivotItem** ein, und drücken Sie [Eingabe].

Damit wird der Variablen das Element *Mittel* aus dem Feld *Preis* zugewiesen. Verschiedene Elemente beginnen mit *Pivot*. Jede dieser Eigenschaften gibt das entsprechende Objekt des PivotTable-Berichts zurück, das sich im Bereich befindet.

4. Geben Sie **neuElement.DataRange.Select** ein, und drücken Sie [Eingabe], um die Datenzellen zu wählen, die zum Element *Mittlerer Preis* gehören (siehe Abbildung 6.32).

Abbildung 6.31
Zelle D4 ist ausgewählt

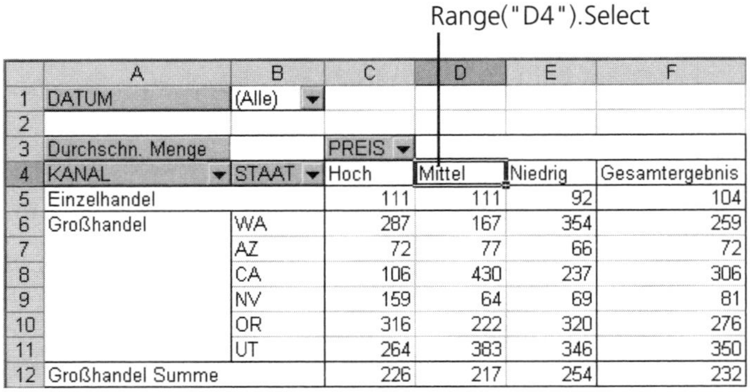

	A	B	C	D	E	F
1	DATUM	(Alle)				
2						
3	Durchschn. Menge		PREIS			
4	KANAL	STAAT	Hoch	Mittel	Niedrig	Gesamtergebnis
5	Einzelhandel		111	111	92	104
6	Großhandel	WA	287	167	354	259
7		AZ	72	77	66	72
8		CA	106	430	237	306
9		NV	159	64	69	81
10		OR	316	222	320	276
11		UT	264	383	346	350
12	Großhandel Summe		226	217	254	232

Abbildung 6.32
Die Zellen unter *Mittel* sind ausgewählt

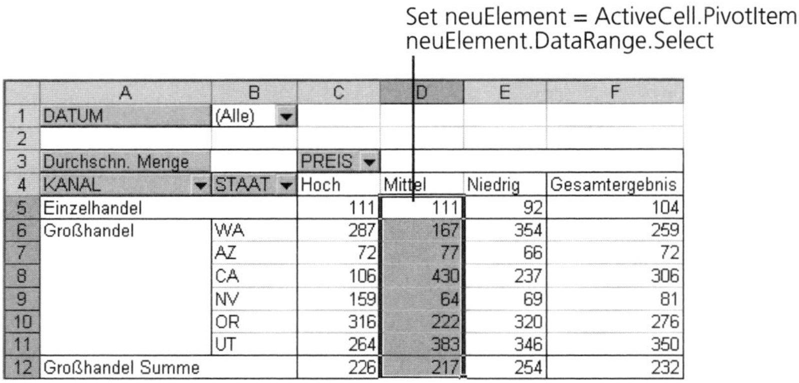

	A	B	C	D	E	F
1	DATUM	(Alle)				
2						
3	Durchschn. Menge		PREIS			
4	KANAL	STAAT	Hoch	Mittel	Niedrig	Gesamtergebnis
5	Einzelhandel		111	111	92	104
6	Großhandel	WA	287	167	354	259
7		AZ	72	77	66	72
8		CA	106	430	237	306
9		NV	159	64	69	81
10		OR	316	222	320	276
11		UT	264	383	346	350
12	Großhandel Summe		226	217	254	232

5. Geben Sie **ActiveWorkbook.Close False** ein, und drücken Sie [Eingabe], um die Datei *Aufträge.dbf* zu schließen.

Wenn Sie eine Eigenschaft eines *PivotTable*-Objekts mit der Endung *Range* sehen, wissen Sie, dass sie irgendein *Range*-Objekt zurückgibt. Wenn Sie eine Eigenschaft eines *Range*-Objekts mit dem Präfix *Pivot* sehen, wissen Sie, dass sie ein Objekt aus dieser Zelle zurückgibt.

Speichern Sie Ihre Arbeit

Sie haben in dieser Übung viel mit dem Direktfenster gearbeitet. Wenn Sie Excel nun verlassen, wird sich Ihre gesamte Arbeit in Wohlgefallen auflösen. Sie speichern Ihre Eingaben, indem Sie sie vom Direktfenster in das Makro *PivotErstellen* kopieren.

1. Drücken Sie [F8], um das Makro zu beenden.
2. Markieren Sie den gesamten Inhalt des Direktfensters, indem Sie [Strg]+[A] drücken.
3. Drücken Sie [Strg]+[C], um den Inhalt des Direktfensters zu kopieren.

4. Klicken Sie im Makro *PivotErstellen* an den Anfang der *End Sub*-Anweisung. Drücken Sie [Strg]+[V], um den Inhalt des Direktfensters einzufügen (siehe Abbildung 6.33).

   Die neuen Zeilen sind nicht eingerückt, wie es eigentlich in einem Makro erwartet wird.

Abbildung 6.33
Die Anweisungen des Direktfensters wurden in ein Makro kopiert

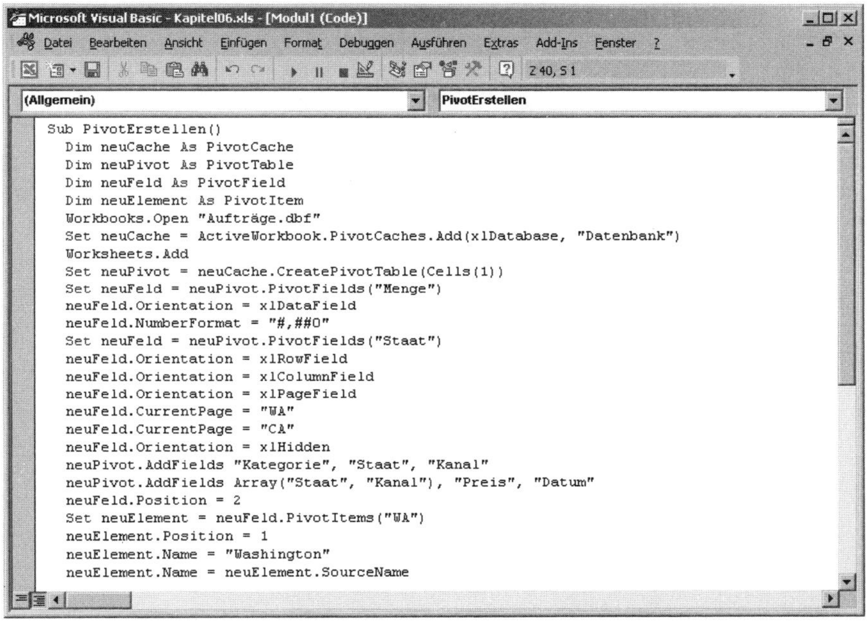


```
Sub PivotErstellen()
  Dim neuCache As PivotCache
  Dim neuPivot As PivotTable
  Dim neuFeld As PivotField
  Dim neuElement As PivotItem
  Workbooks.Open "Aufträge.dbf"
  Set neuCache = ActiveWorkbook.PivotCaches.Add(xlDatabase, "Datenbank")
  Worksheets.Add
  Set neuPivot = neuCache.CreatePivotTable(Cells(1))
  Set neuFeld = neuPivot.PivotFields("Menge")
  neuFeld.Orientation = xlDataField
  neuFeld.NumberFormat = "#,##0"
  Set neuFeld = neuPivot.PivotFields("Staat")
  neuFeld.Orientation = xlRowField
  neuFeld.Orientation = xlColumnField
  neuFeld.Orientation = xlPageField
  neuFeld.CurrentPage = "WA"
  neuFeld.CurrentPage = "CA"
  neuFeld.Orientation = xlHidden
  neuPivot.AddFields "Kategorie", "Staat", "Kanal"
  neuPivot.AddFields Array("Staat", "Kanal"), "Preis", "Datum"
  neuFeld.Position = 2
  Set neuElement = neuFeld.PivotItems("WA")
  neuElement.Position = 1
  neuElement.Name = "Washington"
  neuElement.Name = neuElement.SourceName
```

5. Klicken Sie in die Mitte der ersten Zeile, die eingerückt werden muss, halten Sie [Umschalt] gedrückt, und klicken Sie in die Mitte der letzten einzurückenden Zeile. Dann drücken Sie [Tab], um alle Zeilen zugleich einzurücken.

6. Speichern Sie die Arbeitsmappe *Kapitel06*, indem Sie im Visual Basic-Editor auf die Schaltfläche *Speichern* klicken, und schließen Sie die Arbeitsmappe *Aufträge.dbf*, ohne Ihre Änderungen zu speichern.

7. Klicken Sie in das Makro *PivotErstellen*, und drücken Sie wiederholt [F8], um alle Aufgaben, die Sie in diesem Kapitel erledigt haben, nochmals auszuführen (und zu prüfen).

Sie haben verschiedene Objekte nacheinander den Objektvariablen zugewiesen. Ihre Makros werden lesbarer, wenn Sie immer dann, wenn ein Objekt einer Variablen zugewiesen werden muss, eine eindeutige Variable erstellen, die einen aussagekräftigen Namen besitzt.

Zu Ihrer Information ist nachfolgend das gesamte Makro abgedruckt, das Sie in diesem Kapitel erstellt haben:

```
Sub PivotErstellen()
  Dim neuCache As PivotCache
  Dim neuPivot As PivotTable
  Dim neuFeld As PivotField
  Dim neuElement As PivotItem

  Workbooks.Open "Aufträge.dbf"
  Set neuCache = ActiveWorkbook.PivotCaches.Add( _
    xlDatabase, "Datenbank")
  Worksheets.Add
  Set  neuPivot = neuCache.CreatePivotTable(Cells(1))

  Set neuFeld = neuPivot.PivotFields("Menge")
  neuFeld.Orientation = xlDataField
  neuFeld.NumberFormat = "#,##0"
  Set neuFeld = neuPivot.PivotFields("Staat")
  neuFeld.Orientation = xlRowField
  neuFeld.Orientation = xlColumnField
  neuFeld.Orientation = xlPageField
  neuFeld.CurrentPage = "WA"
  neuFeld.CurrentPage = "CA"
  neuFeld.Orientation = xlHidden
  neuPivot.AddFields "Kategorie", "Staat", "Kanal"
  neuPivot.AddFields Array("Staat", "Kanal"), "Preis", "Datum"
  neuFeld.Position = 2

  Set neuElement = neuFeld.PivotItems("WA")
  neuElement.Position = 1
  neuElement.Name = "Washington"
  neuElement.Name = neuElement.SourceName
  neuElement.Visible = False
  neuElement.Visible = True
  Set neuElement = _
    neuPivot.PivotFields("Kanal").PivotItems("Einzelhandel")
  neuElement.ShowDetail = False
  Set neuFeld = neuPivot.PivotFields("Netto")
  neuFeld.Orientation = xlDataField
  Set neuFeld = neuPivot.PivotFields("Daten")
  neuFeld.Orientation = xlColumnField
  Set neuFeld = neuPivot.PivotFields("Summe von Netto")
  neuFeld.Orientation = xlHidden
  Set neuFeld = neuPivot.PivotFields("Summe von Menge")
```

```
  neuFeld.Function = xlAverage
  neuFeld.Name = "Durchschn. Menge"

  neuPivot.DataBodyRange.Select
  Range("D4").Select
  Set neuElement = ActiveCell.PivotItem
  neuElement.DataRange.Select
  ActiveWorkbook.Close False
End Sub
```

Dieses Makro ist nicht besonders nützlich, doch Sie verstehen nun, wie *PivotTable*-Objekte arbeiten und wie Sie sie mit Visual Basic bearbeiten können.

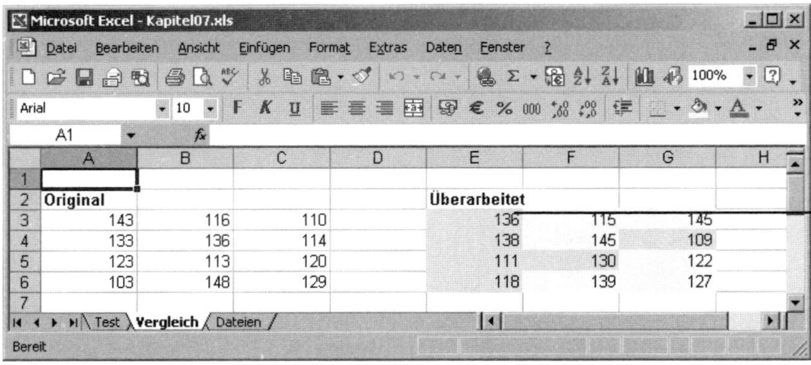

Unter Verwendung einer For-Schleife und einem Zähler Operationen wiederholt ausführen,
Seite 226

Mit einer Do-Schleife Operationen unbegrenzt häufig ausführen,
Seite 229

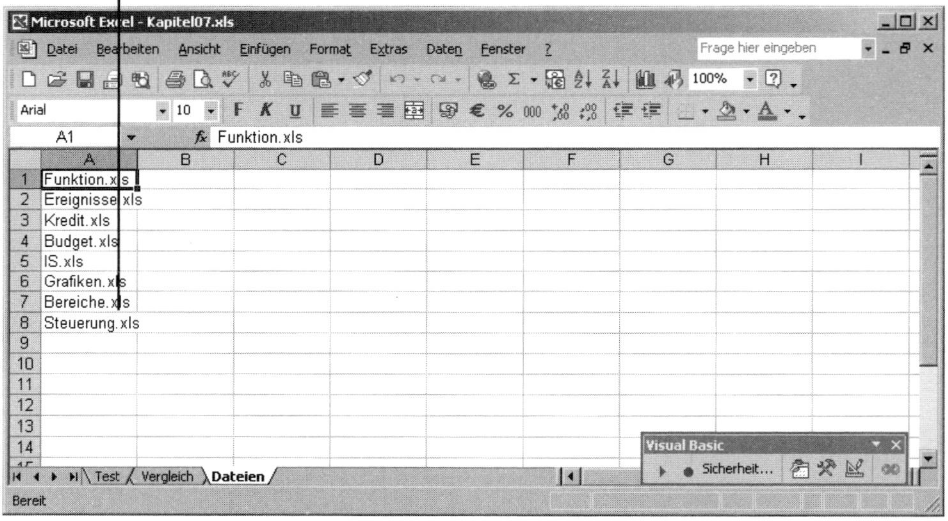

Einen Haltepunkt setzen,
Seite 233

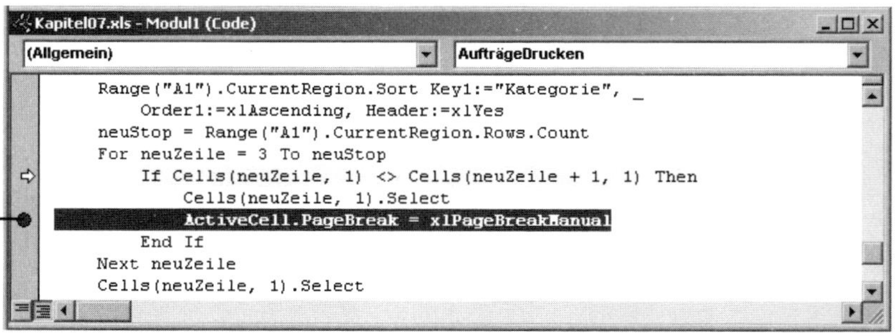

7 Visual Basic steuern

In diesem Kapitel lernen Sie

- wie Sie bedingte Anweisungen einsetzen.
- wie Sie mit drei verschiedenen Strukturen Schleifen erstellen können.
- wie Sie die Namen der Dateien eines Ordners abrufen.
- wie Sie Haltepunkte zum Testen langer Schleifen setzen.
- wie der Status eines Makros angezeigt wird, während das Makro eine Schleife ausführt.

Gehen Sie einmal nach draußen, und stellen Sie sich vor ein Auto. Sehen Sie sich das Profil des rechten Vorderrads genau an. Sehen Sie diesen kleinen Kieselstein im Profil des Autoreifens? Stellen Sie sich vor, Sie sind dieser Kiesel. Stellen Sie sich nun vor, der Reifen setzt sich in Bewegung. Es geht nach oben, höher und höher, ähnlich wie bei einem Riesenrad. Wirklich aufregend wird es, wenn es auf der anderen Seite wieder nach unten geht. (Wozu braucht man überhaupt so etwas wie Disneyland?) Sie können sich vielleicht vorstellen, dass dies beim ersten oder zweiten Mal ganz interessant ist, aber die Berg- und Talfahrt bei der fünfhundertsten oder der fünftausendsten Umdrehung langsam ihren Reiz verliert.

Die meisten Dinge sind interessant, wenn sie neu sind. Aber mit der Wiederholung kommt die Routine und unweigerlich die Langeweile. Wenn Sie dieselbe Aufgabe immer wieder erledigen müssen, suchen Sie bald nach einer Möglichkeit, diese Aufgabe von jemanden anderem oder etwas anderem ausführen zu lassen. In diesem Kapitel wird beschrieben, wie Sie eine sich wiederholende Aufgaben in einem Makro aufzeichnen, das Sie beliebig oft benutzen können, um sich das Leben zu erleichtern.

Steuerung.xls
Aufträge.dbf

In diesem Kapitel werden die Übungsdateien *Steuerung.xls* und *Aufträge.dbf* verwendet, die Sie von der Begleit-CD zu diesem Buch installiert haben. Details zur Installation der Übungsdateien finden Sie im Abschnitt *Die Begleit-CD verwenden* am Anfang des Buches.

Das Kapitel beginnen

1. Starten Sie Microsoft Excel, und wechseln Sie zum Ordner, der die Übungsdateien zu diesem Buch enthält.
2. Öffnen Sie die Arbeitsmappe *Steuerung,* und speichern Sie sie unter dem Namen **Kapitel07**.

Bedingungsausdrücke verwenden

Aufgezeichnete Makros sind offen gesagt ziemlich „dumm". Sie wiederholen genau die Folge der Arbeitsschritte, die Sie bei der Aufzeichnung ausgeführt haben, können aber weder auf veränderte Bedingungen oder Anforderungen reagieren, noch Entscheidungen treffen. Die einzige Möglichkeit, Makros mit etwas Intelligenz auszustatten, besteht im Einsatz von Strukturen, die Entscheidungen treffen können.

Eine Entscheidung treffen

Die Arbeitsmappe *Kapitel07* enthält ein Makro namens *NachRechtsVerschieben*. Das Makro ist folgendermaßen aufgebaut:

```
Sub NachRechtsVerschieben()
    ActiveCell.Offset(0, 1).Select
End Sub
```

Dieses Makro aktiviert die Zelle, die sich rechts von der aktiven Zelle befindet. Dem Makro wurde die Tastenkombination Strg+Umschalt+R zugewiesen. Dieses Makro funktioniert – meistens – wie gewünscht.

1. Wählen Sie die Zelle A1 aus, und drücken Sie Strg+Umschalt+R. Das Makro markiert die Zelle B1.
2. Drücken Sie Strg+Nach rechts, um die Zelle IV1 auszuwählen. Dies ist die letzte Zelle ganz rechts außen in der ersten Zeile. Drücken Sie dann Strg+Umschalt+R. Visual Basic zeigt eine Fehlermeldung an (siehe Abbildung 7.1).

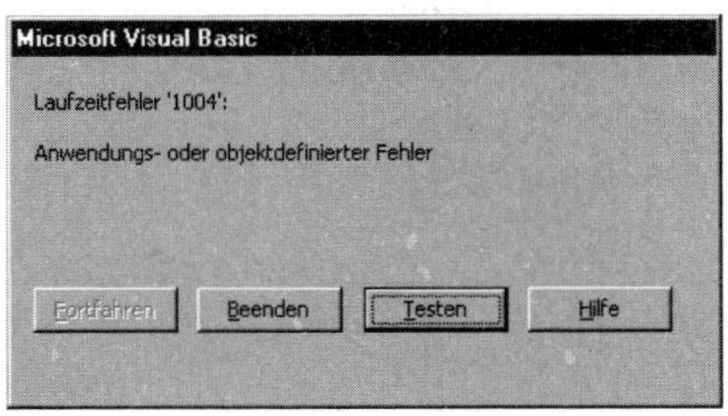

Abbildung 7.1 Die Visual Basic-Fehlermeldung

Man kann keine Zelle rechts von der äußersten rechten Zelle auswählen. Diese Fehlermeldung ist ziemlich unangenehm. Das Makro sollte daher einfach nichts tun, wenn es den Auswahlrahmen nicht nach rechts verschieben kann.

3. Klicken Sie auf die Schaltfläche *Debuggen*, um den Makrocode anzuzeigen. Klicken Sie auf die Schaltfläche *Zurücksetzen*, um die Makroausführung anzuhalten.

4. Fügen Sie nach der *Sub*-Anweisung die Anweisung **If ActiveCell.Column < 256 Then** ein. Rücken Sie die Hauptanweisung ein, und fügen Sie die Anweisung **End If** vor der Anweisung *End Sub* ein. Das überarbeitete Makro sollte jetzt folgendermaßen aussehen:

```
Sub NachRechtsVerschieben()
    If ActiveCell.Column < 256 Then
        ActiveCell.Offset(0, 1).Select
    End If
End Sub
```

Zu jeder *If*-Anweisung (eine Anweisung, die mit dem Wort *If* beginnt) gehört eine *End If*-Anweisung. Die Anweisungen zwischen *If* und *End If* werden zusammen als *If-Struktur* bezeichnet.

Visual Basic wertet den Ausdruck, der dem Wort *If* folgt, aus und stellt fest, ob er den Wert *True* oder *False* hat. Solche Ausdrücke werden als *Bedingungsausdrücke* bezeichnet. Wenn der Ausdruck in einer einfachen *If*-Struktur wie in diesem Beispiel den Wert *True* hat, führt Visual Basic alle Anweisungen aus, die zwischen der *If*- und der *End If*-Anweisung stehen. Falls der Ausdruck den Wert *False* ergibt, verzweigt Visual Basic direkt zur *End If*-Anweisung. Sie müssen die *If*-Anweisung stets mit dem Wort *Then* abschließen.

5. Wechseln Sie zu Excel, wählen Sie die Zelle IS1, und drücken Sie vier oder fünf Mal [Strg]+[Umschalt]+[R]. Das Makro aktiviert nacheinander die Zellen rechts von IS1, bis die letzte Zelle der Zeile erreicht wird. Wenn Sie hier die Tastenkombination drücken, geschieht nichts, was ganz genau Ihren Anweisungen entspricht (siehe Abbildung 7.2).

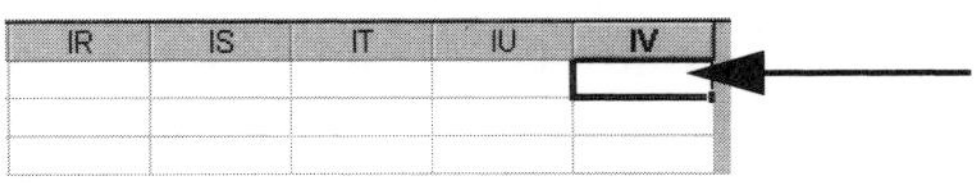

Abbildung 7.2 Sie können Ihr Makro mit genügend Intelligenz ausstatten, um die Ausgabe einer Fehlermeldung zu vermeiden

Die Makroaufzeichnungsfunktion kann niemals eine *If*-Struktur erstellen. Diese Art von Kontrollstruktur ist pures Visual Basic und muss von Ihnen ausdrücklich eingegeben werden. Glücklicherweise ist es einfach, eine *If*-Anweisung einzufügen.

6. Überlegen Sie sich eine Frage mit einer Ja/Nein-Antwort. In dieser Übung verwenden wir die Frage „Ist die Spaltennummer der aktiven Zelle kleiner als 256?“ Sie können diese Frage dann in einen Bedingungsausdruck einer *If*-Anweisung umwandeln.

7. Setzen Sie das Wort **If** vor den Bedingungsausdruck, und hängen Sie das Wort **Then** am Zeilenende an.

8. Legen Sie fest, welche Anweisungen ausgeführt werden sollen, wenn der Bedingungsausdruck den Wert *True* hat.

9. Fügen Sie die Anweisung **End If** nach der letzten Anweisung ein, die von der *If*-Struktur gesteuert werden soll.

Durch den Einsatz von *If*-Strukturen können Sie Makros mit einem gewissen Grad an „Intelligenz“ ausstatten.

Eine zweifache Entscheidung treffen

In manchen Situationen – wenn Sie beispielsweise Fehler vermeiden wollen – soll ein Makro nur dann ausgeführt werden, wenn der Bedingungsausdruck den Wert *True* hat. In anderen Situationen soll sich das Makro, abhängig vom Wert des Bedingungsausdrucks, unterschiedlich verhalten.

Nehmen wir zum Beispiel an, Sie möchten ein Makro erstellen, das die aktive Zelle nur in den ersten fünf Spalten der Tabelle nach rechts verschiebt. Wenn sich die aktive Zelle in der fünften Spalte befindet, soll das Makro die Zelle in der ersten Spalte der nächsten Zeile auswählen (wie nach einem Zeilenvorschub mit Wagenrücklauf bei einer Schreibmaschine). In diesem Fall soll das Makro eine Aufgabe ausführen, wenn die Spaltennummer kleiner als fünf ist (nämlich die aktive Zelle nach rechts verschieben), und eine andere Aufgabe ausführen (die erste Zelle in der nächsten Zeile auswählen), wenn dies nicht der Fall ist. Ihr Makro kann zwischen zwei Optionen wählen, wenn Sie die *If*-Struktur um einen weiteren Abschnitt ergänzen.

1. Wechseln Sie zu Visual Basic, und ändern Sie in der *If*-Anweisung die Zahl *256* zu **5**.

2. Geben Sie die Anweisung **Else** vor der Anweisung *End If* ein. Drücken Sie `Eingabe`. Drücken Sie dann `Tab`, und geben Sie die Anweisung **Cells(ActiveCell.Row + 1, 1).Select** in die Zeile unter der Anweisung *Else* ein. Das überarbeitete Makro sollte jetzt folgendermaßen aussehen:

```
Sub NachRechtsVerschieben()
    If ActiveCell.Column < 5 Then
        ActiveCell.Offset(0, 1).Select
    Else
        Cells(ActiveCell.Row + 1, 1).Select
```

```
    End If
End Sub
```

Die *Else*-Anweisung legt fest, welche Anweisungen ausgeführt werden sollen, wenn der Bedingungsausdruck den Wert *False* hat.

3. Wechseln Sie zu Excel, und drücken Sie mehrmals [F5], um das Makro auszuführen.

Wie Sie sehen, hebt das Makro nacheinander von links nach rechts Zellen hervor, bis die Zelle E erreicht worden ist, und dann beginnt es in der nächsten Zeile wieder bei Spalte A (siehe Abbildung 7.3).

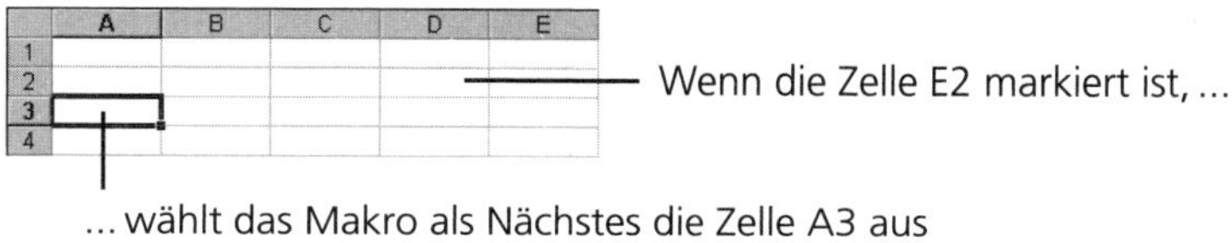

Abbildung 7.3
Nach Zelle E2 wird Zelle A3 ausgewählt

Eine *If*-Struktur kann aus einem einzigen Bestandteil bestehen, wobei die Anweisungen nur dann ausgeführt werden, wenn der Bedingungsausdruck den Wert *True* hat, oder sie kann zwei oder mehr Bestandteilen umfassen, wobei eine Gruppe von Anweisungen ausgeführt wird, wenn der Bedingungsausdruck den Wert *True* hat, und eine andere Gruppe von Anweisungen, wenn der Bedingungsausdruck den Wert *False* hat.

If-Strukturen können natürlich viel komplexer als in diesen beiden Beispielen sein. Sie erhalten nähere Informationen über *If*-Strukturen, indem Sie im Visual Basic-Editor die Worte *if then* in das Feld *Frage hier eingeben* eingeben.

Eine Frage stellen

In Kapitel 2 haben Sie ein Makro erstellt, das Sie zur Eingabe eines Datums aufgefordert hat. Dazu haben Sie die Visual Basic-Funktion *InputBox* eingesetzt. Die Funktion *InputBox* eignet sich hervorragend dazu, Fragen zu stellen, aber Sie müssen hier unbedingt berücksichtigen, was passiert, wenn auf die Schaltfläche *Abbrechen* geklickt wird.

In der Arbeitsmappe *Kapitel07* finden Sie ein Makro namens *Eingabetest*, das zur Eingabe eines Datums auffordert. Der Makrocode wird Ihnen vertraut vorkommen.

```
Sub Eingabetest()
    Dim neuDatum As String
    neuDatum = InputBox("Geben Sie einen Monat im Format MMM-JJJJ ein")
    MsgBox "Makroausführung fortsetzen"
End Sub
```

Das Makro fordert zur Eingabe eines Datums auf und zeigt dann in einem einfachen Dialogfeld die Meldung *Makroausführung fortsetzen* an.

1. Klicken Sie in das Makro *Eingabetest*. Drücken Sie [F5], um das Makro auszuführen, geben Sie **Nov-2002** als Datum ein, und klicken Sie auf *OK*.

   Das Meldungsfeld wird eingeblendet (siehe Abbildung 7.4).

Abbildung 7.4
Das Dialogfeld und das Meldungsfeld des Makros *Eingabetest*

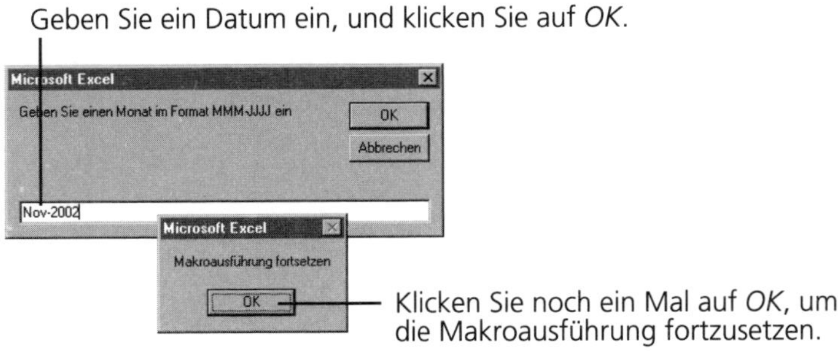

2. Klicken Sie auf *OK*, um das Meldungsfeld zu schließen.
3. Drücken Sie [F5], um das Makro erneut auszuführen, doch diesmal klicken Sie auf *Abbrechen*, statt ein Datum einzugeben.

   Das Meldungsfeld wird immer noch angezeigt, obwohl man normalerweise erwarten würde, dass das Makro durch Klicken auf *Abbrechen* beendet wird.

4. Klicken Sie auf *OK*, um das Meldungsfeld zu schließen.

   Wir benötigen hier eine Frage, die mit Ja beantwortet werden muss, wenn das Makro fortgesetzt werden soll. Eine entsprechende Frage wäre „Wurde etwas in das Feld eingegeben?". Wenn auf *Abbrechen* geklickt wird, hat dies die gleiche Bedeutung, als hätte man das Feld leer gelassen. In beiden Fällen gibt die Funktion *InputBox* eine leere Zeichenfolge zurück (zwei unmittelbar aufeinander folgende Anführungszeichen). Der Operator <> (ein Kleiner-Zeichen gefolgt von einem Größer-Zeichen) bedeutet „ungleich", also das Gegenteil des Gleichheitszeichens.

5. Geben Sie vor der *MsgBox*-Anweisung die Anweisung **If neuDatum <> "" Then** ein. Vor der Anweisung *End Sub* geben Sie **End If** ein und rücken dann die Anweisungen innerhalb der *If*-Struktur ein. Das überarbeitete Makro sollte jetzt folgendermaßen aussehen:

```
Sub Eingabetest()
    Dim neuDatum As String
    neuDatum = _InputBox("Geben Sie einen Monat im Format MMM-JJJJ ein")
    If neuDatum <> "" Then
        MsgBox "Makroausführung fortsetzen"
```

```
    End If
End Sub
```

6. Drücken Sie [F5], um das Makro auszuführen. Geben Sie ein Datum ein, und klicken Sie auf *OK*. Die Makroausführung „wird fortgesetzt".
7. Klicken Sie auf *OK*, um das Meldungsfeld zu schließen.
8. Führen Sie das Makro erneut aus, und klicken Sie diesmal auf *Abbrechen*. Das Makro wird wie gewünscht ohne die Anzeige des Meldungsfelds beendet.

Wenn Sie einem Benutzer Eingaben in ein Makro ermöglichen, müssen Sie prüfen, ob der Benutzer die Makroausführung nicht beendet hat.

Eine Eingabe auf Gültigkeit prüfen

Sie können prüfen, ob eine Eingabe der leeren Zeichenfolge entspricht, um herauszufinden, ob der Benutzer auf die Schaltfläche *Abbrechen* geklickt hat. Allerdings erhalten Sie damit keine Informationen darüber, ob der eingegebene Wert gültig ist. Sie können eine weitere Prüfung hinzufügen, um den Eingabewert zu prüfen.

1. Führen Sie das Makro *Eingabetest* erneut aus, geben Sie diesmal **Hippopotamus** in das Eingabefeld ein, und klicken Sie auf *OK*.

Das Makro „wird fortgesetzt", als ob ein Datum eingegeben worden wäre (siehe Abbildung 7.5).

Abbildung 7.5 Das Makro wird trotz einer ungültigen Eingabe fortgesetzt

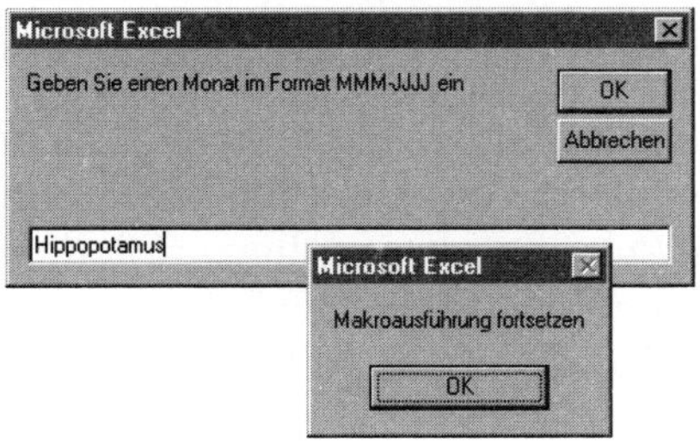

2. Klicken Sie auf *OK*, um das Meldungsfeld zu schließen.

Dass eine ungültige Eingabe anscheinend akzeptiert wird, ist natürlich problematisch. Sie müssen daher nicht nur überprüfen, ob das Dialogfeld eine Eingabe enthält, sondern auch, ob es sich bei dieser Eingabe um ein gültiges Datum handelt. Mit der Visual-Basic-Funktion *IsDate* kann überprüft werden, ob Visual Basic die Eingabe als Datum interpretieren kann. Diese Überprüfung soll aber nur erfolgen, wenn der Benutzer nicht auf *Abbrechen* klickt. Dazu muss eine spezielle, so genannte *verschachtelte If*-Struktur eingesetzt werden.

3. Ändern Sie das Makro wie folgt:

```
Sub Eingabetest()
    Dim neuDatum As String
    neuDatum = InputBox("Geben Sie einen Monat im Format MMM-JJJJ ein")
    If neuDatum <> "" Then
        If IsDate(neuDatum) Then
            MsgBox "Makroausführung fortsetzen"
        Else
            MsgBox "Sie haben kein Datum eingegeben"
        End If
    End If
End Sub
```

Rücken Sie die Anweisungen ein, damit deutlich erkennbar ist, welche Anweisung von welcher *If*- oder *Else*-Anweisung gesteuert wird. In Visual Basic müssen Anweisungen nicht eingerückt werden. Einrückungen erleichtern es Ihnen und anderen Personen jedoch, das Makro so zu lesen, wie es von Visual Basic interpretiert wird.

4. Führen Sie das Makro mindestens drei Mal aus. Testen Sie es mit der Eingabe eines gültigen Datums, einer ungültigen Eingabe und dem Klicken auf *Abbrechen*. Gültige und ungültige Eingaben sollten die entsprechenden Meldungen hervorrufen. Wenn Sie auf *Abbrechen* klicken oder das Eingabefeld leer lassen, sollte keine Meldung angezeigt werden.

Visual Basic interpretiert verschiedene Formate als Datum. Probieren Sie verschiedene Datumsformate aus, z.B. 11/02, um herauszufinden, welche Formate von Visual Basic als Datum interpretiert werden.

Mithilfe der Funktion *InputBox* kann ein Makro an verschiedene Situationen angepasst werden. Sie müssen jedoch immer den Rückgabewert der Funktion *InputBox* überprüfen, bevor Sie die Makroausführung fortsetzen. In der Regel müssen drei Möglichkeiten überprüft werden, ob eine gültige Eingabe, eine ungültige Eingabe und die Auswahl von *Abbrechen* vorliegt. Mit einer *If*-Struktur bzw. mit einer verschachtelten *If*-Struktur können Sie das Makro so flexibel gestalten, dass es mit diesen Möglichkeiten umgehen kann.

Abfragen mit einem Meldungsfeld

Die Visual Basic-Funktion *MsgBox* eignet sich besonders zur Anzeige von einfachen Meldungen. Diese Funktion kann aber weit mehr als lediglich ein Dialogfeld mit einer Meldung anzeigen. Sie können damit auch Fragen stellen. Häufig werden in Makros Fragen eingesetzt, die einfach mit Ja oder Nein beantwortet werden müssen. Die Funktion *MsgBox* eignet sich optimal für solche Ja/Nein-Antworten.

Gesetzt den Fall, Sie verfügen über zwei Makros. Das eine Makro ist lang und langsam und heißt *MonatDrucken*. Das andere Makro ist kurz, wird schnell ausgeführt und trägt den Namen *MonatVerarbeiten*. Angenommen, Sie stellen fest, dass Sie häufig versehentlich das langsame Makro statt des schnellen Makros ausführen. Eine Lösung hierfür wäre, ein Meldungsfeld zu Beginn der Ausführung des langsamen Makros anzuzeigen, in dem bestätigt werden muss, dass auch wirklich das langsame Makro ausgeführt werden soll.

Die Arbeitsmappe *Kapitel07* enthält ein Makro namens *AusführungFortsetzen*. Sie werden dieses Makros erweitern, um zu lernen, wie man mithilfe der Funktion *MsgBox* eine Frage stellt. Vor der Ausführung sieht das Makro wie folgt aus:

```
Sub AusführungFortsetzen()
    MsgBox "Die Operation nimmt eine Menge Zeit in Anspruch. Fortsetzen?"
    MsgBox "Langsames Makro weiter ausführen..."
End Sub
```

1. Klicken Sie in das Makro *AusführungFortsetzen,* und drücken Sie [F5], um es auszuführen. Klicken Sie zwei Mal auf *OK*, um die Meldungsfeld zu schließen (siehe Abbildung 7.6).

Das erste Meldungsfeld enthält eine Frage, verfügt aber nur über eine einzige Schaltfläche. Sie müssen zusätzliche Schaltflächen einfügen, damit diese Frage mit Ja oder Nein beantwortet werden kann.

Abbildung 7.6
Das ursprüngliche Makro zeigt zwei Meldungsfelder an

2. Setzen Sie die Einfügemarke an das Ende der ersten *MsgBox*-Anweisung. Geben Sie unmittelbar nach dem abschließenden Anführungszeichen ein Komma ein (siehe Abbildung 7.7).

Nachdem Sie das Komma eingegeben haben, zeigt Visual Basic das QuickInfo-Fenster für die Funktion *MsgBox* an. Das erste Argument lautet *Prompt*. Mit diesem Argument wird die Meldung angegeben, die angezeigt werden soll. Das zweite Argument heißt *Buttons*. Es besteht aus einer nummerierten Liste von Werten. Der Standardwert für *Buttons* ist *vbOKOnly*. Deswegen wurde bei der Ausführung des Makros nur die Schaltfläche *OK* angezeigt.

Zusammen mit dem QuickInfo-Feld zeigt Visual Basic auch die Liste der möglichen Werte für das Argument *Buttons* an. Sie möchten Schaltflächen einfügen, welche die Antwort *Ja* oder *Nein* ermöglichen.

Abbildung 7.7
Die Anweisung für die Funktion *MsgBox*

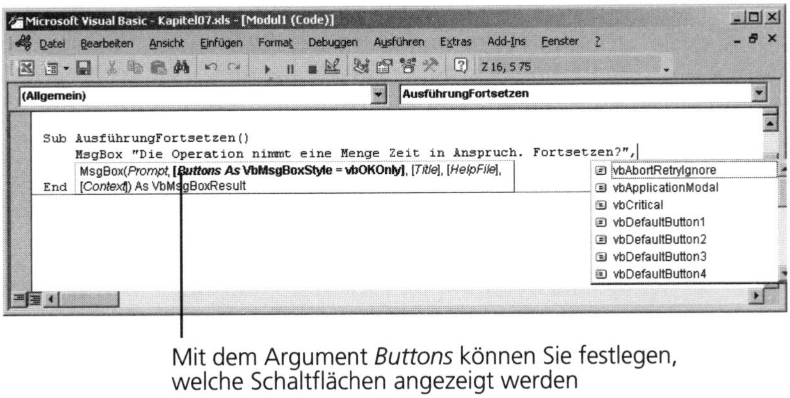

❸ Blättern Sie in der Liste ganz nach unten, wählen Sie *vbYesNo*, und drücken Sie dann [Tab].

❹ Drücken Sie [F5], um das Makro auszuführen.

Im ersten Meldungsfeld werden nun zwei Schaltflächen angezeigt (siehe Abbildung 7.8).

Abbildung 7.8
Das Meldungsfeld enthält nun zwei Schaltflächen

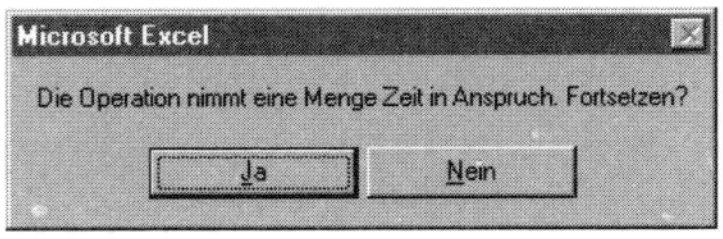

Im Meldungsfeld wird eine Frage gestellt, die jeweilige Antwort aber völlig ignoriert. Sie müssen die Antwort von der Funktion *MsgBox* abrufen und zur Steuerung des Makros einsetzen.

❺ Klicken Sie auf *Ja* und dann *OK*, um beide Meldungsfelder zu schließen. Dann geben Sie am Beginn des Makros die Anweisung **Dim neuPrüfen As VbMsgBoxResult** ein. Wenn Sie wissen, dass eine Variable lediglich einen Wert einer Aufzählung enthält, dann können Sie den Namen dieser Aufzählung in der Deklaration der Variablen verwenden. Wenn Sie später eine Anweisung zum Test des Wertes der Variablen schreiben, zeigt Visual Basic eine Liste der möglichen Variablenwerte an.

❻ Am Anfang der ersten *MsgBox*-Anweisung geben Sie **neuPrüfen =** ein, und dann setzen Sie die Argumentliste der Funktion *MsgBox* in Klammern. Die überarbeitete Anweisung sollte nun wie folgt aussehen:

```
neuPrüfen = _
  MsgBox("Die Operation nimmt eine Menge Zeit in Anspruch. Fortsetzen?", vbYesNo)
```

Wenn der Rückgabewert einer Funktion wie *MsgBox* verwendet wird, muss die Argumentliste in Klammern gesetzt werden. Wird der zurückgelieferte Wert nicht verwendet, darf die Argumentliste nicht in Klammern gesetzt werden.

7. Fügen Sie die folgenden drei Anweisungen vor der zweiten *MsgBox*-Anweisung ein:

```
If neuPrüfen = vbNo Then
    Exit Sub
End If
```

Wenn das Ergebnis der Funktion *MsgBox* in einem Bedingungsausdruck verwendet wird, dürfen Sie den Ausdruck nicht auf die Werte *True* oder *False* überprüfen. Die Funktion *MsgBox* kann verschiedene Typen von Schaltflächen anzeigen, und somit unterschiedliche Rückgabewerte haben. Wenn Sie für das Argument *Buttons* den Typ *vbYesNo* verwenden, gibt die Funktion immer *vbYes* oder *vbNo* zurück.

Die Anweisung *Exit Sub* bewirkt, dass Visual Basic das aktuelle Makro sofort beendet. Um zu verhindern, dass das Makros unübersichtlich wird, sollten Sie diese Anweisung möglichst selten einsetzen. Eine gute Verwendungsmöglichkeit für die *Exit Sub*-Anweisung besteht darin, ein Makro gleich zu Beginn seiner Ausführung zu beenden (wie in unserem Beispiel).

8. Testen Sie das Makro. Führen Sie es aus, klicken Sie auf *Ja*, führen Sie es erneut aus, und klicken Sie auf *Nein*. Stellen Sie sicher, dass das gesamte Makros nur dann ausgeführt wird, wenn auf *Ja* geklickt worden ist.

Ein Meldungsfeld eignet sich hervorragend dazu, einfache Fragen zu stellen. Beachten Sie jedoch, dass die Antwort mit der korrekten Konstanten und nicht mit *True* oder *False* verglichen werden muss. Die Angabe des Namens der Aufzählung in der Variablendeklaration erleichtert es, die korrekte Konstante zu wählen. Die Funktion *MsgBox* bietet hier auch ein gutes Beispiel für die Verwendung von Klammern um Argumentlisten. Verwenden Sie Klammern, wenn der Rückgabewert der Funktion verwendet wird. Verwenden Sie keine Klammern, wenn der Rückgabewert der Funktion nicht verwendet wird.

Schleifen erzeugen

In seinem Klassiker *The Wealth of Nations* fragte der Volkswirtschaftler Adam Smith, wie viel die Herstellung einer einzelnen Stecknadel im Vergleich zur Herstellung von 10000 Stecknadeln kosten würde. Es stellte sich heraus, dass die Herstellung einer Stecknadel fast ebenso teuer ist wie die Herstellung von 10000 Stecknadeln. Ganz ähnlich ist die Erstellung eines Makros, das einmal ausgeführt wird, fast genauso aufwändig wie die Erstellung eines Makros, das tausendmal in einer Schleife ausgeführt wird.

Mit einer For Each-Schleife eine Auflistung abarbeiten

Sie können in Excel ein Arbeitsblatt so schützen, dass Änderungen nur an den Zellen möglich sind, bei denen Sie den Schutz aufgehoben haben. Dazu müssen Sie allerdings jedes Arbeitsblatt einzeln schützen. Angenommen, Sie bearbeiten eine Arbeitsmappe mit Budgets für zehn verschiedene Abteilungen und möchten alle Arbeitsblätter schützen.

Die Arbeitsmappe *Kapitel07* enthält ein Makro namens *BlätterSchützen*. Es ist folgendermaßen aufgebaut:

```
Sub BlätterSchützen()
    Dim neuBlatt As Worksheet
    Set neuBlatt = Worksheets(1)
    neuBlatt.Select
    neuBlatt.Protect "Kennwort", True, True, True
End Sub
```

Dieses Makro weist der Variablen *neuBlatt* einen Verweis auf das erste Arbeitsblatt zu, wählt dann diese Tabelle aus (die Auswahl der Tabelle ist nicht notwendig, erleichtert aber das Verständnis der Funktionsweise des Makros) und versieht sie mit einem Schreibschutz. In der folgenden Übung werden Sie dieses Makro so modifizieren, dass alle Arbeitsblätter der Arbeitsmappe geschützt werden.

1. Klicken Sie in das Makro *BlätterSchützen,* und drücken Sie wiederholt F8, um das Makro schrittweise auszuführen. Sie sollten die Funktion dieses Makros völlig verstanden haben, bevor Sie es abändern.
2. Ersetzen Sie in der dritten Zeile das Schlüsselwort *Set* durch **For Each**. Ersetzen Sie das Gleichheitszeichen durch **In**, und löschen Sie die Klammern und die darin enthaltene Zahl.
3. Rücken Sie die nächsten beiden Anweisungen ein, fügen Sie am Ende der zweiten Anweisung einen Zeilenumbruch ein, und geben Sie die Anweisung **Next neuBlatt** in die neue Zeile ein. Das überarbeitete Makro sollte jetzt folgendermaßen aussehen:

```
Sub BlätterSchützen()
    Dim neuBlatt As Worksheet
    For Each neuBlatt In Worksheets
        neuBlatt.Select
        neuBlatt.Protect "Kennwort", True, True, True
    Next neuBlatt
End Sub
```

Mit *For Each* wird ebenso wie mit *Set* einer Variablen ein Objektbezug zugewiesen. Der Variablen wird hier aber nicht nur ein einzelnes Objekt, sondern die Objekte einer Auflistung zugewiesen. Visual Basic führt für jedes (engl. „for each") Objekt der Auflistung sämtliche Anweisungen aus, die zwischen den Schlüsselwörtern *For Each* und *Next* stehen. Anweisungen, die mit *For Each* beginnen und mit *Next* enden, werden auch als *For Each-Strukturen* oder *For Each-Schleifen* bezeichnet. (Eigentlich muss nach *Next* kein Variablenname folgen. Wenn Sie einen Variablennamen verwenden, muss er mit dem Variablennamen, der *For Each* folgt, übereinstimmen. Die Verwendung einer Variablen nach *Next* kann bei der Vermeidung von Fehlern helfen).

4. Drücken Sie wiederholt [F8], um das Makro schrittweise auszuführen, und beachten Sie, wie jedes Arbeitsblatt mit einem Schreibschutz versehen wird.

5. Wechseln Sie zu Excel, und versuchen Sie, einen Wert in eine beliebige Zelle in einer der drei Tabellen einzugeben. Es wird die in Abbildung 7.9 dargestellte Fehlermeldung angezeigt. Schließen Sie das Fehlermeldungsfeld.

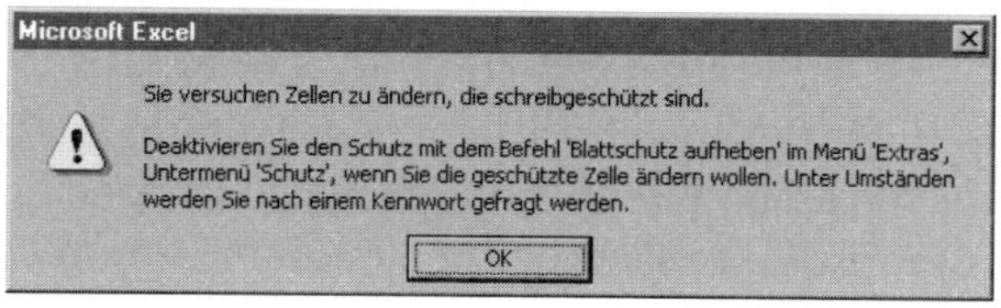

Abbildung 7.9
Das Fehlermeldungsfeld

6. Erstellen Sie ein neues Makro namens *BlattschutzAufheben*, das den Schreibschutz bei sämtlichen Arbeitsblättern aufhebt. (Versuchen Sie, das Makro zu schreiben, ohne sich den nachfolgenden fertigen Code anzusehen. Hinweis: Sie müssen dazu die Methode *Unprotect* des *Worksheet*-Objekts mit einem einzigen Argument, das das Kennwort enthält, aufrufen.) Das neue Makro sollte folgendermaßen aussehen:

```
Sub BlattschutzAufheben()
    Dim neuBlatt As Worksheet
    For Each neuBlatt In Worksheets
        neuBlatt.Select         'Diese Anweisung ist optional
        neuBlatt.Unprotect "Kennwort"
    Next neuBlatt
End Sub
```

7. Speichern Sie die Arbeitsmappe, drücken Sie [F5], um das Makro *BlattschutzAufheben* auszuführen, und versuchen Sie dann, Werte in einer der Tabellen zu ändern.

Sie können sämtliche Objekte einer Auflistung bearbeiten, indem Sie einfach einem Objekt einen Wert zuweisen. Sie verwenden nur statt des Schlüsselworts *Set* die Anweisung *For Each*, geben die Auflistung an und fügen eine *Next*-Anweisung hinzu.

For Each-Schleifen sind besonders nützlich, um Auflistungen im Direktfenster zu durchsuchen. Im Direktfenster müssen jedoch alle Eingaben in einer einzigen Zeile eingegeben werden. Mehrere Anweisungen können in eine einzige Zeile eingegeben werden, indem sie durch Doppelpunkte getrennt werden. Beispielsweise können mit folgender Eingabe im Direktfenster die Namen aller Tabellen der aktiven Arbeitsmappe angezeigt werden: *For Each x In Worksheets: ?x.Name: Next x*. (Im Direktfenster können kurze, nicht besonders aussagekräftige Variablennamen verwendet werden.)

For-Schleifen verwenden

For Each-Schleifen eignen sich nicht immer zur wiederholten Ausführung von Arbeitsgängen. Beispielsweise kann in einer *For Each*-Schleife nur eine einzige Auflistung bearbeitet werden. Wenn Sie zwei parallele Auflistungen – zum Beispiel zwei Bereiche – vergleichen möchten, können Sie hierzu keine *For Each*-Schleife einsetzen. Für diese Fälle bietet Visual Basic eine allgemeinere Art von Schleife: die *For-Schleife*.

Das Arbeitsblatt *Vergleich* aus der Arbeitsmappe *Kapitel07* enthält zwei benannte Bereiche (siehe Abbildung 7.10). Der linke Bereich trägt den Namen *Original*, der rechte Bereich den Namen *Überarbeitet*. Stellen Sie sich vor, diese beiden Bereiche enthielten einen Budgetentwurf und das überarbeitete Budget. Die Zellen des Bereichs *Original* enthalten Werte. Die Zellen des Bereichs *Überarbeitet* enthalten eine Formel, die eine Zufallszahl berechnet, sobald [F9] zur Neuberechnung der Arbeitsmappe gedrückt wird. Die Formel in diesen Zellen lautet: *=RUNDEN(ZUFALLSZAHL()*50+100,0*. Damit wird Excel angewiesen, eine Zufallszahl zwischen 0 und 1 zu berechnen, diese mit 50 zu multiplizieren, zum Multiplikationsergebnis 100 zu addieren und das Ergebnis auf die nächste Ganzzahl zu runden. Da es sich um Zufallszahlen handelt, werden auf Ihrem Bildschirm möglicherweise andere Daten angezeigt als in dieser Abbildung.

Abbildung 7.10
Die beiden benannten Bereiche

	A	B	C	D	E	F	G	H
1								
2	**Original**				**Überarbeitet**			
3	143	116	110		149	123	126	
4	133	136	114		136	131	132	
5	123	113	120		130	126	130	
6	103	148	129		139	100	135	
7								

Der Bereich *Überarbeitet* enthält Zufallszahlen

Im Visual Basic-Modul von *Kapitel07* finden Sie ein Makro namens *ZellenVergleichen*. Es ist wie folgt aufgebaut:

```
Sub ZellenVergleichen()
    Dim i As Integer
    Calculate
    i = Range("Überarbeitet").Cells.Count
    If Range("Überarbeitet").Cells(i) > Range("Original").Cells(i) Then
        Range("Überarbeitet").Cells(i).Interior.Color = vbYellow
    Else
        Range("Überarbeitet").Cells(i).Interior.Color = vbCyan
    End If
End Sub
```

Das Makro führt zuerst die Methode *Calculate* aus (entspricht dem Drücken der Funktionstaste F9), um für alle Zellen des Bereichs *Überarbeitet* neue Werte zu berechnen. Anschließend vergleicht das Makro die letzte Zelle des Bereichs *Überarbeitet* mit der letzten Zelle des Bereichs *Original*. Wenn der Wert im Bereich *Überarbeitet* größer als der im Bereich *Original* ist, wird er in der Farbe Gelb angezeigt, ansonsten wird er in Blau angezeigt. Das Makro weist der Variablen *i* den Wert der Eigenschaft *Count* des *Range*-Objekts zu, d.h. die Anzahl der Zellen des Bereichs. Da diese Zahl im Makro mehrmals verwendet wird, ist es einfacher, die Variable *i* zu verwenden, als immer wieder *Range("Überarbeitet").Cells.Count* einzugeben.

Wenn Sie weitere Informationen zu *If*-Strukturen benötigen, arbeiten Sie den ersten Teil dieses Kapitels erneut durch.

Im folgenden Abschnitt werden Sie dieses Makro so verändern, dass alle Zellen miteinander verglichen werden.

1. Klicken Sie in das Makro *ZellenVergleichen,* und drücken Sie wiederholt F8, um das Makro schrittweise auszuführen. Sie sollten die Funktionsweise dieses Makros, die in Abbildung 7.11 illustriert wird, genau verstehen, bevor Sie es verändern.

Abbildung 7.11 Das ursprüngliche Makro vergleicht die jeweils letzte Zelle der beiden Bereiche miteinander und wechselt im Fall einer Abweichung die Füllfarbe

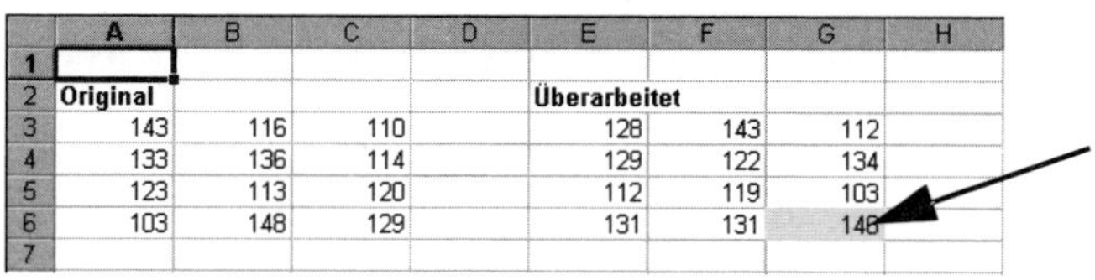

	A	B	C	D	E	F	G	H
1								
2	Original				Überarbeitet			
3	143	116	110		128	143	112	
4	133	136	114		129	122	134	
5	123	113	120		112	119	103	
6	103	148	129		131	131	148	
7								

2. Fügen Sie in der Anweisung, die der Variablen die Eigenschaft *Count* zuweist, das Wort **For** vor der Variablen ein. Dann geben Sie nach dem Gleichheitszeichen **1 To** ein.

3. Vor der Anweisung *End Sub* fügen Sie **Next i** ein und rücken alle Anweisungen zwischen *For* und *Next* ein. Das überarbeitete Makro sollte jetzt folgendermaßen aussehen:

```
Sub ZellenVergleichen()
    Dim i As Integer
    Calculate
    For i = 1 To Range("Überarbeitet").Cells.Count
        If Range("Überarbeitet").Cells(i) > _
            Range("Original").Cells(i) Then
            Range("Überarbeitet").Cells(i).Interior.Color = vbYellow
        Else
            Range("Überarbeitet").Cells(i).Interior.Color = vbCyan
        End If
    Next i
End Sub
```

Das Schlüsselwort *For* bewirkt dasselbe wie eine einfache Zuweisung. Es weist der Variablen eine Zahl zu. (Das Schlüsselwort *For* weist der Variablen eine Zahl zu, während *For Each* der Variablen einen Objektverweis zuweist). Die Variable, der die Zahl zugewiesen wird, wird als *Zählervariable* bezeichnet. Sie geben den ersten und den letzten Wert vor, den *For* der Zählervariablen zuweisen soll. In diesem Beispiel ist 1 der erste Wert und die Anzahl der Zellen des Bereichs der letzte Wert.

Jedes Mal, wenn *For* der Zählervariablen eine Zahl zuweist, führt Visual Basic alle Anweisungen aus, die zwischen *For* und *Next* stehen. Dann wird die Zählervariable um 1 erhöht, und die Anweisungen werden erneut ausgeführt. Dieser Vorgang wird wiederholt, bis der Wert der Zählervariablen größer als der Wert ist, den Sie als Endwert vorgegeben haben.

4. Drücken Sie wiederholt F8, um zu sehen, wie das Makro funktioniert. Lassen Sie die *For*-Schleife mindestens zwei oder drei Mal durchlaufen, und drücken Sie dann F5, um das Makro zu beenden. Im Arbeitsblatt sind nun mehrere Zellen innerhalb des Bereichs *Überarbeitet* hervorgehoben (siehe Abbildung 7. 12).

Abbildung 7.12
Mit einer *For*-Schleife können gleichzeitig zwei Auflistungen bearbeitet werden

	A	B	C	D	E	F	G	H
1								
2	**Original**				**Überarbeitet**			
3	143	116	110		111	120	133	
4	133	136	114		149	110	122	
5	123	113	120		148	128	142	
6	103	148	129		121	149	104	
7								

In vielen Fällen ist der Einsatz einer *For Each*-Schleife viel komfortabler als der Einsatz einer *For*-Schleife. *For*-Schleifen sind jedoch universeller einsetzbar, da jede *For Each*-Schleife mit einer *For*-Schleife reproduziert werden kann. Das Makro *BlätterSchützen* lässt sich beispielsweise mit einer *For*-Schleife so formulieren:

```
Sub BlätterSchützen()
    Dim neuBlatt As Worksheet
    Dim i As Integer
    For i = 1 to Worksheets.Count
        Set neuBlatt = Worksheets(i)
        neuBlatt.Select
        neuBlatt.Protect "Kennwort", True, True, True
    Next i
End Sub
```

Wenn Sie auf eine einsame Insel verschlagen werden würden und nur eine dieser beiden Schleifenkonstrukte mitnehmen dürften, würden Sie mit *For* wahrscheinlich besser fahren. Zum Glück werden Sie aber nicht vor diese Wahl gestellt. Sie können in den zahlreichen Fällen, in denen *For Each*-Schleifen funktionieren, diese unbeschwert verwenden. In den Fällen, in denen ein numerischer Zähler notwendig ist, setzen Sie am besten For-Schleifen ein.

Do-Schleifen verwenden

For Each-Schleifen arbeiten die Elemente einer Auflistung ab. *For*-Schleifen bearbeiten aufeinander folgende Werte von einem Startpunkt bis zu einem Endpunkt. In manchen Situationen sind allerdings beide Optionen nicht brauchbar. Beispielsweise verfügt Visual Basic über eine Funktion, die die Namen der in einem Ordner (oder in einem Verzeichnis) abgelegten Dateien ausgibt. Diese Funktion heißt *Dir*, nach dem alten, gleichnamigen MS-DOS-Betriebssystembefehl. Beim ersten Aufruf übergeben Sie der Funktion *Dir* ein Argument, das angibt, welche Art von Dateien angezeigt werden sollen. Um beispielsweise den Namen der ersten Excel-Arbeitsmappe im aktuellen Verzeichnis abzurufen, verwenden Sie die Anweisung *neuDatei=Dir("*.xls")*. Zum Abruf der nächsten Datei, die dieselben Kriterien erfüllt, rufen Sie die Funktion erneut, jedoch ohne Argument auf. Sie müssen die Funktion *Dir* wiederholt aufrufen, da sie bei jedem Aufruf nur einen Dateinamen zurückgibt. Wenn Visual Basic keine weitere Datei findet, die den Vorgaben (dem Dateityp) entspricht, gibt die Funktion *Dir* die leere Zeichenfolge zurück.

Angenommen, Sie möchten ein Makro erstellen, das die Namen aller im aktuellen Ordner enthaltenen Excel-Dateien ausgibt. Da die Liste der in einem Verzeichnis enthaltenen Dateien keine Auflistung bildet, kann keine *For Each*-Schleife eingesetzt werden. Sie können aber auch keine *For*-Schleife verwenden, da Sie nicht im Vorhinein wissen, wie viele Dateien insgesamt vorhanden sind. Visual Basic verfügt jedoch über eine weitere Möglichkeit zur Steuerung von Schleifen: die *Do-Schleife*.

Die Arbeitsmappe *Kapitel07* enthält ein Makro namens *DateiListe*, mit dem die Namen der ersten beiden Excel-Dateien im aktuellen Verzeichnis abgerufen und in die ersten beiden Zellen der ersten Spalten der aktiven Tabelle geschrieben werden. Das Makro sieht folgendermaßen aus:

```
Sub DateiListe()
    Dim neuZeile As Integer
    Dim neuDatei As String

    neuZeile = 1
    neuDatei = Dir("*.xls")
    Cells(neuZeile, 1) = neuDatei

    neuZeile = neuZeile + 1
    neuDatei = Dir
    Cells(neuZeile, 1) = neuDatei
End Sub
```

Neben den Anweisungen für die Variablendeklaration weist dieses Makro zwei Gruppen mit jeweils drei Anweisungen auf. In jeder Anweisungsgruppe wird der Variablen *neuZeile* eine Zeilennummer zugewiesen, mit der Funktion *Dir* der Dateiname abgerufen und der Dateiname in die entsprechende Zelle eingetragen. Beim ersten Aufruf der Funktion *Dir* wird der gesuchte Dateityp angegeben. Beim nächsten Aufruf wird die Funktion *Dir* ohne Argument aufgerufen, um den nächsten entsprechenden Dateinamen zu finden.

Im Folgenden werden Sie dieses Makro so verändern, dass es solange in einer Schleife ausgeführt wird, bis alle Dateien im Ordner aufgelistet worden sind.

1. Aktivieren Sie in der Arbeitsmappe *Kapitel07* die Tabelle *Dateien*. Wählen Sie im Menü *Datei* den Befehl *Öffnen*, und wechseln Sie zum Ordner *ExcelVBA*. Klicken Sie dann auf *Abbrechen*. Damit wird sichergestellt, dass dieser Ordner der aktuelle Ordner ist. Er enthält verschiedene Excel-Arbeitsmappen.

2. In Visual Basic klicken Sie auf das Makro *DateiListe* und drücken dann wiederholt F8, um das Makro schrittweise auszuführen. (Ihr Makro liefert wahrscheinlich andere Dateinamen als in Abbildung 7.13 gezeigt.) Sie müssen die Funktionsweise dieses Makros, die in Abbildung 7.13 illustriert wird, verstehen, bevor Sie es verändern.

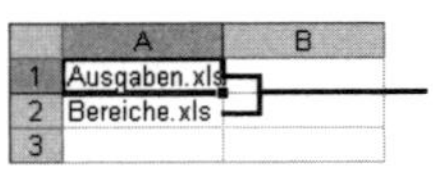

Abbildung 7.13 Die beiden Dateinamen werden in die ersten beiden Zellen eingetragen

Während Sie das Makro schrittweise ausführen, können Sie den Mauszeiger über die Variablennamen setzen, um den aktuell in der betreffenden Variablen gespeicherten Wert anzuzeigen.

3. Geben Sie nach der ersten Anweisung, die einen Aufruf der Funktion *Dir* enthält, die Anweisung **Do Until neuDatei = ""** in eine neue Zeile ein.

   Dies ist die Startanweisung der Schleife. Die Anweisung steht in der Zeile nach der ersten Funktion *Dir*, weil Sie *Dir* mit einem Argument lediglich einmal verwenden.

4. Geben Sie nach der zweiten Anweisung, die einen Aufruf der Funktion *Dir* enthält, die Anweisung **Loop** in eine neue Zeile ein.

   Diese Anweisung beendet die Schleife. Nach Ausführung dieser Anweisung kehrt Visual Basic zur Anweisung *Do Until* zurück und prüft, ob die Schleife verlassen werden kann.

5. Löschen Sie das zweite Vorkommen der Anweisung *Cells(neuZeile, 1) = neuDatei*. Sie benötigen diese Anweisung nicht, da die Zuweisung so oft wie erforderlich wiederholt wird.

6. Rücken Sie die drei Anweisungen zwischen der *Do*- und der *Loop*-Anweisung ein. Das überarbeitete Makro sollte jetzt folgendermaßen aussehen:

```
Sub DateiListe()
    Dim neuZeile As Integer
    Dim neuDatei As String

    neuZeile = 1
    neuDatei = Dir("*.xls")
    Do Until neuDatei = ""
        Cells(neuZeile, 1) = neuDatei

        neuZeile = neuZeile + 1
        neuDatei = Dir
    Loop
End Sub
```

Der Ausdruck *Do Until* ist ein Bedingungsausdruck, der dem Bedingungsausdruck in einer *If*-Struktur entspricht. Der Bedingungsausdruck muss einen Wert ergeben, den Visual Basic als *True* oder *False* interpretieren kann. Visual Basic führt die Schleife solange aus, bis der Bedingungsausdruck den Wert *True* hat.

Wenn während der Schleifenausführung ein Zähler imkrementiert werden soll, müssen Sie eine entsprechende Anweisung eingeben. Sie müssen stets dafür sorgen, dass eine Abbruchbedingung gegeben ist. In unserem Beispiel wird mit der Funktion *Dir* ein neuer Dateiname abgerufen und die Schleife beendet, wenn die Funktion eine leere Zeichenfolge zurückgibt.

7. Drücken Sie wiederholt [F8], um das Makro schrittweise auszuführen. Lassen Sie die Schleife mindestens zwei oder drei Mal durchlaufen, und drücken Sie dann [F5], um das Makro zu beenden. Das Makro erstellt im aktuellen Arbeitsblatt eine Liste mit Namen von xls-Dateien (siehe Abbildung 7.14).

Abbildung 7.14 Eine Liste mit xls-Dateien aus dem Übungsordner

Mit einer Do-Schleife kann ein Vorgang beliebig oft ausgeführt werden

Sie können die Ausführung eines Makros, das eine Endlosschleife enthält, mit [Strg]+[Untbr] anhalten. ([Untbr] besitzt oft die gleiche Funktionalität wie [Pause].)

Do-Schleifen sind äußerst flexibel, aber auf gewisse Weise auch gefährlich, da Sie sicherstellen müssen, dass eine Möglichkeit zum Beenden der Schleife gegeben ist. Wenn Sie beispielsweise die Anweisung vergessen, mit der ein neuer Dateiname abgefragt wird, oder wenn Sie die Funktion *Dir* mit einem Argument innerhalb der Schleife aufrufen (die Funktion würde dann immer wieder den ersten Dateinamen ausgeben), entsteht eine so genannte *Endlosschleife*.

Es gibt verschiedene nützliche Varianten von *Do*-Schleifenkonstrukten. Eine Schleife kann ausgeführt werden, *bis* der Bedingungsausdruck den Wert *True* erhält oder *solange* der Ausdruck den Wert *True* hat. Sie können den Bedingungsausdruck an den Anfang (in der *Do*-Anweisung) oder an das Ende (in der *Loop*-Anweisung) der Schleife setzen. Weitere Informationen zu *Do*-Schleifen-Strukturen erhalten Sie, wenn Sie den Suchbegriff *do loop* in das Feld *Frage hier eingeben* des Visual Basic-Editors eingeben.

Komplexe Schleifen handhaben

Ein Programm, in dem eine Schleife nur zwei oder drei Mal ausgeführt wird, kann relativ einfach auch ganz ohne Schleife implementiert werden. Solche Schleifen werden rasch durchlaufen, und wenn man sie schrittweise ausführt, versteht man schnell, welche Bedeutung die einzelnen Anweisungen haben. Sobald eine Schleife aber hundert oder tausend Mal ausgeführt wird, müssen Sie mithilfe anderer Techniken sicherstellen, dass das Makro wie gewünscht arbeitet.

Einen Haltepunkt setzen

Die Arbeitsmappe *Kapitel07* enthält ein Makro namens *AufträgeDrucken*. Angenommen, dieses Makro wurde von einem ehemaligen Mitarbeiter der Firma erstellt. Sie haben also ein Makro vor sich, das Sie nicht vollständig verstehen und das nicht so funktioniert, wie Sie es sich vorstellen.

Das Makro *AufträgeDrucken* soll eigentlich den gesamten Inhalt der Datenbank *Aufträge.dbf* sortiert nach Produktkategorien ausdrucken. Sie möchten jedem Produkt-Manager den Teil des Ausdrucks geben, der seine Produktkategorie zeigt. Im Ausdruck muss daher jede Kategorie auf einer neuen Seite beginnen. Leider funktioniert das Makro nicht wie gewünscht. Sie müssen nun den Fehler finden und beheben. Ihnen wurde das folgende Makro übergeben:

```
Sub AufträgeDrucken()
    Dim neuZeile As Long
    Dim neuStop  As Long
    Workbooks.Open FileName:="Aufträge.dbf"
    Columns("E:E").Cut
    Columns("A:A").Insert Shift:=xlToRight
    Range("A1").CurrentRegion.Sort Key1:="Kategorie", _
        Order1:=xlAscending, Header:=xlYes
    neuStop  = Range("A1").CurrentRegion.Rows.Count
    For neuZeile = 3 To neuStop .
        If Cells(neuZeile, 1) <> Cells(neuZeile + 1, 1) Then
            Cells(neuZeile, 1).Select
            ActiveCell.PageBreak = xlPageBreakManual
        End If
    Next neuZeile
    Cells(neuZeile, 1).Select
    ActiveSheet.PageSetup.PrintTitleRows = "$1:$1"
    ActiveSheet.PrintPreview
    ActiveWorkbook.Close SaveChanges:=False
End Sub
```

Am besten beginnen wir mit der schrittweisen Ausführung des Makros.

1. Stellen Sie sicher, dass der Ordner mit den Übungsdateien zu diesem Buch der aktuelle Ordner ist. (Klicken Sie im Menü *Datei* auf den Befehl *Öffnen*, wechseln Sie zum entsprechenden Ordner, und klicken Sie auf *Abbrechen*.) Falls das Visual Basic-Editorfenster nicht sichtbar ist, ordnen Sie die Excel- und Visual Basic-Editor-Fenster so an, dass Sie beide nebeneinander sehen können.
2. Im Visual Basic-Editor klicken Sie in das Makro *AufträgeDrucken* und drücken dann drei Mal F8, um die Variablendeklarationen zu übersprin-

gen und die Datenbankdatei zu öffnen (siehe Abbildung 7.15). (Die beiden Variablen werden mit dem Typ Long deklariert, was bedeutet, dass sie Ganzzahlen enthalten können, aber nicht auf die vierstelligen Zahlen vom Typ Integer begrenzt sind.)

Abbildung 7.15
In der ursprünglichen Datenbank befindet sich das Feld *Kategorie* in Spalte E

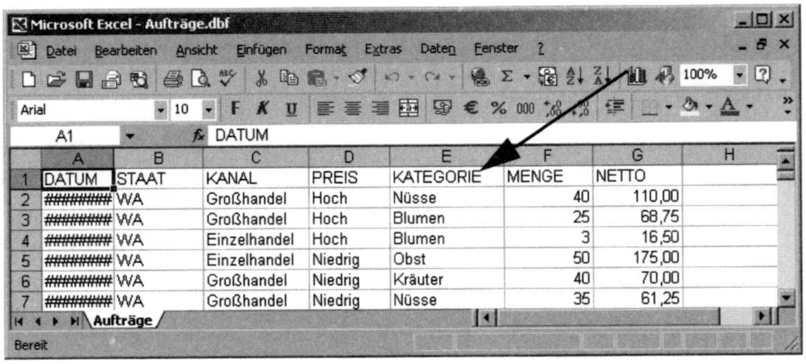

❸ Drücken Sie nochmals drei Mal [F8].

Nun wird das Feld *Kategorie* in Spalte A angezeigt (siehe Abbildung 7.16). Das Makro verschiebt das Feld *Kategorie* in Spalte A und sortiert die Liste dann nach Kategorien.

Abbildung 7.16
Das Makro verschiebt das Feld *Kategorie* in Spalte A

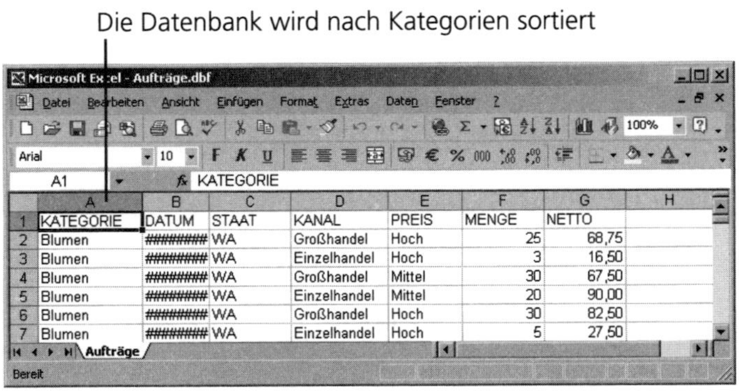

❹ Drücken Sie zwei Mal [F8]. Damit wird der Variablen *neuStop* eine Zahl zugewiesen und die Schleife gestartet. Setzen Sie den Mauszeiger über *neuStop* und dann über *neuZeile*, um die jeweils zugewiesenen Werte anzuzeigen. DieVariable *neuStop* hat den Wert 3300, und die Variable *neuZeile* hat den Wert 3. Dies scheint korrekt zu sein. Die Schleife wird von Zeile 3 bis Zeile 3300 ausgeführt.

❺ Drücken Sie mehrmals [F8].

Abbildung 7.17 Im Hinweisfeld wird der Wert der Variablen angezeigt

Visual Basic überprüft fortwährend, ob die Zelle in der aktuellen Zeile der darunter liegenden Zelle entspricht. Wie viele Zeilen umfasst die Kategorie *Blumen*? Dieser Vorgang könnte eine ganze Weile dauern. Wenn Sie jetzt [F5] drücken, um die restlichen Anweisungen des Makros auszuführen, sehen Sie aber nicht, was passiert, wenn die Bedingung in der *If*-Anweisung den Wert *True* hat. Wenn man nur alle Anweisungen überspringen könnte, bis das Makro in die *If*-Struktur eintritt.

6. Klicken Sie auf den grauen Bereich links von der Anweisung, die mit *ActiveCell* beginnt (siehe Abbildung 7.18). Daraufhin erscheint am Rand ein dunkelroter Kreis und der Hintergrund der Anweisung wird dunkelrot unterlegt. Auf diese Weise wird ein *Haltepunkt* gekennzeichnet. Sobald ein Haltepunkt gesetzt worden ist, wird mit der schrittweisen Ausführung des Makros vor der Anweisung mit dem Haltepunkt begonnen.

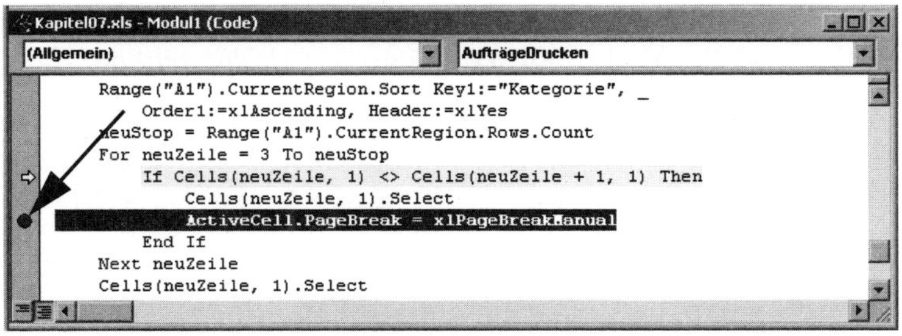

Abbildung 7.18 Durch Klicken auf den linken Rand wird ein Haltepunkt definiert

7. Drücken Sie [F5], um die Makroausführung fortzusetzen. Die Makroausführung wird am Haltepunkt gestoppt (siehe Abbildung 7.19). Die erste Zelle, die sich von der darunter liegenden Zelle unterscheidet, ist aktiviert worden.

8. Drücken Sie [F8], um die Anweisung auszuführen, mit der ein Seitenumbruch eingefügt wird (siehe Abbildung 7.20).

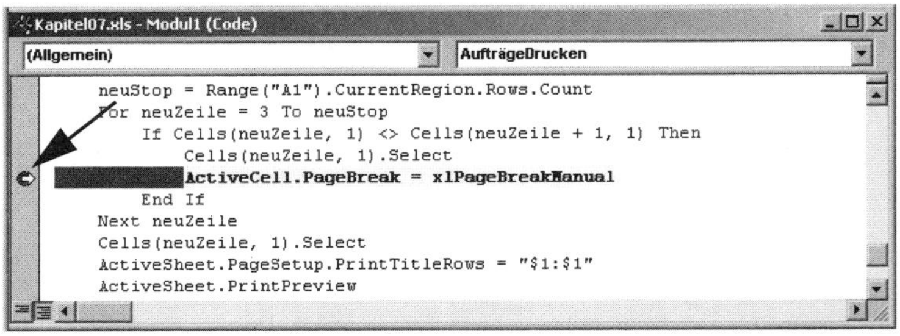

Abbildung 7.19 Visual Basic stoppt die Ausführung des Makros, wenn der Haltepunkt erreicht wird

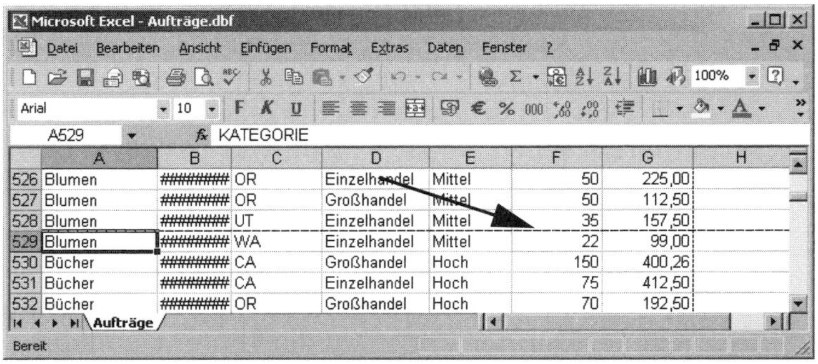

Abbildung 7.20 Der Seitenumbruch wird in der falschen Zeile eingefügt

Der Seitenumbruch wird über der Zeile eingefügt, nicht unter der Zeile. Da haben wir den Fehler. Das Makro soll den Seitenumbruch nicht über der *letzten* Zelle der alten Kategorie einfügen, sondern über der *ersten* Zelle einer neuen Kategorie. Die *If*-Anweisung sollte also überprüfen, ob sich die aktuelle Zelle von der *darüberliegenden* Zelle unterscheidet.

9. Ersetzen Sie das Pluszeichen (+) in der *If*-Anweisung durch ein Minuszeichen (-). Die überarbeitete Anweisung sollte jetzt folgendermaßen aussehen:

```
If Cells(neuZeile, 1) <> Cells(neuZeile - 1, 1) Then
```

10. Klicken Sie auf die Schaltfläche *Zurücksetzen*, drücken Sie [F5], und klicken Sie dann auf *Ja*, um die Datei *Aufträge* erneut zu öffnen. Drücken Sie dann [F8], und verfolgen Sie die – nunmehr korrekte – Ausführung der kritischen Anweisung. Der Seitenumbruch wird nun nach der Kategorie *Blumen* eingefügt.

Das Setzen von Haltepunkten ist ein äußerst nützliches Hilfsmittel, um Fehler innerhalb einer langen Schleife aufzuspüren. Im folgenden Abschnitt lernen Sie, wie ein temporärer Haltepunkt gesetzt wird, der nur einmal verwendet werden soll.

Einen temporären Haltepunkt setzen

Angenommen, Sie arbeiten gerade am Mittelteil des Makros *AufträgeDrucken*. Der Code, mit dem ein Seitenumbruch eingefügt wird, scheint korrekt zu funktionieren. Am Ende des Makros befinden sich jedoch noch einige Anweisungen, die Sie schrittweise überprüfen möchten.

1. Klicken Sie auf den roten Kreis am Rand, um den Haltepunkt zu deaktivieren.
2. Klicken Sie nach dem Ende der Schleife in die Anweisung *Cells(neuZeile,1).Select*. Bei dieser Anweisung soll ein Haltepunkt gesetzt werden, der jedoch nur einmal verwendet wird (siehe Abbildung 7.21).

Abbildung 7.21
Der Visual Basic-Editor mit dem Makrocode

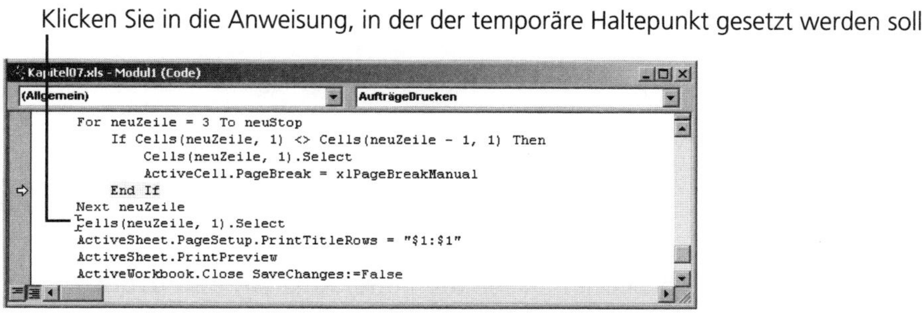

3. Wählen Sie im Menü *Debuggen* den Befehl *Ausführen bis Cursor-Position* (siehe Abbildung 7.22).

Abbildung 7.22
Das Menü *Debuggen*

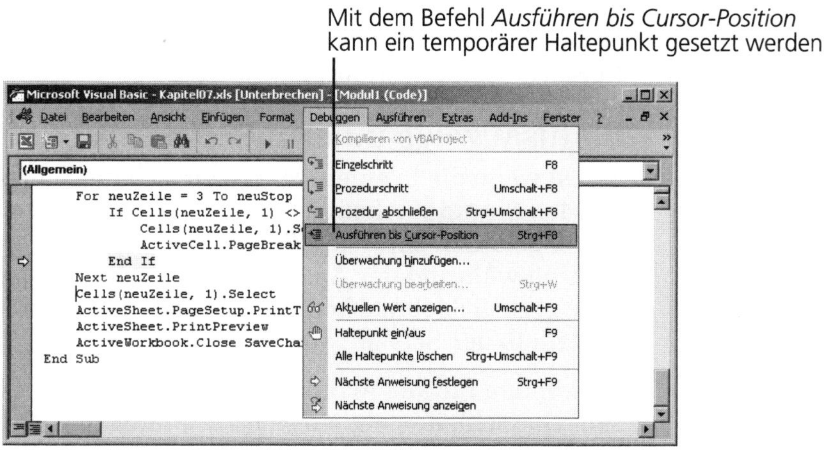

4. Drücken Sie drei Mal F8, um an das Ende der Liste zu blättern, den Drucktitel einzustellen und eine Seitenansicht des Berichts zu erhalten.

5 Betrachten Sie den Bericht. Klicken Sie wiederholt auf *Weiter*, um zum Ende der Kategorie *Blumen* zu gelangen, das sich auf Seite 10 befinden sollte.

Falls sich das Ende der Kategorie *Blumen* nicht auf Seite 10 befindet, klicken Sie einfach auf *Weiter* oder *Vorher* und suchen nach der richtigen Seite. Unter Umständen befindet sich, bedingt durch Ihren aktuellen Druckertreiber, das Ende dieser Kategorie auf einer anderen Seite.

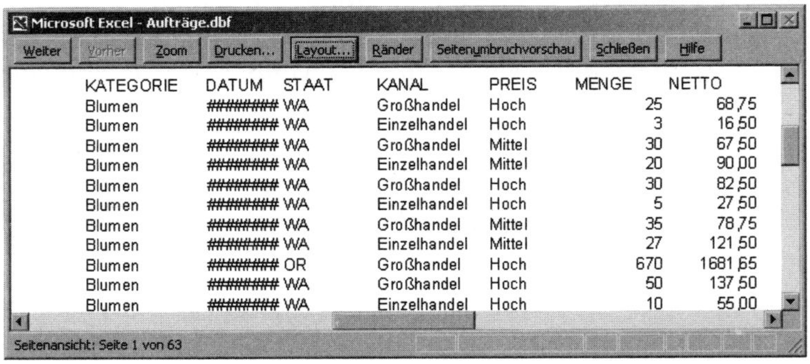

KATEGORIE	DATUM	STAAT	KANAL	PREIS	MENGE	NETTO
Blumen	########	WA	Großhandel	Hoch	25	68,75
Blumen	########	WA	Einzelhandel	Hoch	3	16,50
Blumen	########	WA	Großhandel	Mittel	30	67,50
Blumen	########	WA	Einzelhandel	Mittel	20	90,00
Blumen	########	WA	Großhandel	Hoch	30	82,50
Blumen	########	WA	Einzelhandel	Hoch	5	27,50
Blumen	########	WA	Großhandel	Mittel	35	78,75
Blumen	########	WA	Einzelhandel	Mittel	27	121,50
Blumen	########	OR	Großhandel	Hoch	670	1681,65
Blumen	########	WA	Großhandel	Hoch	50	137,50
Blumen	########	WA	Einzelhandel	Hoch	10	55,00

Abbildung 7.23
Die Seitenansicht des Arbeitsblatts

6 Schließen Sie die Seitenansicht, und drücken Sie zwei Mal F8, um das Makro zu beenden.

7 Speichern Sie die Arbeitsmappe *Kapitel07*.

Ein Haltepunkt kann ebenso einfach aus- wie eingeschaltet werden: Klicken Sie einfach auf den Rand. Wenn Ihnen diese Art des Ein- und Ausschaltens von Haltepunkten zu aufwändig ist, können Sie einen temporären Haltepunkt definieren, indem Sie das Makro bis zur aktuellen Cursorposition ausführen lassen.

Statusanzeige innerhalb einer Schleife

Selbst wenn die in einem Makro enthaltene Schleife perfekt funktioniert, werden Sie wahrscheinlich nervös werden und sich fragen, ob etwas schief gelaufen ist, wenn die Makroausführung sehr lange dauert. Damit Sie sich während der Ausführung einer umfangreichen Schleife entspannt zurücklehnen können, lassen Sie am besten den Arbeitsfortschritt innerhalb der Schleife anzeigen.

Sie können für alle Arten von Schleifen eine Statusanzeige ausgeben lassen. *For*-Schleifen eignen sich zur Statusanzeige aber besonders gut, da hier an jedem Punkt der Schleife sowohl der aktuelle Wert als auch der Endwert des Schleifenzählers ermittelt werden kann.

1. Fügen Sie die folgende Anweisung unmittelbar hinter der *For*-Anweisung in das Makro *AufträgeDrucken* ein:

```
Application.StatusBar = "Bearbeitet wird Zeile " & neuZeile & " von " & neuStop
```

Die Statusleiste ist der graue Streifen am unteren Rand des Excel-Fensters, in dem normalerweise *Bereit* angezeigt wird. Über die Eigenschaft *StatusBar* des *Application*-Objekts können Sie in der Statusleiste eine Meldung anzeigen lassen. Am informativsten sind natürlich Meldungen, die Auskunft über den Arbeitsfortschritt sowie über den voraussichtlichen Abschluss der Ausführung geben.

Beim ersten Schleifendurchlauf wird auf Grund der neuen Anweisung folgende Meldung angezeigt: *Bearbeitet wird Zeile 3 von 3300.* Durch den Einsatz des Et-Zeichens (&) zur Verkettung des Meldungstextes mit den Werten der Variablen *neuZeile* und *neuStop* erhalten Sie eine sehr informative Meldung. Vergessen Sie nicht, vor und nach den Variablen ein zusätzliches Leerzeichen einzufügen.

2. Drücken Sie F5, um das Makro auszuführen. Verfolgen Sie den Ablauf des Makros in der Statusleiste (siehe Abbildung 7.24).

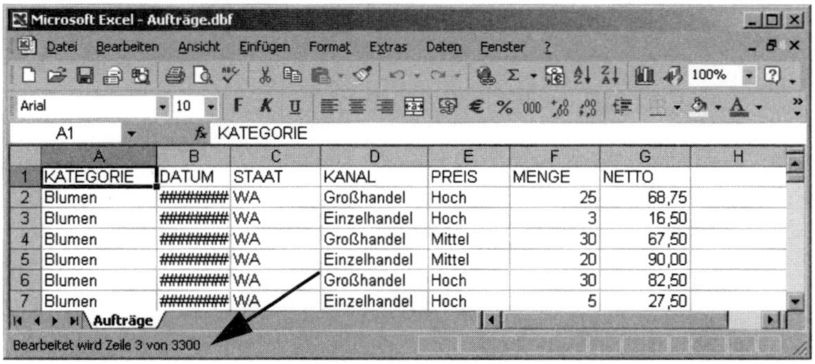

Abbildung 7.24
In der Statusleiste wird der Arbeitsfortschritt angezeigt

3. Schließen Sie die Seitenansicht. Damit wird das Makro beendet. Die Statusleiste sieht aber immer noch so aus, als ob das Makro ausgeführt werden würde. Die Statusleiste wird nicht automatisch zurückgesetzt, wenn das Makro beendet wird. Um die Kontrolle über die Statusleiste wieder an Excel zurückzugeben, muss der Eigenschaft *StatusBar* der Wert *False* zugewiesen werden.

4. Fügen Sie die folgende Anweisung nach der *Next*-Anweisung ein:

```
Application.StatusBar = False
```

5. Führen Sie das Makro erneut aus, schließen Sie die Seitenansicht, und beachten Sie den Inhalt der Statusleiste (siehe Abbildung 7.25). Es wird wieder die normale Excel-Statusleiste angezeigt.

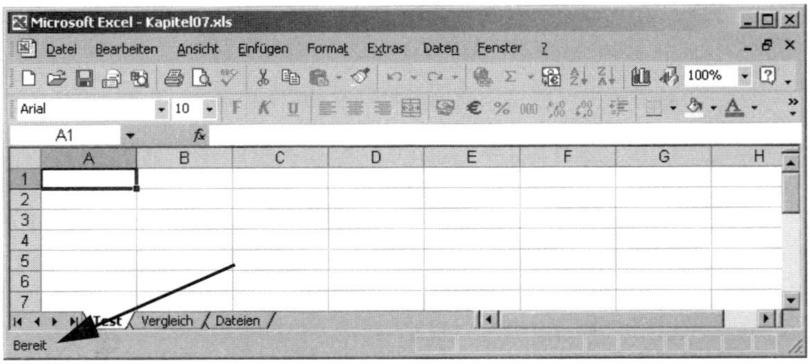

Abbildung 7.25
Bevor das Makro beendet wird, muss die Statusleiste zurückgesetzt werden

❻ Speichern Sie die Arbeitsmappe *Kapitel07*.

Visual Basic verfügt über extrem leistungsfähige Werkzeuge zur Wiederholung von Anweisungen in Schleifen. In Verbindung mit *If*-Strukturen, mit denen Entscheidungen über die weitere Ausführung von Anweisungen getroffen werden können, können Sie „intelligente" und leistungsfähige Makros erstellen.

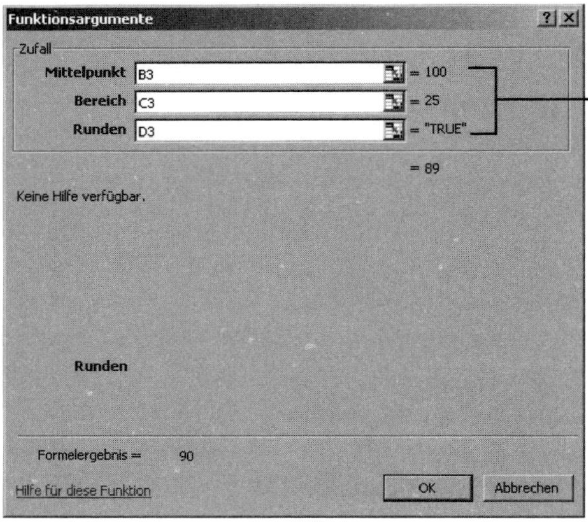

Argumente zu einer benutzerdefinierten Funktion hinzufügen,
Seite 247

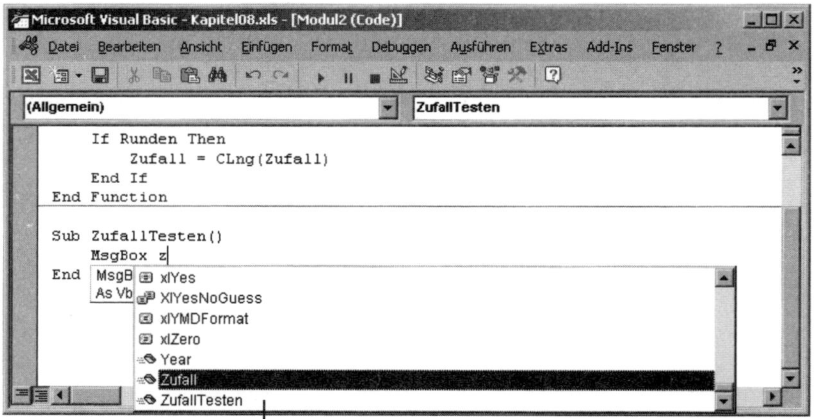

Eine benutzerdefinierte Funktion in einem Makro aufrufen,
Seite 252

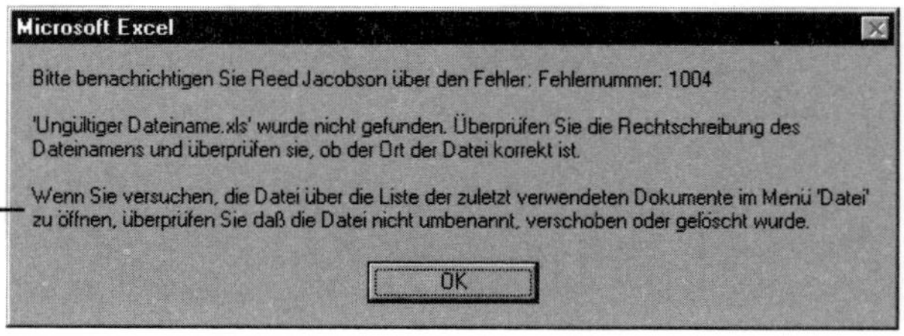

Einen Fehler aufspüren,
Seite 261

8 Den Funktionsumfang von Microsoft Excel und Visual Basic erweitern

In diesem Kapitel lernen Sie

- wie Sie benutzerdefinierte Funktionen erstellen und einsetzen.
- wie Sie Fehler handhaben, die während der Ausführung eines Makros auftreten.

Eine Bakterienzelle besitzt keinen Zellkern. Eine Zelle, die keinen Zellkern besitzt, wird Prokaryot genannt. Prokaryoten sind sehr wichtig. Bei den allerersten bekannten Fossilien, die vor 3,5 Milliarden Jahren existierten, handelt es sich allesamt um Prokaryoten. Prokaryoten sind außerdem sehr klein. 1999 entdeckte Heide Schulz die Prokaryotenspezies *Thiomargarita namibiensis*, deren einzelne Organismen bis zu einer Größe von 0,75 Millimetern anwachsen, was etwa der Größe des Kopfes einer Fruchtfliege entspricht. Für ein Bakterium ist dies erstaunlich groß, doch verglichen mit, sagen wir, einem jungen Hund, erscheint diese Spezies winzig.

Der wahrscheinlich größte bekannte einzellige Organismus ist *Caulerpa taxifolia*. Es handelt sich um eine Meeresalge, die sich seit 1984 unkontrolliert im Mittelmeer verbreitet hat und im Juni 2000 auch vor der Küste von San Diego entdeckt wurde. Eine einzige Caulerpa-Pflanze, die aus einer einzelnen Zelle besteht, kann eine Länge bis zu einem Meter erreichen. Eigentlich ist eine einzellige Caulerpa nicht besonders groß, doch sie übertrifft eine einzellige Thiomargarita um ein Vielfaches. Die Differenz ist durch die Struktur bedingt. Caulerpa besitzt einen Zellkern, und sie ist mit Vakuolen sowie blatt- und wurzelartigen Strukturen ausgestattet. Erst die Struktur ermöglicht funktionale Größe.

Aufgezeichnete Makros lassen sich mit Prokaryoten vergleichen. Die Makroaufzeichnungsfunktion fügt alle Arbeitsgänge, die Sie ausführen, in eine einzige, nicht strukturierte Prozedur ein. Und analog zu Prokaryoten sollten die aus einer Prozedur bestehenden Makros relativ klein sein. Eine umfangreiche und komplexere Anwendung funktioniert am besten, wenn Sie sie mit einer internen Struktur versehen; Sie müssen sie in kleinere Prozeduren aufgliedern. Ebenso wie größere und komplexere Organismen ein Immunsystem benötigen, um Krankheiten bekämpfen zu können, benötigen komplizierte Anwendungen Mechanismen, die Fehlerbedingungen abfangen und, wenn möglich, korrigieren. In diesem Kapitel werden Sie lernen, benutzerdefinierte Funktionen zu erstellen, Argumente in Prozeduren zu verwenden und Fehler zu behandeln. Diese Fertigkeiten benötigen Sie zur Erstellung stabiler und leistungsfähiger Anwendungen.

Funktion.xls

In diesem Kapitel wird die Übungsdatei *Funktion.xls* verwendet, die Sie von der Begleit-CD zu diesem Buch installiert haben. Details zur Installation der Übungsdateien finden Sie im Abschnitt *Die Begleit-CD verwenden* am Anfang des Buches.

Das Kapitel beginnen

1. Starten Sie Microsoft Excel, und wechseln Sie zum Ordner, der die Übungsdateien zu diesem Buch enthält.
2. Öffnen Sie die Arbeitsmappe *Funktion*, und speichern Sie sie unter dem Namen **Kapitel08**.

Benutzerdefinierte Funktionen erstellen

Sobald Sie einer Variablen einen Wert zugewiesen haben, können Sie diesen Wert in einem beliebigen Ausdruck verwenden. Nachdem Sie beispielsweise der Variablen *meinAlter* die Zahl 25 zugewiesen haben, ergibt der Bedingungsausdruck *meinAlter > 20* den Wert *True*, da 25 größer als 20 ist. Sie können eine Variable genauso einsetzen wie den Wert, den sie enthält.

Eine Funktion ist so etwas wie eine intelligente Variable. Eine Funktion entspricht einer Variablen, die ihren eigenen Wert berechnet, wenn sie ausgeführt wird. Beispielsweise verfügt Microsoft Visual Basic über eine Funktion namens *Time*. Wenn der Bedingungsausdruck *Time > #8:00 PM#* ausgeführt wird, überprüft die Funktion *Time* die Zeitangabe der Systemuhr des Computers.

Visual Basic und auch Excel verfügen über eine ganze Reihe integrierter Funktionen. Diese Funktionen sind nützlich, doch sie können nicht angepasst werden. Auch wenn Sie eine Visual Basic-Funktion finden, die „fast exakt" das erledigt, was Sie sich wünschen, so gibt es doch keine Möglichkeit, in das Innerste von Visual Basic einzugreifen. Allerdings können Sie eigene benutzerdefinierte Funktionen erstellen, welche die in Excel oder Visual Basic eingebauten Funktionen nutzen. Da Sie eigene Funktionen beliebig anpassen können, nutzen Sie die gleichen Vorteile wie die, die von eingebauten Funktionen angeboten werden.

Eine benutzerdefinierte Funktion in einem Arbeitsblatt verwenden

Sowohl Excel als auch Visual Basic verfügen über Funktionen, die eine Zufallszahl zwischen 0 und 1 zurückgeben. Die betreffende Excel-Funktion heißt *ZUFALLSZAHL()*, und die Visual Basic-Funktion heißt *Rnd*. Die Excel-Funktion kann in Arbeitsblattzellen, die Visual Basic-Funktion dagegen lediglich in einem Makro verwendet werden.

Sie können die Visual-Basic-Funktion *Rnd* und die Excel-Funktion *ZUFALLSZAHL* nicht anpassen, aber Sie können eine benutzerdefinierte Funktion – beispielsweise mit dem Namen *Zufall* – zur Generierung von Zufallszahlen erstellen, die Sie aus Excel heraus verwenden. Warum ist es sinnvoll, eine eigene Funktion zur Generierung von Zufallszahlen zu definieren, wenn Excels eine integrierte Funktion kostenlos zur Verfügung steht? Ganz einfach, weil sich Ihre Funktion *Zufall* ein wenig anders als die Excel-Funktion verhalten soll. Wenn Sie eine eigene Funktion erstellen, können Sie frei bestimmen, welche Aufgaben diese Funktion erfüllt.

1. Geben Sie im Tabellenblatt *Testfunktion* in Zelle A3 die Formel **=Zufall()** ein.

Excel zeigt den Fehlerwert *#NAME?* an, da die Funktion *Zufall* noch nicht definiert worden ist (siehe Abbildung 8.1).

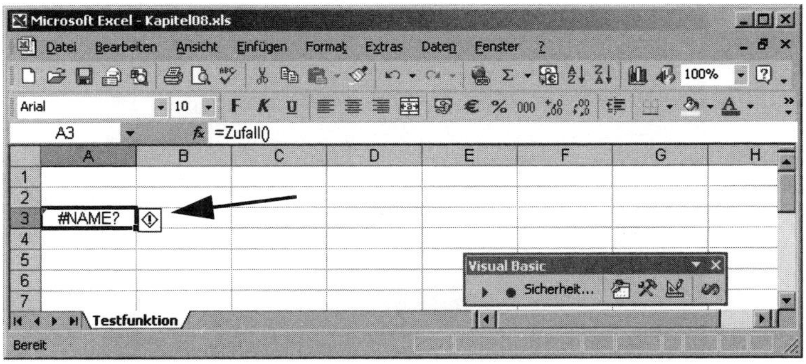

Abbildung 8.1 Wenn Sie eine Funktion eingeben, bevor Sie diese definiert haben, wird die Fehlermeldung *#NAME?* angezeigt

2. Klicken Sie auf die Schaltfläche *Makro ausführen*, geben Sie als Makronamen **Zufall** ein, und klicken Sie dann auf *Erstellen*.
3. Doppelklicken Sie auf das Wort *Sub* am Beginn des Makros, und ersetzen Sie es durch das Schlüsselwort **Function** (siehe Abbildung 8.2).

Die Anweisung *End Sub* wird automatisch zu *End Function* geändert. Damit haben Sie eine Funktion deklariert. Jetzt müssen Sie Excel mitteilen, welchen Wert die Funktion zurückgeben soll.

Abbildung 8.2
Wenn Sie in einem Modul eine Funktion definieren möchten, ersetzen Sie *Sub* durch **Function**

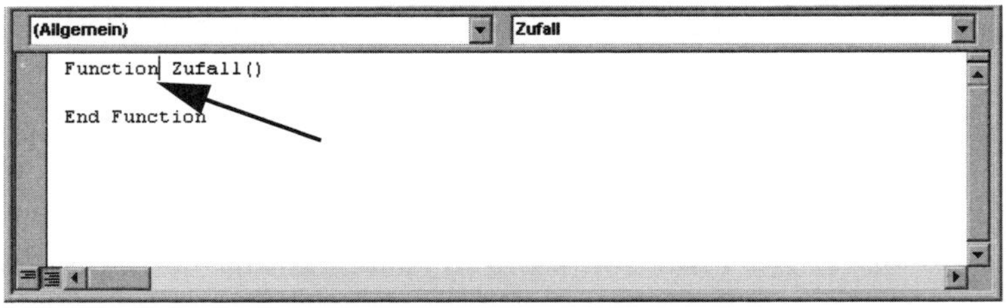

4. Geben Sie die Anweisung **Zufall = Rnd** in den Rumpf der Funktion ein. Die überarbeitete Funktion sollte jetzt folgendermaßen aussehen:

```
Function Zufall()
    Zufall = Rnd
End Function
```

Sie definieren den Rückgabewert der Funktion, indem Sie dem Funktionsnamen einen Wert zuweisen, so als ob der Funktionsname eine Variable wäre. In unserem Beispiel weisen wir der Funktion *Zufall* den Wert der Visual Basic-Funktion *Rnd* zu.

5. Wechseln Sie zu Excel, wählen Sie die Zelle A3, und klicken Sie in der Bearbeitungsleiste auf die Schaltfläche *Funktion einfügen*. Excel zeigt daraufhin das Fenster *Funktionsargumente* mit der Meldung an, dass die Funktion *Zufall* keine Argumente verwendet (siehe Abbildung 8.3). Klicken Sie auf *OK*, um die Zufallszahl in die Zelle A3 einzugeben.

Abbildung 8.3
Das Fenster *Funktionsargumente*

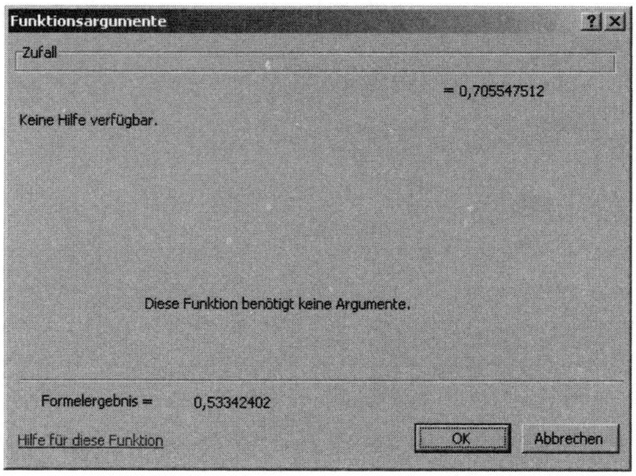

So einfach ist das Erstellen einer einfachen Arbeitsblattfunktion. Im Visual Basic-Editor ersetzen Sie das Wort *Sub* durch *Function* und weisen dann dem Funktionsnamen innerhalb der Funktion einen Wert zu. In Excel verwenden Sie den Funktionsnamen gefolgt von runden Klammern in einer Formel.

Die Argumente einer benutzerdefinierten Funktion festlegen

Angenommen, Sie möchten ganze Zufallszahlen mit Werten im Bereich von 100 plus oder minus 25 oder ganze Zufallszahlen mit Werten im Bereich von 1000 plus oder minus 100 erzeugen. Die Excel-Funktion ZUFALLSZAHL() kann diese Art von Zufallszahlen nicht berechnen. Die Funktion *Zufall*, die wir oben erstellt haben, kann es auch nicht, aber da es eine benutzerdefinierte Funktion ist, können wir sie mit der entsprechenden Fähigkeit ausstatten, indem wir Funktionsargumente hinzufügen.

Zur Angabe der oben genannten Zufallszahlenbereiche benötigen wir drei Argumente: ein Argument für den Mittelpunkt, ein Argument, mit dem der Wertebereich angegeben wird, und ein Argument, das angibt, ob der Ergebniswert gerundet werden soll. Fügen Sie diese Argumente nun in Ihre Funktion ein.

1. Geben Sie im Visual Basic-Editor **Mittelpunkt, Bereich, Runden** in die Klammern nach dem Namen der Funktion ein. Die Anweisung, die den Funktionsnamen und seine Argumente enthält, wird als *Funktionsdeklaration* bezeichnet. In dieser Anweisung werden der Name der Funktion sowie die Namen aller Argumente deklariert. Die überarbeitete Funktionsdeklaration sollte jetzt folgendermaßen aussehen:

```
Function Zufall(Mittelpunkt, Bereich, Runden)
```

Diese drei Wörter bilden die Argumente der Funktion. Sie können innerhalb der Funktion wie Variablen verwendet werden, die bereits über Werte verfügen.

2. Ändern Sie die Anweisung, die dem Funktionsnamen einen Wert zuweist, wie folgt:

```
Zufall = Rnd * (Bereich * 2) + (Mittelpunkt - Bereich)
```

Die Funktion *Rnd* liefert eine Zufallszahl zwischen 0 und 1. Wenn das Argument *Bereich* gleich 25 ist, bedeutet dies, dass Zufallszahlen berechnet werden sollen, deren Wert im Bereich zwischen (*Mittelpunkt* minus 25) und (*Mittelpunkt* plus 25) liegt: Der gesamte zulässige Bereich umfasst 50 ganzzahlige Werte. Die Multiplikation von *Rnd* mit *Bereich* * 2 ergibt somit eine Zufallszahl zwischen 0 und 50. Wenn der Wert 100 den Mittelpunkt bilden soll, muss 75 (also 100 – 25) zur Zufallszahl addiert werden.

3. Fügen Sie die folgenden drei Anweisungen ein, damit die Zahl gegebenenfalls gerundet wird.

```
If Runden Then
    Zufall = CLng(Zufall)
End If
```

In Visual Basic sind Werte vom Datentyp *Long* Ganzzahlen, die unter Umständen relativ groß sein können. Die Visual Basic-Funktion *CLng* konvertiert eine Zahl in den Datentyp *Long* und rundet sie dabei. Die Zufallszahl soll nur gerundet werden, wenn das Argument *Runden* den Wert *True* (Wahr) hat. Da der Wert des Arguments *Runden* bereits vorliegt und entweder *True* (Wahr) oder *False* (Falsch) ist, müssen Sie es nicht mit anderen Werten vergleichen, um einen Bedingungsausdruck zu erhalten. Die vollständige Funktion sollte folgendermaßen aussehen:

```
Function Zufall(Mittelpunkt, Bereich, Runden)
   Zufall = Rnd * (Bereich * 2) + (Mittelpunkt - Bereich)
   If Runden Then
       Zufall = CLng(Zufall)
   End If
End Function
```

Andere Funktionen, die Datentypen konvertieren, werden angezeigt, wenn Sie auf *CLng* klicken und F1 drücken.

4 Geben Sie in Excel in Zelle B3 den Wert **100**, in Zelle C3 den Wert **25** und in Zelle D3 **WAHR** ein (siehe Abbildung 8.4). Wir werden diese Werte für die Argumente *Mittelpunkt*, *Bereich* und *Runden* der Funktion *Zufall* verwenden.

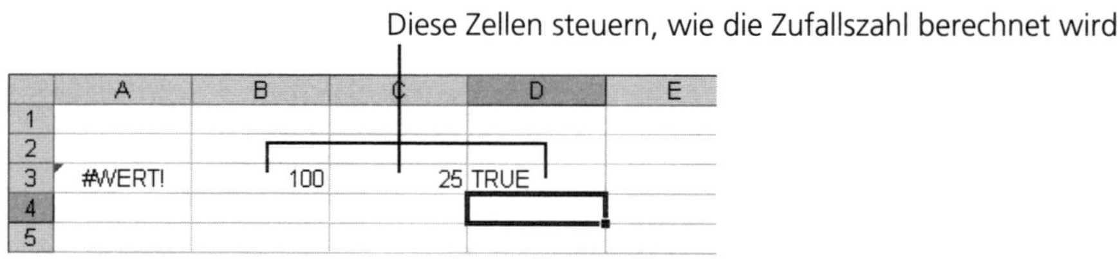

Abbildung 8.4
Die Tabelle mit den Eingaben in Zelle B3, C3 und D3

5 Wählen Sie die Zelle A3, und klicken Sie in der Bearbeitungsleiste auf die Schaltfläche *Funktion einfügen*.

Das Fenster *Funktionsargumente* wird eingeblendet und zeigt die drei neuen Argumente der Funktion *Zufall* (siehe Abbildung 8.5).

6 Klicken Sie in das Feld *Mittelpunkt* und dann auf die Zelle B3. Klicken Sie in das Feld *Bereich* und dann auf die Zelle C3. Klicken Sie in das Feld *Runden* und dann auf die Zelle D3 (siehe Abbildung 8.6). Abschließend klicken Sie auf *OK*.

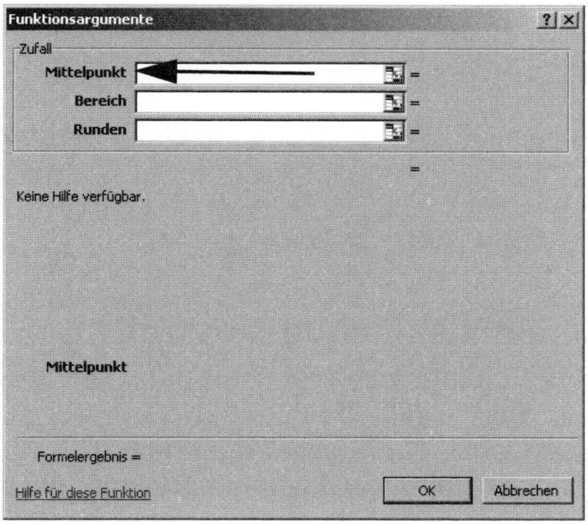

Abbildung 8.5 Im Fenster *Funktionsargumente* werden die benutzerdefinierten Argumente der Funktion *Zufall* angezeigt

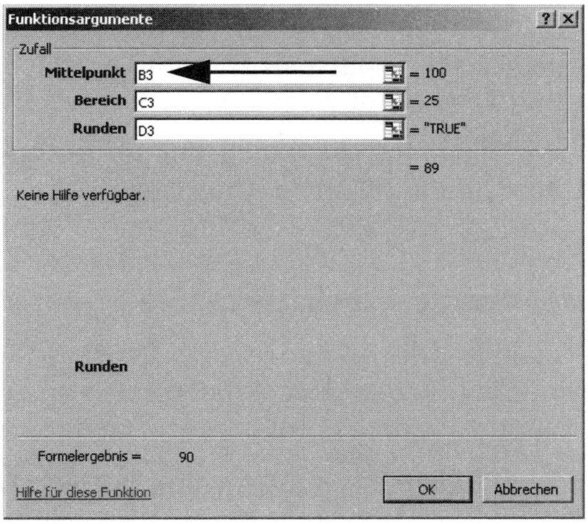

Abbildung 8.6 Die Argumente werden im Fenster *Funktionsargumente* mit den Arbeitsblattzellen verknüpft

Nach Anpassung der Formel enthält die Zelle A3 nun eine Zufallszahl zwischen 75 und 125. Sie verwenden Argumente, um Werte an eine Funktion zu übergeben.

7. Ändern Sie den Wert der Zelle B3 in **1000** und den Wert der Zelle C3 in **100**. In Zelle A3 wird daraufhin eine Zufallszahl zwischen 900 und 1100 angezeigt. Sobald der Wert einer Zelle geändert wird, auf die sich die Funktion bezieht, berechnet die Funktion das Ergebnis neu (siehe Abbildung 8.7). Funktionen können durch Argumente wesentlich flexibler gestaltet werden.

Abbildung 8.7
Das Arbeitsblatt mit neuen Werten in Zelle B3 und C3

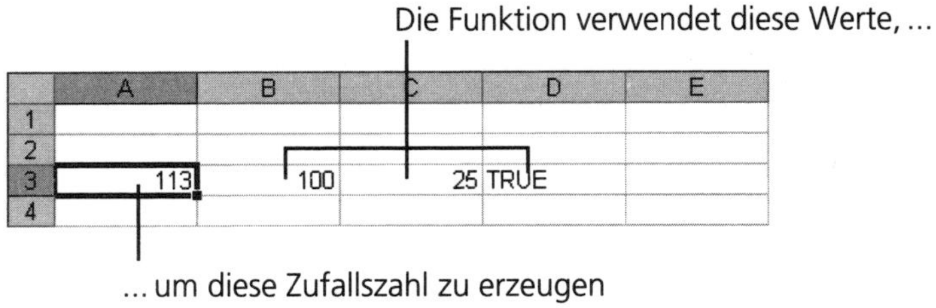

Funktionen als flüchtig kennzeichnen

Die meisten Funktionen werden nur dann neu berechnet, wenn der Wert einer Zelle, auf die sich die Funktion bezieht, geändert wird. Andere Funktionen (wie z. B. die Excel-Funktion ZUFALLSZAHL()), so genannte *flüchtige* Funktionen, werden neu berechnet, wenn sich der Wert einer beliebigen Zelle des Arbeitsblatts ändert oder F9 gedrückt wird. Wenn wir unsere Funktion als *flüchtig* kennzeichnen, wird jedes Mal, wenn F9 gedrückt wird, eine neue Zufallszahl berechnet.

1. Drücken Sie in Excel mehrmals F9, und beobachten Sie, dass sich die Zufallszahl in Zelle A3 nicht ändert.

2. Fügen Sie im Visual Basic-Editor nach der Anweisung, die den Namen der Funktion enthält, folgende Anweisung ein:

```
Application.Volatile True
```

3. Wechseln Sie zu Excel, und drücken Sie F9.

Die Zufallszahl in Zelle A3 ändert sich. Drücken Sie mehrmals F9, um zu verifizieren, dass die Funktion Zufallszahlen im gewünschten Bereich erzeugt.

In den meisten Fällen ist es nicht wünschenswert, benutzerdefinierte Funktionen als *flüchtig* zu definieren. Die meisten Funktionen sollen nur neu berechnet werden, wenn sich einer der Werte ändert, auf die sich die Funktion bezieht. In den wenigen Fällen, in denen eine Formel ständig neu berechnet werden soll, weisen Sie der Methode *Volatile* des *Application*-Objekts den Wert *True* zu.

Argumente als optional definieren

Unsere überarbeitete Beispielfunktion *Zufall* weist jetzt nur den Nachteil auf, dass ihre Verwendung in den einfachen Fällen, in denen keine Argumente benötigt werden, wesentlich komplizierter ist. Wenn Sie *=Zufall()* ohne die Argumente in eine Zelle eingeben, zeigt Excel den Fehlerwert

#WERT! an. Um diesen Fehler zu vermeiden, werden Sie die Funktion so abändern, dass die Argumente optional sind, also nicht unbedingt eingegeben werden müssen. Außerdem werden Sie Standardwerte angeben, die eingesetzt werden, wenn kein Argument angegeben wird.

1. Fügen Sie im Visual Basic-Editor das Wort **Optional** jeweils vor den drei Argumentnamen ein. Die überarbeitete Anweisung sollte jetzt folgendermaßen aussehen:

```
Function Zufall(Optional Mittelpunkt, Optional Bereich, Optional Runden)
```

Sie müssen nicht alle Argumente als optional definieren. Wenn Sie allerdings ein Argument als optional definiert haben, müssen alle nachfolgenden Argumente ebenfalls als optional definiert sein. Mit anderen Worten sollten optionale Argumente an das Ende der Argumentliste gestellt werden.

2. Geben Sie nach dem Wort *Mittelpunkt* als Standardwert **= 0.5** ein, geben Sie nach dem Wort *Bereich* als Standardwert **= 0.5** ein, und geben Sie nach dem Wort *Runden* als Standardwert **= False** ein. Umbrechen Sie die Anweisung nach dem ersten Komma in zwei Zeilen. Die überarbeitete Anweisung sollte nun folgendermaßen aussehen:

```
Function Zufall(Optional Mittelpunkt = 0.5, _
    Optional Bereich = 0.5, Optional Runden = False)
```

Für jedes optionale Argument kann ein Standardwert angegeben werden. Der Standardwert wird dem Argumentnamen mit einem Gleichheitszeichen zugewiesen, auf dieselbe Weise wie einer Variablen ein Wert zugewiesen wird.

3. Geben Sie in Excel in die Zelle A4 **=Zufall()** ein. Daraufhin wird eine Zufallszahl zwischen 0 und 1 berechnet.

4. Löschen Sie die Formeln in den Zellen A3 und A4, sodass die benutzerdefinierte Funktion ignoriert wird, wenn Sie die im Folgenden vorgestellten Makros ausführen.

Mit optionalen Argumenten können Sie den Funktionsumfang von Funktionen erweitern, ohne die Verwendung in den Fällen, in denen diese Argumente nicht benötigt werden, zu verkomplizieren. Sie kennzeichnen ein Argument als optional, indem Sie das Wort *Optional* vor dem Argumentnamen einfügen. Um einen Standardwert für ein optionales Argument zu definieren, weisen Sie dem Argumentnamen den gewünschten Wert zu.

Benutzerdefinierte Funktionen aus einem Makro heraus aufrufen

Benutzerdefinierte Funktionen können nicht nur in eine Arbeitsblattzelle eingetragen werden, sondern auch aus einem Makro heraus aufgerufen werden.

1. Geben Sie im Visual Basic-Editor am Ende des Moduls **Sub ZufallTesten** ein, und drücken Sie [Eingabe], um mit der Erstellung eines neuen Makros zu beginnen.
2. Geben Sie **MsgBox** und ein Leerzeichen ein.

   Visual Basic zeigt das QuickInfo-Feld mit den Argumenten der Funktion *MsgBox* an.
3. Drücken Sie [Strg]+[Leer], um eine Liste der globalen Methoden und Eigenschaften anzuzeigen, und drücken Sie dann [Z], um in der Liste zu den Begriffen zu blättern, die mit *Z* beginnen.

Abbildung 8.8 Die Liste der globalen Methoden und Eigenschaften

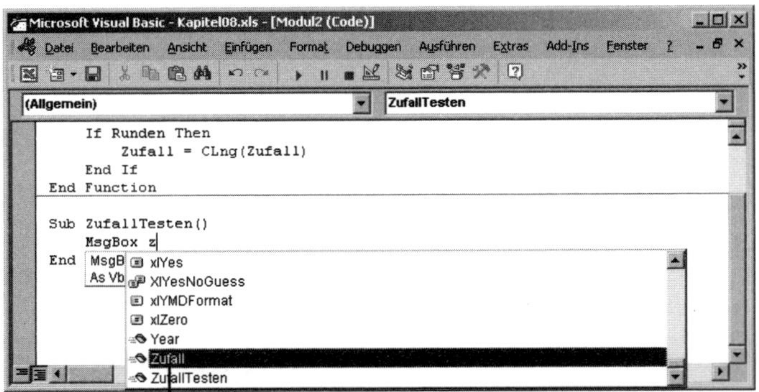

Ihre benutzerdefinierte Funktion wird in der Liste der globalen Methoden und Eigenschaften aufgeführt.

Die Funktion *Zufall* wurde automatisch in diese Liste aufgenommen (siehe Abbildung 8.8). Neben der Funktion befindet sich das Symbol für Methoden. Bei den Excel-Methoden handelt es sich einfach um die in Excel integrierten Funktionen. Sie erstellen neue globale Methoden, indem Sie neue Funktionen deklarieren.

4. Drücken Sie [Tab], um den Funktionsnamen in die Anweisung einzufügen, und geben Sie dann eine öffnende runde Klammer ein, um den Anfang der Argumentliste zu markieren. Visual Basic zeigt daraufhin das QuickInfo-Feld mit den Argumenten für die benutzerdefinierte Funktion an. Das QuickInfo-Feld zeigt außerdem die Standardwerte für die optionalen Argumente an (siehe Abbildung 8.9).

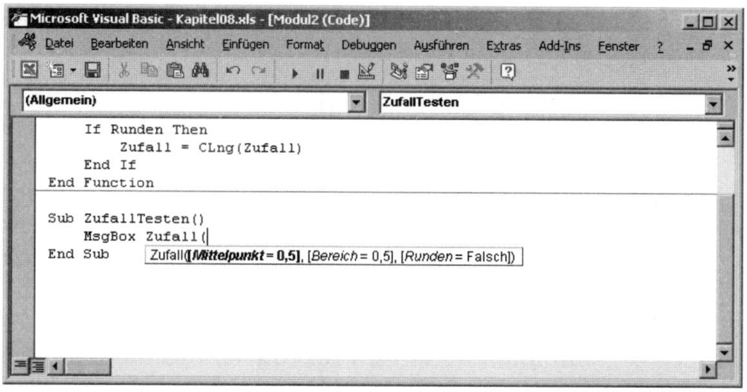

Abbildung 8.9
Das QuickInfo-Feld zeigt die benutzerdefinierten Argumente für die Funktion *Zufall* sowie deren Standardwerte

5. Geben Sie die Argumente **200, 5, True** und eine schließende runde Klammer ein.
6. Drücken Sie F5, um das Makro auszuführen. Klicken Sie auf *OK*, wenn die Zufallszahl angezeigt wird (siehe Abbildung 8.10).

Abbildung 8.10
Das Meldungsfeld mit der berechneten Zufallszahl

Eine Funktion unterscheidet sich von einer *Sub*-Prozedur nur dadurch, dass sie einen Wert zurückgibt, der in einer Arbeitsblattzelle in Excel oder in einem Makro verwendet werden kann.

Eine Funktion, die in einer Arbeitsblattzelle verwendet wird, kann nur Operationen beinhalten, die während der Neuberechnung des Arbeitsblatts von Excel ausgeführt werden können. (Beachten Sie, dass bestimmte Zellen mehrmals neu berechnet werden.) Vorgänge wie das Öffnen von Dateien oder die Anzeige von Meldungsfeldern können innerhalb von Funktionen ausgeführt werden, die von Makros aufgerufen werden. Wenn Sie solche Vorgänge in eine Funktion aufnehmen, die von einem Arbeitsblatt aufgerufen wird, gibt die Funktion den Fehlerwert *#WERT!* zurück.

Fehlerbehandlung

Ob Sie es glauben oder nicht, Computerprogramme funktionieren nicht immer einwandfrei. Gelegentlich werden Sie wahrscheinlich ein Makro schreiben, das nicht genau das tut, was es eigentlich tun sollte. Solche Programmfehler werden in verschiedene Kategorien eingeteilt:

- **Syntaxfehler** Es handelt sich hierbei um Fehler wie ein falsch geschriebener Funktionsname oder eine fehlende schließende Klammer. Wenn Sie eine Anweisung in eine Prozedur eingeben, überprüft der Visual Basic-Editor die Anweisung auf Syntaxfehler, sobald Sie den Cursor in die nächste Zeile bewegen.

- **Compilerfehler** Bestimmte Fehler können nicht mit einer zeilenweisen Überprüfung festgestellt werden. Beispielsweise könnten Sie eine *For Each*-Schleife beginnen, aber vergessen, eine *Next*-Anweisung am Ende der Schleife einzutragen. Wenn eine solche Prozedur das erste Mal ausgeführt wird, übersetzt Visual Basic die Prozedur (zusammen mit allen anderen Prozeduren des Moduls) in Maschinencode. Die Übersetzung in Maschinencode wird auch als *Kompilierung* bezeichnet. Fehler, die Visual Basic während der Übersetzung findet, werden auch *Compilerfehler* genannt. Syntaxfehler und Compilerfehler lassen sich in der Regel relativ einfach feststellen und beheben.

Visual Basic kann bei der Verwendung von Variablen „Rechtschreibfehler" feststellen. Dazu wählen Sie im Visual Basic-Menü *Extras* den Befehl *Optionen* und aktivieren das Kontrollkästchen *Variablendeklaration erforderlich*. Wenn diese Option aktiviert ist, fügt Visual Basic in jedes neue Modul die Anweisung *Option Explicit* ein. Wenn ein Modul mit der Anweisung *Option Explicit* beginnt, meldet Visual Basic einen Compilerfehler, sobald Sie eine Variable verwenden, die nicht explizit mit dem Schlüsselwort *Dim* deklariert worden ist.

- **Logikfehler** Bestimmte Fehler kann Excel bzw. Visual Basic nicht erkennen. Wenn Sie beispielsweise die Beschriftung einer Arbeitsmappe in „Persönl. Arbeitsmappe" ändern möchten, versehentlich aber „Persönl. Arbeitsmoppe" eingeben, werden Sie keine Fehlermeldung erhalten. Oder wenn neue Werte mit der falschen Version der alten Werte verglichen werden, kann Excel bzw. Visual Basic diesen Fehler nicht feststellen. Sie können Haltepunkte ein- und ausschalten, die Prozeduren schrittweise ausführen lassen und die Werte überprüfen, müssen solche Logikfehler aber trotz alledem selbst finden und korrigieren.

- **Laufzeitfehler** Manchmal funktioniert eine Anweisung einer Prozedur nur unter bestimmten Bedingungen. Nehmen wir beispielsweise eine Anweisung, die eine Datei von der Festplatte löscht. Wenn eine Datei vorhanden ist, die gelöscht werden kann, funktioniert die Anweisung einwandfrei. Wenn die Datei aus irgendeinem Grund nicht vorhanden ist, weiß Visual Basic nicht, was es nun tun soll und bricht mit einer Fehlermeldung ab. Solche Fehler können nur während der Ausführung der Prozedur festgestellt werden. Während der Ausführung auftretende Fehler werden auch *Laufzeitfehler* genannt. Einige Laufzeitfehler weisen auf Fehler im Programm hin. Andere Laufzeitfehler beschreiben Situationen, die voraussehbar sind und für die Sie Programmcode schreiben können, sodass Visual Basic mit ihnen umgehen kann. Visual Basic verfügt über verschiedene Werkzeuge zur Behandlung von Laufzeitfehlern.

Fehler ignorieren

Angenommen, Sie möchten ein Makro erstellen, das ein temporäres Arbeitsblatt für einen Bericht erstellt. Das Makro gibt dem Arbeitsblatt den Namen *Bericht* und ersetzt alle in der aktiven Arbeitsmappe bereits vorhandenen, gleichnamigen Arbeitsblätter. Die Arbeitsmappe *Kapitel08* enthält das Makro *BerichtErstellen*, mit dem das Arbeitsblatt *Bericht* erstellt und benannt wird. Dieses Makro sieht folgendermaßen aus:

```
Sub BerichtErstellen()
    Dim neuBlatt As Worksheet
    Set neuBlatt = Worksheets.Add
    neuBlatt.Name = "Bericht"
End Sub
```

Das Makro fügt ein Arbeitsblatt in die Arbeitsmappe ein und weist der Variablen *neuBlatt* einen Bezug auf das Arbeitsblatt zu. Dann ändert es die Eigenschaft *Name* des Arbeitsblatts.

1. Im Visual Basic-Editor klicken Sie in den unteren leeren Bereich des Moduls und drücken F5, um das Dialogfeld *Makros* einzublenden. Wählen Sie das Makro *BerichtErstellen*, und drücken Sie F5, um es auszuführen.

Daraufhin wird in der aktiven Arbeitsmappe ein neues Arbeitsblatt namens *Bericht* angezeigt (siehe Abbildung 8.11). Das Makro funktioniert wie gewünscht. Besser gesagt, es scheint zu funktionieren. Aber was passiert, wenn das Makro erneut ausgeführt wird?

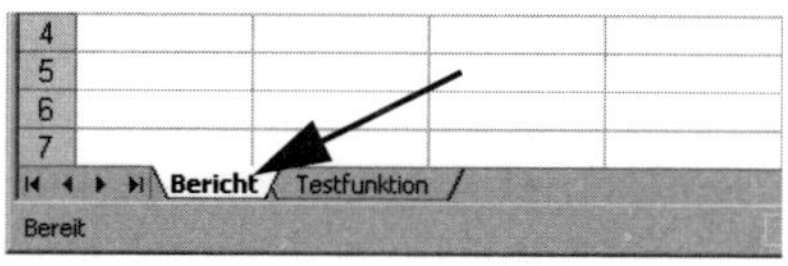

Abbildung 8.11 Das Makro hat ein neues Arbeitsblatt namens *Bericht* erstellt

2. Drücken Sie noch einmal F5, um das Makro ein zweites Mal auszuführen.

Visual Basic zeigt eine Fehlermeldung an, die besagt, dass dem Arbeitsblatt nicht der Name eines bereits bestehenden Arbeitsblatts zugewiesen werden kann (siehe Abbildung 8.12). Dieses Problem lässt sich einfach lösen: Das alte Arbeitsblatt *Bericht* muss gelöscht werden, bevor ein neues Blatt mit diesem Namen benannt werden kann.

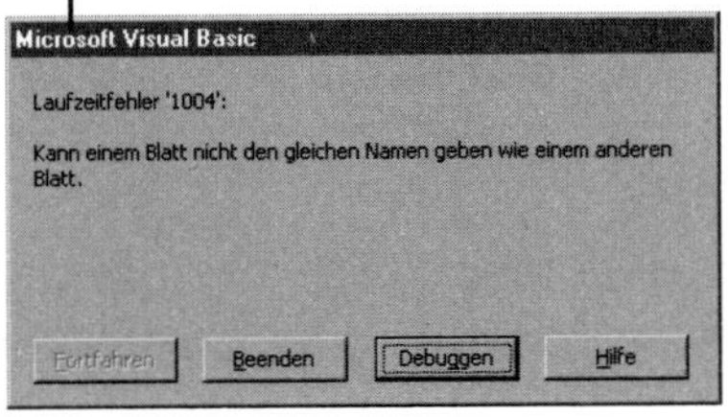

Abbildung 8.12
Visual Basic zeigt eine Fehlermeldung an

3. Klicken Sie auf die Schaltfläche *Beenden*, um die Fehlermeldung auszublenden, und fügen Sie dann die beiden folgenden Anweisungen vor der Anweisung ein, mit der die Tabelle umbenannt wird:

```
Application.DisplayAlerts = False
Worksheets("Bericht").Delete
```

Mit der ersten Anweisung wird der Methode *DisplayAlerts* der Wert *False* zugewiesen und damit die Ausgabe der Warnung verhindert, die Sie zur Bestätigung der Löschung auffordert.

Drücken Sie mehrmals [F8], um das Makro schrittweise auszuführen. (Falls das Makro die Funktion *Zufall* schrittweise ausführt, brechen Sie die Ausführung ab und löschen die Formeln aus den Zellen A3 und A4 des Tabellenblatts *Testfunktion*. Führen Sie das Makro dann erneut schrittweise aus.) Das Makro legt ein neues Arbeitsblatt an, löscht das alte Arbeitsblatt namens *Bericht* und benennt das neue Arbeitsblatt um. Das Makro funktioniert einwandfrei – wenigstens scheint es so. Was passiert jedoch, wenn die Arbeitsmappe kein „altes" Arbeitsblatt namens *Bericht* enthält?

4. Wechseln Sie zu Excel, löschen Sie das Arbeitsblatt *Bericht*, wechseln Sie zurück zum Visual Basic-Editor, und drücken Sie [F5], um das Makro auszuführen.

Es wird wieder eine Fehlermeldung angezeigt (siehe Abbildung 8.13). Die Fehlermeldung besagt diesmal, dass der Index außerhalb des gültigen Bereichs liegt. Mit anderen Worten, in der *Worksheets*-Auflistung wurde kein Arbeitsblatt namens *Bericht* gefunden.

Interessant ist an dieser Fehlermeldung vor allem, dass sie eigentlich nicht von Belang ist, da Sie das Arbeitsblatt ohnehin löschen wollten. Wenn kein Arbeitsblatt existiert, das gelöscht werden kann, ist das umso besser.

5. Klicken Sie auf die Schaltfläche *Beenden*, um die Fehlermeldung zu löschen, und fügen Sie folgende Anweisung über der Anweisung ein, mit der das Arbeitsblatt gelöscht wird:

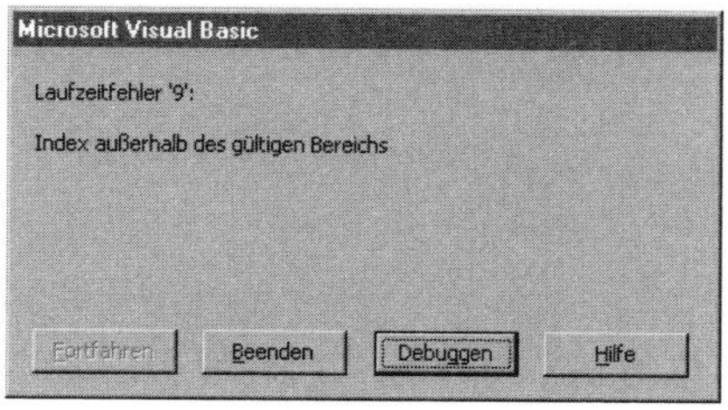

Abbildung 8.13 Wenn kein Arbeitsblatt namens *Bericht* vorhanden ist, erzeugt das Makro eine Fehlermeldung

```
On Error Resume Next
```

Mit dieser Anweisung wird Visual Basic angewiesen, alle Laufzeitfehler zu ignorieren und einfach mit der nächsten Anweisung fortzufahren.

6. Drücken Sie [F5], um das Makro zu testen. Führen Sie es noch einmal aus, um zu überprüfen, ob es funktioniert, wenn das Arbeitsblatt *Bericht* vorhanden ist.

Das Makro scheint nun wirklich einwandfrei zu funktionieren. Bestimmte Fehler kann man also ignorieren.

Fehler gefahrlos ignorieren

Wenn die Anweisung *On Error Resume Next* verwendet wird, ignoriert Visual Basic alle Laufzeitfehler, bis die Fehlerprüfung wieder aktiviert wird oder Visual Basic auf die Anweisung *End Sub* oder *End Function* trifft. Wenn Sie Visual Basic anweisen, Fehler zu ignorieren, müssen Sie vorsichtig sein, damit nicht versehentlich Fehler ignoriert werden, die eigentlich abgefangen und behandelt werden sollen.

1. Löschen Sie im Makro *BerichtErstellen* in der Anweisung, mit der dem Arbeitsblatt ein neuer Name zugewiesen wird, die Anführungszeichen, die das Wort *Bericht* umgeben.

Durch das Fehlen der Anführungszeichen wird ein Laufzeitfehler erzeugt. Die überarbeitete und absichtlich fehlerhafte Anweisung sollte nun folgendermaßen aussehen:

```
neuBlatt.Name = Bericht
```

Wenn die Anweisung *Option Explicit* am Beginn des Moduls angezeigt wird, löschen Sie sie.

2. Drücken Sie [F5], um das Makro zu testen.

Das Makro scheint korrekt zu arbeiten, allerdings enthält die Arbeitsmappe nach Beendigung der Makroausführung kein Arbeitsblatt namens *Bericht* (siehe Abbildung 8.14). Visual Basic interpretiert das Wort *Bericht*, das nunmehr nicht mehr in Anführungszeichen steht, als neue (leere) Variable und kann dem Arbeitsblatt diesen „leeren" Namen nicht zuweisen. Da Sie Visual Basic aber leider angewiesen haben, Fehler zu

Abbildung 8.14
Es wurde ein neues Arbeitsblatt in die Arbeitsmappe eingefügt

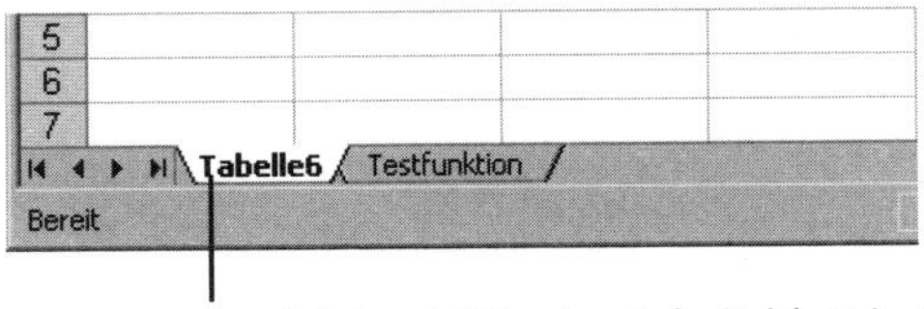

Das Makro hätte das Arbeitsblatt in *Bericht* umbenennen sollen.

ignorieren, wurde nicht einmal durch eine Warnung auf dieses Problem aufmerksam gemacht. (Wenn Sie natürlich die Anweisung *Option Explicit* am Beginn des Moduls eingefügt hätten, wäre von Visual Basic mit einer Fehlermeldung die Verwendung einer undefinierten Variable bemängelt worden.)

Wenn Fehler in einer oder zwei Anweisungen ignoriert werden sollen, fügen Sie diese Anweisungen am besten in eine eigenen *Sub*-Prozedur ein. Dies ist das sicherste Vorgehen. Sobald Visual Basic auf die Anweisung *End Sub* oder *End Function* trifft, setzt es die Anweisung *On Error Resume Next* wieder außer Kraft.

3. Erstellen Sie eine neue *Sub*-Prozedur namens *BlattLöschen*. Diese Prozedur löscht das Arbeitsblatt *Bericht* ohne viel Aufhebens, falls es bereits existiert.

4. Verschieben Sie die drei Anweisungen, mit denen das Arbeitsblatt gelöscht wird, in das Makro *BlattLöschen*. Das neue Makro sollte jetzt folgendermaßen aussehen:

```
Sub BlattLöschen()
    Application.DisplayAlerts = False
    On Error Resume Next
    Worksheets("Bericht").Delete
End Sub
```

Die Anweisung *On Error Resume Next* wird mit der Anweisung *End Sub* außer Kraft gesetzt, sodass nur die Fehler ignoriert werden, die in der *Delete*-Anweisung auftreten. Dieses Verfahren zum gezielten Ignorieren eines Laufzeitfehlers ist wesentlich sicherer.

5. Geben Sie im Makro *BerichtErstellen* an Stelle der drei Anweisungen **BlattLöschen** ein. Das überarbeitete Makro *BerichtErstellen* (das immer noch den Fehler enthält) sollte jetzt folgendermaßen aussehen:

```
Sub BerichtErstellen()
    Dim neuBlatt As Worksheet
    Set neuBlatt = Worksheets.Add
    BlattLöschen
    neuBlatt.Name = Bericht
End Sub
```

Das Makro *BerichtErstellen* enthält nun keine Anweisung *On Error Resume Next* mehr. Visual Basic sollte daher den Fehler feststellen und melden.

6. Drücken Sie F5, um das Makro auszuführen, und klicken Sie auf die Schaltfläche *Beenden*, um das Fehlermeldungsfeld zu schließen.

7. Setzen Sie den Blattnamen in der letzten Zeile des Makros *BerichtErstellen* in Anführungszeichen. Testen Sie das Makro mehrere Male, wobei einmal kein Arbeitsblatt namens *Bericht* vorhanden sein soll und mindestens einmal ein Arbeitsblatt namens *Bericht* bereits vorhanden sein soll.

Das Makro funktioniert nun einwandfrei. Der Fehler, der ignoriert werden soll, wird ignoriert, und andere unerwartete Fehler, die gemeldet werden sollen, werden gemeldet (siehe Abbildung 8.15).

Abbildung 8.15
Das Makro soll vor unerwarteten Fehlern warnen

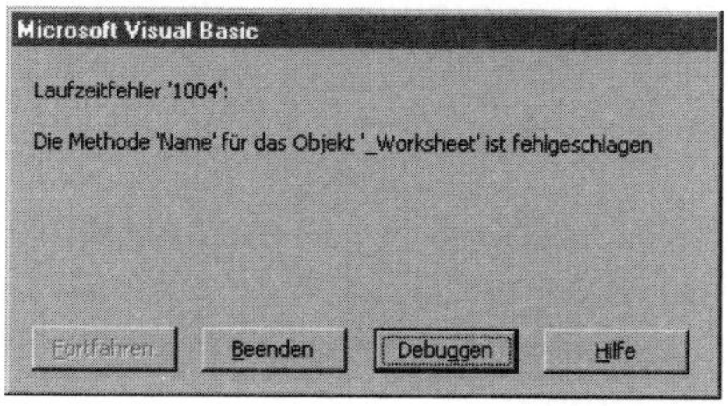

Die Prozedur *BlattLöschen* verallgemeinern

Das Makro *BlattLöschen*, das Sie in der letzten Übung erstellt haben, löscht das Arbeitsblatt *Bericht*, falls es existiert. Es löscht ausdrücklich nur das Arbeitsblatt *Bericht*. Angenommen, Sie möchten gelegentlich ein Arbeitsblatt namens *Bericht* und in anderen Fällen ein Arbeitsblatt namens *Analyse* löschen? In diesem Makro *BlattLöschen* steckt ein weit größeres Potenzial, sodass es nicht nur auf das Löschen eines bestimmten Arbeitsblatts eingeschränkt werden sollte. Sie können in ähnlicher Weise ein Argument einfügen, um die Prozedur *BlattLöschen* zu verallgemeinern, wie wir die Funktion *Zufall* weiter vorne in diesem Kapitel mit Argumenten ausgestattet haben.

1. Geben Sie das Argument **Blattname** in die runden Klammern nach dem Makronamen *BlattLöschen* ein.

2. Ersetzen Sie im Rumpf des Makros *BlattLöschen* die Anweisung *„Bericht"* durch **Blattname**. *Blattname* darf nicht in Anführungszeichen gesetzt werden.

3. Geben Sie im Makro *BerichtErstellen* nach *BlattLöschen* den Ausdruck **„Bericht"** ein. Die beiden überarbeiteten Makros sollten jetzt folgendermaßen aussehen:

```
Sub BerichtErstellen()
    Dim neuBlatt As Worksheet
    Set neuBlatt = Worksheets.Add
    BlattLöschen "Bericht"
    neuBlatt.Name = "Bericht"
End Sub

Sub BlattLöschen(Blattname)
    Application.DisplayAlerts = False
    On Error Resume Next
    Worksheets(Blattname).Delete
End Sub
```

Das Makro *BlattLöschen* enthält nun keine Angaben zum Namen des Arbeitsblatts, das gelöscht werden soll. Das Makro löscht einfach das Arbeitsblatt, das ihm übergeben wird, ohne Rückfragen und Fehlermeldungen anzuzeigen.

4. Drücken Sie F5, um das Makro *BerichtErstellen* zu testen.

5. Legen Sie ein neues Makro namens *AnalyseErstellen* an. Erstellen Sie eine Kopie des Makros *BerichtErstellen,* und ändern Sie die Kopie so ab, dass ein Arbeitsblatt namens *Analyse* erzeugt wird. Dieses Makro sollte folgendermaßen aussehen:

```
Sub AnalyseErstellen()
    Dim neuBlatt As Worksheet
    Set neuBlatt = Worksheets.Add
    BlattLöschen "Analyse"
    neuBlatt.Name = "Analyse"
End Sub
```

6. Testen Sie das Makro *AnalyseErstellen*. Das Makro legt ein neues Arbeitsblatt namens *Analyse* an (siehe Abbildung 8.16).

Abbildung 8.16
Das Makro hat das Arbeitsblatt *Analyse* erstellt

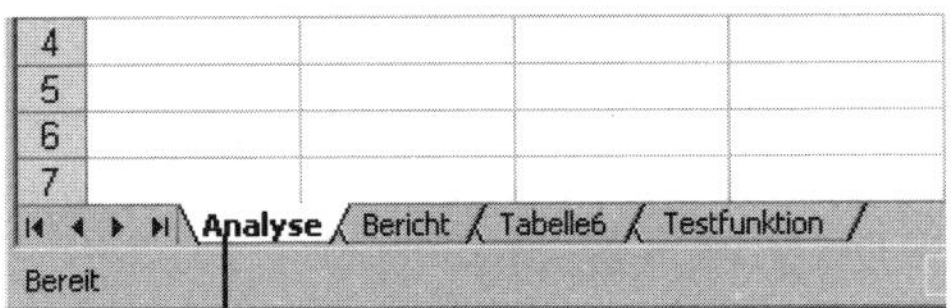

Sie können eine Prozedur so verallgemeinern, dass sie mit beliebigen Arbeitsblättern funktioniert

Das Makro *BlattLöschen* nimmt Ihnen jetzt nicht nur die Unannehmlichkeiten ab, die mit dem Löschen eines Arbeitsblatts verbunden sind, sondern es stellt nun ein allgemein einsetzbares Werkzeug dar – eine Erweiterung des Funktionsumfangs von Excel – und kann nun aus beliebigen anderen Makros heraus aufgerufen werden.

Fehlerprüfung

Wenn Sie die Anweisung *On Error Resume Next* in einem Makro verwenden, bietet Ihnen Visual Basic weitere Möglichkeiten, als den Fehler einfach nur zu ignorieren. Visual Basic verfügt über ein spezielles, für Testzwecke vorgesehenes Objekt namens *Err*. Das Objekt *Err* besitzt Eigenschaften, die Sie überprüfen können, um festzustellen, ob ein Fehler aufgetreten ist, und um den Fehler gegebenenfalls zu identifizieren.

Angenommen, Sie möchten ein neues Arbeitsblatt namens *Bericht* erstellen, ohne bereits existierende, gleichnamige Arbeitsblätter zu löschen. Stattdessen soll dem Blattnamen ein Suffix angehängt werden, ähnlich wie in Excel, wenn Sie neue Blätter in eine Arbeitsmappe einfügen. Die Arbeitsmappe *Kapitel08* enthält ein Makro namens *NächstenBerichtErstellen*. Dieses Makro erstellt ein Arbeitsblatt namens *Bericht1*. Das Makro *NächstenBerichtErstellen* sieht folgendermaßen aus:

```
Sub NächstenBerichtErstellen()
    Dim neuBlatt As Worksheet
    Dim neuName As String
    Dim neuSuffix As Integer

    Set neuBlatt = Worksheets.Add
    neuName = "Bericht"
    neuSuffix = 1

    On Error Resume Next
    neuBlatt.Name = neuName & neuSuffix
End Sub
```

Dieses Makro legt ein neues Arbeitsblatt an und versucht dann, das Arbeitsblatt mit dem Namen *Bericht* und dem Suffix *1* zu benennen. Die Anweisung *On Error Resume Next* weist Visual Basic an, die Makroausführung nicht abzubrechen, wenn Excel das Blatt nicht umbenennen kann.

1. Setzen Sie den Cursor in das Makro *NächstenBerichtErstellen,* und drücken Sie wiederholt F8, um die Ausführung des Makros schrittweise verfolgen zu können.

Das neue Arbeitsblatt sollte korrekt umbenannt werden (siehe Abbildung 8.17).

2. Führen Sie das Makro ein zweites Mal aus.

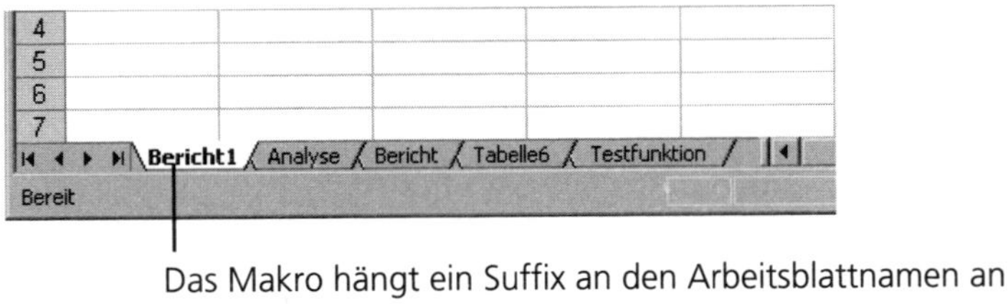

Abbildung 8.17
Das Makro hat ein neues Arbeitsblatt in die Arbeitsmappe eingefügt

Bei der zweiten Ausführung funktioniert das Makro nicht richtig und erstellt ein neues Arbeitsblatt mit dem falschen Namen (siehe Abbildung 8.18).

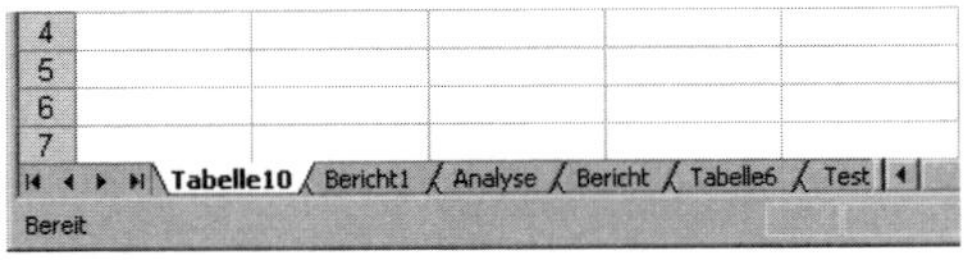

Abbildung 8.18
Das Makro hat ein weiteres Arbeitsblatt mit einem falschen Namen in die Arbeitsmappe eingefügt

Es wäre schön, wenn dieses Makro „intelligent" genug wäre, das Suffix zu erhöhen, falls das ursprüngliche Umbenennen scheitert. Zwar ignoriert ein Makro Fehler, doch mithilfe der *Number*-Eigenschaft des *Err*-Objekts lässt sich feststellen, ob ein Fehler aufgetreten ist.

3. Fügen Sie die folgenden Anweisung unmittelbar vor der Anweisung *End Sub* ein:

```
If Err.Number <> 0 Then
    neuSuffix = neuSuffix + 1
    neuBlatt.Name = neuName & neuSuffix
End If
```

Die *If*-Anweisung prüft, ob die Fehlernummer ungleich 0 ist. Dies würde anzeigen, dass eine Anweisung misslungen ist. In diesem Fall, wenn also die Anweisung das Arbeitsblatt nicht umbenennen konnte, inkrementiert das Makro den Suffix und führt einen neuen Versuch aus.

4. Führen Sie das Makro schrittweise aus.

Der Code entdeckt nun den misslungenen Umbenennungsversuch und führt einen neuen Versuch aus. Das Arbeitsblatt wird in *Bericht2* umbenannt. Falls Sie das Makro allerdings erneut ausführen, wird es wiederum misslingen.

Es wäre noch schöner, wenn dieses Makro zudem „intelligent" genug wäre, das Suffix zu erhöhen, bis ein passender Suffix gefunden ist. Dies hört sich nach einer Aufgabe für eine Schleifenstruktur an, und da Sie nicht wissen können, womit die Schleife beginnt oder wie oft sie wiederholt werden muss, sollten Sie eine *Do*-Schleife verwenden.

Abbildung 8.19
Das Makro hat ein weiteres Arbeitsblatt in die Arbeitsmappe eingefügt

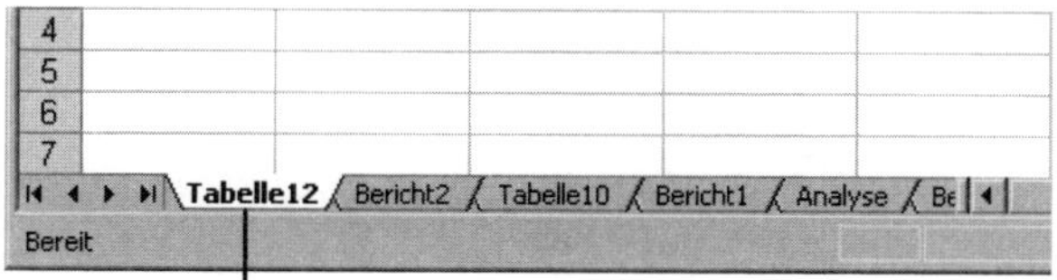

Gelegentlich müssen Sie auf mehr als nur einen Fehler achten

5. Ersetzen Sie das Wort *If* durch **Do Until,** entfernen Sie das Schlüsselwort *Then* am Ende der Anweisung, und ersetzen Sie das Ungleich-Zeichen (<>) durch ein Gleichheitszeichen (=). Dann ändern Sie *End If* zu **Loop**. Die letzten Zeilen des Makros sollten jetzt wie folgt aussehen:

```
On Error Resume Next
neuBlatt.Name = neuName & neuSuffix
Do Until Err.Number = 0
    neuSuffix = neuSuffix + 1
    neuBlatt.Name = neuName & neuSuffix
Loop
```

   In der Schleife wird überprüft, ob die Umbenennung erfolgreich durchgeführt worden ist. Ist dies nicht der Fall, soll das Suffix erhöht, ein erneuter Umbenennungsversuch unternommen und solange überprüft werden, ob der Vorgang erfolgreich war, bis kein Fehler mehr auftritt. Zumindest möchten Sie, dass diese Aufgaben ausgeführt werden.

6. Drücken Sie mehrmals F8, um das Makro schrittweise auszuführen. Der erste Versuch des Makros zur Umbenennung des Arbeitsblatts schlägt fehl, da das Arbeitsblatt *Bericht1* bereits existiert. Das Makro aktiviert daraufhin die Schleife. Am Ende der Schleife versucht das Makro erneut, das Arbeitsblatt umzubenennen, dies schlägt allerdings wieder fehl, da auch *Bericht2* bereits existiert. Das Makro aktiviert die Schleife ein zweites Mal. Am Ende der Schleife versucht das Makro zum dritten Mal, das Arbeitsblatt umzubenennen. Diesmal ist der Vorgang erfolgreich, und das Arbeitsblatt *Bericht3* wird erstellt.

7. Führen Sie das Makro schrittweise aus. Irgendetwas stimmt hier nicht. Das Makro aktiviert die Schleife immer wieder, und benennt dieselbe Tabelle erst in *Bericht4*, dann in *Bericht5* usw. um. Dieser Vorgang wird ständig fortgesetzt.

   Das Makro merkt nicht, dass der Fehler nicht mehr von Belang ist. Der Wert von *Err.Number* wurde nicht automatisch auf 0 zurückgesetzt, weil das Makro das Arbeitsblatt erfolgreich umbenannt hat. Sie müssen dem Makro nun mitteilen, dass der Fehler nicht mehr relevant ist.

Abbildung 8.20
Das Makro fügt Arbeitsblätter in die Arbeitsmappe ein

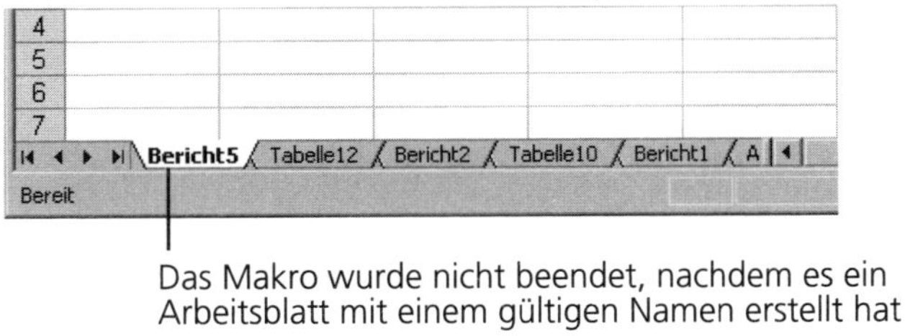

8 Klicken Sie auf die Schaltfläche *Zurücksetzen*, um das Makro anzuhalten. Dann geben Sie in die Zeile, die unmittelbar auf die *Do*-Anweisung folgt, die Anweisung **Err.Clear** ein. *Clear* ist der Name einer Methode des *Err*-Objekts. Damit wird die Fehlernummer auf 0 zurückgesetzt, und Visual Basic „vergisst", dass ein Fehler aufgetreten ist.

Einige Makroanweisungen setzen den Wert von *Err.Number* bei erfolgreicher Ausführung auf 0 zurück, andere Anweisungen tun dies nicht. Um sicherzugehen, sollte der Wert des *Err*-Objekts gelöscht werden, bevor die Anweisung ausgeführt wird. Der Wert von *Err.Number* sollte dann sofort nach der Ausführung der Anweisung überprüft werden.

9 Drücken Sie F5, um das Makro zu testen. Testen Sie es weitere Male. Das Makro kann nun beliebig viele neue Arbeitsblätter anlegen und sie unter Verwendung eines sich fortlaufend erhöhenden Suffix benennen, erledigt sonst jedoch nichts.

Abbildung 8.21
Das Makro funktioniert, wenn der Wert von *Err.Number* zurückgesetzt wird

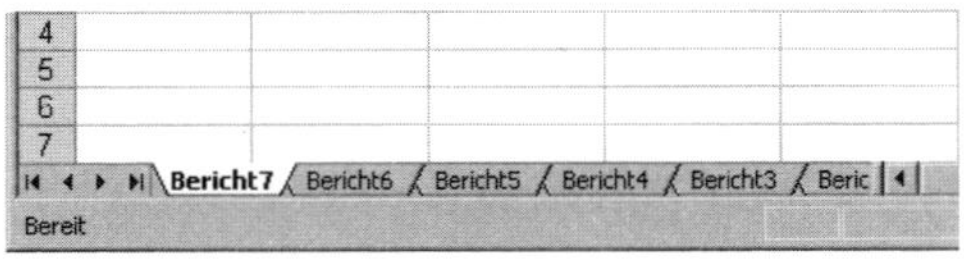

Die Überprüfung des Werts von *Err.Number* ist nur nach einer Anweisung *On Error Resume Next* sinnvoll, da Visual Basic andernfalls die Ausführung abbricht und eine Fehlermeldung anzeigt. Durch die Überprüfung der Eigenschaften des *Err*-Objekts lässt sich die Fehlerbehandlung in Makros steuern.

Fehler abfangen

Bis jetzt haben Sie drei Möglichkeiten zur Behandlung von Laufzeitfehlern kennen gelernt: Visual Basic zeigt eine Standardfehlermeldung an, Sie können den Fehler völlig ignorieren, und Sie können nach jeder Anweisung überprüfen, ob die Eigenschaft *Err.Number* eine Fehlernummer ungleich Null enthält.

Wenn Sie Makros für den Eigenbedarf erstellen, mag es ausreichen, die Anzeige von Fehlermeldungen Visual Basic zu überlassen. Falls Sie Makros an Dritte weitergeben, möchten Sie wahrscheinlich den Wortlaut der Fehlermeldungen beeinflussen. Fehler sollten Sie nur unter speziellen Umständen ignorieren. Wenn nach jeder Anweisung überprüft wird, ob der Fehlerwert ungleich Null ist, wird das Makro allerdings recht unübersichtlich und schwer lesbar. Glücklicherweise kann Visual Basic den Fehlerwert selbstständig überwachen. Dies wird auch als das „*Abfangen* von Fehlern" bezeichnet.

Angenommen, Sie haben ein Makro erstellt, das verschiedene Arbeitsmappen öffnet, ausdruckt und wieder schließt. Es kann vorkommen, dass eine der Arbeitsmappen, die verarbeitet werden sollen, zum Zeitpunkt der Makroausführung nicht vorhanden ist. In der Arbeitsmappe *Kapitel08* finden Sie ein Makro namens *DateienPrüfen*, mit dem verschiedene Übungsarbeitsmappen geöffnet und geschlossen werden. (Wir wollen kein Papier verschwenden, und daher werden die Arbeitsmappen vom Makro nicht wirklich ausgedruckt, sondern lediglich in einer Seitenansicht angezeigt.)

Das Makro enthält einen falschen Dateinamen. Dieses Makro sieht folgendermaßen aus:

```
Sub DateienPrüfen()
    Workbooks.Open "Grafiken"
    ActiveWorkbook.Close
    Workbooks.Open "Bereiche"
    ActiveWorkbook.Close
    Workbooks.Open "Ungültiger Dateiname"
    ActiveWorkbook.Close
    Workbooks.Open "Budget"
    ActiveWorkbook.Close
End Sub
```

Sie können natürlich nicht wissen, welcher Dateiname nicht korrekt ist. Dies kann erst bei der Makroausführung festgestellt werden. Wenn das Makro ausgeführt wird, zeigt Visual Basic eine Standardfehlermeldung an, die besagt, dass die angegebene Datei nicht gefunden wurde und dass Sie die Schreibweise des Dateinamens und die Pfadangabe überprüfen sollen. Falls notwendig, klicken Sie auf die Schaltfläche *Beenden*, um das Dialogfeld zu schließen.

In der folgenden Übung werden Sie speziellen Programmcode einfügen, der von Visual Basic ausgeführt wird, wenn ein Fehler auftritt.

1. Geben Sie am Ende des Makros vor der Anweisung *End Sub* die Anweisung **FehlerBehandlung:** ein. Die Anweisung *FehlerBehandlung:* wird auch als *Sprungmarke* bezeichnet. Eine Sprungmarke besteht aus einem

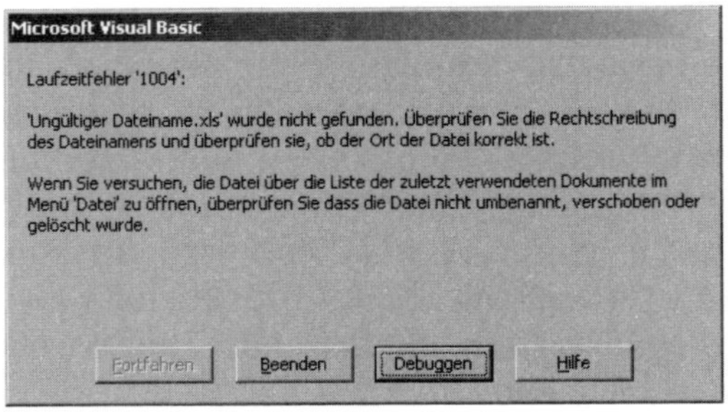

Abbildung 8.22
Visual Basic-Fehlermeldung

Wort, dem ein Doppelpunkt folgt. (Sie können die Anweisung einrücken, wenn Sie möchten. Wir empfehlen aber, sie auf derselben Ebene wie die *Sub*- und *End Sub*-Anweisungen zu platzieren, da sie sich etwa wie ein Anhang zum Makro verhält.) Eine Sprungmarke muss immer mit einem Doppelpunkt abgeschlossen werden.

Für Sprungmarken innerhalb von Makros können beliebige Namen verwendet werden. Wir empfehlen, in den Makros immer den gleichen Namen als Sprungmarke zu verwenden, beispielsweise *FehlerBehandlung*. Damit ist es einfacher, Fehlerbehandlungscode in andere Makros zu übernehmen.

2. Geben Sie nach der Fehlersprungmarke **MsgBox Err.Number** ein. Die Anweisungen, die der Sprungmarke folgen, werden ausgeführt, wenn ein Fehler auftritt. Diese Anweisungen werden auch als *Fehlerbehandlungsroutinen* bezeichnet. Die einfachste Fehlerbehandlungsroutine ist ein Meldungsfeld, das die Nummer des Fehlers anzeigt.
3. Geben Sie vor der Sprungmarke die Anweisung **Exit Sub** ein. Die Anweisungen der Fehlerbehandlungsroutine sollen natürlich nicht ausgeführt werden, wenn das Makro völlig korrekt arbeitet. Wenn das Makro die Anweisung *Exit Sub* erreicht, bedeutet das, dass keine Fehler aufgetreten sind.
4. Geben Sie am Beginn des Makros, unmittelbar nach der *Sub*-Anweisung, die Anweisung **On Error GoTo FehlerBehandlung** ein. Mit dieser Anweisung wird Visual Basic angewiesen, das Makro anzuhalten, sobald ein Laufzeitfehler auftritt, und sofort zur angegebenen Sprungmarke zu springen. An dieser Stelle müssen Sie nach der Sprungmarkenbezeichnung keinen Doppelpunkt eingeben. Sie müssen den Doppelpunkt nur bei der Definition der Sprungmarke verwenden.
5. Drücken Sie F5, um das Makro zu testen.

Visual Basic zeigt ein einfaches Meldungsfeld mit der Nummer des aufgetretenen Fehlers an (siehe Abbildung 8.23). Klicken Sie auf *OK*, um das Meldungsfeld zu schließen.

Abbildung 8.23
Das Meldungsfeld mit der Fehlernummer

Sie können diese Meldung natürlich erweitern. Das *Err*-Objekt verfügt über die Eigenschaft *Description*, mit der eine ausführlichere Fehlerbeschreibung ausgegeben werden kann. Solch eine Beschreibung kann häufig eine sinnvolle Ergänzung für Fehlermeldungen darstellen. Sie können diese Beschreibung auch durch einen eigenen Text ergänzen.

6 Löschen Sie die Anweisung *MsgBox Err.Number,* und ersetzen Sie sie durch die folgende Anweisung:

```
MsgBox "Bitte benachrichtigen Sie Reed Jacobson über den Fehler: " & _
"Fehlernummer: " & Err.Number & _
vbCrLf & vbCrLf & Err.Description
```

Fehlermeldungen können aus verschiedenen Komponenten zusammengesetzt sein. Die Komponenten müssen durch den Verkettungsoperator (&) verbunden werden. Das Wort *vbCrLf* ist eine vordefinierte Visual Basic-Konstante, die so viel bedeutet wie ein „Carriage Return/Line Feed" (Wagenrücklauf bzw. Zeilenumbruch), von Programmierern oft CRLF genannt. Die Zeichenkombination CRLF ist ein Computerbegriff für den Beginn einer neuen Zeile. *vbCrLf* kann jederzeit in Zeichenfolgen eingesetzt werden, wenn eine Meldung in der nächsten Zeile fortgesetzt werden soll. (In Ihren eigenen Fehlermeldungen sollten Sie natürlich Ihren eigenen Namen angeben.)

7 Drücken Sie [F5], um das Makro auszuführen und die ausführliche Fehlermeldung anzuzeigen (siehe Abbildung 8.24).

Abbildung 8.24
Das benutzerdefinierte Fehlermeldungsfeld

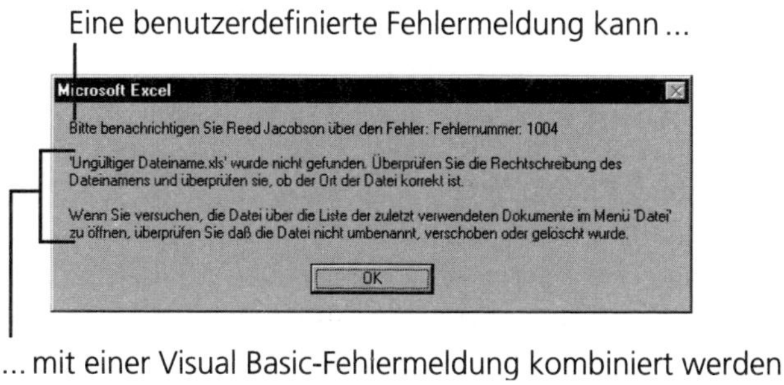

Das fertige Makro sollte jetzt folgendermaßen aussehen:

```
Sub DateienPrüfen()
    On Error GoTo FehlerBehandlung
    Workbooks.Open "Grafiken"
```

```
    ActiveWorkbook.Close
    Workbooks.Open "Bereiche"
    ActiveWorkbook.Close
    Workbooks.Open "Ungültiger Dateiname"
    ActiveWorkbook.Close
    Workbooks.Open "Budget"
    ActiveWorkbook.Close
    Exit Sub
FehlerBehandlung:
    MsgBox "Bitte benachrichtigen Sie Reed Jacobson über den Fehler: " & _
    "Fehlernummer: " & Err.Number & _
    vbCrLf & vbCrLf & Err.Description
End Sub
```

Wenn Sie Anwendungen für andere Benutzer erstellen und nicht das Standardfehlermeldungsfeld von Visual Basic angezeigt werden soll, sollten Sie in jedem Makro, das der Benutzer direkt aufruft, eine Fehlerbehandlungsroutine definieren. Wenn das Makro einige Anweisungen enthält, in denen Fehler anders behandelt werden sollen (wenn Fehler zum Beispiel ignoriert oder nach jeder Anweisung überprüft werden sollen), verschieben Sie die entsprechenden Anweisungen in eigene Prozeduren und verwenden die Anweisung *On Error Resume Next* in diesen Prozeduren. Visual Basic setzt die Fehlerbehandlungsroutine automatisch bei der Beendigung der Prozedur zurück.

Fehler sind frustrierend, aber sie gehören eben dazu, wenn mit Computern gearbeitet wird, insbesondere dann, wenn der unzulängliche Mensch auf andere Fehlerquellen trifft. Natürlich sind nicht alle Fehler gleich zu bewerten. Einige sind schwer wiegend, andere trivial und wieder andere sogar nützlich. Visual Basic bietet flexible Werkzeuge, um mit allen möglichen Fehlern umzugehen.

Das Schaltflächensymbol einer benutzerdefinierten Schaltfläche ändern,
Seite 276

Eine Symbolleistenschaltfläche in einen Menübefehl umwandeln,
Seite 277

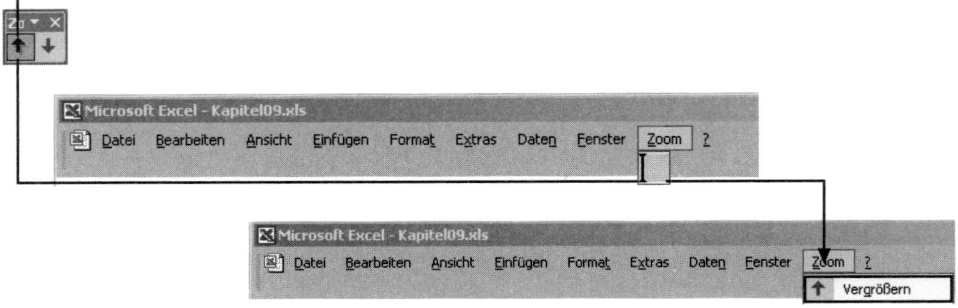

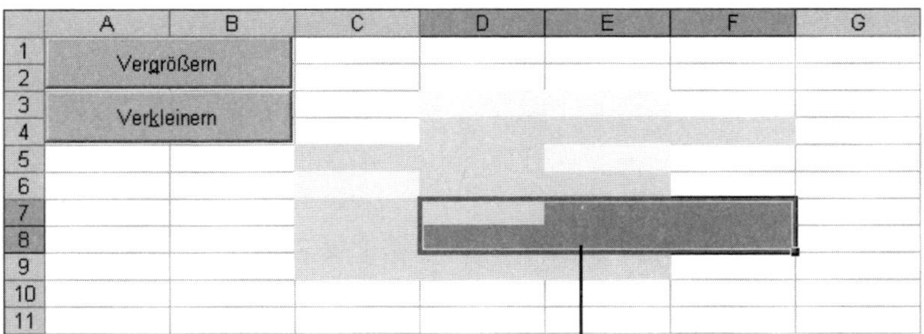

Ein Makro ausführen, sobald der Benutzer die Auswahl ändert,
Seite 296

9 Makros über Ereignisse starten

In diesem Kapitel lernen Sie

- wie Sie benutzerdefinierte Symbolleisten mit Schaltflächen erstellen.
- wie benutzerdefinierte Menübefehle definiert werden.
- wie Sie benutzerdefinierte Befehlsschaltflächen anlegen.
- wie Ereignisbehandlungsprozeduren für Tabellen und Arbeitsmappen geschrieben werden.

Meine Großmutter stickte mit ihrer Nähmaschine Namen und Figuren auf unsere Kleidungsstücke. Sie hatte eine alte, schwere Nähmaschine mit vielen Rädchen, Hebeln und Ösen. Wenn sie den Faden wechselte, musste sie den neuen Faden zuerst über zahllose Rädchen und durch verschiedene Ösen fädeln, bevor sie damit endlich die Nadel erreichte. Wie sie die Namen mit der Maschine stickte, wird wohl immer ein Geheimnis bleiben. Sie bediente verschiedene Hebel und drehte das betreffende Kleidungsstück hin- und her, und auf wundersame Weise erschienen dann irgendwann die Namen und Figuren auf dem Kleidungsstück. Sie war wirklich geschickt, und das Ergebnis war sehenswert.

Heute kann sogar ich Namen auf Kleidungsstücke sticken. Ich lege den Faden ein, und die Nähmaschine ist einsatzbereit. Dann gebe ich einfach den gewünschten Namen ein, wähle eine Schriftart und drücke auf eine Taste. Der Name wird automatisch eingestickt. Die Maschine näht in allen Richtungen, sodass ich das Kleidungsstück nicht einmal drehen muss.

Ein Zweck von Makros ist, Ihnen bestimmte Arbeitsgänge zu erleichtern. Ein anderer, noch wichtigerer Zweck ist, Personen die Erledigung von Aufgaben zu ermöglichen, die sie ohne Ihre Hilfe nicht bewältigen könnten. In diesem und den folgenden Kapiteln werden Sie lernen, wie Sie Makros erstellen, die für andere Benutzer einfach zu bedienen sind.

Ereignisse.xls

In diesem Kapitel wird die Übungsdatei *Ereignisse.xls* verwendet, die Sie von der Begleit-CD zu diesem Buch installiert haben. Details zur Installation der Übungsdateien finden Sie im Abschnitt *Die Begleit-CD verwenden* am Anfang des Buches.

Das Kapitel beginnen

1. Starten Sie Microsoft Excel, und wechseln Sie zu dem Ordner, der die Übungsdateien zu diesem Buch enthält.
2. Öffnen Sie die Arbeitsmappe *Ereignisse*, und speichern Sie sie unter dem Namen **Kapitel09**.

Benutzerdefinierte Symbolleisten und Menüs erstellen

Für Sie mag es selbstverständlich sein, Makros über Tastenkombinationen oder mit F5 im Microsoft Visual Basic-Editor aufzurufen und auszuführen. Wenn Sie ein Makro jedoch an Dritte weitergeben, sollte dieses Makro so einfach wie irgend möglich auszuführen sein. Eine Möglichkeit, die Ausführung von Makros zu vereinfachen, ist die Integration der Makros in die Excel-Umgebung. Die meisten integrierten Befehle können durch die Auswahl von Menübefehlen oder das Klicken auf eine Symbolleistenschaltfläche aufgerufen werden. Indem Sie Ihre eigenen Makros in Menüs und Symbolleisten einfügen, können Sie diese nahtlos in die Benutzeroberfläche von Excel integrieren.

Die Makros *Vergrößern* und *Verkleinern*

Die Arbeitsmappe *Kapitel09.xls* enthält zwei einfache Makros namens *Vergrößern* und *Verkleinern*. Für diese Makros werden Sie benutzerdefinierte Schaltflächen in einer Symbolleiste und Menübefehle erstellen. Die beiden Makros sind folgendermaßen aufgebaut:

```
Sub Vergrößern()
    Dim neuZoom As Integer
    neuZoom = ActiveWindow.Zoom + 10
    If neuZoom <= 400 Then
        ActiveWindow.Zoom = neuZoom
    End If
End Sub

Sub Verkleinern()
    Dim neuZoom As Integer
    neuZoom = ActiveWindow.Zoom - 10
    If neuZoom >= 10 Then
        ActiveWindow.Zoom = neuZoom
    End If
End Sub
```

Jedes dieser beiden Makros versucht, der *Zoom*-Eigenschaft des aktiven Fensters einen neuen Wert zuzuweisen. Falls der neue Wert innerhalb des gültigen Bereichs liegt (zwischen 10% und 400%, der Bereich der in Excel zulässigen Zoomfaktoren), wird die Eigenschaft geändert, andernfalls geschieht nichts.

1. Klicken Sie in der Symbolleiste *Visual Basic* auf die Schaltfläche *Makro ausführen*. Wählen Sie das Makro *Vergrößern*, und klicken Sie auf *Bearbeiten*.
2. Drücken Sie mehrmals F5, und beobachten Sie, wie die Tabelle vergrößert wird (siehe Abbildung 9.1). Führen Sie das Makro gegebenenfalls schrittweise aus, um zu verstehen, wie es funktioniert.

Abbildung 9.1
Das Makro *Vergrößern* vergrößert die Tabellenansicht

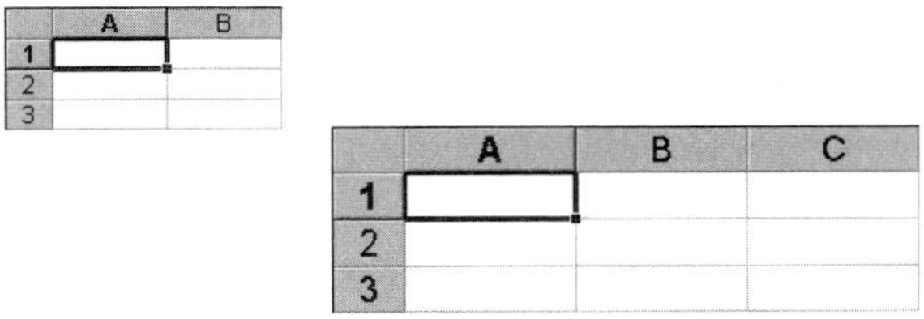

3. Wählen Sie das Makro *Verkleinern*. Drücken Sie mehrmals F5, um das Fenster wieder auf seine ursprüngliche Größe zu verkleinern.

Dies sind „typische" Makros. Die Funktion dieser Makros ist hier nicht das Entscheidende. In diesem Kapitel werden Sie verschiedene neue Methoden kennen lernen, um diese Makros aufzurufen und auszuführen.

Eine benutzerdefinierte Symbolleiste erstellen

Eine Symbolleistenschaltfläche stellt eine äußerst komfortable Möglichkeit zum Aufruf eines Makros dar. Eine Symbolleiste ist klein und kann relativ einfach ein- und ausgeblendet werden. Das Symbol erleichtert das Auffinden des Makros, und mit einem QuickInfo kann seine Funktion augenblicklich in Erinnerung gerufen werden.

1. Aktivieren Sie das Excel-Fenster, klicken Sie mit der rechten Maustaste auf eine beliebige Symbolleiste, und klicken Sie im Menü *Symbolleisten* auf den Befehl *Anpassen* (siehe Abbildung 9.2).
2. Im Dialogfeld *Anpassen* klicken Sie auf die Registerkarte *Symbolleisten* (siehe Abbildung 9.3).
3. Klicken Sie auf die Schaltfläche *Neu*, geben Sie **Zoom** als Namen für die neue Symbolleiste ein, und klicken Sie auf *OK* (siehe Abbildung 9.4).

Abbildung 9.2
Das Menü *Symbolleisten.*

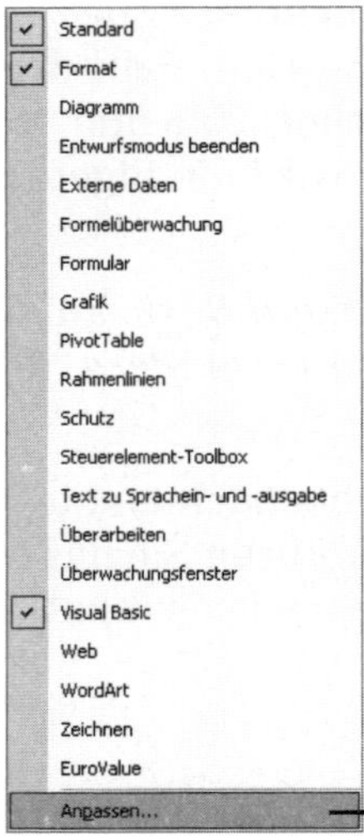

Abbildung 9.3
Das Register *Symbolleisten* des Dialogfelds *Anpassen*

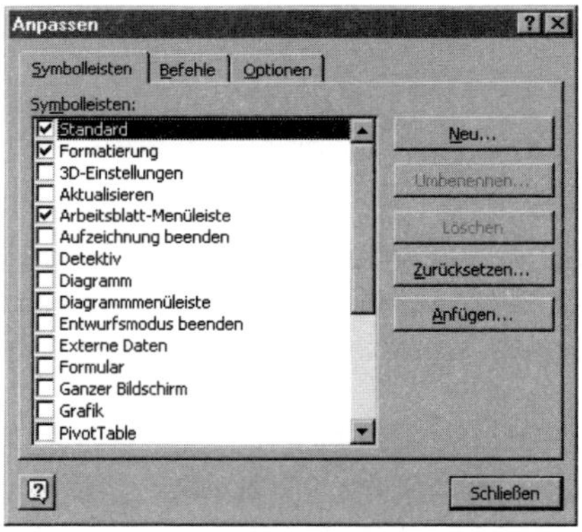

Daraufhin wird eine neue, leere Symbolleiste eingeblendet. Das Dialogfeld *Anpassen* ist immer noch geöffnet. Nun können Sie den Inhalt der Symbolleiste definieren.

Abbildung 9.4
Das Dialogfeld *Neue Symbolleiste*

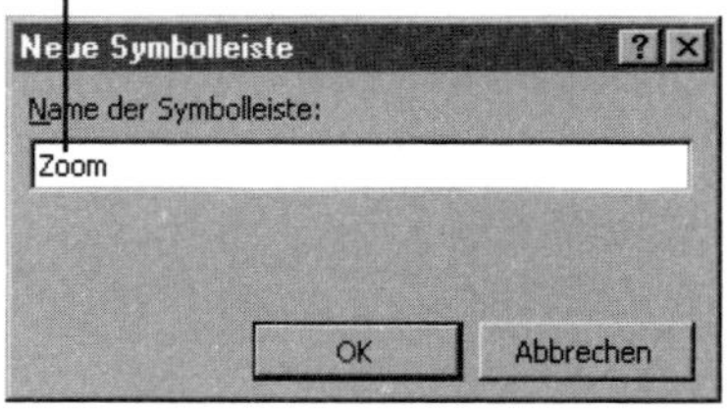

❹ Klicken Sie im Dialogfeld *Anpassen* auf die Registerkarte *Befehle,* und wählen Sie *Makros* aus dem Listenfeld *Kategorien* (siehe Abbildung 9.5).

Abbildung 9.5
Das Register *Befehle* des Dialogfelds *Anpassen*

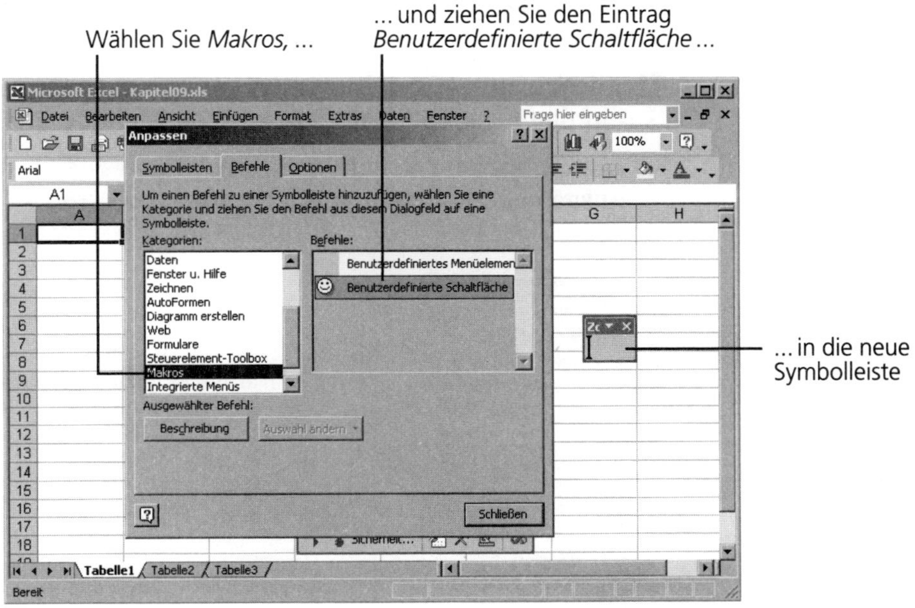

❺ Ziehen Sie den Eintrag *Benutzerdefinierte Schaltfläche* (der Eintrag mit dem Smiley) von der Befehlsliste in die Symbolleiste *Zoom*.

Beim Ziehen des Eintrags in die Symbolleiste wird die Schaltfläche *Auswahl ändern* im Dialogfeld *Anpassen* aktiviert.

❻ Klicken Sie auf die Schaltfläche *Auswahl ändern*, drücken Sie [A], um das Feld *Name* auszuwählen, und geben Sie **Ver&größern** als neuen Namen ein (siehe Abbildung 9.6). Drücken Sie noch nicht [Eingabe].

Abbildung 9.6
Das Menü *Auswahl ändern*

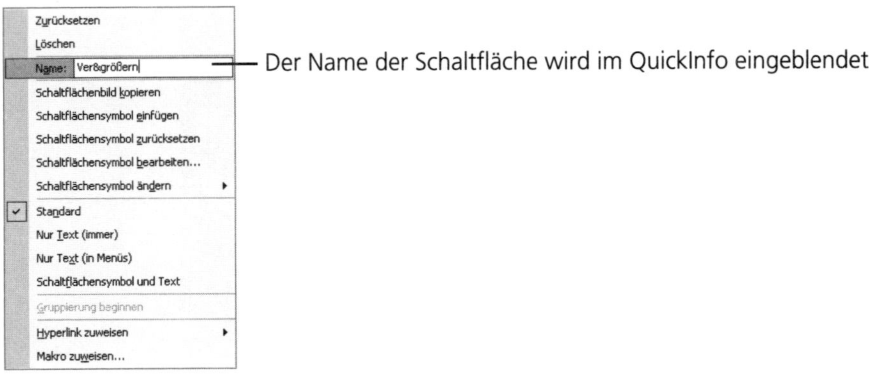

Der Wert im Feld *Name* legt fest, welches QuickInfo für die Symbolleistenschaltfläche angezeigt wird. Das Et-Zeichen (&) bewirkt, dass der Buchstabe *g* unterstrichen wird, wenn dieser Befehl in einem Menü verwendet wird. Das Et-Zeichen hat für die Symbolleistenschaltfläche keine Bedeutung, geben Sie es aber bitte trotzdem ein.

7. Klicken Sie auf den Befehl *Schaltflächensymbol ändern*, und klicken Sie auf den nach oben gerichteten Pfeil (siehe Abbildung 9.7).

Das Symbol der Schaltfläche wird damit geändert, und das Menü wird ausgeblendet.

Abbildung 9.7 Das Menü *Auswahl ändern* und das Untermenü *Schaltflächensymbol ändern*

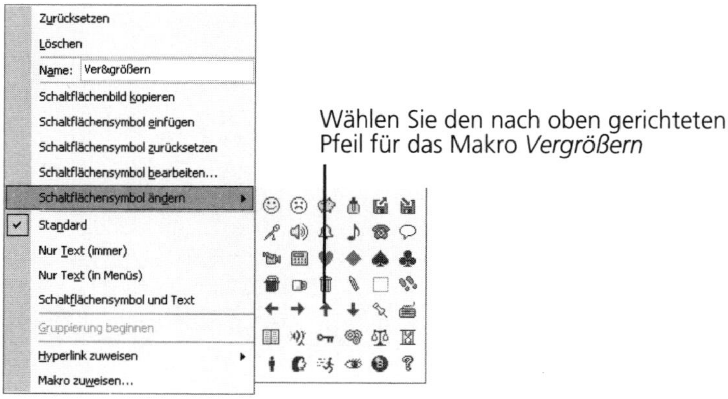

Falls das Menü ausgeblendet wurde, bevor Sie auf den Befehl *Schaltflächensymbol ändern* klicken konnten, klicken Sie erneut auf die Schaltfläche *Auswahl ändern*, um es wieder anzuzeigen.

8. Klicken Sie auf die Schaltfläche *Auswahl ändern* und dann auf den Befehl *Makro zuweisen*. Wählen Sie das Makro *Vergrößern*, und klicken Sie auf *OK* (siehe Abbildung 9.8).

Abbildung 9.8 Das Dialogfeld *Makro zuweisen*

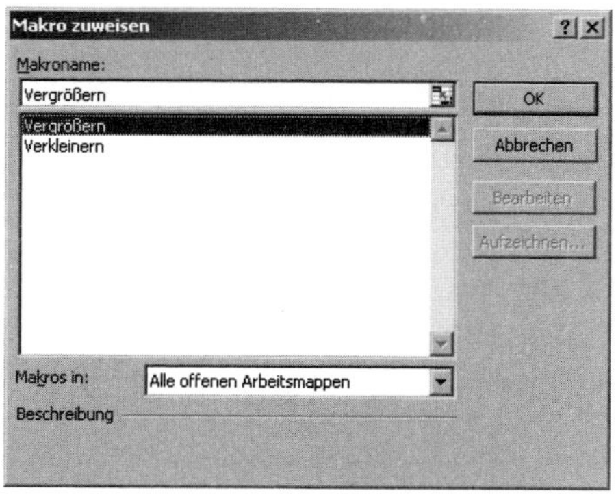

9. Wiederholen Sie die Arbeitsschritte 4 bis 8, und geben Sie der zweiten Schaltfläche den Namen **Ver&kleinern**. Wählen Sie den nach unten gerichteten Pfeil, und weisen Sie der Schaltfläche das Makro *Verkleinern* zu.

10. Klicken Sie im Dialogfeld *Anpassen* auf die Schaltfläche *Schließen,* und probieren Sie dann die Schaltflächen der Symbolleiste aus. Halten Sie den Mauszeiger über die Schaltflächen, um die QuickInfos anzuzeigen (siehe Abbildung 9.9). Blenden Sie die Symbolleiste aus und dann wieder ein.

Abbildung 9.9 Die benutzerdefinierte Symbolleiste mit QuickInfo

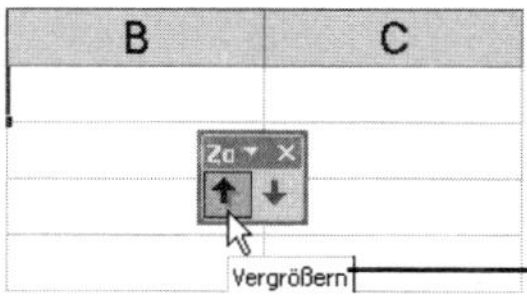

Sobald ein Makro erstellt ist, kann es denkbar einfach einer Symbolleistenschaltfläche zugewiesen und durch Klicken auf diese Schaltfläche ausgeführt werden. Mit dem Dialogfeld *Anpassen* können Sie Schaltflächen erstellen und in eine Symbolleiste einfügen. Mit der Schaltfläche *Auswahl ändern* können Sie den Name, das Symbol und das zugeordnete Makro einer Schaltfläche ändern.

Ein benutzerdefiniertes Menü erstellen

Ein Menübefehl ist ebenfalls eine äußerst komfortable Möglichkeit, ein Makro auszuführen. Ein Menübefehl wird nicht permanent angezeigt, womit sich eine überladene Desktop-Anzeige vermeiden lässt. Der Befehl ist aber stets über das Menü verfügbar, in dem er abgelegt worden ist. Eine Symbolleiste kann dagegen zeitweilig ausgeblendet werden, sodass die Schaltflächen für den Makroaufruf nicht immer verfügbar sind.

In Microsoft Office XP ist ein Menü eigentlich nichts anderes als eine spezielle Symbolleiste. Daher kann ein Befehl genauso einfach in ein Menü eingefügt werden wie in eine Symbolleiste.

1. Klicken Sie mit der rechten Maustaste auf eine beliebige Symbolleiste, und klicken Sie auf den Befehl *Anpassen*, um das Dialogfeld *Anpassen* zu öffnen.

2. Falls die Symbolleiste *Zoom* vom Dialogfeld *Anpassen* verdeckt ist, verschieben Sie das Dialogfeld. Klicken Sie auf die Registerkarte *Befehle*, und wählen Sie aus der Liste *Kategorien* den Eintrag *Neues Menü* (siehe Abbildung 9.10).

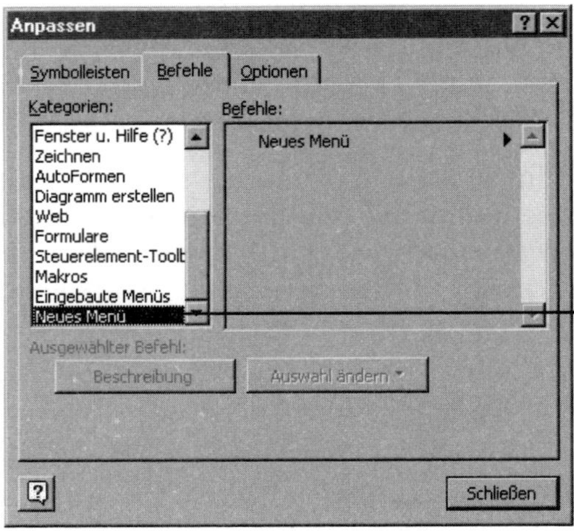

Abbildung 9.10
Das Register *Befehle* des Dialogfelds *Anpassen*

Wählen Sie aus der Kategorieliste die Option *Neues Menü,* um ein neues Menü in die Menüleiste einzufügen

Die Kategorie *Neues Menü* verfügt nur über einen Eintrag: *Neues Menü*. Sie können mit diesem Eintrag ein neues Menü in die Menüleiste oder ein neues Untermenü in ein bereits vorhandenes Menü einfügen oder ein Menü in eine Symbolleiste aufnehmen.

3. Ziehen Sie den Eintrag *Neues Menü* in die Excel-Menüleiste, und legen Sie ihn zwischen den Menüs *Fenster* und *?* ab. (siehe Abbildung 9.11)

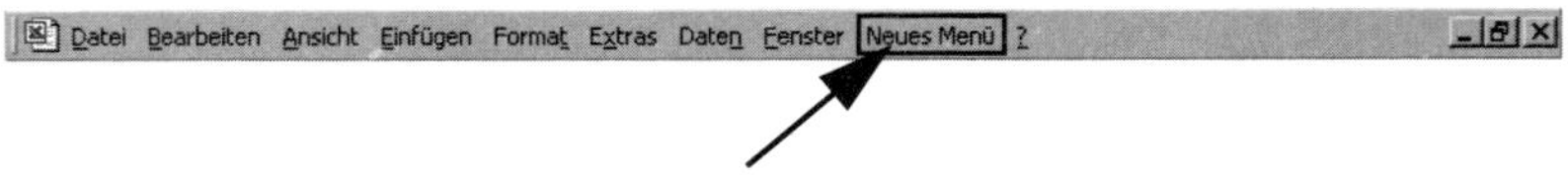

Abbildung 9.11
Das neue Menü wird in der Excel-Menüleiste angezeigt

4. Klicken Sie auf die Schaltfläche *Auswahl ändern*, ändern Sie den Wert im Feld *Name* zu **&Zoom**, und drücken Sie `Eingabe` (siehe Abbildung 9.12).

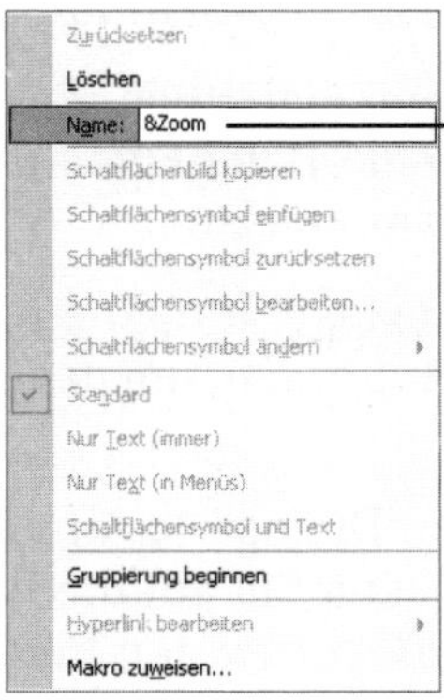

Abbildung 9.12
Das Menü *Auswahl ändern*

Durch die Eingabe eines Et-Zeichens (&) vor einem Buchstaben im Menünamen wird dieser Buchstabe als *Zugriffstaste* definiert

Wie Sie sehen, ist der Buchstabe Z im Menü *Zoom* jetzt unterstrichen. Dies wird durch das Et-Zeichen (&) vor dem *Z* im Menünamen erreicht. Der Befehl kann nun mit der Tastenkombination „Alt + unterstrichener Buchstabe" aufgerufen werden. Dieser unterstrichene Buchstabe wird auch als *Zugriffstaste* bezeichnet.

Sie könnten nun völlig neue Befehle in das Menü *Zoom* einfügen. Da aber bereits die Symbolleistenschaltflächen in der Symbolleiste *Zoom* vorhanden sind, können Sie diese einfach ins Menü *Zoom* kopieren. (Sie sollten Befehle sowohl in einer Symbolleiste als auch in einer Menüleiste zur Verfügung stellen und dem Benutzer die Entscheidung überlassen, auf welche Weise er den Befehl aufruft.)

5. Sie ziehen nun die Symbolleistenschaltfläche *Vergrößern* (die Schaltfläche mit dem nach oben gerichteten Pfeil) in das Menü *Zoom*. Daraufhin wird ein kleines leeres Menü angezeigt. Ziehen Sie die Schaltfläche in das Menü, und halten Sie Strg gedrückt, während Sie die Maustaste loslassen. Die Schaltfläche wird damit in das Menü kopiert (siehe Abbildung 9.13).

Abbildung 9.13
Die benutzerdefinierte Symbolleiste

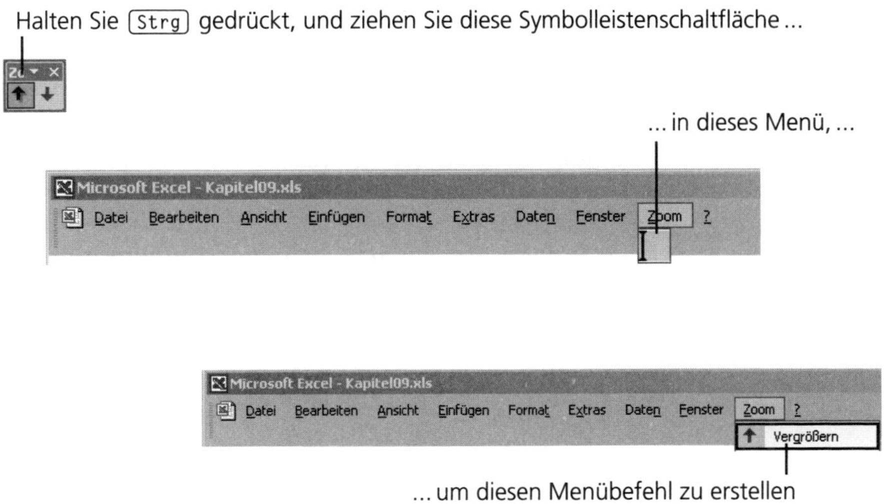

Achten Sie darauf, dass Sie die Maustaste in diesem Arbeitsschritt nicht zu früh loslassen. Wenn Sie Strg nicht gedrückt halten, während Sie die Maustaste loslassen, dann verschieben Sie die Symbolleistenschaltfläche, statt sie zu kopieren. In diesem Fall halten Sie Strg einfach noch einmal gedrückt und ziehen die Schaltfläche vom Menü zurück in die Symbolleiste.

Der Name des neuen Menübefehls entspricht dem QuickInfo der Symbolleistenschaltfläche. Im Befehlsnamen ist der Buchstabe *g* unterstrichen, da Sie im vorhergehenden Abschnitt *Eine benutzerdefinierte Symbolleiste erstellen* in weiser Voraussicht bei der Erstellung der Schaltfläche das Et-Zeichen (&) hinzugefügt haben. Wenn Sie einer Symbolleistenschaltfläche einen Namen geben, fügen Sie ein Et-Zeichen vor dem Buchstaben ein, der unterstrichen sein soll, falls die Schaltfläche später in ein Menü integriert wird.

6. Ziehen Sie die Symbolleistenschaltfläche *Verkleinern* in das Menü *Zoom*, und halten Sie Strg gedrückt, während Sie die Maustaste loslassen.

7. Schließen Sie das Dialogfeld *Anpassen*, und probieren Sie die Menübefehle aus. Testen Sie die Zugriffstasten. Drücken Sie Alt+Z,G und dann Alt+Z,K, um zu überprüfen, ob diese Tastenkombinationen wie gewünscht funktionieren.

Nachdem Sie einen Befehl in eine Symbolleiste eingefügt haben, können Sie ihn mühelos in ein Menü kopieren. Umgekehrt kann ein Befehl, der in ein Menü eingefügt worden ist, ebenso einfach in eine Symbolleiste kopiert werden. Der Oberbegriff für Symbolleisten und Menüs ist *Befehlsleiste*. Durch das Dialogfeld *Anpassen*, das zum Anpassen von Befehlsleisten dient, ist das Integrieren von Makros in Symbolleisten und Menüs erfreulich einfach.

Makros aus geschlossenen Arbeitsmappen ausführen

Normalerweise kann ein Makro nur ausgeführt werden, wenn die Arbeitsmappe, in der es enthalten ist, geöffnet ist. Symbolleistenschaltflächen und Menübefehle verfügen aber über eine einzigartige Fähigkeit: Sie „erinnern" sich daran, wo ein Makro zu finden ist, selbst wenn die Arbeitsmappe, die das Makro enthält, geschlossen ist.

1. Speichern Sie die Arbeitsmappe *Kapitel09*, und schließen Sie sie. Klicken Sie auf die Schaltfläche *Neu*, um eine neue Arbeitsmappe zu öffnen.

2. Klicken Sie in der Symbolleiste *Zoom* auf die Symbolleistenschaltfläche *Vergrößern*.

   Die Arbeitsmappe *Kapitel09* wird automatisch geöffnet und hinter der aktiven Arbeitsmappe angezeigt. Das Makro wird ausgeführt. Abhängig von den Sicherheitseinstellungen für Makros und davon, ob Sie die Arbeitsmappe unterzeichnet haben, werden Sie aufgefordert, die Makroausführung zu aktivieren.

3. Schließen Sie die neue Arbeitsmappe, die Sie angelegt haben.

   Die Arbeitsmappe *Kapitel09* wird angezeigt.

Menüs und Symbolleisten löschen

Mit Symbolleistenschaltflächen und Menübefehlen kann die Arbeitsumgebung für einzelne Benutzer individuell gestaltet werden. Sobald Sie benutzerdefinierte Menüs oder Symbolleisten erstellt haben, bleiben diese solange auf dem betreffenden Computer ein Bestandteil von Excel, bis Sie sie entfernen. Da die Symbolleiste *Zoom* oder das Menü *Zoom* nicht permanent als Teil der Excel-Benutzeroberfläche verwendet werden sollen, entfernen Sie die Symbolleiste und das Menü nun.

1. Klicken Sie mit der rechten Maustaste auf eine beliebige Symbolleiste, und wählen Sie im Kontextmenü den Befehl *Anpassen*, um das Dialogfeld *Anpassen* aufzurufen.

2. Klicken Sie auf die Registerkarte *Symbolleisten*, wählen Sie in der Liste die Symbolleiste *Zoom*, klicken Sie auf die Schaltfläche *Löschen* und anschließend auf *OK* (siehe Abbildung 9.14).

Abbildung 9.14
Die Registerkarte *Symbolleisten* des Dialogfelds *Anpassen*

3. Klicken Sie auf das Menü *Zoom,* halten Sie die Maustaste gedrückt, und ziehen Sie das Menü aus der Menüleiste nach unten in das Excel-Arbeitsblatt (siehe Abbildung 9.15).

Abbildung 9.15
Die Excel-Menüleiste mit dem benutzerdefinierten Menü

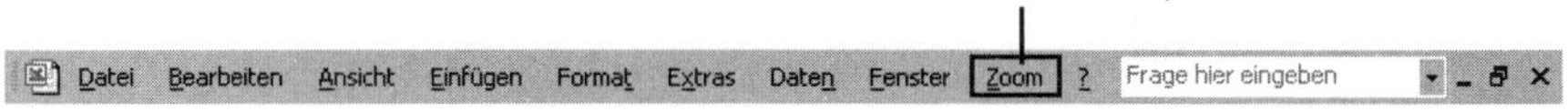

Das Menü wird damit gelöscht.

4. Klicken Sie im Dialogfeld *Anpassen* auf die Schaltfläche *Schließen*.

Symbolleistenschaltflächen und Menübefehle sind effiziente Hilfsmittel zur Gestaltung des Erscheinungsbilds und des Funktionsumfangs von Excel. Sie bleiben auch dann aktiv und verfügbar, wenn die Arbeitsmappe geschlossen wird, die die Makros enthält, mit denen die Symbolleistenschaltflächen und Menübefehle verknüpft sind. Gelegentlich werden jedoch Befehle benötigt, die nur verfügbar sind, wenn bestimmte Arbeitsmappen geöffnet sind. Befehlsschaltflächen eignen sich zur Implementierung solcher Befehle.

Benutzerdefinierte Befehlsschaltflächen erstellen

Symbolleistenschaltflächen und Menübefehle reagieren auf ein einziges Ereignis: einen Klick. Das auszuführende Makro wird der Schaltfläche bzw. dem Befehl mit dem Befehl *Makro zuweisen* zugeordnet. Befehlsschaltflächen können dagegen nicht nur Aktionen ausführen, wenn auf sie geklickt wird, sondern auch auf andere Ereignisse reagieren, zum Beispiel auf Mauszeigerbewegungen. Da Befehlsschaltflächen auf weit komplexere Ereignisse reagieren können, ist eine andere Vorgehensweise zur Verknüpfung eines Makros mit einer solchen Schaltfläche erforderlich. Diese neue Vorgehensweise beinhaltet so genannte *Ereignisbehandlungsprozeduren*. Ereignisbehandlungsprozeduren sind spezielle Makros, die mit einem Objekt, wie z.B. einer Befehlsschaltfläche, verknüpft sind. Sie werden zunächst eine Befehlsschaltfläche erstellen und dann eine Ereignisbehandlungsprozedur für diese Befehlsschaltfläche definieren.

Eine benutzerdefinierte Befehlsschaltfläche erstellen

Befehlsschaltflächen eignen sich besonders zur Ausführung von Makros, die sich auf ein bestimmtes Arbeitsblatt beziehen. Befehlsschaltflächen sind für gewöhnlich relativ groß und einfach auszuwählen, und ihre Funktion geht meist aus der Beschriftung hervor.

1. Die Arbeitsmappe *Kapitel09* sollte immer noch geöffnet sein. Klicken Sie in der Symbolleiste *Visual Basic* auf die Schaltfläche *Steuerelement-Toolbox*, um die Symbolleiste *Steuerelement-Toolbox* anzuzeigen (siehe Abbildung 9.16).

Abbildung 9.16 Die Symbolleiste *Steuerelement-Toolbox*

Die Symbolleiste *Steuerelement-Toolbox* enthält verschiedene Steuerelemente, die in Arbeitsblättern und Formularen eingesetzt werden können. Diese Steuerelemente werden als *ActiveX-Steuerelemente* bezeichnet. Ein ActiveX-Steuerelement ist eine besondere Art von Zeichnungsobjekt, das eine Aktion ausführt, wenn es angeklickt wird. In diesem Kapitel werden wir uns speziell mit dem ActiveX-Steuerelement *Befehlsschaltfläche* beschäftigen.

❷ Klicken Sie auf das Steuerelement *Befehlsschaltfläche*, und zeichnen Sie im Arbeitsblatt ein Rechteck von der oberen linken Ecke von Zelle A1 zur unteren rechten Ecke von Zelle B2 (siehe Abbildung 9.17).

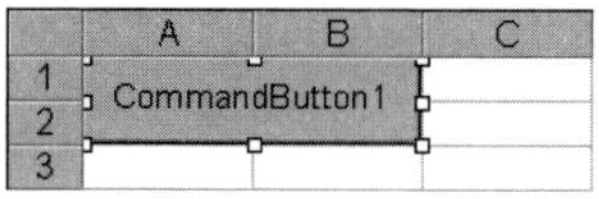

Abbildung 9.17
Die neue Befehlsschaltfläche wird im Arbeitsblatt angezeigt

Daraufhin wird eine Befehlsschaltfläche im Arbeitsblatt angezeigt. An den Rändern erscheinen weiße Ziehpunkte, die darauf hinweisen, dass das Objekt im Augenblick ausgewählt ist.

Zeichnungsobjekte werden an den Ecken einer Zelle ausgerichtet bzw. „verankert“, wenn Sie Alt gedrückt halten, während Sie das Objekt zeichnen. Sie können Alt auch gedrückt halten, um Objekte beim Verschieben oder bei Größenänderungen an den Gitternetzlinien auszurichten.

Wenn eine Befehlsschaltfläche ausgewählt ist, können Sie ihre Eigenschaften ändern. Sie wissen, dass Sie die Eigenschaften von Objekten mit Visual Basic-Anweisungen ändern können. ActiveX-Steuerelemente verfügen außerdem über ein spezielles Eigenschaftenfenster, in dem Sie die Eigenschaften interaktiv ändern können.

❸ Klicken Sie in der Symbolleiste *Steuerelement-Toolbox* auf die Schaltfläche *Eigenschaften*.

Das Eigenschaftenfenster wird eingeblendet (siehe Abbildung 9.18). Das oberste Feld gibt an, für welches Objekt die Eigenschaften angezeigt werden. In diesem Fall ist es *CommandButton1*, ein Befehlsschaltflächen-Objekt.

Dieses Eigenschaftenfenster zeigt verschiedene Eigenschaften der Befehlsschaltfläche. Eine der wichtigsten Eigenschaften einer Befehlsschaltfläche ist ihr Name. Diese Eigenschaft wird im Eigenschaftenfenster als *(Name)* angezeigt. (Durch die Klammern wird erreicht, dass diese Eigenschaft als erster Listeneintrag erscheint.) Die Eigenschaft *Name* beeinflusst, wie eine Schaltfläche in einem Makro verwendet werden kann.

❹ Ersetzen Sie den Standardwert der Eigenschaft *Name* durch **btnVergrößern** (siehe Abbildung 9.19).

Der Name darf keine Leerzeichen enthalten. Viele Programmierer verwenden bei der Benennung von Steuerelementen aus drei Buchstaben bestehende Präfixe. Das Präfix kennzeichnet, um welche Art von Steuer-

Abbildung 9.18 Das Eigenschaftenfenster

element es sich handelt. In unserem Beispiel steht *btn* für das englische Wort „button", die englische Bezeichnung für Befehlsschaltflächen.

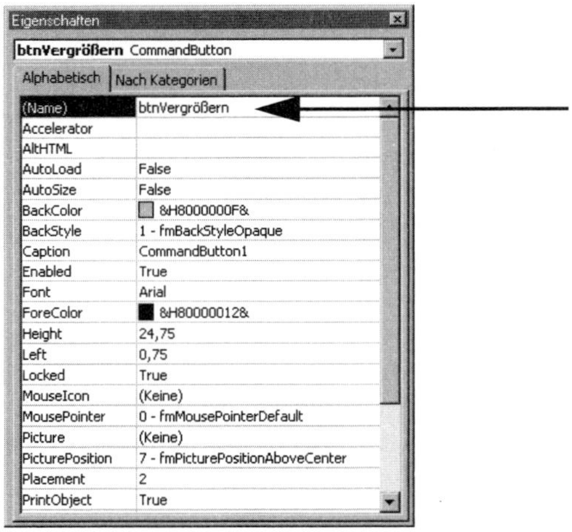

Abbildung 9.19 Geben Sie in das Feld neben *(Name)* einen neuen Namen für das Steuerelement ein

Mit der Änderung des Namens der Schaltfläche wird aber nicht die Beschriftung geändert, die in der Schaltfläche angezeigt wird. Diese Beschriftung wird mit der Eigenschaft *Caption* festgelegt.

5. Ersetzen Sie den Standardwert der Eigenschaft *Caption* durch **Vergrößern**.

Die Beschriftung in der Schaltfläche wird geändert, wenn die *Caption*-Eigenschaft geändert wird (siehe Abbildung 9.20). Bei ActiveX-Steuerelementen werden Zugriffstasten nicht mithilfe des Et-Zeichens definiert, sondern mithilfe einer eigenen Eigenschaft namens *Accelerator*.

Abbildung 9.20
Das Eigenschaftenfenster mit der Eigenschaft *Caption*

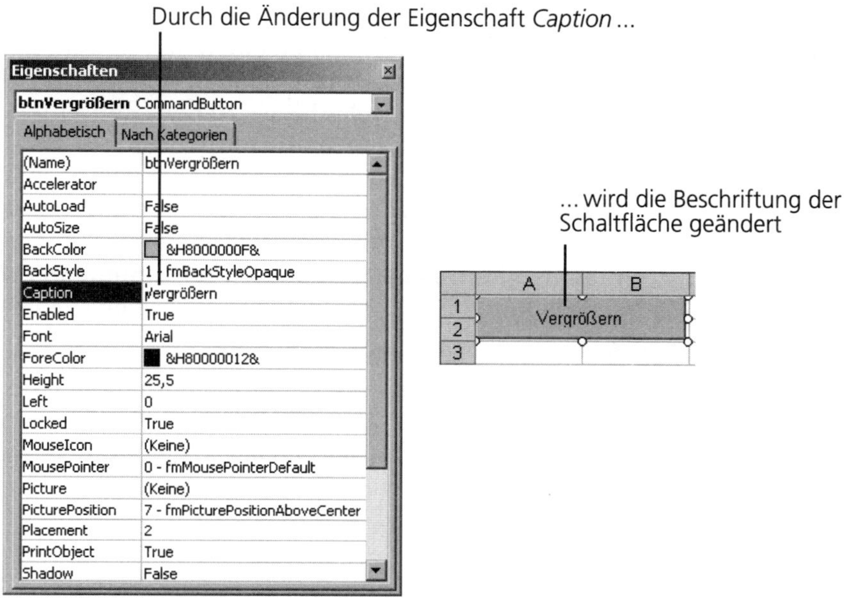

❻ Wir möchten den Buchstaben *G* als Zugriffstaste definieren. Geben Sie **G** als Wert der Eigenschaft *Accelerator* ein (siehe Abbildung 9.21).

Nachdem Sie *G* als Wert der *Accelerator*-Eigenschaft eingegeben haben, wird der Buchstabe *g* in der Beschriftung unterstrichen.

Abbildung 9.21
Das Eigenschaftenfenster mit der Eigenschaft *Accelerator*

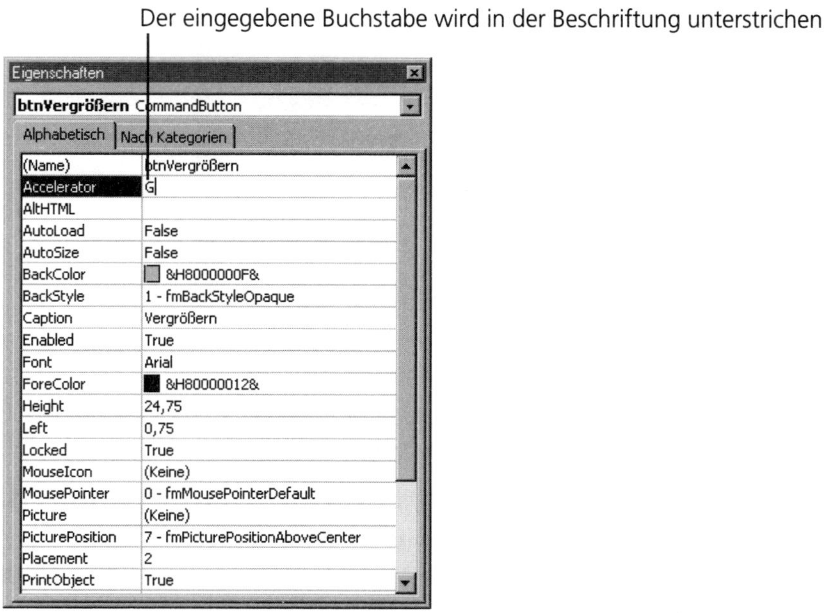

Es gibt eine weitere Eigenschaft, die Sie bei der Erstellung benutzerdefinierter Befehlsschaltflächen einstellen sollten. Diese Eigenschaft steuert, wie sich die Befehlsschaltfläche auf die aktive Zelle in Excel auswirkt. Angenommen, die Zelle B4 ist zu dem Zeitpunkt, zu dem Sie auf die Befehlsschaltfläche klicken, die aktive Zelle. Normalerweise sollte die Zelle B4 natürlich die aktive Zelle bleiben, auch nachdem auf die Schaltfläche geklickt wurde (sofern die Schaltfläche kein Makro ausführt, das die aktive Zelle ändert). Per Voreinstellung wird jedoch beim Anklicken einer Befehlsschaltfläche die dunkle Umrahmung der aktiven Zelle entfernt, sodass nur schwer festzustellen ist, welche Zelle die aktive Zelle ist.

7. Blättern Sie im Eigenschaftenfenster nach unten zur Eigenschaft *TakeFocusOnClick*, und ändern Sie sie mithilfe der Dropdown-Liste zu *False* (siehe Abbildung 9.22). (*TakeFocusOnClick* ist ein relativ komplizierter Name für eine einfache Eigenschaft. Die Einstellung *False* bedeutet lediglich „Die aktive Zelle soll nicht verändert werden, wenn auf diese Schaltfläche geklickt wird".)

Abbildung 9.22
Das Eigenschaftenfenster mit der Eigenschaft *TakeFocusOnClick*

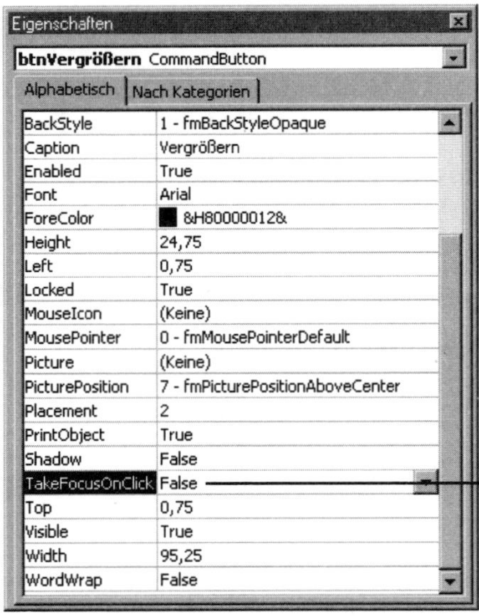

Durch Eingabe von *False* bleibt die Zelle ausgewählt

Sie haben nun eine Befehlsschaltfläche erstellt und dafür benutzerdefinierte Einstellungen getroffen. Jetzt müssen Sie die Schaltfläche nur noch mit einem Makro verknüpfen und dieses Makro ausführen.

Eine Befehlsschaltfläche mit einem Makro verknüpfen

In dieser Übung werden Sie der Befehlsschaltfläche kein Makro zuweisen, sondern ein Makro mit einem speziellen Namen an einem speziellen Ort erstellen, das automatisch mit der Schaltfläche verknüpft wird. Zum

Glück enthält die Symbolleiste *Steuerelement-Toolbox* eine Schaltfläche, die den Hauptteil der Arbeit, die Benennung dieses Makros, für Sie erledigt.

1. Stellen Sie sicher, dass diese Befehlsschaltfläche immer noch ausgewählt ist, und klicken Sie auf die Schaltfläche *Code anzeigen*.

Abbildung 9.23
Das Codefenster

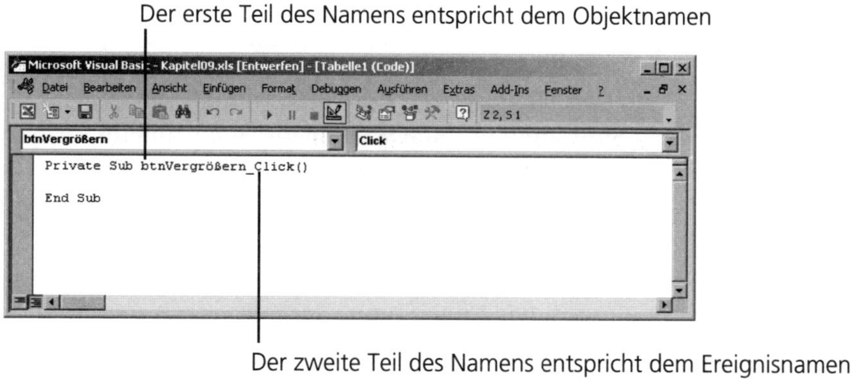

Daraufhin wird das Codefenster des Visual Basic-Editors mit einem neuen Makro eingeblendet (siehe Abbildung 9.23). Das Wort *Private* vor dem Makronamen bedeutet, dass dieses Makro nicht im Dialogfeld *Makro* angezeigt wird. Der Makroname lautet *btnVergrößern_Click*. Dieser Name ist wichtig. Der Namensteil vor dem Unterstrich entspricht dem Namen der Befehlsschaltfläche. Der Namensteil nach dem Unterstrich entspricht dem Namen des Ereignisses, auf das dieses Makro reagieren wird. In unserem Beispiel wird das Makro immer dann ausgeführt, wenn die Schaltfläche angeklickt wird. Ein Makro, das auf diese Weise mit einem Ereignis verknüpft ist, wird auch als *Ereignisbehandlungsprozedur* bezeichnet.

Das Wort *Prozedur* ist ein eher technisches Synonym für *Makro*. In Excel wird das Wort *Makro* verwendet, da sich Makroaufzeichnung weniger unheimlich anhört als Prozeduraufzeichnung. Generell wird in diesem Buch das Wort *Makro* verwendet, wenn eine Prozedur gemeint ist, die über das Dialogfeld *Makro* ausgeführt werden kann. Der Begriff *Prozedur* wird verwendet, wenn Funktionen oder Ereignisbehandlungsprozeduren gemeint sind.

Sie könnten den Programmcode aus dem Makro *Vergrößern* in die Prozedur *btnVergrößern_Click* kopieren. Es ist aber noch weniger aufwändig, dieses Makro (das bereits existiert) einfach aus dem neuen Makro heraus aufzurufen.

2. Geben Sie **Vergrößern** in den Anweisungsteil der Prozedur ein. Die Prozedur sollte nun wie folgt aussehen.

```
Private Sub btnVergrößern_Click
    Vergrößern
End Sub
```

Sie können nun auf die Schaltfläche klicken.

3. Wechseln Sie zu Excel, klicken Sie auf eine beliebige Zelle des Arbeitsblatts, um die Auswahl der Schaltfläche rückgängig zu machen, und klicken Sie dann auf die Schaltfläche. Die Prozedur wird nicht ausgeführt. Sie haben einfach wieder die Schaltfläche ausgewählt.

Wir müssen Excel irgendwie mitteilen, ob beim Anklicken eines ActiveX-Steuerelements die Ereignisbehandlungsprozedur ausgeführt oder das Steuerelement nur ausgewählt werden soll. Sie erreichen dies über die Steuerung des *Entwurfsmodus*. Wenn sich Excel im Entwurfsmodus befindet, wird das Steuerelement durch das Anklicken ausgewählt. Wenn sich Excel nicht im Entwurfsmodus befindet (dieser Zustand wird als *Ausführungsmodus* bezeichnet), wird die Ereignisbehandlungsprozedur ausgeführt, sobald das Steuerelement angeklickt wird. Excel aktiviert automatisch den Entwurfsmodus, wenn ein ActiveX-Steuerelement in ein Arbeitsblatt eingefügt wird.

4. Klicken Sie auf die Schaltfläche *Entwurfsmodus beenden*. Die Ziehpunkte um die Befehlsschaltfläche verschwinden.

5. Probieren Sie nun die Schaltfläche aus: Klicken Sie darauf. Drücken Sie [Alt]+[G], um die Zugriffstaste auszuprobieren.

6. Klicken Sie auf die Schaltfläche *Entwurfsmodus*, um den Entwurfsmodus wieder einzuschalten. Klicken Sie nun auf die Befehlsschaltfläche.

Die Befehlsschaltfläche wird damit ausgewählt.

Zwischen der Verknüpfung einer Ereignisbehandlungsprozedur mit einem Steuerelement und der Verknüpfung eines Makros mit einer Symbolleistenschaltfläche bestehen folgende Unterschiede:

- Bei der Verknüpfung eines Makros mit einer Symbolleistenschaltfläche kann das Makro einen beliebigen Namen haben. Über das Dialogfeld *Makro zuweisen* kann das Makro mit der Schaltfläche verknüpft werden. Bei einer Ereignisbehandlungsprozedur wird über die Kombination aus Namen und Position der Prozedur die Verknüpfung zum Steuerelement definiert.

- Bei der Verknüpfung eines Makros mit einer Symbolleistenschaltfläche wird Excel durch den Aufruf des Dialogfelds *Anpassen* angewiesen, Ereignisse zu ignorieren. Bei der Verknüpfung einer Ereignisbehandlungsprozedur mit einem Steuerelement geschieht dies durch das Klicken auf die Schaltfläche *Entwurfsmodus*.

Eine eigene Ereignisbehandlungsprozedur erstellen

Sie können eine Ereignisbehandlungsprozedur für ein Steuerelement erstellen, indem Sie auf die Schaltfläche *Code anzeigen* klicken. Wie Sie im Folgenden sehen werden, können Sie eine Ereignisbehandlungsprozedur auch direkt im Visual Basic-Editor definieren.

1. Wiederholen Sie die Arbeitsschritte 2 bis 7 aus dem Abschnitt *Eine benutzerdefinierte Befehlsschaltfläche erstellen*, und erstellen Sie eine Befehlsschaltfläche namens *Verkleinern*. Zeichnen Sie im Arbeitsblatt ein Rechteck von der oberen linken Ecke von Zelle A3 zur unteren rechten Ecke von Zelle B4. Im Eigenschaftenfenster geben Sie ihr den Namen **btnVerkleinern,** die Beschriftung (Caption) **Verkleinern** und definieren den Buchstaben **K** als Zugriffstaste (Accelerator). Weisen Sie außerdem der Eigenschaft *TakeFocusOnClick* den Wert **False** zu. Klicken Sie jedoch nicht auf die Schaltfläche *Code anzeigen*.

2. Wechseln Sie zum Visual Basic-Editor, und klicken Sie auf eine beliebige Stelle innerhalb der Prozedur *btnVergrößern_Click* (siehe Abbildung 9.24).

Abbildung 9.24
Der Visual Basic-Editor mit der Prozedur *btnVergrößern_Click*

Über dem Codeabschnitt des Fensters befinden sich zwei Listenfelder. Das linke Listenfeld *Objekt* enthält die erste Hälfte des Prozedurnamens (*btnVergrößern*) und das rechte Listenfeld *Prozedur* die zweite Hälfte des Prozedurnamens (*Click*).

3. Klicken Sie auf den nach unten gerichteten Pfeil rechts neben dem Listenfeld *Objekt*.

Daraufhin werden die verfügbaren Objekte angezeigt (siehe Abbildung 9.25). In der Liste werden alle Objekte angezeigt, die zur aktuellen Tabelle gehören und mit Ereignisbehandlungsprozeduren verknüpft werden können. In unserem Beispiel sind das die Objekte *btnVergrößern*, *btnVerkleinern* und *Worksheet*.

Abbildung 9.25 Die Liste der verfügbaren Objekte

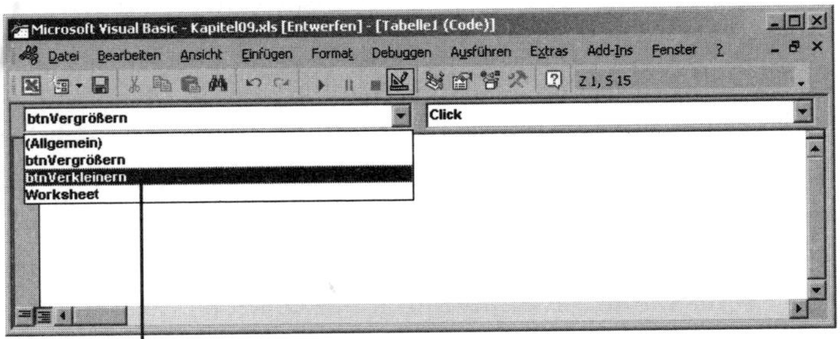

Wenn Sie eine neue Ereignisbehandlungsprozedur erstellen möchten, wählen Sie zuerst ein Objekt aus der Liste

4. Wählen Sie in der Liste *btnVerkleinern*.

   Daraufhin wird eine neue Prozedurdeklaration eingefügt. Da *Click* das Standardereignis für Schaltflächen ist, wird die neue Prozedur wie gewünscht *btnVerkleinern_Click* genannt.

5. Geben Sie in den Anweisungsteil der Prozedur **Verkleinern** ein.

6. Wechseln Sie zu Excel, beenden Sie den Entwurfsmodus, und probieren Sie beide Schaltflächen aus.

   Sie können die Listenfelder im oberen Bereich des Codefensters zum Aufbau von Ereignisbehandlungsprozeduren einsetzen, indem Sie einen Objektnamen mit einem Ereignisnamen verknüpfen.

Schaltflächen erstellen, die auf Mausbewegungen reagieren

Eine Befehlsschaltfläche kann auf verschiedene Ereignisse reagieren. Drei der nützlichsten Ereignisse stellen das Klicken (das Ereignis *Click*), das Doppelklicken (das Ereignis *DblClick*) und eine Mauszeigerbewegung (das Ereignis *MouseMove*) dar. Es ist besonders interessant, für das Ereignis *MouseMove* eine Ereignisbehandlungsprozedur zu schreiben, da der Prozedur hier Informationen in Form von Argumenten übergeben werden können.

1. Wählen Sie im Visual Basic-Editor im Listenfeld *Objekt* den Eintrag *btnVerkleinern* und im Listenfeld *Prozedur* das Ereignis *MouseMove* (siehe Abbildung 9.26).

Abbildung 9.26
Das Codefenster mit der neuen Ereignisbehandlungsprozedur

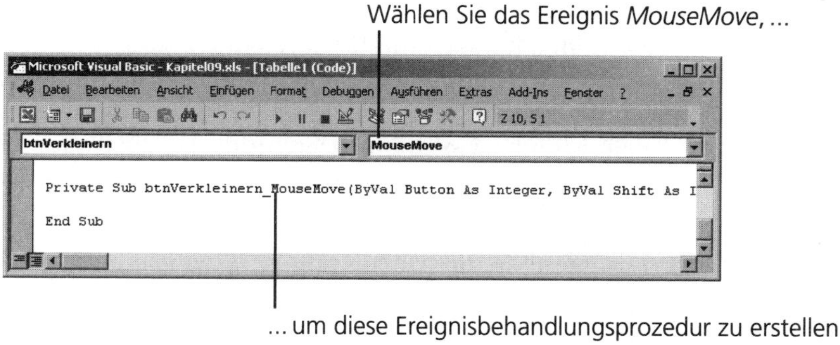

Die Deklaration dieser neuen Prozedur ist relativ lang. Wenn man sie in kürzere Zeilen umbricht, sieht sie wie folgt aus:

```
Private Sub btnVerkleinern_MouseMove( _
    ByVal Button As Integer, _
    ByVal Shift As Integer, _
    ByVal X As Single, _
    ByVal Y As Single)
```

Diese Ereignisbehandlungsprozedur verfügt über vier Argumente: *Button*, *Shift*, *X* und *Y*. (Das Wort *byVal* bedeutet, dass Excel alle Änderungen ignoriert, die die Prozedur an einem Argument vornimmt). Die Argumente liefern Ihnen Informationen, die Sie beim Verfassen des Makros nutzen können. Das Argument *Button* gibt an, ob während der Mausbewegung eine Maustaste gedrückt wird. Das Argument *Shift* gibt an, ob `Umschalt`, `Strg` oder `Alt` während der Mausbewegung gedrückt gehalten wird. Die Argumente *X* und *Y* geben die horizontale und vertikale Position des Mauszeigers an.

2. Fügen Sie in den Anweisungsteil der neuen Prozedur **Verkleinern** ein, wechseln Sie zu Excel, und bewegen Sie den Mauszeiger über die Schaltfläche *Verkleinern* (siehe Abbildung 9.27). (Sie müssen nicht einmal klicken. Das bloße Bewegen des Mauszeigers über die Schaltfläche bewirkt, dass die Prozedur ausgeführt wird. Wie Sie sehen, können Ereignisse sehr schnell eintreten.)

Abbildung 9.27
Wenn der Mauszeiger über die Schaltfläche *Verkleinern* bewegt wird, wird die Tabelle verkleinert.

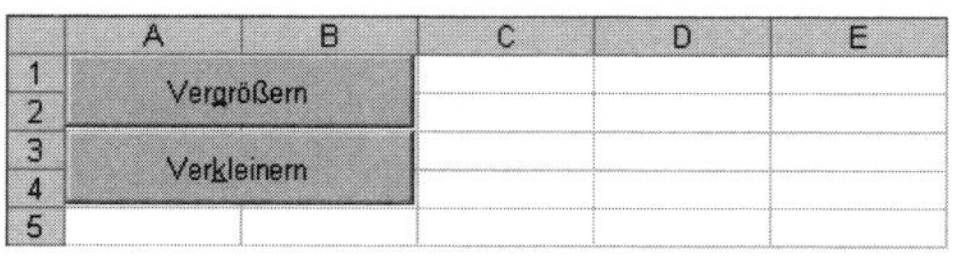

Mit den vom *MouseMove*-Ereignis gelieferten Argumenten kann die Prozedur gesteuert werden. Wenn der Wert des Arguments *Shift* gleich 1 ist, ist die Taste `Umschalt` gedrückt. Wenn der Wert des Arguments *Shift*

gleich 2 ist, ist die Taste Strg gedrückt. Wenn der Wert des Arguments *Shift* gleich 3 ist, sind beide Tasten Umschalt und Strg gedrückt. Sie werden die Prozedur jetzt so abändern, dass ihr Verhalten davon abhängig ist, welche Taste gedrückt ist, während sich der Mauszeiger über der Schaltfläche *Verkleinern* befindet. Ist die Taste Umschalt gedrückt, wird die Tabelle vergrößert, ist die Taste Strg gedrückt ist, wird die Tabelle verkleinert.

3. Ersetzen Sie die Anweisung *Verkleinern* im Anweisungsteil der Prozedur *btnVerkleinern_MouseMove* durch folgende Anweisungen:

```
If Shift = 1 Then
    Vergrößern
ElseIf Shift = 2 Then
    Verkleinern
End If
```

Das Schlüsselwort *ElseIf* ermöglicht die Kombination von Else- und If-Anweisungen in einer einzigen Anweisung.

4. Wechseln Sie zu Excel, und probieren Sie die Ereignisbehandlungsprozedur aus. Bewegen Sie den Mauszeiger. Dann halten Sie Umschalt gedrückt und bewegen den Mauszeiger über die Schaltfläche. Und abschließend halten Sie Strg gedrückt und bewegen den Mauszeiger über die Schaltfläche.

Während Sie den Mauszeiger über die Schaltfläche bewegen, können Sie quasi mit bloßem Auge erkennen, wie die Prozedur immer wieder ausgeführt wird. Jedes Mal, wenn sich der Mauszeiger über der Schaltfläche befindet, wird das Ereignis ausgelöst und die Ereignisbehandlungsprozedur erneut ausgeführt. Ereignisbehandlungsprozeduren sind ein äußerst leistungsfähiges Verfahren zur Ausführung bestimmter Operationen.

Das Visual Basic-Projekt erkunden

Sie fragen sich vielleicht, wo alle diese Ereignisbehandlungsprozeduren gespeichert werden und welche Beziehung zwischen ihnen und den Makros besteht, die mit der Makroaufzeichnungsfunktion erstellt werden. Wenn ein Makro mit der Makroaufzeichnungsfunktion angelegt wird, wird das Makro in einem Modul gespeichert. Mehrere Makros können in einem einzigen Modul abgelegt werden, und es können mehrere Module in einer Arbeitsmappe verwendet werden. (Jedes Mal, wenn eine Arbeitsmappe geschlossen und wieder geöffnet wird, erstellt die Makroaufzeichnungsfunktion ein neues Modul für alle neu aufgezeichneten Makros.) Ereignisbehandlungsprozeduren für eine Befehlsschaltfläche werden an das Arbeitsblatt angehängt, das diese Schaltfläche enthält. In Visual

Basic wird der gesamte Code einer einzigen Arbeitsmappe – der Code in einem Modul sowie der mit Arbeitsblättern verknüpfte Code – als *Projekt* bezeichnet. Der Visual Basic-Editor verfügt über ein spezielles Fenster, das Ihnen einen Überblick über Projekte und die zugehörigen Komponenten gibt.

1. Klicken Sie im Visual Basic-Editor auf die Schaltfläche *Projekt-Explorer*.

Das Projektfenster wird angezeigt (siehe Abbildung 9.28). Das Projekt heißt *VBAProject*, und der Name der Arbeitsmappe (*Kapitel09.xls*) erscheint in Klammern. Prozeduren können entweder in Modulseiten (die im Projektfenster unter der Bezeichnung *Module* gruppiert werden) oder als Anhang von Arbeitsmappen und Arbeitsblättern (die im Projektfenster unter der Bezeichnung *Microsoft Excel Objekte* gruppiert werden) gespeichert werden.

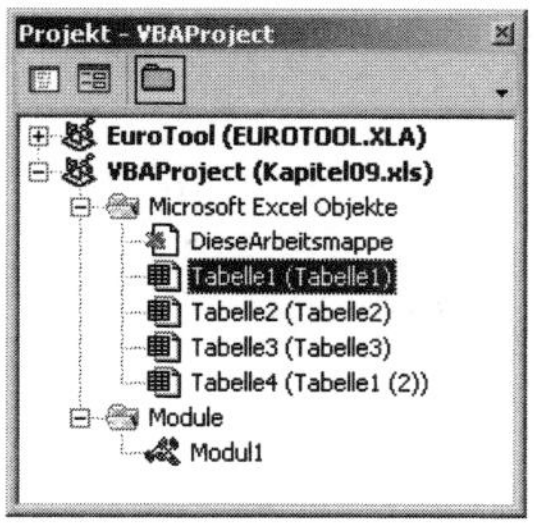

Abbildung 9.28
Das Projektfenster

Jedem Arbeitsblatt ist eine „unsichtbare“ Seite zugeordnet, die den Code für dieses Arbeitsblatt bzw. für die Objekte dieses Arbeitsblatts enthält. Wenn Sie ein neues Arbeitsblatt erstellen, wird eine neue Codeseite im Projektfenster angezeigt. Wenn eine Tabelle gelöscht wird, wird die Codeseite dieses Arbeitsblatts entfernt.

2. Doppelklicken Sie auf den Eintrag mit dem Namen *Modul1*.

Im Hauptfenster des Visual Basic-Editors wird das in *Modul1* gespeicherte Makro angezeigt (siehe Abbildung 9.29).

3. Doppelklicken Sie auf den Eintrag mit dem Namen *Tabelle1*.

Im Hauptfenster des Visual Basic-Editors werden die Ereignisbehandlungsprozeduren für die Objekte im Arbeitsblatt *Tabelle1* angezeigt (siehe Abbildung 9.30).

4. Ziehen Sie in Excel das Blattregister von *Tabelle1* nach rechts, und halten Sie `Strg` gedrückt, während Sie die Maustaste loslassen.

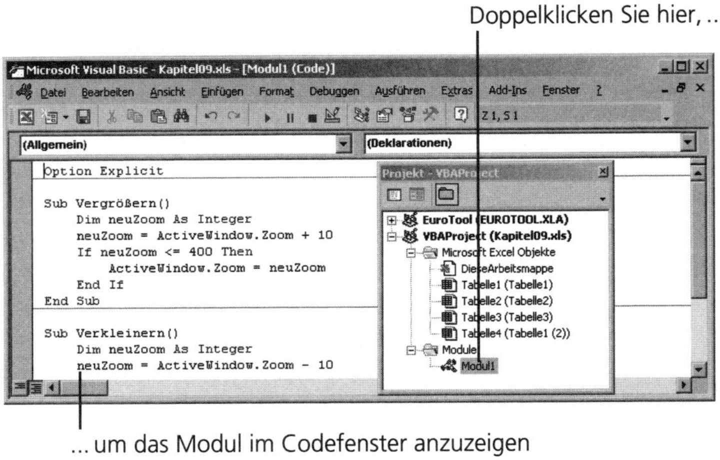

Abbildung 9.29 Das Projektfenster und das Visual Basic-Codefenster

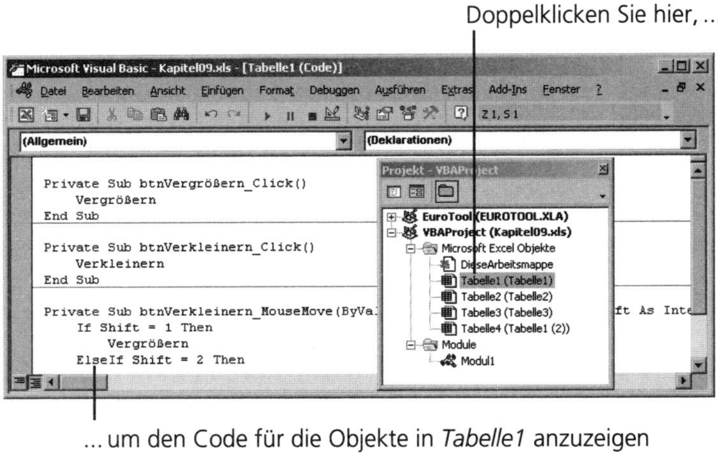

Abbildung 9.30 Das Projektfenster und das Visual Basic-Hauptfenster

Excel erstellt eine Kopie des Arbeitsblatts (siehe Abbildung 9.31). Der Name der Kopie ist *Tabelle1 (2)*, und sie verfügt ebenfalls über die Befehlsschaltflächen aus *Tabelle1*.

5. Wechseln Sie zum Visual Basic-Editor, und betrachten Sie das Projektfenster.

In der Liste wird unter *Microsoft Excel Objekte* ein neues Arbeitsblatt angezeigt (siehe Abbildung 9.32). Der Name in Klammern, *Tabelle1 (2)*, entspricht der Registerbezeichnung des Arbeitsblatts. Der Name vor den Klammern, *Tabelle4*, ist ein eindeutiger Name, den Visual Basic erzeugt. Nun existiert ein Arbeitsblatt mit dem internen Namen *Tabelle4*, und

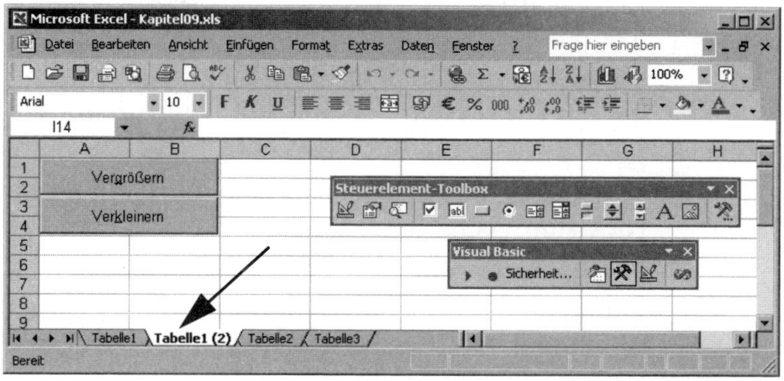

Abbildung 9.31 Sie erstellen ein neues Arbeitsblatt namens *Tabelle1 (2)* in Excel

wenn Sie über das Menü *Einfügen* ein neues Arbeitsblatt *Tabelle4* erstellen, vergibt Visual Basic für dieses Arbeitsblatt den internen Namen *Tabelle5*.

Wenn ein neues Arbeitsblatt erstellt wird, erscheint ein neuer Eintrag im Projektfenster

Abbildung 9.32 Das Projektfenster mit dem neuen Eintrag für *Tabelle1* (2)

6. Doppelklicken Sie im Projektfenster auf den Eintrag *Tabelle4*.

Im Hauptfenster des Visual Basic-Editors werden nun die Ereignisbehandlungsprozeduren für die Kopien der Befehlsschaltflächen angezeigt (siehe Abbildung 9.33).

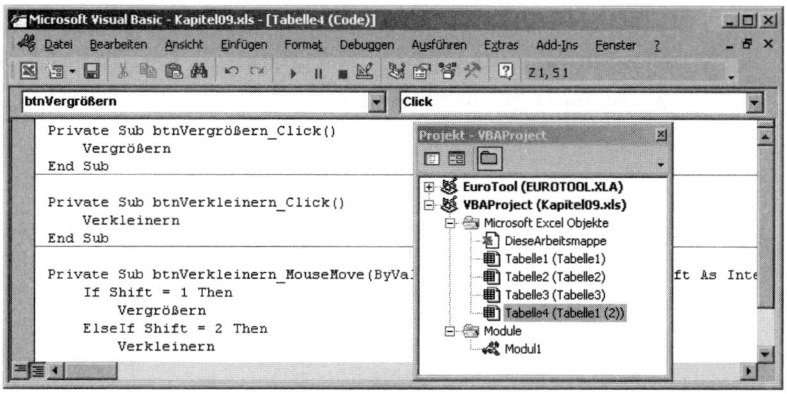

Abbildung 9.33 Das Fenster mit dem Code des neuen Arbeitsblatts enthält Kopien der Ereignisbehandlungsprozeduren

Diese Prozeduren sehen zwar genauso aus wie die Prozeduren, die mit den Befehlsschaltflächen in *Tabelle1* verknüpft worden sind, sind aber von diesen unabhängig. Sie können die Prozedur *btnVergrößern_Click* in *Tabelle4* verändern, ohne damit die Prozedur *btnVergrößern_Click* in *Tabelle1* zu beeinflussen.

7. Löschen Sie das Arbeitsblatt *Tabelle1 (2)* in Excel. Dann wechseln Sie zurück zum Visual Basic-Editor und betrachten das Projektfenster.

Wie Sie wahrscheinlich schon vermutet haben, wurde der Eintrag *Tabelle4* zusammen mit den zugehörigen Prozeduren gelöscht (siehe Abbildung 9.34).

Abbildung 9.34 Wenn ein Arbeitsblatt gelöscht wird, wird auch der zugehörige Code gelöscht

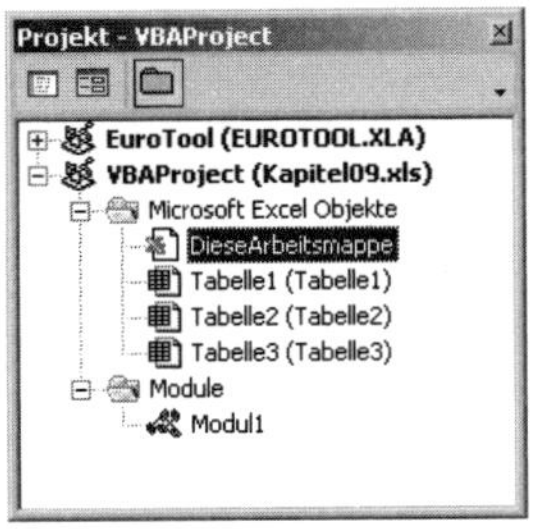

Wenn ein Arbeitsblatt gelöscht wird, zu dem Ereignisbehandlungsprozeduren gehören, werden alle Prozeduren zusammen mit dem Arbeitsblatt gelöscht. Speichern Sie Ihre Arbeit daher oft, wenn Sie Ereignisbehandlungsprozeduren für Arbeitsblätter erstellen, damit Ihre Arbeit nicht verloren geht, wenn Sie versehentlich ein Blatt löschen.

Arbeitsblatt- und Arbeitsmappen-Ereignisse handhaben

ActiveX-Steuerelemente sind nicht die einzigen Objekte in Excel, die Ereignisse verarbeiten können. Arbeitsblätter und Arbeitsmappen verfügen ebenfalls über Ereignisse. Jedes dieser Objekte kann auf verschiedene Ereignisse reagieren.

Eine Prozedur ausführen, sobald sich die Auswahl ändert

1. Aktivieren Sie im Visual Basic-Editor das Codefenster für *Tabelle1* (aktivieren Sie das Projektfenster, und doppelklicken Sie auf *Tabelle1 (Tabelle1)*).

2. Wählen Sie aus dem Listenfeld *Objekt* oben links im Codefenster *Worksheet* (siehe Abbildung 9.35).

Daraufhin wird eine neue Prozedur mit dem Namen *Worksheet_SelectionChange* angezeigt. Dieses Ereignis wird ausgelöst, sobald im Arbeitsblatt ein anderer Bereich ausgewählt wird. Es spielt dabei keine Rolle, ob Sie auf eine Zelle klicken oder mit den Pfeiltasten zu einer anderen Zelle wechseln. Das Ereignis wird in beiden Fällen ausgelöst.

Abbildung 9.35 Das Listenfeld *Objekt* im Codefenster

Ein *Worksheet*-Objekt kann auf Ereignisse reagieren

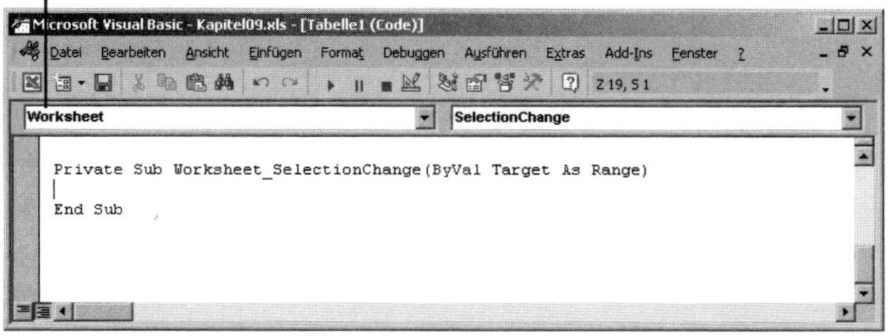

Um anzuzeigen, welche Ereignisse für ein Arbeitsblatt verfügbar sind, klicken Sie im Codefenster oben rechts auf die Pfeilschaltfläche rechts neben dem Listenfeld *Prozedur* (siehe Abbildung 9.36). Die Liste enthält neun Ereignisse, auf die ein Arbeitsblatt reagieren kann. *SelectionChange* ist als Standardereignis Arbeitsblättern zugeordnet, ähnlich wie *Click* als Standardereignis von Befehlsschaltflächen definiert ist.

Abbildung 9.36 Das Listenfeld *Prozedur* zeigt die für das *Worksheet*-Objekt verfügbaren Ereignisse an

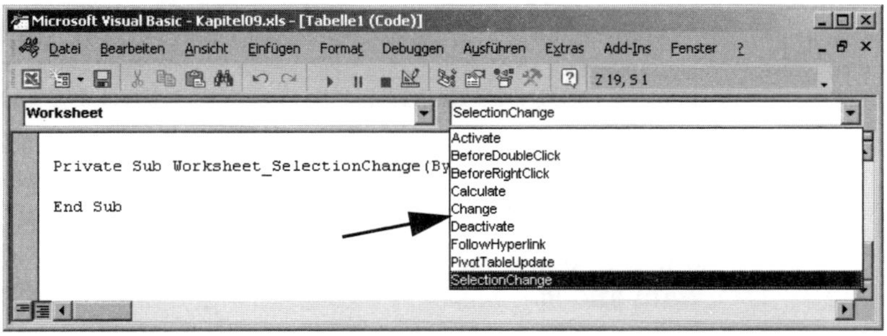

3. Schließen Sie die Liste der Ereignisse durch Drücken von Esc, und geben Sie die folgenden Anweisungen in den Anweisungsteil der Prozedur *Worksheet_SelectionChange* ein:

```
If ActiveCell.Interior.Color = vbCyan Then
    Selection.Interior.Color = vbYellow
Else
    Selection.Interior.Color = vbCyan
End If
```

In Visual Basic bezeichnet *Cyan* die Farbe, die in der Excel-Farbpalette *Türkis* genannt wird. Mit dieser Prozedur werden alle ausgewählten Zellen türkis hervorgehoben, sofern sie nicht bereits diese Farbe besitzen.

4. Aktivieren Sie *Tabelle1* in Excel, und klicken Sie auf verschiedene Zellen. Verwenden Sie die Pfeiltasten, um benachbarte Zellen auszuwählen. Ziehen Sie ein Auswahlrechteck um mehrere Zellen. Die Zellenfarbe ändert sich jedes Mal, wenn eine neue Zelle ausgewählt wird (siehe Abbildung 9.37).

Abbildung 9.37 Die Tabelle mit den farbig markierten Zellen

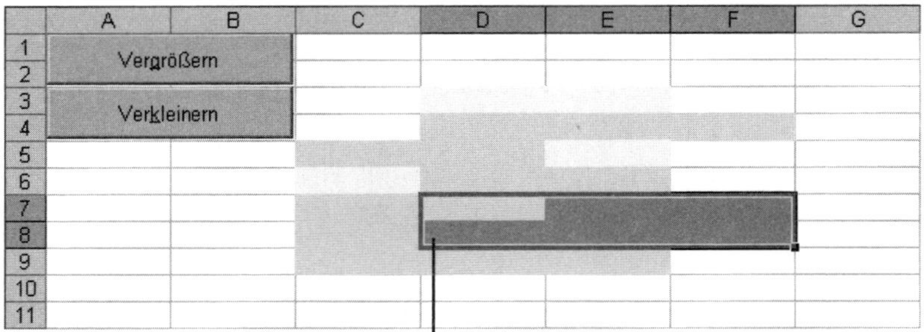

5. Aktivieren Sie jetzt *Tabelle2*, und wählen Sie eine Zelle aus.

Es geschieht nichts. Die Ereignisbehandlungsprozedur *Worksheet_SelectionChange* wird nur im zugehörigen Arbeitsblatt ausgeführt.

Ereignisbehandlungsprozeduren in beliebigen Tabellen ausführen

Wenn Sie eine Ereignisbehandlungsprozedur für das *SelectionChange*-Ereignis von *Tabelle1* erstellen, bezieht sich diese Behandlungsroutine nur auf dieses Arbeitsblatt. Wenn Sie *Tabelle2* aktivieren und die Auswahl ändern, passiert nichts. Ereignisbehandlungsprozeduren von Arbeitsblättern reagieren nur auf die Ereignisse, die in ihrem eigenen Arbeitsblatt ausgelöst werden. Um auf Ereignisse in beliebigen Arbeitsblättern reagieren zu können, müssen Sie eine Ereignisbehandlungsprozedur auf Arbeitsmappenebene einsetzen.

1. Aktivieren Sie im Visual Basic-Editor das Projektfenster, und doppelklicken Sie auf den Eintrag *DieseArbeitsmappe*.

2. Wählen Sie im Listenfeld *Objekt* den Eintrag *Workbook*.

Daraufhin wird eine neue Prozedur mit dem Namen *Workbook_Open* angezeigt (siehe Abbildung 9.38). *Open* ist als Standardereignis *Workbook*-Objekten, die Arbeitsmappen repräsentieren, zugeordnet. Sie verwenden dieses Ereignis, wenn eine Prozedur jedes Mal ausgeführt werden soll, sobald die Arbeitsmappe geöffnet wird.

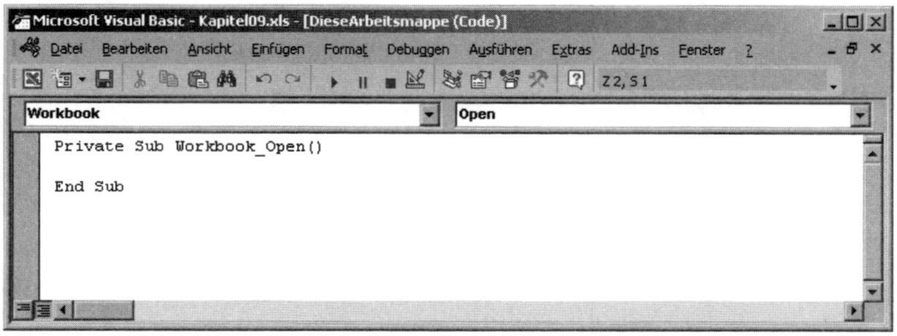

Abbildung 9.38
Das Objekt *Workbook* kann auf Ereignisse reagieren

❸ Klicken Sie auf das Listenfeld *Prozedur*, um zu sehen, welche Ereignisse für eine Arbeitsmappe verfügbar sind (siehe Abbildung 9.39).

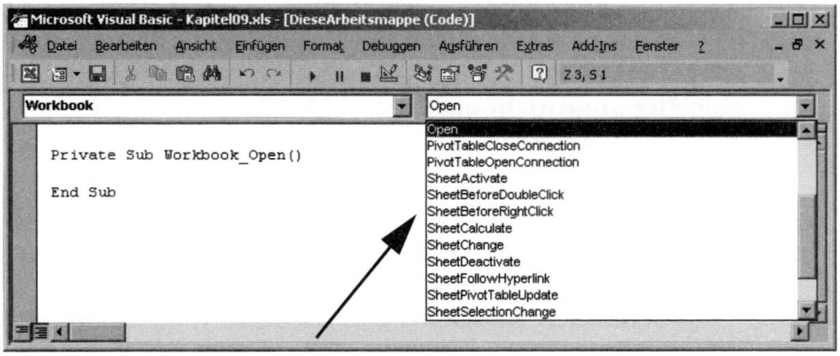

Abbildung 9.39
Im Listenfeld *Prozedur* werden die Ereignisse angezeigt, die für das *Workbook*-Objekt verfügbar sind

Arbeitsmappen können auf 23 verschiedene Ereignisse reagieren. Zufällig beginnen neun Ereignisse mit dem Wort *Sheet*. Diese neun Arbeitsmappen-Ereignisse entsprechen den neun Arbeitsblatt-Ereignissen, nur gelten sie für alle Arbeitsblätter der Arbeitsmappe, sogar für Arbeitsblätter, die noch gar nicht existieren.

❹ Wählen Sie das Ereignis *SheetSelectionChange*.

Damit wird eine Prozedur namens *Workbook_SheetSelectionChange* erstellt.

❺ Löschen Sie die Prozedur *Workbook_Open*. Sie wird nicht benötigt.

❻ Geben Sie in den Anweisungsteil der neuen Prozedur **Selection.Interior.Color = vbRed** ein. Die Prozedur sollte nun wie in Abbildung 9.40 aussehen.

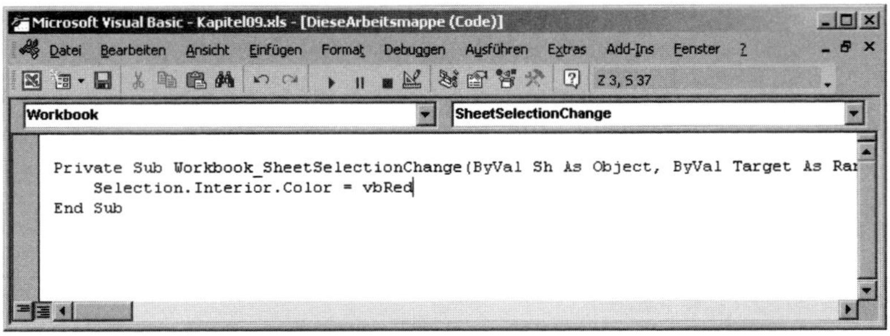

Abbildung 9.40 Die Definition der Prozedur *Workbook_SheetSelectionChange*

7. Wechseln Sie zu Excel, aktivieren Sie *Tabelle2*, und klicken Sie auf verschiedene Zellen.

   Die Farbe der Zellen ändert sich in Rot.

8. Aktivieren Sie *Tabelle1,* und klicken Sie auf verschiedene Zellen.

   Die Farbe der Zellen ändert sich in Rot. Was hat sich nun an der Ereignisbehandlungsprozedur für dieses Arbeitsblatt geändert? Es sieht vielleicht so aus, als ob die Ereignisbehandlungsprozedur für die Arbeitsmappe die Ereignisbehandlungsprozedur des Arbeitsblatts ersetzt. Das ist aber nicht ganz korrekt. Tatsächlich wurden beide Ereignisbehandlungsprozeduren ausgeführt. Die Arbeitsmappenroutine wurde nur zuletzt ausgeführt. Die Eigenschaft, die die Farbe der Zelle bestimmt, wurde zuerst zu blau (bzw. gelb) und dann ganz schnell zu rot geändert. Die erste Farbänderung wurde nicht angezeigt, da Windows die Bildschirmanzeige erst aktualisiert, nachdem die Makroausführung abgeschlossen ist. Deswegen wird nur die endgültige Farbe angezeigt.

Sie können Ereignisbehandlungsprozeduren für Ereignisse definieren, die in einem Arbeitsblatt ausgelöst werden. Arbeitsblatt-Ereignisbehandlungsprozeduren können entweder auf der Tabellenebene oder auf der Arbeitsmappenebene definiert werden. Falls die Prozedur auf der Arbeitsmappenebene arbeitet, reagiert sie auf Ereignisse aller Arbeitsblätter, unabhängig davon, ob ein Arbeitsblatt über eine eigene Ereignisbehandlungsprozedur verfügt.

Ein Arbeitsmappen-Ereignis unterdrücken

Es scheint merkwürdig, dass eine Arbeitsblatt-Ereignisbehandlungsprozedur eine Arbeitsmappen-Ereignisbehandlungsprozedur, die für dasselbe Ereignis definiert ist, nicht außer Kraft setzt. Die Tatsache, dass Arbeitsblatt-Ereignisse zuerst behandelt werden, gibt Ihnen jedoch weit reichende Kontrolle über die Handhabung von Ereignissen.

Wenn beide Ereignisbehandlungsprozeduren ausgeführt werden sollen, müssen Sie keine Änderungen vornehmen. Wenn die Arbeitsblatt-Ereignisbehandlungsprozedur die Arbeitsmappen-Ereignisbehandlungsprozedur unterdrücken soll, muss die Arbeitsblatt-Ereignisbehandlungsprozedur der Arbeitsmappen-Ereignisbehandlungsprozedur befehlen, untätig zu bleiben. Dazu muss eine benutzerdefinierte Eigenschaft auf Arbeitsmappenebene erstellt werden.

1. Doppelklicken Sie im Projektfenster auf *DieseArbeitsmappe*. Geben Sie am oberen Rand des Codefensters folgende Anweisung über der Ereignisbehandlungsprozedur ein:

```
Public EreignisVerarbeiten As Boolean
```

Damit wird *EreignisVerarbeiten* als öffentliche Variable im Modul *DieseArbeitsmappe* deklariert. Deklarieren Sie in einer Prozedur eine Variable vor allen Prozeduren eines Moduls, dann ist diese Variable für alle Prozeduren in diesem Modul sichtbar und wird *Variable auf Modulebene* genannt. Deklarieren Sie eine Variable auf Modulebene als *Public*, dann ist diese Variable für jede Prozedur der gesamten Arbeitsmappe sichtbar. Eine öffentliche Variable ist im Grunde genommen nichts anderes als eine einfache Eigenschaft. Die Deklaration der Variable mit dem Datentyp Boolean bedeutet, dass sie nur die Werte *True* (Wahr) oder *False* (Falsch) annehmen kann. Wenn ihr kein Wert zugewiesen wird, hat sie den Wert *False*.

2. Ändern Sie den Anweisungsteil der Ereignisbehandlungsprozedur *Workbook_SheetSelectionChange* wie folgt:

```
If EreignisVerarbeiten = True Then
    EreignisVerarbeiten = False
Else
    Selection.Interior.Color = vbRed
End If
```

Die Ereignisbehandlungsprozedur ändert nun die Farbe der ausgewählten Zellen nur, wenn die Variable *EreignisVerarbeiten* nicht den Wert *True* hat. Falls die Variable *EreignisVerarbeiten* den Wert *True* hat, ändert die Ereignisbehandlungsprozedur den Wert wieder in *False*. (Falls Sie *EreignisVerarbeiten* nicht wieder in *False* geändert haben, würde das Unterdrücken der Ereignisbehandlungsprozedur dazu führen, dass sie solange deaktiviert bleibt, bis die Arbeitsmappe geschlossen wird.)

3. Doppelklicken Sie im Projektfenster auf *Tabelle1*. Geben Sie im unteren Bereich der Ereignisbehandlungsprozedur direkt vor der *End Sub*-Anweisung **DieseArbeitsmappe.EreignisVerarbeiten = True** ein.

Damit wird die neue Eigenschaft *EreignisVerarbeiten* in die Liste der Methoden und Eigenschaften aufgenommen (siehe Abbildung 9.41). Ihr wird sogar ein Standard-Eigenschaftssymbol zugeordnet. Mit dieser Anweisung befiehlt die Arbeitsblatt-Ereignisbehandlungsprozedur der Arbeitsmappen-Ereignisbehandlungsprozedur, untätig zu bleiben.

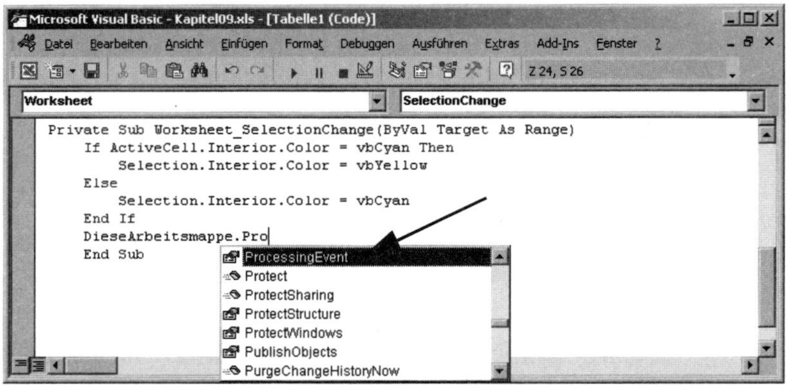

Abbildung 9.41 Die neue Eigenschaft *EreignisVerarbeiten* wird in der Liste der Methoden und Eigenschaften des Objekts *DieseArbeitsmappe* angezeigt

4. Aktivieren Sie *Tabelle1* in Excel, und wählen Sie andere Zellen aus.

   Die Auswahl sollte sich nun zu gelb oder blau ändern. Die Arbeitsblatt-Ereignisbehandlungsprozedur unterdrückt die Arbeitsmappen-Ereignisbehandlungsprozedur.

5. Aktivieren Sie *Tabelle3,* und ändern Sie die Auswahl der Zellen. Die ausgewählten Zellen sollten jetzt rot dargestellt werden. Die Arbeitsmappen-Ereignisbehandlungsprozedur funktioniert korrekt, solange sie nicht von der Arbeitsblatt-Ereignisbehandlungsprozedur außer Kraft gesetzt wird.

Durch die Erstellung einer einfachen benutzerdefinierten Eigenschaft in Form einer *Public*-Variablen im Modul *DieseArbeitsmappe* können Sie eine Arbeitsmappen-Ereignisbehandlungsprozedur unterdrücken. Auf diese Weise können Sie nach Belieben festlegen, welche Ereignisbehandlungsprozedur wann ausgeführt werden soll. Eine Ereignisbehandlungsprozedur kann nur auf Arbeitsblattebene, auf Arbeitsmappenebene, auf beiden Ebenen oder fallweise auf der einen oder anderen Ebene ausgeführt werden.

Ein Ereignis widerrufen

Einige Ereignisse scheinen nur zu existieren, um widerrufen zu werden. Beispielsweise zeigt Excel ein Kontextmenü an, wenn Sie mit der rechten Maustaste auf ein Arbeitsblatt klicken. Angenommen, Sie möchten verhindern, dass dieses Kontextmenü angezeigt wird. Sie erstellen einfach eine Ereignisbehandlungsprozedur, die das entsprechende Ereignis widerruft.

Die Namen sämtlicher Ereignisse, die widerrufen werden können, beginnen mit dem Wort *Before*. Ein Arbeitsblatt verfügt über die Ereignisse *BeforeDoubleClick* und *BeforeRightClick*. Eine Arbeitsmappe verfügt über die entsprechenden Ereignisse *SheetBeforeDoubleClick* und *SheetBeforeRightClick* sowie über die Ereignisse *BeforeClose*, *BeforeSave* und *Before-*

Print. Jede Ereignisprozedur, die abgebrochen werden kann, verfügt über ein *Cancel*-Argument. Um das entsprechende Ereignis abzubrechen, weisen Sie dem *Cancel*-Argument den Wert *True* zu.

1. Wählen Sie im Codefenster von *Tabelle1* aus der Objektliste *Worksheet* und aus dem Listenfeld *Prozedur* den Eintrag *BeforeRightClick*.
2. Im Codefenster wird die entsprechende Ereignisbehandlungsprozedur angezeigt. Geben Sie vor der Zeile *End Sub* **Cancel = True** ein. Die Prozedur sollte nun wie in Abbildung 9.42 aussehen.

Abbildung 9.42
Die Definition der Ereignisbehandlungsprozedur

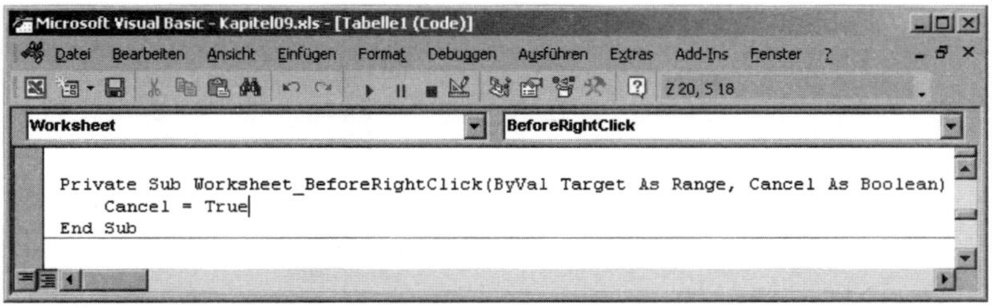

3. Aktivieren Sie Excel, und wählen Sie *Tabelle1*. Klicken Sie mit der rechten Maustaste auf eine Zelle.

   Die Farbe ändert sich, aber das Kontextmenü wird nicht angezeigt. Die Ereignisbehandlungsprozedur wird ausgeführt, bevor das Ereignis ausgelöst wird.
4. Wählen Sie *Tabelle2*, und klicken Sie mit der rechten Maustaste in eine Zelle.

   Die Farbe ändert sich, und auch das Kontextmenü wird eingeblendet. Drücken Sie [Esc], um das Menü wieder auszublenden.
5. Speichern und schließen Sie die Arbeitsmappe *Kapitel09*.

Symbolleisten und Menüs können mit Makros verknüpft werden, und Befehlsschaltflächen, Arbeitsblätter und Arbeitsmappen können mit Ereignisbehandlungsprozeduren verknüpft werden. Mit diesen Werkzeugen können Sie gezielt Anwendungen erstellen, die für andere Benutzer einfach zu bedienen sind.

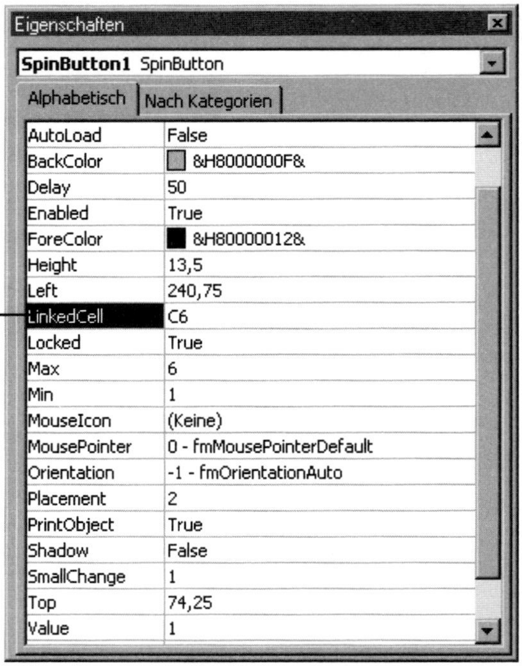

Die Eigenschaften von benutzerdefinierten Steuerelementen festlegen, Seite 310

Mit Arbeitsblattzellen verknüpfte Steuerelemente hinzufügen, Seite 312

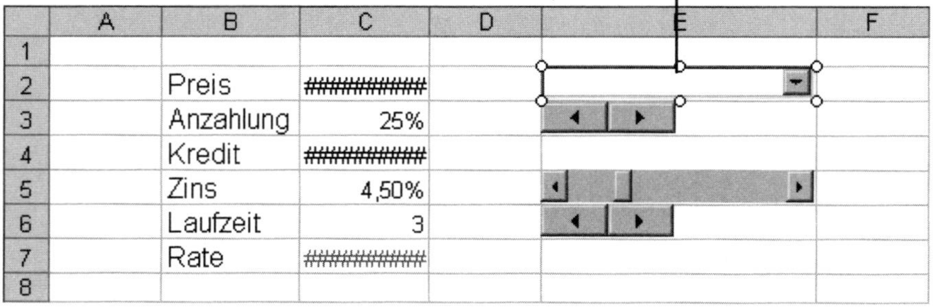

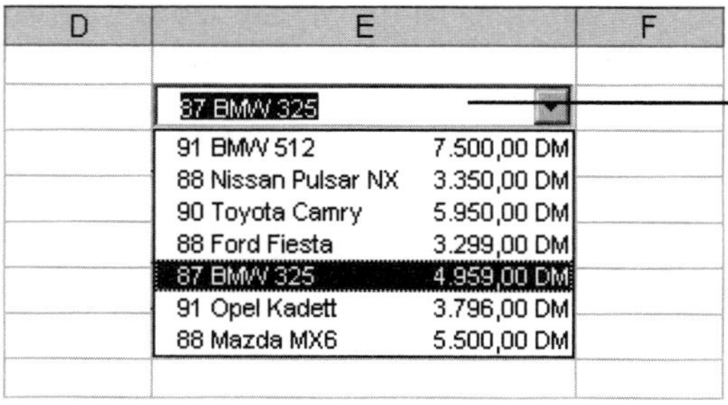

Eine selbstdefinierte Dropdown-Liste erstellen, Seite 315

10 Dialogfeld-Steuerelemente in Arbeitsblättern verwenden

In diesem Kapitel lernen Sie

- wie Sie ActiveX-Steuerelemente in ein Arbeitsblatt einfügen.
- wie Sie den Wert eines Steuerelements mit einem Arbeitsblatt verknüpfen.
- wie Sie ein Listenfeld mit einem Arbeitsblattbereich verknüpfen.
- wie Sie ein Listenfeld mit mehreren Spalten erstellen.
- wie Sie ein Arbeitsblatt schützen, das ActiveX-Steuerelemente enthält.

Microsoft Excel ist ein großartiges Programm. Viele Leute kaufen es, weil sie es im Beruf brauchen. Zumindest geben die meisten Leute vor, dass sie es aus beruflichen Gründen verwenden. Aber wir alle kennen doch den wahren Grund für den Erwerb von Excel: die Berechnung der Darlehensraten von Autofinanzierungskrediten. (Und diejenigen von uns, die keine Autofinanzierungskredite abzahlen, berechnen wahrscheinlich ihre Hypothekenzahlungen.) Erst *nachdem* sie Excel gekauft haben, erkennen viele Anwender, dass es auch für ein oder zwei andere Anwendungen brauchbar ist.

In dieser Übung gehen wir davon aus, dass Sie einen Bekannten haben, der sich gerade Excel gekauft hat. Ihr Bekannter hat aber noch wenig Erfahrung mit Excel. Sie werden ihm helfen, ein Modell für die Berechnung der Darlehensraten für ein neues Auto zu erstellen. Ihr Bekannter soll einerseits in der Lage sein, verschiedene Kaufpreise, Zinssätze und Laufzeiten auszuprobieren. Andererseits sollen alle potenziellen Fehlerquellen minimiert werden. Excel verfügt über verschiedene leistungsfähige Funktionen, mit denen Sie diese Aufgabe bewältigen können.

Kredit.xls

In diesem Kapitel wird die Übungsdatei *Kredit.xls* verwendet, die Sie von der Begleit-CD zu diesem Buch installiert haben. Details zur Installation der Übungsdateien finden Sie im Abschnitt *Die Begleit-CD verwenden* am Anfang des Buches.

Das Kapitel beginnen

1. Starten Sie Microsoft Excel, und wechseln Sie zu dem Ordner, der die Übungsdateien zu diesem Buch enthält.

2. Öffnen Sie die Arbeitsmappe *Kredit*, und speichern Sie sie unter dem Namen **Kapitel10**.

Ein Modell zur Berechnung von Darlehensraten implementieren

Die Interaktion mit Excel erfolgt über seine grafische Benutzeroberfläche. Eine grafische Benutzeroberfläche umfasst Menüs, Dialogfelder, Listenfelder, Bildlaufleisten, Schaltflächen und andere grafische Elemente. Eine grafische Benutzeroberfläche erleichtert das Erlernen und die Bedienung eines Programms und reduziert die Fehlermöglichkeiten, indem dem Anwender nur gültige Optionen zur Auswahl gestellt werden.

Die Erstellung grafischer Benutzeroberflächen ist traditionell eine Domäne professioneller Software-Entwickler gewesen. Erst in den letzten Jahren hatten Anwender von anspruchsvolleren Anwendungen die Möglichkeit, benutzerdefinierte Dialogfelder mit grafischen Steuerelementen auszustatten. In Excel können Sie jetzt Steuerelemente direkt in Arbeitsblätter einfügen, ohne eine Zeile Programmcode schreiben zu müssen. Diese Steuerelemente werden als ActiveX-Steuerelemente bezeichnet.

In diesem Kapitel werden Sie ein Arbeitsblattmodell erstellen, mit dem die Rückzahlung eines Autofinanzierungskredits berechnet wird. Dazu werden Sie ActiveX-Steuerelemente in das Arbeitsblatt einfügen, damit es für Ihren Bekannten, der mit Arbeitsblättern wenig vertraut ist, so einfach wie möglich zu handhaben ist. Sie werden die Arbeitsweise von ActiveX-Steuerelementen kennen lernen. Diese Kenntnisse sind bei der Erstellung benutzerdefinierter Formulare hilfreich.

Das Darlehensberechnungsmodell erstellen

Das Arbeitsblatt *Kredit* enthält Beschriftungen, die das Grundgerüst für ein Modell bilden, das eine Excel-Arbeitsblattfunktion verwendet, um die monatlichen Raten zur Tilgung eines Autofinanzierungskredits zu berechnen.

Die Zellen B2 bis B7 enthalten die Beschriftungen *Preis*, *Anzahlung*, *Kredit*, *Zins*, *Laufzeit* und *Rate* (siehe Abbildung 10.1). In der folgenden Übung werden Sie damit ein funktionsfähiges Modell zur Berechnung von Darlehensraten erstellen.

	A	B	C
1			
2		Preis	
3		Anzahlung	
4		Kredit	
5		Zins	
6		Laufzeit	
7		Rate	
8			

Abbildung 10.1
Das Arbeitsblatt *Kredit* enthält in Spalte B die Beschriftungen für das Darlehensberechnungsmodell

❶ Geben Sie in Zelle C2 (rechts neben *Preis*) **5000 DM** ein; geben Sie in Zelle C3 (rechts neben *Anzahlung*) **20%** ein; geben Sie in Zelle C5 (rechts neben *Zins*) **8%** ein, und geben Sie in Zelle C6 (rechts neben *Laufzeit*) **3** ein (siehe Abbildung 10.2).

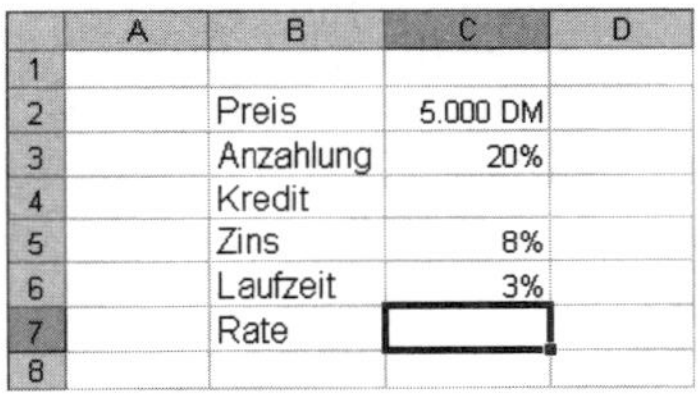

	A	B	C	D
1				
2		Preis	5.000 DM	
3		Anzahlung	20%	
4		Kredit		
5		Zins	8%	
6		Laufzeit	3%	
7		Rate		
8				

Abbildung 10.2
Das Arbeitsblatt *Kredit* enthält nun in Spalte C die konstanten Werte, die zur Berechnung eines Beispieldarlehens vorgegeben werden

❷ Geben Sie in Zelle C4 (rechts neben *Kredit*) **=Preis*(1-Anzahlung)** ein, und drücken Sie [Eingabe].

Daraufhin wird der Wert 4.000 DM in der Zelle C4 angezeigt (siehe Abbildung 10.3). Excel ermittelt die Zellen, die den Preis und die Anzahlung enthalten, anhand der Beschriftungen neben den Zellen.

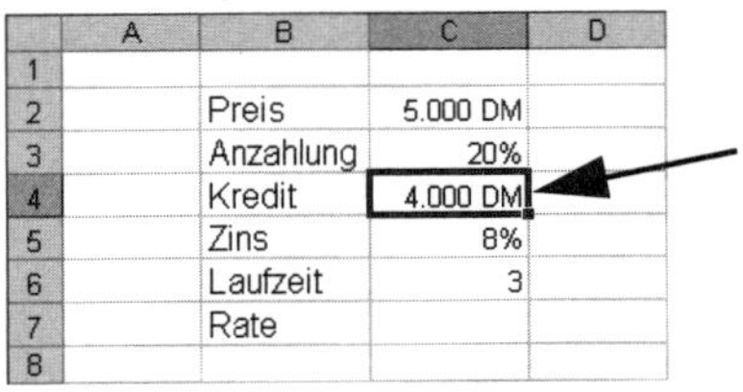

	A	B	C	D
1				
2		Preis	5.000 DM	
3		Anzahlung	20%	
4		Kredit	4.000 DM	
5		Zins	8%	
6		Laufzeit	3	
7		Rate		
8				

Abbildung 10.3
Mit der Formel *=Preis*(1-Anzahlung)* wird der Darlehensbetrag in Zelle C4 berechnet

Falls der Ausdruck *#NAME?* in der Zelle angezeigt wird, akzeptiert Excel keine Beschriftungen in Formeln. Klicken Sie im Menü *Extras* auf *Optionen* und dann auf die Registerkarte *Berechnung*. Markieren Sie *Beschriftungen in Formeln zulassen*, und klicken Sie auf *OK*. Geben Sie die Formel dann erneut ein.

❸ Geben Sie in Zelle C7 (rechts neben *Rate*) **=RMZ(Zins/12;Laufzeit*12; Kredit)** ein, und drücken Sie [Eingabe]. In der Zelle wird daraufhin der Betrag einer Monatsrate von –125,35 DM angezeigt (siehe Abbildung 10.4).

Wieder ermittelt Excel anhand der Beschriftungen neben den Zellen, welche Zellen in der Formel verwendet werden sollen.

Abbildung 10.4
Mit der Formel *=RMZ(Zins/12;Laufzeit*12;Kredit)* wird der Ratenbetrag in Zelle C7 berechnet

	A	B	C	D
1				
2		Preis	5.000 DM	
3		Anzahlung	20%	
4		Kredit	4.000 DM	
5		Zins	8%	
6		Laufzeit	3	
7		Rate	-125,35 DM	
8				

Als Resultat erhalten wir die monatliche Ratenzahlung für ein Auto, für das ein Darlehen in Höhe von 5.000 DM aufgenommen wird. Die rote Schrift und das Minuszeichen zeigen an, dass es sich um einen negativen Wert handelt. Leider bekommen Sie diesen Betrag ja nicht, sondern Sie müssen ihn jeden Monat zahlen. (Wenn Sie die monatliche Zahlung in eine positive Zahl umwandeln möchten, setzen Sie in der Formel ein Minuszeichen vor *Kredit*).

Das Darlehensberechungsmodell einsetzen

1. Geben Sie in die Zelle C2 **12000** ein. Der Kreditbetrag wird damit in 9.600 DM geändert und die monatliche Rate in 300,83 DM (siehe Abbildung 10.5). Mit diesem einfachen Modell werden die monatlichen Ratenzahlungen für die vorgegebenen Eingabevariablen berechnet. Wenn die Eingabevariablen geändert werden, ändert sich der Ratenbetrag entsprechend. Sie können sogar unsinnige Werte eingeben.

Abbildung 10.5
Für den neuen Preis in Zelle C2 wird ein neuer Ratenbetrag berechnet und in Zelle C7 angezeigt

	A	B	C	D
1				
2		Preis	12.000 DM	
3		Anzahlung	20%	
4		Kredit	9.600 DM	
5		Zins	8%	
6		Laufzeit	3	
7		Rate	-300,83 DM	
8				

2. Geben Sie als Preis nun **1500000 DM** ein – ein sehr teures Auto. Die Monatsrate wird gnadenlos berechnet, aber Sie können sie nicht erkennen, weil sie zu lang ist (siehe Abbildung 10.6).

3. Drücken Sie Strg+Z, um die Preisänderung rückgängig zu machen. Der Preis wird auf 12.000 DM zurückgesetzt. (Als monatliche Rate für ein 1.500.000 DM teures Auto wären übrigens 37.603,64 DM fällig.)

Problematisch ist an diesem Modell, dass es *zu* flexibel ist. Es können unsinnig hohe Preise und Zinssätze eingegeben werden. (Probieren Sie z.B. **500%** aus.) Und für die Laufzeit können sogar ganz abwegige Werte wie

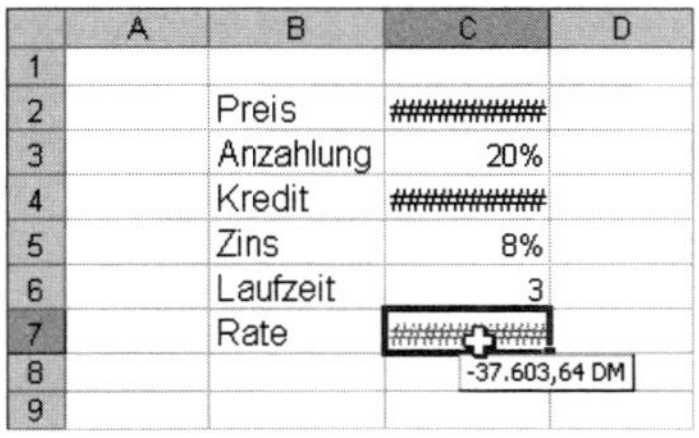

Abbildung 10.6 Wenn Sie einen zu hohen Preis eingeben, wird das Ergebnis unleserlich

„Auto" eingegeben werden. Das weite Spektrum möglicher Eingaben, von denen aber nur eine relativ kleine Gruppe sinnvoll sind, ist für Ihren Bekannten möglicherweise verwirrend. Im Folgenden werden Sie Steuerelemente in das Arbeitsblatt einfügen, um mögliche Verwirrungen zu vermeiden.

Ein fehlerresistentes Darlehensberechnungsmodell erstellen

Excel bietet Ihnen Werkzeuge, mit denen Sie ein fehlerresistentes Darlehensberechnungsmodell erstellen können. Durch die Einschränkung der Eingabemöglichkeiten auf bestimmte sinnvolle Bereiche wird die Fehlerwahrscheinlichkeit reduziert, und das Modell wird benutzerfreundlicher. Die Symbolleiste *Steuerelement-Toolbox* enthält verschiedene nützliche ActiveX-Steuerelemente, die Sie in das Arbeitsblatt einfügen können: Listenfelder, Bildlaufleisten, Kombinationsfelder etc.

Die Jahresangaben auf einen bestimmten Gültigkeitsbereich beschränken

Zuerst wollen wir verhindern, dass unsinnige Wert für die Laufzeit eingegeben werden können. Autofinanzierungskredite haben in der Regel eine Laufzeit von maximal fünf Jahren. Um alle Eventualitäten abzudecken, wollen wir Werte zwischen 1 und 6 Jahren zulassen. Zur Eingabe solch niedriger ganzzahliger Werte empfiehlt sich die Verwendung eines so genannten Drehfelds.

1. Aktivieren Sie die Symbolleiste *Steuerelement-Toolbox*. (Klicken Sie in der Symbolleiste *Visual Basic* auf die Schaltfläche *Steuerelement-Toolbox*.)

2. Klicken Sie in der Symbolleiste *Steuerelement-Toolbox* auf die Schaltfläche *Drehfeld*.
3. Halten Sie [Alt] gedrückt, und klicken Sie in die obere linke Ecke der Zelle E6. (Wenn Sie [Alt] gedrückt halten, wird das Steuerelement am Zellengitter ausgerichtet.)

Ein ActiveX-Steuerelement verfügt über verschiedene Eigenschaften. Sie können bei den meisten Eigenschaften einfach deren Standardwerte verwenden. Ändern Sie nur die Eigenschaften, für die Sie benutzerdefinierte Werte benötigen.

4. Lassen Sie die Taste [Alt] los, und ziehen Sie die untere rechte Ecke des neuen Drehfelds in die Mitte der unteren Randlinie von Zelle E6.

Das Drehfeld wird daraufhin gedreht und in die Zeile eingepasst (siehe Abbildung 10.7).

Abbildung 10.7
Mit dem Drehfeld soll die Laufzeit eingegeben werden

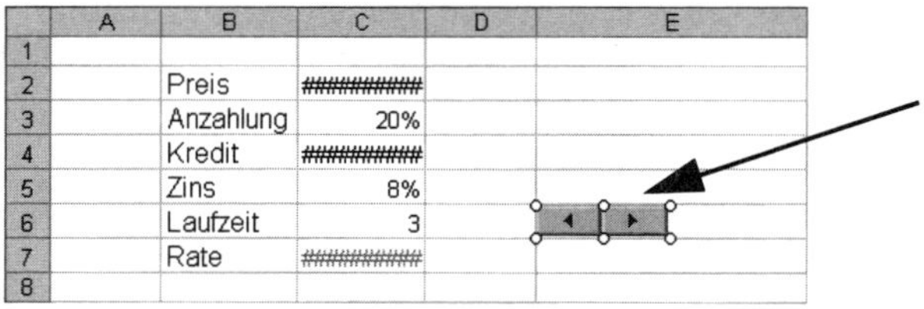

5. Klicken Sie auf die Schaltfläche *Eigenschaften*, um das Eigenschaftenfenster anzuzeigen.

6. Geben Sie **1** als Wert der Eigenschaft *Min* und **6** als Wert der Eigenschaft *Max* ein (siehe Abbildung 10.8).

Abbildung 10.8
Das Eigenschaftenfenster für das Drehfeld

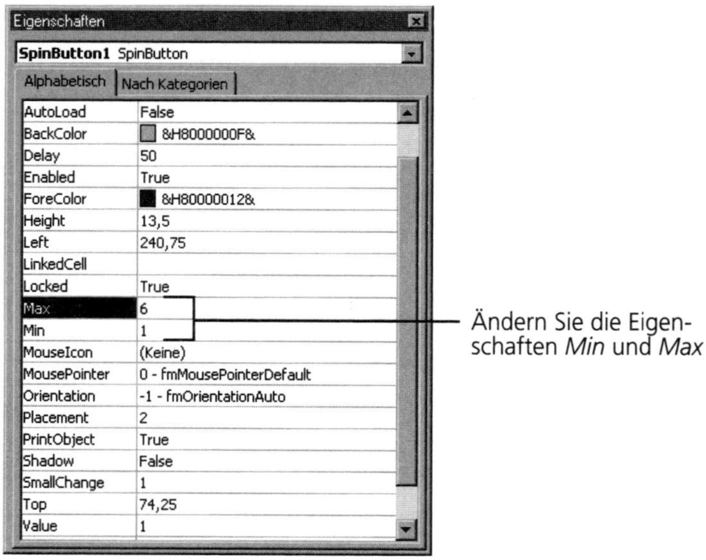

Mit dem Drehfeld-Steuerlement soll der Wert in Zelle C6 gesteuert werden.

7. Wählen Sie die Eigenschaft *LinkedCell*, geben Sie **C6** ein, und drücken Sie `Eingabe`.

Abbildung 10.9
Das Eigenschaftenfenster für das Drehfeld

Geben Sie als Wert der Eigenschaft *LinkedCell* einen Zellbezug an, damit das Steuerelement den Wert dieser Zelle ändert

8. Klicken Sie auf die Schaltfläche *Entwurfsmodus beenden.* Klicken Sie dann auf das Drehfeld, um es zu testen.

   Die Zahl in Zelle C6 ändert sich, wenn Sie auf das Drehfeld klicken, und der Ratenbetrag wird entsprechend angepasst. Ihr Bekannter kann nun mühelos gültige Eingaben für die Laufzeit des Kredits wählen.

Die Anzahlung auf einen bestimmten Gültigkeitsbereich einschränken

Unglücklicherweise können immer noch ungültige Werte für die Anzahlung eingegeben werden, z.B. –50% oder „Enzian“. Aber auch das kann geregelt werden. Ein vernünftiger Wert für die Anzahlung liegt in einem Bereich zwischen 0 und 100 Prozent und sollte in Schritten von 5% eingegeben werden können. Sie geben die Anzahlung als Prozentsatz (eine Kommazahl und keine Ganzzahl) an. Ein Drehfeld erfordert zwar einen ganzzahligen Wert, doch auch hier können Sie ein Drehfeld verwenden, sofern Sie die Zwischenergebnisse in einer eigenen Zelle speichern.

Wenn Sie ein Steuerelement kopieren, erhalten Sie zwei Steuerelemente, die genau gleich groß sind.

1. Klicken Sie auf die Schaltfläche *Entwurfsmodus,* um den Entwurfsmodus wieder zu aktivieren.

2. Halten Sie sowohl [Alt] als auch [Strg] gedrückt, und ziehen Sie das Drehfeld von der Zelle E6 in die Zelle E3. Wenn Sie die Maustaste loslassen, wird die Kopie an der oberen linken Ecke von Zelle E3 ausgerichtet (siehe Abbildung 10.10).

Abbildung 10.10 Mit dem zweiten Drehfeld soll die Höhe der Anzahlung geändert werden

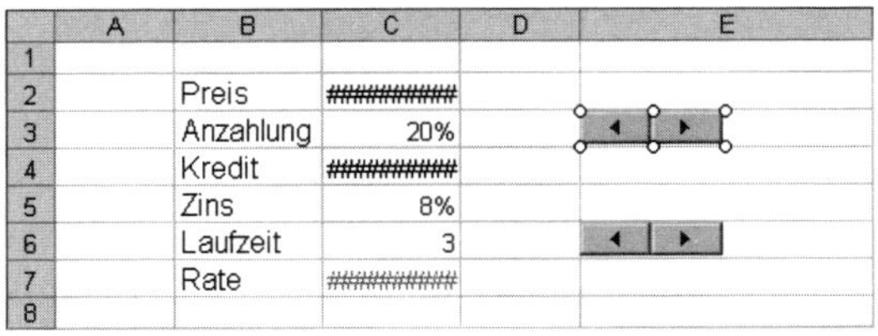

3. Geben Sie im Eigenschaftenfenster für die Eigenschaft *Max* den Wert **100**, für die Eigenschaft *Min* den Wert **0** und für die Eigenschaft *LinkedCell* den Zellbezug **H3** ein.

   Die Zelle H3 enthält ein ganzzahliges Zwischenergebnis, da das Drehfeld nur ganzzahlige Werte verarbeiten kann. Später werden Sie den Wert in Zelle H3 durch 100 dividieren, um den vom Drehfeld übergebenen Wert in einen Prozentsatz zu konvertieren, der dann als Anzahlung verwendet werden kann.

4. Geben Sie als Wert der Eigenschaft *SmallChange* **5** ein, und drücken Sie [Eingabe].

   Diese Eigenschaft steuert den Schrittwert, um den der Wert bei jedem Klicken auf das Steuerelement erhöht wird (siehe Abbildung 10.11).

Abbildung 10.11 Die Eigenschaft *SmallChange* steuert den Schrittwert, um den der Wert bei jedem Klicken auf das Drehfeld erhöht wird

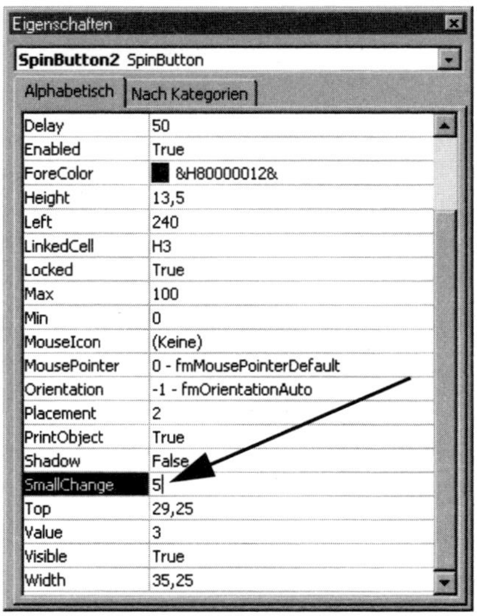

5. Klicken Sie auf die Schaltfläche *Entwurfsmodus beenden* und dann auf das Steuerelement.

Der Wert in Zelle H3 ändert sich im Bereich zwischen 0 und 100 jeweils in 5er-Schritten. In Zelle C3 wird ein Wert benötigt, der zwischen 0% und 100% liegt.

6. Wählen Sie die Zelle C3 aus, geben Sie **=H3/100** ein, und drücken Sie `Eingabe`.

In der Zelle wird nun ein Prozentwert angezeigt (siehe Abbildung 10.12).

Abbildung 10.12 Das Arbeitsblatt *Kredit* mit zwei Drehfeldern zur Angabe der Laufzeit und der Anzahlung

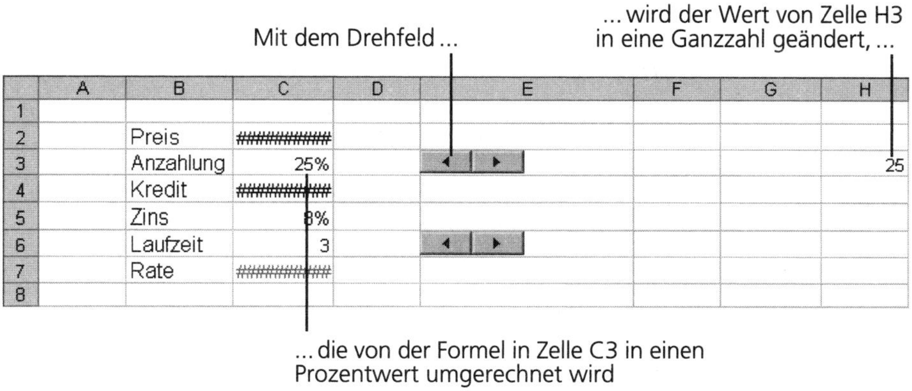

7. Klicken Sie auf das Drehfeld, und beobachten Sie, wie sich sowohl der ganzzahlige Wert in Zelle H3 als auch der daraus abgeleitete Wert in Zelle C3 ändern.

Den Zinssatz auf einen bestimmten Gültigkeitsbereich einschränken

Die Eingabe des Zinssatzes ist eine weitere potenzielle Fehlerquelle. Der Zinssatz ist wie die Anzahlung ein Prozentwert. Für dieses Beispiel wollen wir nur Zinssätze zwischen 0 und 20 Prozent in Schritten von jeweils 0,25 Prozent zulassen. Da damit relativ viele Werte in relativ kleinen Schritten zulässig sind, werden Sie hierfür statt eines Drehfelds ein Bildlaufleisten-Steuerelement einsetzen. Wie ein Drehfeld gibt auch eine Bildlaufleiste nur ganzzahlige Werte zurück. Auch dieses Steuerelement muss mit einer Zelle für das Zwischenergebnis verknüpft werden.

1. Klicken Sie in der Symbolleiste *Steuerelement-Toolbox* auf die Schaltfläche *Bildlaufleiste*, und halten Sie `Alt` gedrückt, während Sie in die obere linke Ecke von Zelle E5 klicken.

2. Halten Sie die Taste [Alt] weiterhin gedrückt, während Sie die untere rechte Ecke der neu erstellten Bildlaufleiste in die untere rechte Ecke von Zelle E5 ziehen (siehe Abbildung 10.13).

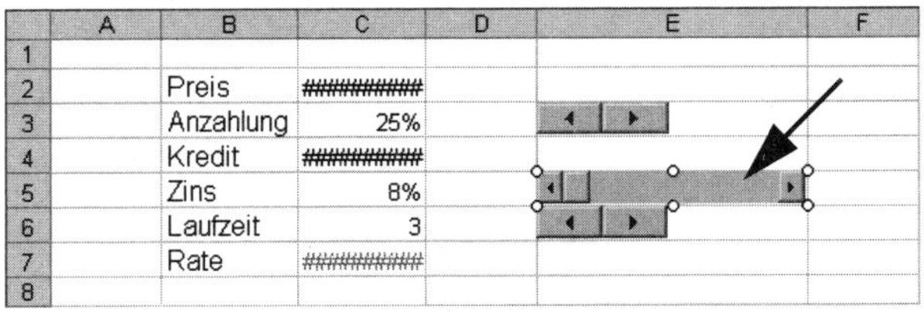

Abbildung 10.13 Erstellen Sie eine Bildlaufleiste zur Eingabe des Zinssatzes

3. Geben Sie im Eigenschaftenfenster für die Eigenschaft *Max* den Wert **2000**, für die Eigenschaft *SmallChange* den Wert **25**, für die Eigenschaft *LargeChange* den Wert **100** und für die Eigenschaft *LinkedCell* den Zellbezug **H5** ein. Drücken Sie [Eingabe].

4. Klicken Sie auf die Schaltfläche *Entwurfsmodus beenden,* und probieren Sie das Bildlaufleisten-Steuerelement aus, indem Sie auf die Pfeilschaltflächen und in den dazwischen liegenden Bereich klicken. Wenn Sie auf eine der Pfeilschaltflächen klicken, wird der Wert in Zelle H5 in Schritten von 25 geändert (dem Wert der Eigenschaft *SmallChange*). Wenn Sie in den Bereich zwischen den Pfeilschaltflächen klicken, wird der Wert in Schritten von jeweils 100 geändert (dem Wert der Eigenschaft *LargeChange*).

5. Wählen Sie die Zelle C5 aus, geben Sie **=H5/10000** ein, und drücken Sie [Eingabe]. Der Wert von Zelle H5 wird einmal durch 100 geteilt, um ihn in einen Prozentwert umzuwandeln, und dann nochmals durch 100 geteilt (100 * 100 = 10000), um die Hundertstel eines Prozents angeben zu können (siehe Abbildung 10.14).

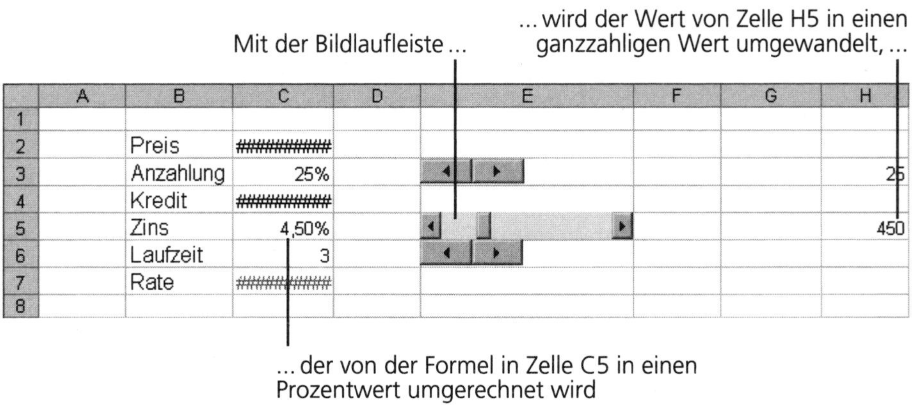

Abbildung 10.14 In das Arbeitsblatt *Kredit* wurde eine Bildlaufleiste zur Angabe des Zinssatzes eingefügt

Ihr Bekannter kann nun mühelos die Laufzeit des Darlehens (mit einem Drehfeld), die Anzahlung in Prozent (ebenfalls mit einem Drehfeld) und den Zinssatz (mit einer Bildlaufleiste) ändern.

Werte aus einer Liste abrufen

Der Kaufpreis könnte auch wieder mit Hilfe einer Bildlaufleiste eingegeben werden, doch hängt der Preis natürlich davon ab, welches Auto gekauft werden soll. Ihr Bekannter hat verschiedene Gebrauchtwagenanzeigen durchgesehen und daraus eine Liste der für ihn in Frage kommenden Autos zusammengestellt. Sie können dieses Arbeitsblatt sehr benutzerfreundlich gestalten, indem Sie Ihrem Bekannten ermöglichen, die Beschreibung des gewünschten Autos auszuwählen und den betreffenden Preis automatisch in der Preis-Zelle anzuzeigen.

Eine Auswahlliste vorbereiten

Das Arbeitsblatt *Kapitel10* enthält eine Liste mit Automodellen, an denen Ihr Freund interessiert ist, und deren Preise. Die Liste beginnt in Zelle K2 (siehe Abbildung 10.15). Sie werden nun ein Listenfeld erstellen, mit dem diese Autoliste angezeigt werden kann.

Abbildung 10.15 Die Liste der Gebrauchtwagen im Arbeitsblatt *Kredit*

	I	J	K	L	M
1					
2			91 BMW 512	7.500,00 DM	
3			88 Nissan Pulsar NX	3.350,00 DM	
4			90 Toyota Camry	5.950,00 DM	
5			88 Ford Fiesta	3.299,00 DM	
6			87 BMW 325	4.959,00 DM	
7			91 Opel Kadett	3.796,00 DM	
8			88 Mazda MX6	5.500,00 DM	
9					

1. Wählen Sie die Zelle K2 aus, und drücken Sie Strg+Umschalt+*, um den gesamten Zellenblock auszuwählen.

2. Wählen Sie im Menü *Einfügen* den Befehl *Namen,* und klicken Sie auf *Definieren*. Geben Sie **Autoliste** als Namen der Liste ein, und klicken Sie auf *OK* (siehe Abbildung 10.16).

   Der definierte Name bezieht sich sowohl auf die Autotypen wie auch auf die zugehörige Preisliste.

3. Klicken Sie in der Symbolleiste *Steuerelement-Toolbox* auf *Kombinationsfeld.* Halten Sie Alt gedrückt, und ziehen Sie ein Rechteck von der oberen linken Ecke zur unteren rechten Ecke der Zelle E2 (siehe Abbildung 10.17).

   Es gibt zwei Arten von Kombinationsfeldern: Dropdown-Listenfelder, in denen nur ein Eintrag aus einer Liste ausgewählt werden kann, und Lis-

Abbildung 10.16
Das Dialogfeld *Namen festlegen*

Geben Sie hier **Autoliste** ein, ...

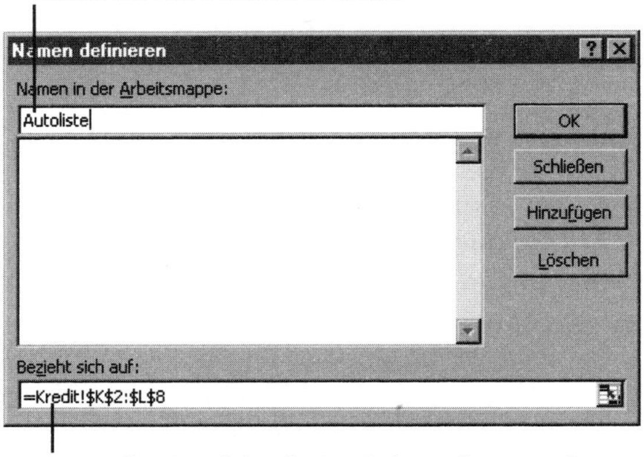

... um den Bereich mit der Gebrauchtwagenliste zu benennen

Abbildung 10.17
Zur Auswahl des gewünschten Gebrauchtwagens wurde ein Kombinationsfeld erstellt

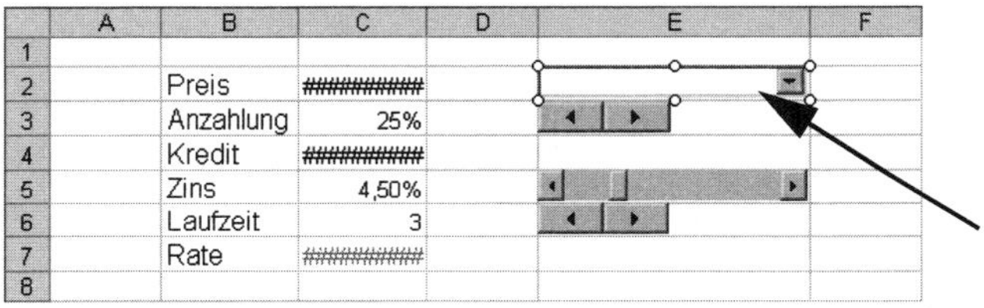

tenfelder, die mit einem Bearbeitungsfeld kombiniert sind und in denen ein neuer Werte eingegeben oder ein Eintrag aus der Liste ausgewählt werden kann. Da in diesem Beispiel nur Autos aus der bereits bestehenden Auswahlliste verwendet werden sollen, definieren Sie das Kombinationsfeld als Dropdown-Listenfeld.

4. Wählen Sie im Eigenschaftenfenster als Wert für die Eigenschaft *Style* den Eintrag **2 - fmStyleDropDownList** (siehe Abbildung 10.18).

5. Geben Sie **C2** als Wert der Eigenschaft *LinkedCell* ein, und drücken Sie [Eingabe].

   Die Zelle C2 wird mit dem Kombinationsfeld verknüpft und ihr Wert im Kombinationsfeld angezeigt. Allerdings ist die Schrift im Kombinationsfeld zu groß und der Text damit nur schwer lesbar. Sie werden daher die Schrift verkleinern.

6. Klicken Sie rechts neben der Eigenschaft *Font* auf die Schaltfläche mit den drei Punkten, ändern Sie den Schriftgrad auf *8* (siehe Abbildung 10.19), und klicken Sie dann auf *OK*. Sie ändern nun das Kombinationsfeld, damit darin die Liste der Autos angezeigt wird.

7. Geben Sie **Autoliste** als Wert der Eigenschaft *ListFillRange* ein, und drücken Sie [Eingabe].

Abbildung 10.18
Das Eigenschaftenfenster mit den zulässigen Werten für die Eigenschaft *Style*

Wenn Sie diesen Typ wählen, können nur Einträge aus der Liste ausgewählt werden

Abbildung 10.19
Das Dialogfeld zur Änderung der Schriftattribute

Der Text ist besser lesbar, wenn die Schrift kleiner ist

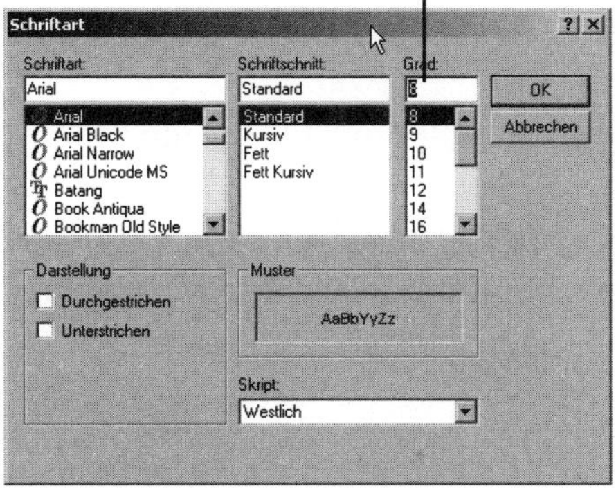

Die Anzeige ändert sich nicht, aber das Kombinationsfeld „weiß" jetzt, dass es die Werte aus dem Bereich *Autoliste* verwenden soll. Der Wert in Zelle C2 soll sich ändern, wenn im Kombinationsfeld ein anderes Auto ausgewählt wird.

8. Klicken Sie auf die Schaltfläche *Entwurfsmodus beenden* und dann auf die Pfeilschaltfläche im Kombinationsfeld. Wählen Sie *90 Toyota Camry* aus der Liste.

Der Name des Autos wird im Dropdown-Steuerelement angezeigt, aber leider auch in der Zelle C2. Die Formel kann mit einem Autonamen als Preisangabe nichts anfangen (siehe Abbildung 10.20).

Abbildung 10.20 Das Arbeitsblatt *Kredit* mit dem Kombinationsfeld zur Angabe des Kaufpreises

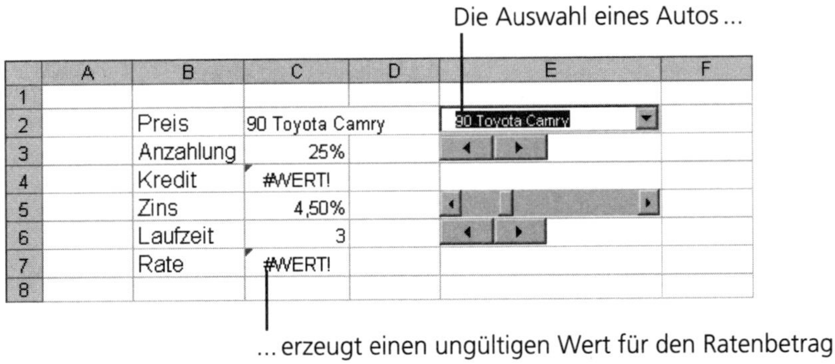

Sie können jetzt zwar ein Auto im Kombinationsfeld auswählen, aber in der Zelle C2 wird dann die Bezeichnung des Autos angezeigt und nicht, wie gewünscht, der Kaufpreis. Da der Liste der Bereich *Autoliste* zugewiesen wurde und dieser Bereich eine zweite Spalte mit den Preisen enthält, muss das Kombinationsfeld nun so abgeändert werden, dass die Werte aus dieser zweiten Spalte verwendet werden.

Die Preise aus der Liste abrufen

1. Klicken Sie auf die Schaltfläche *Entwurfsmodus* und dann auf das Kombinationsfeld.

2. Geben Sie im Eigenschaftenfenster für die Eigenschaft *ColumnCount* den Wert **2** ein.

   Die Eigenschaft *ColumnCount* teilt dem Kombinationsfeld mit, dass für *ListFillRange* zwei Spalten mit Werten existieren.

3. Geben Sie für die Eigenschaft *BoundColumn* den Wert **2** ein, und drücken Sie `Eingabe`.

   Mit der Eigenschaft *BoundColumn* wird festgelegt, aus welcher Spalte die Werte in die verknüpfte Zelle übernommen werden sollen (siehe Abbildung 10.21). Und Voilá! Der Preis des Toyotas (5.950 DM) wird in der Zelle angezeigt.

4. Deaktivieren Sie den Entwurfsmodus, und klicken Sie auf die Pfeilschaltfläche im Kombinationsfeld (siehe Abbildung 10.22).

5. Wählen Sie in der Dropdown-Liste mit den Autos den Eintrag *87 BMW 325*. Der Preis ändert sich in 4959 DM (siehe Abbildung 10.23).

   Wir haben nun alle potenziellen Fehlerquellen für die Berechnung eines Autofinanzierungskredits ausgeschaltet. Ihr Bekannter kann nicht mehr versehentlich die Monatsraten für ein 1.500.000 DM teures Auto berechnen, sondern braucht das gewünschte Auto einfach nur aus einer Liste zu wählen. Excel fügt automatisch den zugehörigen Preis in die Preiszelle

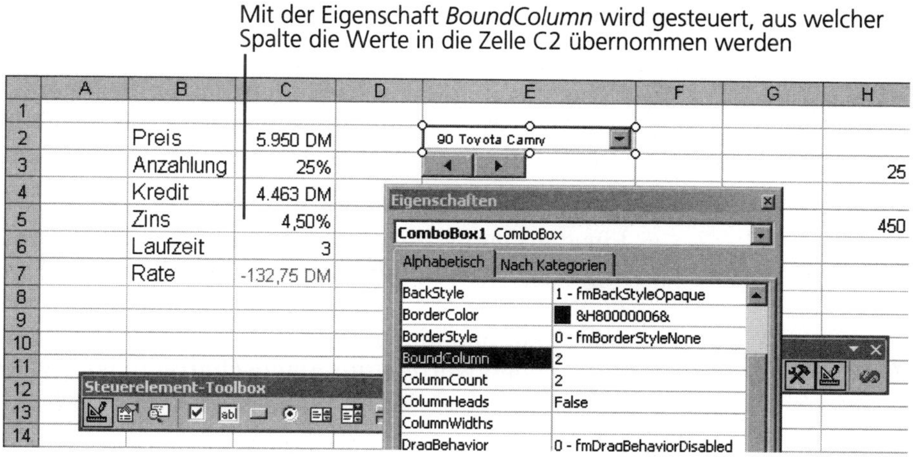

Abbildung 10.21
Das Arbeitsblatt *Kredit* und das Eigenschaftenfenster für das Kombinationsfeld

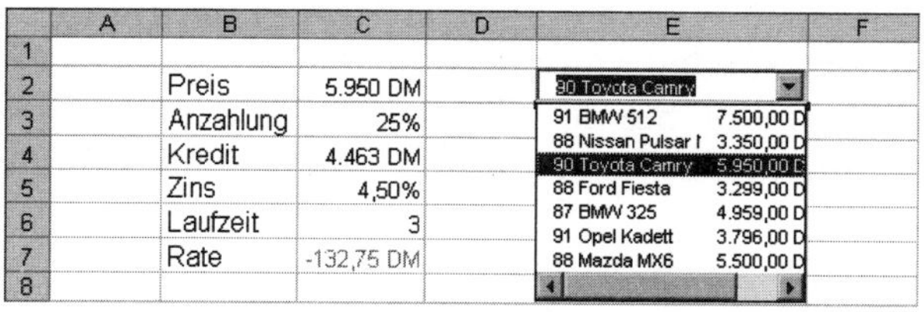

Abbildung 10.22
Wenn Sie ein Auto auswählen, wird der entsprechende Preis in die Zelle C2 eingetragen

ein und berechnet unter Verwendung verschiedener anderer Daten wie Zins und Laufzeit die Ratenzahlungen.

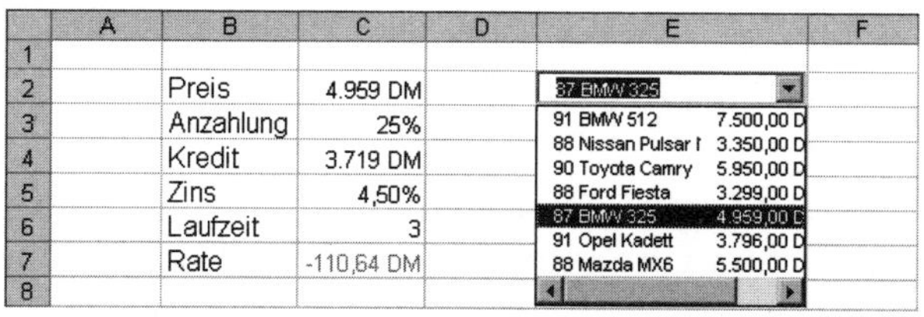

Abbildung 10.23
Mit der Auswahl eines anderen Autos ändert sich auch der Preis in der Zelle C2

Die Spaltenbreite einstellen

Das Kombinationsfeld funktioniert einwandfrei, doch wenn die Auswahlliste geöffnet ist, wird eine horizontale Bildlaufleiste am unteren Rand angezeigt. Die Einträge sind nicht vollständig erkennbar, weil nicht der gesamte Inhalt der Preisliste in der Spalte Platz hat. Im Kombinationsfeld ist die Preisspalte genauso breit wie die Spalte mit den Autonamen. Per Voreinstellung werden sämtliche Spalten in einem Kombinationsfeld in derselben Breite angezeigt. In unserem Beispiel sollen die Spalten aber unterschiedlich breit sein. Sie können die Spaltenbreiten manuell einstellen.

1. Aktivieren Sie den Entwurfsmodus, und wählen Sie das Kombinationsfeld aus.

2. Geben Sie im Eigenschaftenfenster für die Eigenschaft *ColumnWidths* die Werte **3 cm; 1,75 cm** ein (damit wird die Breite der ersten Spalte auf 3 cm und die Breite der zweiten Spalte auf 1,75 cm eingestellt), und drücken Sie [Eingabe].

   Für die Eigenschaft werden daraufhin die Werte *85,05 Pt;35,49,6 Pt* angezeigt. Die Zentimeterangaben werden in *Punkt* umgerechnet. Ein Punkt entspricht 1/72 Zoll (1 Zoll = 2,54 cm). Die Werte dieser Eigenschaft können in den Einheiten Zoll (in), Zentimeter (cm) oder Punkt (Pt) eingegeben werden, im Eigenschaftenfenster werden die Werte aber immer in der Maßeinheit Punkt angezeigt.

3. Damit das Kombinationsfeld in der Spalte Platz hat, markieren Sie die Spalte E, und ziehen Sie die rechte Spaltenbegrenzungslinie nach rechts, bis die Spaltenbreite *26,00* angezeigt wird. Halten Sie [Alt] gedrückt, während Sie das Kombinationsfeld auf die neue Spaltenbreite vergrößern. Schalten Sie den Entwurfsmodus aus, und klicken Sie auf die Pfeilschaltfläche des Kombinationsfelds (siehe Abbildung 10.24).

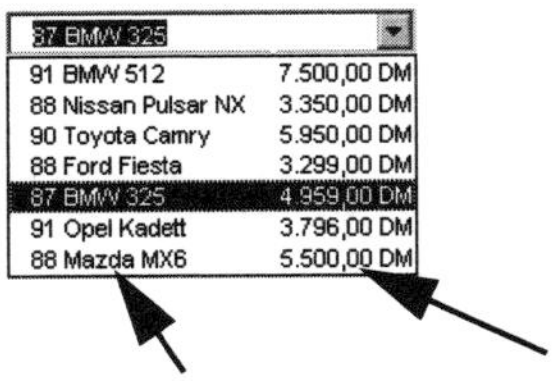

Abbildung 10.24 Die Spalten des Kombinationsfelds sind unterschiedlich breit

Das Arbeitsblatt schützen

Das Modell funktioniert jetzt einwandfrei. Alle Eingaben können über Schaltflächen vorgenommen werden. Und zu seiner Erstellung wurden nicht einmal Makros verwendet! Das Modell ist aber noch nicht völlig kugelsicher. Es gibt zum Beispiel keinen Schutz gegen Texteingaben in Zelle C2, mit denen die Formel wieder zerstört werden könnte.

Sie könnten das Arbeitsblatt schützen. Dies würde Ihren Bekannten daran hindern, ungültige Werte in das Modell einzugeben, aber es würde auch bewirken, dass die ActiveX-Steuerelemente die Werte in den verknüpften Zellen nicht mehr ändern können. Sie können den Blattschutz jedoch so definieren, dass die Zellen mit Hilfe von Visual Basic-Prozeduren geändert werden können. Dazu müssen Sie lediglich einige einfache Ereignisbehandlungsprozeduren eingeben.

Eine Ereignisbehandlungsprozedur für das Kombinationsfeld erstellen

Jetzt ist jedes der vier ActiveX-Steuerelemente mit einer Zelle verknüpft. Bevor Sie das Arbeitsblatt schützen können, müssen Sie vier Ereignisbehandlungsprozeduren erstellen, um die neuen Werte in die Zellen einzutragen.

1. Aktivieren Sie den Entwurfsmodus, und markieren Sie das Kombinationsfeld.

2. Ändern Sie im Eigenschaftenfenster den Wert der Eigenschaft *(Name)* zu **cboPreis.** (Das Präfix *cbo* kennzeichnet ein Kombinationsfeld.) Löschen Sie den Wert im Feld der Eigenschaft *LinkedCell*, und klicken Sie dann in der Symbolleiste *Steuerelement-Toolbox* auf die Schaltfläche *Code anzeigen.*

   Daraufhin wird eine neue Ereignisbehandlungsprozedur namens *cboPreis_Change* angezeigt. *Change* ist das Standardereignis von Kombinationsfeldern.

3. Geben Sie in den Makrokörper folgende Anweisung ein (siehe Abbildung 10.25):

```
Range("C2").Value = cboPreis.Value
```

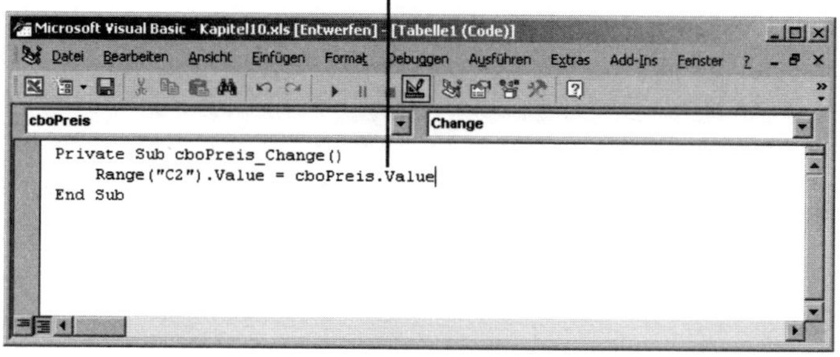

Abbildung 10.25
Die Ereignisbehandlungsprozedur *cboPreis_Change*

Weitere Informationen zum Sperren von Zellen erhalten Sie, wenn Sie Excel aktivieren und mit dem Suchbegriff *Gesperrte Zellen* vom Office-Assistenten Hilfe anfordern.

Mit dieser Ereignisbehandlungsprozedur wird bei jeder Änderung des Werts des Kombinationsfelds der Inhalt von Zelle C2 entsprechend geändert.

4. Aktivieren Sie Excel, schalten Sie den Entwurfsmodus aus, und probieren Sie das Kombinationsfeld aus.

In Zelle C2 wird bei der Auswahl eines anderen Autos der zugehörige Preis angezeigt.

5. Wiederholen Sie die Arbeitsschritte 1 bis 4 für das Drehfeld, mit dem der Prozentwert für die Anzahlung eingestellt wird. Geben Sie dieser Prozedur den Namen **spnAnzahlung**. Löschen Sie den Wert der Eigenschaft *LinkedCell*, und geben Sie in die Ereignisbehandlungsprozedur folgende Anweisung ein (siehe Abbildung 10.26):

```
Range("C3").Value = spnAnzahlung.Value / 100
```

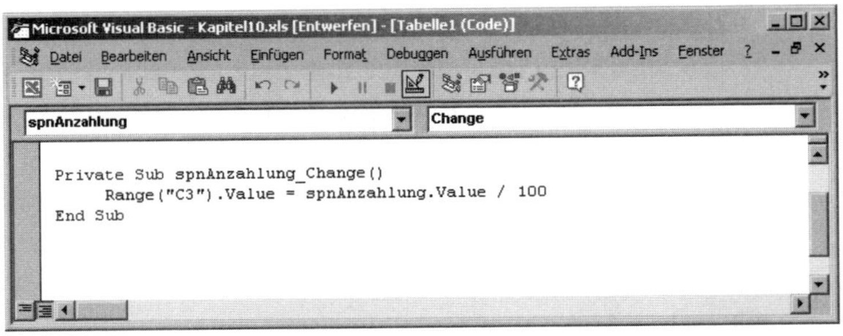

Abbildung 10.26 Die Ereignisbehandlungsprozedur *spnAnzahlung_Change*

6. Wiederholen Sie die Arbeitsschritte 1 bis 4 für das Bildlaufleisten-Steuerelement. Geben Sie dieser Prozedur den Namen **scrZins**. Löschen Sie den Wert der Eigenschaft *LinkedCell*, und geben Sie in die Ereignisbehandlungsprozedur folgende Anweisung ein (siehe Abbildung 10.27):

```
Range("C5").Value = scrZins.Value / 10000
```

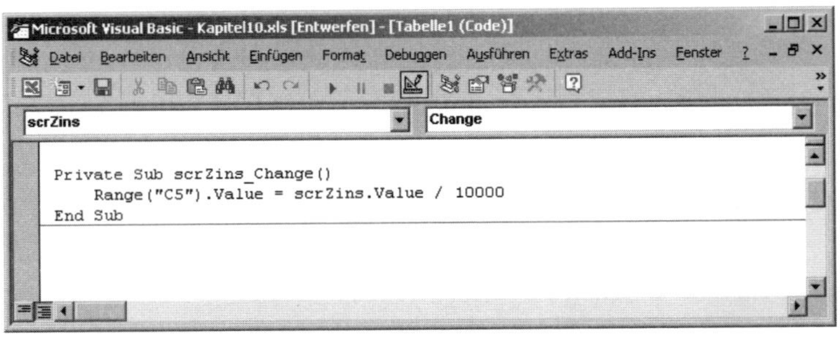

Abbildung 10.27 Die Ereignisbehandlungsprozedur *scrZins_Change*

7. Wiederholen Sie die Arbeitsschritte 1 bis 4 für das Drehfeld, mit dem die Laufzeit eingestellt wird. Geben Sie dieser Prozedur den Namen **spnLaufzeit**. Löschen Sie den Wert der Eigenschaft *LinkedCell*, und geben Sie in die Ereignisbehandlungsprozedur folgende Anweisung ein (siehe Abbildung 10.28):

```
Range("C6").Value = spnLaufzeit.Value
```

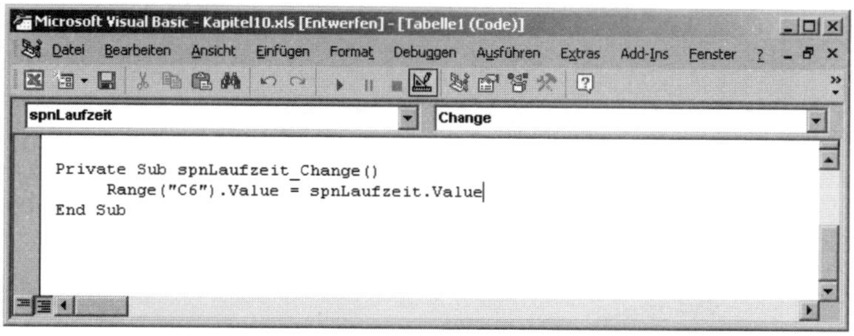

Abbildung 10.28 Die Ereignisbehandlungsprozedur *spnLaufzeit_Change*

8. Löschen Sie die Zellen H3 und H5, da diese Werte nicht länger verwendet werden.

Sie haben nun für jedes Steuerelement eine Ereignisbehandlungsprozedur erstellt. Keines der Steuerelemente ist mehr mit einer Zelle verknüpft. Jetzt können Sie das Arbeitsblatt schützen.

Das Arbeitsblatt schützen

Um Arbeitsblätter zu schützen, wählen Sie normalerweise im Menü *Extras* die Option *Schutz* und dann die Option *Blatt schützen*. Wenn ein Arbeitsblatt auf diese Weise geschützt wird, können in den gesperrten Zellen keine Werte mehr geändert werden. Excel 2002 bietet viele neue Optionen für Elemente, deren Änderung im geschützten Arbeitsblatt durch einen Benutzer Sie erlauben können, doch keine der Standardoptionen ermöglicht einem ActiveX-Steuerelement, Werte in einer Zelle zu ändern, während die Zelle geschützt ist.

Mit einem Makro kann ein Arbeitsblatt allerdings so geschützt werden, dass die gesperrten Zellen noch durch eine Prozedur wie etwa eine Ereignisbehandlungsroutine verändert werden können. Diese besondere Art von Schutz wird aber deaktiviert, wenn die betreffende Arbeitsmappe geschlossen wird. Das Arbeitsblatt muss daher jedes Mal, wenn die Arbeitsmappe geöffnet wird, erneut geschützt werden. Excel stellt ein Ereignis bereit, das jedes Mal ausgeführt wird, wenn die Arbeitsmappe geöffnet wird.

1. Aktivieren Sie den Visual Basic-Editor, klicken Sie auf die Schaltfläche *Projekt-Explorer*, und doppelklicken Sie dann auf das Projekt *DieseArbeitsmappe*.
2. Wählen Sie aus der Liste *Objekt* (über dem Codefenster) den Eintrag *Workbook*.
3. Geben Sie die folgende Anweisung in den Rumpf der Prozedur *Workbook_Open* ein (siehe Abbildung 10.29):

```
Worksheets("Kredit").Protect UserInterfaceOnly:=True
```

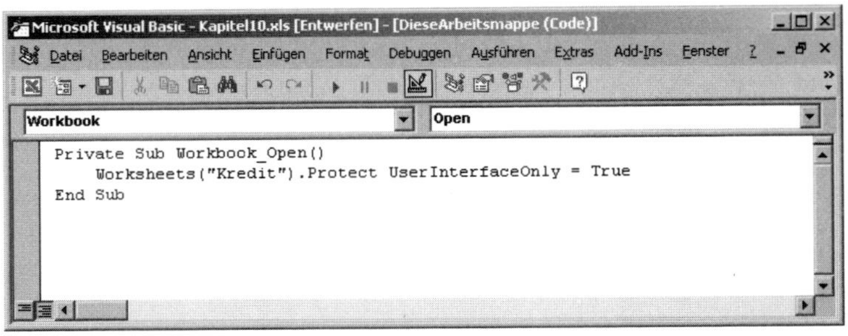

Abbildung 10.29
Die Prozedur *Workbook_Open*

4. Das Argument *UserInterfaceOnly* der *Protect*-Methode ermöglicht dem Makro, Änderungen vorzunehmen, selbst wenn weder der Anwender noch die Steuerelemente Änderungen ausführen können.

5. Speichern und schließen Sie die Arbeitsmappe *Kapitel10*. Öffnen Sie sie dann erneut, damit Excel die Makros aktivieren kann.

6. Geben Sie einige Zahlen in das Modell ein. Excel macht Sie höflich darauf aufmerksam, dass das Arbeitsblatt geschützt ist (siehe Abbildung 10.30).

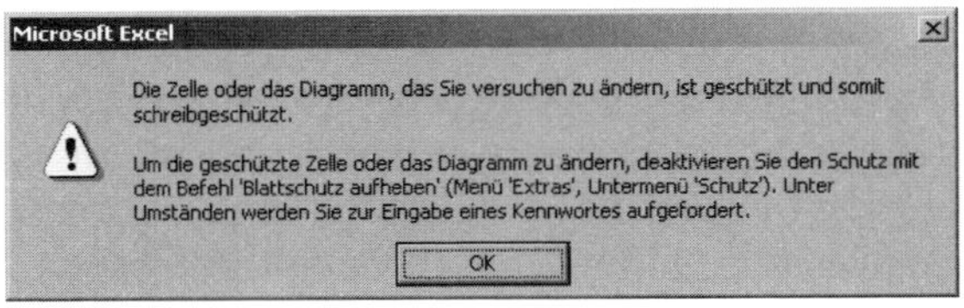

Abbildung 10.30
Es wird eine Fehlermeldung angezeigt, da das Arbeitsblatt geschützt ist und der Inhalt der Zellen nur über Ereignisbehandlungsroutinen geändert werden kann

7. Probieren Sie nun die ActiveX-Steuerelemente aus. Alles funktioniert wie gewünscht.

Das Modell zur Darlehensberechnung ist nun recht robust und kann an andere Anwender weitergegeben werden. Ihr Bekannter kann nun verschiedene Autofinanzierungsmodelle ausprobieren, ohne sich um ungültige Eingaben Gedanken machen zu müssen. Tatsächlich kann gar nichts in das Arbeitsblatt eingegeben werden, da es geschützt ist. Es besteht aber auch gar keine Notwendigkeit für Eingaben. Alle Eingabe können im Arbeitsblatt durch Mausklicks vorgenommen werden. Einer der größten Vorteile von grafischen Benutzeroberflächen ist die Möglichkeit, die Auswahl auf gültige Werte zu beschränken, womit sich Eingabefehler fast ausschließen lassen und die entsprechende Anwendung wesentlich benutzerfreundlicher wird.

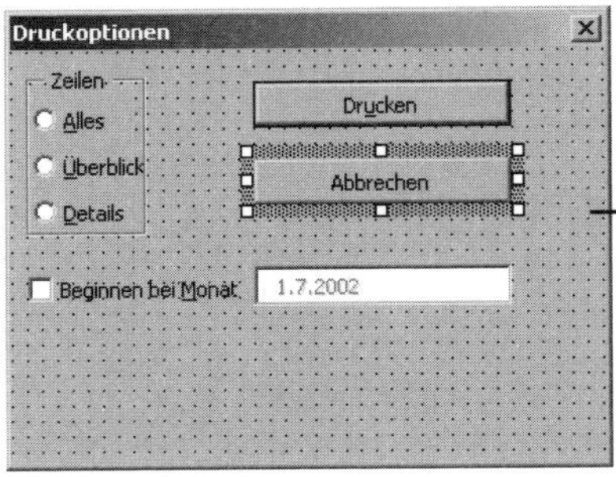

Ein benutzerdefiniertes Formular erstellen,
Seite 329

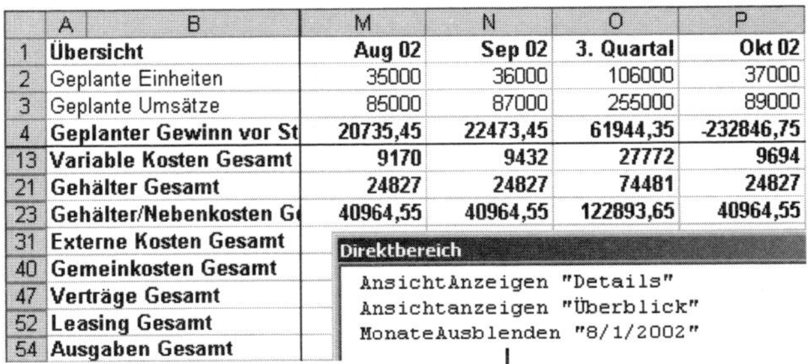

Detailzeilen und -spalten in einem Bericht ausblenden,
Seite 350

Mit dem Projekt-Explorer Projekte verwalten,
Seite 355

11 Benutzerdefinierte Formulare erstellen

In diesem Kapitel lernen Sie

- wie Sie ein benutzerdefiniertes Formular erstellen.
- wie Sie ein Formular initialisieren.
- wie Sie die Gültigkeit von Werten eines Textfelds überprüfen.
- wie Sie Makros aus einem Formular heraus aufrufen.

Nehmen Sie eine 1 m × 1,5 m große Sperrholzplatte und einige Dosen mit blauer, gelber und oranger Farbe. Malen, sprühen, schmieren, sprenkeln und spritzen Sie die Farben ganz nach Gusto auf die Sperrholzplatte. Sie haben dann – eine mit Farben beschmierte Sperrholzplatte. Wenn Sie diese Platte jedoch in einen 800 DM teuren Rahmen setzen, haben Sie – ein potenzielles Kunstwerk! Was lernen wir daraus? Der Rahmen trägt wesentlich zur Wirkung eines Kunstwerks bei. Auch ein echtes Kunstwerk kommt erst im richtigen Rahmen richtig zur Geltung, und die wertvollste Diamantbrosche wird kaum als wertvolles Geschenk empfunden werden, wenn sie in einer braunen Papiertüte übergeben wird.

Analog hierzu werden selbst praktische, nützliche und leistungsfähige Makros erst dann zu einer wirklich wertvollen Anwendung, wenn Sie ihnen einen Rahmen geben, sie benutzerfreundlich und optisch attraktiv gestalten. Die Erstellung von benutzerdefinierten Formularen ist eine ausgezeichnete Möglichkeit, die Bedienung von Funktionen zu erleichtern und den Nutzwert von Makros zu erhöhen. In diesem Kapitel lernen Sie, wie Sie ein benutzerdefiniertes Formular anlegen, die Funktionen des Formulars definieren und Funktionen und Formular zu einem integrierten Werkzeug verknüpfen.

Budget.xls

In diesem Kapitel wird die Übungsdatei *Budget.xls* verwendet, die Sie von der Begleit-CD zu diesem Buch installiert haben. Details zur Installation der Übungsdateien finden Sie im Abschnitt *Die Begleit-CD verwenden* am Anfang des Buches.

Das Kapitel beginnen

1. Starten Sie Microsoft Excel, und wechseln Sie zu dem Ordner, der die Übungsdateien zu diesem Buch enthält.
2. Öffnen Sie die Arbeitsmappe *Budget*, und speichern Sie sie unter dem Namen **Kapitel11**.

Die Benutzeroberfläche für ein Formular erstellen

Das Arbeitsblatt *Budget* enthält detaillierte Budgetinformationen für das Jahr 2002. Es enthält sowohl Zeilen mit Detaildaten als auch Zeilen mit Zusammenfassungen (siehe Abbildung 11.1).

Abbildung 11.1
Das Arbeitsblatt *Budget*

	A	B	C	D	E
1	**Übersicht**		**Satz**	**Jan 02**	**Feb 02**
2	Geplante Einheiten			29000	30000
3	Geplante Umsätze			71000	73000
4	**Geplanter Gewinn vor Steuern**			**8307,45**	**8545,45**
5					
6	**Variable Kosten**				
7		Blumenerde	0,095	2755	2850
8		Pflanzschalen	0,012	348	360
9		Samen	0,002	58	60
10		Dünger	0,002	58	60

Angenommen, Sie möchten verschiedene Versionen dieses Budgets ausdrucken. Die Abteilungsleiter benötigen lediglich einen Überblick über die Budgetdaten. Der für die Dateneingabe zuständige Mitarbeiter benötigt die Detaildaten, jedoch ohne die Zusammenfassungen. Der für die Budgetanalyse zuständige Mitarbeiter benötigt sowohl die Detaildaten als auch die Zusammenfassungen, aber keine Informationen für Monate, die bereits abgeschlossen sind.

Damit Sie verschiedene Versionen dieses Budgets mit möglichst geringem Aufwand ausdrucken können, werden Sie ein benutzerdefiniertes Dialogfeld bzw. Anwenderformular (*UserForm*) erstellen. Zur Erstellung eines solchen Formulars sind grundsätzlich folgende Arbeitsgänge auszuführen:

- Sie entwerfen das Erscheinungsbild des Formulars. Dieses Erscheinungsbild und das Verhalten des Formulars, die *Benutzeroberfläche*, sieht der Anwender zuerst, und sie soll vermitteln, wie das Formular verwendet werden soll. Der Formularentwurf ist in Microsoft Visual Basic für Applikationen einfach; probieren Sie es aus.
- Sie erstellen die Makros, die die Funktionen enthalten, die von der Benutzeroberfläche (dem Formular) aufgerufen werden. Dabei handelt es sich um die Prozeduren, die mit Excel-Objekten zusammenar-

beiten. Die Aufgaben, die ein Formular ausführt, werden als die *Funktionalität* des Formulars bezeichnet. Während der Erstellung der Makros müssen Sie möglicherweise das Arbeitsblatt modifizieren, damit die Makros funktionieren.

- Sie verknüpfen das Formular mit den Makros und stellen ein Verfahren zur Verfügung, mit dem das Formular angezeigt werden kann. Die Integration von Benutzeroberfläche und Funktionalität wird als *Implementierung* bezeichnet.

Der Entwurf der Benutzeroberfläche kann Ihnen Hinweise dazu geben, welche Funktionen Sie implementieren müssen.

Das Formular erstellen

1. Die Arbeitsmappe *Kapitel11* sollte bereits geöffnet sein. Klicken Sie auf die Schaltfläche *Visual Basic-Editor*.

Die zweite Schaltfläche von links in der Standardsymbolleiste des Visual Basic-Editors ermöglicht Ihnen, einen neuen Objekttyp einzufügen. Dieser Objekttyp entspricht dem Typ, den Sie zuletzt verwendet haben. Voreingestellt fügt diese Schaltfläche ein *UserForm* ein.

2. Klicken Sie auf den nach unten gerichteten Pfeil rechts neben der Schaltfläche *UserForm einfügen*. Daraufhin wird eine Liste der Objekte angezeigt, die Sie einfügen können.
3. Klicken Sie auf die Option *UserForm*, um ein neues leeres Formular einzufügen (siehe Abbildung 11.2).

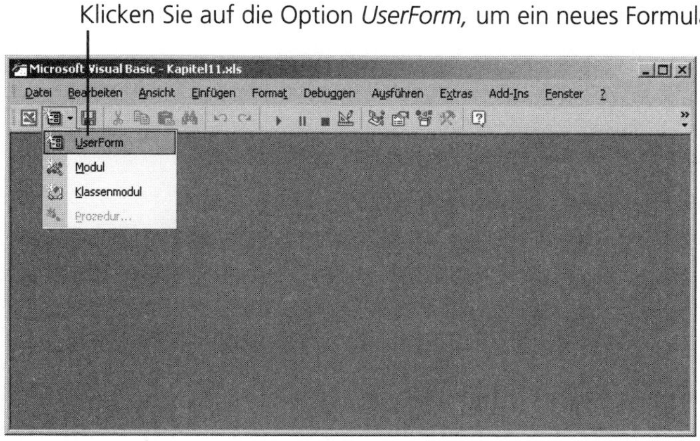

Abbildung 11.2 Die Schaltfläche *UserForm einfügen* und die Auswahlliste

Wenn Sie die Schaltfläche zuvor bereits verwendet haben, sieht sie möglicherweise anders aus.

Das Formular wird genauso wie ein Modul in Ihrem Projekt gespeichert. In Visual Basic für Applikationen kann ein Formular wie ein Makro „ausgeführt“ werden.

Abbildung 11.3
Das neue Formular

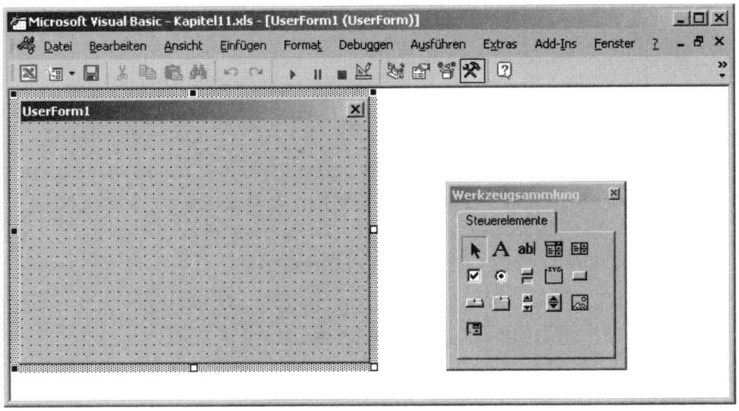

4. Klicken Sie auf die Schaltfläche *Sub/UserForm ausführen*, um das Formular anzuzeigen, und klicken Sie dann auf die Schaltfläche *Fenster schließen* (in der oberen rechten Fensterecke), um es zu schließen (siehe Abbildung 11.4).

Per Voreinstellung trägt das Formular den Titel *UserForm1*. Das nächste von Ihnen erstellte Formular wird *UserForm2* genannt und so weiter. Dieser Titel wird durch die Eigenschaft *Caption* definiert und kann im Eigenschaftenfenster geändert werden.

Abbildung 11.4
So sieht das Formular aus, wenn Sie es ausführen

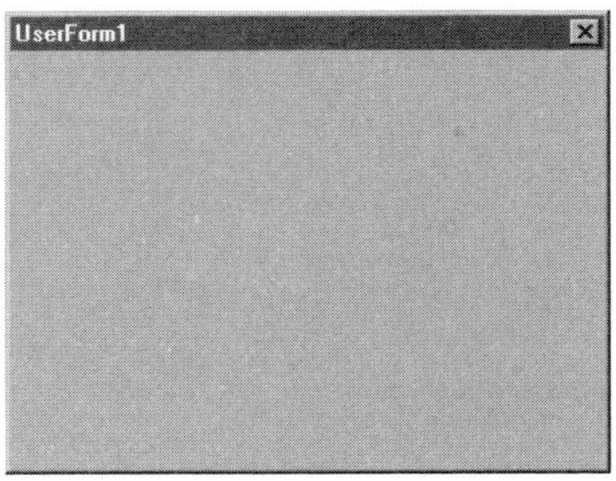

5. Klicken Sie auf die Schaltfläche *Eigenschaftenfenster*, und ändern Sie den Wert der Eigenschaft *Caption* in **Druckoptionen**.

In der Titelzeile des Formulars erscheint dann der mit der Eigenschaft *Caption* definierte Begriff (siehe Abbildung 11.5).

Abbildung 11.5
Das Eigenschaftenfenster für das Formular

Der Titel des Formulars ...

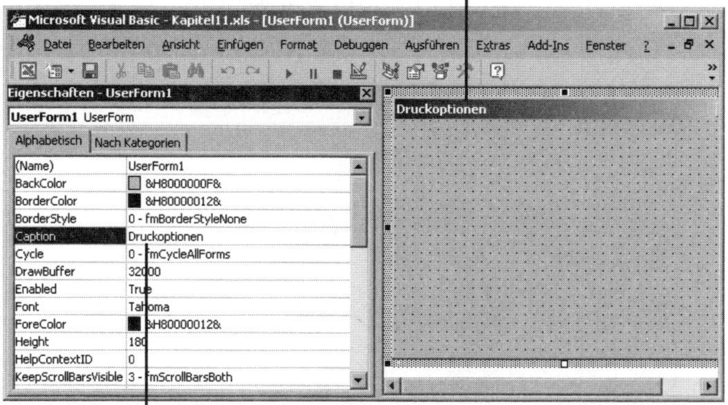

... wird mit der Einstellung der Eigenschaft *Caption* festgelegt

6. Ändern Sie den Wert der Eigenschaft *Name* in **frmDrucken**. (Diese Eigenschaft steht in Klammern und erscheint dadurch als erster Eintrag der Liste.)

Das Präfix *frm* steht für Formular. Der Namensteil *Drucken* beschreibt den Zweck des Formulars. Wenn Sie in einer Prozedur auf dieses Formular Bezug nehmen, können Sie diesen aussagekräftigen Namen verwenden.

Damit haben Sie ein benutzerdefiniertes Formular erstellt! Sie müssen jetzt nur noch einige Schaltflächen einfügen.

Optionsfelder hinzufügen

Sie möchten, dass der Anwender zwischen drei Layouts wählen kann, wenn der Bericht ausgedruckt werden soll: alle Zeilen drucken, nur Zeilen mit Zusammenfassungen oder nur Zeilen mit Detaildaten drucken. Wir werden Optionsfelder verwenden, um die Auswahl einer dieser Optionen aus einer kurzen und vordefinierten Optionsliste zu ermöglichen. Optionsfelder befinden sich in der Regel in einem Rahmen.

Während Visual Basic das benutzerdefinierte Formular anzeigt, wird automatisch auch das Dialogfeld *Werkzeugsammlung* mit dem Register *Steuerelemente* eingeblendet. Diese Werkzeugsammlung entspricht weitgehend der Symbolleiste *Steuerelement-Toolbox*, mit der Sie ActiveX-Steuerelemente in ein Excel-Arbeitsblatt einfügen.

1. Klicken Sie auf das Formularfenster. Falls die Werkzeugsammlung nicht angezeigt wird, klicken Sie in der Standardsymbolleiste auf die Schaltfläche *Werkzeugsammlung*.

❷ Klicken Sie in der Werkzeugsammlung auf die Schaltfläche *Rahmen*. Klicken Sie dann in die obere linke Ecke des Formulars.

Daraufhin wird ein großes Rahmen-Steuerelement im Formular angezeigt (siehe Abbildung 11.6). Größe und Position des Rahmens können Sie ändern.

Abbildung 11.6
Es wurde ein Rahmen in das Formular eingefügt

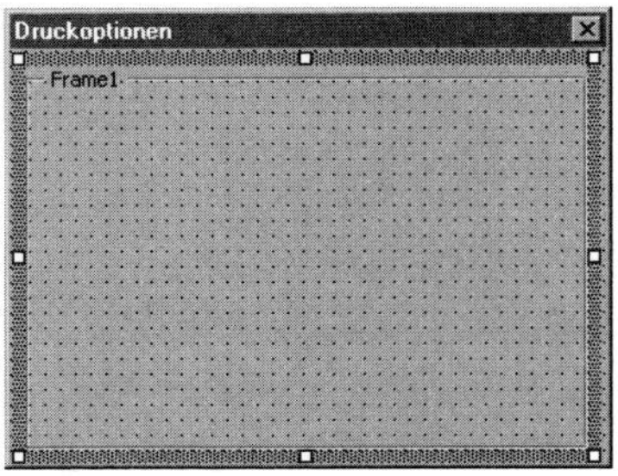

Als Nächstes werden Sie die Optionsfelder einfügen. Wenn Sie mehrere Steuerelemente gleichen Typs in ein Formular einfügen möchten, können Sie in der Werkzeugsammlung auf die gewünschte Schaltfläche doppelklicken und müssen dann nicht nach jedem Einfügen in der Werkzeugsammlung die entsprechende Schaltfläche anklicken. Durch einen Doppelklick aktivieren Sie die Schaltfläche, bis Sie sie erneut anklicken.

❸ Doppelklicken Sie auf die Schaltfläche *Optionsfeld*, und klicken Sie drei Positionen im Formular an. Daraufhin werden drei Optionsfelder in das Formular eingefügt (siehe Abbildung 11.7). Dann klicken Sie in der Werkzeugsammlung erneut auf die Schaltfläche *Optionsfeld*, um sie zu deaktivieren.

Sie müssen nicht auf eine exakte Positionierung der Steuerelemente achten.

Abbildung 11.7
Das Formular enthält nun drei Optionsfelder

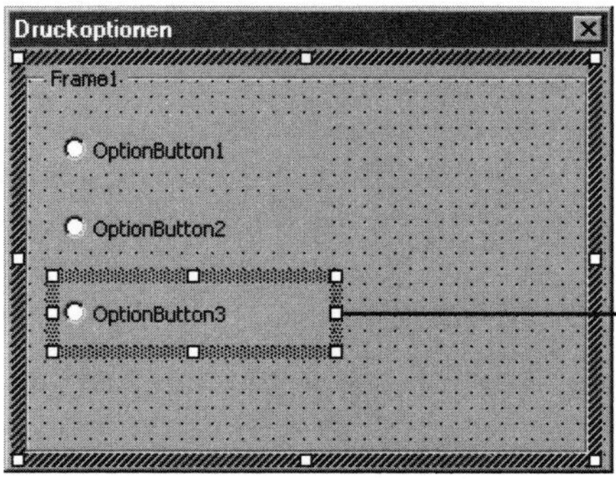

Wenn Sie in der Werkzeugsammlung auf eine Steuerelement-Schaltfläche doppelklicken, können Sie rasch mehrere Steuerelemente desselben Typs in das Formular einfügen

4. Aktivieren Sie das Eigenschaftenfenster, und wählen Sie in der Dropdown-Liste am oberen Fensterrand den Eintrag *Frame1*.

5. Geben Sie **Zeilen** als Wert der Eigenschaft *Caption* und **grpZeilen** als Wert der Eigenschaft *Name* ein. Das Präfix *grp* steht für *Group* (früher verwendete man die Bezeichnung *Group* statt *Frame*), da das Präfix *frm* allgemein für Formulare verwendet wird.

6. Wählen Sie in der Dropdown-Liste *OptionButton1*, und geben Sie **Alles** als Wert der Eigenschaft *Caption*, **optAlles** als Wert der Eigenschaft *Name* und **A** als Wert der Eigenschaft *Accelerator* ein. (Wie Sie bereits vermutet haben, steht das Präfix *opt* für *Option*). Das Steuerelement *optAlles* ist immer noch ausgewählt. Geben Sie **True** als Wert der Eigenschaft *Value* ein. Mit der Zuweisung des Werts *True* an die Eigenschaft *Value* wird diese Option per Voreinstellung aktiviert.

   Sie können im Eigenschaftenfenster über die Tastatur eine andere Eigenschaft auswählen. Drücken Sie [Strg]+[Umschalt] sowie den ersten Buchstaben des Eigenschaftsnamens. Um beispielsweise die Eigenschaft *Accelerator* auszuwählen, drücken Sie [Strg]+[Umschalt]+[A].

7. Wählen Sie das zweite Optionsfeld aus, und weisen Sie der Eigenschaft *Caption* den Wert **Überblick**, der Eigenschaft *Name* den Wert **optÜberblick** und der Eigenschaft *Accelerator* den Wert **Ü** zu.

8. Wählen Sie das dritte Optionsfeld aus, und weisen Sie der Eigenschaft *Caption* den Wert **Details**, der Eigenschaft *Name* den Wert **optDetails** und der Eigenschaft *Accelerator* den Wert **D** zu.

9. Wählen Sie alle drei Optionsfelder aus, indem Sie in den Bereich zwischen dem unteren Optionsfeld und der unteren Rahmenlinie klicken und dann ein Rechteck ziehen, das die Optionsfelder und die Bezeichnungen umschließt.

10. Klicken Sie im Menü *Format* des Visual Basic-Editors auf *Vertikaler Abstand* und dann auf *Entfernen*. Dann wählen Sie im Menü *Format* die Option *Ausrichten* und klicken auf *Links*. Wählen Sie anschließend im Menü *Format* die Option *Größe anpassen*. Schließlich ziehen Sie die Steuerelementgruppe in die linke obere Ecke des Rahmens und passen die Größe des Rahmens so an, das er die Optionsfelder eng umschließt (siehe Abbildung 11.8).

    Das Menü *Format* enthält verschiedene leistungsfähige Optionen zur Ausrichtung von Steuerelementen in einem Formular.

11. Speichern Sie die Arbeitsmappe, und drücken Sie [F5], um zu sehen, wie die Optionsfelder aussehen (siehe Abbildung 11.9). (Klicken Sie zum Test auf die Optionsfelder.) Dann schließen Sie das Formular *Druckoptionen*.

Abbildung 11.8 Die Optionsfelder wurden im Rahmen ausgerichtet

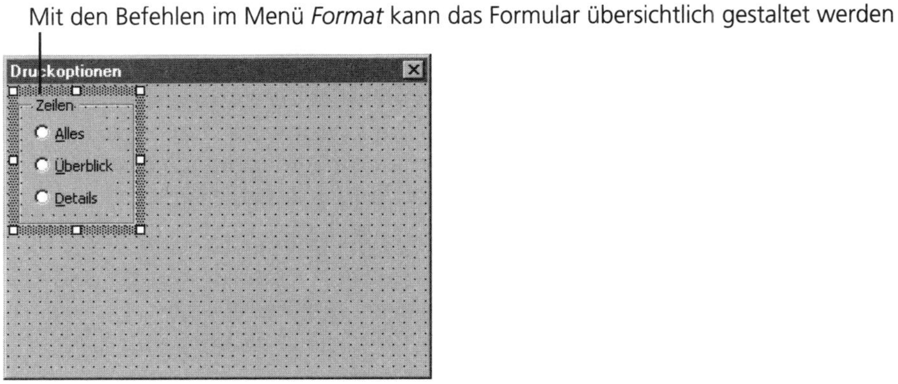

Abbildung 11.9 Das Formular mit den Optionsfeldern

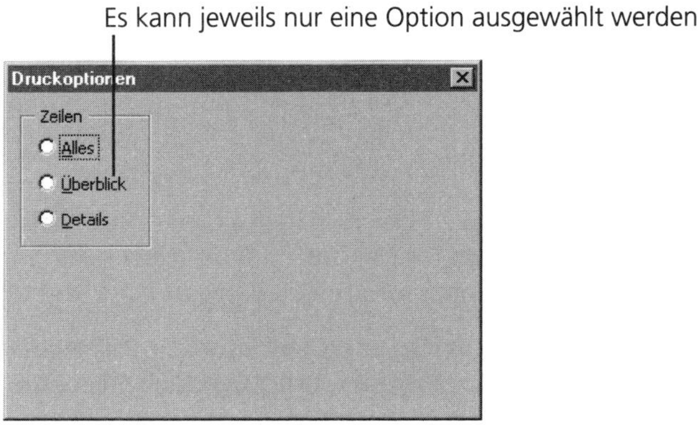

Ein Rahmen mit einer Gruppe von Optionsfeldern bildet eine übersichtliche Benutzeroberfläche zur Auswahl einer Option aus einer vordefinierten Liste.

Ein Kontrollkästchen mit einem zugeordneten Textfeld einfügen

Im Formular kann nicht angegeben werden, ob die Daten aller Monate oder nur diejenigen der restlichen Monate des Jahres ausgedruckt werden sollen. Es handelt sich hierbei im Grunde genommen um eine Ja/Nein-Frage. Für Ja/Nein-Antworten bietet sich der Einsatz eines Kontrollkästchens an. Wenn das Kontrollkästchen ausgewählt (aktiviert) ist, soll das Makro den Ausdruck mit dem aktuellen Monat beginnen.

Obwohl der für die Budgetplanung zuständige Mitarbeiter sagt, dass er eigentlich nur die Daten ab dem aktuellen Monat benötigt, wissen Sie, dass sicher auch andere Daten benötigt werden. Sie sollten daher ein Textfeld einfügen, mit dem ein anderer Startmonat als der aktuelle Monat angegeben werden kann.

❶ Das Formularfenster sollte immer noch sichtbar sein. Klicken Sie in der Werkzeugsammlung auf die Schaltfläche *Kontrollkästchen,* und klicken Sie dann im Formular unterhalb des Rahmens auf die Position, an der das Kontrollkästchen eingefügt werden soll (siehe Abbildung 11.10).

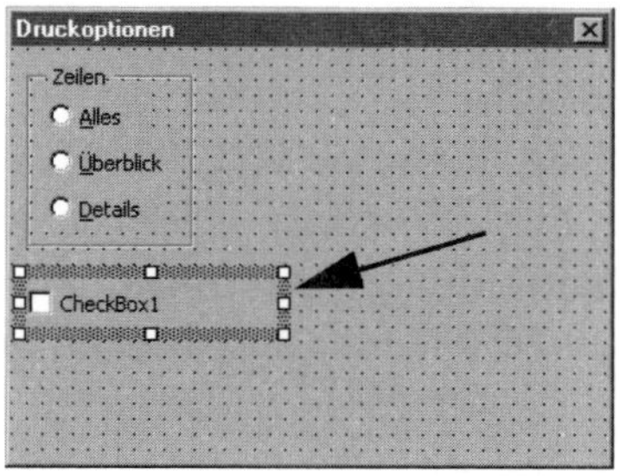

Abbildung 11.10
Fügen Sie das Kontrollkästchen unter dem Rahmen ein

❷ Im Eigenschaftenfenster für das Kontrollkästchen ändern Sie die Eigenschaft *Caption* zu **Beginnen bei Monat**, die Eigenschaft *Name* zu **chkMonat** und die Eigenschaft *Accelerator* zu **M**.

Sie müssen einen Großbuchstaben eingeben, da dieses Zeichen exakt dem Zeichen der Eigenschaft *Caption* entsprechen muss.

❸ Doppelklicken Sie auf den rechten Ziehpunkt des Auswahlrahmens des Kontrollkästchens, und verkleinern Sie das Rechteck, sodass es die Beschriftung genau umschließt (siehe Abbildung 11.11).

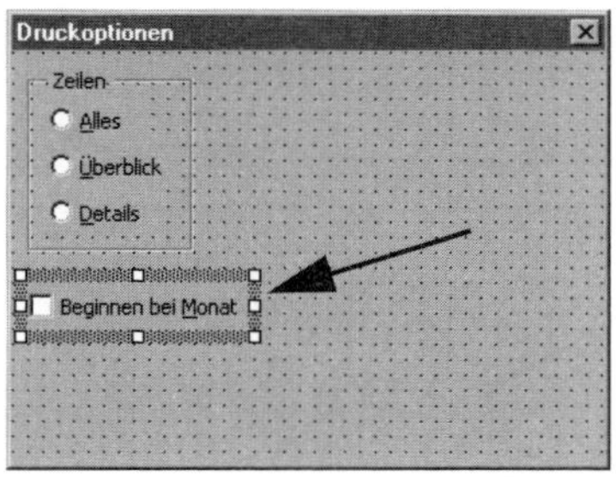

Abbildung 11.11
Sie ändern die Eigenschaft *Caption* des Kontrollkästchens, um die Beschriftung *Beginnen bei Monat* einzufügen

Sie werden nun das Textfeld, in das der Monat eingegeben werden soll, direkt neben der Beschriftung des Kontrollkästchens einfügen, sodass die Eingabe in das Textfeld die Beschriftung *Beginnen bei Monat* ergänzt.

❹ Klicken Sie in der Werkzeugsammlung auf die Schaltfläche *Textfeld*, und klicken Sie dann rechts neben die Kontrollkästchenbeschriftung (siehe Abbildung 11.12).

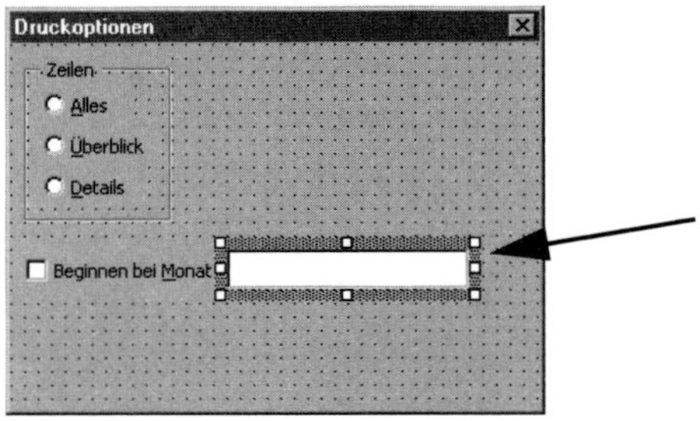

Abbildung 11.12 Das Textfeld ergänzt die Beschriftung des Kontrollkästchens

5. Ändern Sie den Textfeldnamen zu **txtMonat**, geben Sie für die Eigenschaft *Value* den Wert **1.7.2002** ein, und ändern Sie dann die Eigenschaft *Enabled* in **False**.

   Die Monatsangabe muss nicht geändert werden, wenn das Kontrollkästchen nicht aktiviert ist. Wenn Sie der Eigenschaft *Enabled* den Wert *False* zuweisen, wird der Feldinhalt grauschraffiert angezeigt. Das Textfeld soll aktiviert werden, sobald der Anwender das Kontrollkästchen anklickt. Dies sieht nach einer Aufgabe für ein Ereignis aus.

6. Doppelklicken Sie auf das Kontrollkästchen-Steuerelement *chkMonat*.

   Daraufhin wird ein neues Fenster mit der Bezeichnung *frmDrucken (Code)* eingeblendet (siehe Abbildung 11.13). Es enthält eine neue Ereignisbehandlungsprozedur namens *chkMonat_Click*. Das Ereignis *Click* ist als Standardereignis dem Kontrollkästchen zugeordnet.

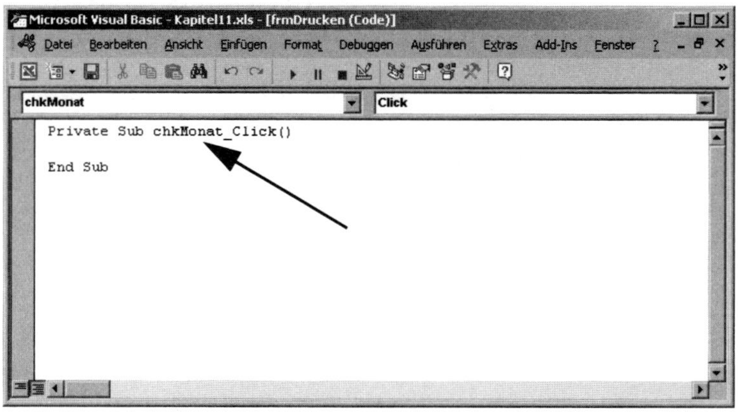

Abbildung 11.13 Doppelklicken Sie auf das Kontrollkästchen, um eine Ereignisbehandlungsprozedur für das Standardereignis zu erzeugen

7. Fügen Sie die folgende Anweisung in den Rumpf der neuen Prozedur *chkMonat_Click* ein:

```
txtMonat.Enabled = chkMonat.Value
```

Mit dieser Anweisung wird das Textfeld aktiviert, wenn das Kontrollkästchen ausgewählt wird, und deaktiviert, wenn das Kontrollkästchen nicht ausgewählt ist.

8 Speichern Sie die Arbeitsmappe, drücken Sie F5, um das Formular auszuführen, und klicken Sie mehrmals auf das Kontrollkästchen (siehe Abbildung 11.14). Dann schließen Sie das Formular.

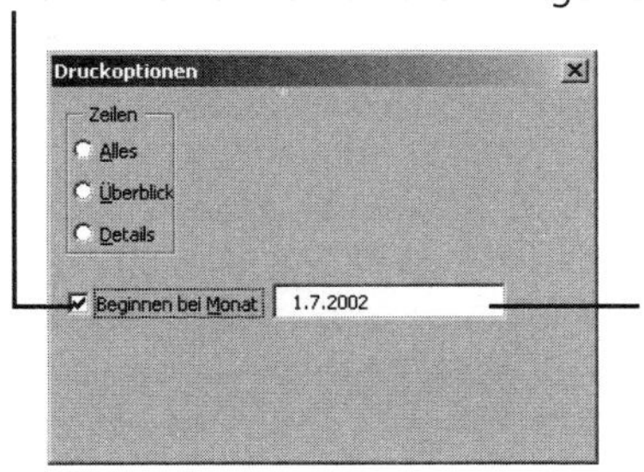

Abbildung 11.14 Das Kontrollkästchen ist im Formular aktiviert

9 Solange das Kontrollkästchen deaktiviert ist, kann das Datum nicht geändert werden. Wenn es ausgewählt ist, kann das Datum geändert werden.

Durch die Definition einer Ereignisbehandlungsprozedur für das Kontrollkästchen-Steuerelement ist die Benutzeroberfläche zwar einfacher zu bedienen, aber diese Änderung wirkt sich nicht auf Excel aus. Obwohl das Ereignis aus VBA-Programmcode besteht, gehört es zur Benutzeroberfläche des Formulars und trägt nicht zur Funktionalität bei.

Das Textfeld initialisieren

Bei der Erstellung des Textfelds zur Eingabe des Monats wurde als Voreinstellung das Datum *1.7.2002* zugewiesen. Da dieses Feld häufig aber den aktuellen Monat enthalten soll, wäre es wesentlich benutzerfreundlicher, wenn das Textfeld mit dem aktuellen Monat initialisiert werden würde. Das bedeutet, dass Sie das entsprechende Datum jeweils zu dem Zeitpunkt, zu dem das Formular geöffnet wird, für das Textfeld berechnen müssen.

1 Doppelklicken Sie auf den Hintergrund des Formulars. Eine neue Prozedur namens *UserForm_Click* wird angezeigt (siehe Abbildung 11.15).

Der Objektname eines Formulars lautet immer *UserForm*. Es spielt keine Rolle, welchen Namen Sie dem Formular geben; in Ereignisbehandlungsprozeduren wird immer der Name *UserForm* verwendet. Als Standardereignis ist Formularen *Click* zugeordnet. Mit der Initialisierung des Textfelds soll aber nicht gewartet werden, bis der Benutzer auf das Formular klickt. Hierfür wird ein anderes Ereignis benötigt.

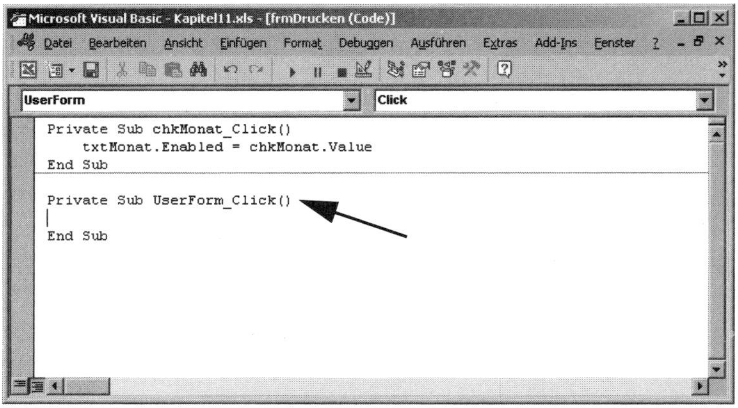

Abbildung 11.15 Wenn Sie auf das Formular doppelklicken, wird eine Ereignisbehandlungsprozedur für das Standardereignis erzeugt

2. Wählen Sie aus der Liste *Prozedur* das Ereignis *Initialize*. Nachdem die Prozedur *UserForm_Initialize* eingefügt worden ist, löschen Sie die Prozedur *UserForm_Click*.

3. Geben Sie die folgende Anweisung in den Rumpf der Prozedur ein (siehe Abbildung 11.16):

```
txtMonat.Value = Date
```

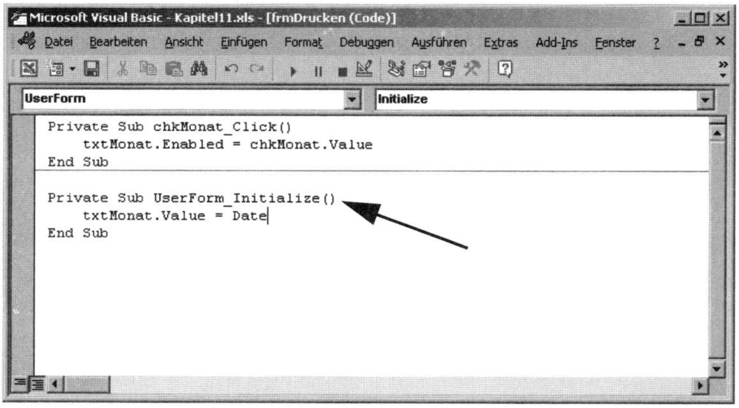

Abbildung 11.16 Mit der Prozedur *UserForm_Initialize* des Formulars wird das Textfeld initialisiert

Date ist eine integrierte Visual Basic-Funktion, die das aktuelle Datum von der internen Systemuhr des Computers abfragt.

4. Drücken Sie [F5], um das Formular auszuführen (siehe Abbildung 11.17).

Mit dieser Funktion soll der Monat ermittelt werden, mit dem der Ausdruck beginnen soll. Im Folgenden werden Sie ein Makro erstellen, das die erste Zeile des Arbeitsblatts nach einem Datum durchsucht, das dem Datum im Textfeld entspricht. Die Datumsangaben in der obersten Zeile

Abbildung 11.17
Das Textfeld wird mit dem aktuellen Datum initialisiert

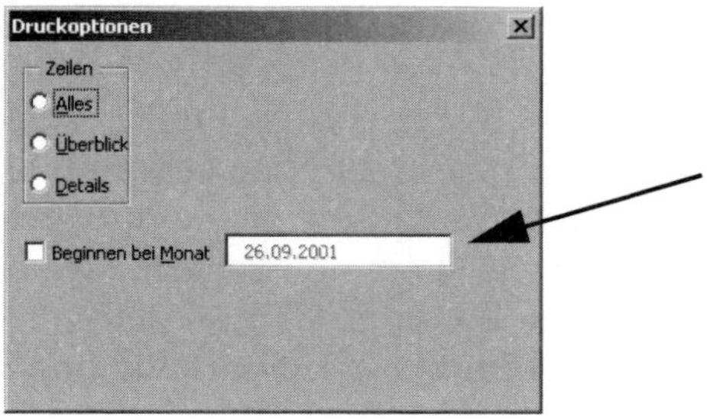

des Arbeitsblatts bezeichnen jeweils den ersten Tag des Monats. Damit die Suche erfolgreich ausgeführt werden kann, muss auch das Datum im Textfeld den ersten Tag eines Monats zeigen. Das Makro trägt derzeit das aktuelle Datum in das Textfeld ein. Da es relativ unwahrscheinlich ist, dass das aktuelle Datum auf den ersten Tag eines Monats fällt, müssen Sie das aktuelle Datum irgendwie in den ersten Tag des aktuellen Monats umwandeln.

5. Schließen Sie das Formular, und doppelklicken Sie dann auf den Hintergrund, um wieder die Prozedur *UserForm_Initialize* aufzurufen.

Sie werden nun eine benutzerdefinierte Funktion erstellen, mit der jedes beliebige Datum in den ersten Tag des entsprechenden Monats umgewandelt wird.

6. Geben Sie folgende Funktion unter der Prozedur *UserForm_Initialize* ein:

```
Function Monatsanfang(Eingabedatum)
    If IsDate(Eingabedatum) Then
        Monatsanfang = DateSerial(Year(Eingabedatum), _
            Month(Eingabedatum), 1)
    Else
        Monatsanfang = Empty
    End If
End Function
```

Dieser Funktion wird eine Datumseingabe als Argument übergeben. Die Funktion überprüft zunächst, ob die Datumseingabe ein Datum ist oder in ein Datum umgewandelt werden kann. Ist dies der Fall, extrahiert die Funktion das Jahr und den Monat aus der Datumseingabe und berechnet mithilfe der Funktion *DateSerial* ein neues Datum. Wenn der Funktion *DateSerial* eine Datumsangabe mit Jahr, Monat und Tag übergeben wird, gibt sie das entsprechende Datum zurück. Die Funktion *Monatsanfang* ignoriert die Tagesangabe des Datums und gibt stattdessen immer den Wert *1* für den Tag aus. Falls die Datumseingabe aus irgendeinem Grund nicht als Datum interpretiert werden kann, gibt die Funktion den speziellen Wert *Empty* zurück. Mit dem Wert *Empty* hat eine Variable den gleichen Status wie vor ihrer Initialisierung. Die Visual Basic-Funktion *Date,* die in der Prozedur *UserForm_Initialize* verwendet wird, gibt stets ein gültiges Datum zurück. Wenn Sie die Funktion *Monatsanfang* lediglich aus der Prozedur *UserForm_Initialize* aufrufen, muss sie nie ein ungültiges Datum verarbeiten. Sie sollten eine benutzerdefinierte Funktion aber immer so gestalten, dass sie in den verschiedensten Situationen eingesetzt werden kann. Die Funktion wird wesentlich flexibler, wenn Sie den Fall einer ungültigen Eingabe vorsehen und den Wert *Empty* zurückgegeben lassen.

Sie können die Funktion, wenn Sie möchten, im Direktfenster testen. Da diese Funktion Teil des Programmcodes für ein Formularobjekt ist, muss der Formularname vor dem Funktionsnamen angegeben werden. Sie können die Funktion *Monatsanfang* beispielsweise durch die Eingabe folgender Anweisung im Direktfenster testen: **?frmDrucken.Monatsanfang("23. Mai 2002")**.

7. Ändern Sie die Anweisung in der Prozedur *UserForm_Initialize* in **txtMonat.Value = Monatsanfang(Date)**.

8. Drücken Sie F5, um das Formular auszuführen. Überprüfen Sie das Datum im Textfeld, und schließen Sie das Formular.

Im Textfeld sollte nun als Datum der erste Tag des aktuellen Monats angezeigt werden (siehe Abbildung 11.18).

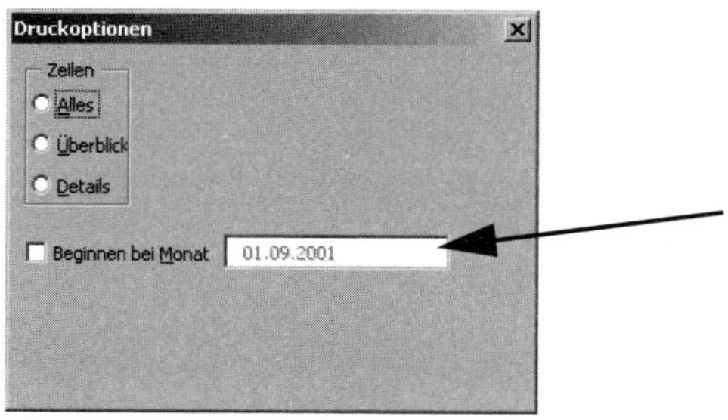

Abbildung 11.18
Das Textfeld wird mit dem ersten Tag des aktuellen Monats initialisiert

Viele Steuerelemente müssen initialisiert werden. Einige Steuerelemente, wie z. B. die Optionsfelder, können während der Erstellung des Formulars initialisiert werden. Andere Steuerelemente, wie z.B. das Textfeld zur Eingabe des Monats, müssen während der Ausführung des Formulars initialisiert werden. In letzteren Fällen definieren Sie zu diesem Zweck eine Ereignisbehandlungsprozedur für das Ereignis *Initialize*.

Befehlsschaltflächen einfügen

Sie können nun im Formular angeben, welche Zeilen und Spalten im Bericht ausgedruckt werden sollen. Jetzt müssen Sie nur noch eine Funktion einfügen, mit der der Druckvorgang gestartet werden kann. Dazu werden Sie eine Befehlsschaltfläche verwenden. Eigentlich benötigen Sie in diesem Beispiel keine Schaltfläche namens *Abbrechen*, da das Formular durch Klicken auf die Schaltfläche *Fenster schließen* geschlossen werden kann. Allerdings ist das Formular einfacher zu handhaben, wenn Sie eine Schaltfläche zum Abbrechen des Druckvorgangs einfügen, und Ziel einer guten Benutzeroberfläche ist es, das Formular so zu gestalten, dass es verständlich und einfach zu bedienen ist.

1. Aktivieren Sie das Formularfenster.

2. Klicken Sie in der Werkzeugsammlung auf das Steuerelement *Befehlsschaltfläche* und dann im Formular rechts neben den Rahmen mit den Optionsfeldern.

3. Halten Sie Strg gedrückt, und ziehen Sie die neue Befehlsschaltfläche nach unten, um eine Kopie dieser Schaltfläche zu erstellen (siehe Abbildung 11.19).

Abbildung 11.19 Es wurden zwei Befehlsschaltflächen in das Formular eingefügt

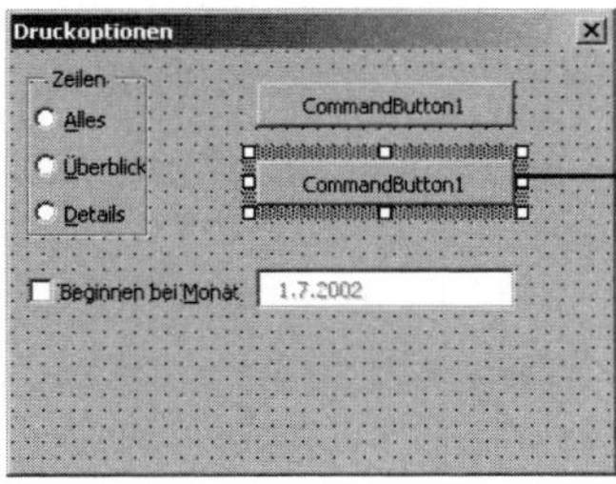

Wenn Sie Strg gedrückt halten, während Sie die Befehlsschaltfläche ziehen, wird eine Kopie dieser Schaltfläche erstellt

Mit der oberen Schaltfläche wird der Ausdruck gestartet, mit der unteren jedoch nicht. Mit jeder der beiden Schaltflächen wird das Formular geschlossen.

4. Ändern Sie bei der oberen Befehlsschaltfläche die Eigenschaft *Caption* in **Drucken**, die Eigenschaft *Accelerator* in **u**, die Eigenschaft *Name* in **btnDrucken** und die Eigenschaft *Default* in **True**.

   Mit der Eigenschaft *Default* wird festgelegt, ob die Schaltfläche die Standardbefehlsschaltfläche ist. Ein Formular kann jeweils nur eine Standardbefehlsschaltfläche enthalten. Bei der Standardbefehlsschaltfläche handelt es sich um die Schaltfläche, die aktiviert wird, wenn Sie Eingabe drücken.

5. Ändern Sie bei der unteren Befehlsschaltfläche die Eigenschaft *Caption* zu **Abbrechen**, weisen Sie der Eigenschaft *Accelerator* keinen Wert zu,

ändern Sie die Eigenschaft *Name* zu **btnAbbrechen** und die Eigenschaft *Cancel* zu **True**. Das Formular sollte nun etwa wie in Abbildung 11.20 aussehen.

Abbildung 11.20 Das Formular mit den beiden Befehlsschaltflächen

Definieren Sie eine Schaltfläche als Standardbefehlsschaltfläche ...

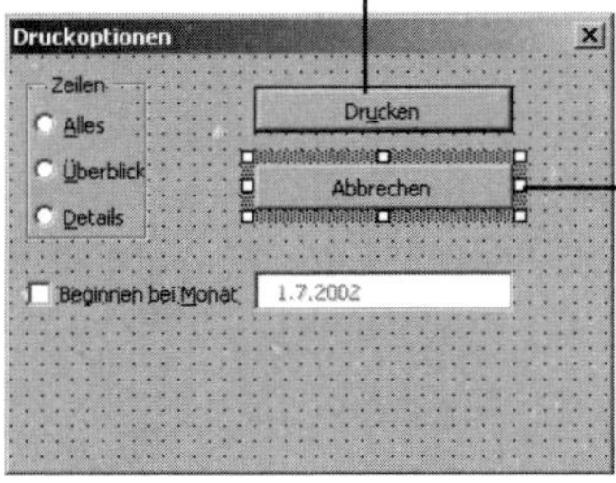

... und die andere als Schaltfläche zum Abbrechen der Ausführung

Indem Sie die Eigenschaft *Cancel* mit dem Wert *True* definieren, weisen Sie die Schaltfläche als Schaltfläche zum Abbrechen der Ausführung aus. In einem Formular kann nur einer Befehlsschaltfläche diese Funktion zugewiesen werden. Diese Schaltfläche wird aktiviert, wenn Sie [Esc] drücken. Normalerweise sollte das Formular geschlossen werden, wenn Sie auf die Schaltfläche *Abbrechen* klicken. Die Schaltfläche *Abbrechen* selbst kann aber das Formular nicht schließen. Sie müssen zuerst eine entsprechende Ereignisbehandlungsprozedur einfügen.

6. Doppelklicken Sie auf die Schaltfläche *Abbrechen*, um eine Ereignisbehandlungsprozedur namens *btnAbbrechen_Click* zu erstellen, und geben Sie die Anweisung **Unload Me** in den Rumpf der Prozedur ein (siehe Abbildung 11.21).

Abbildung 11.21 Die Prozedur für die Schaltfläche *Abbrechen*

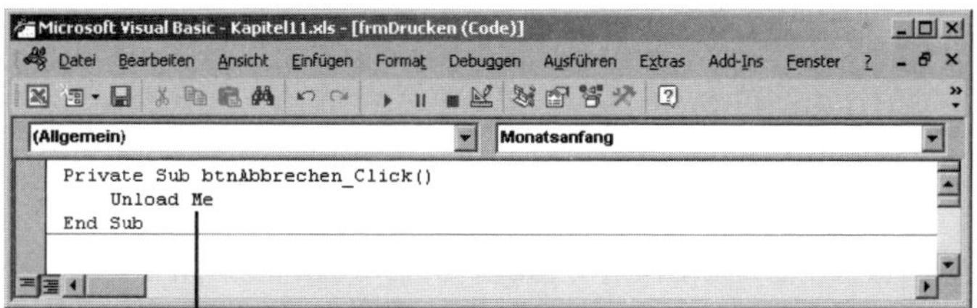

Wenn Sie auf die Schaltfläche *Abbrechen* klicken, wird das Formular geschlossen

Mit dem Befehl *Unload* wird das Formular aus dem Speicher gelöscht. Das Schlüsselwort *Me* bezieht sich auf das aktuelle Formular. Die Makroanweisung *Unload Me* entfernt also das Formular aus dem Speicher, welches das Steuerelement enthält, dessen Ereignisbehandlungsroutine im Augenblick ausgeführt wird.

7. Wählen Sie aus der Liste *Objekt* im oberen Bereich des Codefensters *btnDrucken*, um eine neue Prozedur namens *btnDrucken_Click* zu erstellen. Geben Sie die folgenden beiden Anweisungen in den Rumpf der Prozedur ein (siehe Abbildung 11.22):

```
Unload Me
MsgBox "Ausdruck läuft"
```

Abbildung 11.22 Die Prozedur für die Schaltfläche *Drucken*

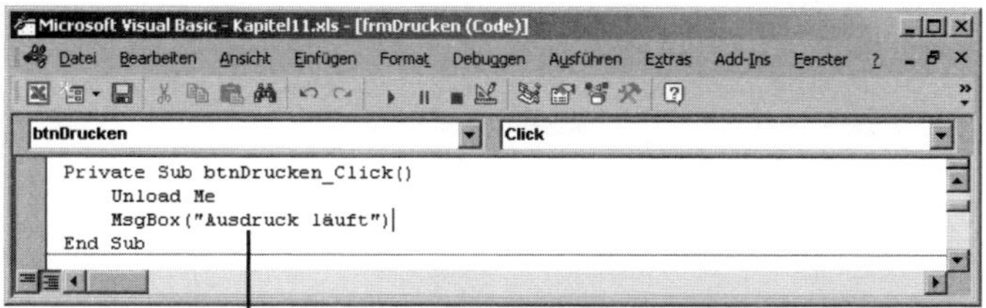

Mit der ersten Anweisung wird das Formular gelöscht, und mit der zweiten Anweisung wird ein Meldungsfeld eingeblendet. Diese Anweisung dient hier als Platzhalter für die später zu ergänzende Druckfunktion.

8. Speichern Sie die Arbeitsmappe, und führen Sie das Formular mehrmals aus. Klicken Sie zum Test auf die Schaltflächen *Abbrechen* und *Drucken*. Drücken Sie `Esc` bzw. `Eingabe`.

Abbildung 11.23 Das Formular verfügt über eine übersichtliche Benutzeroberfläche

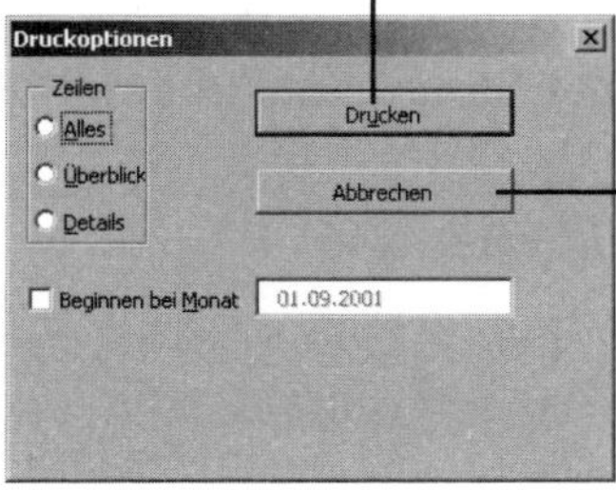

Wenn Sie `Eingabe` drücken oder auf die Schaltfläche *Drucken* klicken, wird die Meldung *Ausdruck läuft* angezeigt. Wenn Sie `Esc` drücken oder auf die Schaltfläche *Abbrechen* klicken, sollte das Formular ohne weitere Meldungen geschlossen werden.

Die Aktivierreihenfolge der Steuerelemente festlegen

1. Führen Sie das Formular noch einmal aus. Markieren Sie *Beginnen bei Monat*, um das Monatsfeld zu aktivieren. Drücken Sie wiederholt [Tab]. Beachten Sie, wie der kleine graue Rahmen von Steuerelement zu Steuerelement wandert.

Abbildung 11.24
Das Kontrollkästchen besitzt den Fokus

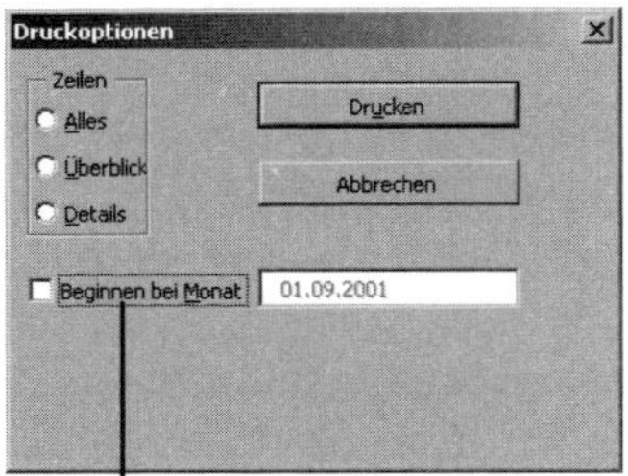

Der graue Rahmen kennzeichnet das Steuerelement, das den Fokus besitzt

Der graue Rahmen kennzeichnet das Steuerelement, das den Fokus besitzt (siehe Abbildung 11.24). Wenn Sie [Tab] drücken, wird der Fokus von einem Steuerelement zum Nächsten verschoben.

2. Klicken Sie auf *Abbrechen*, um das Formular zu schließen.

Manche Anwender arbeiten lieber mit der Tastatur statt mit der Maus. Deswegen sollten Sie sicherstellen, dass die Zugriffstasten und die Aktivierreihenfolge (auch Tabulatorreihenfolge genannt) sinnvoll und logisch sind. Die Steuerelemente dieses Formulars sollen die folgende Aktivierreihenfolge aufweisen: *optAlles, optÜberblick, optDetails, chkMonat, txtMonat, btnDrucken* und *btnAbbrechen*. Im Visual Basic-Editor ändern Sie die Aktivierreihenfolge der Steuerelemente mit den folgenden Schritten.

3. Klicken Sie auf den Hintergrund des Formulars. Im Menü *Ansicht* klicken Sie auf den Befehl *Aktivierreihenfolge*.

Daraufhin wird das Dialogfeld *Aktivierreihenfolge* eingeblendet (siehe Abbildung 11.25). Im Dialogfeld *Aktivierreihenfolge* werden fünf Steuerelemente angezeigt: *grpZeilen, chkMonat, txtMonat, btnDrucken* und *btnAbbrechen*. Das Rahmen-Steuerelement *grpZeilen* und die darin enthaltenen Steuerelemente *optAlles, optÜberblick* und *optDetails* werden als ein Element behandelt. Falls sich ein Steuerelement nicht in der gewünschten Reihenfolge befindet, wählen Sie das betreffende Steuerelement einfach aus und klicken auf die Schaltfläche *Nach oben* bzw. *Nach unten*, um es an die gewünschte Position zu verschieben.

Abbildung 11.25
Das Dialogfeld *Aktivierreihenfolge*

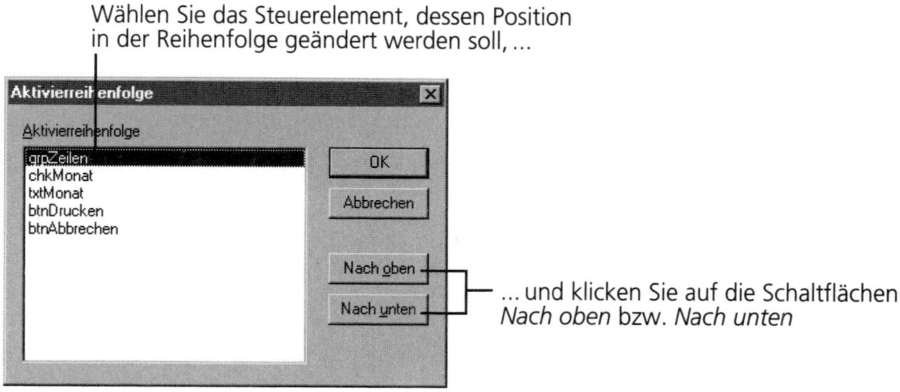

Wenn der Befehl *Aktivierreihenfolge* nicht angezeigt wird, halten Sie den Mauszeiger über den Pfeil am unteren Ende des Menüs *Ansicht*.

4. Nachdem Sie die gewünschten Änderungen vorgenommen haben, klicken Sie auf *OK*, um das Dialogfeld zu schließen. Wählen Sie den Rahmen (oder eines der Optionsfelder) aus, und klicken Sie im Menü *Ansicht* nochmals auf den Befehl *Aktivierreihenfolge*.

Diesmal werden im Dialogfeld *Aktivierreihenfolge* nur die Steuerelemente innerhalb des Rahmens angezeigt (siehe Abbildung 11.26).

Abbildung 11.26
In einem Rahmen enthaltene Steuerelemente verfügen über eine eigene Aktivierreihenfolge

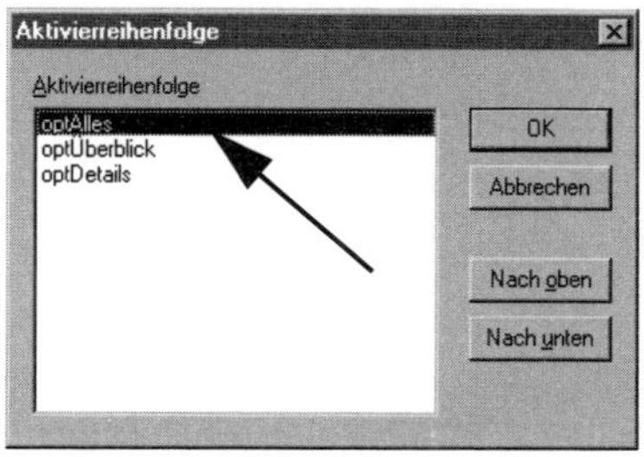

5. Nachdem Sie die gewünschten Änderungen vorgenommen haben, klicken Sie auf *OK*, um das Dialogfeld zu schließen. Speichern Sie die Arbeitsmappe.

Wie Sie sehen, kann die Aktivierreihenfolge recht einfach festgelegt werden. Sie müssen hierbei allerdings beachten, dass die Aktivierreihenfolge von Steuerelementen in Rahmen für jeden Rahmen getrennt eingestellt werden muss.

Die Funktionen eines Formulars definieren

Das Formular sieht jetzt gut aus. Als Nächstes müssen Sie die Funktionalität zum Ausdruck des Berichts definieren. Zum Ausdrucken müssen Sie zwischen Ansichten mit verschiedenen Datenzeilen wechseln und unerwünschte Spalten ausblenden können. Sie können in Excel verschiedene Ansichten eines Arbeitsblatts speichern, die Sie dann später nach Bedarf aktivieren. Sie werden daher zunächst verschiedene Ansichten für das Arbeitsblatt definieren und dann ein Makro erstellen, mit dem zwischen diesen Ansichten hin- und hergeschaltet werden kann.

Benutzerdefinierte Ansichten eines Arbeitsblatts erstellen

Die Definition einer benutzerdefinierten Ansicht ermöglicht Ihnen, nach Belieben Zeilen oder Spalten eines Arbeitsblatts auszublenden und diese Ansicht zu benennen, sodass Sie sie später über diesen Namen aufrufen können. Für unser Beispiel benötigen wir drei Ansichten. Die erste Ansicht zeigt alle Zeilen und Spalten. Die Erstellung dieser Ansicht ist kinderleicht. Die zweite Ansicht gibt einen Überblick über die Zeilen, die Zusammenfassungen enthalten. Die dritte Ansicht zeigt nur die Zeilen mit den Detaildaten. Die betreffenden Zeilen auszublenden kann recht zeitaufwändig sein. Zum Glück müssen Sie sie aber nur einmal ausblenden, da Sie die resultierenden Ansichten speichern können. Zudem erleichtert der Excel-Befehl *Gehe zu* die Auswahl von Zeilen.

1. Aktivieren Sie Excel. Im Menü *Ansicht* klicken Sie auf den Befehl *Benutzerdefinierte Ansicht.*

2. Im Dialogfeld *Benutzerdefinierte Ansichten* klicken Sie auf die Schaltfläche *Hinzufügen*, geben **Alles** als Namen für die neue Ansicht ein, deaktivieren das Kontrollkästchen *Druckeinstellungen* und lassen das Kontrollkästchen *Ausgeblendete Zeilen-, Spalten- und Filtereinstellungen* aktiviert (siehe Abbildung 11.27). Abschließend klicken Sie auf *OK*.

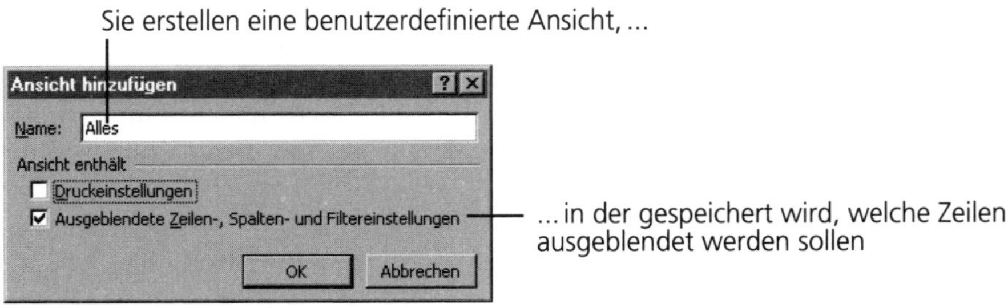

Abbildung 11.27 Das Dialogfeld *Ansicht hinzufügen*

Damit haben Sie die erste Ansicht erstellt, in der alle Zeilen und Spalten angezeigt werden. Nun werden Sie die Ansicht definieren, in der nur die Zeilen mit den Summen angezeigt werden. Dazu müssen Sie alle Zeilen mit Detaildaten ausblenden. Beachten Sie, dass Spalte B ausschließlich Bezeichnungen für die Detaildatenzeilen enthält.

3. Markieren Sie Spalte B. Klicken Sie im Menü *Bearbeiten* auf *Gehe zu* und dann auf *Inhalte*. Das Dialogfeld *Inhalte auswählen* wird angezeigt (siehe 11.28). Wählen Sie die Option *Konstanten,* und klicken Sie auf *OK*.

Abbildung 11.28
Das Dialogfeld *Inhalt auswählen*

Mit der Option *Konstanten* werden nur diejenigen Zellen ausgewählt, die Konstanten enthalten

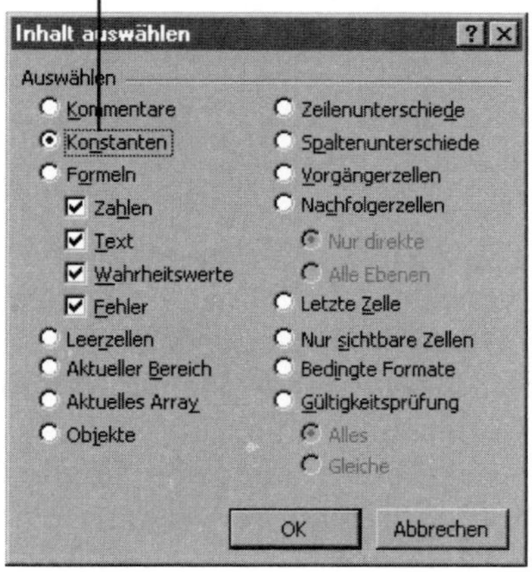

Damit werden nur die Zellen in den Zeilen mit Detaildaten ausgewählt.

4. Blenden Sie die ausgewählten Zeilen aus. Klicken Sie dazu im Menü *Format* auf *Zeile* und dann auf *Ausblenden*. Die Zeilen werden ausgeblendet, und das Arbeitsblatt sollte nun wie in Abbildung 11.29 aussehen.

Abbildung 11.29
Die Zeilen mit den Konstanten in Spalte B sind ausgeblendet

	A	B	C	D	E
1	**Übersicht**		**Satz**	**Jan 02**	**Feb 02**
2	Geplante Einheiten			29000	30000
3	Geplante Umsätze			71000	73000
4	**Geplanter Gewinn vor Steuern**			**8307,45**	**8545,45**
5					
6	**Variable Kosten**				
13	**Variable Kosten Gesamt**			**7598**	**7860**
14					
15	**Gehälter**				
21	**Gehälter Gesamt**			**24827**	**24827**
23	**Gehälter/Nebenkosten Gesamt**			**40964,55**	**40964,55**
24					

Nun müssen Sie nur noch die leeren Zellen in Spalte D ausblenden. Können Sie sich vorstellen, wie Sie dazu vorgehen?

5 Wählen Sie Spalte D. Im Menü *Bearbeiten* klicken Sie auf *Gehe zu* und dann auf *Inhalte*. Wählen Sie die Option *Leerzellen,* und klicken Sie auf *OK*. Blenden Sie die ausgewählten Zeilen wie in Arbeitsschritt 4 beschrieben aus. Das Arbeitsblatt sollte daraufhin wie in Abbildung 11.30 aussehen. Diese Ansicht, die keinerlei Detailinformationen enthält, soll dem Abteilungsleiter einen allgemeinen Überblick vermitteln.

Abbildung 11.30 Die Zeilen mit den leeren Zellen in Spalte D sind ausgeblendet

	A	B	C	D	E
1	**Übersicht**		**Satz**	**Jan 02**	**Feb 02**
2	Geplante Einheiten			29000	30000
3	Geplante Umsätze			71000	73000
4	**Geplanter Gewinn vor Steuern**			**8307,45**	**8545,45**
13	**Variable Kosten Gesamt**			**7598**	**7860**
21	**Gehälter Gesamt**			**24827**	**24827**
23	**Gehälter/Nebenkosten Gesamt**			**40964,55**	**40964,55**
31	**Externe Kosten Gesamt**			**1200**	**1200**
40	**Gemeinkosten Gesamt**			**2150**	**3650**
47	**Verträge Gesamt**			**8500**	**8500**
52	**Leasing Gesamt**			**2280**	**2280**
54	**Ausgaben Gesamt**			**62692,55**	**64454,55**
55					

6 Es werden jetzt nur die Zeilen mit den zusammenfassenden Daten angezeigt. Erstellen Sie daraus eine weitere Ansicht namens **Überblick**. (Im Menü *Ansicht* klicken Sie auf *Benutzerdefinierte Ansichten* und dann auf die Schaltfläche *Hinzufügen*. Geben Sie als Namen für die neue Ansicht **Überblick** ein, deaktivieren Sie das Kontrollkästchen *Druckeinstellungen,* und klicken Sie auf *OK*). Nun werden Sie die Detailansicht erstellen. Dazu sollen alle Zeilen ausgeblendet werden, in denen Daten zusammengefasst werden. Der Bereich A4:A54 enthält die Beschriftungen für die auszublendenden Zeilen.

7 Zeigen Sie die benutzerdefinierte Ansicht *Alles* an, damit wieder alle Zeilen sichtbar sind. Markieren Sie den Bereich A4:A54, wählen Sie den Befehl *Gehe zu* und dann die Schaltfläche *Inhalte*, um die Zellen auszuwählen, die Konstanten enthalten. Blenden Sie dann die Zeilen aus. Wählen Sie Spalte D, und blenden Sie alle Zeilen mit Leerzellen aus.

8 Es werden jetzt nur noch die Zeilen mit den Detaildaten angezeigt (siehe Abbildung 11.31). Geben Sie dieser neuen Ansicht den Namen **Details,** und deaktivieren Sie wieder die Option *Druckeinstellungen*.

Abbildung 11.31 Die Zeilen mit den Zusammenfassungen sind ausgeblendet

	A	B	C	D	E	F
1	**Übersicht**		**Satz**	**Jan 02**	**Feb 02**	**Mrz 02**
2	Geplante Einheiten			29000	30000	31000
3	Geplante Umsätze			71000	73000	75000
7		Blumenerde	0,095	2755	2850	2945
8		Pflanzschalen	0,012	348	360	372
9		Samen	0,002	58	60	62
10		Dünger	0,002	58	60	62
11		Arbeit	0,14	4060	4200	4340
12		FICA	0,011	319	330	341
16		Geschäftsführung	12000	12000	12000	12000
17		Buchhaltung	3750	3750	3750	3750
18		Versand	1852	1852	1852	1852

9. Speichern Sie die Arbeitsmappe. Probieren Sie die drei Ansichten aus. Zeigen Sie zuletzt die Ansicht *Alles* an.

   Die Erstellung von benutzerdefinierten Ansichten ist relativ mühselig, muss aber nur einmal ausgeführt werden. Nachdem Sie die Ansichten definiert haben, ist die Erstellung eines Makros zum Hin- und Herschalten zwischen den Ansichten einfach.

Ein Makro zum Hin- und Herschalten zwischen den Ansichten erstellen

1. Starten Sie die Aufzeichnung eines Makros namens **AnsichtAnzeigen**. Zeigen Sie die Ansicht *Überblick* an, beenden Sie die Aufzeichnung, und sehen Sie sich das Makro genauer an. Es sollte folgendermaßen aufgebaut sein:

```
Sub AnsichtAnzeigen()
    ActiveWorkbook.CustomViews("Überblick").Show
End Sub
```

   Ein Arbeitsmappen-Objekt verfügt über eine Auflistung namens *CustomViews*. Der Name der Ansicht wird zum Aufruf eines *CustomView*-Elements dieser Auflistung verwendet. Ein *CustomView*-Objekt verfügt über eine *Show*-Methode. Um zwischen Ansichten hin- und herzuschalten, müssen Sie einfach den in Klammern angegebenen Namen der Ansicht austauschen. Statt drei verschiedene Makros zu erstellen, können Sie den Namen der gewünschten Ansicht als Argument übergeben.

2. Geben Sie in die Klammern nach *AnsichtAnzeigen* **AnsichtName** ein, und ersetzen Sie *"Überblick"* (einschließlich der Anführungszeichen) durch **AnsichtName**. Das überarbeitete Makro sollte folgendermaßen aussehen:

```
Sub AnsichtAnzeigen(AnsichtName)
    ActiveWorkbook.CustomViews(AnsichtName).Show
End Sub
```

   Nun werden Sie das Makro und die Argumente im Direktfenster testen.

3. Drücken Sie `Strg`+`G`, um das Direktfenster aufzurufen.
4. Geben Sie **AnsichtAnzeigen "Details"** ein, und drücken Sie `Eingabe`.

   Es sollte daraufhin die Ansicht mit den Detaildaten angezeigt werden (siehe Abbildung 11.32).

5. Geben Sie **AnsichtAnzeigen "Alles"** ein, und drücken Sie `Eingabe`. Dann geben Sie **AnsichtAnzeigen "Überblick"** ein und drücken nochmals `Eingabe`. Das Makro funktioniert mit allen drei Argumenten.
6. Schließen Sie das Direktfenster, und speichern Sie die Arbeitsmappe.

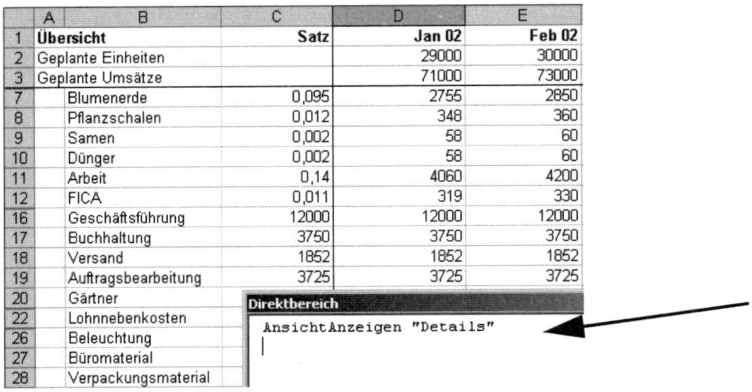

	A	B	C	D	E
1	Übersicht		Satz	Jan 02	Feb 02
2	Geplante Einheiten			29000	30000
3	Geplante Umsätze			71000	73000
7		Blumenerde	0,095	2755	2850
8		Pflanzschalen	0,012	348	360
9		Samen	0,002	58	60
10		Dünger	0,002	58	60
11		Arbeit	0,14	4060	4200
12		FICA	0,011	319	330
16		Geschäftsführung	12000	12000	12000
17		Buchhaltung	3750	3750	3750
18		Versand	1852	1852	1852
19		Auftragsbearbeitung	3725	3725	3725
20		Gärtner			
22		Lohnnebenkosten			
26		Beleuchtung			
27		Büromaterial			
28		Verpackungsmaterial			

Abbildung 11.32
Testen Sie die Prozedur im Direktfenster

Damit haben Sie die Funktionen zur Anzeige unterschiedlicher Ansichten definiert. Die Erstellung der Ansichten war etwas umständlich, aber sie erleichterte die Erstellung des Makros merklich. Und wenn Sie eine dieser Ansichten ändern (z.B. um auch Leerzeilen anzuzeigen), brauchen Sie das Makro nicht entsprechend abzuändern.

Sie müssen nun Funktionen einfügen, um die Spalten ausblenden zu können, die Daten zu Monaten enthalten, die vor dem Startmonat liegen.

Spalten dynamisch ausblenden

Zur Änderung der Spaltenanzeige wollen wir keine benutzerdefinierten Ansichten erstellen, da wir ansonsten 36 verschiedene benutzerdefinierte Ansichten erstellen müssten: eine für jeden Monat multipliziert mit drei verschiedenen Ansichten (*Alles*, *Überblick*, *Details*). Die Spalten sollen dynamisch geändert werden, basierend auf der Auswahl im Dialogfeld. Die Spalten sollen von Spalte C bis zu der Spalte für den Monat, der angegeben worden ist, ausgeblendet werden. Zum Auffinden des Monats bietet sich die *Find*-Methode von Excel an.

1. Wählen Sie in Excel die gesamte Zeile 1, und beginnen Sie die Aufzeichnung eines Makros namens **MonateAusblenden**.

2. Im Menü *Bearbeiten* klicken Sie auf den Befehl *Suchen* und dann auf die Schaltfläche *Optionen*, um das Dialogfeld zu expandieren. Geben Sie **01.05.2002** in das Feld *Suchen nach* ein, klicken Sie auf das Kontrollkästchen *Gesamten Zellinhalt vergleichen*, und stellen Sie sicher, dass im Dropdown-Listenfeld *Suchen in* der Eintrag *Formeln* angegeben ist (siehe Abbildung 11.33).

Wenn Ihr System ein anderes Datumsformat als das amerikanische Standardformat *mm.tt.jjjj* verwendet, müssen Sie möglicherweise verschiedene Datumsformate ausprobieren, bis Sie das finden, mit dem das Makro auf Ihrem System funktioniert.

Abbildung 11.33 Das Dialogfeld *Suchen*

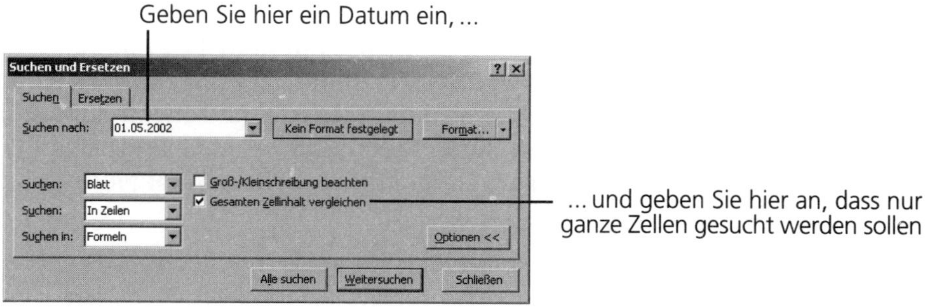

Die Auswahl von *Formeln* bewirkt, dass nach dem in einer Zelle enthaltenen Datum gesucht wird. Dieses Datum verwendet das Datumsformat des Systems, unabhängig davon, wie die Zelle formatiert ist. Durch die Vorgabe *Nur ganze Zellen* wird sichergestellt, dass beispielsweise bei Verwendung des amerikanischen Datumsformats mit der Eingabe 1.1.2002 nur der Januar (1.1.2002) und nicht auch der November (11.1.2002) gefunden wird, der sich in diesem Format nur durch eine weitere Ziffer am Anfang vom Januar unterscheidet.

3. Klicken Sie auf *Weitersuchen*, schließen Sie das Dialogfeld *Suchen*, stoppen Sie die Aufzeichnung des Makros, und bearbeiten Sie dann das Makro *MonateAusblenden*. Fügen Sie nach jedem Komma Zeilenfortsetzungszeichen (ein Leerzeichen, einen Unterstrich und eine neue Zeile) ein, damit die Anweisung übersichtlicher wird. Das Makro sollte nun folgendermaßen aussehen:

```
Sub MonateAusblenden()
    Selection.Find(What:="5/1/2002", _
        After:=ActiveCell, _
        LookIn:=xlFormulas, _
        LookAt:=xlWhole, _
        SearchOrder:=xlByRows, _
        SearchDirection:=xlNext, _
        MatchCase:=False, _
        SearchFormat:=False).Activate
End Sub
```

Das Makro sucht im ausgewählten Bereich (in diesem Fall Zeile 1), beginnend bei der aktiven Zelle (hier Zelle A1), nach dem angegebenen Datum und aktiviert die gefundene Zelle. Das Makro soll die Auswahl nicht ändern, und es soll die gefundene Zelle nicht aktivieren. Vielmehr soll das Makro den gefundenen Bereich einer Variablen zuweisen, damit Sie darauf Bezug nehmen können.

4. Nehmen Sie dazu folgende Änderungen im Makro vor: Deklarieren Sie die Variable *neuSuchen* mit dem Typ *Range* (d. h. Bereich). Ändern Sie *Selection* zu **Rows(1)** und *ActiveCell* zu **Cells(1)**. Löschen Sie am Ende der zweiten Anweisung *.Activate,* und fügen Sie am Beginn der Anweisung **Set neuSuchen =** ein. Geben Sie als Jahreszahl **2002** und nicht **02** ein. Das überarbeitete Makro sieht nun folgendermaßen aus:

```
Sub MonateAusblenden()
    Dim neuSuchen As Range
    Set neuSuchen = Rows(1).Find(What:="5/1/2002", _
        After:=Range("A1"), _
        LookIn:=xlFormulas, _
        LookAt:=xlWhole, _
        SearchOrder:=xlByRows, _
        SearchDirection:=xlNext, _
        MatchCase:=False, _
        SearchFormat:=False)
End Sub
```

Wenn die *Find*-Methode erfolgreich ausgeführt wird, enthält die Variable *neuSuchen* einen Verweis auf die Zelle, die den gesuchten Monat enthält. Es sollen dann alle Spalten von Spalte C (die Spalte *Anteil*) bis zu der Spalte, die sich links neben der durch *neuSuchen* bezeichneten Spalte befindet, ausgeblendet werden.

5. Geben Sie folgende Anweisung vor der Anweisung *End Sub* ein:

```
Range("C1",neuSuchen.Offset(0,-1)).EntireColumn.Hidden = True
```

Damit wird der Bereich zwischen Zelle C1 und der Zelle, die sich links von der Zelle mit dem gesuchten Monatsnamen befindet, ausgewählt. Dann werden die Spalten in diesem Bereich ausgeblendet.

6. Speichern Sie die Arbeitsmappe, und drücken Sie wiederholt F8, um das Makro schrittweise auszuführen. Beachten Sie, wie die Spalten C bis H ausgeblendet werden.

Sie werden diese Subroutine nun so ändern, dass die Spalten bis zu einem beliebigen Datum ausgeblendet werden können. Dazu muss festgestellt werden, ob die *Find*-Methode eine Entsprechung gefunden hat oder nicht. Wenn die *Find*-Methode eine Entsprechung findet, weist sie der Variablen einen Zellbezug zu. Wenn die *Find*-Methode keine Entsprechung findet, weist sie der Variablen einen besonderen Objektverweis namens *Nothing* zu. Sie können damit überprüfen, ob das Objekt gleich *Nothing* ist. Da Objektbezüge verglichen werden (und nicht Werte), wird der Vergleich nicht mit dem Gleichheitszeichen formuliert. Sie verwenden stattdessen das speziell für Objektvergleiche vorgesehene Schlüsselwort *Is*.

Eine Variable, die mit dem Typ *Variant* deklariert ist, enthält den Wert *Empty*, wenn ihr kein anderer Wert zugewiesen wird. Eine Variable, die als Objekttyp deklariert ist, enthält den Verweis *Nothing,* wenn ihr kein anderer Objektverweis zugewiesen wird. *Empty* bedeutet also so viel wie „kein Wert", und *Nothing* bedeutet so viel wie „kein Objektbezug". Um zu überprüfen, ob die Variable *neuWert* den Wert *Empty* enthält, verwenden Sie den Ausdruck *IsEmpty(neuWert)*. Mit dem Ausdruck *neuObjekt Is Nothing* überprüfen Sie, ob die Variable *neuObjekt* einen Verweis auf *Nothing* enthält.

7. Fügen Sie die Anweisungen *If* und *End If* um die Anweisung, mit der die Spalten ausgeblendet werden, hinzu:

```
If Not neuSuchen Is Nothing Then
    Range("C1", neuSuchen.Offset(0, -1)) _
.EntireColumn.Hidden = True
End If
```

Wenn die *Find*-Methode fehlschlägt, weist sie der Variablen *neuSuchen* den Wert *Nothing* zu, sodass der Bedingungsausdruck den Wert *False* hat und keine Spalten ausgeblendet werden.

8. Testen Sie nun die Fähigkeit des Makros, Fehler abzufangen, indem Sie den Wert der *Find*-Methode von *01.05.2002* zu **Enzian** ändern. Dann führen Sie das Makro schrittweise aus und beobachten, was während der Bearbeitung der *If*-Struktur passiert. Halten Sie den Mauszeiger über die Variable *neuSuchen*. Sie enthält den Wert *Nothing*. Das Codefenster sollte nun wie Abbildung 11.34 aussehen.

Abbildung 11.34 Die *Find*-Methode gibt *Nothing* zurück, wenn keine Entsprechung gefunden wird

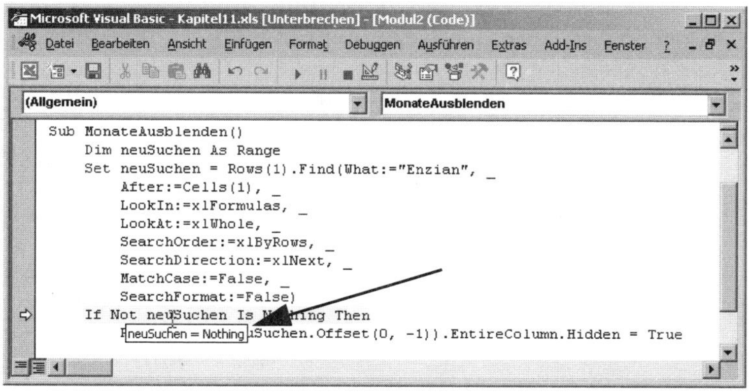

Wenn nach einem Datum in Zeile 1 gesucht wird, enthält *neuSuchen* einen Verweis auf die Zelle, die dieses Datums enthält, und das Makro blendet die Monate vor dem gefundenen Datum aus. Wenn nach etwas

anderem gesucht wird, enthält *neuSuchen* einen Verweis auf *Nothing*, und das Makro blendet keine Spalten aus.

9. Drücken Sie F5, um das Makro zu beenden.

10. Im letzten Arbeitsschritt werden Sie das Datum in ein Argument umwandeln. Geben Sie **StartMonat** in die Klammern nach *MonateAusblenden* ein, und ersetzen Sie "5/1/2002" bzw. "Enzian" (einschließlich der Anführungszeichen) durch **StartMonat**. Die überarbeitete (und fertige) Prozedur sollte wie folgt aussehen:

```
Sub MonateAusblenden(StartMonat)
    Dim neuSuchen As Range
    Set neuSuchen = Rows(1).Find(What:=StartMonat, _
        After:=Cells(1), _
        LookIn:=xlFormulas, _
        LookAt:=xlWhole, _
        SearchOrder:=xlByRows, _
        SearchDirection:=xlNext, _
        MatchCase:=False, _
        SearchFormat:=False)
    If Not neuSuchen Is Nothing Then
        Range("C1", neuSuchen.Offset(0, -1)) _
            .EntireColumn.Hidden = True
    End If
End Sub
```

11. Testen Sie nun das Makro. Drücken Sie Strg+G, um das Direktfenster anzuzeigen. Geben Sie **AnsichtAnzeigen "Alles"** und anschließend **MonateAusblenden "8/1/2002"** ein. Daraufhin werden die Spalten bis zum Monat August ausgeblendet (siehe Abbildung 11.35)

Abbildung 11.35
Alle Monate vor dem August wurden ausgeblendet

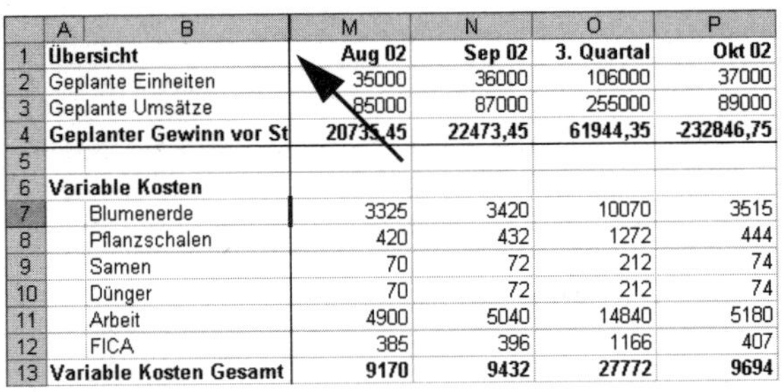

	A	B	M	N	O	P
1	**Übersicht**		**Aug 02**	**Sep 02**	**3. Quartal**	**Okt 02**
2	Geplante Einheiten		35000	36000	106000	37000
3	Geplante Umsätze		85000	87000	255000	89000
4	**Geplanter Gewinn vor St**		**20735,45**	**22473,45**	**61944,35**	**-232846,75**
5						
6	**Variable Kosten**					
7		Blumenerde	3325	3420	10070	3515
8		Pflanzschalen	420	432	1272	444
9		Samen	70	72	212	74
10		Dünger	70	72	212	74
11		Arbeit	4900	5040	14840	5180
12		FICA	385	396	1166	407
13	**Variable Kosten Gesamt**		**9170**	**9432**	**27772**	**9694**

12. Schließen Sie das Direktfenster, und speichern Sie die Arbeitsmappe.

Sie haben jetzt die Makros erstellt, die den funktionellen Kern des Formulars bilden und die gewünschten Zeilen und Spalten ein- und ausblenden. Im nächsten Abschnitt werden Sie diesen funktionellen Kern nun mit der Benutzeroberfläche – also dem Formular – verknüpfen.

Ein Formular implementieren

Sie haben eine Benutzeroberfläche erstellt, über die eingegeben werden kann, welche Zeilen und Spalten ausgedruckt werden sollen. Sie haben außerdem die notwendigen Funktionen für das Formular erstellt. Die Makros *AnsichtAnzeigen* und *MonateAusblenden* blenden die gewünschten Zeilen und Spalten ein und aus. Sie werden nun die Benutzeroberfläche mit dem funktionellen Kern (Makros und Ansichten) verknüpfen, damit die Funktionen über das Formular gesteuert werden können. Sie werden das Formular implementieren.

In unserem Beispielformular wird der Bericht mit der Schaltfläche *Drucken* formatiert und ausgedruckt. Sie werden den gesamten Programmcode, mit dem das Formular mit dem funktionellen Kern verknüpft wird, in die Prozedur *btnDrucken_Click* einfügen.

Optionsfelder implementieren

Damit Sie die Optionsfelder implementieren können, müssen Sie irgendwie feststellen können, welches Optionsfeld ausgewählt ist. Das Rahmen-Steuerelement verfügt über die Eigenschaft *Controls*, die eine Auflistung aller im Rahmen enthaltenen Steuerelemente liefert. Sie können diese Auflistung mit einer Schleifenanweisung abarbeiten, um zu ermitteln, welches Optionsfeld den Wert *True* hat.

1. Klicken Sie im Visual Basic-Editor in der Standardsymbolleiste auf die Schaltfläche *Projekt-Explorer*. Doppelklicken Sie auf das Formular *frmDrucken*, und schließen Sie dann das Projektfenster (siehe Abbildung 11.36).

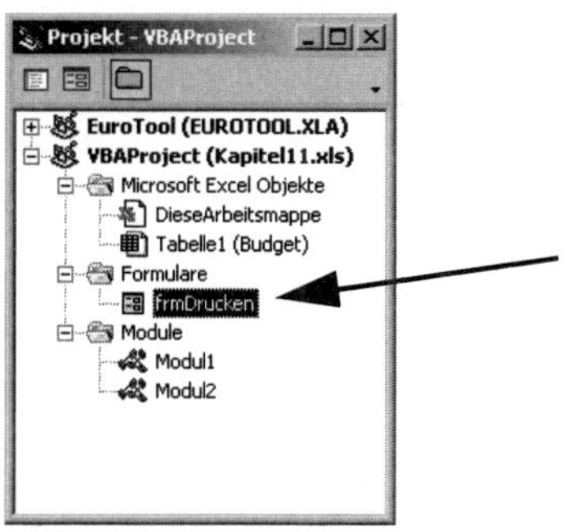

Abbildung 11.36 Das Formular kann über das Projektfenster aufgerufen werden

Wenn Sie Projekte bearbeiten, die verschiedene Komponenten enthalten, ist es häufig am einfachsten, die Komponenten über das Projektfenster aufzurufen.

2. Doppelklicken Sie auf die Schaltfläche *Drucken*, um die Ereignisbehandlungsprozedur *btnDrucken_Click* anzuzeigen.

3. Fügen Sie die folgenden Anweisungen am Beginn der Prozedur vor der Anweisung *Unload Me* ein:

```
Dim neuOption As Control
Dim neuAnsicht

For Each neuOption In grpZeilen.Controls
    If neuOption.Value = True Then
        neuAnsicht = neuOption.Caption
    End If


Next neuOption
AnsichtAnzeigen neuAnsicht
```

Diese *For-Each*-Schleife überprüft jedes im Rahmen enthaltene Steuerelement auf den Wert *True*. Die Schleifenvariable *neuOption* ist als Objekt vom Typ *Control* (also Steuerelement) und nicht vom Typ *OptionButton* (also Optionsfeld) deklariert, da ein Rahmen neben Optionsfeldern auch andere Steuerelementtypen enthalten kann.

Wenn die Steuerelemente eines Rahmens, der neben Optionsfeldern auch andere Steuerelemente enthält, in einer Schleife bearbeitet werden, sollten Sie überprüfen, ob es sich bei dem bearbeiteten Steuerelement um ein Optionsfeld handelt. Sie können mithilfe des Bedingungsausdrucks *TypeName(neuOption) = "OptionButton"* feststellen, ob das Steuerelement ein Optionsfeld ist.

Die Schleife speichert die Beschriftung der ausgewählten Option in einer Variablen. Diese Variable wird später während der Ausführung des Makros *AnsichtAnzeigen* als Argument verwendet. Es ist nun sehr hilfreich, dass Sie dieselben Namen für die benutzerdefinierten Ansichten und die Bezeichnungen der Optionsfelder verwendet haben.

4. Speichern Sie die Arbeitsmappe, und drücken Sie F8, um das Formular auszuführen. (Drücken Sie wiederholt F8, um die Initialisierungsprozeduren schrittweise auszuführen). Wenn das Formularentwurfsfenster oder das Codefenster aktiv ist, kann das Formular durch Drücken von F5 ausgeführt werden, doch das Codefenster muss zunächst mit F8 aktiviert werden. Wenn Sie F8 drücken, können Sie alle Ereignisbehandlungsprozeduren schrittweise ausführen lassen, die von Steuerelementen im Formular ausgelöst werden.

5. Klicken Sie auf das Optionsfeld *Überblick* und anschließend auf *Drucken*. Drücken Sie wiederholt [F8], um die Prozedur *btnDrucken_Click* schrittweise auszuführen. Schließen Sie das Meldungsfenster, falls notwendig.

   Mit einem gewissen Maß an Vorausplanung können Optionsfelder relativ einfach implementiert werden. In unserem Beispiel wurde die Implementierung der Optionsfelder dadurch erleichtert, dass gleich lautende Namen für die benutzerdefinierten Ansichten des Arbeitsblatts und für die Beschriftungen der Optionsfelder vergeben wurden. Wenn Sie eine vierte Ansicht hinzufügen wollten, müssten Sie diese neue Ansicht nur im Arbeitsblatt definieren und ein Optionsfeld mit der entsprechenden Beschriftung in das Formular einfügen. Die Prozeduren müssten nicht verändert werden.

Ein Kontrollkästchen implementieren

Wenn das Kontrollkästchen ausgewählt ist, soll die Ereignisbehandlungsroutine für die Schaltfläche *Drucken* das Makro *MonateAusblenden* ausführen. Das Makro *MonateAusblenden* blendet aber nichts aus, wenn ein Datum angegeben wird, das es nicht findet. Sie können diese Tatsache nutzen, indem Sie einer Variablen entweder das Datum aus dem Monatsfeld oder einen ungültigen Wert zuweisen.

1. Doppelklicken Sie auf die Schaltfläche *Drucken*, um die Prozedur *btnDrucken_Click* anzuzeigen, und fügen Sie nach *Dim neuAnsicht* folgende Anweisungen ein:

```
Dim neuMonat

If chkMonat.Value = True Then
    neuMonat = txtMonat.Value
Else
    neuMonat = "Kein Datum"
End If
```

   Mit diesen Anweisungen wird der Variablen *neuMonat* entweder der Wert aus dem Textfeld oder ein offensichtlich ungültiger Wert zugewiesen.

2. Fügen Sie die Anweisung **MonateAusblenden neuMonat** nach der Anweisung *AnsichtAnzeigen neuAnsicht* ein.

   Diese Anweisung wird nach der Anweisung *AnsichtAnzeigen* eingefügt, da die Ansicht geändert werden soll, bevor die Monate ausgeblendet werden. Durch den Aufruf der benutzerdefinierten Ansicht werden wieder alle ausgeblendeten Spalten angezeigt.

3. Speichern Sie die Arbeitsmappe, und drücken Sie [F5], um das Formular auszuführen. Wählen Sie das Kontrollkästchen, geben Sie **1.9.2002** in das

Textfeld ein, wählen Sie ein Optionsfeld aus und klicken Sie auf *Drucken*. Im Arbeitsblatt werden nur die Monate ab September angezeigt (siehe Abbildung 11.37).

	A B	N	O	P
1	**Übersicht**	**Sep 02**	**3. Quartal**	**Okt 02**
2	Geplante Einheiten	36000	106000	37000
3	Geplante Umsätze	87000	255000	89000
4	**Geplanter Gewinn vor St**	**22473,45**	**61944,35**	**-232846,75**
13	**Variable Kosten Gesamt**	**9432**	**27772**	**9694**
21	**Gehälter Gesamt**	**24827**	**74481**	**24827**
23	**Gehälter/Nebenkosten G**	**40964,55**	**122893,65**	**40964,55**

Abbildung 11.37 Das Datum im Textfeld des Formulars legt fest, ab welchem Monat die Daten angezeigt werden

4. Klicken Sie auf *OK*, um das Meldungsfenster zu schließen.

Fehler in einem Eingabefeld abfangen

Was passiert, wenn Sie das Formular ausführen und als Datum *Enzian* eingeben? Das Makro sollte nicht Spalten ausblenden, sondern eine Fehlermeldung ausgeben. Und wenn Sie als Datum *15.04.2002* eingeben? Im Idealfall sollte das Makro die Datumsangabe *15.04.2002* in das erforderliche Format *01.04.2002* konvertieren. Schlagen Sie in der Bibliothek der Funktionen nach, die Sie während dieses Projekts erstellt haben, und suchen Sie nach einer Funktion, die ein Datum in den ersten Tag des angegebenen Monats konvertiert.

1. Doppelklicken Sie auf die Schaltfläche *Drucken*. Ersetzen Sie in der Prozedur *btnDrucken_Click* die Anweisung *neuMonat = txtMonat.Value* durch **neuMonat = Monatsanfang(txtMonat.Value)**.

Die Funktion *Monatsanfang* berechnet für eine Datumsangabe den ersten Tag des betreffenden Monats. Falls die Datumseingabe kein gültiges Datum enthält, liefert die Funktion den Wert *Empty* zurück. (Sind Sie jetzt nicht froh, dass Sie mit der Funktion *Monatsanfang* ungültige Datumsangaben abfragen können?) Wenn die Variable *neuMonat* den Wert *Empty* enthält, soll eine Meldung angezeigt werden und eine Möglichkeit zur Fehlerkorrektur gegeben sein.

2. Fügen Sie die folgenden Anweisungen vor der Else-Anweisung ein:

```
If neuMonat = Empty Then
    MsgBox "Ungültige Monatsangabe"
    txtMonat.SetFocus
    txtMonat.SelStart = 0
    txtMonat.SelLength = 1000
    Exit Sub
End If
```

Wenn Sie das Formular ausführen, zeigt das Makro ein entsprechendes Meldungsfenster mit einer Fehlerbeschreibung an, falls Sie ein ungültiges Datum eingeben. Nachdem das Meldungsfenster geschlossen worden ist, sollte es sinnvollerweise möglich sein, einen korrekten Wert einzugeben. Um dies zu ermöglichen, muss das Makro aber das Textfeld aktivieren und den aktuellen ungültigen Inhalt auswählen.

Mit der *SetFocus*-Methode wird das Textfeld aktiviert. Mit der Zuweisung des Werts 0 zur Eigenschaft *SelStart* wird festgelegt, dass die Textauswahl ab dem Beginn des Textfelds erfolgen soll. Mit der Einstellung der Eigenschaft *SelLength* auf 1000 wird festgelegt, dass die Textauswahl den gesamten Inhalt des Textfelds umfassen soll. (Durch den Einsatz eines relativ großen Werts wie 1000 wird verhindert, dass die tatsächliche Länge des Feldinhalts berechnet werden muss.)

3. Speichern Sie die Arbeitsmappe, und drücken Sie [F5], um das Formular auszuführen. Wählen Sie ein Optionsfeld aus. Aktivieren Sie das Kontrollkästchen *Bei Monat beginnen*, geben Sie **Enzian** ein, und klicken Sie auf *Drucken*. Geben Sie testweise **23. Jun 02** ein, und klicken Sie auf *Drucken*. (Schließen Sie das Meldungsfenster.)

Wenn Sie ein Eingabefeld in ein Formular einfügen, müssen Sie bedenken, wie sich das Makro im Fall ungültiger Benutzereingaben verhalten soll. Häufig lässt sich dieses Problem durch die Anzeige einer Fehlermeldung und die Auswahl des ungültigen Eintrags am besten lösen. Die *SetFocus*-Methode und die Eigenschaften *SelStart* und *SelLength* sind hierbei äußerst hilfreich.

Den Bericht ausdrucken

Das Formular *Druckoptionen* ist nun mit allen möglichen Funktionen ausgestattet, es fehlt nur noch die Druckfunktion. Wenn Sie den Bericht erst in der Seitenansicht ausgeben lassen, können Sie ihn sich ansehen und dann entscheiden, ob Sie ihn auf Papier ausdrucken möchten.

1. Doppelklicken Sie auf die Schaltfläche *Drucken*. Ersetzen Sie in der Prozedur *btnDrucken_Click* die Anweisung *MsgBox "Ausdruck läuft"* durch **ActiveSheet.PrintPreview**. Nach dem „Ausdruck" des Berichts sollen wieder alle Zeilen und Spalten im Arbeitsblatt angezeigt werden.
2. Geben Sie nach der Anweisung *ActiveSheet.PrintPreview* die Anweisung **AnsichtAnzeigen "Alles"** ein.
3. Speichern Sie die Arbeitsmappe, und drücken Sie [F5], um das Formular auszuführen. Wählen Sie die Option *Überblick*, wählen Sie die Anzeige der Monate ab August, und klicken Sie auf die Schaltfläche *Drucken*. Klicken Sie auf *Zoom*, um den Bericht genauer unter die Lupe nehmen zu können (siehe Abbildung 11.38).
4. Schließen Sie das Seitenansichtsfenster.

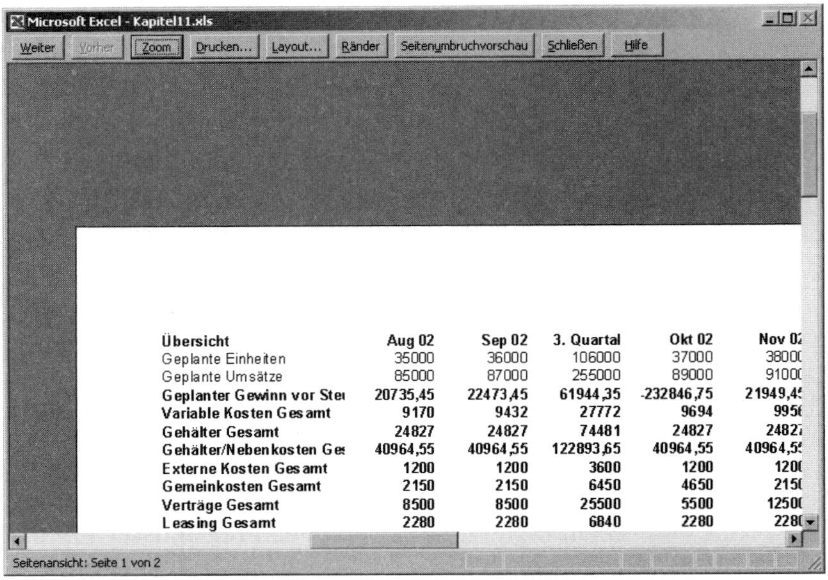

Abbildung 11.38
In der Seitenansicht wird angezeigt, wie der ausgedruckte Bericht aussehen wird

Die Benutzeroberfläche des Formulars ist nun mit der Funktionalität verknüpft. Wir müssen nun nur noch dafür sorgen, dass der Anwender das Formular aus Excel anstatt aus Visual Basic heraus ausführen kann.

Das Formular starten

Zum Starten des Formulars werden Sie ein Standardmakro erstellen, mit dem das Formular angezeigt wird. Dann erstellen Sie Ereignisprozeduren, die beim Öffnen der Arbeitsmappe automatisch einen Menübefehl in die Excel-Menüleiste einfügen und ihn beim Schließen der Arbeitsmappe wieder entfernen.

1. Klicken Sie auf die Schaltfläche *Projekt-Explorer*, um das Projektfenster anzuzeigen. Doppelklicken Sie auf das *Modul1* (also das Modul, das die Makros *AnsichtAnzeigen* und *MonateAusblenden* enthält), aktivieren Sie das Codefenster, und blättern Sie zum Ende des Moduls.
2. Fügen Sie folgendes Makro ein:

```
Sub FormularAnzeigen()
    frmDrucken.Show
End Sub
```

Mit der *Show*-Methode wird das Formular angezeigt. Sie nehmen über den Namen, den Sie dem Formular bei seiner Erstellung zugewiesen haben, auf das Formular Bezug.

Normalerweise können Sie ein Arbeitsblatt nicht aktivieren, wenn ein Formular angezeigt wird. Ein solches Formular wird *modales* Formular genannt. Soll der Anwender ein Arbeitsblatt verwenden, während das Formular angezeigt wird, fügen Sie nach der *Show*-Methode das Argument *False* hinzu. Sie definieren auf diese Weise ein *nichtmodales* Formular.

3. Doppelklicken Sie im Projektfenster auf das Objekt *DieseArbeitsmappe*. Wählen Sie *Workbook* aus der Objektliste, und fügen Sie die folgenden Anweisungen in den Rumpf der Prozedur *Workbook_Open* ein:

```
Dim neuSchaltfläche As CommandBarButton
Set neuSchaltfläche = _
    Application.CommandBars("Worksheet Menu Bar").Controls.Add
neuSchaltfläche.Caption = "Be&richt drucken"
neuSchaltfläche.Style = msoButtonCaption
neuSchaltfläche.BeginGroup = True
neuSchaltfläche.OnAction = "FormularAnzeigen"
```

Die *CommandBars*-Auflistung funktioniert wie alle anderen Auflistungen: Sie können über den Namen auf ein Element Bezug nehmen. Die *Controls*-Auflistung funktioniert ebenfalls wie alle anderen Auflistungen: Sie fügen ein Element – in diesem Fall ein *CommandBarButton*-Objekt – mit der *Add*-Methode der Auflistung hinzu. Die *Add*-Methode liefert einen Verweis auf das neue Objekt, der dann einer Objektvariablen zugewiesen werden kann. Falls nichts anderes angegeben wird, fügt die *Add*-Methode das Steuerelement am Ende der Auflistung ein.

Die Beschriftung der Befehlsschaltfläche wird über die Eigenschaft *Caption* definiert. Indem Sie der Eigenschaft *Style* den Wert *msoButtonCaption* zuweisen, wird im Menü die Beschriftung statt des Symbols angezeigt. Mit der Eigenschaft *BeginGroup* wird ein Trennstrich links neben dem Befehl eingefügt, um diesen von den Standardbefehlen abzusetzen. Der Eigenschaft *OnAction* wird der Name des Makros zugewiesen, das ausgeführt werden soll. Diese Befehlsschaltfläche wird in die Hauptmenüleiste von Excel eingefügt, wenn die Arbeitsmappe geöffnet wird.

4. Wählen Sie aus der Liste *Prozedur* im oberen Bereich des Codefensters *BeforeClose*. Fügen Sie die folgenden Anweisungen als Körper der Prozedur *Workbook_BeforeClose* ein:

```
ActiveWorkbook.Save
On Error Resume Next
Application.CommandBars("Worksheet Menu Bar") _
    .Controls("Bericht drucken").Delete
```

Mit der ersten Anweisung wird die Arbeitsmappe gespeichert. Damit wird verhindert, dass Excel fragt, ob Sie die Arbeitsmappe speichern wollen. Mit der zweiten Anweisung wird das Makro davon abgehalten, eine Fehlermeldung auszugeben, wenn der Befehl *Bericht drucken* aus irgendeinem Grund nicht vorhanden ist. Mit der dritten Anweisung wird der neue Menübefehl *Bericht drucken* gelöscht. Diese Anweisungen werden immer dann ausgeführt, wenn die Arbeitsmappe geschlossen wird, und sie „verwischen alle Spuren" des Befehls *Bericht drucken*.

5. Wechseln Sie zu Excel. Speichern und schließen Sie die Arbeitsmappe.

6. Öffnen Sie die Arbeitsmappe *Kapitel11*, und ermöglichen Sie Excel die Aktivierung von Makros.

   Der neue Befehl *Bericht drucken* wird nach dem Öffnen der Arbeitsmappe ganz rechts in der Hauptmenüleiste von Excel angezeigt (siehe Abbildung 11.39).

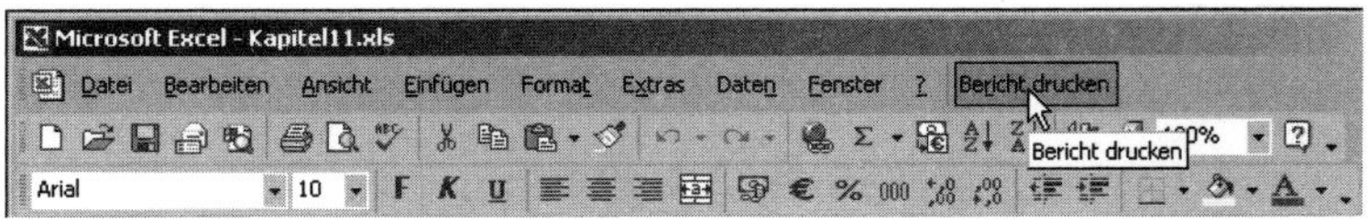

Abbildung 11.39
Der neue Befehl wird in der Hauptmenüleiste angezeigt

7. Klicken Sie auf den neuen Menübefehl *Bericht drucken*, und klicken Sie dann auf *Abbrechen*.

8. Schließen Sie die Arbeitsmappe.

   Der neue Befehl verschwindet. Das benutzerdefinierte Formular ist nun in Excel integriert.

Die Erstellung eines effizienten Formulars erfordert drei wesentliche Arbeitsschritte: die Erstellung der Benutzeroberfläche, die Erstellung des funktionellen Kerns und die Verknüpfung von Benutzeroberfläche und funktionellem Kern zu einem funktionellen Werkzeug. Nachdem Sie nun ein Formular erstellt haben, fahren Sie fort, und erstellen Sie weitere Formulare für Ihre eigenen Projekte.

Interaktive Managementberichte erstellen,
Seite 381

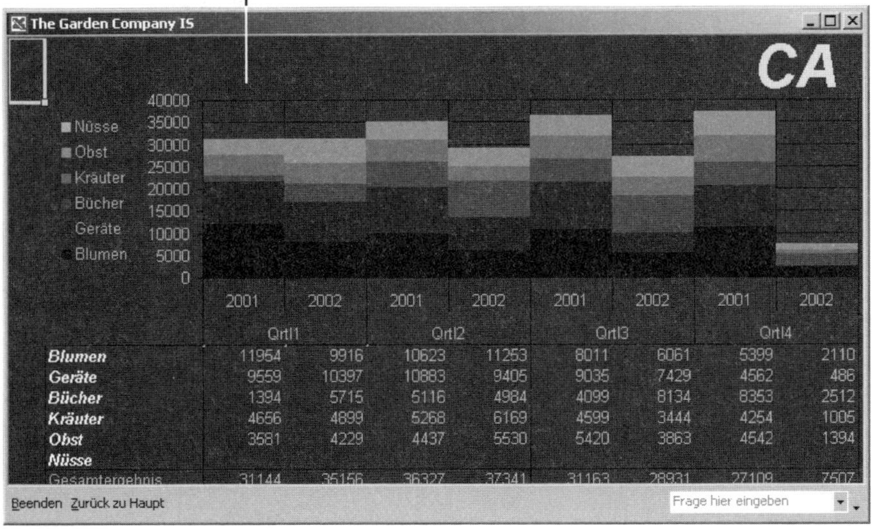

Einen animierten Startbildschirm anlegen,
Seite 399

12 Ein Informationssystem erstellen

In diesem Kapitel lernen Sie

- wie Sie Daten aus einer externen Datenbank abrufen.
- wie Sie eine grafische Benutzerschnittstelle für eine Anwendung erstellen.
- wie Sie ein animiertes Logo erstellen.
- wie Sie die Einstellungen für Arbeitsmappen ändern und wiederherstellen.

Ich war während meines Studiums zwei Jahre lang in Japan. Vor meiner Abreise aus den Vereinigten Staaten habe ich einen zweimonatigen Intensivsprachkurs absolviert. Nach diesen zwei Monaten war ich überzeugt, einigermaßen vernünftig Japanisch sprechen zu können. Dann bin ich in Tokio gelandet. In den ersten beiden Wochen war es mir nicht möglich, auch nur die *entfernteste* Ähnlichkeit zwischen der Sprache, die ich gelernt hatte, und der Sprache, die von den Einheimischen gesprochen wurde, zu erkennen. Dies war, gelinde gesagt, eine recht ernüchternde Erfahrung.

Nach einigen Wochen war ich in der Lage, gelegentlich einzelne Wörter aufzuschnappen, und nach einigen Monaten konnte ich mich recht gut verständigen. Nach diesen zwei Jahren war ich wieder überzeugt, einigermaßen vernünftig Japanisch sprechen zu können. Und diese Erfahrung hat mich gelehrt, dass Trockenübungen im Klassenzimmer eben etwas anderes sind als die praktische Anwendung im täglichen Leben.

Das Schreiben von Makros zu erlernen lässt sich in vielerlei Hinsicht mit dem Erlernen einer Fremdsprache vergleichen. Auch hier benötigen Sie neben der Theorie praktische Erfahrungen. In diesem Kapitel werden Sie ein einfaches, aber umfassendes Informationssystem (IS) erstellen, mit dem die Mitarbeiter einer fiktiven Firma die Aufträge der letzten zwei Jahre abrufen können. Bei der Entwicklung einer solchen Paketanwendung für andere Mitarbeiter sind zahlreiche neue Aspekte zu beachten, die sich aus der praktischen Verwendung ergeben und auf die Sie nicht aufmerksam werden, wenn Sie ein Makro ausschließlich für die eigene

Verwendung erstellen. In diesem Kapitel werden Sie sehen, wie Sie derartige Herausforderungen bewältigen können.

Die meisten Konzepte dieses Kapitels wurden bereits in früheren Kapiteln dieses Buches besprochen. In diesem Kapitel werden Sie erfahren, wie Sie diese verschiedenen Konzepte zur Erstellung einer umfassenden Paketanwendung einsetzen können, und Sie werden einige nützliche Tricks kennen lernen.

IS.xls

In diesem Kapitel werden zusätzlich zur Hauptübungsdatei *Kapitel12.xls* auch die Dateien *Karte.wmf*, *Aufträge.dbf*, *Aufträge.mdb* und *Code12a.txt* bis *Code12g.txt* verwendet, die Sie von der Begleit-CD zu diesem Buch installiert haben. Details zur Installation der Übungsdateien finden Sie im Abschnitt *Die Begleit-CD verwenden* am Anfang des Buches.

Das Kapitel beginnen

- Starten Sie Microsoft Excel. Stellen Sie sicher, dass eine leere Arbeitsmappe geöffnet ist.

Das vorhandene Informationssystem untersuchen

In diesem Kapitel werden Sie ein Informationssystem (IS) erstellen, mit dem die Auftragsdaten für die Bundesstaaten im Vertriebsgebiet der amerikanischen Niederlassung der Firma *The Garden Company* angezeigt werden. Damit Sie besser verstehen, welche Teile Sie für eine solche Anwendung benötigen, sehen wir uns zunächst die fertige Anwendung an, bevor Sie diese selbst von Grund auf neu erstellen.

Die Anwendung betrachten

1. Klicken Sie auf die Schaltfläche *Öffnen*, und wechseln Sie zum Ordner, der die Übungsdateien für dieses Buch enthält. Markieren Sie *IS.xls*, und klicken Sie auf *Öffnen*.
2. Aktivieren Sie die Makros, falls Sie dazu aufgefordert werden.

Nach dem Öffnen der Arbeitsmappe wird zuerst eine einführende Animation und dann eine farbige Landkarte der Bundesstaaten an der Westküste der USA angezeigt (siehe Abbildung 12.1).

3. Klicken Sie in der Landkarte auf *CA*.

Daraufhin werden die nach Quartalen zusammengefassten Auftragsdaten für einen Zeitraum von zwei Jahren zusammen mit einem Diagramm angezeigt (siehe Abbildung 12.2).

Abbildung 12.1 Der Hauptbildschirm mit der Animation

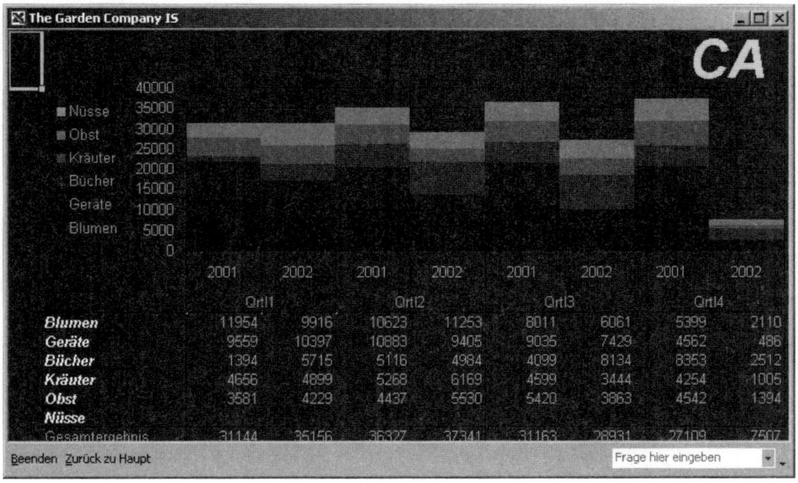

Abbildung 12.2 Die Daten für den Bundesstaat Kalifornien

4. Klicken Sie auf den Befehl *Zurück zu Haupt* in der unteren linken Ecke des Arbeitsmappenfensters, um wieder zur Landkarte zurückzukehren.

5. Klicken Sie auf den Befehl *Beenden* im unteren Bereich des Fensters, um die Arbeitsmappe zu schließen.

Dies ist ein einfaches Informationssystem. Es zeigt Daten aus einer Firmendatenbank in einer benutzerfreundlichen, übersichtlichen und effizienten Weise an.

Die Anwendung genauer untersuchen

Viele kleine Details machen den Unterschied zwischen einer benutzerfreundlichen, einfach zu bedienenden Anwendung und einer Anwendung aus, deren Einsatz eher frustrierend ist. Wir wollen uns das Informationssystem von *The Garden Company* noch einmal genauer ansehen und uns dabei auf einige Details konzentrieren, die wir in Ihr Informationssystem übernehmen wollen.

1. Bevor Sie die Arbeitsmappe mit dem Informationssystem erneut öffnen, sollten Sie verschiedene Symbolleisten anzeigen und auf dem Bildschirm anordnen (siehe Abbildung 12.3). Verändern Sie die Größe des Excel-Fensters, sodass es schmal und breit ist, damit Sie sofort feststellen können, ob die Anwendung das Fenster wieder auf seine ursprüngliche Größe zurücksetzt, wenn sie beendet wird.

Abbildung 12.3
Das Excel-Fenster mit verschiedenen Symbolleisten

2. Öffnen Sie erneut die Arbeitsmappe *IS*. Warten Sie den Beginn der Animation ab, und drücken Sie vor deren Ende Strg+UntBr.

   Die Animation wird angehalten, und die Prozedur, die die Animation steuert, beendet die Animation und zeigt die Landkarte an. Animationen können das Interesse der Betrachter wecken, aber auch die Nerven ungeduldiger Anwender strapazieren. Deshalb sollte jede Anwendung mit einer Animation eine Möglichkeit zum Abbruch der Animation bieten.

3. Setzen Sie den Mauszeiger dicht neben die Grenze zwischen Nevada (NV) und Arizona (AZ) (siehe Abbildung 12.4). Klicken Sie einmal auf Nevada, kehren Sie zur Haupttabelle zurück, und klicken Sie dann auf Arizona. Sie können auf eine beliebige Stelle innerhalb des Territoriums eines Bundesstaats (auch nahe an dessen Grenzen) klicken, um die Daten für diesen Bundesstaat anzuzeigen.

Klicken Sie auf die Grenze zwischen Nevada und Arizona

Abbildung 12.4
Der Hauptbildschirm der Anwendung

Der Bildschirm mit der Tabelle und der Landkarte ist tatsächlich ein Excel-Arbeitsblatt. In manchen Situationen sollen die Funktionen von Excel-Arbeitsblättern genutzt werden, ohne dass der Anwender dies bemerkt.

4. Versuchen Sie, eine Zelle in der Tabelle auszuwählen.

Es handelt sich hier offensichtlich um ein „Schaufenster", in dem man Dinge betrachten, aber nicht „anfassen" kann. Die Anwendung verwendet zwar ein Arbeitsblatt, aus der Sicht des Benutzers könnte es sich aber um eine völlig benutzerdefinierte Anwendung handeln. Die Datentabelle ähnelt zwar einem PivotTable-Bericht, weist aber einige Unterschiede auf.

5. Beachten Sie die Beschriftung ganz oben in der Anwendung. Hier wird *The Garden Company IS* und nicht Excel angezeigt. Diese Beschriftung trägt zum eigenen Erscheinungsbild der Anwendung bei.

6. Beachten Sie die Schaltfläche unten links im Anwendungsfenster. Sie sieht wie eine Symbolleiste bzw. eine Menüleiste aus, verfügt aber im Gegensatz zu den meisten Symbolleisten nicht über eine doppelte Trennlinie an der linken Seite, sodass Sie sie nicht verschieben können. In einem Informationssystem ist es häufig sinnvoll, dass der Anwender die Umgebung und das Erscheinungsbild der Anwendung nur in begrenztem Umfang verändern kann.

7. Klicken Sie auf die Schaltfläche *Beenden*.

Daraufhin wird wieder das ursprüngliche Excel-Fenster angezeigt: Es hat dieselbe Größe und Form wie zuvor und enthält die gleiche Symbolleistenanordnung.

Dieses Informationssystem verfügt über viele Details, die Sie im Verlauf dieses Kapitels in Ihr eigenes Informationssystem einbauen werden.

Daten aus einer Datenbank in einem Diagramm anzeigen

Als ersten Schritt werden Sie den funktionellen Kern der Anwendung erstellen: das Arbeitsblatt *Daten*. In diesem Arbeitsblatt werden mithilfe eines PivotTable-Berichts Daten aus einer externen Datenbank abgerufen. Sie werden dann ein Diagramm mit dem PivotTable-Bericht verknüpfen, und das Diagramm und den PivotTable-Bericht so formatieren, dass die Daten in einer ansprechenden Form präsentiert werden.

Externe Daten in einen PivotTable-Bericht übernehmen

Die einfachste Möglichkeit, um Daten aus einer externen Datenbank in einen PivotTable-Bericht zu übernehmen, ist die Verwendung einer Office Data Connection-Datei (ODC-Datei) Eine solche Datei enthält alle Informationen, die für eine Verbindung zu beliebigen OLE DB-Datenprovidern notwendig sind. OLE DB ist eine Datenverbindungstechnologie, die Ihnen Verbindungen zu einer Vielzahl von Datenquellen ermöglicht. Wenn Sie eine Datenverbindungsdatei erstellt haben, können Sie Daten in eine Liste oder in einen PivotTable-Bericht übernehmen.

1. Speichern Sie im Ordner mit den Übungsdateien eine neue leere Arbeitsmappe unter dem Namen **Kapitel12**. Benennen Sie das Arbeitsblatt *Tabelle1* dieser Arbeitsmappe in **Daten** um.

2. Klicken Sie im Menü *Daten* auf *Externe Daten importieren* und dann auf *Daten importieren*. (Verwenden Sie nicht den Befehl *PivotTable- und PivatChart-Bericht*.) Wählen Sie im Dialogfeld *Datenquelle auswählen* die Option *Neue Datenquelle erstellen*, und klicken Sie auf die Schaltfläche *Neue Quelle* (siehe Abbildung 12.5).

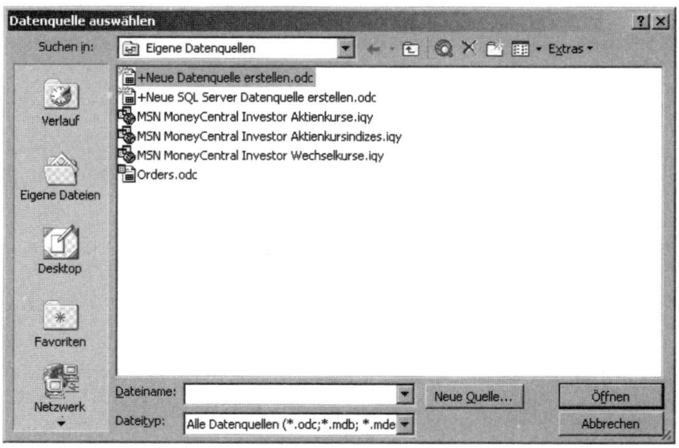

Abbildung 12.5 Das Dialogfeld *Datenquelle auswählen*

❸ Wählen Sie im Dialogfeld *Datenverbindungs-Assistent* (siehe Abbildung 12.6) die Option *Weitere/Erweiterte Optionen*, und klicken Sie auf die Schaltfläche *Weiter*.

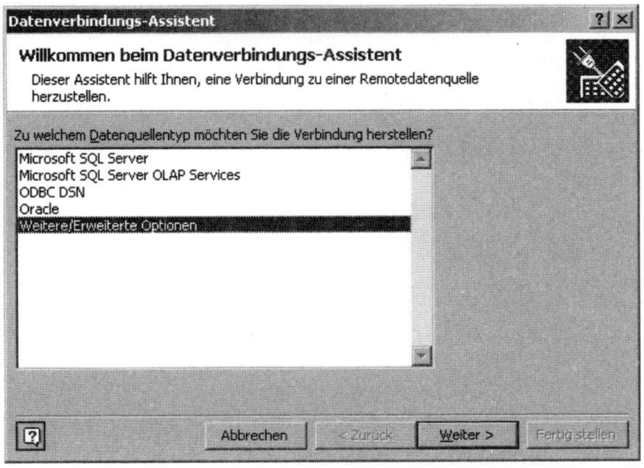

Abbildung 12.6
Das Dialogfeld *Datenverbindungs-Assistent*

❹ Klicken Sie im Dialogfeld *Datenverknüpfungseigenschaften* (siehe Abbildung 12.7) auf *Microsoft Jet 4.0 OLE DB Provider* und dann auf *Weiter*.

Nun wird die Registerkarte *Verbindung* eingeblendet.

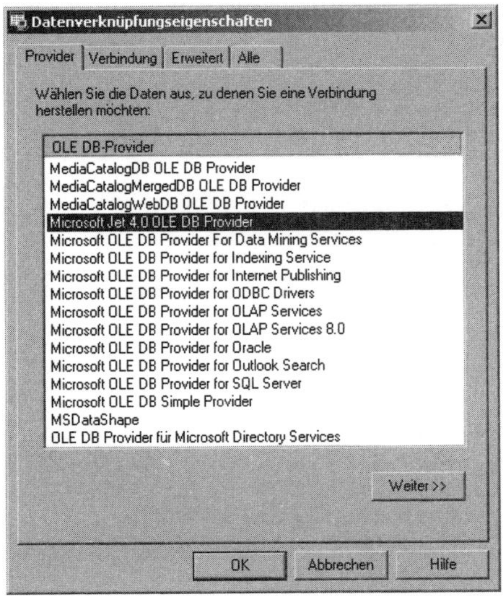

Abbildung 12.7
Das Dialogfeld *Datenverknüpfungseigenschaften*

❺ Klicken Sie auf der Registerkarte *Verbindung* (siehe Abbildung 12.8) auf die Schaltfläche mit den drei Punkten rechts neben dem Feld für die Eingabe eines Datenbanknamens. Wechseln Sie zum Ordner, der die

Übungsdateien für dieses Buch enthält, wählen Sie *Aufträge.mdb*, und klicken Sie auf *Öffnen*. Dann klicken Sie auf *OK*.

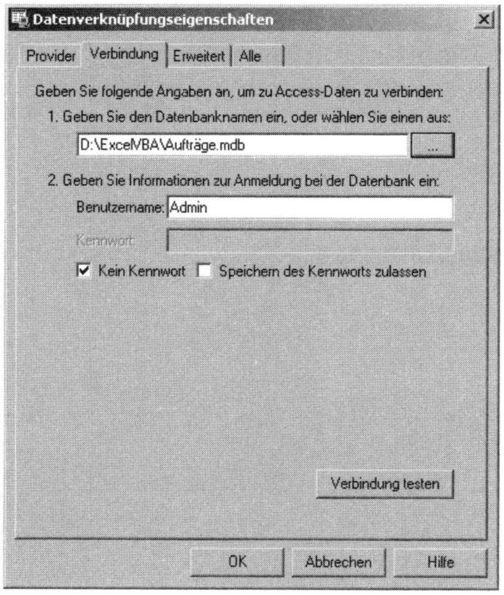

Abbildung 12.8 Die Registerkarte *Verbindung* des Dialogfelds *Datenverknüpfungseigenschaften*

❻ Auf der nächsten Seite des Assistenten wählen Sie die Tabelle, welche die Daten enthält. Vergewissern Sie sich, dass die Tabelle *Aufträge* ausgewählt ist, und klicken Sie auf *Weiter* (siehe Abbildung 12.9).

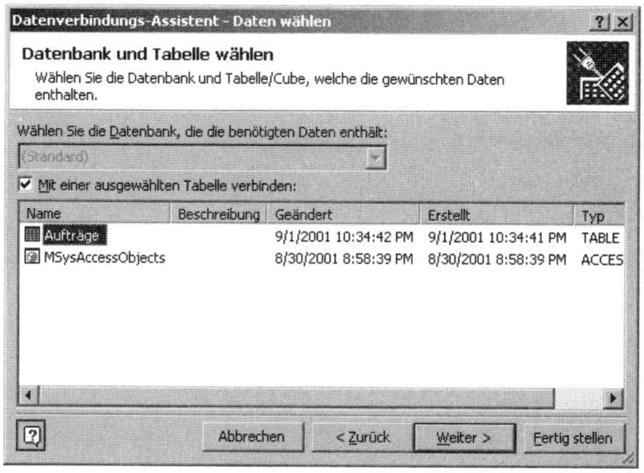

Abbildung 12.9 Die Wahl der Datentabelle im Dialogfeld *Datenverbindungs-Assistent – Daten wählen*

❼ Geben Sie in das Feld *Dateiname* als Name der neuen Datenverbindungsdatei **The Garden Company** ein (siehe Abbildung 12.10), klicken Sie auf *Fertig stellen* und dann auf *Öffnen*.

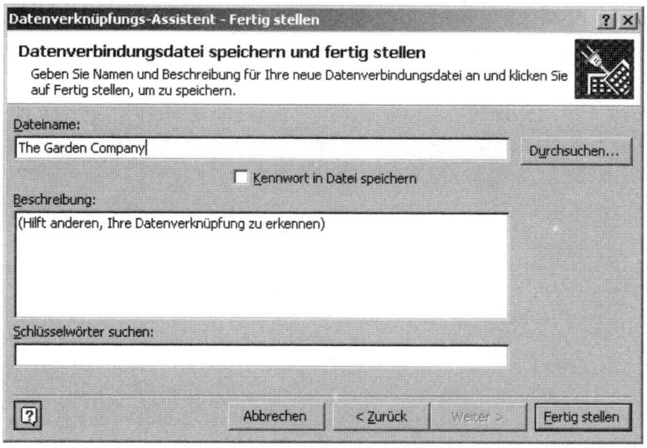

Abbildung 12.10 Die Benennung der Datenverbindungsdatei im Dialogfeld *Datenverbindungs-Assistent – Fertig stellen*

8. Klicken Sie im Dialogfeld *Daten importieren* (siehe Abbildung 12.11) auf *PivotTable Bericht erstellen*.

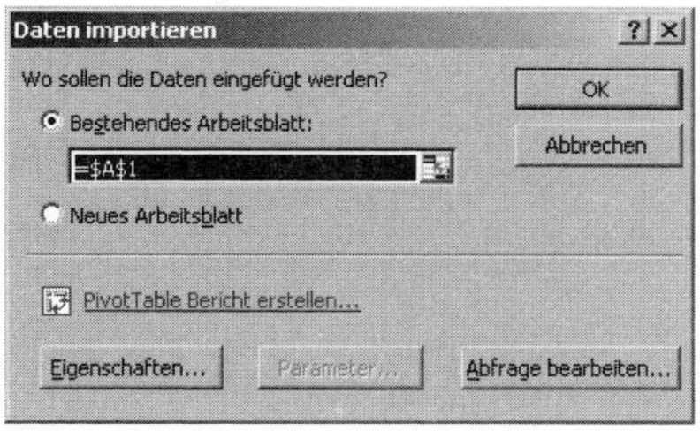

Abbildung 12.11 Das Dialogfeld *Daten importieren*

Wenn Sie den Befehl *Daten importieren* verwenden, können Sie aus der angegebenen Datenverbindung einen PivotTable-Bericht erstellen. Bei der Datenverbindung handelt es sich um eine einfache Datei, die Sie bei Bedarf auf einem anderen Computer verwenden können.

Den PivotTable-Bericht definieren

Wenn Sie über den Befehl *Daten importieren* einen PivotTable-Bericht erstellen, dann gelangen Sie direkt zu Schritt 3 von 3 des PivotTable- und PivotChart-Assistenten. Sie können nun das Erscheinungsbild des PivotTable-Berichts definieren.

1. Klicken Sie im Dialogfeld *Schritt 3 von 3* des Assistenten auf *Fertig stellen*.

Es erscheint das Gerüst des PivotTable-Berichts zusammen mit der *PivotTable-Feldliste* (siehe Abbildung 12.12). (Falls diese Feldliste nicht eingeblendet wird, klicken Sie in der Symbolleiste *PivotTable* auf die Schaltfläche *Feldliste anzeigen*. Wird die Symbolleiste *PivotTable* nicht eingeblendet, klicken Sie mit der rechten Maustaste in eine beliebige Symbolleiste und klicken dann auf *PivotTable*.)

Abbildung 12.12
Das Gerüst des PivotTable-Berichts und die *PivotTable-Feldliste*

❷ Ziehen Sie das Feld *Kategorie* in den Bereich *Zeilenfelder*, *Staat* in den Bereich *Seitenfelder*, *Datum* in den Bereich *Spaltenfelder* und *Netto* in den Bereich *Datenfelder* (siehe Abbildung 12.13). Schließen Sie dann die *PivotTable-Feldliste*.

Abbildung 12.13
Der neue PivotTable-Bericht

	A	B	C	D	E
1	Staat	(Alle)			
2					
3	Summe von Netto	Datum			
4	Kategorie	01.01.2000	01.02.2000	01.03.2000	01.04.2000
5	Blumen	4983,64	6472,32	4775,13	7805,35
6	Bücher				
7	Geräte			1117,25	1031,25
8	Kräuter	546,25	645,5	695,25	875,75
9	Nüsse	668,25	841,6	979,75	1183,43
10	Obst	807,5	883,75	933,75	1022,5
11	Gesamtergebnis	7005,64	8843,17	8501,13	11918,28
12					

❸ Klicken Sie in der Symbolleiste *PivotTable* auf das Menü *PivotTable* und dann auf *Tabellenoptionen*. Entfernen Sie die Häkchen neben *Gesamtergebnis für Spalten* und *Tabelle AutoFormatieren* (siehe Abbildung 12.14), und klicken Sie dann auf *OK*. Sie werden der PivotTable benutzerdefinierte Formate zuweisen und möchten verhindern, dass Excel das Format jedes Mal automatisch ändert, wenn Sie einen neuen Staat auswählen.

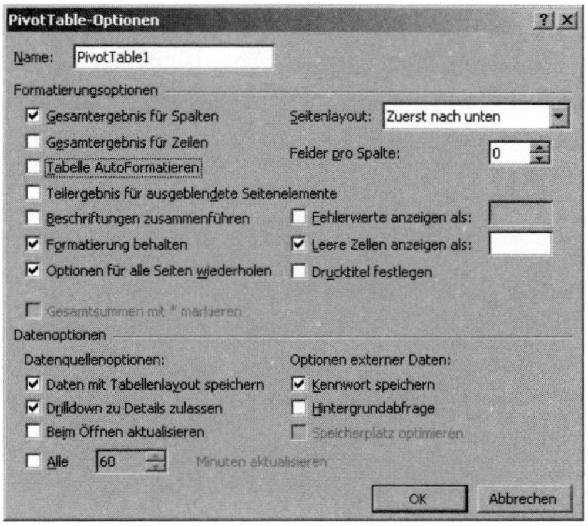

Abbildung 12.14 Das Dialogfeld *PivotTable-Optionen*

❹ Klicken Sie auf das Menü *PivotTable* und dann auf *Markieren*. Wählen Sie *Ganze Tabelle*. Wiederholen Sie den Vorgang, doch klicken Sie diesmal auf *Daten* statt auf *Ganze Tabelle*.

Damit werden alle Daten des Berichts markiert.

❺ Klicken Sie in der Symbolleiste *Format* auf die Schaltfläche *1.000er-Trennzeichen* und dann zwei Mal auf die Schaltfläche *Dezimalstelle löschen*. Klicken Sie auf einen leeren Bereich des Arbeitsblatts, um die Auswahl der Zellen aufzuheben.

Die Auftragszahlen werden nun mit Tausendertrennzeichen (Punkten) formatiert, wodurch sie leichter lesbar sind (siehe Abbildung 12.15)

	A	B	C	D	E	F	G
1	Staat	(Alle)					
2							
3	Summe von Netto	Datum					
4	Kategorie	01.01.2000	01.02.2000	01.03.2000	01.04.2000	01.05.2000	01.06.2000
5	Blumen	4984	6472	4775	7805	7761	5579
6	Bücher						
7	Geräte			1117	1031	3977	4868
8	Kräuter	546	646	695	876	1916	2396
9	Nüsse	668	842	980	1183	3279	3624
10	Obst	808	884	934	1023	3053	3280
11	Gesamtergebnis	7006	8843	8501	11918	19986	19747
12							

Abbildung 12.15 Durch das neue Zahlenformat ist der PivotTable-Bericht besser lesbar

Wenn Sie den PivotTable-Bericht erstellen, informiert die Datenverbindung den PivotTable-Bericht darüber, wo sich die Datenbank befindet. Die Datenverbindung speichert die gesamte Pfadangabe der Datenbank. Verschieben Sie die Arbeitsmappe oder die Datenbank an einen anderen

Speicherort, dann wird die Datenbank nicht mehr gefunden. In diesem Fall bearbeiten Sie die Verbindungszeichenfolge, damit der Bericht auf die Datenbankdatei im aktuellen Ordner zugreifen kann.

6. Klicken Sie im Menü *Daten* auf *Externe Daten importieren* und dann auf *Abfrage bearbeiten*. Markieren und löschen Sie im Feld *Verbindung* den Pfad, der dem Dateinamen *Aufträge.mdb* voransteht (siehe Abbildung 12.16). Nehmen Sie sonst keine Änderungen vor. Klicken Sie auf *OK*.

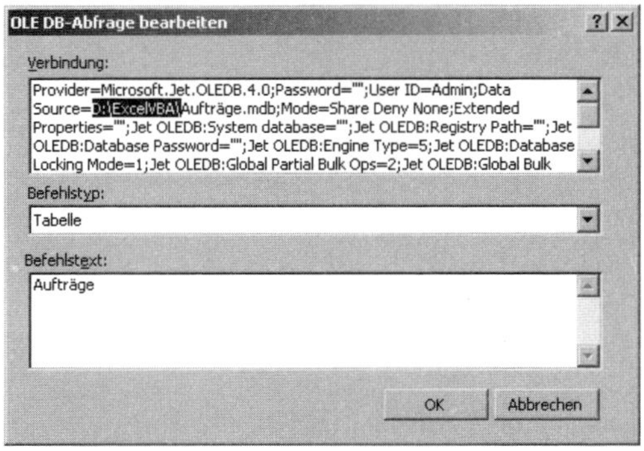

Abbildung 12.16 Das Dialogfeld *OLE DB-Abfrage bearbeiten*

Obwohl Sie eine Datenverbindungsdatei (*The Garden Company*) während der Erstellung des Berichts anlegen, werden im PivotTable-Bericht intern lediglich die Verbindungsinformationen gespeichert, die Datei selbst aber nicht wieder verwendet. Sofern Sie die Datenverbindung nicht für eine andere Anwendung benötigen, können Sie sie löschen, sobald der PivotTable-Bericht erstellt worden ist.

Sie löschen eine Datenverbindung, indem Sie so tun, als würden Sie Daten für eine neue PivotTable abfragen. Allerdings klicken Sie mit der rechten Maustaste auf die Datenverbindungsdatei und dann auf *Löschen*. Wenn Sie die Verbindung für einen bestehenden PivotTable-Bericht verändern möchten, dann wählen Sie Daten innerhalb des PivotTable-Berichts aus, zeigen im Menü *Daten* auf den Befehl *Externe Daten importieren* und klicken dann auf *Abfrage bearbeiten*.

Das Layout des PivotTable-Berichts verbessern

Sie möchten das Layout des Berichts verbessern und die Produktkategorien nach absteigenden Auftragszahlen sortieren. Außerdem sollen Quartale statt Monate angezeigt werden. Es sollen immer die gleichen Quartale angezeigt werden, auch wenn ein Staat gewählt wird, der in einem Quartal keine Aufträge vorzuweisen hat.

1. Wählen Sie in der Liste neben der Schaltfläche *Staat* den Staat *ID*, und klicken Sie dann auf *OK*.

Der Bericht ist nun kleiner und zeigt lediglich Kategorien und Monate an, in denen Idaho Aufträge vorzuweisen hat. Beachten Sie, dass die Kategorienliste alphabetisch sortiert ist, wobei *Geräte* vor *Kräuter* angezeigt wird, auch wenn die Auftragszahlen für *Geräte* niedriger sind (siehe Abbildung 12.17)

Abbildung 12.17
Der Bericht ist alphabetisch nach Kategorien sortiert

	A	B	C
1	Staat	ID	
2			
3	Summe von Netto	Datum	
4	Kategorie	01.09.2002	01.10.2002
5	Blumen	695	773
6	Bücher	1665	1733
7	Geräte	474	442
8	Kräuter	533	443
9	Obst	398	318
10	Gesamtergebnis	3763	3707

❷ Doppelklicken Sie auf *Kategorie* (im Zeilenbereich), markieren Sie *Elemente ohne Daten anzeigen*, und klicken Sie dann auf die Schaltfläche *Weitere*. Wählen Sie unter *AutoSortieren-Optionen Absteigend* und aus dem Listenfeld *Feld verwenden* unten links die Option *Summe von Netto*. Klicken Sie dann zwei Mal auf *OK*.

Nun werden alle Kategorien in absteigender Reihenfolge angezeigt (siehe Abbildung 12.18).

Abbildung 12.18
Durch die neuen Einstellungen im Dialogfeld *Weitere Optionen für PivotTable-Feld* werden alle Kategorien im Bericht angezeigt

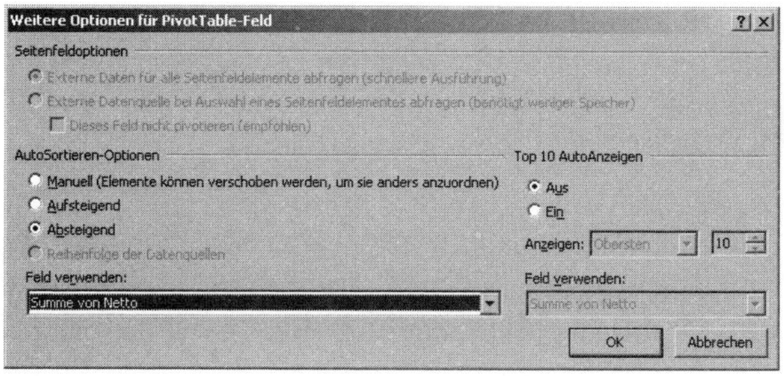

	A	B	C
1	Staat	ID	
2			
3	Summe von Netto	Datum	
4	Kategorie	01.09.2002	01.10.2002
5	Bücher	1665	1733
6	Blumen	695	773
7	Kräuter	533	443
8	Geräte	474	442
9	Obst	398	318
10	Nüsse		
11	Gesamtergebnis	3763	3707

❸ Wählen Sie in der Staatenliste den Eintrag *CA*.

Es wird zum Staat Kalifornien gewechselt. *The Garden Company* hatte im August 2000 die ersten Verkäufe in Kalifornien. Bedingt durch die Voreinstellung werden alle vorangegangenen Monate verborgen.

❹ Doppelklicken Sie auf *Datum* (im Spaltenbereich). Markieren Sie *Elemente ohne Daten anzeigen*, und klicken Sie dann auf *OK*.

Nun werden alle Monate angezeigt, unabhängig davon, ob in diesem Monat im entsprechenden Staat Aufträge eingegangen sind (siehe Abbildung 12.19).

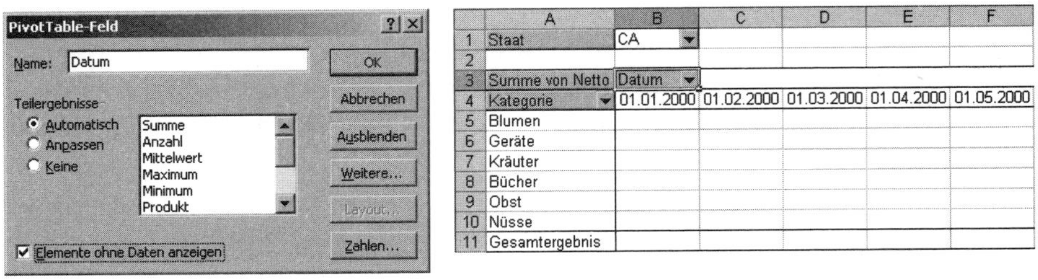

Abbildung 12.19 Es werden alle Monate im Bericht angezeigt

❺ Klicken Sie mit der rechten Maustaste auf *Datum* und unter *Gruppierung und Detail anzeigen* auf *Gruppierung*. Entfernen Sie im Dialogfeld *Gruppierung* die Markierung von *Monat*, und markieren Sie stattdessen *Quartale* und *Jahre*. Klicken Sie dann auf *OK*.

Die Monate werden automatisch in Quartalen und Jahren zusammengefasst, auch wenn die ursprüngliche Datenquelle keine solche Gruppierung enthält (Abbildung 12.20).

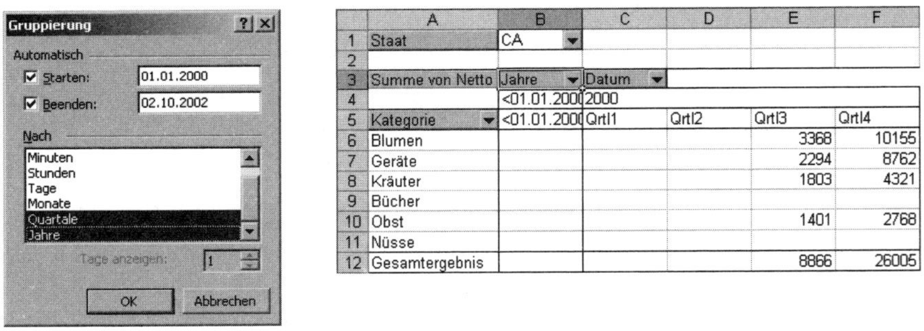

Abbildung 12.20 Der Bericht zeigt die Quartalsauftragszahlen an

Wenn Sie Datumsangaben gruppieren, werden zwei Zeilen mit Beschriftungen verwendet. Ein auf einem PivotTable-Bericht basierendes Diagramm kann problemlos eine oder mehrere Beschriftungszeilen enthalten. Da Sie *Elemente ohne Daten anzeigen* gewählt haben, werden zusätzliche Zeiträume am Anfang und am Ende angezeigt. Eigentlich möchten Sie diese Datumsangaben aus der Tabelle entfernen. Zudem können Sie das Jahr 2000 aus dem Bericht entfernen, sodass nur die beiden aktuellsten Jahre angezeigt werden.

❻ Klicken Sie auf den Pfeil neben *Jahre*, entfernen Sie die Markierung neben der Option *<01.01.00* und *>02.10.02*, und klicken Sie dann auf *OK*.

Der unerwünschte Zeitraum wird nicht mehr angezeigt (siehe Abbildung 12.21).

Der PivotTable-Bericht präsentiert nun Quartale und Jahre, sortiert die Produktkategorien nach absteigenden Auftragszahlen und behält unab-

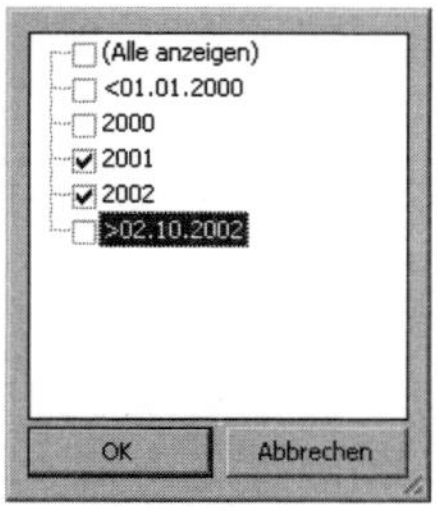

	A	B	C	D	E	F
1	Staat	CA				
2						
3	Summe von Netto	Jahre	Datum			
4		2001				2002
5	Kategorie	Qrtl1	Qrtl2	Qrtl3	Qrtl4	Qrtl1
6	Blumen	11954	9916	10623	11253	8011
7	Geräte	9559	10397	10883	9405	9035
8	Bücher	1394	5715	5116	4984	4099
9	Kräuter	4656	4899	5268	6169	4599
10	Obst	3581	4229	4437	5530	5420
11	Nüsse					
12	Gesamtergebnis	31144	35156	36327	37341	31163

Abbildung 12.21
Der Bericht zeigt die beiden aktuellsten Jahre an

hängig vom ausgewählten Staat die gleichen Zeilen- und Spaltenüberschriften bei.

Den PivotTable-Bericht formatieren

Die Tabelle sieht gut aus, nur sollte die IS-Anwendung etwas ansprechender gestaltet werden. Außerdem soll die Spaltenbreite immer gleich bleiben, statt an die Daten angepasst zu werden. Zusätzlich benötigen Sie eine Kopie des PivotTable-Berichts, die als Datenquelle für ein Diagramm dienen soll.

1. Fügen Sie links von Spalte A eine neue Spalte und über Zeile 1 zwei neue Zeilen ein. Stellen Sie die Breite der Spalte A auf **3,5**, die Breite der Spalte B (die Kategoriebeschriftungen) auf **18**, die Breite der Spalten C bis J (die Datenwerte) auf **9** und die Breite der Spalte K auf **1,3** ein.

Soll ein auf einem *PivotTable*-Objekt basierendes Diagramm eine andere Ausrichtung als der PivotTable-Bericht besitzen, müssen Sie eine Kopie des PivotTable-Berichts anlegen und diese dann als Grundlage des Diagramms verwenden. Da beide *PivotTable*-Objekte auf den gleichen Datencache zugreifen, beansprucht das zweite Objekt keine zusätzlichen Systemressourcen.

2. Bevor Sie mit der Formatierung des PivotTable-Berichts fortfahren, kopieren Sie das Arbeitsblatt *Daten*. Halten Sie [Strg] gedrückt, und ziehen Sie das Register *Daten* nach rechts. Nennen Sie das neue Arbeitsblatt **Diagrammdaten**, und wechseln Sie wieder zur Tabelle *Daten*.

3. Der Hintergrund soll dunkelgrau (und die schwarzen Umrandungen im PivotTable-Bericht sichtbar) und die Schrift der meisten Zellen hellgrau sein. Drücken Sie [Strg]+[A], um das gesamte Arbeitsblatt *Daten* auszuwählen. In der Symbolleiste *Format* klicken Sie auf den Pfeil neben der Schaltfläche *Füllfarbe* und wählen *Grau-80%* (die oberste Farbe in der rechten Spalte). Dann klicken Sie auf den Pfeil neben der Schaltfläche *Schriftfarbe* und wählen *Grau-25%* (die vierte Farbe von oben in der rechten Spalte) (siehe Abbildung 12.22). Klicken Sie auf die Zelle A1.

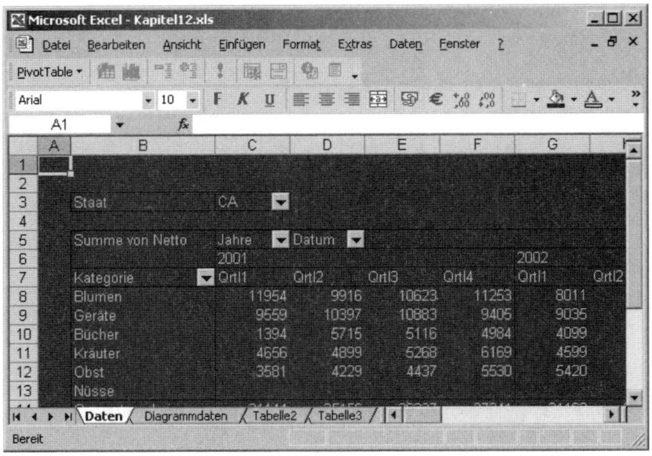

Abbildung 12.22
Dem Arbeitsblatt wurden neue Farben zugewiesen

4. Positionieren Sie den Mauszeiger oberhalb der Zelle B7, bis sich dessen Darstellung in einen schwarzen nach unten gerichteten Pfeil ändert, und klicken Sie dann.

   Nun sind die Kategoriebeschriftungen markiert.

   Falls sich die Darstellung des Mauszeigers nicht ändert, wenn Sie ihn über die Beschriftungen in einem PivotTable-Bericht bewegen, dann ist die Auswahlfunktion für den Bericht nicht aktiviert. Klicken Sie auf die PivotTable-Daten. Klicken Sie in der Symbolleiste *PivotTable* auf die Menüschaltfläche *PivotTable*, dann auf *Markieren* und schließlich auf *Auswahl aktivieren*.

5. Ändern Sie die Darstellung der Kategoriebeschriftungen in *Fett Kursiv* und deren Farbe in *Weiß* (die fünfte Farbe in der rechten Spalte) (siehe Abbildung 12.23).

   Sie benötigen die Spaltenüberschriften des PivotTable-Berichts nicht, da das Diagramm Beschriftungen für die Jahre und Quartale besitzt. Sie werden den oberen Bereich des PivotTable-Berichts verbergen, fügen aber zunächst am Tabellenanfang eine Formel ein, die bezeichnet, welcher Bundesstaat gerade angezeigt wird.

6. Geben Sie in Zelle J1 die Formel =C3 ein, und formatieren Sie die Zelle. Ändern Sie die horizontale Ausrichtung in *Rechts*, den Schriftschnitt in *Fett Kursiv*, den Schriftgrad in *36* und die Farbe in *Türkis* (in der vierten Zeile die fünfte Farbe von links).

7. Verbergen Sie die Zeilen 3 bis 7 (siehe Abbildung 12.24). Speichern Sie dann die Arbeitsmappe *Kapitel12*.

Abbildung 12.23
Farbe und Format der Kategoriebeschriftungen wurden geändert

Klicken Sie oberhalb der Feldschaltfläche *Kategorie* auf das Tabellenblatt, um sämtliche Kategoriebeschriftungen auszuwählen

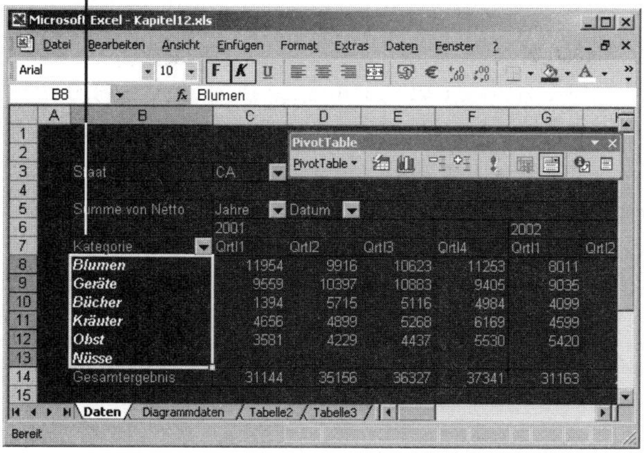

Abbildung 12.24
Zeilen mit Beschriftungen, die für den PivotTable-Bericht nicht erforderlich sind, wurden verborgen

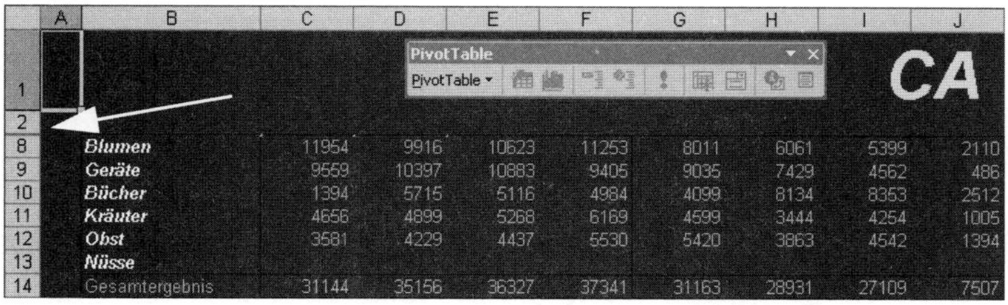

Der PivotTable-Bericht ist nun fertig gestellt. Im nächsten Abschnitt werden Sie ein Diagramm erstellen, in dem die Daten des PivotTable-Berichts angezeigt werden.

Ein Diagramm erstellen

Ein Diagramm kann die Interpretation der in einer Tabelle enthaltenen Zahlen erleichtern. Damit die Auftragsdaten sowohl nach Bundesstaaten zusammengefasst als auch nach Kategorien aufgeschlüsselt dargestellt werden können, empfiehlt sich der Einsatz des Diagrammtyps *Flächen (gestapelt)*. Bei diesem Diagrammtyp liegen die Flächen lückenlos nebeneinander.

Wenn Sie einem PivotTable-Bericht ein Diagramm zuordnen, dann handelt es sich um ein *PivotChart*-Objekt. Die Zeilenüberschriften des PivotTable-Berichts werden immer der horizontalen Achse des PivotChart-Diagramms zugewiesen. In unserem Fall sollen allerdings die Datumsangaben als Zeilenüberschriften des PivotTable-Berichts und als horizontale Beschriftungen des PivotChart-Diagramms dienen. Ihr Diagramm muss daher auf einer Kopie des PivotTable-Berichts basieren.

❶ Aktivieren Sie das Arbeitsblatt *Diagrammdaten*, klicken Sie auf den PivotTable-Bericht und dann in der Symbolleiste *PivotTable* auf die Schaltfläche *Diagramm-Assistent*, um ein neues PivotChart-Diagramm in einem neuen Tabellenblatt zu erstellen.

❷ Ziehen Sie das Feld *Kategorie* in den Legendenbereich und die Felder *Jahr* und *Datum* zur horizontalen Achse (siehe Abbildung 12.25).

Abbildung 12.25
Das PivotChart-Diagramm

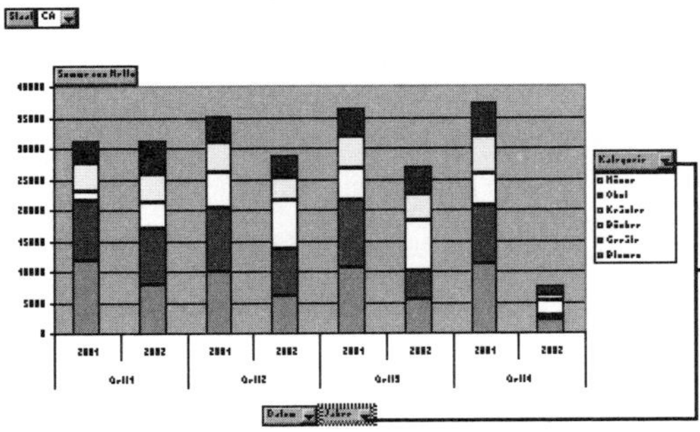

Mithilfe der Feld-Schaltflächen kann ein PivotChart-Diagramm wie ein PivotTable-Bericht bearbeitet werden

Ändern Sie die Anordnung im PivotChart-Diagramm, dann wirkt sich dies auch auf den PivotTable-Bericht aus. Wenn Sie die Ausrichtung eines PivotTable-Berichts unabhängig von einem darauf basierenden Diagramm steuern wollen, müssen Sie eine Kopie des Berichts erstellen.

❸ Klicken Sie in der Symbolleiste *PivotTable* auf *PivotChart* und dann auf *Pivot-Chart-Feld-Schaltflächen ausblenden*.

Da Sie das Diagramm nicht weiter anpassen, werden die Feldschaltflächen nicht mehr benötigt.

❹ Sie nehmen nun noch einige weitere Änderungen am allgemeinen Erscheinungsbild des Diagramms vor. Klicken Sie im Menü *Diagramm* auf *Diagrammoptionen*. Auf der Registerkarte *Gitternetzlinien* klicken Sie unter *Rubrikenachse (X)* auf *Hauptgitternetz*. Auf der Registerkarte *Legende* klicken Sie unter *Plazierung* auf *Links*. Klicken Sie dann *OK* an.

❺ Doppelklicken Sie auf eine der Spalten und dann auf die Registerkarte *Optionen*. Ändern Sie den Wert von *Abstandsbreite* auf **0**, und klicken Sie auf *OK*.

❻ Bevor Sie das Diagramm in das Arbeitsblatt mit dem PivotTable-Bericht verschieben, müssen Sie sicherstellen, dass sich die Schriftgröße nicht ändert. Doppelklicken Sie in den leeren Bereich oberhalb des Diagramms, um die Diagrammfläche zu formatieren. Im Dialogfeld *Diagrammfläche formatieren* (siehe Abbildung 12.26) entfernen Sie auf der Registerkarte *Schrift* das Häkchen neben *Automatisch skalieren* und klicken auf *OK*.

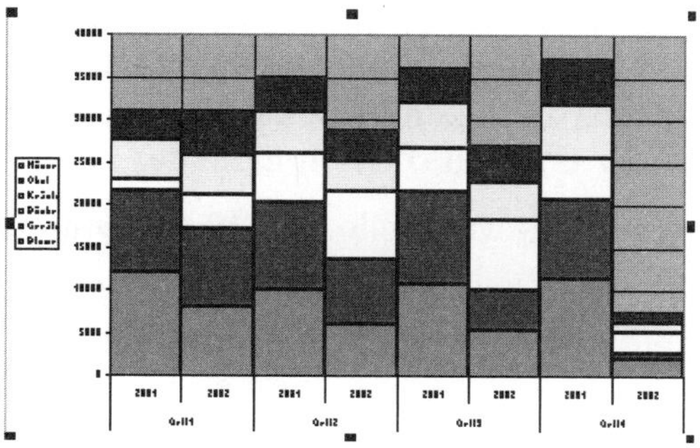

Abbildung 12.26 Das Dialogfeld *Diagrammfläche formatieren*

7. Sie können nun das Diagramm in das Arbeitsblatt *Daten* verschieben. Klicken Sie im Menü *Diagramm* auf *Speicherort*, wählen Sie *Als Objekt in Daten*, und klicken Sie auf *OK*.

   Das Diagramm wird nun im Arbeitsblatt angezeigt, und es verdeckt den formatierten Bericht (siehe Abbildung 12.27).

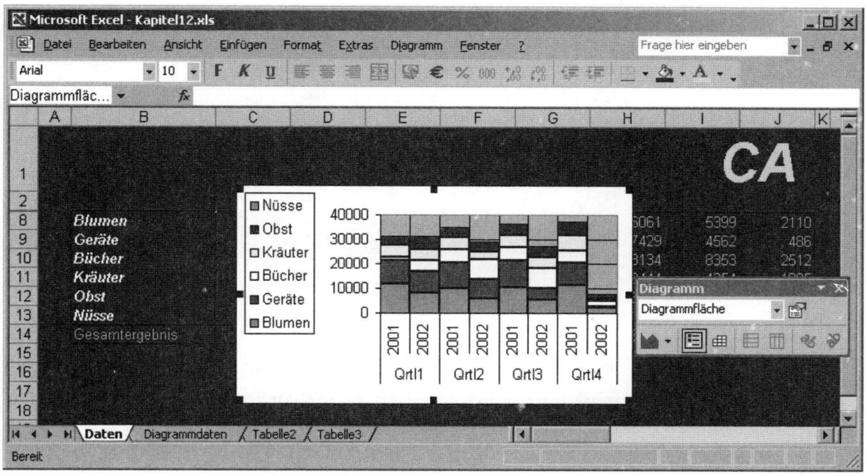

Abbildung 12.27 Das Diagramm verdeckt den PivotTable-Bericht

Das Diagramm soll über den Gitternetzlinien positioniert werden, sodass die Spalten des Diagramms an den entsprechenden Spalten der Tabelle ausgerichtet sind. Ändern Sie die Höhe von Zeile 2, dann ist ausreichend Raum für das Diagramm vorhanden. Wenn Sie festlegen, dass sich die Größe des Diagramms nicht automatisch anpasst, können Sie temporär die Zeilenhöhen ändern, um das Diagramm präzise zu positionieren.

8. Klicken Sie dazu im Menü *Format* auf *Markierte Diagrammfläche*, und markieren Sie dann auf der Registerkarte *Eigenschaften* die Option *Von Zellposition und -größe unabhängig*. Klicken Sie auf *OK*.

9. Ändern Sie die Höhe der Zeile 1 in **20** und die der Zeile 2 in **183**. Dann halten Sie [Alt] gedrückt, während Sie die obere linke Ecke des Diagramms zur oberen linken Ecke der Zelle A2 und die untere rechte Diagrammecke zur unteren rechten Ecke der Zelle K2 ziehen.

10. Ändern Sie die Höhe von Zeile 1 in **40** und von Zeile 2 in **150**.

Das Diagramm überschneidet sich nun mit der Anzeige des Bundesstaats und mit einem Teil der Tabelle (siehe Abbildung 12.28), doch dadurch erreichen Sie, dass die Elemente ineinander übergehen, wenn Sie das Diagramm transparent gestalten.

Abbildung 12.28
Das Diagramm wird so über dem PivotTable-Bericht platziert, dass es die Daten teilweise überlappt

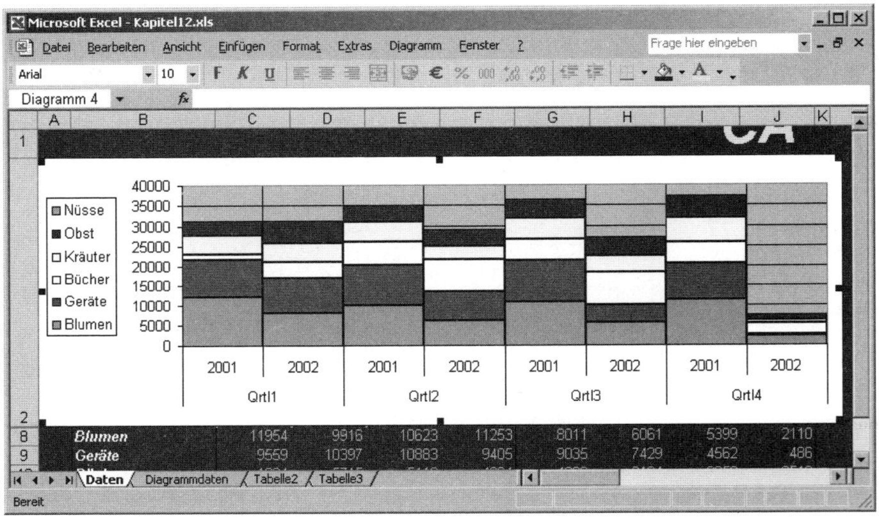

Sie können nun die Zeilen- und Spaltenüberschriften ausblenden, weil sie nicht mehr benötigt werden.

11. Falls das Diagramm markiert ist, drücken Sie [Esc]. Klicken Sie im Menü *Extras* auf *Optionen*. In der Registerkarte *Ansicht* entfernen Sie das Häkchen neben *Zeilen- und Spaltenüberschriften* und klicken auf *OK*.

Wenn Sie den Mauszeiger über Elemente in einem Diagramm bewegen, zeigt ein Diagrammtipp Informationen über das Element an. Sie möchten, dass der Diagrammtipp den Wert jedes Elements anzeigt, nicht jedoch dessen Name. Diese Änderung führen Sie mit einer globalen Diagrammoption durch.

12. Klicken Sie im Menü *Extras* auf *Optionen*. Auf der Registerkarte *Diagramm* entfernen Sie das Häkchen neben *Namen anzeigen* und klicken auf *OK*.

Das PivotChart-Diagramm formatieren

Das Diagramm soll transparent gestaltet werden, damit es sich besser in die Tabelle integriert. Dazu ändern Sie die Diagrammfläche, die Zeichenfläche sowie die Legende. Statt jedes einzelne Objekt interaktiv auszuwählen und zu ändern, führen Sie die Änderungen mit Microsoft Visual Basic für Applikationen im Direktfenster aus. Außerdem werden Sie die Farbe der Schriften des Diagramms in Hellgrau ändern (siehe Abbildung 12.29).

1. Aktivieren Sie den Visual Basic-Editor, und geben Sie im Direktfenster die folgenden Anweisungen ein:

```
set x = ActiveSheet.ChartObjects(1).Chart
x.ChartArea.Font.ColorIndex = 15
x.ChartArea.Fill.ForeColor.SchemeColor = xlNone
x.ChartArea.Border.LineStyle = xlNone
x.Legend.Fill.ForeColor.SchemeColor = xlNone
x.Legend.Border.LineStyle = 0
x.PlotArea.Fill.ForeColor.SchemeColor = xlNone
x.PlotArea.Border.Color = vbBlack
```

Damit Visual Basic die Methoden und Eigenschaften auflistet, erstellen Sie ein Makro, das die Anweisung *Dim x As Chart* enthält, und führen die Deklaration vor der Eingabe der Anweisungen im Direktfenster aus.

Abbildung 12.29 Alle Diagrammelemente wurden mithilfe von VBA-Anweisungen transparent gestaltet

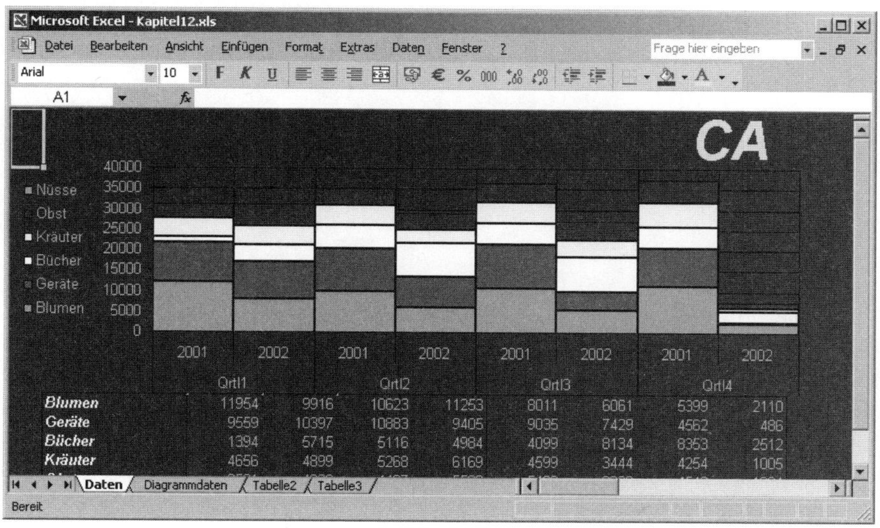

Der Name des Bundesstaats soll direkt über der Zeichenfläche angezeigt werden, und die Linien um die horizontalen Beschriftungen sollen den Rahmen des PivotTable-Berichts leicht berühren. Die Gitternetzlinien

sind links nicht perfekt ausgerichtet, aber da sich die Ausrichtung immer mit der Werteskala ändert, werden Sie später ein Makro erstellen, das die vertikale Ausrichtung anpasst.

Sie können auch die Diagrammfarben von Schwarz in Türkisschattierungen ändern. Excel setzt die acht Farben im Bereich von 17 bis 24 als Füllfarben von Diagrammen ein. Ihr Diagramm besitzt sieben Kategorien. Ändern Sie die Farben der Palette, dann können Sie die Diagrammfarben ändern. Die Farbe Türkis enthält die größtmögliche Menge (255) an Grün und Blau, doch kein Rot. Wenn Sie 255 durch 6 dividieren, erhalten Sie sieben Schattierungen der Farbe Türkis.

2. Geben Sie im Direktfenster die beiden folgenden Zeilen ein:

```
set x = ActiveWorkbook
For i=0 To 6:x.Colors(17+i)=RGB(0,i*(255/6),i*(255/6)):Next
```

Die Farben ändern sich in Türkisschattierungen (siehe Abbildung 12.30).

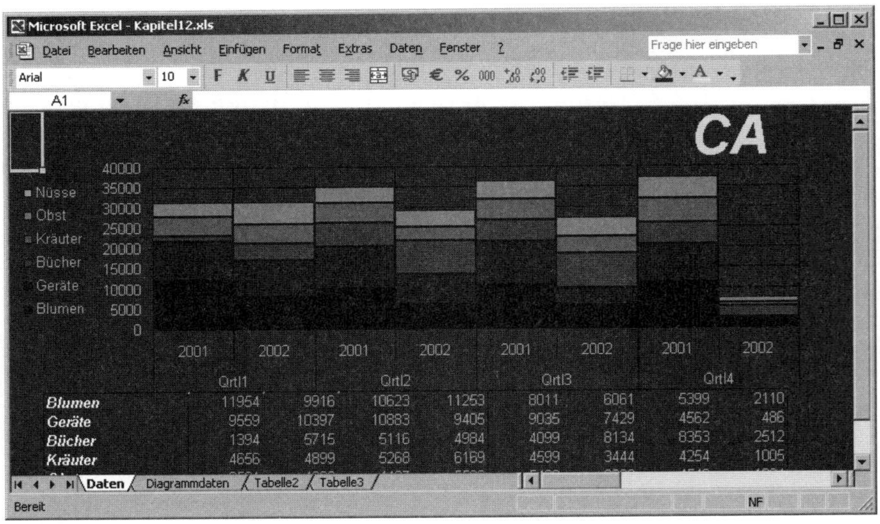

Abbildung 12.30 Die Diagrammelemente werden in Türkisschattierungen angezeigt

3. Wechseln Sie zu Excel, und speichern Sie die Arbeitsmappe *Kapitel12*.

Damit ist das Diagramm fertig gestellt. Es passt gut zum Hintergrund. Im nächsten Arbeitsschritt werden Sie einige einfache Makros erstellen, mit denen Sie sowohl das *PivotTable*- als auch das *PivotChart*-Objekt steuern können.

Den PivotTable-Bericht mit Makros steuern

Die Anwender der PivotTable- und PivotChart-Objekte setzen die Landkarte ein, um zwischen den Bundesstaaten zu wechseln. Dazu ist ein Makro erforderlich, das sowohl den Bundesstaat ändert als auch die Breite des Diagramms an die Gitternetzlinien des PivotTable-Berichts anpasst. Ein weiteres Makro soll den PivotTable-Bericht aktualisieren, damit Änderungen an der Datenbasis widergespiegelt werden.

Den PivotTable-Bericht über ein Makro ändern

Wenn Sie ein Makro erstellen, dem das Bundesstaatenkürzel als Argument übergeben wird, kann dieses Makro für jeden Bundesstaat verwendet werden. In diesem Abschnitt werden Sie zuerst ein Makro erstellen, das den PivotTable-Bericht so ändert, dass die Aufträge für einen Bundesstaat angezeigt werden. Dann werden Sie ein Argument einfügen, um das Makro zu verallgemeinern.

1. Klicken Sie in der Symbolleiste *Visual Basic* auf die Schaltfläche *Makro ausführen*. Geben Sie als Makronamen **PivotZuweisen** ein, und klicken Sie auf *Erstellen*.

   Daraufhin legt Visual Basic ein neues Makro namens *PivotZuweisen* an.

2. Geben Sie die folgenden Anweisungen in den Rumpf des Makros *PivotZuweisen* ein:

```
Worksheets("Daten").Select
ActiveSheet.PivotTables(1).PageFields(1).CurrentPage = "OR"
Worksheets("Diagrammdaten").PivotTables(1).PageFields(1) _
    .CurrentPage = "OR"
```

   Mit diesem Makro werden im PivotTable-Bericht die Aufträge aus dem Bundesstaat Oregon angezeigt. Mit der ersten Anweisung wird das Arbeitsblatt *Daten* ausgewählt, für den Fall, dass es nicht bereits aktiviert war. Mit der zweiten Anweisung wird der Wert der Eigenschaft *CurrentPage* für das Seitenfeld des PivotTable-Berichts geändert. Die dritte Anweisung führt die gleichen Änderungen für das PivotTable-Objekt im Arbeitsblatt *Diagrammdaten* aus. Im Augenblick ist der neue Bundesstaat (*OR* für *Oregon*) noch eine Konstante.

3. Drücken Sie [F5], um das Makro auszuführen und den Bundesstaat in Oregon zu ändern. Dann ändern Sie das Bundesstaatenkürzel im Makro zu **NV** (für *Nevada*) und probieren es erneut aus.

4. Nun können Sie das Makro so abändern, dass ihm das Bundesstaatenkürzel als Argument übergeben wird. Fügen Sie zwischen die Klammern

hinter dem Makronamen **StaatÄndern** ein. Dann ersetzen Sie *"NV"* jeweils durch **StaatÄndern**.

5. Rufen Sie durch Drücken von Strg+G das Direktfenster auf. Geben Sie **PivotZuweisen "AZ"** ein, und drücken Sie Eingabe. Nun werden die Auftragsdaten aus dem Bundesstaat Arizona angezeigt. Mit dem Makro *PivotZuweisen* kann sowohl im PivotTable- als auch im PivotChart-Objekt jeder beliebige Bundesstaat angezeigt werden.

6. Speichern Sie die Arbeitsmappe *Kapitel12*.

Ein Bundesstaat mit wenig Aufträgen, beispielsweise Idaho, besitzt schmalere Beschriftungen als andere größere Bundesstaaten. Das Makro muss immer dann die horizontale Position des Diagramms anpassen, wenn sich der Bundesstaat ändert.

Ein Diagramm mit einem Makro anpassen

Ein Diagramm vom Typ *Flächen (gestapelt)* wirkt am Besten, wenn die einzelnen Flächen nicht umrahmt sind. Sie können die Rahmen zwar entfernen, doch immer dann, wenn Sie den PivotTable-Bericht ändern, werden sie wieder eingeblendet. Hier bietet sich die Möglichkeit, ein einfaches Makro zu schreiben, das die Rahmen immer dann entfernt, wenn der PivotTable-Bericht geändert wird. Außerdem wirkt sich die Größe der Wertangaben darauf aus, wie die Gitternetzlinien der Diagrammbeschriftungen an die Gitternetzlinien des PivotTable-Berichts angepasst werden. Auch dies kann mit einem Makro jedes Mal behoben werden, wenn sich der Status ändert.

1. Aktivieren Sie den Visual Basic-Editor, und klicken Sie unter das Makro *PivotZuweisen*. Im Menü *Einfügen* klicken Sie auf *Datei*, wechseln zum Ordner mit den Übungsdateien für dieses Buch und doppelklicken auf die Datei *Code12a*. Im Modul wird das folgende Makro *DiagrammAnpassen* angezeigt:

```
Sub DiagrammAnpassen()
    Dim neuObjekt As ChartObject
    Dim neuDiagramm As Chart
    Dim neuBreite
    Dim neuLinks
    Dim neuBereiche As Series
    Set neuObjekt = ActiveSheet.ChartObjects(1)
    Set neuDiagramm = neuObjekt.Chart

    neuBreite = neuDiagramm.PlotArea.Width _
      - neuDiagramm.PlotArea.InsideWidth
    neuBreite = neuDiagramm.ChartArea.Left _
      + neuDiagramm.PlotArea.Left + neuBreite
```

```
    neuBreite = neuBreite - 0.5

    neuLinks = Range("C1").Left - neuBreite
    neuObjekt.Left = neuLinks
    neuObjekt.Width = Range("L1").Left - neuLinks

    For Each neuBereiche In neuDiagramm.SeriesCollection
        neuBereiche.Border.LineStyle = xlNone
    Next neuBereiche
End Sub
```

Dieses Makro besteht aus vier Abschnitten, die durch Leerzeilen getrennt sind. Der erste Abschnitt deklariert einige Variablen und weist sowohl dem Containerobjekt des Diagramms als auch dem Diagramm selbst Referenzen zu.

Der zweite Abschnitt des Makros berechnet die Breite des Bereichs vom linken Diagrammrand bis zum rechten Rand der Zeichenfläche. Die Zeichenfläche eines Diagramms besitzt zwei Definitionen. Bei der Zeichenfläche, die Sie im Diagramm markieren, handelt es sich eigentlich um die innere Zeichenfläche. Zur äußeren Zeichenfläche gehört zusätzlich der Bereich mit den Achsenbeschriftungen. Subtrahieren Sie die Breite der inneren Zeichenfläche von der Gesamtbreite, dann erhalten Sie die Größe der Beschriftungen. Addieren Sie diesen Wert zur Startposition der Diagrammfläche und der äußeren Zeichenfläche, erhalten Sie die Gesamtbreite von einer Ecke des Diagrammcontainers bis zur Ecke der inneren Zeichenfläche. Subtrahieren Sie einen halben Punkt von der Breite, sind die Gitternetzlinien besser ausgerichtet.

In einem PivotChart können Sie die Positionen der Objekte innerhalb des Diagramms nicht anpassen, sondern nur die Position des Containers. Der dritte Makroabschnitt berechnet, wie weit das Diagramm nach rechts verschoben werden muss, und vermindert dann die Breite um diesen Wert, damit der rechte Rand ausgerichtet ist.

Der letzte Abschnitt des Makros entfernt den Rahmen der Wertebereiche aus dem Diagramm. Die Anweisung *On Error Resume Next* ist notwendig, da einige Diagramme *leere* Wertebereiche enthalten können; solche Wertebereiche sind technisch in der Auflistung *SeriesCollection* vorhanden, erscheinen aber nicht auf dem Bildschirm und können nicht geändert werden.

2. Am Ende des Makros *PivotZuweisen* fügen Sie die Anweisung **DiagrammAnpassen** ein, und im Direktfenster geben Sie die Anweisung ein, die zum Bericht von Idaho wechselt, also: **PivotZuweisen "ID"**.

3. Fügen Sie im Makro *PivotZuweisen* oben die Anweisung **Application. ScreenUpdating = False** ein, und wechseln Sie im PivotTable-Bericht zu *"WA"*.

4. Speichern Sie die Arbeitsmappe *Kapitel12*.

Das Makro *PivotZuweisen* ist einsatzbereit. Sie werden später eine grafische Schnittstelle erstellen, die das Makro *PivotZuweisen* aufruft und den entsprechenden Bundesstaat als Argument übergibt.

Damit haben Sie die Kernfunktionalität der Anwendung erstellt. Der PivotTable-Bericht ruft nun Daten aus einer externen Datenbank ab, und das Diagramm zeigt die Daten übersichtlich an. Ihre nächste Aufgabe ist die Erstellung einer effizienten Möglichkeit zur Steuerung der Anwendung.

Eine grafische Benutzeroberfläche erstellen

Eine grafische Benutzeroberfläche wie beispielsweise eine Landkarte kann ein effizientes Mittel zur Präsentation von Optionen sein. In unserem Beispiel sollen die Anwender die Auftragsdaten eines Bundesstaats abrufen können, indem sie in der Landkarte auf einen Bundesstaat klicken, statt ihn aus einer Liste auszuwählen.

Eine Landkarte einfügen

Zuerst müssen Sie eine Landkarte in das Arbeitsblatt einfügen. Unter Windows können Grafiken und Bilder aus der Excel ClipArt-Gallerie oder aus einer Datei importiert werden. Für unsere Beispielanwendung importieren wir eine Grafik aus einer Datei.

1. Wählen Sie in der Arbeitsmappe *Kapitel12* das Blatt *Tabelle3*. Benennen Sie das Arbeitsblatt in **Haupt** um.

2. Drücken Sie [Strg]+[A], um alle Zellen auszuwählen, klicken Sie auf die Schaltfläche *Füllfarbe*, und ändern Sie die Farbe in Grün (die vierte Farbe in der zweiten Zeile des Farbmenüs).

3. Wählen Sie Zelle D3, klicken Sie im Menü *Einfügen* auf den Befehl *Grafik* und im Untermenü auf *Aus Datei*.

4. Wechseln Sie zum Ordner mit den Übungsdateien, wählen Sie die Datei *Karte.wmf*, und klicken Sie auf *Einfügen*.

5. Klicken Sie im Menü *Format* auf den Befehl *Grafik*, klicken Sie auf die Registerkarte *Größe*, geben Sie als *Höhe* den Wert **8,00 cm** ein, und klicken Sie auf *OK*.

6. Falls notwendig, klicken Sie auf die Schaltfläche *Zeichnen,* um die Symbolleiste *Zeichnen* aufzurufen. Klicken Sie in der Symbolleiste *Zeichnen* auf das Menü *Zeichnen*, klicken Sie auf den Befehl *Gruppierung aufheben,* und bestätigen Sie die Frage, ob das Bild in ein Microsoft Office-Zeichnungsobjekt konvertiert werden soll, mit *Ja*.

7. Klicken Sie erneut in der Symbolleiste *Zeichnen* auf die Schaltfläche *Zeichnen* und dann auf den Befehl *Gruppierung aufheben*.

   Daraufhin wird die Gruppe in separate Objekte für jeden Staat konvertiert, die einen eigenen Hintergrund besitzen (siehe Abbildung 12.31).

Abbildung 12.31
Die Landkarte mit dem neuen Füllmuster

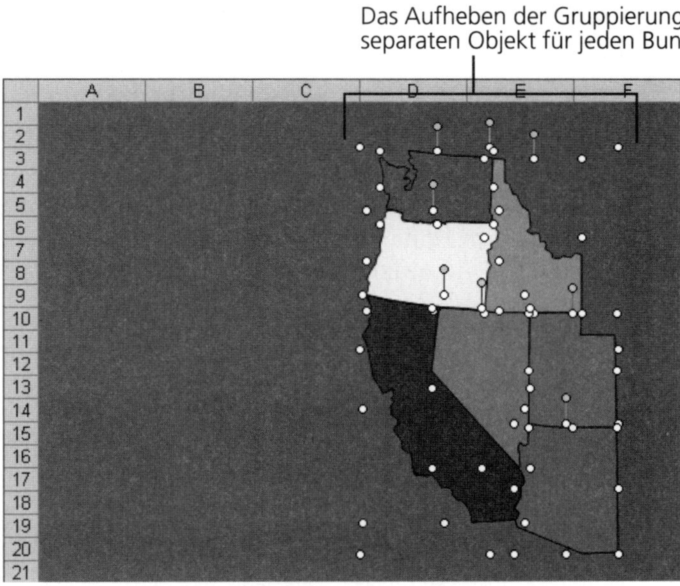

8. Drücken Sie [Esc], um die Markierung der Gruppe zu entfernen. Klicken Sie dann in die Umgebung der Zelle F4, um die Hintergrundform zu markieren, und drücken Sie [Entf].

9. Speichern Sie die Arbeitsmappe *Kapitel12*.

   Die Landkarte ist nun fertig gestellt. Jetzt kann der Anwender einfach auf den entsprechenden Bundesstaat klicken, um die gewünschten Daten aufzurufen. Um die Auswahl der Bundesstaaten etwas zu erleichtern, werden Sie aus jeweils zwei Buchstaben bestehende Bundesstaatenkürzel in die Karte eintragen.

Bundesstaatenkürzel in die Landkarte einfügen

Sie könnten Befehlsschaltflächen verwenden, um die Bundesstaatenkürzel in die Landkarte einzufügen. Schaltflächen bieten allerdings nur eingeschränkte Formatierungsmöglichkeiten. Stattdessen werden wir WordArt-Text verwenden, um die Bundesstaatenkürzel möglichst attraktiv zu gestalten. Da für jeden der sieben Bundesstaaten ein Kürzel hinzuzufügen ist, werden Sie ein einfaches Makro aufzeichnen und bearbeiten, um die Aufgabe einfacher zu gestalten.

1. Klicken Sie auf die Karte des Bundesstaats Washington.
2. Klicken Sie in der Symbolleiste *Visual Basic* auf die Schaltfläche *Makro aufzeichnen*. Geben Sie als Name des Makros **StaatBenennen** ein, und klicken Sie auf *OK*.
3. Klicken Sie in der Formelleiste links in das *Namenfeld*. Geben Sie **mapWA** ein, und drücken Sie `Eingabe`.

   Sie werden später ein Makro zuweisen, das ausgeführt wird, wenn Sie auf den Namen des Bundesstaats klicken. Wenn Sie das Kürzel des Bundesstaats am Ende des Namens jedes Grafikobjekts hinzufügen, dann können Sie ein einziges Makro für alle Staaten verwenden.
4. Klicken Sie auf den Pfeil neben der Schaltfläche *Füllfarbe*, und wählen Sie *Fülleffekte*. Wählen Sie unter *Farben* die Option *Einfarbig* und unter *Schattierungsarten* die Option *Aus der Mitte*. Klicken Sie dann auf *OK*.

   Damit wird der Hintergrund des Staates mit einem schattierten 3-D-Effekt ausgestattet. (siehe Abbildung 12.32)

Abbildung 12.32
Eine Form kann mit Fülleffekten versehen werden

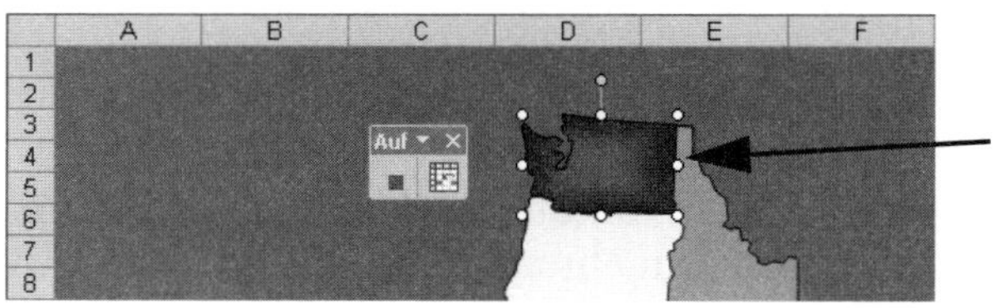

5. Klicken Sie in der Symbolleiste *Zeichnen* auf die Schaltfläche *WordArt einfügen*. Wählen Sie in der vierten Spalte der zweiten Zeile das silberne Format (siehe Abbildung 12.33), und klicken Sie auf *OK*.
6. Geben Sie im Dialogfeld *WordArt-Text bearbeiten* unter *Text* **WA** ein (siehe Abbildung 12.34), und klicken Sie auf *OK*.
7. Klicken Sie in das *Namenfeld*, geben Sie **lblWA** ein, und drücken Sie `Eingabe`.

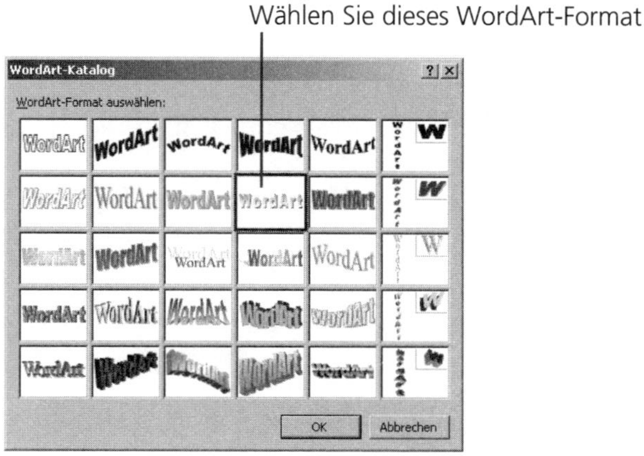

Abbildung 12.33 Das Dialogfeld *WordArt-Katalog*

❽ Wählen Sie im Menü *Format* die Option *WordArt*. Geben Sie im Register *Größe* als *Höhe* **0,9 cm** und als *Breite* **1,3 cm** ein. Klicken Sie auf *OK*.

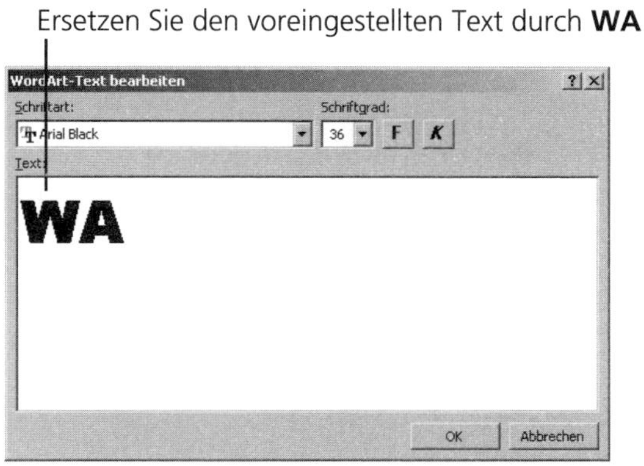

Abbildung 12.34 Das Dialogfeld *WordArt-Text bearbeiten*

❾ Beenden Sie die Aufzeichnung, und ziehen Sie die Beschriftung in die Mitte der Landkarte des Bundesstaats Washington (siehe Abbildung 12.35). (Falls Sie versehentlich die Karte von Utah statt der Beschriftung ziehen, drücken Sie Strg+Z.)

❿ Klicken Sie auf die Schaltfläche *Makro ausführen*, wählen Sie *StaatBenennen*, und klicken Sie dann auf *Bearbeiten*. Das aufgezeichnete Makro sollte wie folgt aussehen:

```
Sub StaatBenennen()
    Selection.Name = "mapWA"
    Selection.ShapeRange.Fill.ForeColor.RGB = RGB(1, 128, 4)
    Selection.ShapeRange.Fill.Transparency = 0#
    Selection.ShapeRange.Fill.OneColorGradient _
        msoGradientFromCenter, 1, 0.23
```

Abbildung 12.35
Die Landkarte mit dem neuen Füllmuster

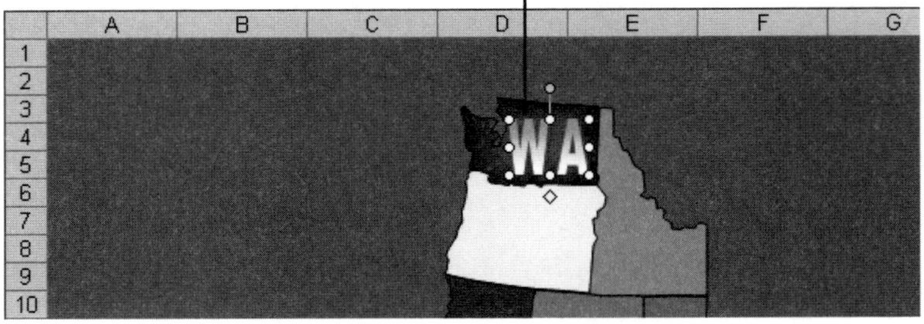


```
    ActiveSheet.Shapes.AddTextEffect(msoTextEffect10, _
        "WA", "Arial Black", 36#, _
        msoFalse, msoFalse, 245.25, 108#).Select
    Selection.Name = "lblWA"
    Selection.ShapeRange.LockAspectRatio = msoFalse
    Selection.ShapeRange.Height = 25.5
    Selection.ShapeRange.Width = 36.75
    Selection.ShapeRange.Rotation = 0#
End Sub
```

Der Text *WA* erscheint in diesem Makro drei Mal. Wenn Sie das Kürzel für den Bundesstaat in einem Argument übergeben, können Sie die weiteren sechs Beschriftungen einfacher hinzufügen.

11 Geben Sie **Staatkürzel** in die Klammern ein. Ersetzen Sie "*mapWA*" durch **"map" & Staatkürzel**, "*WA*" durch **Staatkürzel** sowie "*lblWA*" durch **"lbl" & Staatkürzel**. Das geänderte Makro sollte folgendermaßen aussehen:

```
Sub StaatBenennen(Staatkürzel)
    Selection.Name = "map" & Staatkürzel
    Selection.ShapeRange.Fill.ForeColor.RGB = RGB(1, 128, 4)
    Selection.ShapeRange.Fill.Transparency = 0#
    Selection.ShapeRange.Fill.OneColorGradient _
        msoGradientFromCenter, 1, 0.23
    ActiveSheet.Shapes.AddTextEffect(msoTextEffect10, _
        Staatkürzel, "Arial Black", 36#, _
        msoFalse, msoFalse, 245.25, 108#).Select
    Selection.Name = "lbl" & Staatkürzel
    Selection.ShapeRange.LockAspectRatio = msoFalse
    Selection.ShapeRange.Height = 25.5
    Selection.ShapeRange.Width = 36.75
    Selection.ShapeRange.Rotation = 0#
End Sub
```

12. Wechseln Sie zu Excel, und markieren Sie die Karte von Oregon. Geben Sie im Visual Basic-Direktfenster **StaatBenennen "OR"** ein, und drücken Sie [Eingabe]. In Excel ziehen Sie die neue Beschriftung *OR* in die Mitte der Karte von Oregon.

13. Wiederholen Sie diesen Schritt für jeden der weiteren Staaten, wobei Sie die entsprechenden Kürzel verwenden (ID, CA, NV, UT und AZ). Danach ist jedes Objekt mit dem Kürzel des Bundesstaats als die beiden letzten Buchstaben des Namens versehen (siehe Abbildung 12.36).

Abbildung 12.36 Jeder Bundesstaat wird durch sein Kürzel bezeichnet

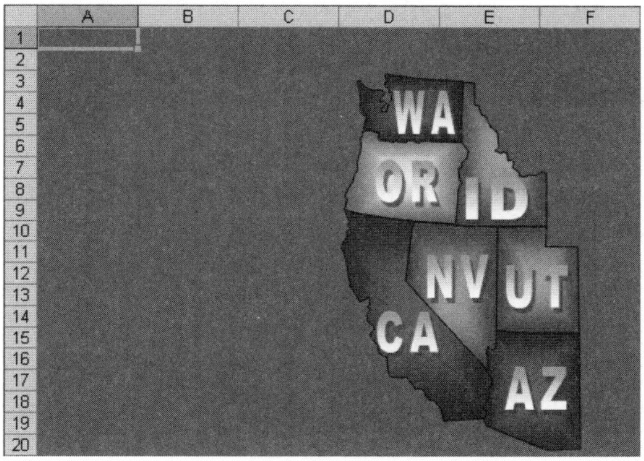

14. Speichern Sie die Arbeitsmappe *Kapitel12*.

Indem Sie sowohl dem WordArt-Objekt als auch der Karte jedes Bundesstaats Namen zuweisen, die mit dem aus zwei Buchstaben bestehenden Staatenkürzel enden, können Sie das Makro allgemeiner gestalten, das es den Benutzern ermöglicht, entweder auf die Buchstaben oder auf den Hintergrund zu klicken, um das Makro auszuführen.

Ein Makro mit den Grafikobjekten verknüpfen

Im Verlauf dieses Kapitels haben Sie ein Makro namens *PivotZuweisen* erstellt. Dieses Makro zeigt jeden beliebigen Bundesstaat an, vorausgesetzt, ihm wird das entsprechende Bundesstaatenkürzel übergeben. Zufälligerweise besteht das Bundesstaatenkürzel aus den letzten beiden Buchstaben der Objektnamen jedes Bundesstaats. Sie werden also ein Makro erstellen, das den Namen des Objekts abfragt und das Kürzel des Bundesstaats extrahiert, auf den der Anwender klickt.

Das *Application*-Objekt verfügt über eine Eigenschaft namens *Caller*, die in Makros verwendet werden kann. Visual Basic bietet die Funktion *Right*, die Buchstaben von rechts aus einem Wort extrahiert. Sie setzen die Funktion *Right* ein, um das Bundesstaatenkürzel aus dem Bezeichner zu extrahieren, den die *Caller*-Eigenschaft liefert. Es ist mühselig, jedem Objekt einen kodierten Namen zuzuweisen. Der entscheidende Vorteil ist jedoch, dass Sie damit ein Makro erstellen, das mit allen Bundesstaaten funktioniert.

1. Klicken Sie in der Symbolleiste *Zeichnen* auf die Schaltfläche *Objekte markieren*. Dann ziehen Sie ein Rechteck um die gesamte Landkarte.

   Nun sollten Ziehpunkte um jeden der sieben Bundesstaaten angezeigt werden.

2. Klicken Sie in der Symbolleiste *Zeichnen* auf das Menü *Zeichnen* und dann auf *Gruppierung*.

   Damit wird eine einzelne Gruppe erstellt, die alle markierten Objekte umfasst.

3. Klicken Sie in das *Namenfeld*. Geben Sie **shpKarte** als Name der Gruppe ein, und drücken Sie [Eingabe]. Klicken Sie dann auf die Schaltfläche *Objekte markieren*, um sie zu deaktivieren.

4. Klicken Sie mit der rechten Maustaste auf die Karte, und wählen Sie den Befehl *Makro zuweisen*.

   Wenn mehrere Objekte zusammen ausgewählt werden, bevor ein Makro zugewiesen wird, wird allen ausgewählten Objekten dasselbe Makro zugeordnet.

5. Geben Sie im Dialogfeld *Makro zuweisen* als Makronamen **Anzeigen** ein, und klicken Sie auf *Neu*.

6. Geben Sie die folgenden Anweisungen in den Rumpf des Makros *Anzeigen* ein:

```
Dim neuName As String
Dim neuCode As String

neuName = Application.Caller
neuCode = Right(neuName,2)
PivotZuweisen neuCode
```

7. Speichern Sie die Arbeitsmappe *Kapitel12,* und klicken Sie dann irgendwo innerhalb der Grenzen des Bundesstaats Nevada. Daraufhin sollte das Arbeitsblatt *Daten* mit den Auftragsdaten für Nevada eingeblendet werden.

   Die Eigenschaft *Application.Caller* ist ein nützliches Werkzeug, wenn ein Makro verwendet werden soll, um verschiedene Objekte zu verarbeiten.

Wenn Sie die Symbolleiste *Steuerelement-Toolbox* verwenden, um ein Objekt wie etwa eine Befehlsschaltfläche einzufügen, erstellen Sie damit ein ActiveX-Steuerelement. Mehrere ActiveX-Steuerelemente können nicht gemeinsam ein einziges Makro nutzen, da sie Ereignisbehandlungsprozeduren verwenden und eine Ereignisbehandlungsroutine nur mit einem Objekt verknüpft werden kann.

Ein Logo in den Hintergrund einfügen

Sie werden mithilfe von WordArt auch ein attraktives Logo für das Informationssystem entwerfen. Später in diesem Kapitel werden Sie dieses Logo in eine Animation integrieren.

1. Aktivieren Sie das Arbeitsblatt *Haupt,* und klicken Sie in der Symbolleiste *Zeichnen* auf die Schaltfläche *WordArt einfügen*.

2. Wählen Sie den vierten Stil in der vierten Zeile, und klicken Sie auf *OK*. Geben Sie **Garden** ein, und drücken Sie [Eingabe]. Geben Sie **The** ein, und drücken Sie [Eingabe]. Geben Sie **Company** ein, und klicken Sie auf *OK*. Ihr Bildschirm sollte nun etwa wie in Abbildung 12.37 aussehen.

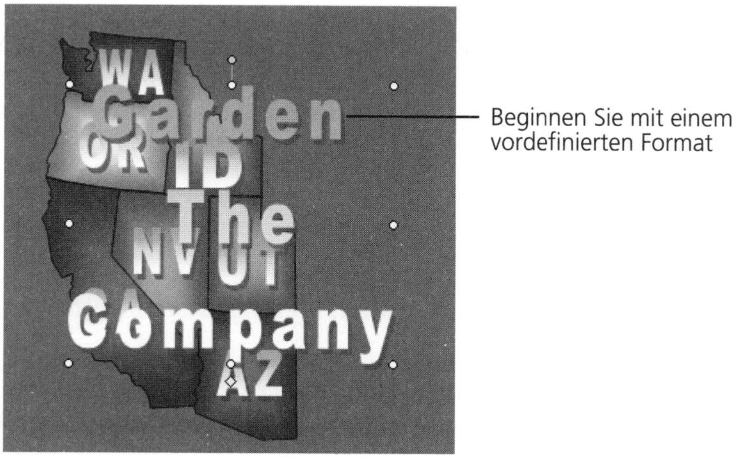

Abbildung 12.37
Die Landkarte mit dem Firmenlogo

3. Das neue WordArt-Objekt hat damit zwar die gewünschten Farben, aber eine recht merkwürdige Form. Die Form lässt sich jedoch relativ einfach ändern. Klicken Sie in der Symbolleiste *WordArt* auf die Schaltfläche *WordArt-Form*, und wählen Sie die Form *Schaltfläche (gefüllt)* (die Form ganz rechts in der zweiten Zeile). Das Logo sollte nun etwa wie in Abbildung 12.38 aussehen.

4. In der Symbolleiste *WordArt* klicken Sie auf die Schaltfläche *WordArt-Buchstaben mit gleicher Höhe*. Dann klicken Sie auf die Schaltfläche *WordArt-Ausrichtung* und wählen die Option *Streckung ausrichten*.

Abbildung 12.38
Die Landkarte mit dem formatierten Firmenlogo

5. Ziehen Sie den oberen linken Ziehpunkt in die obere linke Ecke von Zelle C3, und ziehen Sie den unteren rechten Ziehpunkt in die Mitte der unteren Randlinie von Zelle H22. Zentrieren Sie nun die Karte innerhalb der neuen WordArt-Form.

   Verschiedene Formen verfügen über Anpassungsmarken, mit denen die Form verändert werden kann. Diese Markierung erscheint als gelbe Raute links von der Mitte des WordArt-Objekts. Später in diesem Kapitel werden Sie sehen, wie Sie diese Anpassungsmarke mit einem Makro verändern.

6. Markieren Sie die WordArt-Form, und ziehen Sie die Anpassungsmarke nach links, bis sie sich etwa 7 mm vom äußeren Kreis befindet (siehe Abbildung 12.39).

7. Klicken Sie in das *Namenfeld*, geben Sie **shpLogo** ein, und drücken Sie `Eingabe`.

8. Blenden Sie die Zeilen- und Spaltenüberschriften aus. (Klicken Sie im Menü *Extras* auf *Optionen*, klicken Sie auf die Registerkarte *Ansicht*, und deaktivieren Sie das Kontrollkästchen *Zeilen- und Spaltenkopfzeilen*. Klicken Sie dann auf *OK*.)

9. Drücken Sie `Esc`, um die Auswahl des Logos aufzuheben, und speichern Sie die Arbeitsmappe *Kapitel12*.

   Das Logo sieht nun so aus, wie wir es uns vorstellen. Im nächsten Abschnitt werden Sie das Logo in eine Animation einbauen, die das Logo auf dem Bildschirm dreht und anderweitig verändert.

Abbildung 12.39
Die Landkarte mit dem für die Animation formatierten Firmenlogo

Das Logo animieren

Die Animation eines WordArt-Objekts ist relativ einfach. Sie setzen ein Makro ein, das lediglich kleine Änderungen an den verfügbaren Anpassungswerten vornimmt. Wenn Formen in einem Makro angepasst werden, aktualisiert Windows die Bildschirmanzeige allerdings erst, wenn die Makroausführung abgeschlossen ist. In vielen Fällen ist dies eine sehr nützliche Funktion, da das Makro dann wesentlich schneller ausgeführt werden kann. Bei der Animation einer Form sollte der Bildschirm jedoch jedes Mal aktualisiert werden, wenn das Makro die Form verändert. Zu Beginn der Animation können Sie die Karte verbergen und sie dann nach und nach einblenden.

1. Klicken Sie in der Symbolleiste *Zeichnen* auf die Schaltfläche *Rechteck*. Ziehen Sie ein Rechteck, das groß genug ist, um die Landkarte vollständig zu bedecken.

2. Klicken Sie in der Symbolleiste *Zeichnen* auf das Menü *Zeichnen*. Klicken Sie auf *Reihenfolge* und dann auf *In den Hintergrund*.

   Damit wird das Rechteck zwischen Logo und Landkarte versetzt. Das Rechteck dient als Maske, um die Karte zu verbergen.

3. Geben Sie **shpMaske** in das *Namenfeld* ein, und drücken Sie [Eingabe].

4. Klicken Sie auf den Pfeil neben *Linienfarbe*, und wählen Sie *Keine Linie*.

5. Klicken Sie auf den Pfeil neben *Füllfarbe*, und wählen Sie *Grün* (die vierte Farbe in der zweiten Zeile; diese Farbe ist auch dem Hintergrund des Arbeitsblatts zugeordnet).

6. Klicken Sie auf den Pfeil neben *Füllfarbe*, und wählen Sie *Weitere Füllfarben*. Ziehen Sie die Bildlaufleiste im unteren Bereich des Dialogfelds, sodass eine Transparenz von etwa 50% angezeigt wird (siehe Abbildung 12.40). Klicken Sie dann auf *OK*.

   Das Animationsmakro wird die Transparenz der Maske nach und nach erhöhen und die Karte enthüllen.

Abbildung 12.40
Die Landkarte mit dem für die Animation formatierten Firmenlogo

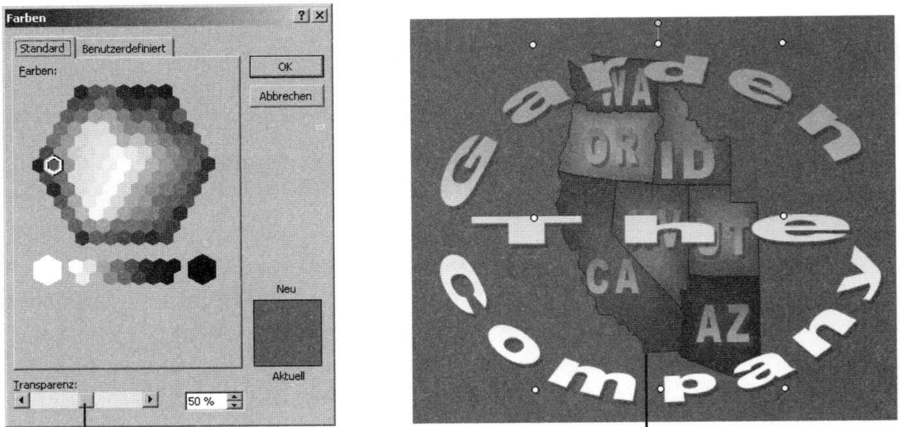

Passen Sie die Transparenz eines verbergenden Rechtecks an …

… um die Karte nach und nach anzuzeigen

7. Wechseln Sie zum Visual Basic-Editor, und klicken Sie in den unteren Bereich des Moduls. Klicken Sie im Menü *Einfügen* auf *Datei*. Wechseln Sie zum Ordner mit den Übungsdateien, und doppelklicken Sie auf die Datei *Code12b*.

   Das Makro *StartAnimation* wird im Modul angezeigt:

```
Sub StartAnimation()
  Dim neuLogo As Shape
  Dim neuKarte As Shape
  Dim neuMaske As Shape
  Dim i As Double
  Set neuLogo = Worksheets("Haupt").Shapes("shpLogo")
  Set neuKarte = Worksheets("Haupt") _
    .Shapes("shpKarte")
  Set neuMaske = Worksheets("Haupt") _
    .Shapes("shpMaske")
```

```
    Application.EnableCancelKey = xlErrorHandler
    On Error GoTo StartAnimation_EndErrorHandler

    Application.ScreenUpdating = False
    neuKarte.Visible = msoFalse
    neuLogo.Adjustments(1) = 91
    neuLogo.Adjustments(2) = 0.49
    neuLogo.TextEffect.Tracking = 0.1
    Worksheets("Haupt").Select
    Application.ScreenUpdating = True

    For i = 91 To 176 Step 5
      neuLogo.Adjustments(1) = i
      DoEvents
    Next i
    For i = 0.48 To 0.18 Step -0.04
      neuLogo.Adjustments(2) = i
      DoEvents
    Next i
    For i = 0.1 To 1.41 Step 0.2
      neuLogo.TextEffect.Tracking = i
      DoEvents
    Next i
    For i = 0.2 To 0.45 Step 0.02
      neuLogo.Adjustments(2) = i
      DoEvents
    Next i
    neuKarte.ZOrder msoSendToBack
    neuMaske.Fill.Transparency = 0
    neuKarte.Visible = msoTrue
    For i = 0 To 1 Step 0.2
      neuMaske.Fill.Transparency = i
      DoEvents
    Next i

  StartAnimation_EndErrorHandler:
    neuLogo.Adjustments(1) = 176
    neuLogo.Adjustments(2) = 0.44
    neuLogo.TextEffect.Tracking = 1.3
    neuLogo.Visible = msoTrue
    neuKarte.ZOrder msoBringToFront
    neuKarte.Visible = msoTrue
  End Sub
```

Dieses Makro besteht aus fünf Abschnitten, die durch Leerzeilen voneinander getrennt sind. Im ersten Abschnitt werden einige Variablen deklariert und diesen Verweise auf die drei Formen (*Shape*-Objekte) im Arbeitsblatt zugewiesen.

Der zweite und der fünfte Abschnitt gehören zusammen und ermöglichen den Abbruch der Animation durch die Tastenkombination Strg+Untbr. Mit der Anweisung *On Error Goto StartAnimation_EndErrorHandler* wird das Makro angewiesen, im Fall eines Fehlers zu *StartAnimation_EndErrorHandler* zu springen. Mit der Eigenschaft *EnableCancelKey* wird Excel angewiesen, die Betätigung von Strg+Untbr als Fehler zu werten. Mit den Anweisungen im letzten Teil werden beide Formen auf ihre endgültigen Werte eingestellt und angezeigt.

Im dritten Abschnitt des Makros werden die Anpassungen der Logoform auf ihre Anfangswerte zurückgesetzt, die Landkarte wird ausgeblendet, und es wird sichergestellt, dass die Bildschirmaktualisierung nicht von einer vorhergehenden Prozedur deaktiviert worden ist. Dann wird das Arbeitsblatt *Haupt* aktiviert. Damit sind alle Vorbereitungen für die Anzeige der Animation getroffen. Mit der *Tracking*-Eigenschaft wird gesteuert, wie stark sich die WordArt-Buchstaben überlappen.

Die Konstanten *msoTrue* und *msoFalse* entsprechen den normalen Visual Basic-Konstanten *True* und *False*. Das Präfix *mso* steht für „Microsoft Office". Aus unerfindlichen Gründen haben die Entwickler der *Shape*-Objekte eigene *True*- und *False*-Werte erstellt, die nur für Microsoft Office gelten. Sie können die Konstanten *True* und *False* mit *Shape*-Objekten verwenden. Wenn Sie jedoch eine Anweisung für ein *Shape*-Objekt eingeben, werden in der Liste der Konstanten lediglich *msoTrue* und *msoFalse* angezeigt.

Der vierte Abschnitt bewirkt die eigentliche Animation. Er besteht aus fünf Schleifen, vier davon ändern drei verschiedene Einstellungen der Logoform. Die fünfte Schleife ändert die Transparenz der Maske. Sie können die jeweiligen Start- und Endwerte der Animation ermitteln, indem Sie die Aufzeichnungsfunktion einschalten und manuell Änderungen an den Anpassungsmarkierungen der Form vornehmen. Die Anweisung *DoEvents* birgt das eigentliche Geheimnis der Animation. Mit dieser Anweisung wird Windows angewiesen, den Bildschirm zu aktualisieren. Diese Aktualisierung ist eine Aktion, die Windows ausführen sollte, ohne dabei die Beendigung des Makros abzuwarten.

8. Speichern Sie die Arbeitsmappe *Kapitel12*, klicken Sie in das Makro *StartAnimation*, und drücken Sie F5, um das Makro zu testen. Sie haben die Möglichkeit, Haltepunkte im Makro zu setzen und Teile des Makros schrittweise auszuführen.

Die Anwendung ist nun mit einem funktionellen Kern und einer Benutzeroberfläche ausgestattet. Sie stellt sich aber immer noch als Teil von Excel dar. Im folgenden Abschnitt werden Sie die Anwendung „verpacken", indem Sie alle störenden Symbolleisten, Fensterfunktionen und Menübefehle entfernen und das Makro automatisch ausführen lassen.

Die Anwendung verpacken

Mit Verpacken der Anwendung ist hier der Vorgang gemeint, mit dem Sie das Erscheinungsbild und die Funktionen der Excel-Umgebung an Ihre Anforderungen anpassen. Viele Einstellungen, die Sie ändern werden – z.B. die Fenstergröße und die Anordnung der Symbolleisten – können auch vom Anwender eingestellt werden. Excel speichert die geänderten Einstellungen. Wenn ein Anwender z. B. eine Symbolleiste aufruft, speichert Excel diese Einstellung beim Beenden des Programms und lädt die geänderten Einstellungen beim nächsten Start des Programms.

Falls eine Anwendung die benutzerdefinierten Einstellungen ändert, sollten diese beim Schließen der Anwendung wieder auf ihre ursprünglichen Einstellungen zurückgesetzt werden. Wenn eine Anwendung beim Öffnen beispielsweise alle Symbolleisten ausblendet, sollten die Symbolleisten wieder einblendet werden, wenn die Anwendung geschlossen wird.

Die Menüleiste austauschen und wiederherstellen

Eine Windows-Anwendung kann über mehrere Symbolleisten, aber nur über eine Menüleiste verfügen. Wenn Sie die Excel-Menüleiste „ausblenden" möchten, müssen Sie sie durch eine andere benutzerdefinierte Menüleiste ersetzen. Wenn die Anwendung geschlossen wird, soll die benutzerdefinierte Menüleiste entfernt und automatisch die Excel-Standardmenüleiste wiederhergestellt werden. Eine Menüleiste ist nichts anderes als eine Befehlsleiste – oder eine Symbolleiste – die als Menüleiste deklariert worden ist. Sie weisen einer benutzerdefinierten Menüleiste bei ihrer Erstellung einen Namen zu, und Sie können diesen Namen später verwenden, um die Menüleiste zu löschen. In unserer Beispielanwendung geben Sie der Menüleiste den Namen *IS*.

1. Fügen Sie im Visual Basic-Editor folgende Prozedur in das Modul ein:

```
Sub MenüAusblenden()
    On Error Resume Next
    CommandBars("IS").Delete
End Sub
```

Die Anweisung *On Error Resume Next* ermöglicht Ihnen, mithilfe dieses Makros sicherzustellen, dass das benutzerdefinierte Menü gelöscht wird, und zwar unabhängig davon, ob das Menü überhaupt erstellt worden ist. Wenn die Anwendung einwandfrei funktioniert, sollte diese Menüleiste nur dann angezeigt werden, wenn sie vom Makro zuvor erstellt worden ist. Außerdem sollte sie natürlich immer vorhanden sein, wenn sie vom Makro gelöscht werden soll. Während der Entwicklung und dem Testen der Anwendung kann es jedoch vorkommen, dass das Makro *MenüAusblenden* ausgeführt wird, nachdem die Menüleiste bereits gelöscht worden ist. In diesem Fall ist alles einfacher, wenn das Makro den Fehler nicht beachtet.

Die Menüleiste für diese Anwendung soll zwei Befehle enthalten: *Beenden* und *Zurück zu Haupt*. Bevor Sie das Makros schreiben, mit dem die benutzerdefinierte Menüleiste erstellt wird, müssen Sie erst einmal die *Sub*-Prozeduren für die Befehle definieren.

2. Fügen Sie folgende Prozedur in das Modul ein:

```
Sub ISBeenden()
    MenüAusblenden
    ActiveWorkbook.Close
End Sub
```

Mit dieser Prozedur wird die aktive Arbeitsmappe geschlossen. Das Makro soll ausgeführt werden, sobald die Schaltfläche *Beenden* angeklickt wird.

3. Fügen Sie folgende Prozedur in das Modul ein:

```
Sub ZurückzuHaupt()
    Worksheets("Haupt").Select
End Sub
```

Mit dieser Prozedur wird das Arbeitsblatt *Haupt* aktiviert. Das Makro soll ausgeführt werden, wenn die Schaltfläche *Zurück zu Haupt* angeklickt wird.

4. Nun können Sie das Makro erstellen, mit der die benutzerdefinierte Menüleiste eingefügt wird. Klicken Sie in die leere Zeile am Ende des Moduls. Wählen Sie im Menü *Einfügen* die Option *Datei,* und doppelklicken Sie auf die Datei *Code12c.txt*, um folgende Prozedur in das Modul einzufügen:

```
Sub MenüZuweisen()
    Dim neuLeiste As CommandBar
    Dim neuSchalter As CommandBarButton

    MenüAusblenden
    Set neuLeiste = CommandBars.Add(Name:="IS", _
        Position:=msoBarBottom, _
        MenuBar:=True)
```

```
    Set neuSchalter = neuLeiste.Controls.Add(msoControlButton)
    neuSchalter.Style = msoButtonCaption
    neuSchalter.Caption = "&Beenden"
    neuSchalter.OnAction = "ISBeenden"

    Set neuSchalter = neuLeiste.Controls.Add(msoControlButton)
    neuSchalter.Style = msoButtonCaption
    neuSchalter.Caption = "&Zurück zu Haupt"
    neuSchalter.OnAction = "ZurückzuHaupt"
    neuSchalter.Visible = False

    neuLeiste.Protection = msoBarNoMove + msoBarNoCustomize
    neuLeiste.Visible = True
End Sub
```

Dieses Makro besteht aus fünf Abschnitten, die durch Leerzeilen voneinander getrennt sind. Im ersten Teil werden etliche Variablen deklariert.

Im zweiten Abschnitt des Makros wird das Makro *MenüAusblenden* ausgeführt, um sicherzustellen, dass die Menüleiste des Informationssystems nicht bereits existiert. Dann wird die neue Menüleiste für das Informationssystem erstellt. Durch die Übergabe des Werts *True* im Argument *MenuBar* wird diese neue Befehlsleiste als Menüleiste definiert. Indem diese Menüleiste am unteren Bildschirmrand positioniert wird, hebt sie sich auch optisch von einer konventionellen Menüleiste ab.

Im dritten und vierten Abschnitt des Makros werden die beiden Befehle in die Menüleiste eingefügt. Beim Start der Anwendung wird der Befehl *Zurück zu Haupt* nicht angezeigt.

Im letzten Makroabschnitt wird die neue Menüleiste geschützt. Der Eigenschaft *Protection* können Konstanten aus einer nummerierten Liste von Werten zugewiesen werden, mit denen Sie genau festlegen können, in welcher Weise der Anwender die Menüleiste verwenden kann. Sie können verschiedene Werte kombinieren, um die Bearbeitungsmöglichkeiten weitergehend zu steuern. Unser Beispielmakro erlaubt dem Anwender weder, die neue Menüleiste zu verschieben, noch sie anderweitig zu verändern.

5. Speichern Sie die Arbeitsmappe *Kapitel12,* und führen Sie das Makro *MenüZuweisen* und das Makro *MenüAusblenden* aus.

Der Austausch der Excel-Menüleiste ist also relativ unkompliziert: Sie erstellen einfach eine neue Menüleiste. Und die Wiederherstellung der Excel-Menüleiste ist noch einfacher: Sie löschen einfach die Menüleiste, die Sie erstellt haben.

Einen Menübefehl ein- und ausblenden

Der Befehl *Zurück zu Haupt* soll eingeblendet werden, sobald das Arbeitsblatt *Daten* aktiviert wird, und ausgeblendet werden, wenn das Arbeitsblatt *Daten* geschlossen wird. Dazu werden Sie Ereignisbehandlungsprozeduren einsetzen, einmal zum Ausblenden des Befehls und ein zweites Mal zum Einblenden des Befehls. Hierzu werden Sie eine Prozedur mit einem Argument erstellen. Die Ereignisbehandlungsroutinen rufen dann diese Prozedur auf.

1. Fügen Sie die folgende Prozedur in das Modul ein:

```
Sub BefehlEinblenden(IsVisible)
    On Error Resume Next
    CommandBars("IS").Controls(2).Visible = IsVisible
End Sub
```

Mit der Anweisung *On Error Resume Next* werden wieder Fehler beim Erstellen und Testen der Anwendung abgefangen. In diesem Fall wäre es z. B. problematisch, wenn diese Prozedur ausgeführt wird und das Menü noch nicht erstellt worden ist. Mit der zweiten Anweisung wird der Befehl, abhängig vom Wert des Arguments, ein- bzw. ausgeblendet.

2. Klicken Sie auf die Schaltfläche *Projekt-Explorer*, und doppelklicken Sie auf den Eintrag für das Arbeitsblatt *Daten*.
3. Fügen Sie die folgenden beiden Ereignisbehandlungsprozeduren ein:

```
Private Sub Worksheet_Activate()
    BefehlEinblenden True
End Sub

Private Sub Worksheet_Deactivate()
    BefehlEinblenden False
End Sub
```

Sobald das Arbeitsblatt *Daten* aktiviert ist, wird der Befehl *Zurück zu Haupt* eingeblendet. Wenn das Arbeitsblatt nicht aktiv ist, wird der Befehl ausgeblendet.

4. Aktivieren Sie das Modul erneut, und schließen Sie das Projektfenster. Speichern Sie die Arbeitsmappe *Kapitel12*, und führen Sie das Makro *MenüZuweisen* aus.
5. Aktivieren Sie Excel, und schalten Sie zwischen den Arbeitsblättern *Daten* und *Haupt* hin und her. Beachten Sie, wie der Befehl ein- und ausgeblendet wird.
6. Führen Sie das Makro *MenüAusblenden* aus.

Fenster ändern und wiederherstellen

Um die Anwendung noch ansprechender zu gestalten, können Sie sie in einem Fenster platzieren, das gerade so groß ist, dass der PivotTable-Bericht und das Diagramm darin Platz haben. Wenn die Anwendung geschlossen wird, sollten Sie das Fenster wieder in seinen ursprünglichen Zustand zurücksetzen. Die Wiederherstellung eines Fensters ist jedoch komplizierter als die Wiederherstellung der Excel-Menüleiste, da sich dazu das Makro an die ursprüngliche Größe des Fensters „erinnern" muss.

Die Größe eines Fensters kann in einer Variablen gespeichert werden. Wenn aber *Dim* zur Deklaration einer Variablen in einer Prozedur verwendet wird, existiert die Variable nur solange, wie diese Prozedur ausgeführt wird. Die „Lebensdauer" der Variablen kann durch den Einsatz des Wortes *Static* in der Variablendeklaration verlängert werden.

1. Fügen Sie die folgende Teilprozedur in das Modul ein:

```
Sub FensterEinstellen(Status)
    Const neuBreite = 540
    Const neuHöhe = 340
    Static alteBreite
    Static alteHöhe
    Static alterStatus

End Sub
```

Sie werden dieselbe Prozedur verwenden, um das Fenster zu ändern und es später wiederherzustellen. Das Argument *Status* wird feststellen, welche Aufgabe die Prozedur ausführen soll. Durch Einsatz einer einzigen Prozedur für verschiedene Aufgaben können die ursprünglichen Werte hier in der *FensterEinstellen*-Prozedur mit dem Schlüsselwort *Static* gespeichert werden. Die *Const*-Anweisungen geben die neuen benutzerdefinierten Werte für die Höhe und Breite des Fensters an. Mit *Const* wird ein konstanter Wert bezeichnet, der wie eine schreibgeschützte Variable verwendet werden kann. Die Festlegung der neuen Werte für Höhe und Breite am Anfang der Prozedur erleichtert die Änderung der Werte zu einem späteren Zeitpunkt.

2. Klicken Sie in der Prozedur *FensterEinstellen* in die Leerzeile vor der Anweisung *End Sub*. Wählen Sie im Menü *Einfügen* die Option *Datei,* und doppelklicken Sie auf die Datei *Code12d.txt*. Damit wird folgender Teil des Makros eingefügt:

```
If Status = xlOn Then
    alteBreite = Application.Width
    alteHöhe = Application.Height
    alterStatus = Application.WindowState
```

```
    Application.WindowState = xlNormal
    Application.Width = neuBreite
    Application.Height = neuHöhe
    Application.Caption = "The Garden Company IS"

    ActiveWorkbook.Unprotect
    ActiveWindow.WindowState = xlMaximized
    ActiveWindow.Caption = ""
    ActiveWorkbook.Protect , True, True

    BlattSchutz xlOn, "Haupt"
    BlattSchutz xlOn, "Daten"
    Application.DisplayFormulaBar = False
    Application.DisplayStatusBar = False
    ActiveWindow.DisplayHorizontalScrollBar = False
    ActiveWindow.DisplayVerticalScrollBar = False
    ActiveWindow.DisplayWorkbookTabs = False
```

Die ist die erste Hälfte einer *If-Else-End If*-Struktur. Sie wird ausgeführt, wenn der Wert des Arguments *Status* gleich *xlOn* ist. Der Wert *xlOn* ist eine vordefinierte Excel-Konstante. Durch den Einsatz der Konstanten ist das Makro übersichtlicher als beim Einsatz einer Zahl. Außerdem ist der Einsatz einer vordefinierten Konstanten wesentlich einfacher als die Erstellung einer benutzerdefinierten Konstanten.

Die Einstellung des Fensters besteht aus drei Teilen. Im ersten Teil werden die ursprüngliche Höhe, die Breite sowie der Fensterstatus des Excel-Anwendungsfensters in den statischen Variablen gespeichert. Dann werden diesen Eigenschaften die neuen Werte zugewiesen. Wenn die Größe des Anwendungsfensters verändert wird, sollte die *WindowState*-Eigenschaft immer zuerst auf *xlNormal* eingestellt werden, da die Breite oder Höhe nicht geändert werden kann, falls die Anwendung maximiert wird. In diesem Teil wird außerdem die Beschriftung (*Caption*) der Excel-Anwendung festgelegt.

Im zweiten Teil der Einstellung des Fensters wird sichergestellt, dass das Arbeitsmappenfenster maximiert und geschützt ist. Bevor das Fenster maximiert werden kann, muss jedoch der Schutz aufgehoben werden. Durch die Einstellung der *Caption*-Eigenschaft auf eine leere Textzeichenfolge wird verhindert, dass der Arbeitsmappenname in der Titelleiste erscheint. In der letzten Anweisung dieser Struktur werden die Struktur und die Fenster der Arbeitsmappe geschützt. Mit der Prozedur *BlattSchutz*, die Sie im Verlauf dieser Übung noch erstellen werden, wird das Arbeitsblatt geschützt bzw. ihr Schutz aufgehoben. Diese Prozedur erhält den Tabellennamen und Anweisungen dazu, ob der Schutz ein- oder ausgeschaltet werden soll.

Der dritte Teil der Einstellung des Fensters soll eigentlich nur die Entwicklung der Anwendung vereinfachen. Die Arbeitsblätter könnten interaktiv geschützt werden, dann müsste ihr Schutz aber ebenfalls immer interaktiv aufgehoben werden, um Änderungen vorzunehmen. Entsprechend könnten die Bildlaufleisten, die Tabellenregister, die Bearbeitungsleiste und die Statusleiste interaktiv ausgeblendet werden. Diese können während der Entwicklung der Anwendung jedoch noch nützlich sein.

3 Klicken Sie in der Prozedur *FensterEinstellen* in die Zeile vor der Anweisung *End Sub*, und fügen Sie die Datei *Code12e.txt* ein. Sie bildet den letzten Teil des Makros:

```
Else
    Application.Caption = Empty
    If Not IsEmpty(alteBreite) Then
        Application.Width = alteBreite
        Application.Height = alteHöhe
        Application.WindowState = alterStatus
    End If
    BlattSchutz xlOff, "Haupt"
    BlattSchutz xlOff, "Daten"
    ActiveWorkbook.Unprotect
    Application.DisplayFormulaBar = False
    Application.DisplayStatusBar = False
    Application.DisplayFormulaBar = True
    Application.DisplayStatusBar = True
    ActiveWindow.DisplayHorizontalScrollBar = True
    ActiveWindow.DisplayVerticalScrollBar = True
    ActiveWindow.DisplayWorkbookTabs = True
End If
```

Diese Anweisungen bilden die zweite Hälfte der *If-Else-End If-Struktur*. Im Grunde machen sie alle Einstellungen rückgängig, die von den Anweisungen in der ersten Hälfte vorgenommen worden sind. Die Überprüfung, ob die Variable *alteBreite* leer ist, soll wieder die Erstellung des Makros erleichtern. Wenn in Visual Basic für Applikationen bestimmte Änderungen vorgenommen werden – wie z.B. das Hinzufügen oder Löschen einer Prozedur – kann der Wert der statischen Variablen verloren gehen, wobei der Wert durch Null ersetzt wird. Durch die Überprüfung, ob die Variable *alteBreite* leer ist, wird verhindert, dass das Makro das Anwendungsfenster auf ein winziges Fenster verkleinert, wenn Änderungen im Makro vorgenommen werden, die die statischen Variablen zurücksetzen.

4. Klicken Sie in die Leerzeile am Ende des Moduls, und fügen Sie die Datei *Code12f.txt* und damit die Prozedur *BlattSchutz* ein:

```
Sub BlattSchutz(Status, Blatt)
    If Status = xlOn Then
        Worksheets(Blatt).Unprotect
        Worksheets(Blatt).EnableSelection = xlNoSelection
        Worksheets(Blatt).Protect , True, True, True, True
    Else
        Worksheets(Blatt).Unprotect
    End If
End Sub
```

Dieses Makro wird vom Makro *FensterEinstellen* aufgerufen, um das Arbeitsblatt zu schützen. Durch die Einstellung der Eigenschaft *EnableSelection* auf *xlNoSelection* wird verhindert, dass der Anwender Zellen auswählen kann, solange das Arbeitsblatt geschützt ist.

5. Sie benötigen eine Möglichkeit, um das Makro *FensterEinstellen* mit den entsprechenden Argumenten auszuführen. Fügen Sie die folgenden beiden Makros in das Modul ein:

```
Sub StartAnsicht()
    MenüZuweisen
    FensterEinstellen xlOn
End Sub

Sub EndAnsicht()
    MenüAusblenden
    FensterEinstellen xlOff
End Sub
```

6. Speichern Sie die Arbeitsmappe *Kapitel12*, und testen Sie die Prozeduren *StartAnsicht* und *EndAnsicht*.

7. Aktivieren Sie das Blatt *Haupt*, und klicken Sie auf *WA*. Das Makro hält mit einer Fehlermeldung an, wenn es versucht, die Rahmenlinien im Diagramm zu verbergen. Zwar sollte der aktuelle Schutz des Arbeitsblatts die Ausführung von Makrobefehlen ermöglichen, doch Sie müssen den Schutz des Arbeitsblatts vollständig aufheben, um den Rahmen des Diagramms zu ändern. Glücklicherweise können Sie die von Ihnen erstellte Prozedur *BlattSchutz* zu diesem Zweck einsetzen.

8. Klicken Sie auf *Debuggen*, und geben Sie vor der Schleife **BlattSchutz xlOff, "Daten"** und nach der Schleife **BlattSchutz xlOn, "Daten"** ein. Der Codeabschnitt sollte nun folgendermaßen aussehen:

```
BlattSchutz xlOff, "Daten"
For Each neuBereiche In neuDiagramm.SeriesCollection
```

```
    neuBereiche.Border.LineStyle = xlNone
Next neuBereiche
Blattschutz xlOn, "Daten"
```

9 Speichern Sie die Arbeitsmappe, initialisieren Sie die Ansicht, und klicken Sie auf *OR*.

Der effektive Schutz einer Arbeitsmappe erfordert immer einen hohen Testaufwand und häufig auch kleinere Änderungen des Codes.

Symbolleisten entfernen und wiederherstellen

Die Prozedur zum Entfernen und Wiederherstellen von Symbolleisten ähnelt sehr der Prozedur zum Ändern und Wiederherstellen von Fenstern. Die ursprünglichen Werte werden gespeichert, bevor die Änderungen durchgeführt werden. Die gespeicherten Werte werden dann später verwendet, um die ursprüngliche Arbeitsumgebung wiederherzustellen. Das Speichern von Symbolleisten stellt jedoch eine neue Herausforderung dar. Zum Speichern von Fenstern sind immer genau drei statische Variablen für drei Werte (Höhe, Breite und Status) notwendig. Beim Speichern einer Liste der angezeigten Symbolleisten ist die Anzahl der Symbolleisten unbekannt und kann variieren.

Wie Sie wissen, verwaltet Excel Objekte in Auflistungen. Tatsächlich sind auch die Symbolleisten Teil einer Auflistung. Visual Basic ermöglicht Ihnen die Erstellung Ihrer eigenen benutzerdefinierten Auflistung. Sie können also eine Auflistung erstellen, die nur aus den Symbolleisten besteht, die wiederhergestellt werden sollen. Auflistungen sind leistungsfähige Werkzeuge. Dieses Beispiel zeigt lediglich eine ihrer vielfältigen Einsatzmöglichkeiten.

1 Klicken Sie in die Leerzeile am Ende des Moduls, und fügen Sie die Datei *Code12g.txt* ein, um die folgende Prozedur zu erstellen:

```
Sub LeistenZuweisen(Status)
    Static alteLeisten As New Collection
    Dim neuLeiste

    If Status = xlOn Then
        For Each neuLeiste In Application.CommandBars
            If neuLeiste.Type <> 1 And neuLeiste.Visible Then
                alteLeisten.Add neuLeiste
                neuLeiste.Visible = False
            End If
        Next neuLeiste
    Else
        For Each neuLeiste In alteLeisten
            neuLeiste.Visible = True
```

```
        Next
    End If
End Sub
```

Wieder wird die Änderung und Wiederherstellung von einer einzigen Prozedur gehandhabt. Die ursprünglichen Werte können also in einer statischen Variablen gespeichert werden. Diesmal wird eine statische Variable vom Typ *New Collection* deklariert. Die Deklaration einer Variablen als *New Collection* zeigt Visual Basic an, dass eine benutzerdefinierte Auflistung erstellt werden soll.

Die erste Hälfte der *If-Else-End If*-Struktur arbeitet in einer Schleife jeden Eintrag der *CommandBars*-Auflistung der Anwendung ab. Falls die Befehlsleiste eine Menüleiste ist, hat ihre Eigenschaft *Type* den Wert 1, und sie soll dann weder ausgeblendet noch wiederhergestellt werden. Ansonsten soll die Befehlsleiste, sofern sie sichtbar ist, in die benutzerdefinierte Auflistung eingefügt und dann ausgeblendet werden. Sie können einen Eintrag in eine benutzerdefinierte Auflistung einfügen, indem Sie der *Add*-Methode einen Verweis auf den Eintrag, der eingefügt werden soll, übergeben. Die zweite Hälfte der *If-Else-End If*-Struktur arbeitet in einer Schleife die benutzerdefinierte Auflistung ab, und blendet jede darin aufgeführte Symbolleiste wieder ein.

2. Die Sub-Prozedur *LeistenZuweisen* kann genauso wie *FensterEinstellen* aus den Makros *StartAnsicht* und *EndAnsicht* ausgeführt werden. Fügen Sie die Anweisung **LeistenZuweisen xlOn** im Makro *StartAnsicht* vor der Anweisung *End Sub* ein.

3. Fügen Sie die Anweisung **LeistenZuweisen xlOff** im Makro *EndAnsicht* vor der Anweisung *End Sub* ein.

4. Speichern Sie die Arbeitsmappe *Kapitel12,* und testen Sie die Prozeduren *StartAnsicht* und *EndAnsicht*.

Im vorangegangenen Abschnitt wurden nicht alle Details über die Verwendung von benutzerdefinierten Auflistungen behandelt. Aber selbst wenn Sie benutzerdefinierte Auflistungen nur zum Speichern von Einträgen aus einer Standardauflistung einsetzen, sind sie ein äußerst nützliches Werkzeug. (Sie können in Ihren eigenen Anwendungen später einfach den Code aus diesem Kapitel verwenden.)

Das Paket vervollständigen

Damit haben Sie alle Bestandteile für die endgültige Anwendung erstellt. Die Anwendung soll automatisch ausgeführt werden, wenn die Arbeitsmappe geöffnet wird.

1. Aktivieren Sie das Projektfenster, und doppelklicken Sie auf *DieseArbeitsmappe*.

2 Fügen Sie die folgende Ereignisbehandlungsroutine für das Öffnen der Arbeitsmappe ein:

```
Private Sub Workbook_Open()
    Application.ScreenUpdating = False
    BlattSchutz xlOff, "Daten"
    ActiveWorkbook.PivotCaches(1).Refresh
    StartAnsicht
    StartAnimation
End Sub
```

Jedes Mal, wenn die Arbeitsmappe geöffnet wird, soll überprüft werden, ob die Datenbank neue Daten enthält, die Excel-Umgebung soll verändert werden (Fenster und Symbolleisten), und es soll eine Animation abgespielt werden. Zur Suche nach neuen Daten aktualisieren Sie den PivotCache, in dem die Daten für den PivotTable-Bericht gespeichert werden. Die Arbeitsmappe enthält nur einen PivotTable-Bericht, und somit geben Sie einfach das erste Element in der *PivotCache*-Auflistung an. Vor der Aktualisierung des PivotCache müssen Sie allerdings sicherstellen, dass das Arbeitsblatt, welches die PivotTable enthält, nicht geschützt ist. Glücklicherweise können Sie zu diesem Zweck die schon erstellte Prozedur *BlattSchutz* verwenden. Durch Einstellen von *ScreenUpdating* auf *False* wird das Blinken des Bildschirms eingeschränkt.

3 Fügen Sie die folgende Ereignisbehandlungsprozedur für das Schließen der Arbeitsmappe ein:

```
Private Sub Workbook_BeforeClose(Abbrechen As Boolean)
    EndAnsicht
    ActiveWorkbook.Saved = True
End Sub
```

Jedes Mal, wenn die Arbeitsmappe geschlossen wird, soll die ursprüngliche Arbeitsumgebung wiederhergestellt werden. Außerdem soll verhindert werden, dass Excel abfragt, ob die Änderungen gespeichert werden sollen. Indem der *Saved*-Eigenschaft der aktiven Arbeitsmappe der Wert *True* zugewiesen wird, wird Excel vorgetäuscht, dass die Arbeitsmappe bereits gespeichert worden ist. Folglich blendet Excel keine entsprechende Abfrage ein.

4 Fügen Sie im Makro *ISBeenden* vor der Anweisung *ActiveWorksheet.Close* die Anweisung **EndAnsicht** ein. Die Ereignisbehandlungsroutine *Workbook_BeforeClose* muss *EndAnsicht* ausführen, falls der Anwender die Arbeitsmappe durch Klicken auf die Excel-Schaltfläche *Fenster schließen* schließt.

Theoretisch hätte das Makro *ISBeenden* und nicht *EndAnsicht* ausführen sollen. *ISBeenden* schließt das Fenster, und die Ereignisbehandlungsroutine soll immer ausgeführt werden, wenn das Fenster geschlossen wird, unabhängig davon, wodurch der Schließvorgang ausgelöst wurde. Die Ereignisbehandlungsroutine führt das Makro *EndAnsicht* nicht aus, wenn das Ereignis vom Makro *ISBeenden* ausgelöst worden ist. (Dies ist eine interne Ungereimtheit in Visual Basic für Applikationen.)

5. Wenn Sie eine digitale Signatur besitzen, unterzeichnen Sie das VBA-Projekt. Sie vermeiden damit die Warnung, die beim Öffnen des Projekts eingeblendet wird.
6. Verbergen Sie in Excel das Arbeitsblatt *Diagrammdaten*, indem Sie im Menü *Format* auf *Blatt* und dann auf *Ausblenden* klicken.
7. Falls erforderlich, fügen Sie ein neues Blatt hinzu, und nennen Sie es **Leer**. Blenden Sie die Zeilen- und Spaltenkopfzeilen aus. Wählen Sie eine Zelle aus, die sich einige Zeilen und Spalten von Zelle A1 entfernt befindet. Speichern Sie die Arbeitsmappe, während das Arbeitsblatt *Leer* aktiv ist, sodass der Anwender eine leere Tabelle sieht, wenn die Arbeitsmappe geöffnet wird.
8. Schließen Sie die Arbeitsmappe, und öffnen Sie sie erneut. Testen Sie die Anwendung, und schließen Sie die Arbeitsmappe.

Die Anwendung ist damit fertig. Sie verfügt über einen funktionellen Kern und eine effiziente Benutzeroberfläche. Sie ist beispielhaft „verpackt“. Gratulation!

Stichwortverzeichnis

A

Activate-Methode 136
ActiveCell-Eigenschaft 155, 158
ActiveSheet-Objekte 109
- Delete-Methode 109
- Shapes-Eigenschaft 124
ActiveWorkbook-Objekte
- Close-Methode 105
- Saved-Eigenschaft 105
ActiveX-Steuerelemente
- Accelerator-Eigenschaft 285
- Aktivierreihenfolge ändern 344, 345
- ausrichten in Formular 333
- Befehlsschaltfläche 283, 341
- benennen 283
- Beschreibung 282, 306
- Beschriftung festlegen 284
- Bildlaufleiste 313
- Caption-Eigenschaft 284
- Drehfeld 309, 310
- Eigenschaften festlegen 283, 310, 311
- Ereignisbehandlung 321
- Ereignisbehandlung definieren 287
- Grenzwerte festlegen 312
- initialisieren 340
- Kombinationsfeld 315
- Kontrollkästchen 334, 335
- kopieren 311, 312
- Optionsfeld 332, 333
- Rahmen 332
- TakeFocusOnClick-Eigenschaft 286
- Textfeld 335, 336
- verknüpfen mit Zellen 311
- Zugriffstaste definieren 285
AddFields-Methode
- Hilfethema 198
AddShape-Methode 119
- Argumente 121
Aktivierreihenfolge
- Beschreibung 344
- festlegen 344, 345
- Rahmen-Steuerelemente 345
Animationen 399, 400, 402
Anpassen (Dialogfeld) 273, 274, 275, 277, 278, 281
Ansicht
- vergrößern und verkleinern 273
Ansichten
- benutzerdefinierte 346, 347, 348
- benutzerdefinierte anzeigen 348, 349
- hinzufügen 346, 347, 348
Application-Objekte 63
- DisplayAlerts-Eigenschaft 83
Arbeitsblätter
- aktivieren 109, 113
- aktuelle Zeile löschen 62
- alle Zellen auswählen 149, 152
- auswählen 112
- benutzerdefinierte Ansicht anzeigen 348, 349
- benutzerdefinierte Ansicht erstellen 346, 347, 348
- Bereiche benennen 76
- Detaildaten ausblenden 347
- einfügen in Datenbank 74
- Ereignisbehandlung 297, 298, 301, 302
- Grafiken einfügen 390
- Inhalte auswählen 347
- Kennwortschutz 224
- Kennwortschutz entfernen 225
- kopieren 111, 112, 293
- Leerzellen auswählen 348
- löschen 82, 83, 109, 296
- mehrere auswählen 113
- Namen abrufen 108
- neu berechnen 227
- neue erstellen 106, 107, 108, 110
- schützen 320, 322, 323, 410

– Spalten dynamisch ausblenden 350, 351, 352, 353, 354
– Steuerelemente zur Dateneingabe 309, 310, 311, 312, 313, 314, 315, 316, 317, 318, 320
– umbenennen 108
– verschieben zwischen Arbeitsmappen 62
– Zeichnungsobjekte einfügen 118, 119, 120
– Zeilen ausblenden 347
Arbeitsmappen
– aktivieren 104
– alle schließen 100, 104
– als Objekte 95
– Anzahl geöffneter ermitteln 99, 100
– Arbeitsblätter verschieben 62
– benutzerdefinierte Eigenschaften 301
– Bezug nehmen auf einzelne 101, 102, 104, 105
– Eigenschaftswerte ändern 105, 106
– Ereignisbehandlung 298, 299, 300, 413
– Farbpalette ändern 171, 172
– neue erstellen 95, 97
– schließen 102
– sortierte Daten drucken 233, 234
– Textdatei importieren 57
Array (Funktion) 112, 125, 198
Assistenten
– Datenverbindungs- 371, 372
– Textkonvertierungs- 57
Auflistungen
– Begriffsdefinition 90
Auswahl
– benennen 80
– relative Verweise 79, 80
Automatisierung 28

B

Bedingungsausdrücke 214
– Definition 215
– Do...Until-Schleifen 231
– If-Strukturen 215, 216, 217, 218, 220, 223
– If-Then-Else-Strukturen 216
– Rückgabewerte von Funktionen verwenden 223
Befehlsschaltflächen
– Abbrechen 342
– benutzerdefinierte testen 288
– Beschreibung 282
– Beschriftung ändern 284, 285
– Cancel-Eigenschaft 342
– Default-Eigenschaft 341
– Eigenschaften festlegen 283, 341
– Ereignisbehandlung 342, 343
– Ereignisbehandlung definieren 287, 289, 290, 291, 292
– erstellen 282, 283, 341
– mit Makro verknüpfen 286
– Namen festlegen 283, 284
– Zugriffstaste definieren 285
Begleit-CD 13
Beispielanwendungen
– Budgetdaten ausdrucken 328, 330, 331, 332, 333, 334, 335, 336, 337, 338, 339, 340, 341, 342, 343, 344, 346, 347, 348, 349, 350, 352, 353, 354, 355, 356, 357, 358, 359, 360
– Darlehensberechnungsmodell 306, 307, 308, 309, 310, 311, 312, 313, 314, 315, 316, 317, 318, 320
– Informationssystem 366, 368, 369, 370, 373, 375, 376, 377, 378, 379, 380, 381, 382, 383, 385, 387, 388, 389, 390, 391, 392, 393, 394, 395, 396, 397, 398, 399, 400, 402, 403, 404, 405, 406, 407, 408, 409, 410, 411, 412, 413
Benutzereingabe
– Fehlerbehandlung 358, 359
Benutzereingaben
– anfordern 73, 217, 218, 219, 220, 221, 222, 223
– beschränken 309, 310, 311, 312, 313, 314, 316, 317, 318, 319, 320
– Gültigkeit überprüfen 219, 220
Benutzeroberfläche
– ActiveX-Steuerelemente 306
– Animation definieren 399, 400, 402
– benutzerdefinierte Formulare 328, 329
– Bestandteile 306
– Bildlaufleisten-Steuerelemente einfügen 313, 314

– Drehfelder einfügen 309, 310, 311, 312, 313
– Ereignisbehandlung 337
– Formulare erstellen 329
– grafische erstellen 390, 391, 392, 393, 394, 395, 396, 397, 398, 399, 400, 402
– Kombinationsfelder einfügen 316, 317, 318, 319, 320
Bereiche
– Adresse angeben 146
– aktive Zelle festlegen 158
– aktuelle Auswahl 155, 156, 157, 158
– auswählen 147, 148
– benennen 81, 315
– beschreiben als Auflistung 149, 150, 151, 152, 153, 154, 155
– Cells-Eigenschaft 149, 150, 151, 152
– Columns-Eigenschaft 149, 152, 153
– CurrentRegion-Eigenschaft 156, 157
– EntireColumn-Eigenschaft 156
– EntireRow-Eigenschaft 158
– formatieren 164, 168
– Formeln über Makros eintragen 172, 173, 174
– Füllfarbe definieren 169, 170
– Größe der Auswahl ändern 163
– Rahmen definieren 165, 166, 167, 168
– Range-Objekte 145
– relative Auswahl 158, 159, 160
– relative Verweise 161, 162, 163, 164
– Rows-Eigenschaft 149, 153, 154
– Selection-Eigenschaft 156, 157
– Spalten auswählen 152, 153, 156
– Summen berechnen 179, 180, 181, 182
– Textfarbe definieren 170
– verweisen auf 146
– Werte über Makros eintragen 172, 173, 174, 177, 178
– Zeilen auswählen 153, 158
– Zeilenbereich auswählen 154
Beschriftungen
– einfügen 68
– in Formeln verwenden 306, 307, 308
Bildlaufleisten
– einfügen in Arbeitsblatt 314
– Ereignisbehandlung 322
– Schrittwert festlegen 314
Blattschutz 320, 322, 323
Borders-Auflistung 164, 168
– Item-Eigenschaft 166
– LineStyle-Eigenschaft 165, 166
Borders-Eigenschaft 164

C

Cells-Eigenschaft 149, 150, 151, 152
ChartObject-Objekte 133
– Activate-Methode 136
– aktivieren 136
– Color-Eigenschaft 136
– Interior-Eigenschaft 136
ChartObjects-Auflistung 136, 137, 385
Chart-Objekte 129
Charts-Auflistung 133
ChartType-Eigenschaft 131
CLng (Funktion) 248
Close-Methode 81
ColorIndex-Eigenschaft 169, 170
Colors-Auflistung 171
Columns-Eigenschaft 149, 152, 153
CommandBarButton-Objekte 361
CommandBars-Auflistung 361
Compilerfehler
– Beschreibung 254
Const (Schlüsselwort) 407
Copy-Methode 47
CreatePivotTable-Methode 193
– Hilfethema 194
CurrentRegion-Eigenschaft 156, 157
CustomViews-Auflistung 349
CutCopyMode-Eigenschaft 47

D

DataBodyRange-Eigenschaft 207
Date (Funktion) 338
Daten
– importieren 370, 371, 372
Datenbanken
– öffnen in Excel 192
Datenquellen
– erstellen 370, 371, 372
– Verbindungszeichenfolge bearbeiten 376

DateSerial (Funktion) 339
Datumsangaben
– konvertieren 339
dBase-Dateien (.dbf)
– speichern in Excel 75
Delete-Methode 83
Diagramm-Assistent
– aufrufen 130
Diagramme
– Achsen formatieren 137, 138
– Achsenskalierung 137, 138, 139, 140, 141
– auswählen 133, 135
– benennen 139, 140
– Beschreibung 129
– Bezugnahme auf eingebettete 133
– Container auswählen 135
– Diagrammfläche formatieren 382, 383
– Diagrammtyp festlegen 131
– erstellen 130, 131
– Farben ändern 136, 137, 386
– formatieren 141, 142
– Füllfarben ändern 142
– Gitternetzlinien festlegen 382
– Größenachse skalieren 140
– Legende platzieren 382
– mit VBA-Befehlen formatieren 385, 386
– PivotChart-Diagramme 381, 382
– Speicherort festlegen 383
– synchronisieren 139, 140, 141
– Zeilen- und Spaltenüberschriften formatieren 384
Digitale Signaturen
– als vertrauenswürdig einstufen 53
– Beschreibung 50
– erstellen 50, 51
– VBA-Projekt zuweisen 52
– vertrauenswürdige Quellen 53
Dim-Anweisung 114
Dir (Funktion) 229, 231
Direktfenster
– Adresse eines Bereichs abfragen 180
– anzeigen 95
– Formel aus Zellen abfragen 178
– Inhalt in Makro kopieren 208, 209
– Inhalt markieren 208
– Makrobefehle eingeben 95
– Wert von Ausdrücken abfragen 151
– Werte von Zellen abfragen 178
DisplayAlerts-Methode 256
DisplayGridlines-Eigenschaft 43, 44
Do-Schleifen 229, 230, 231, 232, 262
– Abbruchbedingung 231
– Hilfethema 232
DrawingObjects-Objekte 127
Drehfelder
– Eigenschaften festlegen 310
– einfügen in Arbeitsblatt 309, 310
– Ereignisbehandlung 322
– Grenzwerte festlegen 312
– kopieren 312
– Schrittwert festlegen 312
– verknüpfen mit Zellen 311

E

Eigenschaften
– Abgrenzung gegenüber Methoden 94
– Begriffsdefinition 92
– Definition 36
– Wert über Makro ändern 37, 40
– Wert zuweisen 48
Eigenschaftenfenster
– Eigenschaft auswählen 333
Einzelschrittmodus 60
End Sub (Anweisung) 36, 39
EntireColumn-Eigenschaft 156
EntireRow-Eigenschaft 158
Entwurfsmodus
– aktivieren 311
– aktivieren/deaktivieren 288
– beenden 313
Ereignisbehandlung
– Arbeitsblattauswahl ändern (Beispiel) 298, 300
– arbeitsblattbezogene 297, 298, 301, 302, 303
– Arbeitsmappen 413
– arbeitsmappenbezogene 298, 299, 300, 302
– Arbeitsmappen-Ereignisse unterdrücken 301, 302
– Befehlsschaltflächen 287, 342, 343
– benutzerdefinierte Formulare 336
– Bildlaufleisten 322
– Click-Ereignisse 287, 289, 290

– Drehfelder 322
– eigene Prozeduren erstellen 289, 290, 291, 292
– Ereignisse widerrufen 302
– Kombinationsfelder 321
– Kontrollkästchen-Steuerelemente 336
– MouseMove-Ereignisse 290, 291, 292
Ereignisbehandlungsprozeduren
– Begriffsdefinition 282
– erstellen 287, 289, 290, 291, 292
– Vergleich mit Makros 287
Err-Objekte
– Description-Eigenschaft 267
– Number-Eigenschaft 266, 267
Exit Sub-Anweisungen 223

F

Fehlerbehandlung 253
– Compilerfehler 254
– Err-Objekt 261, 262, 263, 264, 267
– Fehler abfangen 264, 265, 266, 267
– Fehler ignorieren 255
– Fehlercode zurücksetzen 264
– Fehlermeldungen definieren 267
– Fehlernummer anzeigen 266, 267
– Formulare 358, 359
– Laufzeitfehler 254
– Laufzeitfehler ignorieren 257, 258
– Logikfehler 254
– On Error Resume Next 256, 257, 258
– Option Explicit 254, 258
– Sprungmarken definieren 266
– Syntaxfehler 254
– Warnungen unterdrücken 256
Fenster
– verankern 98
– wiederherstellen 407, 408, 409, 410
Find-Methode 350, 352, 353
For Each-Schleifen 224, 225, 226
Formate
– Währungsformat 31
Formeln
– absolute Verweise 173, 174
– Adresse eines Bereichs angeben 179, 180, 181, 182
– Begriffsdefinition 172
– Beschriftungen in Formeln verwenden 306, 307, 308
– Beschriftungen in Formeln zulassen 307
– eingeben 172, 307
– eintragen in Bereich 178
– kopieren 173, 176
– relative Verweise 172, 173
– umwandeln in Werte 45, 46, 47, 48
Formen
– ändern 123
– auswählen 123
– benennen 127, 128
– erstellen 118, 120
– Füllfarbe 125
– umbenennen 127
– Vordergrundfarbe ändern 125
Formula-Eigenschaft 177
FormulaR1C1-Eigenschaft 178, 179
Formulare
– Aktivierreihenfolge festlegen 344, 345
– aus dem Speicher entfernen 342
– Befehlsschaltflächen einfügen 341
– benennen 330, 331
– benutzerdefinierte erstellen 328, 329
– Benutzeroberfläche 328
– Eigenschaften festlegen 330
– einfügen in Arbeitsmappe 330
– Fehlerbehandlung 358, 359
– Funktionalität 329
– implementieren 329, 355, 356, 357, 358, 359, 360
– initialisieren 337, 338, 339
– integrieren in Excel 361
– Kontrollkästchen einfügen 334, 335
– modale 361
– Optionsfelder ausrichten 333
– Optionsfelder einfügen 331, 332
– Optionsfelder gruppieren 332, 333
– Rahmen-Steuerelement einfügen 332
– starten aus Excel 360
– Steuerelemente ausrichten 333
– Textfeld einfügen 335, 336
– Titel festlegen 330
– UserForm 330

For-Schleifen 226, 227, 228, 229, 233, 234, 235, 236
Füllfarben
– Farbkonstanten 125
– weitere 123
Funktionen
– Argumente als optional definieren 250
– Argumente definieren 247, 248, 250, 251
– Begriffsdefinition 244
– benutzerdefinierte definieren 339, 340
– benutzerdefinierte erstellen 245, 246, 247, 248, 250, 251
– benutzerdefinierte in Makros aufrufen 252, 253
– benutzerdefinierte verwenden 252, 253
– deklarieren 245, 246, 247
– einfügen in Formel 246
– Eingabefehler 245
– Funktionsargumente 246
– kennzeichnen als flüchtig 250
– Konvertierung von Datentypen 248
– Monatsanfang (Beispiel) 339, 340
– optionale Argumente 251
– Rückgabewert definieren 246
– testen im Direktfenster 340
– Zufall (Beispiel) 248, 251

G

Gehe zu (Befehl) 66, 348
GetOpenFilename-Methode 64
Gitternetzlinien
– ein- und ausblenden 42, 43, 44
Grafiken
– Auswahlmodus 396
– einfügen aus Datei 390
– einfügen in Arbeitsblatt 390
– formatieren 390
– Makros zuweisen 395, 396

H

Haltepunkte
– setzen 235, 236
– temporäre setzen 237
Hilfe
– Add (Methode) 189
– AddFields-Methode 198
– CreatePivotTable-Methode 194
– Excel-Objektmodell 188, 189, 190
– PivotCache-Objekte 193
– PivotCaches-Auflistung 189
– PivotTable-Objekte 191
– PivotTables-Auflistung 190
– Visual Basic-Referenz 188, 189, 190, 191
– Workbooks-Auflistung 188
– Worksheet-Objekte 189
– Worksheets-Auflistung 190

I

If-Strukturen 215, 217, 218, 227
– ElseIf-Anweisung 292
– If...Then...Else 216, 217, 220
– verschachtelte 219
Importieren
– Textdateien 58
Inhalte einfügen (Befehl) 45, 46, 47
InputBox (Funktion) 73, 217, 218, 220
IsDate (Funktion) 219
Item-Eigenschaft 166

K

Kombinationsfelder
– benennen 321
– einfügen in Arbeitsblatt 315
– Ereignisbehandlung 321
– mehrspaltige definieren 318
– mit benanntem Bereich verknüpfen 317, 318
– Schriftart ändern 316
– Spaltenbreite festlegen 319, 320
– Typ festlegen 316
– Wert aus Liste einlesen 316, 317, 318
Kommentare 36
Kontrollkästchen
– benennen 335
– Click-Ereignis 336
– Eigenschaften festlegen 335
– Ereignisbehandlung 336
– erstellen 334, 335
– Größe anpassen 335
– implementieren 357

L

Laufzeitfehler
– abfangen 265, 266, 267
– behandeln 264
– Beschreibung 254
– ignorieren 256, 258
LineStyle-Eigenschaft 165, 166

Listenfelder
– einfügen in Arbeitsblatt 315

M

Makrobefehle
– Arbeitsmappe schließen 78
Makros
– Aktionen aufzeichnen 45
– aktivieren durch Klicken 287, 289
– aktivieren durch Mausbewegung 291
– AnalyseErstellen (Beispiel) 260
– AnsichtAnzeigen (Beispiel) 349
– Anweisungen gliedern 49
– Anweisungen kopieren 44
– Anweisungen löschen 62
– anzeigen im Editor 35
– Arbeitsblätter einfügen 255, 258, 259
– Arbeitsblätter löschen 258, 259
– aufgezeichnete bearbeiten 42, 43
– aufgezeichnete Bereichsauswahl verbessern 183, 184, 185
– AufträgeDrucken (Beispiel) 233, 236
– aufzeichnen 31, 32, 39, 118
– Aufzeichnung beenden 33, 119
– aus geschlossenen Arbeitsmappen ausführen 280
– ausführen 33
– Ausführen bis Cursor-Position 237
– ausführen im Visual Basic-Editor 43
– Ausführung beenden 223
– Ausführung durch Benutzereingabe steuern 221, 222, 223
– Ausführung unterbrechen 232
– AusführungFortsetzen (Beispiel) 221
– bearbeiten 35, 41, 43
– Bedingungsausdrücke verwenden 214, 215, 216, 217, 225
– BefehlEinblenden (Beispiel) 406
– benennen 32
– Benutzereingaben anfordern 73, 217, 218, 219, 220, 221, 222, 223
– BereichTesten (Beispiel) 159, 164
– BerichtErstellen (Beispiel) 255, 258, 259, 260
– BeschriftungEinfügen (Beispiel) 69
– BlätterSchützen (Beispiel) 224, 229
– BlattLöschen (Beispiel) 82, 83, 258, 260
– BlattSchutz (Beispiel) 410
– BlattschutzAufheben (Beispiel) 225
– Codezeilen umbrechen 49
– Dateien öffnen 63
– DateienPrüfen (Beispiel) 267
– DateiImportieren (Beispiel) 57, 60
– DateiListe (Beispiel) 230, 231
– DatenbankAnhängen (Beispiel) 74, 75, 76, 77, 78
– DatumEinfügen (Beispiel) 71, 72
– DiagrammÄndern (Beispiel) 137, 138, 139
– DiagrammAnpassen (Beispiel) 388, 389
– DiagrammErstellen (Beispiel) 130, 131, 132
– DiagrammeSynchronisieren (Beispiel) 140
– DiagrammWählen (Beispiel) 133
– digitale Signatur 50, 52, 53
– Eingabe auf Gültigkeit prüfen 219, 220
– Eingabetest (Beispiel) 217, 218, 220
– erstellen im Visual Basic-Editor 120
– Fehlerbehandlung 253, 255, 256, 257, 258, 262, 264, 265, 266, 267
– Fehlermeldungen definieren 267
– Fehlerprüfung 261, 262, 263, 264
– FensterEinstellen (Beispiel) 407, 408, 409
– FettKursivSetzen (Beispiel) 185
– FormatWährung (Beispiel) 33, 36
– Formeln in Zellen eintragen 172, 173, 174
– FormenWählen (Beispiel) 123, 124, 125, 128
– GitternetzlinienEntfernen (Beispiel) 42, 43
– GitternetzlinienSchalter (Beispiel) 44
– Haltepunkte entfernen 237
– Haltepunkte setzen 233, 235, 236, 237

– InWerteKonvertieren (Beispiel) 46, 47, 48, 49
– Kommentare 36
– komplexe Schleifen handhaben 233, 234, 235, 236
– LeistenZuweisen (Beispiel) 411, 412
– LöschMich (Beispiel) 79
– Makrooptionen (Dialogfeld) 34
– MenüAusblenden (Beispiel) 403
– MenüZuweisen (Beispiel) 404
– MonateAusblenden (Beispiel) 350, 351, 352, 353, 354
– MonateBeschriften (Beispiel) 183, 184
– NachRechtsVerschieben (Beispiel) 214, 215, 216
– NächstenBerichtErstellen (Beispiel) 261
– Namenskonventionen 32
– NeuesRechteckZeichnen (Beispiel) 120
– Objekteigenschaften ändern 37, 40, 43
– PivotErstellen (Beispiel) 191, 198, 210
– PivotZuweisen (Beispiel) 387, 388, 389
– RechteckZeichnen (Beispiel) 118, 119
– Schaltflächen zuweisen 275
– Schleifen verwenden 224, 225, 226, 227, 228, 229, 230, 231, 232
– schrittweise ausführen 60, 76
– Select...Selection-Paare 183, 184
– Select-Gruppen vereinfachen 184, 185
– Speicherort 39
– StaatBenennen (Beispiel) 392, 393, 394, 395
– StartAnimation (Beispiel) 400, 401, 402
– Statusanzeige 238
– Struktur 36
– Subprozeduren 85
– Summen für Bereiche berechnen 179, 180, 181, 182
– SummenBerechnen (Beispiel) 179
– Tastenkombination zuweisen 34, 39
– Variablen verwenden 43
– verallgemeinern 259
– Vergrößern/Verkleinern (Beispiele) 272
– verknüpfen mit Grafikobjekten 395, 396
– VertikalVerbinden (Beispiel) 39, 40, 41
– Warnungen unterdrücken 256
– Werte in Zellen eintragen 172, 173, 177, 178
– Zeigerbewegungen aufzeichnen 69
– Zeilenfortsetzungszeichen 49
– ZellenVergleichen (Beispiel) 227, 228
– ZufallTesten (Beispiel) 252
– zusammenführen 84
Meldungsfelder
– anzeigen 218, 221
– Bestätigungsmeldung definieren 220, 221, 222, 223
– Schaltflächen festlegen 221, 222
Menüleisten
– Befehle ein- und ausblenden 406
– benutzerdefinierte erstellen 403, 404, 405
– schützen 405
Menüs
– Befehle aus Symbolleisten kopieren 279
– benutzerdefinierte erstellen 277, 278, 279
– benutzerdefinierte löschen 281
– ein- und ausblenden 403, 404, 405
– neue Befehle einfügen 279
– Zugriffstasten definieren 278, 279
Methoden
– Abgrenzung gegenüber Eigenschaften 93
– Argumente 48
– Begriffsdefinition 47, 93
– Rückgabewert überprüfen 110
– Vergleich mit Eigenschaften 48
Microsoft Excel
– Arbeitsumgebung anpassen 17, 18, 19, 20, 21
– Automatisierung 28
– Objektbibliothek 28, 29
– Symbolleisten anzeigen 30
– VBA-Unterstützung 28, 29

Microsoft Visual Basic für Applikationen (VBA)
- Automatisierung 28
- Beschreibung 27
- Zusammenarbeit mit Excel 28
- Zusammenarbeit mit Objektbibliotheken 28, 29
Module 36
MouseMove-Ereignisse 290
MsgBox (Funktion) 220, 221, 222, 223, 252

N

Not (Schlüsselwort) 44
NumberFormat-Eigenschaft 195

O

Objektbezüge
- überprüfen 352
Objektbibliotheken 28
- Excel 29
Objekte
- Begriffsdefinition 90
- Eigenschaften 91
- Methoden 93
Objektkatalog
- Beschreibung 146
- Eigenschaftswerte suchen 165, 166
- einblenden 146
- Einträge kopieren 147
- Elementliste 147
- Klassenliste 146
- Suchen (Schaltfläche) 165
- Suchergebnisse ausblenden (Schaltfläche) 166
OFFSET (Funktion) 163
Offset-Eigenschaft 161, 162, 178
Option Explicit (VBA-Anweisung) 254
Optionsfelder
- benennen 333
- Eigenschaften festlegen 333
- erstellen 332
- implementieren 355, 356
- Zugriffstaste festlegen 333
Orientation-Eigenschaft 204

P

PasteSpecial-Methode 47, 48
PivotCache-Objekte
- CreatePivotTable-Methode 193
- erstellen 193
- Hilfethema 189, 193
PivotCaches-Auflistung 189
- Add (Methode) 189
- erstellen 193
- Hilfethema 189
PivotChart-Diagramme
- ändern über Makros 388, 389
- Diagrammfläche formatieren 382, 383
- erstellen 381, 382
- Farben ändern 386
- Feld-Schaltflächen ausblenden 382
- Gitternetzlinien festlegen 382
- in PivotTable-Bericht einfügen 383
- Legende platzieren 382
- mit VBA-Befehlen formatieren 385, 386
- Speicherort festlegen 383
- Zeilen- und Spaltenüberschriften formatieren 384
PivotField-Objekte
- NumberFormat-Eigenschaft 195
- Orientation-Eigenschaft 195, 200
PivotFields-Auflistung 195, 200
- Orientation-Eigenschaft 197, 204
PivotItem-Objekte 200
- Name-Eigenschaft 201
- Position-Eigenschaft 200
- SourceName-Eigenschaft 201, 202
PivotTable-Berichte
- abgeleitete Datenfelder 204, 206
- AddFields-Methode 198, 199
- ändern über Makros 387, 388
- Aufbau 195
- Auswahl aktivieren 380
- AutoSortieren-Optionen 377
- Berechnungsfunktion ändern 205
- Bereich auswählen 380
- Bereiche suchen 206, 207, 208
- Beschriftungen verbergen 380, 381
- CurrentPage-Eigenschaft 197
- Daten filtern 197
- Daten gruppieren 378
- Daten markieren 375
- Datenbereich ermitteln 207
- Datenfelder bearbeiten 195, 203
- Datenfelder benennen 204, 206
- Datenfelder festlegen 195
- Datenfelder formatieren 195

- Datenfelder hinzufügen 203, 204
- Datenfelder verbergen 204
- Datenformat ändern 375
- Detaildaten ein- und ausblenden 202, 203
- Diagramm erstellen 379, 381, 382, 383
- Elemente bearbeiten 200
- Elemente ohne Daten anzeigen 377
- Elemente umbenennen 201
- Elemente verbergen 202
- erstellen 188, 191, 193, 194, 373
- externe Daten importieren 370, 371, 372
- Felder definieren 373
- Felder Variablen zuweisen 195
- Feldliste anzeigen 374
- Feldreihenfolge ändern 199
- formatieren 379, 380
- Füllfarbe festlegen 379
- Layout bearbeiten 376, 377, 378, 379, 380, 381
- mehrere Felder einem Bereich zuweisen 198, 199
- mehrere Felder hinzufügen 197, 198, 199
- Mittelwerte berechnen 205
- nach Kategorien sortieren 377
- Namen wiederherstellen 201, 202
- PivotCache erstellen 191, 193
- Position von Elementen ändern 200, 201
- Schriftfarbe festlegen 379
- Seitenfelder definieren 196
- Spaltenbreite festlegen 379
- Spaltenfelder bearbeiten 194, 195
- Spaltenfelder definieren 196, 204
- Summen berechnen 195
- Tabellenoptionen festlegen 374
- Teilsummen bilden 196
- Verbindungszeichenfolge bearbeiten 376
- verborgene Elemente einblenden 202
- Zahlen formatieren 195
- Zeilenfelder definieren 196, 374
- Zeilenfelder verbergen 197

PivotTable-Objekte 188
- AddFields-Methode 197
- DataBodyRange-Eigenschaft 207
- Hilfethema 191

PivotTables-Auflistung
- Hilfethema 190

PivotTables-Objekt 387

Projekt-Explorer
- anzeigen 293
- Code anzeigen 293
- Microsoft Excel Objekte 295, 296
- Module 293
- Projektstruktur 293

Protect-Methode 324

Q

QuickInfo
- Visual Basic-Editor 64

R

Rahmen
- Linienart definieren 165, 166
- Typ definieren 166

Rahmen-Steuerelemente
- Aktivierreihenfolge 345
- Eigenschaften festlegen 333
- erstellen 332

Range-Eigenschaft 146, 147
- Bereich auswählen 147, 148
- Verknüpfung zu Bereich definieren 149

Range-Objekte
- Activate-Methode 158
- ActiveCell-Eigenschaft 155
- Address-Eigenschaft 180, 182
- Beschreibung 145
- BorderAround-Methode 167, 168
- Borders-Eigenschaft 164
- Cells-Eigenschaft 159
- Count-Eigenschaft 227
- CurrentRegion-Eigenschaft 182
- Font-Eigenschaft 170
- Formula-Eigenschaft 177, 182
- FormulaR1C1-Eigenschaft 178, 182
- Interior-Eigenschaft 168, 169
- Offset-Eigenschaft 161, 162, 163, 164, 178
- Range-Eigenschaft 159
- Resize-Eigenschaft 162, 163, 164
- Rows-Eigenschaft 160
- Value-Eigenschaft 177

Rechtecke
- Füllfarbe 118, 120, 122
- Größe definieren 121
- zeichnen 118, 119, 120

Relative Verweise (Schaltfläche) 79, 80
RGB-Eigenschaft 125
– Farbkonstanten 125
Rnd (Funktion) 245, 246
Rows-Eigenschaft 149, 153, 154

S

SchemeColor-Eigenschaft 120, 125
Schleifen
– Do-Schleifen 229, 230, 231, 232
– Endlosschleifen 232
– For Each-Schleifen 224, 225, 226
– For-Schleifen 226, 227, 228, 229, 233, 234, 235, 236
Schutz
– Arbeitsblätter 320, 322, 323
Selection-Eigenschaft 155, 156, 157, 158
Selection-Objekte
– Eigenschaften ändern 36, 40
– MergeCells-Eigenschaft 41
– NumberFormat-Eigenschaft 36
– Orientation-Eigenschaft 41
– PasteSpecial-Methode 47
Selfcert (Programm) 51
Shape-Objekte 120
– auswählen 123
– Formatdaten 122
– und DrawingObjects-Objekte 127
– verwenden 126
ShapeRange-Auflistung 125
– verwenden 126
Shapes-Auflistung 119, 137
– AddShape-Methode 121
– Methoden und Eigenschaften 120, 121, 122
– verwenden 126
Sicherheit 50
Spalten
– auswählen 152, 153, 156
– dynamisch ausblenden 350, 351, 352, 353, 354
– mehrere auswählen 153
StatusBar (Eigenschaft) 239
Statusleiste
– anpassen 239
Steuerelement-Toolbox 282
– anzeigen 282, 309
Sub (Anweisung) 36, 39
Symbolleisten
– anpassen 273
– Befehle in Menü übernehmen 279
– benutzerdefinierte löschen 281
– benutzerdefinierte Schaltflächen einfügen 275, 276
– ein- und ausblenden 30, 411, 412
– erstellen 273
– Format 31
– PivotTable 373
– QuickInfo für Schaltflächen definieren 275, 276
– Schaltflächen Makros zuweisen 275, 276
– Schaltflächensymbol ändern 276
– Steuerelement-Toolbox 282, 309
– Visual Basic 30
– Zeichnen 118, 391
Syntaxfehler
– Beschreibung 254
Systemvoraussetzungen 13

T

Textdateien
– importieren 57, 58
Textfelder
– Eigenschaften festlegen 336
– erstellen 335
– initialisieren 337, 338, 339, 340
Textkonvertierungs-Assistent 57
– verwenden 58

U

Übungsdateien
– deinstallieren 15, 16
– installieren 14
– Übersicht 14, 15
– verwenden 14
Unload (Anweisung) 342
UserForm 329
UserForm-Objekte 337
– Initialize-Ereignis 340

V

Variablen
– aktuellen Wert anzeigen 231, 234
– deklarieren 114, 115, 120
– Lebensdauer 407
– Namenskonvention 44
– Option Explicit 254
– verwenden in Makros 43
Verkettungsoperator (&) 239

Verweise
- absolute 173, 174
- relative 172, 176
Visual Basic
- Hilfe aufrufen 188
Visual Basic-Editor
- aktuellen Wert von Variablen anzeigen 234
- anzeigen 35
- Arbeitsumgebung anpassen 17, 18, 19, 20, 21
- Ausführen bis Cursor-Position (Befehl) 237
- Listenfeld Objekt 289
- Listenfeld Prozedur 289
- Makros ausführen 43
- Modul einfügen 159
- Module 36
- Projekt-Explorer 293
- Projekt-Explorer anzeigen 355
- QuickInfos 64
- UserForm einfügen 329
- verankerbare Fenster 98
- Werkzeugsammlung anzeigen 331
- Wort vervollständigen (Befehl) 155
Visual Basic-Projekte
- Beschreibung 293
- Module 293
- Projekt-Explorer 293, 295, 296
- Struktur 293
Volatile-Methode 250

W

Währungsformat
- Dezimalstellen 31
Werkzeugsammlung
- anzeigen 332
With-Strukturen
- Begriffsdefinition 40
WordArt
- Ausrichtung ändern 397
- Buchstaben mit gleicher Höhe 397
- einfügen 392, 393, 394, 395, 397
- Form ändern 397, 398
- Text bearbeiten 392
Workbook-Objekte
- Activate-Methode 104
- Ereignisbehandlung 299
- Hilfethema 188
- Name-Eigenschaft 102, 103
- Saved-Eigenschaft 105, 106
- SheetSelectionChange-Ereignis 299
Workbooks-Auflistung
- Add-Methode 95, 97, 103
- Close-Eigenschaft 103
- Close-Methode 100, 102, 104
- Count-Eigenschaft 99, 100
- Hilfethema 188
- Item-Eigenschaft 101, 102, 104, 105
- Liste der Methoden und Eigenschaften 95
- Workbooks-Eigenschaft 102, 103
Workbooks-Objekte
- Open-Methode 63
- OpenText-Methode 61, 63
Worksheet-Objekte 149
- Activate-Eigenschaft 109
- Activate-Methode 113
- Name-Eigenschaft 108
- Protect-Methode 224
- SelectionChange-Ereignis 297
- Unprotect-Methode 225
Worksheets-Auflistung 149
- Add-Methode 107, 108, 110
- Copy-Methode 111, 112
- Hilfethema 190
- Item-Eigenschaft 108
- Select-Methode 112, 113
Wort vervollständigen (Befehl) 95, 155

X

xlBordersIndex (Aufzählung) 166

Z

Z1S1-Bezugsart 175, 179
Z1S1-Notation 70
Zahlen
- Währungsformat zuweisen 33
Zeichnen (Symbolleiste)
- anzeigen 118
Zeichnungsobjekte
- ändern 123
- ausrichten 283
- auswählen 123, 124
- benennen 127, 128, 396
- Beschreibung 117
- deklarieren 120
- erstellen 118, 119, 120
- Füllfarbe 123, 125

- gruppieren 396
- mehrere auswählen 125
- Rechteck 118, 119, 120
- Vordergrundfarbe ändern 125

Zeilen
- aktuelle löschen 62
- ausblenden 347
- auswählen 153, 158, 160
- Füllfarbe definieren 169
- löschen 59
- mehrere auswählen 154
- Textfarbe definieren 170

Zellen
- Ausrichtung 40
- auswählen 149
- formatieren 31, 32, 33, 37
- Formel abrufen 178
- Formeln in Werte umwandeln 45, 46, 47, 48
- Formula-Eigenschaft 178
- FormulaR1C1-Eigenschaft 179
- füllen mit Werten 68
- Inhalt auswählen 66
- löschen 59
- Textausrichtung ändern 37
- Text-Eigenschaft 179
- Value-Eigenschaft 178, 179
- verbinden 37
- vertikal verbinden 39
- Währungsformat zuweisen 31
- Wert abrufen 178, 179
- Werte über Makros eintragen 177, 178

Zoom-Eigenschaft 273

ZUFALLSZAHL (Funktion) 245

Zufallszahlen
- generieren 226, 245, 247, 248

Der Autor

Reed Jacobson ist Consulting Manager bei Aspirity, einer Firma, die sich auf Lösungen im Bereich Business Intelligence mit dem Schwerpunkt Microsoft SQL Server 2000 Analysis Services konzentriert hat.

Reed hat an der Brigham Young University die Titel B.A. und M.B.A. in Japanisch und Linguistik sowie an der Cornell University den Status eines Graduate Fellows in Linguistik erworben. Er war 10 Jahre lang als Software-Anwendungsspezialist für Hewlett-Packard tätig und hat über fünf Jahre lang eine eigene Beratungsfirma geleitet. Reed ist Autor der Titel *Excel Trade Secrets for Windows*, *Microsoft Excel Advanced Topics Step by Step*, *Office 2000 Expert Companion* und *Microsoft SQL Server Analysis Services Step by Step*. Er hat auf der TechlEd und anderen Microsoft-Konferenzen und -Schulungen Vorträge und Seminare über Excel gehalten. Zudem hat er Schulungsvideos für Excel, Access und Visual Basic produziert.

MICROSOFT-LIZENZVERTRAG

Begleit-CD zum Buch

WICHTIG - BITTE SORGFÄLTIG LESEN: Dieser Microsoft-Endbenutzer-Lizenzvertrag („EULA") ist ein rechtsgültiger Vertrag zwischen Ihnen (entweder als natürlicher oder als juristischer Person) und Microsoft Corporation für das oben bezeichnete Microsoft-Produkt, das Computersoftware sowie möglicherweise dazugehörige Medien, gedruckte Materialien und Dokumentation im „Online"- oder elektronischen Format umfasst („SOFTWAREPRODUKT"). Jede im SOFTWAREPRODUKT enthaltene Komponente, der ein separater Endbenutzer-Lizenzvertrag beiliegt, wird von einem solchen Vertrag und nicht durch die unten aufgeführten Bestimmungen geregelt. Indem Sie das SOFTWAREPRODUKT installieren, kopieren oder anderweitig verwenden, erklären Sie sich damit einverstanden, durch die Bestimmungen dieses EULAs gebunden zu sein. Falls Sie den Bestimmungen dieses EULAs nicht zustimmen, sind Sie nicht berechtigt, das SOFTWAREPRODUKT zu installieren, zu kopieren oder anderweitig zu verwenden. Sie können jedoch das SOFTWAREPRODUKT zusammen mit allen gedruckten Materialien und anderen Elementen, die Teil des Microsoft-Produkts sind, das das SOFTWAREPRODUKT enthält, gegen eine volle Rückerstattung des Kaufpreises der Stelle zurückgeben, von der Sie es erhalten haben.

SOFTWAREPRODUKTLIZENZ

Das SOFTWAREPRODUKT ist sowohl durch US-amerikanische Urheberrechtsgesetze und internationale Urheberrechtsverträge als auch durch andere Gesetze und Vereinbarungen über geistiges Eigentum geschützt. Das SOFTWAREPRODUKT wird lizenziert, nicht verkauft.

1. **LIZENZEINRÄUMUNG.** Durch dieses EULA werden Ihnen die folgenden Rechte eingeräumt:

   a. **Softwareprodukt.** Sie sind berechtigt, eine Kopie des SOFTWAREPRODUKTS auf einem einzigen Computer zu installieren und zu verwenden. Die Hauptbenutzerin oder der Hauptbenutzer des Computers, auf dem das SOFTWAREPRODUKT installiert ist, ist berechtigt, eine zweite Kopie für die ausschließliche Verwendung durch sie oder ihn selbst auf einem tragbaren Computer anzufertigen.

   b. **Speicherung/Netzwerkverwendung.** Sie sind außerdem berechtigt, eine Kopie des SOFTWAREPRODUKTS auf einer Speichervorrichtung, wie z.B. einem Netzwerkserver, zu speichern oder zu installieren, wenn diese Kopie ausschließlich dazu verwendet wird, das SOFTWAREPRODUKT über ein internes Netzwerk auf Ihren anderen Computern zu installieren oder auszuführen. Sie sind jedoch verpflichtet, für jeden einzelnen Computer, auf dem das SOFTWAREPRODUKT von der Speichervorrichtung aus installiert oder ausgeführt wird, eine Lizenz zu erwerben, die speziell für die Verwendung auf diesem Computer gilt. Eine Lizenz für das SOFTWAREPRODUKT darf nicht geteilt oder auf mehreren Computern gleichzeitig verwendet werden.

   c. **Lizenzpaket.** Wenn Sie dieses EULA in einem Lizenzpaket von Microsoft erworben haben, sind Sie berechtigt, die auf der gedruckten Kopie dieses EULAs angegebene Anzahl zusätzlicher Kopien des Computersoftwareanteils des SOFTWAREPRODUKTS anzufertigen und in der oben angegebenen Weise zu verwenden. Sie sind außerdem berechtigt, wie oben beschrieben eine entsprechende Anzahl zweiter Kopien für die Verwendung auf tragbaren Computern anzufertigen.

   d. **Beispielcode.** Einzig und allein in Bezug auf Teile des SOFTWAREPRODUKTS (sofern vorhanden), die innerhalb des SOFTWAREPRODUKTS als Beispielcode („BEISPIELCODE") gekennzeichnet sind:

      i. **Verwendung und Änderung.** Microsoft räumt Ihnen das Recht ein, die Quellcodeversion des BEISPIELCODES zu verwenden und zu ändern, *vorausgesetzt*, Sie halten Unterabschnitt (d)(iii) weiter unten ein. Sie dürfen den BEISPIELCODE oder eine geänderte Version davon nicht in Quellcodeform vertreiben.

      ii. **Weitervertreibbare Dateien.** Unter der Voraussetzung, dass Sie Unterabschnitt (d)(iii) weiter unten einhalten, räumt Ihnen Microsoft ein nicht ausschließliches, lizenzgebührenfreies Recht ein, die Objektcodeversion des BEISPIELCODES und von geändertem BEISPIELCODE zu vervielfältigen und zu vertreiben, sofern es sich nicht um BEISPIELCODE oder eine geänderte Version von BEISPIELCODE handelt, der in der Info.txt-Datei, die Teil des SOFTWAREPRODUKTS ist, als nicht für den Weitervertrieb bestimmt bezeichnet ist (der „Nicht weitervertreibbare Beispielcode"). Jeder andere BEISPIELCODE als der Nicht weitervertreibbare Beispielcode wird zusammengefasst als die „WEITERVERTREIBBAREN DATEIEN" bezeichnet.

      iii. **Weitervertriebsbedingungen.** Wenn Sie die Weitervertreibbaren Dateien weitervertreiben, erklären Sie sich mit Folgendem einverstanden: (i) Sie vertreiben die WEITERVERTREIBBAREN DATEIEN in Objektcodeform einzig und allein in Verbindung mit und als Teil Ihres Softwareanwendungsprodukts; (ii) Sie verwenden weder den Namen, noch das Logo oder die Marken von Microsoft, um Ihr Softwareanwendungsprodukt zu vermarkten; (iii) Sie nehmen einen gültigen Copyright-Vermerk in Ihr Softwareanwendungsprodukt auf; (iv) Sie stellen Microsoft frei und entschädigen und schützen Microsoft von und vor allen Ansprüchen oder Rechtsstreitigkeiten, inklusive Anwaltsgebühren, zu denen es aufgrund der Verwendung oder dem Vertrieb Ihres Softwareanwendungsprodukts kommt; (v) Sie lassen keinen weiteren Vertrieb der WEITERVERTREIBBAREN DATEIEN durch Ihre Endbenutzer/innen zu. Fragen Sie Microsoft nach den anwendbaren Lizenzgebühren und sonstigen Lizenzbedingungen, falls Sie die WEITERVERTREIBBAREN DATEIEN anders einsetzen und/oder vertreiben.

2. **BESCHREIBUNG ANDERER RECHTE UND EINSCHRÄNKUNGEN.**

- **Einschränkungen im Hinblick auf Zurückentwicklung (Reverse Engineering), Dekompilierung und Disassemblierung.** Sie sind nicht berechtigt, das SOFTWAREPRODUKT zurückzuentwickeln, zu dekompilieren oder zu disassemblieren, es sei denn, dass und nur insoweit, wie das anwendbare Recht, ungeachtet dieser Beschränkung, dies ausdrücklich gestattet.
- **Trennung von Komponenten.** Das SOFTWAREPRODUKT wird als einheitliches Produkt lizenziert. Sie sind nicht berechtigt, seine Komponenten für die Verwendung auf mehr als einem Computer zu trennen.
- **Vermietung.** Sie sind nicht berechtigt, das SOFTWAREPRODUKT zu vermieten, zu verleasen oder zu verleihen.
- **Supportleistungen.** Microsoft bietet Ihnen möglicherweise Supportleistungen in Verbindung mit dem SOFTWAREPRODUKT („Supportleistungen"), ist aber nicht dazu verpflichtet. Die Supportleistungen können entsprechend den Microsoft-Bestimmungen und -Programmen, die im Benutzerhandbuch, der Dokumentation im „Online"-Format und/oder anderen von Microsoft zur Verfügung gestellten Materialien beschrieben sind, genutzt werden. Jeder ergänzende Softwarecode, der Ihnen als Teil der Supportleistungen zur Verfügung gestellt wird, wird als Bestandteil des SOFTWAREPRODUKTS betrachtet und unterliegt den Bestimmungen dieses EULAs. Microsoft ist berechtigt, die technischen Daten, die Sie Microsoft als Teil der Supportleistungen zur Verfügung stellen, für geschäftliche Zwecke, einschließlich der Produktunterstützung und -entwicklung, zu verwenden. Microsoft verpflichtet sich, solche technischen Daten ausschließlich anonym zu verwenden.
- **Softwareübertragung.** Sie sind berechtigt, alle Ihre Rechte aus diesem EULA dauerhaft zu übertragen, vorausgesetzt, Sie behalten keine Kopien zurück, Sie übertragen das vollständige SOFTWAREPRODUKT (einschließlich aller Komponenten, der Medien und der gedruckten Materialien, aller Updates, dieses EULAs und, sofern anwendbar, des Certificates of Authenticity (Echtheitsbescheinigung)), **und** die/der Empfänger/in stimmt den Bedingungen dieses EULAs zu.
- **Kündigung.** Unbeschadet sonstiger Rechte ist Microsoft berechtigt, dieses EULA zu kündigen, sofern Sie gegen die Bestimmungen dieses EULAs verstoßen. In einem solchen Fall sind Sie verpflichtet, sämtliche Kopien des SOFTWARE-PRODUKTS und alle seine Komponenten zu vernichten.

3. **URHEBERRECHT.** Alle Rechte und Urheberrechte an dem SOFTWAREPRODUKT (einschließlich, aber nicht beschränkt auf Bilder, Fotografien, Animationen, Video, Audio, Musik, Text, BEISPIELCODE, WEITERVERTREIBBARE DATEIEN und „Applets", die in dem SOFTWAREPRODUKT enthalten sind) und jeder Kopie des SOFTWAREPRODUKTS liegen bei Microsoft oder deren Lieferanten. Das SOFTWAREPRODUKT ist durch Urheberrechtsgesetze und Bestimmungen internationaler Verträge geschützt. Aus diesem Grund sind Sie verpflichtet, das SOFTWAREPRODUKT wie jedes andere durch das Urheberrecht geschützte Material zu behandeln, **mit der Ausnahme**, dass Sie berechtigt sind, das SOFTWAREPRODUKT auf einem einzigen Computer zu installieren, vorausgesetzt, Sie bewahren das Original ausschließlich für Sicherungs- und Archivierungszwecke auf. Sie sind nicht berechtigt, die das SOFTWAREPRODUKT begleitenden gedruckten Materialien zu vervielfältigen.

4. **AUSFUHRBESCHRÄNKUNGEN.** Hiermit versichern Sie, dass Sie das SOFTWAREPRODUKT, einen Teil davon oder einen Prozess oder Dienst, der das direkte Ergebnis des SOFTWAREPRODUKTS ist (Vorgenanntes zusammen als „beschränkte Komponenten" bezeichnet) in kein Land exportieren oder reexportieren und keiner Person, juristischen Person oder Endbenutzern durch Export oder Reexport zukommen lassen werden, das/die den US-Ausfuhrbeschränkungen unterliegt/unterliegen. Sie stimmen insbesondere zu, dass Sie keine der beschränkten Komponenten (i) in eines der Länder, die den US-Exportbeschränkungen und -Exportembargos für Waren oder Dienstleistungen unterliegen (zur Zeit einschließlich, aber nicht notwendigerweise beschränkt auf Kuba, Iran, Irak, Libyen, Nordkorea, Sudan und Syrien) oder einem wo auch immer sich aufhaltenden Bürger eines dieser Länder, der beabsichtigt, die Produkte in ein solches Land zurück zu übertragen oder zu befördern, (ii) an Endbenutzer, von denen Sie wissen oder vermuten, dass sie die beschränkten Komponenten zum Entwurf, zur Entwicklung oder zur Produktion nuklearer, chemischer oder biologischer Waffen verwenden, oder (iii) an Endbenutzer, denen von einer Bundesdienststelle der US-Regierung die Beteiligung an US-Ausfuhrtransaktionen verboten wurde, exportieren oder reexportieren werden. Sie sichern hiermit zu, dass weder das BXA noch eine andere US-Bundesbehörde Ihre Exportrechte ausgesetzt, widerrufen oder abgelehnt hat.

AUSSCHLUSS DER GEWÄHRLEISTUNG

KEINE GEWÄHRLEISTUNG ODER BEDINGUNGEN. MICROSOFT LEHNT AUSDRÜCKLICH JEDE GEWÄHRLEISTUNG ODER BEDINGUNG FÜR DAS SOFTWAREPRODUKT AB. DAS SOFTWAREPRODUKT UND DIE DAZUGEHÖRIGE DOKUMENTATION WIRD „WIE BESEHEN" ZUR VERFÜGUNG GESTELLT, OHNE GEWÄHRLEISTUNG ODER BEDINGUNG JEGLICHER ART, SEI SIE AUSDRÜCKLICH ODER KONKLUDENT, EINSCHLIESSLICH, OHNE EINSCHRÄNKUNG, JEDE KONKLUDENTE GEWÄHRLEISTUNG IM HINBLICK AUF HANDELSÜBLICHKEIT, EIGNUNG FÜR EINEN BESTIMMTEN ZWECK ODER NICHTVERLETZUNG DER RECHTE DRITTER. DAS GESAMTE RISIKO, DAS BEI DER VERWENDUNG ODER LEISTUNG DES SOFTWAREPRODUKTS ENTSTEHT, VERBLEIBT BEI IHNEN.

HAFTUNGSBESCHRÄNKUNG. IM GRÖSSTMÖGLICHEN DURCH DAS ANWENDBARE RECHT GESTATTETEN UMFANG SIND MICROSOFT ODER DEREN LIEFERANTEN IN KEINEM FALL HAFTBAR FÜR IRGENDWELCHE FOLGE-, ZUFÄLLIGEN, INDIREKTEN ODER ANDEREN SCHÄDEN WELCHER ART AUCH IMMER (EINSCHLIESSLICH, ABER NICHT BESCHRÄNKT AUF SCHÄDEN AUS ENTGANGENEN GEWINN, GESCHÄFTSUNTERBRECHUNG, VERLUST VON GESCHÄFTLICHEN INFORMATIONEN ODER SONSTIGE VERMÖGENSSCHÄDEN), DIE AUS DER VERWENDUNG DES SOFTWAREPRODUKTS ODER DER TATSACHE, DASS ES NICHT VERWENDET WERDEN KANN, ODER AUS DER BEREITSTELLUNG VON SUPPORTLEISTUNGEN ODER DER TATSACHE, DASS SIE NICHT BEREIT GESTELLT WURDEN, RESULTIEREN, SELBST WENN MICROSOFT AUF DIE MÖGLICHKEIT SOLCHER SCHÄDEN HINGEWIESEN WURDE. IN ALLEN FÄLLEN IST MICROSOFTS GESAMTE HAFTUNG UNTER ALLEN BESTIMMUNGEN DIESES EULAS BESCHRÄNKT AUF DEN HÖHEREN DER BEIDEN BETRÄGE: DEN TATSÄCHLICH FÜR DAS SOFTWAREPRODUKT GEZAHLTEN BETRAG ODER US-$ 5,00. FALLS SIE JEDOCH EINEN MICROSOFT-SUPPORTLEISTUNGSVERTRAG ABGESCHLOSSEN HABEN, WIRD MICROSOFTS GESAMTE HAFTUNG IN BEZUG AUF SUPPORTLEISTUNGEN DURCH DIE BESTIMMUNGEN DIESES VERTRAGS GEREGELT. WEIL IN EINIGEN STAATEN/RECHTSORDNUNGEN DER AUSSCHLUSS ODER DIE BEGRENZUNG DER HAFTUNG NICHT GESTATTET IST, GILT DIE OBIGE EINSCHRÄNKUNG MÖGLICHERWEISE NICHT FÜR SIE.

VERSCHIEDENES

Dieses EULA unterliegt den Gesetzen des Staates Washington, USA, es sei denn, dass und nur insoweit, wie anwendbares Recht die Anwendung von Gesetzen einer anderen Rechtsprechung verlangt.

Falls Sie Fragen zu diesem EULA haben oder aus irgendeinem sonstigen Grund mit Microsoft Kontakt aufnehmen möchten, wenden Sie sich bitte an eine Microsoft-Niederlassung in Ihrem Land, oder schreiben Sie an: Microsoft Sales Information Center, One Microsoft Way, Redmond, WA 98052-6399, USA.